高质量发展背景下
文化馆的职能发挥与服务创新

——2022 年中国文化馆年会征文作品集

主　编　白雪华

副主编　李国新

执行副主编　赵保颖　李亚男

国家图书馆出版社

图书在版编目（CIP）数据

高质量发展背景下文化馆的职能发挥与服务创新：
2022 年中国文化馆年会征文作品集 / 白雪华主编 .
北京：国家图书馆出版社，2023. -- ISBN 978-7-5013-8436-5

Ⅰ . G249.23-53

中国国家版本馆 CIP 数据核字第 202575RC00 号

书　　名	高质量发展背景下文化馆的职能发挥与服务创新	
	——2022 年中国文化馆年会征文作品集	
著　　者	白雪华　主编	
责任编辑	王炳乾	
责任编辑	耕者设计工作室	

出版发行	国家图书馆出版社（北京市西城区文津街 7 号　　100034）	
	（原书目文献出版社　北京图书馆出版社）	
	010-66114536　63802249　nlcpress@nlc.cn（邮购）	
网　　址	http://www.nlcpress.com	
排　　版	北京九章文化传播有限公司	
印　　装	河北鲁汇荣彩印刷有限公司	
版次印次	2023 年 12 月第 1 版　2023 年 12 月第 1 次印刷	

开　　本	787mm × 1092mm　1/16	
印　　张	43.25	
字　　数	610 千字	
书　　号	ISBN 978-7-5013-8436-5	
定　　价	180.00 元	

目 录

总分馆制视域下文化馆区域性行业年报编制工作浅析

——以广州市为例

吴嘉琪（广东省广州市文化馆）

1 总分馆制建设下年报发展趋势

1.1 探索与实践

自 2017 年 3 月以来，《中华人民共和国公共文化服务保障法》开始实施，其中第五十七条指出"各级人民政府及有关部门应当及时公开公共文化服务信息，主动接受社会监督"，为积极响应国家政策，各省市文化馆陆续开始探索年报编制工作。文化馆年报，通常指的是文化馆围绕全民艺术普及、优秀传统文化传承与保护等方面的关键统计指标，以年为单位，基于图、表、文相结合的形式，全面反映一年以来本单位的公共文化服务效能，主动公开公共文化服务基础业务信息，接受社会监督和检阅的年度报告。

实践方面，全国省、市、区县文化馆结合自身发展实际，开展了不少编制年报或相关标准的尝试工作。由全国文化馆标准化技术委员会归口管理，广东省文化馆牵头起草的《文化馆年报编制与公开指南》（文化行业标准 WH/T 103—2024）于 2024 年 7 月 24 日发布。年报的编制，展现了各馆对服务信息公开和数据统计的重视与关注；标准的制定，更是显现出行业人员对年报编制工作存在问题的敏锐捕捉和感知，旨在通过标准的制定推动行业内年报编制工作的规范化发展。

随着文化馆领域总分馆制的深入发展，各层级文化馆之间的联系越来越紧密，以单个文化馆为主编撰的本单位年报已不能全面反映区域内公共文化服务的成效。自 2018 年以来，为全面、准确地反映总分馆制建设背景下区域文化馆整体发展与行业态势，广州市文化馆已连续三年编撰广州市全市文化馆行业年报，其编撰的全市文化馆行业年报，指的是依托总分馆制，以区域为范畴，全面汇聚文化馆中心馆、总馆、分馆三个维度的年度业务数据及服务信息的年度报告。本文基于广州市文化馆编撰全市行业年报的经验，分析在总分馆制建设背景下文化馆编撰区域性行业年报的困境及对策。

1.2 案例解析

广州市文化馆从 2018 年开始已连续三年编撰区域性行业年报，形成了较为成熟的文化馆区域性行业年报编撰模式及编制框架，主要做法如下：

1.2.1 层级定位清晰明了

于广州市而言,广州市文化馆主要将"中心馆—总馆—分馆"数据纳入区域性行业年报的编撰。在编撰过程中,中心馆(市文化馆)主要负责全局统筹、数据把关及编制撰写任务;总馆(区馆)主要负责本区及下辖分馆数据汇总和核实,指导、统筹分馆填报数据;分馆(镇街分馆)主要负责数据填报。三者之间分工明确,职能清晰,分层分级落实区域性年报编制工作。

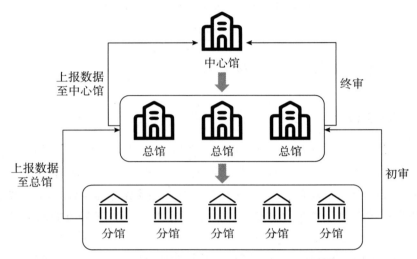

图1　总分馆制视角下广州全市文化馆行业年报编撰层级

1.2.2 编制框架合理科学

总分馆制视域下,各馆发展虽受实际状况制约呈现不均衡状态,但彼此之间联系紧密,共同为特定区域提供群众文化服务。为更好地体现区域内公共文化服务整体发展情况,离不开合理的编制框架。首先,充分征询总馆及专家意见编制框架。每年区域性行业年报编制前期,广州市文化馆会组织全市各区年报工作负责人参加座谈会,讨论该年度编制框架并充分听取各区意见,在年报验收会上充分征询各领域专家意见,力求完善区域性行业年报框架。其次,灵活调整编制框架。每年度均结合当年的实际情况,小范围地调整编制框架,使得整体编制思路更符合当年全市文化馆发展实际情况。

1.2.3 数据采集解读到位

在各区座谈会上,除了对编制框架进行充分讨论外,还会给各区区域性行业年报工作负责人解读相应的数据采集表,解读的重点主要在于两点:第一是解读填报易错点,结合往年数据填报情况总结数据填报易出现的错误;第二是对调整数据进行解读,释义今年新增的采集数据。数据填报工作非常关键,直接关系到后续总馆与镇街分馆的对接质量。

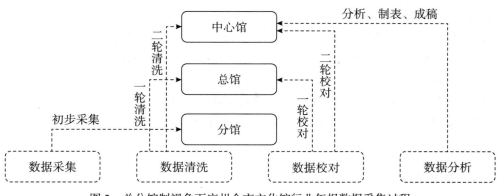

图 2　总分馆制视角下广州全市文化馆行业年报数据采集过程

2　存在问题及形成原因

2.1　存在问题

广州全市文化馆行业年报以总分馆制为依托,汇聚中心馆、总馆及分馆数据,全面反映广州全市文化馆公共文化服务成效,但在编撰过程中,仍暴露了不少问题,主要体现在以下几点:

2.1.1　数据采集质量偏低

数据的分析与统计是区域性行业年报至关重要的展现形式,更是展示区域内公共文化服务成效的重要方式。目前,广州市文化馆编撰的区域性行业年报主要以培训、活动、创作、非遗、数字化建设、理论研究、志愿服务、总分馆制建设等业务维度为主要统计指标,而数据质量的好坏与日常数据采集工作是否落实到位密切相关。在日常数据采集工作中,人工采集容易出现漏报、错报等情况;在数据清洗过程中,容易出现重复统计、单位错误等问题。

2.1.2　图表的适配性不足

图表能够帮助读者快速地掌握年报的关键信息,增加区域性行业年报的可读性和观赏性。结合近年来广州市文化馆编撰区域性行业年报的经验,图表的适配性仍有待提高。图表的编制需要考虑以下几点问题:一是这类业务数据是否确实需要图表来辅助解读;二是数据的特性更适合哪种类型的图表;三是用何种图表才能更好地展示文化馆的业务和工作。本单位年报反映的是单个编撰单位一年的公共文化服务成效,以丰富和翔实为主要原则,而区域性行业年报反映的是区域内多个馆的年度服务数据,数据量庞大,图表应以清晰、直观、客观为主要原则。

2.1.3　编制框架仍待完善

区域性行业年报的编制框架是指其整体的编制结构和章节。实际上,区域性行业年报编制框架需要从实际需要出发,其编制框架应该包含两个模块:一是基础业务数据模块,包含各类年度关键的统计业务数据和指标;二是弹性调整模块,每年可在此模块放置不同的项目及工作,反映中心馆、总馆、分馆公共文化服务的特色与亮点。本单位年报与区域性行业年报的编制框架应存在差异,本单位年报应全面反映编制单位一年的基础业务数据及成效,而区域性行业年报则应该从整体视角出发体现区域内整体的公共文化服务定位及特色。一开始,广州市文化馆编撰的区域性行业年报框架主要脱胎于本馆年报框架,但实际上区域性行业年报的框架应与本单位年报框架有所区别,因此广州市文化馆也在结合编撰经验不断地摸索和完善区域性行业年报的编制框架。

2.2 形成原因

2.2.1 未充分重视日常数据采集工作

数据的质量主要依托于日常数据采集工作,区域性数据主要来源于各馆的填报和整理,不少数据统计人员认为数据统计只是单纯地将各馆的数据进行汇总和整合,实则不然。文化馆区域性行业年报的数据统计分析工作人员除了需要掌握扎实的统计分析技能,还要熟悉业务开展情况,才能较为敏锐地识别重复数据和异样数据,并进行及时的数据修正。

2.2.2 未开展系统的数据填报培训工作

除了意识上的重视外,数据填报工作的系统培训同样重要。在采集各馆年度数据前,应制定系统、完善、科学的数据填报培训体系,对应该采集哪些数据、数据填报的频次、数据填报的注意事项和易错点进行深入思考并制订周密的培训计划,使得各馆的数据填报员有意识地进入填报状态,统一填报共识,解读采集栏目,从日常工作中提高数据填报质量。

2.2.3 未形成自上而下的统一的数据采集模板

区域性行业年报涉及多馆,总分馆体制下,中心馆、总馆及分馆各自有不同的定位和服务范围,形成了分散的独立的数据孤岛,为将这些数据孤岛串联起来,形成总分馆体制下自上而下的业务数据链条,需要统一的数据采集模板支撑。实践经验表明,只有统一了各馆的数据采集模板,才能最大限度地提高数据采集的质量,做好区域内各馆间公共文化服务的对比与集中展示。

除上述直接原因外,文化馆区域性行业年报数据采集工作存在较多问题的根源在于,目前大多数文化馆尚未建成标准统一的数据自动采集系统,而现有依托数字文化馆或文化云的数据采集系统也难以涵盖文化馆的所有业务领域,因此手动填报依然是大多数文化馆主要的数据采集方式,而各种因手工填报产生的问题也难以避免。因此,解决数据采集问题的关键,还是在于形成以线上自动采集为主的数据采集机制。

3 文化馆区域性行业年报编制工作优化路径

区域性行业年报编制工作中的数据整理环节需要积累大量的实践经验才能最大限度地保证数据的有效性,真实地反映区域内中心馆、总馆和分馆年度公共文化服务成效。笔者结合区域性行业年报编制工作经验,浅议文化馆区域性行业年报编制工作优化的方式

及重点,具体为以下几点:

3.1 完善自上而下的数据采集机制

2024 年 7 月,文化和旅游部全国公共文化发展中心牵头申报的《文化馆服务数据采集要求》行业标准(文化行业标准 WH/T 103—2024)发布,该标准旨在进一步规范各级文化馆(站)的数据采集工作,可见数据采集工作在文化馆基础业务工作中的重要性。结合实际工作经验,建立自上而下的数据采集机制,健全以中心馆为核心、总馆统筹、分馆协同的数据采集体系应注意以下几点:第一,专人专岗,职责到位,设置总馆、分馆数据报送员,以总馆为单位统筹下辖分馆的数据,对分馆上报数据进行初步把关和审核;第二,稳定数据采集模板,确定行业年报需要采集的数据条目及内容,定义采集数据的外延及内涵,统一采集标准;第三,做好数据的取舍工作,将最为关键的数据呈现在区域性行业年报中。

3.2 开展数据相关专项培训

数据报送方面,针对日常数据报送中的易错点进行专项培训。据数据校对工作经验,日常数据报送频繁出现的错误主要体现在以下几个方面:一是重复型数据,跨度较长的活动较容易出现重复报送的错误;二是特殊型数据,特别注意填报的空值和特大值;三是单位型数据,特别注意填报带单位的数据。

数据汇总方面,针对数据的汇总进行专项培训。将月度或季度报送的数据汇总之后,需要进行初步的数据清洗和校对。其一,分馆要校对好报送数据的明细条目是否存在错别字、标点错漏、格式错误等问题;其二,总馆要鉴别数据填报环节中常出现的问题,如重复报送数据、空值、特大值等;其三,中心馆则需要对总馆上报的数据进行二次的清洗和校对。

数据分析方面,针对如何能够更好地展现数据特性进行专项培训。在数据分析过程中,需要辅之以一定的图表帮助数据更为直观地进行展示。值得注意的是,图表并不是越多越丰富越好,在区域性行业年报的编制过程中切忌盲目堆砌图表,而是需要根据数据的特性来选择合适的图表。例如,折线图适合用于展示趋势变化,饼图常用于比例展示,柱状图更多用于差异对比分析。

3.3 稳定区域性行业年报编制框架

行业年报编制框架与日常数据采集息息相关,稳定的数据采集模板来源于稳定的编制框架。可根据多年的编撰经验来逐步稳定区域性行业年报的编制框架,并根据编制的框架稳定日常需要采集的数据模板。基础业务数据模块应涵盖区域内各馆常规性的业务数据,如公益活动、公益培训、精品创作、非遗传承与保护、数字化建设、理论研究、志愿服务、总分馆建设、组织成长等;弹性调整模块主要包括各馆年度创新实践案例及特色活动,体现区域内年度公共文化服务特色及创新举措。基础业务数据模块以数据和图表为主,客观展示区域内各馆公共文化服务成效;弹性调整模块主要以文字表述及案例展示为主,充分展示各馆强项及亮点。

表 1 总分馆制视角下文化馆区域性行业年报编制框架参考方向

模块	维度	具体维度	涵盖内容
基础业务数据模块	公共文化服务	年度概况	主要从宏观上概括区域内各馆年度服务效能及各项业务成果,如党建工作、年度服务人次、非遗工作、数字化建设、志愿服务、制度建设、新馆建设、理论研究、总分馆制建设等方面的数据及总体情况
		惠民活动	重点介绍区域内各馆展览、讲座、演出、比赛等综合类活动的总体情况
		公益培训	重点介绍区域内各馆各类公益培训总体情况,如公益培训的场次、班次、课时、服务对象等
		精品创作	重点介绍区域内各馆群文精品创作情况,如创作数量、类型,特别强调采集总馆与分馆联合创作或总馆指导分馆创作的作品
		跨地区交流	重点介绍区域内各馆跨地区交流情况
	非遗保护	总体概况	从宏观角度概括区域内各馆年度非遗传承、保护及推广工作,重点介绍非遗展览、展演及培训班次总体数据
		服务人次	重点分析区域内各馆非遗各项工作的年度线下、线上服务总人次,侧面反映各区非遗工作覆盖面及广泛度
		基地建设	重点介绍区域内各馆非遗项目传承展示基地数量
	数字化建设	平台情况	聚焦微信公众号、网站、其他视频平台等数字化平台的建设工作,重点关注区域内各馆各类平台的信息发布量、关注量及注册量
		资源情况	回应文化馆评估指标要求,聚焦区域内各馆资源建设情况
	理论研究	论文及著作	统计区域内各馆论文发表情况及著作编撰情况,侧面分析理论研究工作重点、优势及特色
		课题及标准	统计区域内各馆课题申报、标准申报、项目立项方面的情况,反映理论研究专业水平及规范性建设重视程度
		刊物	统计刊物编撰情况,反映资料整理汇编等方面的水平
	志愿服务	志愿者队伍	统计分析区域内各馆志愿者人数情况,如在时间银行、"I志愿"等官方平台注册人数、未在官方平台注册人数,志愿服务场次等
		志愿者服务情况	统计分析区域内各馆志愿者服务情况,如志愿者服务场次、服务时长等基础数据,反映志愿者参与度及活跃度
	总分馆制建设	总分馆建设	统计总分馆建设情况,如分馆类型、数量、面积等基础数据,侧面分析总分馆制建设特色及发展趋势
		群众文艺团队	统计区域内各馆群众文艺团队数量、类型等,反映群众文艺团队特点、优势
	组织成长	馆舍建设及经费投入	统计分析区域内各馆馆舍建筑面积、年度财政投入增减情况,反映文化服务阵地概况及经费保障情况
		队伍建设	统计分析区域内各馆公共文化工作人员编制增减情况及职称评选情况,反映人才队伍建设概况
		获奖情况	主要分为创作类获奖及非创作类获奖,前者主要指表演、辅导、创作等获奖,后者指的是志愿服务、理论研究等非创作类获奖
	年度满意度	群众满意度	通过问卷调查、实地调研等方式,分析群众对区域内各馆各项服务的满意度

模块	维度	具体维度	涵盖内容
弹性调整模块	创新实践	创新案例	统计创新实践案例,分析区域内各馆在群众文化服务及全民普及方面的突破与进步,如数字化建设、数字化宣传、文旅融合、非遗传承与发展等方面的创新做法
	年度特色	特色活动	重点介绍区域内各馆与国家发展主题相关的特色活动,彰显各馆年度服务特点

文化馆联盟：组织协同创新路径研究

秦　黎（湖北省十堰市群众艺术馆）

一、国内文化馆联盟模式述评

（一）文化馆联盟概念及发展趋势

文化馆联盟是由两个或两个以上的行政独立的文化馆为了实现文化资源整合、文化要素的协同、文化服务总量和质量的提升，通过正式协议组建的公共服务一体化平台。文化馆联盟大多采用联席会议制度，由联盟成员轮流组织活动。

2021年文化和旅游部、国家发展改革委、财政部发布的《关于推动公共文化服务高质量发展的意见》的总体要求里又明确提出了"文化事业、产业相融合，建立协同共进的文化发展格局"。各地文化馆联盟以"高质量文化供给增强人们的文化获得感、幸福感"的价值定位，将品质、均衡、开放、融合的公共文化服务的发展观践行在各类文化活动中。

据不完全统计，截至2021年底，我国体制内文化馆联盟（省、市、县）的数量已达98个，较早的有嘉兴市文化馆联盟、深圳市文化馆联盟等。

数据显示：联盟数量在2019年达到顶峰，联盟的发展格局已呈阶段性稳健发展，2019年之后，联盟增量减缓，综合发展指数仍趋于上升阶段。

（二）文化馆联盟类型及特征

从文化战略部署、宏观经济布局、公共文化服务范围等维度来划分，主要有以下几种类型：

1. 以国家战略为核心的文化馆联盟

随着丝绸之路经济带、京津冀协同发展、长江经济带发展、粤港澳大湾区建设、长三角一体化发展、黄河流域生态保护和高质量发展等重大项目的颁布，以及中国四个经济增长极的圈定：粤港澳大湾区、长江经济带、京津冀经济圈、黄河经济带，以国家战略为核心的文化馆联盟陆续成立。

2014年陕西省艺术馆发起成立"丝绸之路经济带西北五省区文化（艺术）馆发展战略合作联盟"。

2015年北京文化艺术活动中心（北京群众艺术馆）、天津市群众艺术馆和河北省群众艺术馆共同签署了《京津冀三省（市）群众艺术馆（中心）协同发展合作协议》，2018年联盟已发展到14家单位。

2018年，遂宁市文化馆、阿坝州文化馆等12家文化馆联手成立了川渝泛涪江流域公共文化馆联盟。

2019年7月，沪苏浙皖三省一市的近百名文化馆在浦东成立了长三角城市文化馆联盟，共有139家成员单位结合本地域文化特色共育文化品牌，搭建了统一的资源、创作、培训、数字、研究平台。制作线上线下相结合的长三角城市文化旅游（非遗）地图，聚焦文化空间打造、启动"长三角城市文化馆联盟人才培养计划"，形成复合型的群文人才、探索数字化意见收集及反馈机制。以上海为龙头，在推动区域文化一体化发展和文化馆服务创新等方面，为我国提供了全新的示范和样本。

同年，在石河子成立了天山北坡经济带文化馆联盟，着力打造兵地文化融合的平台；京杭大运河沿线城市文化馆合作发展联盟成立；由广州、深圳等9市文化馆共同发起成立了珠三角城市文化馆联盟，与长三角城市文化馆联盟签订了跨区域合作协议。

2020年5月，成渝区域文化馆联盟成立，首批成员由成都、重庆两地15个区级文化馆组成。

2021年4月，湘鄂赣毗邻地区文化旅游产业发展联盟成立后，以文化馆为主体的湖北省十堰市群艺馆、襄阳市群艺馆、保康县文化馆、随县文化馆、神农架林区共同发起成立"襄十随神"文化馆联盟。

伴随着"十四五"文旅发展规划的制定，文化产业带的发展战略开始带动新一轮的文化馆联盟的兴起。经济带和文化产业带双轮驱动，事业和产业并驾齐驱，通过联盟的合力将区域协调发展战略和文化惠民工程落到实处。

以上联盟的空间分布是以全国中心城市、都市圈、城市群为规划背景，以推进区域城乡文化产业协调发展为逻辑而发展起来的。从南丁格尔图表分析看出，9个经济带文化馆联盟（加入成员数）的占比中，长江经济带的4个文化馆联盟占了总量72.63%，长三角与珠三角城市群保持领先，其他经济带文化馆联盟的数量占比偏小，与京津冀城市圈的差距逐渐拉开，全国文化馆联盟的整体平衡性不够。

2. 以数字化为平台的文化馆联盟

2015年12月"京津冀数字化文化馆联盟"在石家庄成立，三地100家文化馆共同搭建公共文化数字化平台；2017年，四川省文化馆与21家市（州）文化馆以及21家区（县）文化馆成立的数字文化馆联盟，覆盖全省。避免了重复建设、实现省内艺术资源的整合共享，以及平台的标准化，解决了资源分布不均、发展不均衡等问题，突破时间、空间限制，实现了公共文化服务多元互动。

2020年广东公共数字文化馆联盟成立。目前，数字文化馆建设工程在文化和旅游部全国公共文化发展中心的组织下，国家公共文化云平台已实现了全行业数字文化馆联盟，形成辐射基层的公共数字文化服务。国家公共文化云平台是数字文化馆联盟的最大化平台，它整合了全国超大体量的公共文化资源，成为推动全国文化馆（站）数字化建设的主阵地。

3. 以场景化设计为支撑的文化馆联盟

以场景化设计为支撑的文化馆联盟大多为跨界联合,是各种文化形态和行业之间建立的互融、借力,为公众提供优质的文化服务。

2017年,广东省佛山市文化馆、图书馆、博物馆等9家公共文化场馆联合成立了佛山市公共文化设施联盟。

2018年,北京市大兴区域内文化馆、博物馆、图书馆、科技馆等馆藏单位组成了大兴区馆藏文化联盟,整合了馆藏文化资源,形成功能齐全的发展共同体。

2020年,岳阳市群众艺术馆、美术馆、图书馆、档案馆、博物馆、岳阳楼公园管理处等10家单位成立了馆园联盟。避免了湖湘文化产品同质化,形成各具特色的馆园网红打卡地。

此类联盟以场景的重构,为公众提供更多的价值和更完整的体验,在注意力经济的时代,文化馆联盟的创新发展需要场景设计力赋能文化空间,相对于数字化或是在地化文化资源,最为稀缺的资源是公众的注意力,文化馆联盟实现价值增量的检验标准,最为直接的就是场景化给公众带来的有效时间内新的审美和新的需求(场景订阅)。

4. 以活动品牌为主题的文化馆联盟

以非遗项目、培训、演艺、全民艺术普及、志愿者服务等为主题的文化馆联盟,突破地域壁垒,为公共文化服务提质增效贡献了形态各异的范本。此类联盟是在公共文化运作中垂直领域的深耕,同时也是群众文化业务专业化的本质体现,是以群众文化细分赛道为内容的组织协同。

2015年由湖南省文化馆发起创立的"全国文化(群艺)馆9+2区域合作论坛"品牌活动次年又成立了"全国文化(群艺)馆9+2区域合作联盟",开展的群众文化理论与实践研讨和文化资源项目的互动共享等方面的交流与合作。2017年,由岳阳长乐、郴州宜章等五地文化馆联合成立湖南抬阁故事联盟。抬阁是国家级非物质文化遗产。联盟定期轮流承办"抬阁"文化节,为保护和传承非遗项目、产业融合发展提供了空间,成为打造文化古镇、旅游名镇、故事特色小镇的重要支撑。

以文艺展演为内容的联盟:全国部分文化馆联盟优秀合唱团展演、以陕甘蒙晋赣五地文化馆联盟的形式下举办的河套文化艺术节演出活动等。2020年全国县级文化馆联盟以"决战决胜脱贫攻坚"为主题摄影展启动,16家县级文化馆实现线上线下联动并参展作品在全国多地文化馆巡回展出。

公益性全民艺术普及表演艺术类培训联盟比较典型的有:寿光市文化馆打造了全新的公益性全民艺术普及社会联盟、温州市文化馆及所辖12家一级文化馆全部成立表演艺术类培训公益机构大联盟、佛山市文化馆推出的一项创新性联盟:佛山市文艺社团联盟发展中心等。培训业务联盟:浙江省文化馆培训联盟,联盟体系包括省市县三级,为全国文化馆业务培训树立了标杆。

5. 以行政管辖区域为要素的文化馆联盟

2012 年嘉兴市文化馆联盟成立，并制定了"会议联席、活动联办、培训联做、平台联建、场地联用"为主要内容的工作机制，成为全国文化馆联盟的雏形。

2015 年，深圳市文化馆与各区文化馆一起成立了"深圳市文化馆联盟"。联盟设品牌活动、理论研究、培训辅导、艺术创作、数字化建设五个专业委员会，探索出具深圳特色的文化馆总分馆制体系，为全国文化馆行业提供了经验和示范。

此后，陕西省、广东省、内蒙古、安徽省、江西省相继成立文化馆联盟，从 2012 年至 2021 年，全国以行政管辖区域为要素的文化馆联盟已达 34 家。

（三）文化馆联盟分布规律

文化馆联盟在数量分布上以品牌活动为主题的联盟为最，其次是以行政管辖区域为要素的联盟。品牌活动作为公共文化服务创新发展的载体，多集中在市、县（区）级联盟，统筹推进公共文化服务均衡发展的任务是以行政管辖为要素的联盟的核心任务，市级的联盟所占比例为最，整体上与城市综合竞争力高度契合。赛迪顾问城市经济研究中心发布的《2021 城市综合竞争力百强研究》中围绕经济规模、发展质效、综合活力、创新势能、共富共享、城市能级六个维度对我国 293 个地级市（不包括直辖市及港澳台地区）发展水平进行综合排名来看，前十城市加入文化馆联盟的数量呈东强西弱、南强北弱的局面，与文化产业带的发展呈同步推进的局面（较高协同度）;从 2021 年文旅产业综合评价前十城市加入文化馆联盟数量来看，文化馆联盟与文化产业带的发展呈现协调一致的局面（较高协同度）。从文化产业带与文化馆联盟的相关性可以判断，文化馆联盟是文化产业提质增效的生力军，区域联动激活了生产要素的价值实现，为文化馆拓展业态边界提供了机会。

二、组织协同理论简述

组织协同理论由罗伯特·卡普兰和戴维·诺顿提出的战略执行的方法论。该理论认为集团总部承担组织协同的责任，企业高管制定集团层面的战略图和计分卡的方法。他们通过大量案例和图表介绍了"企业价值定位"以及企业创造协同的原则、工具，用平衡计分卡的四个维度（财务、客户、流程、学习和成长）来组织实施高层战略。通过跟踪、管理战略执行流程，达成组织目标的完成，通过共享各战略伙伴及部门资源及通用流程，为客户创造科学有效的解决方案，并在合理利用各种专业知识的前提下为组织产生效益。强调在战略执行领域平衡记分卡并不只是衡量绩效的工具，而是囊括了整个执行过程和结果的工具。

组织协同理论总结了成功执行战略的四项基本任务:（1）需要描述战略;（2）衡量战略执行;（3）管理战略执行必须遵循的原则（推进、转换、协同、激发、治理）;（4）对战略执行的持续监督、调整和完善。

三、基于组织协同理论下的文化馆联盟创新发展路径

（一）文化馆联盟的整体战略协同重点、难点分析

目前,中国文化馆联盟所面临的挑战在于:机制协同的前提下,如何将不同地域的文化馆业务单元有机地协同在一起,优势互补,提高文化软实力,确保公共文化服务效能的发挥和文化战略执行的成功。以城市为主体的文化馆联盟各成员单位在与政府、企业、旅游市场、文化技术、资源配置、智库等全方位的组织协同显得尤为重要。特别是以下几个层面的协同:

1. 从顶层设计层面

在中国城镇化建设和文化领域新旧动能转换的时代背景下,中国城市面临新一轮洗牌,文旅融合又拓展了文化馆的服务边界,文化和旅游部《"十四五"文化和旅游发展规划》中强调"建立健全文化和旅游发展的部门协同机制,推进改革举措系统集成、协同高效,打通淤点堵点,激发整体效应""结合国家重大战略加强非物质文化遗产保护传承,建立区域保护协同机制"。文化馆联盟协同发展从制度变革、结构优化、要素升级的供给侧结构性改革面向,亟待提升的空间很大,文化馆联盟坚持供给侧结构性改革的战略方向,提升供给体系对文化需求的适配性,政府部门的协同在于能否建立行之有效的区域利益协调机制,从根本上推动文化馆联盟的长足发展。

2. 从文化治理层面

文化馆联盟联席制、协商制缺乏异地办公同城化管理的指导性理论、以项目制为核心的工作机制、服务标准尚未健全。因地域差异,各地行政决策事项目录缺乏一致性,战略导向型基础研究组织模式还没有建立起来,对文化馆联盟协同发展能力指数评价体系缺乏及时的建构,缺少协同度的量化测算、评估。组织协同过程中需要有统一的政策保障才能如期完成联盟的公共文化服务项目,特别是专项经费的拨付及绩效考核的路径不一,各职能部门监管能力供给不足。因此打造适配创新战略的联盟尤为关键。

3. 从技术体系层面

随着数字时代文化模式的变化,以技术驱动和价值导向打造繁荣的文化生态,是文化馆联盟创新发展的基础。利用数字科技对特色文化资源的创新表达、传播、普及也是文化馆联盟的重要功能。联盟的发展规划和科学合理的分工体系亟待明晰,信息交流与横向协作力度、文化技术数据的深度洞察与贯通、科学应变能力等都应纳入战略分析的范畴。当前,文化馆联盟的行业大脑(国家公共文化云平台)与不断迭代演进中的各省市城市大脑的互联互通尚未打通,数据壁垒依然存在,跨部门多场景协同应用成熟度不够,信息调度及细致的专项应用不足,利用城市大脑对文旅活动中的应急事件的处理效率尚待提高。

4. 从文化资源层面

对于文化资源的划分,业界有很多种划分标准,《文化馆服务标准》的分类包括:硬件

资源、人力资源、信息资源、品牌资源和经费资源。文化产业对此的分类标准包括:物质文化资源、非物质文化资源、自然文化资源和智能文化资源。鉴于文化馆联盟的服务功能的拓展和对文化资源开发利用所产生的绩效评价,很有必要构建与之对应的文化资源开发效益评估指标体系,目前文化馆行业标准里尚需完善这方面的内容。

(二)文化馆联盟创新发展的组织协同技术应用

1. 平衡积分卡:打造协同管理新工具

从 2007 年文化部颁布《文化标准化中长期发展规划(2007—2020)》至今,各地文化馆的标准化体系建设已进入了新的阶段,硬件建设和软件建设还需不断完善,各地之间文化治理能力的差异依然存在。文化馆联盟在协同管理中如何从无序到有序,在新的生态空间,找到价值共创,运用平衡记分卡创造联盟合力,可以将协同作为一个流程进行管理,通过价值链整合与延伸,扩大文化馆联盟的价值贡献。平衡记分卡的协同效应包括四个方面:财务、客户、流程、学习和成长。平衡记分卡常常作为战略管理的核心工具,通过执行层的领导力将战略转化为可操作的语言,使组织和战略协调一致、常态化、流程化。在"襄十随神"文化馆联盟战略协同案例中,采用项目负责制,支持单元业务(如建构艺术普及师资库)通过系统化流程达到组织协同从而创造文化价值。

①根据文化馆联盟战略:湖北省委《关于推进"一主引领、两翼驱动、全域协同"区域发展布局实施的意见》中的文化发展目标。②支持单元建立协同执行战略,全面化战略职能:"襄十随神"城市群群文一体化发展,由襄阳市群众艺术馆牵头,出台《"襄十随神"文化馆联盟艺术普及师资库若干实施意见》。以行业领军人物为主,在汉江流域经济带,实施文化人才战略。战略举措:建设一支四地共享的艺术普及师资队伍,培育文化"名家",为联盟提供人才支撑和智力保障。通过完善战略化人力资源设计与服务,利用信息资本,形成文化专业技术人员的共培共享机制。联盟在每年财务预算的时间节点召开会议,与职能部门协同,以确保下一年度各单元所需资源和战略性行动方案都在预算的决策中,并且能确保项目经费的拨付到位(财务协同)。③评估自己部门行动方案的实施结果,完成循环。评估方法一般采用第三方评价机构(客观性)依托大数据对项目进行技术统计、分析(科学性),促进需求与服务的良性互动,从战略协同到职能部门协同形成一个闭环。④最终达成联盟工作目标。

2. 产学研结合:集聚公共服务新动能

产学研合作的创新模式,是世界各国普遍采用的技术创新体制。这一体制有利于充分发挥产、学、研三方的各自优势,形成创新合力。2019 年 12 月,位于粤港澳大湾区中心的东莞市,作为国家公共文化服务体系示范区和珠三角文化馆联盟成员单位,被选为国家文化和旅游研究基地,并成立了基地学术委员会,基地研究智囊团由国家文化和旅游公共服务专家委员会、公共服务机构、高校科研机构等相关专家组成。东莞市文化馆基地与广州、深圳、珠海、佛山、肇庆、惠州、中山、江门等八个城市文化馆,以及东莞理工学院文学与传媒学院、上海浦东新区文化艺术指导中心分别签署实验基地合作协议,设立 10 个实验基地。同时,珠三角城市文化馆联盟还与长三角城市文化馆联盟展开了跨区域合作。

在联盟协同创新的整体架构中,公共服务机构、高校科研机构作为直接主体参与研发,文化和旅游部作为间接主体给予协同支持;在多元直接主体之间,发挥各自功能优势,资源共享、协同攻关,逐步形成一体联动、协同发展的新格局,"成为服务于国家战略和地方发展的重要智库"。

3. 文化元宇宙:赋能创新发展新场景

元宇宙概念的源头是美国科幻作家尼尔·斯蒂芬森的 1992 年所写的科幻小说,其描绘的跨越不同平台的沉浸式共享空间体验。《雪崩》里用户在 Metaverse 中使用第一人称视角,并拥有一个自己的虚拟替身 Avatar,用户可以自由定义 Avatar 的形象。元宇宙是互联网的迭代与升级,海外科技与互联网巨头前瞻布局有 Meta、Microsoft.Nvidia、Roblox、Unity 等;国内元宇宙赛道的竞争已拉开序幕,疫情加速虚拟内容发展,线下场景:如虚拟现场音乐会、虚拟会议室、仿真旅游等数字化趋势显著。国内政府部门从上到下积极面对元宇宙带来的时代机遇与挑战,上海、武汉等先发城市已将元宇宙技术写进政府工作报告和产业规划中。

广东省越秀区文化馆(非遗中心)创新推出广府庙会元宇宙,广府庙会元宇宙将千年古道、骑楼、广州城隍庙等广府元素符号和中国联通虚拟数字人伊依和咏声动漫打造的动漫明星猪猪侠作为文化数字推广大使带游客进入高仿真的北京路三维空间,在交互式体验中感受虚拟场景带来的新奇。在这个线上虚拟的公共文化空间里加入了非遗文化传承项目及文化展览、展演。通过粤语讲古、粤剧名曲了解广府,民俗文化用元宇宙的玩法成功出圈。

江苏省无锡拈花湾文旅首次与元宇宙结合,禅意小镇利用 AR、5G 高新视频技术,进行数字化升级,重新定义了文化消费场景。以景区地标拈花塔为视觉核心,专业团队精心打造的璀璨夜游体验,将声电光影完美组合,打造沉浸式链条化的游玩打卡地,成为"首批国家级夜间文化和旅游消费集聚区"。

在以上文化馆或文化企业元宇宙落地场景的应用中,极致沉浸 + 交互的体验都是通过高科技多媒体的重投入实现。而元宇宙成为创新驱动发展的先导力量,未来行业对元宇宙的依存度会越来越高,文化馆联盟倡导的资源整合、联动、共建、共享理念正好契合元宇宙实时互联协作技术的设计:如效率提升(生活、社会、科技迭代等)和成本降低(人力成本、资源成本、时间成本、交易成本等)。加之元宇宙的核心进化是促进了价值的自由流动,成为去中心化分布式的自治组织。文化馆联盟的组织形态与元宇宙嫁接,是基于联盟能够在元宇宙的去中心化设施的支持下做出高性能的公共文化服务。因此,布局文化元宇宙,需要文化馆联盟运用公共政策,营造创新环境,"积极拥抱、谨慎前行",关注基于核心竞争力的文化馆业务模式创新,从元宇宙的价值链出发,把脉人类行为模式的变化,在新的平台、新的美学空间和审美范式中,打造更符合人民群众需求的文化产品,引领社会审美风尚的提振,彰显中国特色社会主义的文化力量。

综上,文化馆联盟在从创生到发展,再到成熟,经历了国家不同时期的经济发展水平与公共文化服务水平的巨大变化,在均等化服务的目标协同中,探索出了许许多多创新路径,并示范引领着全国各地的文化馆联盟的基层实践。品牌化战略推动了文化馆联盟空间格局的优化和服务效能的提升;城市化进程对文化馆联盟可持续发展提出了更高的要求;文化元宇宙的布局为文化馆联盟的未来展开了更加宏阔的叙事愿景。

文化馆短视频内容的生产路径研究

——以七家省级文化馆的抖音短视频作品为例

余　丹　刘晓山（重庆市北碚区文化馆）

当下，我们正置身于海德格尔所谓的"世界图像时代"[1]。各种新兴媒介对图片、影像进行了批量生产与广泛传播，移动互联网更是进一步开拓和延伸了人们的感官空间，使得"观看"成为一种潜移默化的生活方式，以视觉为主导的文化形态成为一种历史必然。在此背景下，短视频社交平台应运而生，近几年的发展更是异军突起。相关数据显示，截至 2021 年 12 月，短视频用户规模 9.34 亿，使用率高达 90.5%[2]。显然，短视频正在引领人们的网络生活，成为视觉内容生产与传播的主渠道。再者，随着当今社会的结构化转型，我国的文化事业迎来了工作重心的转变——由"文"的创造转为"化"的实施。只有把"化"做好了，群众需求才能够充分满足，文化价值才得以充分彰显。可见，若要实现以文"化"人，文艺工作者的力量尚且不足，必要的媒介工具理应涉入，应用短视频正是文化传播中的应有之义。

现阶段，作为公共文化事业的"排头兵"，文化馆紧跟数字时代的步伐，争先入驻短视频平台开展探索，延展内容传播渠道和改变内容生产形式。诚然，这些努力让人敬佩、令人欣慰，但仅做出努力仍然不够，它只是成功的必要不充分条件罢了。在笔者看来，相较于做出努力，找准努力的方向更为重要。基于此，笔者想通过此文思考以下问题：文化馆短视频内容的生产现状如何？哪些类型的短视频内容更具传播潜力？这些内容又有什么特征？它们背后隐匿着怎样的生产路径？围绕上述问题，本文将致力于从现实经验中寻求答案，为当前文化馆的短视频内容生产指明方向。

1　文化馆短视频内容样本的选择与确定

1.1　内容样本的选择

鉴于本文的研究对象是文化馆短视频内容，为了保证内容样本的代表性和广泛性，笔者在选择时着重考虑以下两方面：一是短视频头部平台，二是地区示范性文化馆。基于此，本文一方面将抖音短视频平台作为观察渠道。数据显示，2020 年 3 月，抖音的活跃用户达 5 亿人，在短视频平台排行第一，作为头部平台的优势明显[3]。此外，抖音短视频平台面向全年龄段受众，与文化馆的公共属性和群众立场相契合。另一方面，本文将选取省级文化馆作为内容发布主体。主要考虑是，省级文化馆能够发挥地区龙头示范作用，反映整个地区普遍的文化形态；不同省市的文化馆植根于特定的地理人文环境，又能展现个性化的文化特质，从而保证总体内容样本的丰富多元。

遵循上述思路，本文纳入"地区"因素，以国内七大地理行政区划（港澳台地区除外）为依据，即华北地区（北京、天津、河北、山西、内蒙古），东北地区（辽宁、吉林、黑龙江），华东地区（上海、江苏、浙江、安徽、福建、江西、山东），华中地区（河南、湖北、湖南），华南地区（广东、广西、海南），西南地区（重庆、四川、贵州、云南、西藏），西北地区（陕西、甘肃、青海、宁夏、新疆），选取上述地区中各个省级文化馆（共计 31 个）的官方抖音作品作为内容样本。之所以将港澳台地区排除，是因为该地区的文化体制有别于内地，且笔者对此缺少具体感知和深入了解，目前难以客观分析和阐释相关内容。

1.2 内容样本的确定

根据上文，全国 31 个省级文化馆（港澳台地区除外）的官方抖音作品被初步选作内容样本。接下来，笔者将结合本文的研究问题确定最终的内容样本。鉴于本文关注的是文化馆短视频内容的生产情况，笔者首先需要对上述各省级文化馆的短视频内容进行整体观察，并以作品总数、粉丝总数、获赞总数、每个作品的平均获赞数（＝获赞总数／作品总数）作为参考指标，通过相应数据来反映当前各省级文化馆短视频内容生产的数量与质量。主要考虑是，作品总数可作为数量指标，直观反映内容生产数量的多少。粉丝总数、获赞总数、每个作品的平均获赞数能集体反映内容的传播程度，从而作为质量指标综合衡量内容生产的质量；因为内容生产的质量越高，其传播程度通常就越高。截至 2022 年 3 月 20 日，全国 31 个省级文化馆抖音短视频内容的生产情况如下，具体参见表 1。

表 1　全国 31 个省级文化馆抖音短视频内容的生产概况

地区	序号	文化馆官方抖音账号名称	数量指标	质量指标		
			作品总数／个	粉丝总数／人	获赞总数／次	每个作品的平均获赞数／次
华北地区	1	内蒙古自治区文化馆	341	2169	7084	21
	2	山西省文化馆	25	2369	28000	1120
	3	天津市群众艺术馆	257	2512	12000	46
	4	北京市文化馆	534	4898	28000	52
	5	—	—	—	—	—
东北地区	6	黑龙江省群众艺术馆	55	2211	18000	327
	7	辽宁省文化馆	108	4273	6718	62
	8	吉林省文化馆	47	108000	6703	142

地区	序号	文化馆官方抖音账号名称	数量指标		质量指标		
			作品总数 / 个	粉丝总数 / 人	获赞总数 / 次	每个作品的平均获赞数 / 次	
华东地区	9	江西省文化馆	22	239	1006	46
	10	上海市群众艺术馆	340	1564	8686	26
	11	安徽省文化馆	674	3471	74000	110
	12	山东省文化馆	95	6232	3985	42
	13	浙江省文化馆	469	11000	39000	83
	14	—	—	—	—	—
	15	—	—	—	—	—
华中地区	16	河南省文化馆	50	293	464	9
	17	湖北省文化馆	120	2403	877	7
	18	湖南省文化馆	338	9763	14000	41
华南地区	19	广东省文化馆	5	207	274	55
	20	广西壮族自治区群众艺术馆	25	334	2562	102
	21	海南省群众艺术馆	279	2171	7833	28
西南地区	22	四川省文化馆	140	873	1228	9
	23	西藏自治区群众艺术馆	61	2699	18000	295
	24	重庆市群众艺术馆	97	2919	34000	351
	25	云南省文化馆	189	3374	56000	296
	26	贵州省文化馆	51	3734	68000	1333
西北地区	27	甘肃省文化馆	2	17	5	3
	28	宁夏回族自治区文化馆	76	218	1629	21
	29	—	—	—	—	—
	30	—	—	—	—	—
	31	—	—	—	—	—

注:表中序号 5、14、15、29、30 分别指河北省、江苏省、福建省、陕西省和新疆维吾尔自治区文化馆,由于上述五省文化馆暂未开通官方抖音账号,故相关数据显示空缺;序号 31 指青海省文化馆,由于该账号暂未进行官方认证,无法确定内容真伪,故不将其纳入统计。

如表 1 所示,从数量指标上看,全国各省级文化馆发布的作品数量高低不一,作品数最低为 2,最高可达 674,总体情况呈现出不均衡、两极化的特征。从质量指标上看,各馆吸粉的能力总体有限,只有极个别的粉丝总数能够上万;各馆作品的获赞总数普遍上千、少数破万,每个作品的平均获赞数大多低于三位数,少部分的能够破百乃至上千。相较于其他视频而言,内容的整体传播效果相对不足,内容的生产质量仍有待提高。

与此同时,笔者注意到各馆短视频内容的生产情况存在明显分化。少数文化馆表现突出,相关内容数据亮眼,极具研究价值,比如华中地区的湖南省文化馆、西北地区的宁夏回族自治区文化馆、西南地区的贵州省文化馆。这三个文化馆在各自地区都属于一枝独秀,相关内容数据都呈现出"三高"的特点,即粉丝总数高、获赞总数高、每个作品的平均获赞数高,这表明上述三个文化馆的短视频内容极具代表性,值得进一步探究。

不仅如此,笔者还发现了一些特例。比如华北地区的山西省文化馆,即使粉丝总数不高,仅为2369,比不上北京市文化馆的4898,但获赞总数却能与其持平,达到28000。更重要的是,该馆的作品总数最少,只有25个,却能通过少量作品实现高点赞量,使得每个作品的平均获赞数高达1120,这意味着该馆短视频内容的整体质量高。类似的还有东北地区的黑龙江省群众艺术馆、华东地区的安徽省文化馆、华南地区的广西壮族自治区群众艺术馆,它们的内容数据同样引人关注。

综上,笔者最终确定了以下更具研究价值、更契合本文问题的内容样本,即山西省文化馆、黑龙江省群众艺术馆、安徽省文化馆、湖南省文化馆、广西壮族自治区群众艺术馆、贵州省文化馆、宁夏回族自治区文化馆所发布的抖音短视频作品。

2 文化馆短视频内容生产的取向与路径

2.1 内容生产的取向

在选择和确定内容样本后,笔者开始探究上述七个省级文化馆在抖音平台上发布的短视频内容,首要关注的便是作品的获赞数据。关注获赞数据的原因在于,点赞行为可以被看作是受众满足自身需求的一种媒介"使用"方式。根据"使用与满足"理论,受众被看作是有特定"需求"的个人,其接触媒介的行为可理解成,基于特定的需求动机来"使用"媒介并"满足"自身需求的过程[4]。也就是说,短视频作品的获赞数越高,意味着受众在"使用(观看)"短视频的过程中获得的满足程度越高。一言以蔽之,获赞数据能反映出受众对特定媒介内容的需求程度。据此,笔者整理并汇总了七家省级文化馆抖音短视频作品的获赞数据,详情参见表2。

表2 七家省级文化馆抖音短视频作品在各获赞数据范围内的个数

作品获赞的数值范围(次)	0—499	500—999	1000—1499	1500 及以上	总计
山西省文化馆(华北地区)	22	0	0	3	25
黑龙江省群众艺术馆(东北地区)	40	14	1	0	55
安徽省文化馆(华东地区)	662	7	0	5	674
湖南省文化馆(华中地区)	334	4	0	0	338

续表

作品获赞的数值范围（次）	0—499	500—999	1000—1499	1500 及以上	总计
广西壮族自治区群众艺术馆(华南地区)	23	1	1	0	25
贵州省文化馆（西南地区）	36	7	2	6	51
宁夏回族自治区文化馆（西北地区）	76	0	0	0	76
总计	1193	33	4	14	1244

注:表中的数字是指各个省级文化馆收获不同范围点赞数的短视频作品数。例如,第一行中的数字 3 表示,山西省文化馆获赞数为 1500 及以上的短视频作品数是 3。

根据表2,七家省级文化馆的短视频作品共计 1244 个,其中 1193 个作品的获赞数不超 500,占比高达 95.9%。只有少部分短视频作品的获赞数能够超过 500 乃至上千,成为相对意义上的热门内容;热门短视频作品共计 51 个,其中来自黑龙江省群众艺术馆和贵州省文化馆的作品最多,各有 15 个。毋庸置疑,文化馆的短视频内容都能或多或少地吸引受众关注、满足受众需求。但是,如何生产出更贴近受众需求、更易触达受众的短视频内容是亟待思考的下个问题。对此,我们可从现有的热门短视频作品（获赞数据≥ 500）中窥见些许线索。通过提炼与归纳这类作品的内容取向,笔者总结出以下七种类型,见表3。

表3 七家省级文化馆热门短视频作品的内容取向

内容取向	取向特征	典型例子	获赞数据
1. 民俗文化	这类内容主要展示当地特有的民俗文化,例如东乡武术、黄梅戏、青阳腔等	安徽省乡村达人秀——《东乡武术》	868
		2021 山西省锣鼓大赛	4189
		黄梅戏《谁料皇榜中状元》	5066
		青阳腔《情断马嵬》	8111
2. 艺术普及	这类内容侧重于向广大群众普及专业艺术知识或传授技艺,例如学乐理、学瑜伽、学东北大鼓等	黑龙江公共数字文化线上辅导课程——《简谱与视唱》	1270
3. 群众生活	这类内容大多贴近群众生活,结合时事背景,以群众耳熟能详、喜闻乐见的内容和形式为主,例如广场舞、全民抖音创作大赛等	男声独唱《我和我的祖国》	529
		"艺抗疫情云游湖南" 情景舞蹈《最美的选择》	694
		2021 山西省广场舞大赛	4590
		山西乡村村晚大比拼	19,000
		贵州省首届全民抖音创作大赛宣传视频	36,000
4. 少儿文艺	这类内容聚焦于青少年群体,重点展现传统艺术中的新生代力量,例如少儿京剧、少儿舞蹈等	群舞《小马奔腾》	516
		少儿戏曲舞蹈《京腔京韵娃娃情》	600
		少儿京剧《薪火相传》	811
		少儿舞蹈《自古英雄出少年》	8019
		黄梅戏少儿表演唱《校园盛开黄梅花》	9354

内容取向	取向特征	典型例子	获赞数据
5. 传统节日	这类内容大多以中国传统节日为背景,着重呈现节日相关的系列主题活动,营造良好节日庆祝氛围	2020 年迎中秋庆祝国庆《我和我的祖国》咏诵专场晚会	671
		《端午节诗咏汇》	1599
		贵州省文化馆重阳节敬老爱老主题活动	5925
		"我们的节日·云读山水"公共文化进景区暨贵州省全民阅读推广活动	7384
6. 非遗文化	这类内容主要展示当地特有的非物质文化遗产,例如非遗美食等	广西东兴市京族鱼露制作工艺	1052
7. 业务展示	这类内容侧重于反映文化馆的工作日常,介绍馆内的业务部门和活动开展情况	贵州省文化馆业务形象展示宣传片	1412

2.2 内容生产的路径

从上文可知,获取高点赞量、成为热门的文化馆短视频作品,在内容上多聚焦于民俗文化、艺术普及、群众生活、少儿文艺、传统节日、非遗文化和业务展示这七个取向。换句话说,相较于其他取向而言,基于上述七个取向制作而成的短视频作品更具传播潜力、更易触达受众。基于此,笔者不禁想问:这些内容取向赢得受众偏好的本质原因是什么?热门内容的生产是否存在路径可循?怎样的路径更有助于建立受众与内容的联系呢?要回答这些问题,我们只能从作品内容本身寻求答案。通过进一步的观察与分析,结合作品相关的评论反馈,笔者最终探寻出短视频内容生产的三条路径,它们之间彼此勾连、相辅相成,都对文化的视觉化和社会化传播大有裨益。

2.2.1 符号路径:构建文本意义

究其本质,短视频是一种视觉符号文本,呈现出开放性与多义性的特征。而受众具有一种"眼力",一种根据自身经验解释图式的"悟解能力"[5]。这意味着,受众对短视频的"观看"实际上是"符号解码""意义解读"的过程。从这一角度来看,要提升文化内容的传播力,首要的是增强视觉符号文本的"可读性",即受众一"看"便懂、一"眼"便知的文本意义。构建这样直观易懂的文本意义,离不开各种视觉符号的编排组合与有效拼贴。比如,少儿文艺类的短视频内容非常注重人物符号的凸显。这类视频多采用近景、特写镜头,聚焦少年儿童的可爱脸庞和灵动姿态,配合定制的服饰妆容与贴切的音乐舞蹈,直观展现出一个个活力四射、青春洋溢甚至是"反差萌"的人物形象,使得"萌"成为一种有趣的传播介质,而"可爱"成为直抵人心的力量[6]。

除了凸显某一种符号,各种符号还可以任意拼贴糅合,让文本成为多重符号交织而成的意义集合体。比如贵州省文化馆业务形象展示的宣传片,有意识地将角色鲜明的人物符号与各种场景符号相结合:在宽敞明亮的排练厅里,温柔美丽的老师正在悉心教导努力学习跳舞的阿姨;忙于公务的馆员一会儿在会议室里热烈讨论,一会儿又在办公室里奋笔疾书;挂满艺术画的屋子里,艺术家们正在涂抹色彩、潜心创作等等。这些混合和碰撞着的视觉符号,营造出文化馆特有的生活气息和人文环境,构建出"精神家园""文化港湾"的文本意义。加上第一视角镜头的身临其境感,受众从中能够获得一种"功利性"的快感,即一种感官刺激与解码愉悦的双重快感 [7]。

2.2.2 仪式路径:构建文化场域

根据传播的"仪式观",詹姆斯·凯瑞认为,传播的作用不仅限于功能上的信息传递,还在于构建并维系一个有秩序、有意义、能够用来支配和容纳人类行为的文化世界。或者说,传播其实是创造、修改和转变一个共享文化的过程;它强调"共享性",看重将人们以团体或共同体的形式聚集在一起的神圣典礼 [8]。基于这一视角,受众观看短视频不仅仅是"获取信息"的行为,还能被视为"参加仪式"的表现。

上述表明,我们可以借助媒介构建共享文化,推动文化意义整体性的生产。因此,我们应当注重营造受众接触短视频时获得的"参与感",或者说观看的"仪式感"。这一点在传统文化短视频的内容生产中体现得淋漓尽致,其中贵州省文化馆发布的系列传统节日的主题活动视频不失为优秀典范。比如在端午节主题活动的视频中,山水、诗词、汉服、古琴、笛子等符号融为一体,一起作用于受众的视听感官;赏山看水、咏诗吟赋、吹笛弹琴等活动层层推进,共同形塑了观看的仪式感。通过感官与信号的持续交互,这一文本情景与观众的认知经验成功建立连接,使得观众能够进入特定的历史空间,获得"在场"般的沉浸式体验,"切身"感受那时的氛围、情绪与记忆。

同样,非遗文化类的视频也致力于营造观看的仪式感、构建特定的文化场域。这是因为,观众能够通过想象的方式参与到剧情的虚构世界中,从中汲取快感 [9]。正因观众有能力将作品所建构的时空与当下身处的现实联系起来,他们的自我意识才能穿梭于叙事内外,才能在被构建的文化场域中激活当下的共享经验和集体记忆。以广西京族东兴鱼露的非遗短视频为例,视频内容重点展现鱼露的历史渊源、制作工序和食物特色,辅以生活化的场景和传承人的自白,成功地激活了广西京族人所共享的美食记忆。这种"共享性"从评论中可见一斑,"好香好甜""好物""我的最爱""唯有客家人懂"诸如此类的评论便是最佳例证。

2.2.3 情感路径:构建价值认同

要让文化"活"起来,最基本的要求是与公众达成共识,激发观众的价值认同,并造成持续影响 [10]。或者说,文化需要发挥出类似广告修辞的作用,为广大公众提供"一种隐形匿名的、具有生产性的无意识认同方式" [11]。既然公众的价值认同对文化传播如此重要,那么如何得以实现呢?根据此前研究,像人民日报这类主流媒体,在适应社交化、移动化的信息传播环境时逐步形成了一种新的内容生产模式——混合情感传播模式。这类模式的最鲜明特征在于以情感传播为外在驱动和影响诉求 [12]。由此可知,情感正成为内容生产中不可或缺的元素,诉诸情感路径将更容易促使受众与作品内容产生共鸣乃至认同。

基于此,文化馆在站稳政治立场的同时,要在激发公众的情感方面多下功夫,输出更有"温度"和"广度"的短视频作品。具体来说,"温度"强调的是文本内容的接地气、人情味。因为当文本情境和受众的个人经验、兴趣偏好所形成的认知架构相仿时,文本内容与受众的个人经验便会产生关联,促使其投入更多的内心情感[13]。从这个角度来看,民俗文化类的短视频受欢迎的原因在于,其与当地群众的认知经验具有相似性,更便于与人们建立起情感连接。此外,民俗文化与当地群众的"文化胜任能力"更为匹配。该能力本指理解某一艺术作品的意义和趣味性所具备的能力,之后引申为理解特定文化类型的能力,是文化资本的部分体现[14]。简言之,当地群众普遍具备理解本土民俗文化的能力,而无区隔之分。诸如东乡武术、黄梅戏和青阳腔,它们蕴含着安徽民俗文化特有的精神内核与人文价值,这便是引起当地人产生文化共鸣的情感底色。

至于"广度",它所强调的是文本内容的包容性、延展性。一方面,文本内容的包容性体现在从群众生活中广泛取材,表现形式不拘一格,充分反映最广大人民群众的需求。譬如"艺抗疫情云游湖南"的情景舞蹈《最美的选择》,通过舞蹈的形式演绎诸如医护人员、志愿者、警察、空姐、外卖员和工人等角色,直观传达出疫情抗击中众志成城的群众力量。像这样的内容本质上蕴含着现实的成分,能够轻松勾连起受众的内心情感,因为它能为受众的现实压力构建出想象性的解决之法。另一方面,文本内容的延展性在于开辟线上线下的通路,促使观众从一味地"观看"转向付诸"行动",从纯粹的"情感共振"升华到"价值认同"。可喜的是,有少数短视频作品已经在这方面做出了有效尝试,比如广场舞大赛、全民抖音创作大赛,不少观众在视频下方留言道"我们参加吧""我要报名""我觉得我可以试试""重在参与"等等,都充分体现出群众广泛的创作需求和高度的参与热情。

现如今,文化在当今社会所发挥的作用与日俱增,它不仅是人民群众创造幸福生活的精神推动力,还是中华民族实现复兴伟业的价值引导力。正所谓,文化兴则国运兴,文化强则民族强。与此同时,诸如短视频这样的媒介技术逐渐超越了技术本体,成为文化载体与认知工具,而相应的短视频平台则成为符号、记忆、情感的交互场域。基于上述社会背景,本文以问题为导向,以事实为依据,重点探讨了现阶段文化馆短视频内容生产可因循的三条路径:一是符号路径,它有助于构建文本意义;二是仪式路径,它有助于构建文化场域;三是情感路径,它有助于构建价值认同。这三条路径"殊途同归",都有助于塑造高质量的文化内容,毕竟"内容是短视频的灵魂"[15]。更重要的是,上述三条路径彼此联系、相辅相成,旨在实现的正是"三个依次递进的文化实践目标:一是获取特定知识;二是形成文化体验;三是塑造社会共识"[16]。

参考文献

[1] 孙周兴,等.海德格尔选集:第五编[M].上海:三联书店,1996:889.

[2] 第 49 次中国互联网络发展状况统计报告[EB/OL].[2022-03-24].http://www.cnnic.cn/gywm/xwzx/rdxw/20172017_7086/202202/t20220225_71724.html.

[3] 2020 年中国短视频行业市场规模及竞争格局分析[EB/OL].[2022-03-25].https://www.iimedia.cn/c1020/76834.html.

[4] 吕文宝 . 主流媒体抖音号高点赞短视频特征分析——以三家主流媒体抖音号疫情防控为例 [J]. 新兴 传媒,2021（8）:54.

[5] 阿恩海姆 . 艺术与视知觉 [M]. 滕守尧,朱疆源,译 . 成都:四川人民出版社,1998:56.

[6] 文化和旅游部全国公共文化发展中心,中国文化馆协会 . 中国文化馆第一辑 [M]. 北京:《中国学术期 刊（光盘版）》电子杂志社有限公司,2021:93-95.

[7] 曾军 . 观看的文化分析 [M]. 济南:山东文艺出版社,2008:87.

[8] 凯瑞 . 作为文化的传播 [M]. 丁未,译 . 北京:华夏出版社,2005:3-22.

[9] 斯道雷 . 文化理论与大众文化导论:第五版 [M]. 常江,译 . 北京:北京大学出版社,2010:180.

[10] 蔡建珺,谌涛 . 传播仪式观视角下文化类综艺节目的传播分析——以《上新了·故宫》为例 [J]. 新媒 体研究,2021:93-95.

[11] 刘涛 . 性别化再现的自然:广告修辞中的性别与自然 [J]. 国际新闻界,2010（9）:89.

[12] 张志安,彭璐 . 混合情感传播模式:主流媒体短视频内容生产研究——以人民日报抖音号为例 [J]. 新 闻与写作,2019（7）:57-66.

[13] 崔炜炜 . 信用卡广告解读研究:不同社会位置的阅听人差异 [D]. 新竹:交通大学传播研究所,2009: 28.

[14] 郭大为 . 历史观看的政治:中国大陆阅听人对当代中国电视历史剧的解读 [J]. 传播与社会学刊,2014 （27）:160-161.

[15] 孙雨,陈凤娟 . 公共图书馆"抖音"短视频服务现状及发展策略研究 [J]. 图书馆工作与研究,2021: 92.

[16] 吕宇翔,方格格 . 时空、流动与身体:传播仪式观下的故宫云展 [J]. 艺术设计研究,2021（6）:91-96.

浙江公共文化服务现代化先行省建设背景下文化馆高质量发展路径探析 *

颜苗娟　　汪仕龙（浙江省文化馆）

2021年6月，中共中央、国务院印发《关于支持浙江高质量建设共同富裕示范区的意见》，要求浙江先行先试、作出示范，为全国推动共同富裕提供省域示范。为贯彻落实《关于支持浙江高质量建设共同富裕示范区的意见》，浙江制定《浙江高质量发展建设共同富裕示范区实施方案（2021—2025年）》，提出"打造新时代文化高地，推进社会主义先进文化发展先行示范"，并通过召开省委文化工作会议、与文化和旅游部共建、印发实施意见等举措，高质量建设公共文化服务现代化先行省。在此背景下，各级文化馆必须面对新形势、新要求，理清观念、转变方式、创新发展，为推进公共文化服务现代化先行省建设贡献更大力量。

一、文化馆高质量发展对推进公共文化服务现代化先行省建设的意义

（一）文化馆高质量发展是公共文化服务现代化先行省建设的内在需求

《关于高质量建设公共文化服务现代化先行省的实施意见》提出，到2025年要实现"两个100%"，即市县乡三级公共文化设施覆盖达标率达到100%，城乡一体"15分钟品质文化生活圈"覆盖率达到100%。文化馆作为政府设立、面向群众提供公共文化产品和公共文化服务的公共文化机构，是县乡两级公共文化设施的重要组成部分，是指导村、社区公共文化设施建设的主要部门。据文化和旅游部2020年文化和旅游发展统计公报数据，2020年末，全国共有群众文化机构43687个，2578个县（市、区）建成文化馆总分馆制，组织开展各类文化活动192.65万场次，服务人次56327.04万人次，文化馆已成为群众进行文化交流和获得知识的重要场所。因此，推进文化馆高质量发展，可以有效满足人民群众日益增长的精神文化需求，推动城乡一体发展、全域均衡发展，实现服务人群全覆盖。

---

*　基金项目：2021—2022年度浙江省文化和旅游厅科研与创作项目《推进文化馆高质量发展助力公共文化服务现代化先行省建设研究》阶段性成果，课题编号2021KYY008。

（二）文化馆高质量发展是公共文化服务现代化先行省建设的关键一环

文化馆通过零门槛、无障碍、面向所有人开放、普及艺术知识、艺术技能、艺术欣赏、艺术活动、艺术精品，对满足群众精神文化需求，统筹城乡经济发展，建设和谐社会有着重要的意义。公共文化服务现代化先行省建设提出公共文化服务现代化的 19 项主要指标、44 项县（市、区）公共文化服务现代化标准，共同构成浙江公共文化服务现代化先行省的目标体系。在 19 项主要指标中，文化馆与 17 项主要指标有关联。在 44 项现代化标准中，文化馆与 26 项标准有关。在公共文化服务现代化先行省建设过程中，通过推动文化馆高质量发展，可以为群众量身定制文化套餐，满足群众对美好生活的新期待，提升群众的文化获得感和幸福感，在共同富裕中实现精神富有，补齐现代化进程中城乡、区域文化发展短板。

（三）文化馆高质量发展是公共文化服务现代化先行省建设的重要标识

当前人民群众对文化的需求已经从"有没有"升级为"好不好"。公共文化服务现代化先行省建设提出要加快公共文化品牌化进程，擦亮"一人一艺""乡村村晚"等文化品牌，打造具有浙江标识的文化金名片。培育富有引领力、可推广的创新项目不少于 100 个。文化馆高质量发展，可以为群众提供更多特色化、个性化、多样化的公共文化服务，可以激发群众文艺创作活力，为群众提供更多的文艺精品。作为公共文化服务的重要组成部分，群众文艺精品的数量也是地方文化发展水平的重要标志。因此，高质量推进群众文艺精品创作，不仅可以为群众提供更多更接地气的文艺精品，形成具有浙江辨识度的文化"金名片"，丰富群众精神文化生活，提升群众的文化获得感，还可以打通文化服务群众的"最后一公里"，使之成为凝聚群众情感、促进社会和谐的有效载体。

（四）文化馆高质量发展是实现公共文化服务现代化先行省的重要途径

公共文化服务现代化先行省建设旨在为群众提供更高质量、更有效率、更加公平、更可持续的公共文化服务，实现群众精神富足。文化馆高质量发展，可以为群众提供更多优质文化产品和文化服务，满足人民群众日益增长的文化需求，让群众共享文化发展成果，提升获得感和幸福感。因此，文化馆高质量发展是实现公共文化服务现代化先行省建设目标的重要途径。在推进公共文化服务现代化先行省建设过程中必须依靠文化馆高质量发展，把群众精神富裕作为主要目标，不能弱化，不能偏离。

二、文化馆高质量发展面临的新形势、新问题

近年来，浙江各级文化馆结合实际，以均衡发展为目标，以品质发展为导向，以开放发展为动力，以创新发展为引领，以强化保障为基础，大力开展全民艺术普及和优秀传统文化传承工作，在数字化改革、社会化参与、精准化供给、均等化服务等方面进行了积极的探索实践，走出了一条"政府引导、社会参与、品牌引领、科技支撑、全民共享"的公共文化服

务体系建设路径。但对照公共文化服务现代化先行省建设要求，文化馆还面临着新的形势、新的问题。

（一）文化馆发展面临的新形势

1. 均衡发展

习近平总书记在党的十九大报告中明确指出："中国特色社会主义进入新时代，我国社会主要矛盾已经转化为人民日益增长的美好生活需要和不平衡不充分的发展之间的矛盾。"解决新时代社会主要矛盾必须以推动人的全面发展、全体人民共同富裕为重要抓手。建设共同富裕示范区，离不开城乡一体发展、全域均衡发展以及服务人群的全覆盖。"城乡一体、全域均衡"发展需要我们改善"文化下乡"形式，从"送"到"种"结合，培育以"三团三社"为核心的基层文艺团队，推动群众成为基层文化服务的主角，实现从"文化享受"到"文化创造"转变。

2. 品质发展

浙江开展公共文化服务现代化先行省建设，是贯彻落实高质量发展建设共同富裕示范区、打造新时代文化高地的重要举措。随着生活水平的提升，群众对文化服务不再满足于"有没有"，对高品质文化空间、高质量文化产品有了更多向往和追求。作为群众文化服务主阵地，全省各级文化馆既要携手加快推进"全覆盖"，实现"人人享有文化"，又要从解决群众对文化生活"缺不缺"的问题，向实现"好不好"转变。

3. 数字发展

坚持数字发展有助于增强文化馆高质量发展的内生动力。同时，也对文化馆服务理念、运行方式、工作渠道、效果评估等方面提出新的挑战。当前国际疫情持续蔓延，疫情形势严峻复杂，疫情防控任务仍然十分艰巨。常态化疫情防控要求文化馆加快数字化改革进程，在开展群众文化活动时要努力把重心转向数字化、网络化，加快微信、抖音、今日头条等新媒体入驻文化馆，使群众通过网络化、数字化的方式来获取文化产品及文化服务。

4. 融合发展

《关于高质量建设公共文化服务现代化先行省的实施意见》提出，要促进公共文化与科技、旅游、教育、体育等融合发展，建立协同共进的公共文化发展格局。当前文化馆与公共图书馆、博物馆、美术馆、非遗馆、旅游信息推广中心等公共文化服务机构之间的联动机制还在探索起步阶段，基层公共文化设施与新时代文明实践中心资源整合还有待进一步加强，公共文化服务与教育、乡村治理、电商、就业辅导等的融合发展都还处于探索阶段。因此，拓展和深化文化馆与其他行业的融合发展，是文化馆服务扩大覆盖面、增强实效性的新契机。

（二）文化馆发展面临的新问题

1. 发展不够均衡

随着文化馆建设的不断深入，城乡、区域发展不平衡现象有所缓解，但人群不平衡现象仍然存在，并出现了新的特点。一是各市之间发展不平衡。据浙江省基层公共文化服务评估指标数据显示，"组织品牌节庆活动次数"指标最高市与最低市的比例由2019年的3.2倍，提高至2020年的7.2倍；"文化馆组织活动"指标最高市与最低市的比例由2019年的3.4倍，提高至2020年的4.5倍。二是存在重点区域发展短板。如山区26县，受制于社会经济发展条件，这些地方的公共文化空间建设存在历史欠账，主要指标在全省排名也相对靠后，距离先进地区的差距比较明显。

2. 供需不够精准

近年来，各级文化馆在群众文化服务精准供给上进行了积极的探索，推出"以需定供""菜单式服务"等举措，供需脱节现象得到了缓解。但由于创新理念不够强，对服务群体细分不够，对新时期群众的文化需求缺乏精准性的了解，导致在场馆运营、文化节庆、文艺赛事等文化服务供给中墨守成规，提供的文化产品不够灵活多样，无法满足广大群众尤其是青年群体的需求。

3. 服务品质有待提升

一是优质文化资源总量不足。当前各级文化馆高品质文化空间、高质量文化产品的数量还无法满足群众的需求。二是服务模式创新不足，无法吸引更多的群众参与。当前文化馆全民艺术普及率不足50%，一些文化馆公众号、抖音号粉丝数量不足千人。三是群众文化活动影响力有待加强。据文化和旅游部2020年文化和旅游发展统计公报数据显示，2020年全国群众文化机构共组织开展各类文化活动192.65万场次，比上年下降21.4%；服务人次56327.04万人次，下降28.4%。

4. 社会资源优势转化不够充分

一是社会力量参与政策有待加强。虽然在企业分馆、文化驿站建设等领域，已经有大量社会力量参与共建，但渠道畅通度还不够。二是资源整合不够。社会力量办的民俗馆、文化馆等公益性文化场馆的社会功能还没有充分发挥。三是在外人脉资源利用不足。据不完全统计，目前共有500万浙江人在外闯荡。文化馆社会力量参与建设领域，还没有充分挖掘此类人脉优势资源。

三、推进文化馆高质量发展的路径

浙江公共文化服务现代化先行省建设的目标是基本建成以人为核心的高质量公共文化服务现代化体系。各级文化馆熟悉新形势，正视新问题，实现高质量发展，将有助于推进公共文化服务现代化先行省建设。

（一）推进科学化布局，助力打造"15分钟品质文化生活圈"

围绕"十四五"浙江城乡公共文化空间整体布局，根据城乡风貌建设总体规划，推进文化馆科学化布局，助力打造"15分钟品质文化生活圈"。

1. 以市县两级文化馆为骨干

各级文化馆在推进"市有五馆一院一厅、县有四馆一院、区有三馆一院"的建设任务时,除了改建或新建文化场馆外,可以利用都市商圈、文化园区的闲置空间开展各类文化活动,拓展文化馆活动的受众面和覆盖面。

2. 以文化馆分馆为延伸

在企业、学校、社区以及其他个体化空间等单位和机构,合作共建"企业分馆""学校分馆""社区分馆""个人工作室"等新型公共文化空间,将文化馆的各类活动、服务项目延伸至各个角落。

3. 以新型文化馆空间为补充

针对基层文化馆(站)工作人员短缺和服务利用率低的问题,可以将"社区分馆""文化驿站"等新型公共文化空间嵌入文化站、文化礼堂,将民俗馆、农家书屋以及文化、科技、卫生"三下乡"相关服务等统筹起来,以大空间的形式为基层群众提供一站式文化服务。此外,还可以结合城镇规划,在居民集中的地方打造众多口袋公园和休憩场所,方便群众自主参与活动,为群众打造"15分钟品质文化生活圈",从文化惠民走向文化悦民,提升群众的文化获得感。

(二)推进现代化设施,助力打造新型文化馆服务空间

推进城乡公共文化服务体系一体建设,满足人民群众个性、精准化服务需求,离不开文化馆服务空间建构。

1. 设施功能的现代化

山区26县是浙江省委、省政府重点关注的地方,是实现高质量建设共同富裕示范区的主战场,也是推进文化馆高质量发展的主阵地。在文化馆现代化设施建设中,各级政府要在政策、资金方面对山区26县加大扶持力度,对现有文化场馆进行功能的现代化提档升级,优化空间布局,增设专业性活动空间,完善流动文化服务设施,打造一批体现浙江特色的标志性文化设施,补齐公共文化服务短板,促进全省公共文化服务设施现代化水平的整体提升。

2. 管理运行的现代化

创新推进文化馆法人治理结构改革,探索完善文化馆理事会运行发展模式。深化文化馆总分馆体系改革,丰富总分馆体系构架,创新总分馆服务体系运营模式,将符合条件的企业、社区、学校等领域的新型公共文化空间作为文化馆分馆,拓展服务领域,形成开放多元、充满活力的公共文化服务供给体系。各地文化馆以基层综合性文化服务中心为抓手,因地制宜建设文化礼堂、文化广场、乡村戏台、非遗传习场所等主题功能空间,织密乡村文化基础设施网络,补齐乡村公共文化设施短板。

3. 服务提供的现代化

随着文化馆建设的不断深入,文化场馆设施、功能渐趋完善,但在文化底蕴挖掘、文化服务理念更新、文化服务提供方式等方面还有提升空间。因此,文化馆在新型空间打造过程中,要不断更新服务理念,创新服务提供方式,通过组建群众文化服务联盟,吸纳社会团队参与各类文化活动,把优秀人才和跨领域资源带入文化馆行业,告别文化馆服务单打独斗的局面。同时,引入第三方评价机制,提升文化馆服务效能。

（三）推进数字化转型，助力打造文化馆智能化场景

推进数字化转型，打造文化馆智能化场景，是解决人民日益增长的美好生活需要和不平衡不充分的发展之间的矛盾、统筹城乡一体发展的必然要求。

1. 重塑文化馆工作体系

依托数字化技术，加强云端数据挖掘和分析，推动文化馆实现包括智慧服务、智慧分析、智慧评估和辅助决策等功能在内的智慧化运营，构建用户画像和知识图谱，为差异化服务提供数据支持；厘清文化馆数字化建设工作关系，构建省市县三级数据动态管理机制，每周进行全省数据统计分析和晾晒，实现数据资源动态管理；将"浙江群文云"融入"国家公共文化云""浙江智慧文化云"，实现全省文化馆从国家公共文化云、浙江智慧文化云、浙江群文云到市县文化馆平台的互联互通全覆盖。

2. 建设多跨应用场景

探索建设融物联网、人工智能等新技术于一体的"全景智能"文化服务空间；开发"指尖艺术导师""指尖艺术赛事""指尖艺术博览"等应用场景，为不同文化需求的群众提供便利可达的指尖服务。

3. 打造数字文化活动品牌

全省联动推进"互联网＋群众文化活动"，形成规范化数字文化活动全流程服务体系，便于群众直观了解、参与；通过新媒体矩阵推介、培育"云上群星奖""云上乡村村晚"等数字文化服务品牌，打造云展览、云演出、云课堂等数字资源，提高群众参与线上公共文化服务的便捷性和通畅度，提升公共文化服务供需对接水平。

4. 推进专业化运作，助力打造浙江文化金名片

专业化运作，就是让专业的人干专业的事，实现服务效能最大化。浙江历史文化悠久，成果丰厚，各地文化馆要推进专业化运作，打造浙江文化金名片。

（1）打造专业化精品力作

将繁荣群众文艺创作与培育文艺精品相结合，秉持"打造精品、服务群众、深挖特色、改革创新"的原则，以文化基因解码工程为基础，深入挖掘宋韵文化、阳明文化、和合文化、南孔文化等，加快形成标志性成果，建设具有浙江特色的"文化标识"。

（2）形成专业化服务品牌

创新服务机制，将新型公共文化空间建设与文化馆总分馆制互联互通，由总馆统筹协调师资配送、线上线下技术支持乃至文化活动组织等，实现总馆专业指导下的基层文化服务标准化，形成专业化服务品牌，保障基层文化服务品质。

（3）扶持专业化运营团队

引进社会力量参与公共文化设施管理，推行"文化管家""文化下派员"制度，解决基层文化工作人员"不专职、不专心、不专业"的问题；发挥志愿者在公共文化服务中的作用，构建从省到社区的五级文化志愿服务网络，将志愿服务与法人治理相结合，推进"校地合作"等共建模式，提升队伍专业性，助力打造浙江文化金名片。

新时代文化和旅游志愿服务融合发展研究

——以广州市为例

黄　燕　赖皓贤（广东省广州市文化馆）

2018 年以来,随着全国各级文化和旅游部门的合并,文旅融合发展步入了黄金时期,文化和旅游志愿服务也迎来了更高的发展要求。志愿服务作为公共文化服务与旅游公共服务的最佳连接点,以两者的交集处为出发点,对文旅志愿服务融合的路径进行分析研究,既有助于探索文旅志愿服务的创新实践方向,也有助于为推动文化和旅游深度融合提供积极的对策建议。

当前文化和旅游志愿服务在融合发展过程中仍有一些亟待解决的问题,一是文化和旅游志愿服务专业化特征鲜明,在制度建设、组织架构、工作机制等方面各有规范性文件要求,融合发展仍需从宏观层面厘清工作思路;二是文化和旅游志愿服务的融合仍处于初步探索阶段,文化机构和旅游单位在协同开展志愿服务的实践上,存在认知不足、基础薄弱、经验欠缺、供需脱节等问题;三是文化和旅游志愿服务发展不平衡,且缺少相关领域的系统理论研究。因此,从文化和旅游志愿服务的创新实践出发,归纳出适用于公共文化机构和旅游公共服务的文旅志愿服务融合思路与路径,既有助于提升文旅志愿服务水平,也能为公共文化和旅游公共服务融合发展提出新思路、新方法。

1　广州市文化和旅游服务融合发展现状

1.1　文化和旅游志愿服务发展政策环境

国家出台多项政策促进文化和旅游志愿服务高质量发展。2019 至 2021 年文化和旅游部、中央文明办相继联合印发了年度文化和旅游志愿服务工作方案,推动构建"纵向到底、横向到边"的志愿服务网格体系。2021 年 3 月,三部委联合印发《关于推动公共文化服务高质量发展的意见》,要求促进文化志愿服务特色化发展。2021 年 6 月,文化和旅游部公布《"十四五"文化和旅游发展规划》,提出要健全文化和旅游志愿服务体系,培育一批具有较高服务水平的文化类社会组织,形成一批文旅志愿服务品牌。

粤港澳大湾区在建设具有国际影响力的人文湾区和休闲湾区过程中,也在积极推动文旅志愿服务融合发展。2019 年,广东省文旅厅下发《关于推进 2019 年文化和旅游志愿服务工作的通知》,旨在充分调动志愿服务资源,统筹公共服务阵地,培育本地文化和旅游志愿服务品牌。2020年,广东省文化和旅游厅贯彻落实《粤港澳大湾区发展规划纲要》三年行动计划(2020-2022年),鼓励文化和旅游机构广泛开展文化旅游志愿服务,为粤港澳大湾区提供优质文艺演出、展览讲座、旅游讲解等相关文化旅游服务。

广州作为粤港澳大湾区的中心城市,其文旅志愿服务工作也十分突出。2020年,广州市文化和旅游志愿者总队开展《广州市文化和旅游志愿服务管理办法》起草工作。2021年《广州市文化和旅游发展"十四五"规划》出台,明确提出"建设'志愿之城',完善文化旅游志愿服务工作体制,加强文化旅游志愿队伍建设,健全文化旅游志愿服务体系,开展文化旅游志愿服务关爱行动,打造特色文化旅游志愿服务品牌。"

1.2 广州市文旅游志愿服务融合发展趋势与形式

2019年,"广州市文化志愿者总队"更名为"广州市文化和旅游志愿者总队"。截至2021年底,广州全市文化和旅游志愿者人数达130598人,组建队伍550余支,年均开展文化和旅游志愿服务活动16000余场。在文旅融合的探索方面,文化馆、图书馆、博物馆、景区(点)等文化和旅游单位的志愿服务工作呈现出多种发展趋势及形式。

1.2.1 主要发展趋势

非遗志愿服务,融入旅游发展。广州市各级文化馆(站)以其丰富的群众文化和非遗资源,将艺术普及和优秀传统文化向各个旅游环节延伸。自2019年起,广州市文化馆探索"非遗 + 旅游"创新模式,陆续组织海珠区琴心之旅、西关十三行非遗游、沙湾古镇非遗游、地铁沿线非遗游、"广式生活一天"等活动,同时组建起"广州非遗视频团队",开启了"非遗 + 直播"和"非遗 + 短视频"等全新志愿服务模式,志愿者以"非遗推荐官"的身份,直播"非遗体验游""非遗研学游"数十期,仅金玲一位志愿者的直播服务时间超320小时,累计直播点击量达1.4亿次。广州市番禺区沙湾街文化体育旅游服务中心则是与辖区内的沙湾古镇、宝墨园、滴水岩森林公园等景区深度合作,组建起"沙湾乡土风情"志愿服务队、"禺南粤韵"文化志愿服务队等,以沙湾镇社工服务站和附近高校学生为主体,先后参与民俗文化节暨沙湾飘色巡游系列活动、鱼灯文化节、沙湾古镇美食节、沙湾古镇传统开笔礼等各类大小活动,成为当地特色民俗文化的传承者与文明旅游的引导人。

阅读志愿服务,讲述文化旅游新鲜事。为增进多元文化交流融合,广州少年儿童图书馆自2016年起,联合广州市外办机关党员志愿服务支队,策划开展"一个故事 一国文化——各国领事讲故事"系列活动,定期邀请驻穗领事与羊城少儿读者分享具有本国特色的童书故事。广州图书馆自2019年以来,融入各国主题图书推荐,邀请到了资深导游、旅游达人、外语系师生以公益讲师的身份,策划开展了"旅游分享会""旅游达人 talk""广图·百语荟""新生活·分享会"等既有各国文化介绍又有旅游攻略元素的公益活动。

导赏志愿服务,打造城市旅游新名片。在文旅融合的背景下,博物馆充分发挥文博志愿者的专业优势,除常态化组织义务讲解、文明旅游宣传等志愿服务外,还与中小学共建青少年导赏志愿服务队,携手高校支教志愿者深入贫困地区送教送展。2019年,广州市文化广电旅游局主办"不忘初心·红色传承"红色之旅活动,推出6条红色旅游精品线路,

200名红色旅游青年志愿者带领游客重温广州红色历史遗迹;2021年,全市以传承弘扬红色文化为重点,依托红色文化旅游景点,组织党史宣讲、阅读推广、红色研学、主旋律电影放映等多种形式的志愿服务活动,以志愿服务为纽带建立起广大群众"家门口的红色学堂"。

旅游志愿服务,融入文化提升品质。除各公共文化机构组织的文旅志愿活动外,以北京路、永庆坊等为首的20个"广州旅游志愿服务站点",以及分布在全市机场、火车站、商业旺地和热门景区的32个旅游信息咨询中心,也创新志愿服务形式,融入文化导赏、展览、体验活动等,多角度宣传广州文化旅游。广州旅游志愿服务队策划"文明旅游·志行羊城"广州旅游志愿服务项目徒步活动,通过"徒步+文化旅游宣传"的形式向市民游客普及广州著名旅游景点及旅游文化信息;开展"旅游志愿服务嘉年华"等活动,旅游志愿者通过专才展示及旅游服务摊位互动的形式向市民游客传播红色旅游文化资讯;广州旅游信息咨询中心(广州塔咨询网点)作为广东省唯一一个旅游服务中心类入选的国家级文化和旅游公共服务机构功能融合试点单位,文旅志愿者参与建设"文化旅游微展馆",打造"文旅小书丛"品牌;广州市旅游观光巴士项目以"交通+旅游+文化"为核心,在城市新中轴线、千年古城线及西关风情线上增设文旅导赏志愿者讲解服务。

1.2.2 主要发展形式

广州市文化和旅游志愿服务融合探索经历数年发展,已形成了以下四个常态化发展形式。

"文化引领+研学旅游"文旅志愿服务。公共文化机构以自身特色文化资源策划开展的研学项目有利于盘活多方公益志愿力量,孵化文旅融合专业志愿团队,打响文旅研学品牌,如农讲所的"游红色旧址 读党史故事"——青少年研学活动联动暨南大学新闻与传播学院声海工作室、红色导游社会志愿者小分队等资源,每月定期举办"瞻仰旧址+参观展览+红色小课堂+小主播体验+手工作坊"的综合体验研学活动。还有广东革命历史博物馆的"穿越1927广州起义"研学项目,源于2018年广州起义纪念馆志愿讲解团队、广州大剧院MEGA工作室、高校志愿者联手打造的"1927·广州起义"沉浸式体验话剧,在2021年升级为沉浸式研学活动,通过招募青少年扮演革命历史角色,向参观市民展现"话剧表演+博物馆讲解"的互动交流参观模式。

"美育实践+文明旅游"文旅志愿服务。搭建青少年群体美育普及与文旅行业志愿服务的供需对接机制,推动公共文化场馆及旅游景区的社会美育资源与志愿服务相结合,给予青少年文化艺术普及的同时,也借助青少年志愿者的力量助推文明旅游发展。如广州市文化馆"公益文化春风行——文旅小小导赏员"项目,围绕广州最具代表性的旅游景点,引入少儿语言艺术团的专业志愿力量,为青少年提供集文化培训、旅游导览、志愿服务于一体的美育实践活动,在广州塔、陈家祠、农讲所等景点组建起"文旅小小导赏员"队伍,持续开展志愿讲解服务,展现文旅融合新活力。

"文化惠民+旅游推介"文旅志愿服务。聚焦文艺志愿服务资源的跨界延伸,通过匹配文化志愿服务资源与旅游宣传推广的需求点,开展文艺轻骑兵快闪活动、民乐实景音乐会、艺术云游活动等,让形式多样的文化志愿活动成为地方旅游推介的亮丽名片。如广州市文化馆在 2020 年推出"遇见七夕·云游群艺"数字资源推广活动,围绕文化馆的慕课资源,组织志愿者分别在景区、博物馆、游客集中商业区等地开展广东音乐、现代筝、广绣、粤语流行歌曲等体验活动,推广本土文化和旅游资源。广州市文化馆联合沙湾古镇、岭南印象园等旅游景区,引入广州民族乐团志愿力量,为市民游客带来"寻音·探乐"沉浸式音乐会,在文化惠民的同时擦亮了广州旅游品牌。

"非遗助力 + 体验游览"文旅志愿服务。广州非遗在创造性转化和创新性发展方面积极融入旅游元素,在近几年开展的"广州非遗购物节""非遗体验游""非遗研学营"等特色旅游活动中加入专业文化志愿服务队伍的力量,利用新媒体平台"穿针引线"拓展非遗体验的新空间。如 2020 年的"我志愿,我为广州非遗代言"——广州非遗购物节主播志愿活动,通过策划"广式生活一天""老字号探店系列""国潮手艺"等板块的非遗直播活动,吸引了电视台主持人、广府文化爱好者、资深媒体人等加入志愿团队,以主播的身份体验非遗,为非遗带货。此外,"非遗 + 旅游"的发展模式在志愿服务方面有新突破,2021年,"依时而作——非遗课来了"项目面向社会招募"非遗推荐官"志愿者,开展课程策划、推介、主持、直播等专才志愿服务,促进非遗传播由单一主体运营向社会公益力量共建共享转变。

1.3　广州市文旅志愿服务融合发展面临的机遇

文化强国建设带来的机遇。在社会主义文化强国建设的大背景下,广州作为岭南区域政治、经济和文化中心,呈现出文化更加繁荣、蓬勃发展的生动景象,为文旅志愿发展创造了有利的机遇。志愿者在多元文化交流、互补、融合中成长,充分重视行业经验,为文旅志愿服务的发展提供了机遇;随着民众生活水平的提高,浓厚的志愿服务精神得到培养,志愿服务文化日渐融入百姓生活,全民参与志愿服务氛围愈加浓厚,为文化和旅游志愿服务事业的发展提供了转型与升级的内在动力。

粤港澳大湾区一体化发展带来的机遇。从文化角度看,岭南文化的包容性与开放性特征,使粤港澳大湾区能很好吸收内地与外来优秀的文化,而广州作为广府文化的发源地,更能从历史、文化与地理优势中创造出文旅志愿发展的新机遇;从经济层面看,粤港澳大湾区已经逐渐发展成为中国综合实力最强、经济最具活力、开放程度最高的区域之一,对国内外优秀人才具有很强的吸引力,为广州文旅志愿人才培养的可持续供给提供了保障。

数字化转型带来的新机遇。在大数据、物联网、云计算、区块链等数字科技的支撑下,数字技术推动文化和旅游业在渗透融合过程中形成新的业态,带来产业链延伸,创造新的价值。数字技术作用于文旅志愿服务融合过程的供给侧和需求端,掀起了智慧城市、智慧旅游的新热潮;常态化疫情防控的特殊要求催生了云旅游、云展览、云讲解、直播带货等新业态的同时,产生了跨界融合的经济增长新模式。这些都为促进文化旅游志愿服务新业态新模式的发展提供了新机遇。

1.4 广州市文旅志愿服务融合发展存在的问题

文旅行业壁垒还未完全打破。虽然文化与旅游部门的合并,推动了行业融合发展,但由于为时尚短,在文旅志愿服务实践层面仍存在制度规范不一致、管理架构重叠、服务机制相异、沟通协调困难、行业认识偏差等多种融合问题。此外,广州现有的部分历史文化资源较为孤立、分散,文化未能很好地赋能于地方各种实体旅游资源,如景观、商品、游憩活动等,许多旅游资源也因未完全融入广州的历史文化底蕴和特色文化元素而不具备特殊吸引力。

文旅志愿服务人才支撑不足。文旅领域的特殊性与志愿服务的专业性,对志愿者的历史文化素养、表达能力、个人相关经历等综合能力提出了更高的要求,广州文旅志愿服务队伍中高水平的复合型专业人才仍相对较少,同时,在文旅志愿服务人才培养和可持续发展问题上也存在一定缺陷,注重人才吸引的成本和效率,而忽视了培养与成长;注重数量轻质量,人才流动性和不稳定性增强,人才积累功能弱化。文旅志愿服务融合发展缺少智力支持,导致内生力不足。

文旅志愿服务发展不平衡。广州市文旅志愿服务虽已取得一定的发展,但不均衡的情况仍比较明显,一是区域之间不平衡,广州中心城区的文旅志愿服务设施供给充分,外围城区供给不足,尤其是乡村地区文旅志愿服务基础较差、服务水平偏低。二是文化和旅游志愿服务之间发展不平衡,相较于文化志愿服务,旅游志愿服务在志愿服务规模、形式、品牌活动等方面都仍需进一步提升。三是供需不平衡,缺失服务对象需求征询与评价反馈机制,难以进一步提高群众的总体满意度、总体信任度。

文旅志愿服务网络信息不通畅。广州市文化和旅游志愿服务队伍多以构建公共文化设施和旅游景区内志愿服务站的模式建立志愿服务网络,而缺乏高效便捷的服务信息与资源共享数字化平台,导致资源与信息未能及时地整合分配和流通往来。志愿服务资源共享机制不健全,缺乏统一的网络协调与管理机制,导致跨系统、跨区域、跨行业的资源流动和整合非常有限。

文旅志愿服务效能显性化亟待提升。文旅志愿服务对象的年龄职业、思想观念、喜好需求、知识结构各不相同,层次丰富,且随时代发展而成长,是一个动态变化的群体。将一般服务性行业的内容与准则生搬硬套行不通,而广州现阶段的文旅志愿服务未能针对特定群体开展定制型文旅志愿服务,缺少针对性的专业化服务,导致服务效能低,显性化不足。

2 广州市文化和旅游志愿服务融合发展路径

2.1 整合社会性资源,打造文旅志愿服务联盟

整合数字资源,互通文旅志愿服务信息。深化"互联网 + 文旅志愿服务"工作模式,

借助政府部门认可的志愿者信息化管理平台,进一步完善文旅志愿服务专区,彻底打通文化与旅游志愿服务网络壁垒,推动专区范围内的服务需求和志愿者专业特长高效匹配,探索文化和旅游志愿服务联动招募、分散服务的新模式。建立市、区、镇街文旅志愿服务资源联通共享机制,统筹制定市、区、镇街文旅志愿服务工作计划,整合、调配区域资源。

专业统筹细分,促进文旅志愿人才流动。依托信息管理平台,将文旅志愿者按专业、专长进一步细分,在纵向团队归属的基础上增加横向同类型专业技能归属,组建起特定专业的文旅志愿服务队伍,开展覆盖旅游景区、街道、乡村、文化空间等服务场所的专项志愿行动。

联动协会企业,盘活文旅志愿服务力量。充分发挥了社会组织的力量,重点联合广州旅游协会、地区景区旅游协会、导游协会、广州市文化创意行业协会等文旅行业社会组织,找准适合本地旅游志愿服务的切入点,逐步建立以景区服务站为阵地,类型多样、覆盖面广,与广州旅游产业发展相匹配的旅游志愿服务体系。引导和鼓励社会力量通过兴办实体、资助项目、赞助活动、提供设施等形式参与文旅志愿服务中。

2.2 提升理论化水平,促进文旅志愿服务的理论研究

关注实践研究,推动高校及企事业单位参与。引导与鼓励文旅企事业单位与各高校相关专业合作建立文旅志愿服务实践基地,将文旅志愿服务作为社会实践课程,与学科教育相结合,通过精准设计高校青年志愿服务项目运行方案,组织学生、教师广泛地、持续地、长期地参与和研究文旅志愿服务活动,培养文旅志愿服务复合型人才。以项目为载体,组织高校师生围绕文旅融合发展开展研究式的志愿服务,通过撰写实践案例和调研报告,产出研习成果。

强化理论支撑,激发志愿服务新动能。由广州市文化和旅游志愿者总队主导,定期组织全市文旅志愿服务融合发展论文征集、课题申报、理论培训、研讨交流等;定期举办相关理论研究及交流论坛,促进行业理论研究成果交流及沉淀。积极打造理论研究专业人才队伍,对外建立以高校、行业专家为主的智库团队,对内培养理论研究人才,提高理论研究素质。

开展专题研究,探讨融合发展新道路。由广州市文化和旅游志愿者总队牵头,积极开展文旅志愿服务融合发展相关专题研究,并与高校、科研院所、其他公共文化机构联手设立文旅志愿服务融合发展专题研究小组,积极参与国家、省的文旅志愿服务课题申报。积极参与文旅志愿服务质量评价体系研究,开展本地文旅志愿服务工作标准化建设。

2.3 培育复合型人才,构建文旅志愿服务人才资源库

科学招募人才,完善文旅志愿人才管培体系。加强文旅志愿服务宣传力度,充分利用新媒体矩阵推广志愿服务典型事迹,激发群众参与志愿服务热情,同时结合目前全市文旅融合项目及品牌活动发展所需,开展文商旅跨界人才、本地文旅达人等的专项志愿服务招募。在此基础上可以制定系统化、多样化人才培训方案,打造由通用型、专业型、专家型组

成的文旅志愿服务人才梯队,依托信息管理平台,实现供需对接、志愿者分类化管理,在团队归属的基础上,根据志愿者个人特长及兴趣爱好,按专业技能进一步细分,保障志愿者自由选择权,激发志愿者服务活力,提高文旅志愿服务岗位匹配度及资源利用率。

完善培育机制,提升文旅志愿者专业化水平。依托培训基地资源和线上学习平台,为全市文旅志愿者提供志愿服务通用知识、文旅行业专业知识、服务岗位知识等专题培训,建立覆盖入门级、进阶级、领袖级的阶梯式人才培训体系,同时与广州市志愿者学院及部分高校合作,逐步推出一批文化和旅游志愿服务专题教材。重视文旅志愿服务团队的扶持,通过项目指导、加强监管、资源资助等方式培育文旅志愿服务示范队伍。定期开展文旅志愿服务团队跨区域交流活动、跨区域文艺巡演、跨行业座谈会等活动,进一步提升志愿服务培训机制的灵活性、适应性、可借鉴性,积极推动该机制在广东省、粤港澳大湾区的异地借鉴施行。

2.4 结合地域性资源,树立文旅志愿服务融合标杆

聚焦新型空间,打造文旅志愿服务融合新载体。以广州市文化馆新馆等新建公共文化空间、城乡新型文化空间等为重点,打造文旅融合新载体。以广州市文化馆新馆为例,该馆可以加强与海珠湖、海珠湿地的交流合作,联合打造文化旅游生态圈,以志愿服务为衔接点和融合点,形成有影响力的、有示范性的文旅志愿服务品牌。此外,广州近年评选出的"最美基层公共文化空间",旅游部门倾力打造的"特色小镇"等都可以作为文旅志愿服务创新实践的基地。

聚焦传统文化,构建文旅志愿服务融合新生态。积极参与城市文旅项目服务,加强跨行业文旅合作与联动,运用公共文化服务的城市辐射能力,结合城市旅游热点营造岭南传统文化振兴潮流,推动广州文旅行业融合与城市文旅形象打造。以"非遗+"系列活动为突破口,以志愿服务为纽带,深化非遗资源在文旅融合中的助力作用,联动广州市非遗传承基地和传承人资源,联合打造有趣味、有品质、有深度的广州非遗文旅路线,积极打造沉浸式非遗体验志愿活动。

聚拢行业资源,优化资源使用。持续开展全市区域内文旅志愿服务资源的摸查,建立文旅志愿者人才目录、资源目录。统筹文化馆、博物馆、美术馆等机构以及旅游、文创企业的文旅资源,搭建文旅资源与文旅志愿服务供需平台,实现文旅资源共享。推动优质的文旅志愿服务资源下沉到景区(点)、社区、乡村,采用"供需点单"文旅志愿服务形式,提高文旅志愿服务资源下沉的准确性与可持续性。

强化创新引领,培育文旅融合志愿服务品牌。统筹融合公共文化服务、艺术创作、非遗保护与推广、对外文化交流、旅游推广等各方面资源,致力于打造文旅志愿服务品牌项目。一方面,结合本市文化与旅游发展重点工作,全方位开展服务品牌规范化、专业化、创新化建设,打造一批具有广州特色、可持续发展的、深远影响的标志性文旅志愿服务品牌活动;另一方面以推动优质文旅志愿服务资源下沉为抓手,积极推进文旅志愿服务参与社区治理、乡村振兴、基层非遗保护,促进优秀基层文旅志愿服务品牌生根发芽。同时,发挥

岭南文化在粤港澳大湾区旅游发展中的助推作用,加强与港澳文化旅游部门的沟通与合作,共同探索打造大湾区文旅志愿先进示范模式。

2.5 夯实基础性建设,注入文旅志愿发展不竭动力

重视统筹协调,打造文旅融合新底色。推动志愿服务逐步成为文化和旅游深度融合的重要抓手,市、区文化行政部门进一步加强对文化和旅游志愿服务工作的统筹规划、协调指导、督促检查和经验推广。建立全市统一标准的文化和旅游志愿服务站点,在开展志愿服务活动时,配备统一志愿者服或佩戴统一标识,提升文化和旅游志愿服务整体形象。

丰富服务内容,提高文旅志愿参与度。依托各类公共文化设施、景点景区等旅游单位,组织各级文旅志愿服务团队围绕"红色文化""湾区文化""广府文化""岭南文化"等主题策划文化和旅游志愿服务活动,充分发挥各类专业志愿者的特长,分类分级有针对性地输送至基层文化空间,既为群众提供精细化、人性化、便捷化的文旅志愿服务,也通过类型多样、特色鲜明的文旅志愿活动凝聚团队,同时还可以精彩的文化旅游资源回馈志愿者,引导更多群众参与志愿服务。

示范引领创新,探索志愿服务新模式。鼓励全市文化和旅游志愿服务组织创新文化和旅游志愿服务内容、工作方式和活动载体,探索具有本土特色和行业特点的文化和旅游志愿服务融合模式。重视文化和旅游志愿服务示范点的创建工作,对表现突出、社会影响力较大的志愿者、志愿服务工作者、志愿服务团队和志愿服务项目,以及支持志愿服务的单位和个人等定期进行褒扬嘉奖,以示范引领行业创新。

2.6 加强数字化建设,提升文旅志愿服务水平

推动数字赋能,提升志愿服务水平。持续优化移动数字服务功能,完善"市—区—街道"一体化数字服务平台并向村居延伸。推动文旅志愿服务平台与广州市公共文化云融合发展、与省公共文化数字化平台实现对接,形成上下联通、便捷高效的数字化文旅志愿服务体系。同时,打造全市群文人才库、群文作品库、慕课(微课)库、演出讲座库等,持续推进数字文旅资源建设,以此作为志愿服务资源的后盾。积极推进大数据、云计算、5G、VR 等新型技术在文旅志愿服务领域的应用,开展"5G+ 直播""5G+ 虚拟场馆""VR+ 文艺展演""云旅游"等文旅智慧服务场景的探索,打造具有本地特色的线上线下相结合的文旅志愿数字服务项目。

优化数字化应用,构建志愿服务数字化传播体系。整合各级文旅单位的宣传资源,强化移动端的宣传力度,推动各单位平台的互推互荐,形成志愿服务的协同宣传网络。依托新媒体提高短视频、慕课微课等制作及推广能力,加强文旅志愿服务传播的渗透力与适用性。借助具有媒体背景的互联网公司、有跨界经验的文旅企业的传媒资源,探索打造线上线下文化共创、服务共享、优秀内容共推的活动、产品与平台。通过第三方平台聚合文旅志愿服务人群,为管理者、文旅志愿者、服务人群提供互相联系的途径,增强线上服务黏合度,鼓励文旅志愿者进行线上文化产品创作和服务。

建设大数据体系,贯穿文旅志愿各环节。整合用户行为大数据、文旅志愿者大数据、群众满意度大数据、业务大数据等数据资源,构建集数据存储、数据分析、决策路径选择一体化的数据管理体系。通过线上线下相结合的方式定期对服务群体进行满意度调查,深入分析志愿服务需求,创新文化服务形式,提供"定位精准、目标明确、模式成熟"的文旅志愿服务活动。建立全市文旅志愿服务质量大数据统计及分析机制,设立科学统一、行之有效的评价标准。

参考文献

[1] 叶盛. 我国图书馆文旅融合研究的走向思考 [J]. 图书与情报,2020（6）:98-102.

[2] 马晓慧. 面向志愿者旅游的协作服务设计研究 [D]. 无锡:江南大学,2020.

[3] 马波,张越. 文旅融合四象限模型及其应用 [J]. 旅游学刊,2020（5）:15-21.

[4] 邹开敏. 旅游志愿服务应注重专业化发展 [N]. 中国旅游报,2019-11-05（3）.

[5] 张胜冰. 文旅深度融合的内在机理、基本模式与产业开发逻辑 [J]. 中国石油大学学报（社会科学版）,2019（5）:94-99.

[6] 李国新,李阳. 文化和旅游公共服务融合发展的思考 [J]. 图书馆杂志,2019（10）:29-33.

[7] 周媛,梅强. 基于 TPB 理论的旅游志愿服务意愿影响因素研究 [J]. 旅游科学,2018（3）:63-79,95.

[8] 姜良伟. 政府导向型旅游志愿者参与动机及行为激励研究 [D]. 济南:山东师范大学,2018.

[9] 张朝枝,朱敏敏. 文化和旅游融合:多层次关系内涵,挑战与践行路径 [J]. 旅游学刊,2020（3）:10.

[10] 刘春波,龚超. 现代志愿服务文化建设研究——以广州市为例 [J]. 山西青年职业学院学报,2016(2):83-87.

[11] 周锦,王廷信. 数字经济下城市文化旅游融合发展模式和路径研究 [J]. 江苏社会科学,2021（5）:70-77.

[12] 王建军. 文旅融合背景下的图书馆志愿服务研究 [J]. 图书馆,2020（9）:59-65.

[13] 张朝枝,朱敏敏. 文化和旅游融合:多层次关系内涵、挑战与践行路径 [J]. 旅游学刊,2020（3）:62-71.

关于城市群众文化培训的实践与思考

——以北京市西城区文化馆培训体系为例

程海虹（北京市西城区文化馆）

群众文化培训是提升群众文化水平的有效途径，也是引领群众文化方向的重要方式。城市群众文化培训工作，由于城市发展要求以及存在着人口密集、价值理念多元化、文化差异性大等特点，有其内在的规律性。在国家大力推进城市建设、提升城市发展品质、满足人民美好生活需要的大背景下，笔者试以北京市西城区文化馆群众文化培训工作为例，对城市群众文化培训进行初步探讨。

一、研究背景及意义

全力推进国家治理体系和治理能力现代化是我国当前的一项重要战略任务；城市建设是其中的重要内容；城市文化是城市建设的灵魂、是城市软实力的主要构成因素；城市群众文化是城市文化中最直接、最广泛、最基础、最活跃的外在表现。城市群众文化培训工作是提升城市群众文化水平的有效途径，但目前城市群众文化培训处在实践丰富、理论匮乏的阶段。对此开展专题研究，可以为实践提供理论支撑和方向指导，推动城市群众文化培训的科学发展。

二、北京市西城区文化馆培训体系剖析

北京市西城区文化馆群众文化培训主要是围绕居民精神文化需求和首都核心区功能，组织开展了以西城讲坛、基层辅导点、欢聚艺堂、周末课堂（以下简称"四项培训"）为领军品牌的系列群众文化培训活动，既在着力推进公共文化服务标准化、均等化、社会化、数字化，持续完善公共文化服务体系方面做出了有益的探索，又在提升区域认同感和凝聚力方面取得了明显的成效。

（一）突出政治教育功能

西城区文化馆"四项培训"坚持正确的政治方向，将宣传党的方针政策、宣传社会主义核心价值观融入各项培训中。尤其是结合重要节庆日、重大会议和国家大型活动庆典等时机，组织学员创作、排练、演出弘扬时代主旋律的文艺作品，初步探索出了一条适应区

域人民群众文化需求、娱乐功能与政治教育、社会效益多赢的新途径。

（二）坚持精准对接民需

秉承"菜单式"服务理念，在每年组织开展培训前，都要开展文化需求分析和调研工作，通过召开专家座谈会、街道和社区研讨会、文艺团体和爱好者座谈会、发放调查问卷等形式，了解群众文艺团体和文艺爱好者的需求，确保培训内容和形式能够具有较强的针对性和实效性。

（三）持续打造培训品牌

坚持在持续打造文化培训品牌方面下功夫。从"四项培训"来看，基层辅导点活动是由已开展多年的"百场讲座进社区"活动延续下来的，西城讲坛和欢聚艺堂两项培训已开展了六年，"周末课堂"已开展了四年，都形成了培训品牌项目，培育了一大批"粉丝"，发挥了引领作用、示范作用和明星效应。

（四）不断拓展覆盖范围

坚持"全覆盖"工作目标，"四项培训"在形式、内容、对象、时间、层次、师资等各个方面持续拓展、持续延伸，基本上将群众喜闻乐见的文化项目纳入了培训范畴。如培训形式包括课堂教学、社区业余文艺团队现场教学、讲座、网络课堂等；培训对象包括不同水平、不同年龄、不同职业的群众文艺团体和业余文艺爱好者；培训时间覆盖正课时间、双休日、节假日等。据不完全统计，近五年来，"四项培训"参训学员达 10 万人次。

三、城市群众文化培训的社会功能和优劣势分析

（一）城市群众文化培训的社会功能

群众文化培训的基本目标和任务主要是提升群众文化的水平、满足群众的精神需求，同时也是社会教育的重要组成部分，在引领群众文化方向、弘扬传统文化、凝聚民族共识、增强文化自信等方面能够发挥重要作用。从剖析北京市西城区文化馆的群众文化培训体系来看，城市群众文化培训工作还具备传承城市文化、塑造城市形象、提升城市软实力、塑造市民认同的精神价值和共同愿景等功能。

1. 基本功能：提高城市群众文化水平

文化与经济相辅相成、相互促进，二者的发展基本呈现为同向曲线。在实践中发现，城市居民不但文化需求旺盛，对专业性的要求也明显高于乡镇居民。"四项培训"在坚持"普及"的基础上更注重"提高"，能够充分发挥城市文化人才优势，把握需求合理布局，分层分类精准施教。如聘请北京各大文艺机构和院校的文化专家开展专业性的培训，开设中级、高级不同层次的培训，开展文艺团队骨干、小教员等专题培训班等，有效满足了群众

文化培训专业化的需求和期盼。

2. 导向功能：引领城市群众文化方向

城市是区域的政治中心，政治要求高，政治影响力大、辐射性强；另外，群众文化的形成和发展有其源远流长的历史过程，性质繁杂不一，水平参差不齐。"四项培训"坚持正确的政治方向，大力宣传党的创新理论成果、弘扬社会主旋律、培育社会主义核心价值观、加强精神文明建设，同时在培训内容上对传统的群众文化取其精华、去其糟粕，引导群众文化向适应时代发展、符合群众需求的先进方向发展。

3. 保护功能：传承传统文化

随着世界经济文化的全面融合，我国城市传统文化受到了前所未有的冲击。截至2018 年，中国已有 7 项非物质文化遗产被列入《急需保护的非物质文化遗产名录》，还有更多区域文化种类面临着后继无人、濒临消亡的境况。"四项培训"注重弘扬传统文化，将戏剧、戏曲、中国古典乐器等列入培训范围，同时为"上班族"打造了"周末课堂"，有意识、有目标、有计划地吸引年轻人参加培训。

4. 整合功能：塑造城市形象

城市形象建设是城市现代化过程中继生产建设、公共设施建设之后迎来的城市发展的更高阶段，是城市的生存与发展的动力和目标。"四项培训"坚持立足西城、讲好西城故事，将西城历史变迁、文化特色、民风民俗和政治经济的快速发展等内容纳入到讲座以及学员培训、编创、会演全过程中，宣传了西城的光辉历史和独特魅力，激发了居民的自豪感和归属感，提升了对内凝聚力和对外影响力。

5. 示范功能：辐射周边乡镇

城市是区域发展中心，有强大的示范作用和辐射能力。在信息互联互通的时代，城市群众文化培训的发展和创新，可以迅捷有效输出，通过资源共享、互学互助、文化扶贫、结对帮扶等形式，带动、影响周边乡镇的群众文化工作，打造城乡一体化的大培训体系。"四项培训"坚持做优做强群众文化培训品牌，多次被媒体报道，多次参加业务交流、经验介绍，多次接受了领导部门和同行的调研、参观和学习，尤其是编撰的两本群众文化培训教材也陆续被其他地区接受和使用。

（二）城市群众文化培训优劣势分析

城市居住人口密集，经济发展水平高，居民平均文化层次高，接收信息快捷。群众文化培训工作有很多优势的、有利的条件，如文化机构健全、经费保障充裕、基础设施完备、区域内文化人才资源丰富网络覆盖率高等，但在西城区文化馆群众文化培训的实践中，也发现了一些明显的困难：

1. 群众文化需求量大

在国家经济持续发展中，城市群众生活水平普遍提高，基本生活需求得到了满足，对精神文化生活的需求量激增。以北京市西城区为例，常住人口约 130 万人，人均可支配收入位于全国前列，文化需求量大，对学习、培训的需求量大，现有的培训体系与培训能力远远不能完全满足群众文化的需求。

2. 群众文化差异性大

城市人口由于层次多样,思维方式、人生追求、生活背景等差异性大,导致文化及对文化的需求、认同、追求的差异性大,很多文化需求还没有形成系统培训。如"四项培训"虽然内容比较丰富,但还是有很多文化品类,尤其是针对外来人口的区域文化品类没有纳入其中。

3. 传统文化受到冲击力度大

由于城市的信息传导迅捷、接受能力强大,传统文化,尤其是区域特色文化受到的冲击更大、更快。"四项培训"虽有意识地将传统文化纳入其中,但很多非遗项目由于关注度差、报名学员少,在培训中遭到了冷遇。

4. 群众文化培训理论和专业支撑不足

国内目前尚未建立群众文化培训专业学科、专业体系和专业理论;从业人员基本上属于从其他专业转行而来、半路出家,同时缺乏专业的、权威的培训教材,使群众文化培训基本上沿用了专业学习的理论、路径和方法,成为专业学习的"简易版""删减版""速成版",缺乏针对性和实用性。

四、关于城市群众文化培训工作的思考与建议

城市群众文化培训有其内在的、独特的逻辑性、规律性。结合西城区文化馆群众文化培训的实践,笔者对城市群众文化培训进行了理论思考和研究:

(一)坚持"长规划"与"常态化"相结合

城市群众文化培训是一项严谨科学的系统工程,需要一个长期的、渐进的过程。这个过程需要长远规划与常态培训相结合,才能确保遵循规律、把握目标,有计划、有步骤推动群众文化水平的提高。

"长规划"的主体是各级文化领导部门。各级文化领导部门要坚持把可持续性发展作为群众文化培训工作的内在要求,把提高宏观引领和调控作为规划的重要目标,从研究群众文化工作的客观发展规律和本地区文化传承的特点入手,一方面要制定长期的、科学的、符合时代要求和满足群众需求的培训规划,另一方面要通过建立群众文化培训专业、研究群众文化理论,打牢群众文化培训工作根基,才能逐步把群众文化培训工作引入顺应时代、科学有序、目标明确的发展轨道上来。

"常态化"培训的主体是基层各级文化机构和广大文化工作者,承担着具体实施长远规划的任务。同时,要不断创新探索、研究总结,为群众文化培训工作的理论研究提供实践依据。如西城区文化馆在加强业务培训、组织理论研讨的基础上,针对群众文化培训教材匮乏的情况,创新性地制定了编撰出版群众文化培训系列教材的计划,目前已出版了《群众文化艺术培训系列教材—钢琴》《群众文化艺术培训系列教材—音乐基础》两本教材并投入使用,受到了业内专家和文艺爱好者的高度评价。

（二）坚持"通俗性"与"教育性"相结合

通俗性是群众文化主要的特点之一，也是群众文化旺盛生命力的源泉。群众文化培训要充分把握群众文化的通俗性特点，重点培训、扶植群众喜闻乐见、内容健康向上的文化品类，引导群众文化向适应时代发展、符合群众需求的更高层次跨进。

同时，要不断强化教育引导功能，坚持围绕弘扬社会主义核心价值观、重构传统思想道德体系，在宣扬党的方针政策、国家的伟大建设成就、社会主义核心价值、中国传统文化等方面下功夫，不断强化群众文化培训工作的教育内涵、思想内涵和政治内涵，潜移默化，寓教于乐，切实使群众文化既能陶冶情操、愉悦身心，又能提升文明素质、激发爱国情怀。

（三）坚持"传承性"与"融合性"相结合

群众文化是中国传统文化的继承和延续，具有鲜明的地域性特征。在城市群众文化培训中，要针对传统文化受到冲击力度大的问题，切实把握好弘扬、传承区域文化和融合、吸收外来文化的辩证关系。

着力突出弘扬、传承区域文化，既可以最直接、最广泛地满足居民的精神需求，凝聚区域居民的认同感、荣誉感、归属感和责任感，也可以依托本地文化资源，努力将资源优势转化为产业优势，使区域文化成为新的经济增长点，提升区域的核心竞争力。在"四项培训"中，将戏曲、民俗、京派文化及一些非物质文化遗产列为主要内容，主要目的就是为了保护、传承这些承载着北京人文记忆、风俗变迁的区域传统文化。

同时，也要注重融合、吸收各类外来文化、新兴文化等不同的文化形式，满足不同群体、不同层次群众的需求。群众文化工作者要认真研究、分析各类外来文化、新兴文化，主动靠上来、掺进去，尽早尽快把一些新兴的、先进的文化形式纳入培训目标，引导广大人民群众，根据自身需求对外来文化加以选择和参加，形成具有区域特色的新型群众文化形式。如"四项培训"中的周末课堂，就设置了服装服饰色彩搭配、奥尔夫少儿音乐启蒙教育课程，既满足了居民生活需要，又提升了群众审美水平。

（四）坚持"体系化"与"精准化"相结合

针对城市"群众文化需求量大"的问题，要充分认识到以往零打碎敲、"补补丁"似的培训工作已经不能适应群众文化发展的形势、不能满足群众文化发展的需求。一方面，群众文化培训工作必须向体系化、长期化发展。如西城区文化馆组织的各项群众文化培训活动，覆盖面广，持续性强，初步打造了"一条龙""全覆盖"的培训体系，给群众文艺团体和文艺爱好者提供了更多、更实用、更接地气的选择空间，同时又以长期坚持、连续培训扩大培训量，努力在最大限度上逐步满足城市群众文化需求。另一方面，要坚持进社区、进学校、进乡村，有计划地建立群众自教自学体系。如"四项培训"中的基层辅导点活动就是在街道、社区、团队和学校等建立基层培训点，以"骨干培训班""小教员培训班""系列讲座"为主要形式，从群众文化团队中遴选基础好、领悟力强、号召力强的文艺骨干进行定期的、系列的培训,为群众文化团队开展互教互学活动储备基础性人才,努力打造以点带面、自教自学的群众自我培训体系。

针对城市"群众文化差异性大"的问题,要在建设群众文化培训体系中坚持精准对接的原则,在摸清民需的基础上建立完善"菜单式"培训方式,把群众文化培训的选择权和评判权真正交给群众。

(五)坚持"科技性"与"创新性"相结合

近年来,以网络为代表的高科技迅猛发展,改变了人类的社会结构、思想观念、交往方式、生活习惯。对群众文化培训工作来讲,中国特色网络社会的形成,在思想观念、技术能力、培训质量等方面带来了挑战,在把握群众需求、拓展培训范围、突破场地瓶颈等方面带来了机遇。

广大群众文化工作者要顺应时代潮流,在网络化、信息化、数字化的新文化时代,打造网上网下相结合的立体化群众文化培训体系。目前来看,各级文化领导部门和广大群众文化工作者已经清晰地意识到了"网络文化"的重要性,并初步搭建了"网络文化"平台。如西城区文化馆的群众文化培训工作,在疫情防控期间,组织开设了周末定向培训的网络课堂,通过教师建立教学微信群、录制教学视频、在线授课、讲解、示范,学员在线学习等方式开展培训;同时在"西城文化云"开设了 17 期网络钢琴培训"云课堂"、12 集系列讲座《漫画中的新中国足迹》,点击量达到 5 万余人次;开创了培训的新阵地、拓展了培训的覆盖面。

但目前"网络文化"依然存在着技术力量薄弱、内容重复枯燥、缺乏领军品牌、各自为战、吸引力和权威性不足等问题。要解决这些问题,从宏观组织层面讲,要成立政治坚定、责任明晰的网络专职部门,要加大以网站为基点的文化网络基础投入,要建立健全网络法治管理机制,要打造分工负责、齐抓共管的网络工作体系;从具体实践层面来看,要加强对文化工作者网络知识、技术能力的培训,要建设专属网站或依托正规主流网站、单位业务网站设置专题链接,要开发、上传思想性、知识性、艺术性、趣味性、系统性融为一体的网络培训课程,要建立网民文化需求搜集、反馈、互动机制,打造网上网下相结合、吸引力强、群众认可、主动参与的立体化群众文化培训体系。

从解剖、分析西城区文化馆近几年群众文化培训工作来看,做好城市群众文化培训工作,要发挥城市组织优势和人才优势,在充分遵循规律、科学把握方向的基础上,制定长远发展规划和阶段性目标;要在充分发挥群众文化培训工作的社会教育功能的基础上,坚持提升群众文化自信的原则,以文育人、以文化人;要在弘扬传统文化的基础上,挖掘城市内涵,塑造城市形象;要在满足城市群众多种文化需求的基础上,充分开发网络资源、建立网络阵地,完善全覆盖、精准化的培训服务体系,打造科学的、综合的、系统的培训服务体系。

易地扶贫搬迁社区公共文化建设研究

——以柳州市 M 社区为例

黄城煜　覃湘湘　覃凤娟（广西壮族自治区群众艺术馆）

一、研究背景和问题提出

易地扶贫搬迁作为精准扶贫的重要组成部分，推动脱贫攻坚与乡村振兴的有效衔接，"三区"（边远贫困地区、边疆民族地区和革命老区）取得了前所未有的发展。党的十八大以来，在党中央的正确领导下，我国易地扶贫搬迁 960 多万贫困人口同步新建了约 3.5 万个安置社区[①]。2020 年 12 月，国家发展改革委宣布"十三五"易地扶贫搬迁任务已全面完成，标志着易地搬迁工作转入以后续扶持为中心的新阶段。当前我国易地扶贫搬迁社区，不仅仅局限于摆脱生活贫困的层面，同时对社区综合发展产生新的诉求。

良好的社区治理对易地扶贫搬迁社区的可持续发展起着重要的作用，其中文化治理是一种重要而有效的治理形式。公共文化作为我国社会主义文化的重要组成部分，具有满足人民群众精神需求的功能，同时能够在凝聚社会共识、规范人的行为、动员社会参与、引导民间互助等方面发挥实际作用[②]，是实现文化治理的重要内容。当前易地扶贫搬迁社区建设存在社会内部重构、精神文化重塑等诸多问题，因此，易地扶贫搬迁社区公共文化建设问题值得关注。应将公共文化建设作为易地扶贫搬迁社区建设的重点，完善易地扶贫搬迁社区公共文化服务体系，增强文化引领能力，全面提升扶贫搬迁社区移民社区认同感、归属感和责任感。

二、柳州市 M 社区公共文化建设相关实践

柳州市 M 社区地处所在县 4A 级景区老君洞与 3A 级景区老子山之间，距离县城仅有 3 公里，占地 230 亩，总建筑面积 20.26 万平方米，安置了来自大苗山深处的 20 个乡镇 180 多个村 600 多个自然屯的 1605 户 6952 名苗、瑶、侗等 10 个民族建档立卡贫困人口，其中苗族人口占 43.77%[③]。2020 年 11 月被评为全国"十三五"时期易地扶贫搬迁典型案

---

① 数据来源：2020年11月国新办相关新闻发布会数据。

② 李建伟,等.我国乡村治理创新发展研究[M].北京:人民出版社,2020.

③ 数据来自调研数据。

例的"十三五"美丽搬迁安置区。从经济基础和文化资源等方面来看,M社区所在县区苗、瑶民族文化极具特色,涵盖民族服饰、民族饮食、民族建筑和民族歌舞等方面文化内容,近年来文化和旅游融合发展较为成熟,文旅产业发展带动居民经济收入成效显著,这不仅为文化的建设发展提供了一定的经济基础,同时也为易地扶贫搬迁社区文化治理和公共文化建设创造了独特的条件。

社区文化治理作为基层治理的重要组成部分,政府主导的社区公共文化建设是一种自上而下的治理机制。易地扶贫搬迁社区将分散各地,居住空间开放的个体,聚集到一个相对封闭、城镇化的社区,从某种程度来讲,割裂了他们与土地之间的物理联系,同时,令他们与原来的传统文化渐行渐远。在这样的背景下,政府主要通过制定相关制度,保护传统文化、修建文化基础设施和组织文化活动等方式开展公共文化建设,逐步优化社区公共文化服务供给,保障社区移民文化权益,重构移民社区文化认同,不断提升易地扶贫搬迁社区文化治理能力和水平。

(一)完善公共文化制度设计,以政治导向规范社区文化

移民在移民搬迁前后所生活的社会结构完全不同,从一个相对封闭的空间走向一个开放的空间,每个特殊的个体重新组合成一个新群体,他们要同时面对空间、思想等方面的割裂状态,在具体日常行为中如果处理不好则会变成冲突、矛盾等不和谐样态。政策法律法规的具体化形成相应的制度与文化,能最直接地规范这些不和谐的行为与习惯,引导移民过渡、适应和建立与新环境的心理联系和纽带。党的十八大以来,农村社区公共文化服务体系建设力度不断加大,公共文化建设始终坚持以人为本,遵循重心下移,从中央到社区相应建立了服务体系。易地扶贫搬迁社区在落实《关于加快构建现代公共文化服务体系的意见》《国家基本公共文化服务指导标准(2015—2020)》《中华人民共和国公共文化服务保障法》等一系列重要政策法律文件过程中,建立以居委会为核心的组织体系,同时在各上级相关文化部门的引导下,引进社会主体,不断推进公共文化服务标准化、均等化。M社区基本能做到兼顾公平和效能,协调文化事业和文化产业的发展,成为贫困地区和边疆民族地区公共文化建设典型社区。

(二)修建公共文化设施,构造社区文化空间

M社区结合社区人口规模配套有"九个中心"①,其中包含了老年活动中心、青年之家、妇女之家、儿童活动中心、乡愁馆、图书室、综合性文体广场等公共文化基础设施,精准瞄准服务群体、精准区分服务项目,不断完善和健全社区公共文化设施,一方面为保障社区移民读书看报,看电视听广播,开展文体活动等基本文化权益,另一方面为社区移民交流交往提供空间条件。对于社区移民来说,搬迁社区居住结构与搬迁之前居住环境完全

---

① 九个中心:社区综合服务中心、新时代文明实践中心、就业服务中心、文体活动中心、老年活动中心、儿童活动中心、平价购物服务中心(微市场)、公共服务中心、物业服务中心。

不同,从之前一个开放、原始、贴近自然的场域(如门前屋后、村头田间、集市庙会等)搬进一个相对封闭、遵循一定规则的城镇化人口集聚区,社区移民的交流交往的习惯和方式也将随之变化,公共文化设施为他们提供一个重塑交流交往习惯的场域,这个场域对于原先互相不认识的移民更为陌生,但对于重塑搬迁社区文化认同的心理需求却是一种机遇。政府通过修建公共文化设施构造这种文化空间,为社区移民建立联系、达成社区认同、加速社会融入奠定了空间基础。

(三)开展各类公共文化活动,促进社区文化交流

公共文化建设的过程,要求扎实开展群众喜闻乐见的各类文体活动,来达到满足群众精神文化需求,这也是社区文化治理过程的微观体现,社区文化发展的状况代表着社区文明发展的程度。M 社区所在县享有"中国芦笙斗马文化之乡""中国百节民俗之乡""中国民间文化艺术之乡"的美誉,近年来营造"天天有表演、月月有节庆、年年有大型主题活动"文化旅游品牌规模,M 社区作为该县正在打造民族特色文化小镇,在开展公共文化建设、开展各类文化艺术活动等方面有着先天的优势,在文化管理部门的引导下,每年开展民族百节、文艺比赛、文艺展演等活动近百场,社区移民在参与活动的过程中形成交流互动而建立一种集体意识,这种集体意识是建立或者巩固了对民族文化艺术的认知,又或者是得到了文明观念的教化与对艺术审美的默契,都能触发他们在心底有意无意地达成对社区的集体认同。

(四)传承保护民族文化遗产,保留社区文化记忆

M 社区打造苗族民族特色建筑社区及街区,在社区内建立乡愁馆、非遗就业工坊等极具民族特色的文化空间,社区的移民因为各自的民族文化遗产在这些空间里集结,从时间层面上,这里也可以让社区移民联结今天和昨天,甚至和未来对话连线。M 社区的锦绣手工坊结合时代的发展将传统苗瑶锦绣应用到服装设计及配饰设计上,赋予传统苗、瑶民族服饰新的生命力,在有效保护和传承了非物质文化遗产的同时,通过发展"指尖"经济推动"巧手"脱贫。同时,相关文化部门和单位通过"非遗进社区""非遗进校园"等培训及"文化和自然遗产日""坡会"等节庆活动开展传承保护民族文化遗产,苗瑶锦绣、银饰蜡染、苗族歌舞等非物质文化遗产得到了传承和发展。保留文化记忆,是重塑移民社区文化认同的重要方式,移民搬迁搬的不仅仅是住所,M 社区在通过培养传承人、建立活动品牌和产品创意等方式传承保护民族文化遗产过程中留住了民族文化的根,让各个年龄段的社区移民群体增强了社区认同。

(五)推进文化和旅游融合,筑牢社区文化基础

社区认同借助社区移民对社区工作的认可,从深层次上建立形成稳固的文化心理认同,经济基础决定这个认同的程度。对于新搬迁来的移民,就近就业能让他们更快地适应和融入这个新角色,他们与社区之间的互相接纳对于社区维系社区的稳定奠定了坚实的

经济基础。文化和旅游的产业融合发展对提升一方水土的经济水平起到重要作用，M 社区所在县近年来围绕"以一个龙头景区，带动一片乡村旅游，带富一方百姓"的发展思路，保护利用民族特色文化，促进民族特色旅游发展，助力乡村振兴取得显著成效。M 社区尽管是易地扶贫搬迁安置点，但能立足自身具有的特色民族文化，在秀丽山水间挖掘衣、食、住、行等民族文化，打造兼具教育性、艺术性、体验性的民族民俗文化旅游小镇，通过传承民族传统手工能人、培养民族文艺队伍，引导移民加入文化和旅游发展的浪潮，带动社区移民就近就业，为社区每个家庭能正常维持生活提供坚实保障。

三、当前易地扶贫搬迁社区公共文化建设存在的不足

近年来，易地扶贫搬迁社区公共文化建设越来越受到重视，政府统筹各方力量，加大了投入力度，也取得了一定成效，但是当前易地扶贫搬迁社区公共文化建设存在的不足也较为明显。在对 M 社区开展调研的过程中，课题组针对 M 社区移民做了相关问卷调查，一共收到 923 份有效问卷。问卷统计数据显示，在公共文化的宣传方面，认为宣传不理想的占 59.15%，其中"不注重面向群众做宣传"占 22.64%；在民族文化保护传承方面，负面选项占 31.74%，"觉得不容乐观"的占 9.86%，在社区公共文化开展频率方面，"觉得开展偏少"的占 75.08%，其中"几乎没感觉到开展"的占 12.78%；从社区移民参与度来看，"从来没参加过相关活动"的占 42.58%；从移民使用公共文化设施情况来看，"没使用过"的占 55.04%，"每年去一次"的占 14.84%，其中相关联的原因：一方面，根据对问卷相关数据进行 SPSS 分析得出相关关系（表 5-1）；另一方面，移民认为"公共文化设施类型太少"占 46.7%，"办理手续复杂"占 13.22%，"没人管理和指导"占 16.14%，"设施坏了没有及时修理"占 18.09%。无论是公共文化设施的使用，文化活动的参与度，还是公共文化服务对传统文化的保护，公共文化建设实施对象信息反馈着明确信息，当前易地扶贫搬迁社区公共文化建设还有诸多需要改善的地方。

（一）易地扶贫搬迁社区公共文化建设得不到应有重视

移民经过易地扶贫搬迁实现了脱贫，但是政府依然面临防止移民返贫并推动精准扶贫与乡村振兴有效衔接的严峻任务。政府比较重视易地扶贫搬迁社区移民就业问题，往往忽视文化建设对移民社区认同、社会融入等方面所能产生的重要作用。易地扶贫搬迁社区在促进社区移民之间互信互助、构建共建共享的社区共同体和促进社区和谐与稳定过程中缺乏长效、足够的文化支撑和精神动力。

（二）易地扶贫搬迁社区公共文化设施建设与利用存在问题

随着公共文化服务标准化、均等化的推进，我国基层公共文化设施网络已经基本形成，但整体上还是处在低水平阶段，尤其是易地扶贫搬迁社区，公共文化设施仍存在数量

不足,标准不高的现象。同时,社区公共文化设施重建设、轻管理、轻效能的现象依然存在。社区部分公共文化设施闲置较为严重,利用率低,社区公共文化活动中心的文化阵地作用不明显。

(三)易地扶贫搬迁社区公共文化服务内容和形式缺乏足够吸引力

随着经济收入的提高,居住环境变化,加之互联网络世界的影响,社区移民的精神需求和审美趣味不断上升和丰富,但是文化资源相对匮乏、文化活动形式单一的状况没有得到根本性转变,以社区移民文化需求为导向的公共文化服务供给模式尚未完全建立,富有地域风情、民族特色、广大群众喜闻乐见的公共文化产品比较缺乏。

(四)易地扶贫搬迁社区公共文化服务投入力度有限

经济基础决定了区域发展的平衡性,社区发展不平衡显而易见,政府对易地扶贫搬迁社区公共文化事业的经费投入,与公共文化服务体系建设、新型城镇化发展、全面推进乡村振兴战略的客观要求还有一定差距,公共文化设施、设备总量及人均所有量还处在较低水平。同时,易地扶贫搬迁社区公共文化设施的日常运营,群众文化活动的开展,缺乏充足项目经费支持。

(五)易地扶贫搬迁社区公共文化服务人才队伍薄弱

易地扶贫搬迁社区公共文化活动中心服务工作人员偏少,且存在专业人才少、结构不合理、无足够经费保障等问题,社区公共文化服务人才队伍与当前的工作要求不相适应,尤其缺少有经验的管理者和有能力的创新人员,导致易地扶贫搬迁社区公共文化活动中心没有充分起到组织文化活动、教育人民群众、满足人民需求的作用。

四、后续相关建议

习近平总书记强调"人民群众对美好生活的追求就是我们党的奋斗目标。金杯银杯不如老百姓的口碑。干部好不好不是我们说了算,而是老百姓说了算"。针对易地扶贫搬迁社区公共文化建设的评价,除了处在组织角色的政府要进行自我评价,仍需要处在组织对象的社区移民做出反馈。在调研过程中,M社区的移民对社区公共文化建设很有自己的想法,针对"您认为用哪些标准来评价社区公共文化服务的效果?"这个问题,认为以"资金、设备、活动数量"来衡量的占31.12%,从"群众自身群众参与、精神面貌提升、文化素养提高"来评价占33.18%;从"社区文化氛围、和谐发展"来评价占27.62%,从"社区文化活动获奖"来评价占8.08%。要改善易地扶贫搬迁社区公共文化建设,除了考虑社区移民的需求,还要了解社区移民的特点,这样才能做到"对症下药"。从M社区调研数据来看,他们的学历水平普遍较低,初中以下占86.35%,高中及中专占9.97%,大专或高职以上仅占3.69%;从家庭主要收入来源来看,外出务工占60.67%,务农占 24.16%,靠政府帮扶救济占 3.68%。根据马斯洛需求层次理论,社区移民基本上都来自曾经的贫困户,其接受教育的情况、经济收入水平都是影响公共文化活动参与的重要因素。

2005 年 5 月党的十六届五中全会提出"加大政府对文化事业的投入,逐步形成覆盖全社会的比较完备的公共文化服务体系"以来,经过三个五年建设周期,我国已经基本建成现代公共文化服务体系。但是公共文化建设在区域、城乡、社区之间的不平衡依然存在,特别是"三区"地区易地扶贫搬迁社区公共文化建设,需要提升的地方还很多。从社区文化治理的角度来说,社区公共文化建设是一项以政府领导的自上而下组织开展的系统工程,公共文化建设的成效影响着这个系统工程的正常运转。根据易地扶贫搬迁社区的特点和社区移民的情况,结合历来的实践和当前发展的实际,应从以下几方面来具体着手改善当前易地扶贫搬迁社区公共文化建设。

（一）转变固有发展理念

完善文化治理是政府职能转变的发展要求,在推进易地扶贫搬迁发展的过程中,政府需要进一步重视社区公共文化建设的作用,要转变重经济轻文化的发展理念,将社区公共文化建设纳入年度工作议程。加强对文化相关职能单位、社会力量引导和使用,统筹协调,共享资源,共同使劲发力,提高公共文化服务的效率;加强对公共文化建设进行社会宣传和动员,提高全社会对社区公共文化建设重要性的认识,引导调动社会参与农村公共文化活动的积极性。

（二）尊重社区移民的需求

开展社区公共文化建设应坚持以移民为中心,尊重社区移民的所思、所求,所用,把满足社区移民人民精神文化需求作为开展公共文化服务的出发点和落脚点。要对公共文化服务对象进行精准识别,对不同的群体、不同区域建立服务档案,提高公共文化服务的针对性。在公共文化服务产品方面,立足地情、民情,尊重地域民族特色文化,努力实现传统文化的创造性转化、创新性发展,完善服务项目、丰富服务内容,适应时代的发展要求,提供群众喜闻乐见的文化产品。

（三）培养社区文化人才队伍

社区公共文化建设涉及工作量很大、服务种类很多,需要以专兼职相结合的专业文化人才队伍为支撑。针对社区专职文化人才队伍,要结合岗位专业要求,定期通过培训班、研修班、挂职锻炼等方式进行专业技能培训。针对由一些社会组织、民间文艺组织、民间艺人、文化能人、文艺骨干、文化志愿者组成的社区兼职文化工作者,要充分发挥他们的影响和作用助力社区公共文化服务,同时要结合实际需求进行必要的培训。无论是社区专职文化人才队伍、还是兼职文化工作者,在社区公共文化建设中都发挥着组织、协调、管理社区文化发展的作用。

（四）加大社区公共文化设施投入

落实公共文化服务标准化要求不断完善社区公共文化设施建设,需要政府进一步加强公共财政的投入,但是单纯依靠公共财政已经无法满足社区当前发展要求,因此需要政府建立多元化的资金筹集机制,通过政府财政经费、引入社会资助、企业捐助、社区自筹等渠道相结合,继续加大对社区公共文化设施建设力度,按照新阶段的发展要求和社区实际需要,及时配置和更新必需的设备硬件、服务项目和服务内容。

（五）提高社区公共文化服务创新能力

在服务供给形式上创新,突破传统公共空间的束缚,加强科技在社区公共文化服务中的作用,推动宽带互联网、移动互联网、广播电视网和卫星网络等技术的运用,促进线上线下互动,让社区移民零距离、无障碍地享受现代公共文化服务。在服务产品创作上创新,无论是活动的创建还是作品的创作,要顺应时代潮流,要符合社区移民的期待,探索菜单式服务,实现文化服务供给与社区移民文化需求的有效对接,满足社区移民日益增长的多样化、多层次、多方面精神文化需求。

社区公共文化建设是开展社区文化治理的过程,是推进治理体系和治理能力现代化重要组成部分,同时也是推进全面乡村振兴建设乡风文明的重要举措。易地扶贫搬迁社区公共文化建设,在提供公共文化服务的时候,要让社区移民通过参与公共文化活动提升自己,掌握一定的技艺,创造一定的条件,扩展家庭收入来源;同时让社区移民通过参与公共文化活动,传承自身民族文化,建立一种共同价值,满足文化心理上需求。在人类进步的过程中,文化价值观确实是重要的,因为它们影响到人们对进步的想法[①]。公共文化建设可以辅助学校教育,不断克服思想闭塞、教育落后所带来的缺陷,共同培育易地扶贫搬迁社区移民重构新的文化价值,经过一定时期的积累建立社区公民参与意识。社区公共文化建设除了以政府自上而下的治理,还需要社区移民自下而上的自治,构建社区移民构建新的文化价值,培育参与意识,为社区移民开展自下而上的文化自治奠定基础。易地扶贫搬迁社区公共文化建设,政府要坚持以人民为中心,面向群众对美好生活的需求,借助公共文化作为治理共同体的纽带,引导社区移民的参与,注意建立二者之间的互动机制,处理好人与人、人与社会、人与自然之间的关系,促进社区团结协作、和谐稳定,才能让社区实现空间更新发展,才能让社区移民实现全面发展。

---

① 亨廷顿,哈里森.文化的重要作用——价值观如何影响人类进步[M].北京:新华出版社,2018.

文化馆社群高质量运营研究

2021年3月，文化和旅游部、国家发展改革委、财政部发布《关于推动公共文化服务高质量发展的意见》，其中提到"加快推进公共文化服务数字化……培养具有高黏性的'粉丝'文化社群"。这两年，公共文化领域频繁提及文化社群建设，认为这是进一步提高公共文化服务效能的有力抓手，也是文化强国建设中的中国特色高质量文化馆建设中的重要一环。因此，本文从多年实践经验出发，探讨了创建和运营文化馆社群的重要性；梳理了文化馆社群的定义、特性；通过对运营策略的分析，就实践中可能遇到的问题提出解决办法；对未来如何高质量发展，如何进一步提升服务效能和社会效能给出了建议。

一、创建和运营文化馆社群的重要性

文化馆是公共文化体系建设中极具中国特色的组成部分。各级文化馆依靠源源不断涌现的文艺爱好者和层出不穷的在群文活动中培养起来的文艺骨干，开展形式多样的群众性文化活动。然而，随着时代变革，人们的生活节奏和文化娱乐方式发生了颠覆性的改变：不出家门，只要有一台电脑或一部手机就可以进行自主学习和娱乐，人们到公共文化机构参加文化活动的积极性被极大地抑制。因此，创建和运营文化馆社群，就显得极为重要。

文化馆社群通过线上和线下联动的方式，打破空间、时间局限，多渠道吸引并联结文艺爱好者，吸引他们以多种方式参与新时代的群众文化活动，更便利地使人民群众真正成为文化强国的参与者和受益者。

二、文化馆社群的定义和特性

（一）定义

文化馆社群，从广义上讲是由兴趣爱好聚合起来的，通过由文化馆组织的持续性活动联结的文化共同体。文化馆社群的成员构成，应涵盖本区域内所有愿意参与文化馆举办的文化活动的群众，并通过线上社群的运营管理和线下活动的实体互动，增强社群成员的归属感、认同感，最终达成其获得文化需求的愿望，并引导其以优质的文化成果反哺社会。

（二）特性

作为公共文化服务机构，由文化馆组织运营的社群，在开展活动时应坚持均等性、公益性、规范性、专业性的原则。

1. 均等性

文化馆社群所涵盖的服务对象，是所有愿意加入社群，并参与社群活动的文艺爱好者群体，其所举办的主要活动也应是适合所有社群成员参与的。社群也可根据成员的艺术水平差异开展适合不同层次成员参与的活动，举办频次应符合均等性要求。

2. 公益性

文化馆社群天然具有公益性属性，社群得以维系的主要原因也是由此带来的信任感和认同感，使成员愿意聚合在社群内开展具有相同精神价值取向的活动。因此，文化馆社群开展的任何活动都应强调不可背离公益性原则，否则其存在的必要性将受到严峻挑战。

3. 规范性

文化馆社群应根据不同社群特点，制定群组规则和准入准出机制，以使活动有序开展，并具有一致行动的能力。

在运营中，文化馆作为公共文化服务的实施平台，难免会涉及第三方合作，若合作涉及推出付费文化产品，要先期制定翔实的项目实施与收费办法，并严格按照办法公示、执行活动内容。由于文化产品常常涉及原创创作，应注意明晰著作权和其他法律问题。

4. 专业性

文化馆社群，是为了满足不同门类的文艺爱好者的文化需求而建立。因此，也显现出必须按照艺术专业进行分类的特点。常见的大类划分有：音乐、舞蹈、戏曲、曲艺、器乐、美术、书法、摄影、文学等，在大类目下，又常按年龄分为青少年群组和中老年群组；与此同时，在开展活动中，也应兼顾为特殊群体和小众群体提供参与文化活动的机会。

三、文化馆社群的基础性运营策略

（一）分级运营

为了使社群管理者更有效、更具针对性地进行管理和开展服务，文化馆社群应进行分级运营。

实行总分馆制的区域性文化馆，可在总馆设立社群和管理者，投送的服务应以满足全民艺术普及的要求为先，提供基础性的艺术启蒙辅导，并围绕本专业技术特点开展无门槛的线下活动。

省级文化馆设立的社群，其成员应该由省内各基层文化馆推选出的文艺骨干、各种赛事选拔出的优秀人才，以及具有一定社会知名度的非专业能人组成。社群活动应以提升社群整体专业技术能力，举办具有指导性、可实践性、高质量的活动为宗旨，并引导成员参与公共文化志愿服务,积极参与本地区基层文化社群的建设。

（二）设置社群管理员

各专业门类文化馆社群须设置至少一名专业干部作为社群管理员,负责发布专业信息、策划、执行线上线下社群活动,以及日常群组管理。

艺术门类专业技术人员为实施有效的社群管理,应接受一定的数字化培训,如使用微信群组发布公告、发起投票的方法,如何录制视频或通过直播方式开展社群活动等。

（三）制定运营规则

1.日常管理规定

为避免对成员日常生活造成信息困扰,线上活动应设置日常管理规定:禁止转发与专业交流不相关的文字;禁止在社群内寻求点赞、投票、付费阅读;仅允许群组管理者发布与专业相关的赛事信息、征稿活动等,其他成员如有信息分享需取得管理者认可后,由管理者统一发布。

应要求群组成员积极参与线下活动,报名参加活动后不得无故缺席。

2.准入准出机制

准入机制应是日常性的,只要达到群组吸纳标准,就可以加入社群。

准出机制则应按需调整。区域性文化馆的社群成员,普遍都是辖区内的居民,流动性相对较小。可根据各专业社群特点,至少每两年做一次社群整理。省级文化馆社群,由于成员来源各不相同,流动性较大,至少每年做一次群组整理。通过群组整理被清退的成员,如果再次申请加入社群,只要符合相关要求,应予以准许。

多次违反群规、多次被清退的成员,应加入社群黑名单,永不吸纳。

3.志愿服务和激励机制

鼓励社群成员开展群内志愿服务。志愿服务大致分为两种类型:第一类负责协助管理员对社群进行日常维护,参与线下活动的组织工作;第二类是协助开展专业技术辅导、策划专业性较强的社群活动。

为鼓励社群成员持续开展志愿服务,也应设立激励机制。例如,提供志愿服务可优先获得线下活动参与名额,或者优先推荐其参与更高级别的专业性辅导等。

（四）数字化技术支持

文化馆社群的运营,离不开馆内数字化技术支持。支持大概分为两类:(1)硬件设施建设及维护保障。包括有线网络、无线网络的持续扩容和日常维护;电脑器材、直录播设备、音视频编辑设备等专业设备的购置和日常维护;(2)文化馆官方网站、公众号、微信群组的建设及维护保障。

目前,在公共文化数字化建设中,有重视公众号建设而轻视官方网站建设的倾向。公众号虽然传播方式更便捷,但可以承载的内容却较少。根据人们的手机使用习惯,长文字和长视频也难以令手机持有者实现完整阅读。这些并不利于全民艺术普及的实施。

与此同时,文化馆社群的展示交流需求却越来越多。参与活动的成员非常希望自己的作品能够被展示,但纸质期刊、公众号毕竟容量有限,只能择优发布。这时,网站能够容纳海量资源的优势就显现出来。为了满足社群成员的展示需求,也为了实现社群成员的归属感,可在文化馆网站内为达到一定规模或具有鲜明特色的文化馆社群建立展示专区或互动专区。

四、文化馆社群的高质量运营策略

(一)社交化运营

1. 尊重社群成员的需求,打造人人为我、我为人人的交流平台

一个社群要增强凝聚力、提升粉丝黏性,不能光靠兴趣爱好联结成员的需求。强大的认同感更来自积极进取、温暖互信的社群社交环境。作为专业性社群,了解成员的需求非常重要,建议每半年投放一次调查问卷和满意度调查表,再根据成员的需求变化,合理统筹投放活动。

文化馆社群开展活动,还应注意一个问题:实名制和非实名制。实名制有利于约束成员在社群活动中谨言慎行,便于开展日常管理和实施线下活动。但如果社群本身已具有非常明显的网络社群特性,参与成员大多数不愿意进行实名制活动,也应按照实际情况分类制定相应管理办法。

2. 善用能人,树立榜样,打造教学相长的良性竞争环境

文化馆社群作为专业化社群,参与成员大多对艺术有较高追求,这也会凸显出一个问题:成员个体主观意识强,集体意识相对淡薄。但这样的群体也会显现出另一个特征:社群中专业能力突出的人,更容易受到其他人的尊重,其所倡导的活动也会有更多人响应。

因此,在文化馆社群的运营中,除了安排有较强专业技术实力的管理员参与社群管理,更要善用社群中的能人、培养有潜力的新人,使他们逐渐成为开展社群活动的有力帮手和学习榜样。一个可持续发展的社群,应当呈现出能人辈出的活跃态势,打造出教学相长的良性竞争环境,激励社群成员不断去挑战艺术高峰。

(二)品牌化和品牌运营

文化馆社群,要重视人才建设,更要重视社群的品牌化和品牌运营。品牌化是指对一个社群的品牌化打造;品牌运营是指通过对社群内品牌活动的运营,持续提升社群品牌的知名度。

品牌社群应是能够连续 3 年以上持续性开展社群互动,拥有持续性线下活动,并能够被一定区域内大多数同门类艺术爱好者所认可的常设性社群。品牌社群应具有完善的社群纳新、管理与发展规划,不是依靠单一能人效应而一时兴旺,文艺爱好者更多是因为喜

欢该品牌社群的发展理念而聚合。

一个品牌社群,至少应运营一个社群品牌活动。社群品牌活动应是连续举办 3 届以上的适合大多数社群成员参与的且广受喜爱的社群活动。社群内的优质品牌活动最能够凝聚社群成员对社群的忠诚度,是社群增加粉丝黏性的最佳激励机制。

(三)重视社群宣发

文化馆社群所涉及的宣发,大概分为两类。一类是指社群管理者在社群之内通过宣发先进的文化理念、艺术知识和创作导向,使成员树立正确的人生观、价值观、艺术观、创作观。当然,这需要社群管理员不断提高自己的政治素养、艺术水平和管理能力,才能有的放矢地完成工作。另一类是指通过社群成员的转发分享,将希望更广泛人群获知的活动信息传播出去,形成二次或多次传播效应。在移动社交媒体时代,与传统的媒体宣发相比,社群宣发因其聚合的人群的专业集中度,而具有了其他宣发形式不可比拟的精准传播优势。善用社群宣发,是为文化馆开展活动有效引流的极佳渠道。需注意的是,应注意宣发的频次,不使宣发变为社群成员的社交负担。

五、对未来文化馆社群高质量发展的思考和建议

(一)跨界与融合,助力文化馆社群破圈,提升服务效能

文化馆组织群众文化活动,大多是依靠各门类的群众文艺团队和非专业骨干提供人才保障和活动支持。可以说,这是文化馆社群的初级形式。这种初级社群,由于成员相对较少,大多由线下活动聚合,易于出现群体固化、圈地自萌的问题,进而在社群中形成新的信息茧房。

当我们扩大社群外延,将更多文艺爱好者纳入其中,也应引入更多新鲜的理念,持续拓宽文化馆所举办的群众文化活动的边界。比如,以往文化馆组织活动大多是单一门类的,合唱比赛就是合唱比赛,美术展览就是美术展览。但当下的艺术发展,早已呈现出多门类融合展示的特征,新形式层出不穷,如果文化馆不能与时俱进,又怎么能吸引新时代的年轻人走进文化馆,进而参与文化活动?

新时代的文化馆社群,应在创新融合发展中不断突破专业壁垒、推动各艺术门类跨界交流,使社群活动新鲜有趣无门槛,让更多文艺爱好者体验到不同艺术门类的魅力,永远在新的尝试和探索中先人一步。也只有这样,才能切实提升服务效能,并在未来的发展中不断实现文化馆的破圈,使之成为真正的全民艺术普及之所。

(二)与时俱进,助力文化馆社群实践新价值,提升社会效能

文化馆社群产出的内容创作是源源不断的,但常常缺乏交流和展示的平台。而无论是当下正在大力推进的新型公共文化空间建设,还是正在进行旅游资源整合发展的地区

或项目，又常常出现优质文化内容创作与展示不足的问题。

因此，在文旅融合发展的大趋势下，文化馆社群应该抓住自己的内容创作优势，让社群活动更加活跃起来，通过新活动、新形式、新空间，助力中华优秀传统文化和高质量优秀原创作品的传播。这样既能发挥文化馆的平台优势，盘活社群资源，亦能与新型公共文化空间的打造、与文化旅游目的地的人文建设形成互动，真正使人和空间有效结合，让参与者和体验者同时感受到艺术的魅力，感受到文化需求的满足，从而实现文化馆社群的新价值。这样的新价值，也将有效提升文化馆社群的凝聚力、行动力、创造力，提升粉丝黏性和知名度，真正实现社会效能的最大化。

总之，创建和运营文化馆社群，就是要吸纳所有愿意参与公共文化活动的文艺爱好者，他们也许不是每一次都能积极地参与活动，但仍要保证他们可以通过社群内的通联渠道，获知最新的活动信息。一个处于高质量健康发展中的文化馆社群，应是没有固定的人数边界的，且随着运营时长的变化，人数也会呈现出增长态势。

当下，在文化馆所开展的活动中，我们看到的大多数聚合人群，还不能称之为社群。但是在未来，文化馆想要高质量发展，就必须认识到创建和运营文化馆社群的重要性。文化馆社群也必将会成为新时代文化馆开展高质量群众性文化活动重要的流量入口。

参考文献

[1] 关于推动公共文化服务高质量发展的意见 [EB/OL]. [2021-03-08]. http://zwgk.mct.gov.cn/zfxxgkml/ggfw/202103/t20210323_923230.html.

[2] 王彬. "群发"变"群聊"文化馆社群运营三招入门 [N]. 中国文化报, 2021-01-25（6）.

[3] 黄晓丽: 发展社群文化，提升文化馆公共文化服务质量 [EB/OL]. [2022-01-29]. https://www.thepaper.cn/newsDetail_forward_8502049.

[4] 社群运营，如何助力公共文化服务成功"破圈"？[EB/OL]. [2022-01-29]. https://www.thepaper.cn/newsDetail_forward_8570763.

文化馆培育乡村网红的路径和着力点

林金霞　王　月（湖北省群众艺术馆）

从富有文艺范儿的"李子柒"，到求真写实的东北小伙"张同学"，从美食博主"蜀中桃子姐"到歌唱能手"农村芳姐（爱唱歌）"，乡村网红们以乡土生活为素材，用不同的风格，多角度全方位地展示了新时代农村的美好生活风貌以及各地风土人情，勾起了人们对乡村的怀念、向往和深思，激活了乡村振兴的流量密码。

乡村网红不仅是乡村生活的记录者、传统文化传播的重要使者，更是推动乡村振兴的生力军。培育乡村网红是实现乡村振兴的重要抓手。在乡村振兴的进程中，文化馆作为公共文化服务的中坚力量，如何针对乡村网红发展过程中存在的问题，找准路径和着力点，充分发挥职能优势，调动各类文化艺术资源，培育和支持乡村网红发展，从而助力乡村振兴，这将是本文研究的重点。

一、乡村网红的发展特征

我们通过"蝉妈妈"短视频数据收集平台，对活跃在抖音平台粉丝量超过 500 万的乡村网红进行了一个统计整理。

表 1　抖音粉丝量超 500 万乡村网红各项信息整理

抖音名	地区	获赞	粉丝量	粉丝增量	作品数量	作品首发时间	作品内容
天元邓刚	湖北	1.5 亿	2732.5 万	904	195	2019 年 1 月	钓鱼
蜀中桃子姐	四川	2.7 亿	2162.5 万	−4806	889	2018 年 8 月	乡村美食
康仔农人	广西	2.4 亿	2093.8 万	1.6 万	222	2021 年 4 月	乡村美食
乡愁	福建	2.0 亿	1963.8 万	2.2 万	273	2018 年 1 月	乡村美食
张同学	辽宁	9672.0 万	1922.3 万	10 万	76	2021 年 1 月	农村日常生活
爆笑三江锅	湖北	1.5 亿	1735.5 万	−4600	1139	2018 年 5 月	乡村短剧
大表哥 Vlog	江西	1.2 亿	1498.6 万	546	320	2021 年 1 月	养殖抓鱼、种蜜橘
山村小杰	福建	1.4 亿	1482.5 万	−3577	177	2018 年 5 月	传统技艺、文创

抖音名	地区	获赞	粉丝量	粉丝增量	作品数量	作品首发时间	作品内容
念乡人周周（周莫）	贵州	2.0 亿	1142.0 万	1.1 万	317	2020 年 12 月	乡村美食
川香秋月	四川	1.2 亿	1096.5 万	5938	437	2020 年 1 月	乡村美食
麦小登	河南	1.2 亿	1052.2 万	3169	702	2019 年 4 月	乡村生活片段
远山的阿妹（瑶浴传承人）	湖南	4610.3 万	1042.5 万	6.4 万	32	2020 年 1 月	瑶浴（非遗）、助农兴业
闲不住的阿俊	福建	1.1 亿	919.1 万	6.8 万	227	2021 年 7 月	乡村美食
阿溪	四川	7360.9 万	851.4 万	-2619	108	2019 年 1 月	四川方言说唱
大乐		1.5 亿	847.6 万	-3045	142	2019 年 5 月	帮助农村弱势群体，真善美
幸福一家人周甜丽	河南	1.6 亿	833.7 万	4684	558	2020 年 2 月	温馨和谐的家庭生活
晓凡凡	贵州	1.1 亿	789.2 万	-4284	150	2019 年 1 月	一人多角，乡村短剧
乡村小乔	江苏	1.4 亿	778.4 万	-2419	1021	2018 年 2 月	平凡而又美好的小日子
杨哥	河南	1.1 亿	733.0 万	-2689	3704	2020 年 3 月	搞笑短视频
婵子姐弟	四川	7772.0 万	725.0 万	210	161	2019 年 9 月	农村姐弟有趣生活，家乡美食美景
乡村胡子哥	山西	7040.3 万	711.9 万	-2002	295	2018 年 12 月	乡村美食
漠里姐姐－牛梦琳	青海	6221.6 万	692.8 万	-693.8 万	4353	2018 年 8 月	记录青藏高原上的农村生活
九头皮酱夫妇	湖北	4210.9 万	669.2 万	-98	12	2021 年 11 月	爱情生活，养殖
小飞哥		3600.9 万	652.0 万	3182	256	2021 年 3 月	户外抓鱼
柳飘飘 农村户外	四川	483.8 万	637.0 万	4821	236	2020 年 12 月	户外唱歌
皮皮在农村	辽宁	9250.7 万	624.5 万	415	131	2020 年 1 月	东北母女互怼
小嘴哥搞笑	四川	9741.1 万	622.9 万	-225	396	2018 年 7 月	搞笑短视频
秀才君	湖北	8667.6 万	609.7 万	1677	390	2019 年 5 月	乡村情景短剧
七婶呀！	广西	7019.4 万	604.8 万	-2032	172	2019 年 8 月	搞笑短视频
罗姑婆	四川	8714.2 万	595.3 万	-14.1 万	248	2018 年 8 月	幽默段子
农村1家人	山西	6130.4 万	584.8 万	-189	483	2019 年 7 月	乡村美食
渔人阿烽	福建	1615.5 万	539.6 万	-457	869	2019 年 3 月	渔民生活
门板大鱼	河南	156.1 万	532.5 万	-533	102	2019 年 12 月	户外抓鱼

抖音名	地区	获赞	粉丝量	粉丝增量	作品数量	作品首发时间	作品内容
傻丫头	陕西	1727.3万	508万	-433	164	2021年7月	唱山歌、家乡风土人情
农村黑哥	河南	5571.5万	505.5万	-74	208	2019年1月	农村日常生活
乡村食叔	甘肃	1998.2万	500.1万	1642	421	2020年1月	乡村美食

注:数据收集截止日期为2022年3月22日。

通过以上数据,我们发现乡村网红呈现以下特点:

1. 起步晚,成长快

数据表中共有36位乡村网红,都出现并成长壮大于2018年至2021年这四年间。其中2018年9位,2019年12位,2020年8位,2021年7位。虽然起步晚,但成长得却很快,短短四年的时间让他们从一个普通农人转身为有着500多万粉丝的乡村网红,有的粉丝更是多达2000万以上。而且我们发现,他们的作品点赞量更多,多者达2.7亿,这说明他们不仅仅是受到自己固定粉丝的喜爱,一些"游客"也在默默关注他们,这些人也是他们未来粉丝的"潜力股",发展势头和前景不容小觑。

2. 队伍年轻化

从数据表来看,36位网红中,年纪最大的是"罗姑婆",70岁;年纪最小的是"阿溪"和"晓凡凡",23岁。其中50后1位,占2.8%;60后1位,占2.8%;70后2位,占5.6%;80后15位,占42%;90后17位,占47%。80后和90后成了乡村网红的主力军,整个队伍呈年轻化的趋势。这种趋势的出现,主要有这几个方面的原因:一是80后、90后大多成长于互联网时代,他们对网络熟悉并能灵活运用互联网信息。二是作为年轻人,学习能力强,接受新鲜事物比较快。三是相比于60后、70后含蓄内敛,不善于表达的性格,80后、90后更乐于表达自我,释放自我。互联网让80后、90后了解了外界,也让外界了解了他们。

3. 充满社会正能量

通过对上述36位乡村网红发布的短视频内容进行逐一观看,发现这些乡村网红整体给人一种积极向上的感觉。无论是钓鱼还是做饭,无论是拍情景短剧还是写搞笑段子,无论是展示传统技艺还是关注弱势群体,他们的行为或视频内容无不传递出乐观豁达、健康昂扬的人生态度。当这些乡村网红拥有一定的粉丝量和流量后,他们不再仅仅满足于拘囿一隅,在自己的小世界里寻找精彩,而是跳出"自我",选择介绍传播家乡美食美景,或者帮农民卖土特产,为脱贫攻坚、乡村振兴贡献自己的一份力量,令人赞许不已。比如网红"大乐",帮湖北秭归农民卖伦晚脐橙、山东海阳农民卖网纹瓜、海南三亚农民卖芒果等,通过短视频,我们不仅感受到了农民种地的艰辛,一箪食一瓢饮的来之不易,更懂得了我们不是乡村振兴战略的"局外人",让农业更强、农村更美、农民更富需要我们每一个人积极参与。

二、乡村网红发展存在的问题

1. 从内容的新颖度来看,同质化现象严重

通过对抖音平台粉丝量超过 500 万的网红进行统计可以看出,作品内容出现同质化,尤其是在地区美食和家庭成员互怼等方面出现很多内容同质的问题。在家庭成员互怼的作品中,几乎都是以哈哈大笑为主要背景,利用父母子女之间有押韵的对话,通过背景氛围的营造,形成幽默搞笑的片段。这种搞笑短视频,即使各地区的互怼内容方言存在差异,但是整体的内容质量差异不大,而且在作品同质化现象出现时,也说明了各大网红的作品需要进一步创新。

2. 从影响力的持续性来看,面临掉粉的风险

粉丝量超过 500 万的网红,在平台之中,在生活中都有一定的影响力。为了使自己的粉丝量上涨,很多网红都需要通过不断的探索,在延续作品风格时丰富作品内容,从而来提高粉丝的上涨率。但由于作品的创新力度还不够,或者更新的速度比较缓慢,很容易造成观众审美疲劳,很难形成持续性的关注度和影响力。以抖音平台粉丝量超过 500 万的乡村网红为例,以 3 月 22 日的数据为参照,较之前日,出现掉粉的网红有 19 人,占总人数(36 人)的 52.8%。乡村网红影响力的持续性还有待加强。

3. 从网红的规模来看,挖掘范围不够广

还有很多有才能的人没有出圈,也有很多有特色的地方文化没有呈现或者说呈现的深度还不够。根据对抖音平台粉丝量超过 500 万的网红进行调查统计后可以了解到,这些网红的作品内容大部分只是从乡村美食、日常生活体现各地区的风土人情,而没有去深入挖掘当地文化资源特色,对地方形成更有深度、更有影响力的传播效应。甚至有些作品只是以乡村为背景,而内容与乡村文化并无太大的关系。我国有很多优质的、丰富的民间文化资源,还有很大的挖掘空间。以非遗为例,截至目前,我国共有 42 个项目被列入联合国教科文组织非物质文化遗产名录,居世界第一;共有 1557 个国家级非物质文化遗产代表性项目,共计 3610 个子项。但在抖音、快手、西瓜视频等短视频平台,出圈的却极少。

4. 从支持力度来看,缺乏有针对性地培训指导

目前,乡村网红的创作大部分都是通过个人或团队进行摸索,感受用户的兴趣点,逐渐形成自己的作品特色,从而引起网友的关注。由于缺乏专业的、有针对性地培训指导,很难持续稳定地提供高质量的作品。特别是对于一些意外走红的网红,如果没有足够的

支持和指导,很容易就"过气"了。当前,各地政府及相关部门虽然已经注意到网红经济的重大影响,逐步加大对乡村网红的扶持力度,但从整体来看,有针对性的、系统的、持续性的培训指导还远远不够。

5. 从整体效应来看,对地方经济带动性有待加强

乡村网红是乡村的流量之王,借助乡村网红的力量,可以有效地推广地方特色文化产品,推动地方旅游业的蓬勃发展,从而推动乡村振兴。但从目前乡村网红的发展现状来看,很多网红走红后就开始带货,带的货大部分是利用平台为商家提供的一些生活用品。而在带货期间,通过直播带货使流量进入良性循环后,帮助家乡打响家乡的品牌,帮助周围人进行致富的幸福接力,这样的网红并不多。

从乡村网红发展的特征和困境中,我们不难发现,乡村网红的发展整体呈现出一种"自由生长"的状态,文化馆参与得并不多。乡村网红能红多久,能走多远,影响力有多大,这些需要各方力量的支持。如果文化馆能参与到乡村网红的发展中来,将会是一个"双赢"的结果。

中华民族历史悠久,创造的文明也灿若星河。但随着经济社会的发展和互联网的出现,我们习惯于接受片段式、表象的快餐文化,很多优秀传统文化、民间技艺和能人要么"养在深闺人未识",要么早已消逝不见。文化馆培育乡村网红,一方面,有利于保护优秀传统文化,培养传承人,留住传统技艺。另一方面,还可以将乡村网红纳入其的人才储备队伍,为其注入新鲜"血液"。乡村网红自带的流量和关注度,也可以提高文化馆的知名度。

三、文化馆培育乡村网红的路径

1. 挖掘民间能人,充实人才队伍

我们常说"高手在民间",这话细细想来有一定道理。在民间有各种各样身怀绝技的人,其中很多还展现着我国优秀传统文化、革命文化和社会主义先进文化这三种文化的魅力,比如一些非遗项目传承人、特色手工艺匠人等。但是我们前面也提到,在抖音等短视频,这些作品出圈的很少,一方面是由于受学历、文化水平的限制,这些人乃至当地没有意识到这些技艺、"绝活"是非常难得的;另一方面是我们主动去寻找、去挖掘的也不多,从而导致很多民间能人"沉寂"已久。因此,文化馆作为最接近群众,最能直接给群众带去文化艺术享受的机构,要扛起发现能人、挖掘能人的重担,多去田间地头转转、多去乡野采风、多与群众交流,带着发现文化、保护文化、传承文化的责任与使命,把所有民间能人"打捞"起来,充实网红队伍。比如湖北省仙桃市有一个被称为"中国乡村毕加索"的农民画家熊庆华,从未学过画画的他,作品价格高达15万一幅,求画者络绎不绝。这种身份与手艺有着巨大悬殊的匠人,这种现象背后的文化是需要我们去了解深挖的。

2. 组织学习培训，提升网红审美

在每天不断有新的短视频用户产生、又不断有粉丝掉粉的流量时代，要想让自己持续保持较高的关注度，乡村网红的出路在哪里？我想，最关键的是提升自身审美能力，从而让作品做到人无我有，人有我优。曾几何时，一些网红为了博取关注，不惜拍一些土味视频，荒诞、魔幻、渐入俗套和审丑，甚至哗众取宠，公然挑战道德底线，令人不齿。

习近平总书记曾指出，"文艺要通俗，但决不能庸俗、低俗、媚俗；文艺要生活，但决不能成为不良风气的制造者、跟风者、鼓吹者；文艺要创新，但决不能搞光怪陆离、荒腔走板的东西。"短视频作为文艺创作的一种，也应严格遵守原则和底线。乡村网红普遍学历不算高，有时拍出来的作品不仅内容一般，往往还会有价值观偏差、触碰红线和底线的现象。因此，文化馆要充分发挥馆里美术、摄影、短视频制作、表演等专业技术干部人员的特长，组织乡村网红培训，学习专业技术技巧、文化内涵、思想道德修养等，培养乡村网红审美情趣，提升审美能力，做到讲品位、讲格调、讲责任，从而提升作品品质。

3. 聚焦乡土资源，丰富作品内涵

当前，很多乡村网红作品存在同质化的问题，究其原因就是因为作品常以记流水账或扁平化的叙述方式记录庸常琐碎的生活，内涵不够。不可否认，抖音用户"张同学"以这种叙事方式火了，但只能有一个"张同学"，假如出现千千万万个"张同学"，势必会让观众审美疲劳。

"农村天地广阔，大有可为"，乡村绝不只有日复一日、波澜不惊的生活，还有很多或鲜活生动的场景或悠远绵长的历史值得我们去探索。因此，文化馆要积极主动作为，从文化的角度聚焦乡土资源，大力挖掘当地自然景观、民间艺术、民俗风情、文物古迹等"背后的故事"，一方面用来指导乡村网红丰富自己的作品内容和内涵，提高作品可读性。一方面，乡村网红也刚好利用自身的人气和流量宣传当地的生活和文化，从而实现"双赢"。

4. 搭建多元平台，助力网红出圈

当前，乡村网红出圈的形式主要是通过观众不断转发视频增加人气，政务类平台、官方媒介主动助力较少。也就是说，他们的"火"似乎缺少了一点"官宣"、一点"认证"，人们对这些乡村网红还持有一种观望等待、半信半疑的态度。文化馆作为一个事业单位，隶属于文旅厅（局），这就决定了它首先是一个带有行政色彩的机构。因此，它可以充分发挥自己的这个优势，通过向文旅厅（局）或其他相关的报刊、微博微信等粉丝量、阅读量特别高的平台推荐介绍一些优质乡村网红，不仅可以让更多人了解他们，而且，也让这些网红带上了一点"官方认证"的色彩，更具可信度，信用值更高。这种信用值在乡村网红为村民进行直播卖货时，价值就凸显了出来。同时，当乡村网红通过这些媒体、平台的助力更"火"以后，这些媒体、平台反过来会利用自己的人力、物力、资金等为乡村网红提供更优质的策划和"金点子"，助力网红出圈。

文化与旅游公共服务功能融合的路径思考

——以浙江省文旅融合试点研究为例

戴旭锋（浙江省嘉兴市嘉善县文化馆）

当前,文旅融合已经成为我国新时代文化与旅游的重点任务和发展方向,其中的公共文化服务和旅游公共服务作为文化和旅游事业改革发展的基础性、战略性工作,成为融合发展的重要组成部分。对标《国家基本公共服务标准（2021 年版）》可以看到,公共文化服务和旅游公共服务在公共服务基础设施、公共信息服务、全域旅游环境中的文体活动等方面,有相互借力、融合发展、互促共赢的巨大空间。如何将两者有机融合,发挥更大效益成为当前公共服务改革的重点课题。本文以浙江为例,通过对区域内文旅资源、融合基础、融合手段、融合效果比较分析,探索公共文化服务与旅游公共服务在设施空间、服务供给、管理运行、保障支撑等方面深度融合的实施路径,期待能对构建全域统筹、区域协同的文旅公共服务发展格局,提升融合效能提供有益的探索和借鉴。

一、浙江省文化与旅游公共服务（机构）功能融合试点情况分析

2020 年,根据文化和旅游部公共服务司及浙江省文旅厅的相关部署,浙江省遴选并确定了湖州市文旅公共服务综合性试点、乐清市图书馆、义乌市文化馆、宁海县前童镇文化站、杭州市富阳区东洲街道黄公望村文化礼堂、嘉兴市南湖区南湖旅游服务中心六家单位为文化和旅游公共服务机构功能融合试点单位（国家级）。六家单位接到试点任务以后,认真部署落实,积极探索,取得了一定的试点成果和特色经验。

（一）浙江省文化与旅游公共服务（机构）功能融合试点情况

一年多来,六家单位的文旅融合试点工作各有特色,分别从公共服务功能融合的几个角度切入,在工作推进、特色空间建设、数字服务融合建设、服务品牌融合建设、非遗元素在服务融合中的作用等维度上开展实践,探究公共文化与旅游功能融合的有效路径和方法,让文旅公共服务融合走向更加丰富、更加多元、更高品质。

1. 深接地气进行融合推进

一个区域的文旅融合工作开展既需要有政策理论支撑,又要有紧扣实际的行动规划和进度安排,这样才能充分发挥区域文化和旅游的顶层优势,把文旅融合与公共服务有机组织起来,完善工作推进机制,多措并举共同支撑文旅融合。如试点单位湖州,通过摸清

家底、广泛调研、理论构建,并问计于民,问计于专家,从实际出发找准定位,强调以"人"为中心的"全时供给"公共文化服务,制定实施方案和具体推进措施,坚持统筹兼顾,突出服务融合的特色重点,打造融合空间平台,从顶层设计、政策支撑、活动组织到资源保障,将试点工作推进得有理、有据、有序、有亮点,深入构建出"文旅融合、线上线下、主客共享"文旅公共服务体系,开启文旅公共服务融合"湖州模式"。

2. 创设品牌打造融合项目

在空间的融合上,因势利导、因地制宜,在文化场馆增加旅游公共服务,在景区服务中心植入文化特色元素,在活动融合上以旅游融进文化活动提升文化活动的交流和辐射,以文化渗透旅游活动提升旅游活动的文化内涵和审美体验,将文旅活动融合打造特色项目品牌和文旅融合 IP,扩大活动的受众面、吸引力和影响力。如嘉兴南湖游客中心紧扣红色革命文化,在水上和陆上创设多个红色文化与党建文化立体融合的服务空间,实现了特色空间的主客共享,成为文旅融合的"颜值"与"服务"担当。

3. 数字服务扩大融合效能

数字时代的来临对文旅公共服务带来了革新,落实"数字浙江"建设,推进数字经济格局下的文化和旅游融合发展,是推动文旅公共服务功能融合的重点内容。可以看到,本次试点的六家单位都在开展数字服务平台融合研究实践,通过线上平台,可以搜索周边的景区景点和文化场馆,了解近期当地的文旅公共资讯,在线体验虚拟景区、虚拟娱乐,VR参观数字博物馆等文化场所,满足老百姓休憩、阅读、参观、咨询、购物、集散、补给等不同文旅需求。通过文旅数字公共服务内容的整合与发布,数字服务平台扩大文旅产品和公共服务的覆盖范围,在实现公共服务精准抵达的同时,也为文旅融合发展拓展了新手段和新空间。

4. 活用非遗深化融合内涵

在文旅融合的大背景下,传统非遗文化的活化利用迎来了发展新机遇。以非遗传承作为文旅公共服务的起点和亮点,让旅游成为非遗传承的保护者和传播者,是本次浙江文旅融合试点中的有效实践,也让文旅活动增加了厚重感、可读性和体验性。在试点中,各地开发非遗项目作为地域文化符号和特色,建设非遗馆作为旅游资源,在非遗馆展示当地土特产、饰品衣物、生活用具等,彰显地域传统民俗,传承非遗文化,延续当地文脉,打造了一批非遗保护利用的典型;推动戏曲、传统美食、传统技艺展示等非遗项目进旅游景区、文化场馆、特色文化空间等,有效传承和发扬了优秀传统文化、美食文化、工匠文化等,也让非遗成为文旅融合的"催化剂",实现了非遗传统文化的创造性转化和创新性发展,促进了文旅融合。

(二)浙江省文旅公共服务功能融合试点的成效与不足

通过一年的融合试点,浙江省内区域文旅公共服务功能融合已在部分文旅场馆和单位发生"化学反应",成效明显。一是延伸了试点单位的公共服务触角。在公共文化场馆增加旅游服务中心功能,在旅游景区增加了加深了景区的文化内涵,方便了文旅公共服务的输出,扩大了文化的传播功能。如乐清市图书馆开展"读万卷书·行万里路"文旅融合项目,让阅读和行走融合,引领阅读风尚。二是提高了试点单位的文旅公共资源品质。如依托试点建设,湖州市秉持"以人为本"的理念,以文旅公共机构建设标准为蓝图,打造了集合阅读、活动、展览、非遗传承、休憩、旅游宣传和集散等功能于一体的文旅公共服务空间。三是丰富了试点单位的公共服务手段。前童文化站以古镇文化顾问和"驻村艺术家"的模式聘请文艺大师助推前童文旅发展,采用共建基地、人才培训等,借助艺术家的创新力和改造力,为乡村发展赋予新的动能;乐清图书馆在喜马拉雅平台设立《乐音清扬》品牌电台,制作《诗画乐清》《乐清记忆》等专辑,以线上特色资源库的形式宣传推广乐清的文化和旅游等。

但在试点实施过程中,也存在着一些不足。比如在资源利用上,开展共建共享容易,落实共同维护共同运营难,后融合建设是一项长期工程,确保建设和运维不相互牵扯需要制度性的保障和监督;在服务意识上,文旅行业都要转变服务理念,提升服务质量,需要把服务做深做细;在试点成效上,文化资源和文化建设成效与旅游吸引力之间有没有很好的相互转化,文旅活动中公共服务有没有相互融合,目前还未出台系统的检测融合效果的考核验收标准。

二、文化与旅游公共服务功能融合的路径

文旅公共服务功能融合包含了文旅公共设施、文旅产品、文旅活动以及其他相关方面的服务融合等多个方面,6家试点单位的实践经验告诉我们,通过公共服务理念的更新、设施的共建共享,文旅产品和活动的相互支撑和渗透等方法,可以找到文旅深度融合的创新路径,以实现更多更优质的公共文化服务,推动文化和旅游公共服务效能的发挥。

(一)聚焦顶层设计,融合服务理念

区域文旅融合实践应以"易融则融、能融尽融"为原则,设置相关职能机构统一协调、统一管理,多维度、多层次开展融合研究,聚焦顶层设计,为公共服务功能融合提供组织保障和政策支撑,更好地推进优势互补,深度融合。具体可做好以下三个方面的工作:第一是摸清家底,找准定位。文旅融合需要下接地气,上接政策,弄清楚我们能提供哪些服务,百姓需要哪些服务,还需增加哪些服务,这是我们进行公共服务功能融合的起点,然后统一服务理念,对标融合要求,所有的工作才能有努力的方向;第二是制定规划,规范设计。融合工作需要一张蓝图,问计于民,求教于专家,让蓝图规划更科学,更有可行性。制定融合标准和规范,出台实施意见和执行文件,强化政策引领,让融合建设有据可依。第三是搭建平台,形成体系。搭建人才平台、活动平台、服务平台,通过平台建设确保公共服务效能的发挥,明确服务的管理,完善服务的功能,拓展服务的范围,梳理、制定文化和旅游公共服务机构融合空间设施建设、活动管理和服务地方标准,确立共性的定量指标和体现区域特性的"自选动作"指标,促进文旅融合体系化、规范化运行。

（二）聚焦产品供给，增强服务体验

文旅融合需要有抓手，以品牌打造、活动体验和文创开发为切入点聚焦文旅服务产品的供给，满足主客共享的需求，增强文旅公共服务的体验，推动文旅公共服务功能的融合是一条切实可行的路径。首先，推出更多的文旅品牌活动。依托各地旅游文化资源，通过视觉展览和舞台演艺、线上推荐等形式创造性地表现特定区域内风土人情、山川地貌以及民族特色，形成文旅融合的活动品牌。其次，以文化内容为支撑，推动非遗文化、特色文化、公益文化在旅游景区和文化场馆内的展演展示常态化，激发文旅融合的活力，增强主客共享的文化参与性、体验感和吸引力。再次，发挥公共文化供给侧改革的作用，推动社会力量助力文旅融合，提供服务技术、服务资源，参与文旅共服务供给。最后，以历史＋旅游、民俗＋旅游、节庆＋旅游、红色主题＋旅游等形式对文旅资源进行全方位的保护、传承、包装和提升，形成具有区域个性化的特色文旅融合IP，发挥文化的渗透、感召、辐射、凝聚作用，依托文旅融合IP推动文化资源转化为可读、可视、可感的旅游资源，放大品牌的认同感和附加值，促进文旅高质量融合发展。

（三）聚焦功能互补，打造服务载体

文旅空间是实现文旅公共服务融合的必要载体，推进文旅公共服务设施共建共享，在有条件的旅游景区建设图书馆分馆、文化馆分馆，推动旅游公共服务和群众文化活动开展，进行非遗文化传承普及等，精准对接游客需求，提供便捷化、精细化、个性化服务；也可以在公共文化场馆设置文旅服务中心，开展文化旅游志愿服务，进行旅游咨询、文创产品的展览展示和土特产销售等等，打造主客共享的文化和旅游新空间，使文旅的公共服务形成"一站式"效应，提升了公共服务的品质。而一些社会机构如大型酒店、商超、高铁站、高速公路服务区等游客集聚的社会单位，以"文旅＋商""文旅＋农"等的模式，相互嵌入，相互补充，打造全域旅游市县—特色小镇—美丽乡村—最美文化空间的多级空间（场景）载体，让这些空间（场景）与所在地域的自然和人文环境协调共融，以"文化驿站"的形式设置全民阅读书吧、艺术讲座、公益演艺等文化场景，使公共服务功能和谐地融合进本地居民和外来游客的生活之中，既在新空间的打造上体现文旅特色，提升原有设施设备的文化内涵和传播功能，又体现了公益性、便利性，满足了基本性、均等性。

（四）聚集数字赋能，创新服务动能

随着5G、人工智能和大数据运用的不断普及，云游景区、云上看展、云上培训、云端演出、云端直播等更多基于现代信息技术的文旅数字空间和应用场景成为当前文旅公共服务的热门，大大提升了公共文化服务的均等性和便利性。聚焦数字化融合，提升公共文化服务动能，可以从这几个方面展开：一是建设数字服务平台。打造集成式、数字化的"一机云游"公共文旅服务平台，设置查阅咨询、订票购物、路线规划、活动预约、线上云游、直播看展等功能，并建立区域统一的文化和旅游资源大数据库，将全民线上阅读、在线慕课

讲座、舞台演出欣赏、景区景点介绍等数字文化云资源通过大数据、互联网和地理信息技术，实现线上线下互联互通和数据资源的可视化共享以及动态分析，从而优化文旅管理部门的服务，进一步提升管理效能。二是开发数字化应用场景。从公共服务方面入手，将区域内美景、美宿、美食、文化娱乐、民俗活动等数据集中起来，以文旅直播、语音播报、VR全景、线上云游等小程序的形式，建立集资讯、消费、服务等于一体的多跨文旅服务场景，实现多渠道服务触达，为游客和市民提供个性化行程定制服务、景区文化场馆的客流和交通实时信息查询服务、特色文创产品展销服务以及文旅资源在线导游服务等多种场景式服务。三是提升文旅空间数字化和智慧化。将数字赋能从线上延伸到线下，在车站、景区、酒店和公共文化场馆增设数字文旅体验空间、文化驿站，引入二维码技术，让景区和文化遗址、公共场馆、艺术陈列等背后的文化故事通过扫描从现实搬到线上，实现可阅读、可分享，也可以依托这些文旅空间为公众提供吃、住、行、游、购、娱、商、养、学等全方位的数字化服务，以技术性的手段研发满足主客共享需求的产品和服务，增强了交互性，提升数字服务的品质和效能。

文化和旅游都是一个区域的对外展示窗口，文旅融合后的公共文化服务功能绝不是简单的"1+1=2"那么简单，而是通过服务内容的整合，服务手段的创新，服务范围的拓展，使文旅资源相互渗透相互影响，实现从"物理整合"到"化学融合"的高质量的融合。浙江省通过一年多的融合试点实践，创新服务手段，丰富融合产品，拓展服务供给，打造服务品牌，提升了文旅公共服务功能融合的品质，探索出多条全域景区化、全民均等化、主客共享化的文旅公共服务融合发展路径，打造了高质量文旅公共服务融合的典范，让融合后的文旅公共服务与美好生活互促共融。

参考文献

[1] 高燕.齐鲁文化与旅游融合发展路径探析.增强活力 提升效能——2018 年中国文化馆年会征文获奖作品集[M].光明日报出版社,2019.

[2] 徐铭怿.宁海文旅融合"融"出产业发展新动能[J].宁波通讯,2020（22）:17-19.

[3] 文旅融合:公共文化服务新动能论集[M].北京:国家图书出版社,2019.

[4] 专家说·聚焦公共文化发展新动能[N].中国文化报,2019-11-07（8）.

[5] 陈慰,巫志南.文旅融合背景下深化公共文化服务的"融合改革"分析[J].图书与情报,2019（4）:42-49.

[6] 丁春文.文旅融合背景下地方旅游文化的挖掘——以浙江省为例[J].西安电子科技大学学报（社会科学版）,2019（1）:36-42.

论公共文化服务需求反馈体系建设

——以四川省文化馆行业为例

洪　宇（四川省文化馆）

　　文化馆是公共文化服务体系建设的重要组成部分,它关乎民生、连接民心,是中国特色社会主义文化建设的重要内容,也是保障人民群众基本文化权益,培育和践行社会主义核心价值观的重要载体,文化馆的作用发挥与老百姓的日常生活息息相关、共生共融,是坚持以人民为中心原则的生动体现,在潜移默化中行使社会教育职能,引领着老百姓精神文化生活的发展方向。

　　党的十九大指出:"中国特色社会主义进入新时代,我国社会的主要矛盾,已转化为人民日益增长的美好生活需要和不平衡不充分的发展之间的矛盾。满足人民过上美好生活的新期待,必须提供丰富的精神食粮";《中华人民共和国公共文化服务保障法》第五十六条明确:"各级人民政府应当加强对公共文化服务工作的监督检查,建立反映公众文化需求的征询反馈制度";2015年1月中办国办印发《关于加快构建现代公共文化服务体系的意见》明确指出:"在公共文化服务体系建设中统筹考虑群众的基本文化需求和多样化文化需求,推动公共文化服务向优质服务转变,实现标准化和个性化服务的有机统一";2021年6月10日文化和旅游部关于印发《"十四五"公共文化服务体系建设规划》中在精准对接人民群众文化需求方面提出:"激发人民群众参与热情,鼓励各级各类公共文化机构通过互联网新媒体等方式,组建以兴趣爱好和特长为纽带的高黏性"粉丝"文化社群,构建新型服务提供与反馈模式";2021年12月1日《四川省公共文化服务保障条例》正式颁布实施,保障条例第三十九条要求:"地方各级人民政府应当建立健全公众文化需求征询反馈制度。公共文化设施管理单位应当定期组织开展公众文化需求征询,并将征询反馈情况作为公共文化服务内容提供的依据,提高公共文化服务针对性、精准度。"随着社会经济的发展和文化建设规模的不断扩大,人民群众的精神文化需求越来越多样化和精细化,提升公共文化服务的效能,就必须重视群众在文化需求方面发生的变化,掌握服务对象的特点和需求。

一、公共文化服务需求反馈体系建设的目的

　　四川省是我国人口大省,发达地区、脱贫地区、民族地区、革命老区皆有分布,城乡之间、区域之间的人口数量、年龄结构、类型、文化程度、职业结构、需求层次、特色文化资源

存在地缘性差异,不同区域、不同层次、不同人群等之间文化需求的差异性显而易见,呈现出城市与农村、现代与传统、高雅与通俗的复杂情形。近年来,虽然我省各地文化馆开展了大量公共文化服务及群众文化活动,但是由于缺乏对本地群众的文化需求(需求表达者的个人信息、兴趣爱好、背景情况和接受公共文化服务及产品的类型、数量、层次、方式、时间、地点、主动、被动等)全面系统了解;缺乏对群众生存现状的实际考虑;各地文化馆提供的公共文化服务不同程度的存在主观倾向性和格式化供给现象,主要体现在服务内容单调,创新创意不足,缺乏多样性、层次性、灵活性和针对性等问题,难以满足不同层次和持续增长的公共文化服务需求。

近年来,随着党和政府对公共文化服务体系建设日益重视,公共文化服务阵地和设施日益完善,通过科学制定公共文化服务需求反馈体系,建立完善其体制机制和运转流程,充分整合利用各地文化馆(分馆)、乡镇(街道)综合文化站(服务中心)、全民艺术普及基地等诸多公共文化服务阵地,以数字信息技术为保障,促进更加精准的"供需对接",系统性掌握不同区域、不同层次、不同群体的文化需求,可引导区域内公共文化服务体系因地制宜、与时俱进制订相关政策、升级设施条件、改善服务模式、优化服务内容,加速提升公共文化服务效能。

二、公共文化服务需求反馈体系的定义及构成要素

建设公共文化服务需求反馈体系首先要弄清其定义及构成要素,才能准确而深刻地把握和理解公共文化服务需求反馈体系的内涵。作者认为公共文化服务需求反馈体系的定义及其构成要素主要由以下几部分构成:

(一)公共文化服务需求反馈体系的定义

公共文化服务需求反馈体系的定义是指:为促进公共文化服务高质量发展,保障人民群众享有更加充实、更为丰富、更高质量的精神文化生活,由公共文化服务管理者制定并实施的实现活动。

(二)公共文化服务需求反馈体系的构成要素

1. 需求表达主体

公共文化服务需求表达主体是指所有具有认识和实践能力的人,包括城镇和农村地区的人口。

2. 需求表达客体

客体是指主体以外的客观事物,是主体认识和实践的对象。从文化馆行业来看,其公共文化服务需求表达的客体是指人民群众享有文化馆所提供的公共文化服务权利所指向的对象,主要包括全省各级文化馆(分馆)及相关机构。

3. 需求表达内容

内容是事物内部所含的实质或意义。公共文化服务表达内容主要包括需求表达者的

个人信息、兴趣爱好、背景情况和接受公共文化服务及产品的类型、数量、层次、方式、时间、地点、主动、被动等方面。

4. 需求表达渠道

公共文化服务需求表达渠道是建立公共文化服务需求反馈体系的关键环节。需求表达渠道可以分为行业内渠道和行业外渠道。行业内渠道主要是指群众通过全省各级文化馆（分馆）及相关机构反映希望提供的公共文化服务需求。行业外渠道主要包括新闻媒体、网络和非政府组织等合法渠道，特别是群众自发组织的各种民间社团、协会和基层群众性自治组织等，这些基于自身需求所建立的民间组织，可以将分散的公共文化服务需求信息集合起来形成统一的表达。这里需要注意的是，要尽量激活群众表达需求的意识和保证行业外渠道反映内容的准确性、真实性。行业外渠道可以有效弥补行业内渠道的不足，可以更方便、更快捷地表达群众的公共文化需求。

5. 需求回应主体

回应主体是指负责管理公共文化服务的各级政府及相关部门。具体负责对公共文化服务需求反馈进行管理并有效监督公共文化服务供给侧及时回应和提供当地群众反映的公共文化需求。

6. 需求回应客体

公共文化服务需求回应的客体同表达客体是一致的，是指公共文化权利和需求指向的对象，从文化馆行业来看，主要包括全省各级文化馆（分馆）及相关机构。

7. 需求回应内容

需求回应内容是全省各级文化馆（分馆）及相关机构根据收集到的公共文化服务需求信息进行数据整理及分析后，正式向群众发布确定的公共文化服务和产品。主要包括由文化馆所提供的公共文化服务和产品的类型、数量、层次、方式、时间、地点等方面。

8. 需求回应形式

公共文化服务需求回应形式应该是正式的、制度化的回应形式，应用官方媒介、新闻媒体等向群众公开发布公共文化服务和产品。

三、提高群众需求表达的意识和能力

基层群众是公共文化服务的需求者，又是公共文化服务需求反馈体系的表达主体。他们的文化素质、表达意识和表达能力对文化馆行业构建公共文化需求反馈体系具有极其重要的作用，基层群众需不断提高需求的表达意识和表达能力。

（一）进一步加强政策法规的宣传和普及

全省各级文化馆（分馆）及相关机构可通过各种渠道，采取各种形式加强《中华人民共和国公共文化服务保障法》《公共文化服务保障条例》等法律法规的宣传和普及，逐步提高基层群众提升自身享有公共文化服务权利的认知和意识，确保基层群众对自己的公共文化权利能够有较为充分的认识和了解。比如,可以通过各级文化馆(分馆)及相关机构的数字化服务平台、阅报栏、宣传栏、宣传册、宣传海报等向人民群众宣传应该享有的公共文化权益以及参与需求反馈的渠道、方法、流程等知识。

(二)发挥基层群众性自治组织功能

各地文化馆可积极联系辖区内居委会或村委会,发挥基层群众性自治组织功能,将相关公共文化需求表达权广泛宣传给基层群众,让当地群众在参加基层群众自治组织的具体活动中逐步提高积极参与当地公共文化需求表达的意识;了解参与公共文化活动的程序;提高参与公共文化活动的能力。不断探索和开创各种有利于广大基层群众表达公共文化服务需求的路径,让公共文化服务需求表达意识延伸到社会的"末梢神经"。通过发挥基层群众性自治组织功能,调动基层群众参与公共文化服务需求与供给活动的积极性,为宣传人民群众享有基本公共文化权益提供有效补充。

(三)激活青年群体需求表达和参与意识

在保障中老年人群和少年儿童接受文化馆公共文化服务基础上,相关的公共文化服务和产品可以向青年人群适当倾斜。随着社会经济的不断发展,青年人群的文化素质较过去有了较大程度的提升,在经济发达地区文化程度会更高,从实现自我价值的角度看,青年群体呈现出追求事业发展和满足个人精神文化需求的双重化特征。各地文化馆及相关机构可根据这一特点,按照《文化和旅游部 国家发展改革委 财政部关于推动公共文化服务高质量发展的意见》:"进一步加强错时开放、延时开放,鼓励开展夜间服务,优化拓展服务空间,创新服务方式,丰富服务内容,扩大社会参与,形成开放多元、充满活力的群众文化服务供给体系",不局限于提供传统的艺术门类服务,还可探索性引入包括法律常识、健康常识、育儿知识、人际交往等方面的知识普及,多举办经典艺术欣赏、音乐发烧友、3D影院、艺创空间、脱口秀等吸引青年参与、迎合青年口味、满足青年需求、符合青年审美的创新创意服务和群众文化活动,为他们求知致富,满足精神文化需求,促进当地经济建设服务,使文化馆真正成为各个年龄段人群都愿意驻足的文化场所,从而激活青年群体对公共文化服务需求表达的意识,释放他们参与群众文化活动的热情。

四、设置构建需求征询基础设施及平台

公共文化服务需求征询基础设施及平台建设是公共文化服务需求反馈体系建设的主要依托,是提供服务需求征询的基本载体,是收集和了解广大人民群众精神文化需求的前提条件。

(一)充分利用大数据技术及数字化服务

在"十四五"期间面临新发展形势的关键节点,大数据在公共文化决策方式中越来越

体现出其巨大的影响力,如何借助大数据技术优势同公共文化服务需求反馈体系有机结合、创新发展,以促进供给侧改革,让公共文化资源配送更精准地对接群众文化需求,是推动公共文化服务高质量发展的关键策略与路径之一。通过公共文化服务需求反馈体系建设可以有效运用需求数据进行大数据分析,从多个角度去考察分析需求数据的变量,从中发现新的规律、展望新的趋势、创造新的价值、提升新的能力,为公共文化服务体系建设相关决策提供基础支撑,提高决策效率,不断提升公共文化服务水平。

因此,在设置构建公共文化服务需求征询基础设施和平台过程中,特别要利用好现有的数字文化馆基础平台和技术能力,依托公共文化云大数据中心相关平台和应用支撑,在现有的基础上(例如公共文化云平台、数字文化馆平台、场馆多媒体触屏、官网、微博、微信公众号等)继续开发或植入需求征询反馈系统及功能,建立数据共享的机制、制定数据共享的统一标准和规范、建设信息资源共享交换平台,科学运用大数据统计分析工具进行统计和分析,贯通数据收集、数据分析、数据应用、发布平台、用户接收等全要素链条,为公共文化服务需求反馈体系的建设提供便利条件,提高信息收集和分析效率,降低建设成本。

(二)建立健全需求征询的设施网络

形成以省级文化馆为龙头,市(州)级文化馆为骨干,县级文化馆为枢纽,乡镇综合文化站为基础的公共文化服务需求征询网络,在原有的服务阵地建立切实有效的需求征询设施和平台,比如在文化馆(分馆)、乡镇综合文化站等机构配备相应的需求征询设施设备;还可以和当地劳动密集型企业、各类产业园区、公园广场等人流密集场所合作配备需求征询设施设备或通过问卷调查兼带焦点小组访谈等方式了解征集基层群众真正的公共文化诉求。

(三)引进社会力量共建共享

近年来,国家层面不断出台相关政策法规支持,鼓励规范推广政府与社会资本合作(PPP)模式,引导社会资本积极参与建设文化项目,兼顾公共文化服务和文化产业发展,为稳定投资回报、吸引社会投资创造条件。公共文化馆的工作和服务关乎全体公民,服务空间巨大,文化馆所提供的公共文化服务能够渗透到社会的各个方面、各个领域、各个环节,面朝公共文化服务社会化这片蓝海,各地文化馆可以探索性引进社会力量参与公共文化服务需求反馈体系建设,共建共享,首先着眼于"需求是什么、可以做什么、应该怎么做"的问题,有效架构起公益服务和市场服务的桥梁,促进公共文化服务社会化带动文化产业、文化消费,激发、提升社会力量积极参与公共文化社会化发展的意愿和动力,形成以"政府主导、社会参与、多元投入、协同发展"为基本特征的现代公共文化服务治理结构,切实提高公共文化服务供给能力和总体水平。另外,有条件的地区还可尝试将公共文化服务需求征询服务外包,利用第三方进行专门调研,既可以发挥第三方的专业、设备、人员优势,较为客观地收集、反映基层群众真实的文化需求,又能缓解基层群众文化服务人员工作量大,人手紧张等问题。

五、建立健全需求反馈机制

建立与公共文化服务需求表达相对应的反馈机制,能有效地对公共文化服务需求反馈进行统筹管理。建立公共文化服务需求反馈机制,可以从以下三个方面着手:

(一)升级服务理念塑造文化馆人精神

凝心聚智,塑造文化馆人精神。明确每一个文化馆行业从业人员的职业伦理和职业责任,增强文化馆人的文化自觉和文化自信,树立公共文化服务意识,践行公共文化服务理念,改变传统服务供给观念。推进从政府"端菜"到群众"点菜"的模式转变,强调"菜单式、订单式、分众化、精准化"服务,使人民群众真正成为公共文化体系建设的参与者,满足人民群众多层次、多方面、多样化的精神文化需求。"有为才有位",努力提升公共文化馆的功能价值和社会认可度,共同实现文化馆事业繁荣发展的美好愿景。

(二)设置专门的公共文化服务需求征询反馈岗位

可以在各地文化馆设置专门的公共文化服务需求征询反馈岗位,或者在现有的服务岗位职责中增加需求征询反馈的职责,同时加强岗位培训、现场带教、监督指导,主要目的是接受各种定期的和临时性的公共文化服务需求并提供相关咨询服务,将收集到的公共文化服务需求信息进行整理、上报、分析,最后把确定的公共文化服务和产品提供给基层群众并对暂时不能满足的需求进行解释和说明。设置公共文化服务需求反馈岗位可以看作是供给侧以主动、负责任的态度为基层群众提供及时、多层次公共文化服务的一个良好开端。

(三)建立健全激励机制

《中华人民共和国公共文化服务保障法》第五十六条明确要求:"各级人民政府应当加强对公共文化服务工作的监督检查,建立反映公众文化需求的征询反馈制度和有公众参与的公共文化服务考核评价制度,并将考核评价结果作为确定补贴或者奖励的依据。"对于各地文化馆开展公共文化服务需求反馈体系建设及成果转化效能发挥较好,得到群众良好评价的进行表彰,同时形成有效的资金和政策激励导向,将各地文化馆公共文化服务需求反馈体系建设发展情况作为国家免费开放资金和专项建设资金分配方案的重要参考指标,确保公共文化服务体系建设合理投入。

六、完善拓展需求报告及反馈渠道

《中华人民共和国公共文化服务保障法》明确要求:"根据当地人民群众文化需求特点,结合公共文化机构的基本功能和特色,公布服务项目,并根据群众的反馈意见,对服务项目进行及时调整"。全省公共文化馆系统可通过不断完善和拓展公共文化服务需求的报告及反馈渠道,加强公共文化服务需求和供给传递的准确性、有效性和及时性,发挥桥梁纽带作用,延伸更多服务触角,通过一系列切实有效的举措,不断提升人民群众的文化参与感和获得感。

(一)连通切实有效的需求报告渠道

将全省文化馆行业公共文化服务需求数据汇总收集后进行大数据分析,通过数据的分类提取和对比分析,呈现出系统的、科学的数据成果,为来年的工作部署和服务供给提供科学理性的决策依据,提升公共文化服务的品质和效能。并将统计分析结果纳入《文化馆年度发展报告》向全社会公开发布,对完善服务管理、接受公众监督、提升运营能力、提高服务效能发挥促进作用。同时,定期向上级行政主管部门报告,保障人民群众对公共文化服务和产品的需求意见得以充分反映,为公共文化服务的政策制定和有效供给提供数据支撑及参考,促进"供需对接"保障人民群众的公共文化权益实现。

(二)建立行业内反馈渠道

全省公共文化馆系统可以尝试建立一条全域统一的公共文化服务需求反馈渠道,以省级文化馆为龙头,市(州)级文化馆为骨干,县级文化馆为枢纽,乡镇综合文化站为基础,运营管理上下联动,因地制宜,统筹优化资源配置、发布服务内容,充分运用总分馆制功能与运行机制,让特色公共文化服务资源在全省交互流动,解决基层群众文化艺术指导不力、服务能力不足、资源不对接需求等瓶颈问题,达到资源下沉、服务均衡、提高综合效能的目的,形成合力破除全省各地、各级文化馆"单打独斗"的局面。同时,将文化馆的公共文化服务需求反馈分为常规性反馈和临时性反馈两种类型,常规性反馈是定期的回应,比如半年或每季度回应一次等;临时性反馈是针对特定性、临时性的公共文化服务项目进行的需求反馈,例如面向未成年人、残疾人和流动人口等开展的公共文化服务。

(三)拓展行业外反馈渠道

发挥新闻媒体、大众媒体、互联网的宣传作用。充分利用新闻媒体、大众媒体、互联网信息传播快、覆盖面广、影响力大等优势,以保障群众公共文化权益为基本原则,积极反馈公共文化需求为出发点,鼓励广大新闻媒体深入到基层,客观地报道公共文化服务的需求信息表达和反馈情况,加强舆论监督,这样可以较快地让体系建设及其成果转化引起人民群众和相关政府部门的关注和重视。

关注人民群众的精神文化需求,赋予人民群众更多的知情权、选择权、表达权,文化馆行业建立公共文化服务需求反馈体系是进一步促进供给侧改革的先决条件,通过公共文化服务需求反馈体系建设,强调更重视文化馆功能价值对于群众个体化认知度和吸引力的充分调动,强调从精神领域有针对性地增强人们的文化获得感和满足感,充分尊重人民群众的主体地位,真正树立以人民为中心的工作导向,满足人民群众对美好生活的精神文化需求。

京津冀文化馆公共文化服务协同发展研究

解　欣（河北省群众艺术馆）

　　《中华人民共和国国民经济和社会发展第十四个五年规划和 2035 年远景目标纲要》明确"以京津冀、长三角、粤港澳大湾区为重点,提升创新策源能力和全球资源配置能力,加快打造引领高质量发展的第一梯队",对京津冀进行了重新定位,并强调要"加快推动京津冀协同发展"。京津冀协同发展战略实施八年来,公共服务协同发展始终是京津冀协同发展的重要一环,且收效颇丰。其中公共文化服务建设直接关系到京津冀广大群众的幸福指数,是三地文化协同发展是否成功的一个重要指标。文化馆是承载公共文化服务的重要平台,在公共文化服务体系建设中发挥着不可替代的作用。要在京津冀区域内实现文化馆领域公共文化资源的集约化运行,最大限度地发挥文化馆公共文化资源的效能,需要强化区域内各级文化馆系统的联通共享,强化融合发展理念,创新发展路径方法,加强京津冀文化馆公共文化服务协同发展的顶层设计,用制度机制激发创新性和主观能动性,加强文化馆政策互惠,将三地群众文化资源要素合理整合优化配置,全面提升区域文化馆协同力、创造力和影响力,进一步提升京津冀地区文化馆公共文化服务能力。

一、加强京津冀文化馆系统的顶层设计

（一）深化京津冀文化馆公共文化服务标准制度建设

　　《中华人民共和国公共文化服务保障法》实施五年来,京津冀在落实基本公共文化服务标准制度方面问题主要集中在标准制定的项目化、特色化、指标化不足,落实的力度不强。京津冀应健全三地文化馆领域公共文化服务机制,推动京津冀逐步实现区域内文化馆领域公共文化服务标准相互衔接、服务信息互联互通。尤其要在政策上对基层文化机构规模庞大的河北省进行大力扶持,通过示范点建设,以点带面,扩大服务半径,织密京津冀文化馆领域公共文化服务网络,实现京津冀文化馆领域公共文化服务带动发展。例如:京津冀地区要在区域协调发展战略、国家新型城镇化战略背景下,打破毗邻地区行政区划界线,以通州与北三县为试点,统筹文化馆领域公共服务标准,互联互通相关信息数据,充分发挥地区比较优势,共建共享文化馆领域公共服务设施,积极探索共建共享经验和做法。

(二)完善京津冀文化馆系统免费、优惠服务制度

作为免费开放的公共文化设施,文化馆按照国家规定享受补助。新时期,在人民群众对公共文化服务个性化、特色化、多样化需求不断增多的现状下,提升文化馆公共文化服务水平对资金保障提出了更高的要求。一是要适时加大免费开放资金补助力度,探索建立激励机制,将京津冀公共文化服务协同发展服务绩效作为免费开放补助资金的重要参考,或将有效激励三地公共文化机构加强联合、改善服务、提高效能。二是要探索提供"优惠服务",即提供基本公共文化服务以外的延伸类服务时可以适当收取费用,按照成本价格为群众提供基本公共文化服务无法涵盖的更高质量的服务,增强文化馆供非基本服务的动力。三地文化馆需结合本区域公共文化服务发展现状,因地制宜提供满足群众个性化、多元化需求延伸类服务,激发各类社会主体参与公共文化服务的积极性,增强文化馆公共文化服务的发展活力。

二、创新京津冀文化馆系统的体系建设

完善的文化设施是保障群众开展文化活动的重要条件。公共文化设施网络体系构建必须从传统的以"物"为中心,向关注社会及公众需求转变。整合文化设施,就要打破条块分割的格局,积极加强省级群艺馆、文化馆的沟通协调,建立更大范围的区域统筹的资源利用格局,使群众文化格局从"小、散、杂"向"大整合、大利用"转变,向综合性、兼容性、专业化方向不断迈进,使公益性文化资源得到最充分的合理利用。

(一)共建京津冀文化馆"总分馆"管理运行方式

"总分馆制"是"十三五"期间我国公共文化服务领域的一项重点改革工作,在变革文化馆和基层文化机构的组织体制和运行机制,推动形成以县域为重点的文化馆公共服务网络,建立"总带分、分促总"的新供给体制,破解基层服务效能不高的难题等方面发挥重要作用。目前文化馆"总分馆制"在我国已总体建立起来,京津冀三地可在区域内探索更高层级、更广范围、更加灵活的"总分馆"模式。依托区域内各级文化馆(站)等公共文化空间,聚合京津冀三地优质文化资源,通过建立标准规范等基本制度,完善资源采购配送体系、群众艺术培训体系、群文活动联动体系、群众文艺创作体系、服务绩效考核体系和数字服务平台体系,形成科学运行机制,发挥总馆的指导作用,打破行政区域与行政区划层级的制约,实现跨行政区域的分馆服务延伸,不断丰富公共文化服务内容,有力有序推进文化馆公共文化资源的均衡发展和提升,促进区域文化的融合发展,提升影响力和辐射力,助力各级文化馆博采众长、跨越发展。

(二)有效拓展文化馆领域新型公共文化服务空间

京津冀三地需利用城市各类空间,打造一批融互联网、艺术展览、文化沙龙等内容于

一体、具有京津冀三地文化特色的新型公共文化服务空间。推进文化馆领域公共文化设施与公共服务大厅、公交站点、重点站区、公园绿地、街角、商业综合体、地下空间、产业园区、医疗机构、商业楼宇、银行设施及其公共空间相融合,建设一批融入城市生活场景的公共文化空间。

(三)因地制宜推进京津冀文化馆服务联盟建设

文化馆服务联盟通过吸纳各种性质、形式、类型的泛文化机构和资源,突破传统文化馆系统内生产和供给,成为满足联盟区域内不同层次人民群众文化需求、促进文化馆现代化转型、优化区域文化馆公共文化服务生态圈的有生力量。近年来,深圳建立了"实体+数字"文化馆联盟,陕西以群众文化艺术活动为核心开展文化馆联盟,浙江通过拓展社会分馆并组建跨体制联盟,长三角、珠三角和成渝均成立片区文化馆联盟,分别探索出与本区域文化馆发展相匹配的特色文化馆服务联盟模式和经验,为京津冀建设文化馆服务联盟,优化区域公共文化服务生态圈提供借鉴。

建设具有京津冀区域特色的文化馆服务联盟,是推动区域内文化馆公共服务高质量发展的关键抓手。一是京津冀三地政府应携手推进京津冀文化馆服务联盟建设,将京津冀文化馆服务联盟建设的相关内容纳入三地公共文化服务协同发展战略,建立健全有关文化馆服务联盟的政策法规和规章制度,为文化馆服务联盟建设提供法律依据和法治保障。二是强化文化馆服务联盟的内部组织能力。联盟须设立领导机构、指导机构、办事机构,制定明确、完善的内部运作机制。以开放合作、资源共享、活动丰富、服务高效为目标,推动各级文化馆服务一体化、专业化,在区域内着力实现同等级文化馆统一服务标准,重点联合打造服务优势项目,设计和实施重大群文品牌,实现资源在馆际之间的良性流动,实现优势互补,丰富联盟内成员的服务内容,提高资源的利用效率,实现高效服务和联盟内部成员的动态管理,营造有利于联盟高质量发展的生态圈。

(四)创新推动京津冀文化馆领域公共文化服务社会化建设

一是健全社会力量参与文化馆领域公共文化服务机制。要鼓励社会力量参与文化馆领域公共文化设施建设运营、活动项目打造、服务资源配送。实行文化馆领域公共文化设施社会化运营管理,就文化馆领域公共文化设施社会化运营管理作出规划,明确政府的主体责任,规范运营承接主体的择取标准和培育制度,完善服务评价机制体制,并建立配套的专业人才培养体制,加快探索文化馆公共文化设施社会化运营方面的创新实践。通过建立社会化运营"选—用—管"的全流程管理,建立规范完善的运营工作机制和流程,对社会化运营的公共文化服务进行全过程绩效评估,提高公共文化服务效能。二是培育壮大文化馆领域公共文化服务社会组织。推进建立京津冀文化馆领域公共文化服务社会组织推荐名录,培育一批具有较高服务水平、管理规范的公共文化服务社会化承接单位,建立健全承接主体资质评价机制,提升社会力量承接公共文化服务的质量效益。

三、加强京津冀文化馆交流合作机制建设

（一）建立京津冀文化人才互动机制

坚持人才强文,强化京津冀文化馆系统人力资源体系建设,优化人才发展的体制机制,加快培养造就德才兼备、锐意创新、结构合理、规模宏大的文化人才队伍,为群众文化建设提供人才保障。

一是加大文化馆领域公共文化人才培养力度。加强文化人才队伍建设政策扶持和经费投入,构建政府支持与社会分担相结合的文化人才培养多元投入机制。实施文化馆领域公共文化人才素质提升工程,落实在职培训制度,整合京津冀优势教育培训资源,加大专业培训力度,对京津冀全域内文化馆各级、各类业务人员开展针对性培训;每年对基层文化工作者、群众文艺骨干组织全员培训。编制文化馆(站)从业人员素质与能力训练大纲,开展业务技能比武,以专业化为导向,强化绩效考核。开展公共服务人才的阶梯培养模式,打通青年人才成长快车道。京津冀区域应充分利用线上网络渠道,充分挖掘高层次文化馆领域公共服务人才资源价值。通过常态化开展网上服务、专家远程指导、名师线上授课、业务知识大讲堂等,为人才培养提供更多便利。

二是建设京津冀文化馆领域专业人才智库。储备京津冀三地文化人才资源,广泛收录京津冀具有专业特长的群众文艺表演、创作人员,以及群众文化理论研究和业务咨询专家团队信息,形成京津冀文化馆领域专业人才数据库,并及时更新。实现文化馆领域各专业门类人才跨区域、跨层级的合理流动、优势互补,实现专业人才队伍的资源共享。

三是实施京津冀文化馆领域"人才互动"工程。建立完善文化馆(站)人才轮训机制,京津冀三地文化馆组织开展各类干部人才互派学习锻炼、顶岗实践活动。实现三地文化馆(站)间人才流动。京、津两地文化馆领域公共服务向河北省倾斜,面向薄弱地区开展公共服务人才"订单式"交流合作项目工作,促进文化馆基本公共服务水平均衡化发展。

四是完善群众文化志愿者服务工作。发挥文化志愿队伍作用,建立完善文化志愿服务体系,加强京津冀文化馆志愿服务领域合作。推进京津冀文化志愿服务信息化系统对接,完善志愿者注册招募、服务记录、管理评价、学习培训、供需对接和激励保障机制。结合京津冀文化馆领域公共服务规划、建设、管理及京津冀文化馆行业协同发展实际,开展志愿活动。每年发布一次京津冀群众文化互动志愿行动计划,依托"春雨工程""阳光工程""圆梦工程"等品牌志愿服务活动,培育一批有特色、有影响、惠民生的区域性文化志愿服务项目,推动京津冀群众文化领域志愿服务发展的品牌活动。举办京津冀文化志愿服务大赛,开展最美文化志愿者评选活动,探索建立志愿服务回馈机制,积极引导、培育壮大三地文化志愿服务队伍,使志愿者由参与者转变为组织者、由组织者变为推动者,进而达到良好的社会效应。

(二)打造区域群众文化活动品牌

群众文化活动作为推动文化工作的有效载体,是开展工作、实现目标的重要手段。品牌群众文化活动具有创新性、先进性、推广性、影响性。因此,我们要充分发挥北京文化艺术活动中心、天津市群众艺术馆、河北省群众艺术馆的引领优势,加强三地文化馆之间的有效联系,挖掘特色资源,创新品牌,提升公共文化服务的内涵。以三地群众文化品牌活动为核心,统筹人力、物力形成聚合优势,吸引群众广泛参与,形成文化凝聚力。因此,要进行科学的社会调查,了解京津冀三地广大群众共性的文化需求,重点策划覆盖面更广、包容性更强,影响力更大的综合性文化活动品牌,带动当地的民间资源的开发,塑造和推广地区形象,带动地区旅游和投资的大幅增长。

(三)建立文艺精品共研共创机制

一件成功的文艺精品凝聚着整个创作团队的心血。京津冀可打破文艺精品打造上的藩篱,加强文艺创作骨干培养,加大创作扶持力度和组织化程度,以推出传播快、辨识度强、美誉度广的文艺精品为目标,促进人才涌现与文艺精品迭出。一是建立动态更新的重点作品项目库,重点围绕反映雄安新区建设、京津冀协同发展、党的二十大、新中国成立七十五周年等重要时间节点开展艺术创作。二是打造文艺精品创作的重要平台。成立"京津冀重大题材群众艺术创作创新平台""京津冀主题性群众精品创作研究班"等平台,实现三地在导、演、舞美、音乐制作等方面的强强联合,携手共进,组团作战,以此来提升作品的竞争力,助推区域文艺创作繁荣发展。

四、提高京津冀文化馆公共文化服务数字化建设

在数字化背景下,加快推进云计算、大数据、人工智能等新一代信息化、智能化技术在文化馆(站)、综合文化中心(室)等公共文化机构的应用是文化馆创新发展的必由之路。京津冀要统一公共数字文化资源标准,对分散、多元、孤立的数字资源进行整合,加快建设完善"北京市公共文化服务和设施运营管理平台""河北省公共文化云""天津公共文化云平台",加快实现云预订、网上预约等功能,形成集成式、多媒体覆盖的公共数字文化管理系统和智能服务平台体系。充分整合三地各部门、各行业、各区、各街乡以及各类社会化的群众文化服务数字资源,构建多层级、多门类的群众公共文化数字服务网络群。推动建立标准统一、互联互通、便捷实用的京津冀特色群众文化数字资源库。创新数字文化产品服务方式,推动文化馆制作推出更为丰富的文艺展演、艺术培训、名家课堂等数字文化产品,利用网络媒体以微视(音)频、慕课、直播等方式进行展示。推动公共文化机构与专业数字文化企业合作,开发建设数字文化服务终端,拓宽数字文化服务应用场景。引领公共数字文化服务由政府单向供给向群众交互式、自助式服务转化,实现公共文化管理服务智慧化转变。加快公共文化服务数字端建设,推动与国家公共文化云互联互通,推动文化

馆领域公共文化服务走上"云端"、进入"指尖"。

综上,京津冀文化馆公共文化服务协同发展需要深化协调联动发展理念,以文化馆体系建设促进三地资源共享,以整合优势文化资源、完善文化馆公共文化服务顶层设计为重点,以构建跨区域文化战略合作机制为抓手,以文化馆大数据平台建设促进三地文化馆领域公共文化服务的快速、深入、全方位的信息化合作,实现三地文化馆公共文化服务的协同发展,实现京津冀文化的创造性转化和创新性发展。

参考文献:

[1] 李国新.公共文化服务保障法律制度的完善与细化[J].中国图书馆学报,2021(2):29-39.

[2] 金栋昌,白拴锁.高质量发展导向下的文化馆服务联盟研究[J].中国文化馆,2021(1):100-106.

[3] 王华彪.略论以协同发展理念推进京津冀文化共兴[J].区域与全球发展,2019(3):78-90,156-157.

[4] 中华人民共和国国民经济和社会发展第十四个五年规划和2035年远景目标纲要[EB/OL].[2022-03-06].http://www.xinhuanet.com/politics/2021lh/2021-03/13/c_1127205564.htm.

[5] 文化和旅游部,国家发展改革委,财政部.关于推动公共文化服务高质量发展的意见[EB/OL].[2022-03-06].http://www.gov.cn/zhengce/zhengceku/2021-03/23/content_5595153.htm.

西安市"云上村晚"实践与经验研究

闫　婧（陕西省西安市群众艺术馆）

近年来，在国家和政府的引导下，各地"村晚"活动如火如荼地开展着，成为群众过年时必不可少的文化活动之一，越来越多的群众参与到"村晚"活动中，有人充当热情的观众，在台下奉献掌声，有人成为舞台上的明星，在台上热情地表演，有人成为幕后的策划和组织者，圆了一把导演梦。不可否认的是，"村晚"活跃了人民群众的精神文化生活，展示了新时代乡村文化建设新的成就。近两年来，结合疫情防控总体要求，西安市利用网络平台连续举办了两届"云上村晚"展演展播活动，"云上村晚"是对"村晚"活动的网络延展，也是对该项目的积极探索和尝试。

一、"云上村晚"的现实价值

（一）倡导就地过年，宣传疫情防控，满足老百姓的精神文化需求

随着经济的发展，老百姓的精神文化需求越来越高，近几年，受疫情的影响，许多线下文化活动无法顺利举办。也正是因为疫情的影响，群众居家的时间变多了，他们的精神需求在某种程度上来说更大了。尤其是春节期间，群众需要文化活动来丰富和活跃他们的节日文化生活，需要感受浓厚、安心的节日文化氛围。于是，利用网络直播、展播的形式是举办"村晚"和其他活动的一个重要手段。

以西安市为例，在坚持常态化疫情防控大方针的前提下，2021 年春节，西安市以"欢乐中国年，迈上新征程"为主题，举办了 2021 云上村晚展演活动。为在外地过年的西安人和在西安过年的外地人打造一个平台，让大家都能欢聚在"云"端，品味一个文化底蕴浓厚的"西安年"。

2022 年春节，根据文化和旅游部、省文化和旅游厅《关于开展 2022 年全国"村晚"示范展示活动》的通知要求，结合西安疫情防控工作实际，为丰富和活跃节日文化生活，持续打造富有地域特色的节日群众文化活动品牌，展示乡村文化振兴新气象，展现群众的幸福小康生活和优秀民间艺术资源，西安市举办了"欢乐过大年　温暖在长安"2022 西安云上"村晚"展播活动，这项活动是西安市文化和旅游局"云享文化　健康过年"2022 西安文旅新春惠民五大主题 20 项重点活动之一，受到了广大群众的欢迎和喜爱。

通过举办"云上乡村春晚"，一方面展示了农村新风采，倡导群众就地过年，宣传了疫

情防控有关知识,另一面也提升了公共文化服务的总体水平。同时,"云上"展播这种形式产生的数字资源有利于传播和再利用,既可以扩大受益群众的范围,也可以节约一定的经济成本。

(二)实现文化召唤,修复农村文化生态,整合、推广优秀民间艺术资源

"云上村晚"是在乡村村晚迅速发展的背景下,推出的一种与时俱进的云展播、网络线上直播形式。无论形式如何改变,它的文化内核不变。我们需要看到"村晚"背后包含的对乡村文化发展的启示,那就是乡土文化、大众文化以及草根文化的崛起,这是现代公共文化领域重要的文化现象。

事实上,现在的乡村文化,出现了"断层"的情况。比如:一些年轻人对乡村文化缺少认同感,失去了传承乡村文化的热忱,尤其随着经济快速发展,大家对传统文化出现了淡忘的情况,这造成了很多人口中常说的"年味淡了""没意思了"。

要唤醒大家对乡村文化的感情,"村晚"无疑是一个很好的方式。通过乡村春晚,可以实现对文化的召唤,修复农村的文化生态,让更多从乡村走出去的人走回来,去关心家乡、了解家乡,唤醒他们的乡情。

以西安市为例,2021打造的"欢乐中国年,迈上新征程"西安"云上村晚"的特色就是突出乡村文化。来自西安市各区县的乡村"民星"们在蓝田县的舞台上轮番登台,表演了秦腔、歌舞、相声、唢呐、小品等节目,村民们用自己的文艺才华,为美丽乡村增添了浓浓的新春气息。高亢的秦腔、热烈的唢呐还有具有时代特色的歌曲,为新年增添了"年味""乡土味""时代味"。通过外景视频连线,观众还看到了鼓舞表演、民间社火民俗展演,全国网民在线看到了新春的热闹景象,感受到了西安特色乡村文化内涵。

2022年,西安市举办的"欢乐过大年 温暖在长安"西安云上"村晚"展播活动,活动深入挖掘了全市特色文化内涵和民间艺术资源,通过《时代颂歌》《春天憧憬》《走向辉煌》三个篇章,展示了新时代民俗风韵、乡村味道、特色文化产品。整场"村晚"有舞蹈、秦腔、少儿情景表演、歌曲、陶埙演奏、魔术表演等十余个特色节目,题材反映了乡村振兴、民俗文化、小康生活等方面。尤其是,秦腔、陶埙演奏等优秀民间传统文化在舞台上生动再现,获得了与更多群众接触的机会。这届"云上村晚"通过陕西公共文化云、陕西广电网络、喜马拉雅、西安广播电视台、西安文旅之声、西安市群众艺术馆数字文化馆等平台精彩上线,线上参与人次超过110万。

(三)以文化产业推动"云上村晚"发展,让"村晚"为群众带来实际效益,助推乡村振兴

"云上村晚"可以结合当地的实际情况,运用该地区的旅游资源、美食资源、网络红人等特色资源,借助"村晚"的影响力,助推经济发展,真正让群众获益。比如,以"村晚"为突破口,把当地的特色农产品、自然风景、手工艺术品、民宿体验等资源结合在一起,打造特色年味体验小镇,吸引外地的人们过年消费,自然而然就会给当地带来经济收益。

例如:在西安市打造的 2021 年"欢乐中国年 迈上新征程"西安"云上村晚"活动中,节目的录制现场选在蓝田县董岭村。董岭村风景秀丽,曾入选第一批国家森林乡村名单,附近有汤峪旅游度假区、白鹿原影视城等旅游景点,还有西安凉皮、蓝田樱桃、蓝田玉等特色产品。观众在看到精彩的"村晚"节目的同时,还了解了董岭村的风土人情,看到了这里环境的改善,感受到了美丽乡村的舒适气息。这样的"村晚",有利于提升当地的知名度,对发展乡村经济,助推当地旅游业发展起到了积极的作用。

(四)打造乡村大舞台,调动农民的积极性

"村晚",是一个群众"自发性"的活动,就是要把农民群众想说的、想唱的、想表达的情感抒发出来,它讲的是群众自己的故事,展现的是农民、农村的精神风貌。所以,"村晚"的发展离不开农村和农民,农民永远都是"村晚"舞台的主角,这就决定了"村晚"要以农民自发开展活动为主。

以 2021 年"欢乐中国年,迈上新征程"西安"云上村晚"活动为例,活动充分发挥了农民的智慧和力量,很多节目中都有农民的身影,尤其是唢呐乐《喜庆丰收年》,通过欢快的节奏演绎出新时代西安乡村振兴的主旋律,传递了西安农民群众热爱生活、积极向上、文明和谐的新风采。

只有充分调动农民,才能体现出"村晚"独特的艺术魅力,也才能让"村晚"的活力长久的延续下去。 在此基础上,文化部门要精准对接群众实际需求,做好扶持和引导,鼓励群众自我服务、自我管理和自我展示,提高农民的参与度和基层覆盖率。

二、西安市"云上村晚"存在的问题和改进措施

(一)部分地区群众的参与模式还停留在传统的线下形式,对"云上"活动不太关注

由于部分乡村地区留守老人和留守儿童较多,他们熟悉的文化体验模式还停留在比较传统的现场演出形式上,所以,并不能适应网络这种新形式的文化活动方式。除了不习惯之外,也存在设备设施不齐全和不会操作等问题。

未来社会网络是一盘重头戏,文化部门在开展工作的时候一定要首先转变思路。一方面,在完善基础设施建设的同时,要推进网络建设,数字文化建设。另一方面,在开展其他活动的时候,要进行线下、线上联动活动,主动引导群众转变文化体验方式。同时,还要深入基层,手把手地去教他们怎么操作、怎么使用,让他们享受到更多、更丰富的文化服务形式。

(二)群众的积极性和创造性还需要进一步的激发

部分地区在活动组织上缺乏主动性、持续性和稳定性。一些地区的"村晚"主要还是依靠政府的引导,甚至养成了依赖性,如果文化部门在该地举办活动,那么村上就会组织

实施,如果政府没有组织,村上也不会有太多人去重视。

人民群众是艺术的创造者,所以要把"村晚"的主动权交到群众手里,让乡村群众成为决策者、组织者。政府则通过引导、示范、鼓励、奖励等政策手段加以扶持,还要建立国家、省、市、县、乡、村多级联动工作机制,形成上下联动,激发出乡村群众的积极性和创造性,让群众与"村晚"逐渐建立密不可分的情感联系。

(三)"云上村晚"宣传工作不到位,没有充分调动群众

部分地区在举办"云上村晚"活动时,没有进行广泛的号召和宣传,仅是在本地相关主办、承办、协办等单位的官方平台进行短暂的宣传和播放,影响力较差。

"云上村晚"从节目征集、录制到直播等各个环节都要进行广泛宣传,要协调地方媒体、新媒体和上级平台大力宣传推介,要向基层群众推送"云上村晚"观看指南,发动群众在线上为"云上村晚"点赞、转发、投票,扩大"云上村晚"活动覆盖面,还可以在活动结束后评选"你心中最喜欢的村晚节目"等,开展一系列的预热活动和延伸活动,把"村晚"能量发挥到极致。

在宣传过程中,还要充分发挥群众的力量,让群众参与进来,鼓励群众自发制作小视频投放到各种媒体传播平台,鼓励他们发布朋友圈、抖音、快手等,扩大人民群众对"云上村晚"的知晓度,在全国范围宣传造势。

(四)筹办"云上村晚"专业人才匮乏

组织筹办一台乡村春晚需要一定的人力、物力和财力,尤其是"云上村晚",对设备、制作剪辑等方面的专业度要求更高。所以,仅仅依靠村民自身力量,难以实现"云上村晚"的制作。

这时,除了政府帮扶外,还可以调动社会力量的加入,广泛动员志愿者、企业、媒体工作者、文化团体等专业力量参与到"村晚"活动的组织、筹办、宣传中来,让大家发挥自身特长,共同打造"云上村晚"舞台。

三、"云上村晚"的优化路径

(一)要进一步加强政府的扶持和文化部门的引导功能

政府要给予群众资金、设施、人才培训等方面的支持,顺应老百姓的需求,尤其是对一些历史文化丰富的地区要进行专项特色文化、传统文化、民俗文化的挖掘和引导。

与专业的春节联欢晚会不同,乡村春晚没有专业水平的限制,可以说,这是一个开放、自由、快乐的舞台。那么,如何在保障"村晚"节目接地气、热闹亲切,体现原汁原味乡村年味的同时,也兼具较高的艺术品位呢?这就需要我们文艺工作者的努力。广大文化馆业务人员、地方文化名人、文化学者、非遗传承人等基层文化工作者要积极参与到"云上

村晚"的创作、演出、日常辅导等工作中,帮助群众推动"村晚"艺术品质的提升,做好服务者和支持者。

(二)进一步繁荣传统文化,以乡音、乡土、乡愁打动乡情

乡村春晚,是一种具有中国特色的特殊乡村文化符号,它承载着乡音、乡土、乡愁、乡情,所以具有一种中国传统文化繁衍传承。文化能起到凝心聚力、振奋人心的作用,实现乡村振兴,文化是一个重要的切入口。试想,在新春佳节,全村人欢聚一堂,共同观看着自导自演的节目,这样的场景本身就是一种浓厚的文化氛围,无疑会在大家的心里留下深刻的文化记号。

借助网络的作用,"云上村晚"的受众群体并不仅仅是指活动现场的人,甚至是一些未返乡的务工者,他们也是受众之一。通过"云上村晚",他们更能感受到乡音、乡土、乡愁唤起他们的乡情。所以,"村晚"实际上是对优秀乡土文化的一种深入挖掘、继承、创新。

党中央国务院提出乡村振兴战略,乡村文化振兴成为不可缺少的重要环节,这为"村晚"的发展营造更加良好的社会氛围,提供更广阔的发展前景。"村晚"有助于乡村文化的繁荣,同时,乡村文化的振兴也能更好地推动"村晚"活动的发展。

(三)"云上村晚"的发展要坚持线上、线下联动的模式

"云上"只是"村晚"活动的一种展现方式,真正的体验还是要和"线下"结合起来,做到"线下"活动,"线上"同步直播和转播,"线上"活动,"线下"拓展实施。

"云上村晚"的优化必须坚持两手抓、同步走的模式,只有做到线上、线下同步联动,群众的体验感、参与感才会更强,经济效益和社会效益才会更加明显。比如:年纪较大不能正常使用智能手机的老年群体,他们能在线下参与活动,而一些在外地的群众也能通过线上的形式了解到不同乡村的风土人情、文化地貌。这样,才符合时代发展要求,符合科技发展潮流,符合更广大群众的需求。

(四)多角度探索"云上村晚"活动内容

举办"云上村晚"并不是局限性地进行一场文艺节目的直播、录播,而是打造一个文化品牌活动和乡村文化展示平台,在进行全民艺术普及的同时用文化的力量助力乡村振兴。网络的发展给"村晚"活动带来了更多的新方法、新思路,有些地方已经率先尝试了"主播带货"、文创产品研发、旅游推介等环节。通过"云上村晚"宣传当地农副产品,展示乡村特色产业,吸引更多的人到实地来"打卡"体验。未来,还有更多的方式等着我们去探索,相信"云上村晚"会成为乡村振兴的助推器,为群众文化活动的开展和乡土文化的保护提供更多的可能性和更丰富的视角。

关于建立文化馆社会化发展机制的思考与实践

曹三强（山东省淄博市文化馆）

鼓励引导社会力量参与公共文化服务，是丰富公共文化服务内容，完善公共文化服务体系，提升公共文化服务效能的重要途径。如何利用社会力量以弥补政府投入不足，促进文化馆高质量发展，是当前急需解决的新课题。近年来，业界学者围绕文化馆社会化发展取得的成功经验、存在的问题、发展方向等问题进行了分析与探讨，但缺乏必要的实证研究和个例分析，笔者系统梳理了文化馆社会化发展的成功案例，并以淄博市文化馆为例对文化馆如何更好推进社会化建设，提出了具体的思考和建议，以求抛砖引玉，共同促进文化馆高质量发展。

1 文化馆社会发展的力量基础及政策法律依据

1.1 文化馆社会化发展的理论基础

学者认为，我国公共文化服务社会化发展，主要借鉴了西方政府行政改革的相关理念，即政府在实施社会经济管理时，应改变传统的大包大揽的做法，将部分政府职能通过社会转移或委托处理等形式转移出政府，以达到提高行政效率，节约财政开支的目的。其理论来源为新公共管理理论，主张政府采取多样化的供给方式提供服务，要引进竞争机制，提高服务供给质量，提高服务供给效率。新公共管理理论对政府转变行政理念产生了重要影响，在其影响下，部分国家的政府相继出台了支持公共文化社会化发展的政策法律。

1.2 文化馆社会化发展的政策法律依据

近年来，我国也高度重视公共文化服务领域的改革创新工作，自2013年起陆续发布一系列法律法规和政策文件，鼓励支持公共文化服务要改变传统的政府供给模式，积极引入社会力量参与建设，从顶层设计和制度规划上为推进包括文化馆在内的公共文化服务社会化发展奠定了坚实基础。

2013年11月《中共中央关于全面深化改革若干重大问题的决定》首次明确提出"公共文化服务社会化"的概念，提出要"引入竞争机制，推动公共文化服务社会化发展。鼓励社会力量、社会资本参与公共文化体系建设，培育文化非营利组织"。

2015年5月《关于做好政府向社会力量购买公共文化服务工作的意见》，对建立健全政府向社会力量购买公共文化服务机制,完善公共文化服务供给体系,提高公共文化服务效能作出重要部署。

2017年3月施行的《中华人民共和国公共文化服务保障法》,首次将公共文化服务社会化从政策管理提升到法律治理层面,从政府支持、培育社会主体、鼓励志愿服务、财政税收等多个方面,鼓励和支持社会力量参与公共文化服务。

2019年10月《中共中央关于坚持和完善中国特色社会主义制度、推进国家治理体系和治理能力现代化若干重大问题的决定》提出,要完善城乡公共文化服务体系,鼓励社会力量参与公共文化服务体系建设。

2021年3月《中华人民共和国国民经济社会发展第十四个五年规划和2035年远景目标纲要》明确规定,要"创新公共文化服务运行机制,鼓励社会力量参与公共文化服务供给和设施建设运营。"

3月8日《文化和旅游部、国家发展改革委、财政部关于推动公共文化服务高质量发展的意见》中明确指出,要加大政府购买公共文化服务力度,稳妥推动基层公共文化设施社会化运营,创新监管方式,规范推广政府与社会资本合作(PPP)模式,持续促进文化志愿服务特色化发展。

2 文化馆社会化发展的成功实践案例分析

2.1 整合社会文化资源,拓宽公共文化服务能力

新时代背景下,人民群众对公共文化服务的需求呈井喷态势发展,文化馆传统供给模式已难以满足群众文化需求。与此同时,社会艺术培训机构如雨后春笋般蓬勃发展,部分地区的文化馆通过出台系列互惠共赢的激励措施,将分散的社会文化艺术培训机构加以整合利用,构建群众艺术公益培训联盟,形成"1+N"公益培训服务矩阵,为群众就近提供丰富多彩的公益艺术培训。比如,烟台市文化馆实施的"艺术烟台"公益文化惠民工程,综合考虑区位区间、艺术门类、师资力量、设施设备等条件,与具有一定规模和良好信誉的社会艺术培训机构签订合作共建协议,由社会艺术培训机构提供人员、师资、场馆、场地,市文化馆负责进行监督、检查、指导,向周边群众提供免费的公益培训,从而使培训地点更为广泛、培训内容更为丰富。

2.2 利用场馆进行置换,提升公共文化服务水平

尝试利用部分场馆资源进行置换,引入专业机构进行运营管理,为群众提供独具特色的艺术文化服务,将文化馆原先一家的"独唱"变成联合社会力量的"合唱",共同奏响公共文化服务发展活力的"乐章",提升了公共文化的管理服务水平。例如,2016年上海市静安区文化馆引入兰馨影业有限公司,将部分场馆空间供其运营管理,打造"光影车间"创意服务,包括"静剧场""咖啡书吧""手工设计空间""戏剧工作作坊"等服务内容。通

过社会机构的运营管理,延长了对群众的服务时间,为群众提供了更高品质的服务内容,有效提升了公共文化的管理服务水平。

2.3 整体委托运营管理,激发公共文化服务活力

当前,地方政府高度重视文化场馆的建设,部分新建文化场馆往往规模较大,而文化馆受人员编制、岗位设置、运营能力等因素的制约,难以充分发挥服务效能,于是有的文化馆采取整体委托运营管理的模式,聘请专业的运营机构进行运营管理,改变过去由政府统一包办的传统做法,实现了从"办文化"到"管文化"的有效转变。例如,成都市武侯区文化馆率先在全国范围内通过公开招标的方式,引入有实力的专业文化公司进行运营管理,制定出《武侯区文化馆文化艺术服务(文化馆运行管理服务)采购项目》和《成都市武侯区文化馆运行管理服务第三方机构全程督导服务方案》等政策,文化馆从"运动员"变为专业的"裁判员",实现了职能的转变。

2.4 发展志愿服务队伍,壮大公共文化服务内容

目前,文化馆现有的人才队伍无论是人员数量,还是专业门类,都难以完全满足群众的需求。而另一方面,越来越多的社会人士愿意成为文化志愿者,为社会奉献自己的一份力量。因此,从社会上招募文化志愿者,尤其是具有一定艺术修养的教师、学生等群体参与服务,成为壮大公共文化服务能力的重要途径和手段。例如,东莞市文化馆将全市文化志愿者资源进行统一整合,成立了东莞市文化志愿者协会,对外统一制度、统一管理、统一形象、统一宣传,凝聚起一支强大的文化志愿者队伍,成功打造了"文化志愿者大舞台"、"文志爱心公益行"等颇具影响力的服务品牌。

2.5 创新建设实体场馆,拓展公共文化服务空间

当前,文化馆公益服务对象以老年人和未成年人居多,年轻群体、知识分子等社会精英阶层参与不多。对此,部分地区的文化馆积极响应年轻人需求,引导社会力量积极参与公共文化服务体系的建设,打造有特色、有品位的公共文化空间,取得了良好效果。例如,近年来温州市引入社会力量参与建设的文化驿站,主打"时尚化、休闲式、体验版、互动型、文艺范"特色,构建 1 个龙头驿站,10 个市级特色驿站,N 个县及乡镇驿站,X 个社会场馆驿站的"1+10+N+X"服务网络,形成了一批兼容文旅、兼营文创、兼顾各类群体的特色文化空间,年均开展活动 5000 余场,直接参与市民达 40 余万人次,网络参与人数达百万人次。

3 当前文化馆社会化发展存在的主要问题

3.1 传统思想理念转变不及时

文化馆的管理者,其思想理念仍然受传统思维模式制约,在吸收"以文养文"教训后,

根据原文化部、财政部《关于推进全国美术馆公共图书馆文化馆(站)免费开放工作的意见》,认为文化馆是公益性单位,所有的服务项目都应该是免费提供,如果引入社会力量,会影响文化馆的公益属性,抱着多一事不如少一事的心态,不愿与社会力量进行合作。

3.2 缺乏多样化的激励政策

当前,引导社会力量参与公共文化的政策大多是纲领性、指导性的文件,缺乏具有可操作性的实施细则和具体举措。地方政府在贯彻落实上级政策过程中,所出台的措施多是上级政策的翻版,没有结合当地实际情况,制定的激励扶持政策力度有限,影响到社会力量的参与,导致社会参与度不高。

3.3 对社会机构的监管不到位

政府购买服务后,对项目的实施部分文化馆往往成了"甩手掌柜",认为服务项目交由社会机构实施即可,对其服务过程、服务成效往往缺乏管理、监督和制约,对其服务效果评价缺乏科学有效的评估标准。有的社会力量参与公共文化服务以盈利为主要目的,常会出现降低服务质量等问题,甚至有的项目偏离了公益属性。

3.4 社会力量自身建设薄弱

当前,相当部分参与公共文化服务的社会机构多是小微企业,其自身建设薄弱、专业化程度不高,人员流动性较大,难以持之以恒的参与公共文化供给。同时,政府投入公共文化建设资金有限,社会力量能够参与的服务项目资金额度较小,也导致专业能力强、资金雄厚的社会机构参与服务的意愿不够强烈。

3.5 社会力量参与积极性不高

公民、法人和其他组织在兴办实体、资助项目、赞助活动、提供设施、捐赠产品等方面,能够参与公共文化服务的广度和深度十分有限。政府缺乏有效的税收减免、资金扶持等激励措施,以及社会主流媒体宣传力度较小,没有形成良好的社会参与舆论氛围。

4 淄博市文化馆建立社会化发展机制的思考

4.1 成立艺术公益培训联盟,做大做强艺术普及品牌

据初步统计,淄博市各类社会文化艺术培训学校上千家。淄博市文化馆可借鉴烟台市文化馆的成功经验,联合社会艺术培训机构,组建全民艺术普及联盟,在全市先行筛选出30家具有较大规模、办学条件好、热爱公益的艺术培训学校,后期可逐步扩大规模,形成"1+30+N"的群众艺术公益培训矩阵。同时,社会艺术培训机构的教师可作为市文化馆的文化志愿者参与文化馆公益培训。作为回报,淄博市文化馆可邀请联盟单位参加全

市重大文化活动、广场文艺演出、艺术赛事活动等,借助淄博日报、淄博晚报、鲁中晨报等主流媒体,加大公益培训矩阵的宣传力度,群星剧场、排练厅等馆舍可优先安排联盟单位使用。从而解决文化馆阵地服务过于单一的问题,将艺术普及品牌做大做强。

4.2 建设小而美的文化驿站,拓展公共文化服务空间

淄博市应学习借鉴温州"文化驿站"成功模式,采取政府主导、社会参与的方式,鼓励在都市商圈、文化园区、休闲公园等区域,创新打造一批融合图书阅读、艺术展览、文化沙龙、轻食餐饮等服务的"城市书房""文化驿站",营造小而美的公共文化艺术空间。淄博文化驿站的建设可与"城市书房"建设融合利用,利用前期已建成的紫园、云泰、天鸿等20余家城市书房,开展群众喜闻乐见的书画、诵读、讲座、非遗等文化活动,文化活动,做好"动"与"静"结合,打造15分钟公共文化圈。

4.3 加强社会协会合作交流,促进公共文化服务提质增效

当前,淄博市文化馆业务干部的专业主要集中在声乐、钢琴、舞蹈、美术、书法、创作、非遗等艺术门类,群众喜闻乐见的民族器乐、曲艺、戏剧、摄影等艺术门类的人才较少,难以满足人民群众多样化的需求。与此同时,淄博市文联管理的各艺术家协会是发展社会主义先进文化、繁荣全市文化艺术事业的重要力量。下一步,淄博市文化馆应加强与美术家协会、书法家协会、音乐家协会、摄影家协会、舞蹈家协会、戏剧家协会、曲艺家协会等合作交流,借助专业的艺术力量,共同谋划活动,让群众享有更加充实、更为丰富、更高质量的精神文化生活。同时,加强与淄博市广场舞协会、淄博市武术协会、淄博市健美操协会等市级单项体育协会的合作,联手举办类型多样、丰富多彩的文化活动,促进公共文化服务提质增效。

4.4 广泛招募文化志愿者,促进公共文化服务特色化发展

淄博应面向山东理工大学、淄博职业学院等高校,中小学教师,以及全市各艺术家协会、社会艺术培训机构,社会各界群众,广泛招募文化志愿者,成立淄博市文化馆文化志愿者协会。在志愿者协会的基础上,成立舞蹈、声乐、器乐、美术、书法、摄影、戏剧、曲艺、朗诵等分会。以文化志愿者协会为依托,培育一批有特色、有影响、惠民生的文化志愿服务项目。完善文化志愿服务记录和激励制度,逐步建立星级文化志愿者认证制度,对服务时间长、表现突出、贡献较大的优秀文化志愿者团队和个人按国家有关规定给予表彰奖励,增强文化志愿者的工作成就感和社会荣誉感。

4.5 加大政府购买服务力度,提升公共文化管理服务水平

淄博市文化馆现有馆舍面积1万余平方米,仅依靠现有的人员编制力量,部分场馆设施难以充分利用,导致公共文化服务效能发挥不足。对淄博市非物质文化遗产展厅、美术展厅等场馆的管理服务,可采取政府购买服务的方式进行日常管理,以保证全年常态化对

外开放。群星剧场、文化讲堂等馆舍，应利用服务外包的方式，选择第三方专业文化机构，常态化举办群众艺术公益讲座或小型文化演出，打造"群星讲堂"公益培训品牌和"周末小剧场"文化活动品牌，让公共文化设施更好地服务群众。

4.6 加大社会免费预约力度，提升公共文化的服务效能

充分利用淄博公共文化云、官方微信等信息平台，加大线上免费预约力度，让群星剧场、美术展厅、舞蹈排练厅、合唱教室、数字化教室等更多的馆舍资源接受群众预约，广泛开展经典诵读、阅读分享、公益音乐会、艺术沙龙、手工艺作坊、小剧场话剧等更多体验式、互动式的艺术普及活动。加强错时开放，延时开放，节假日开放，鼓励开展夜间服务，提升服务效能。加强慕课、学才艺、短视频等线上资源的推广力度，让更多群众更加方便快捷的享受公共文化服务。

总的看来，尽管党中央、国务院出台了支持社会力量参与公共文化服务体系建设的系列政策和法律保障。部分文化馆在探索社会化发展实践过程中积累了成熟的经验和做法，有效提升了公共文化的社会参与水平。但仍存在着政府保障措施仍需完善、社会主体专业化水平仍需提升、社会参与热情仍需提高等问题。下一步，各地区文化馆应紧密结合地区实际，大力推动文化馆社会化参与机制的建立完善，更好地满足人民群众对美好生活的新要求、新期待。

参考文献

[1] 王玉凯 . 西方公共管理社会化给我们的启示 [J]. 陕西省经济管理干部学院学报，1999（3）:10-12.

[2] 余雁周 . 公共文化服务社会化浅析 [J]. 中共乐山市委党校学报，2021（1）:79-85.

[3] 关思思，刘晓东 . 我国公共文化机构社会化发展的主要形式及特点 [J]. 图书馆建设，2020（4）:23-29.

[4] 范周，王硕祎 . 创新与突破:我国公共文化服务社会化发展的思考与建议 [J]. 图书馆研究与工作，2020（8）:5-10.

[5] 曹三强 . 文化馆社会化发展机制的实践探索 [J]. 品牌研究，2021（8）:142-144.

以专业力量推动群文活动品质提升

——上海市群众艺术馆以市民文化节为平台
积极加强社会化合作的实践与思考

史晓风（上海市群众艺术馆）

近年来，随着上海公共文化服务体系的不断建设和完善，上海群众文化的发展也从"保基本"进入了全面"提质增效"的阶段。为此，上海市群众艺术馆充分发挥上海群众文化"司令部"的作用，以上海市民文化节为主要平台，联合社会各方力量，汇集各类优质资源服务市民百姓。在此过程中，来自各方的专业文化机构作为一支重要的办节力量，十年来持续参与市民文化节，在各项活动中充分发挥其专业指导作用，对提升办节成果、推动上海群文活动的品质发展，起到了相当重要的作用。

一、专业力量参与上海市民文化节的实践与成效

相对于群众文化是以爱好和自发参与为主，专业力量主要来自专门从事某一文化艺术领域且具有较高权威性的机构和单位，如：专业协会、文艺院团、高校等。在市民文化节的举办过程中，专业力量的参与使其各项活动相比以往的群文活动体现出更为鲜明的活动主旨、更高的策划水平以及更好的美育成果。

（一）汇聚专业资源服务市民，进一步凸显"以人民为中心"的办节宗旨

"政府主导，社会支持，各方参与，群众受益"是上海市民文化节一以贯之的办节理念，相比其他许多专业文化节庆活动，以市民为"主体"，让老百姓成为"主角"走上舞台、展示风采，是市民文化节最重要的特色。围绕这一宗旨，在市民文化节平台上，从搭建平台的政府，到组织活动的主承办方，到各类专业资源和社会资源的投入，各方力量融合的落脚点都在"市民"。

十年来，"为市民服务"已经成为各方专业力量在参与过程中的共识，在提升活动品质的同时也彰显了其为市民百姓服务的初心与使命。先后有来自市文联各专业协会、国有艺术院团、高校、社会等三十余家市级的权威专业机构的数百位艺术名家、文化专家深入参与到市民文化节的八十余项重点赛事和活动中，以公益姿态为市民活动"甘当绿叶"。许多业内的"大咖"专家都在活动中亲临现场，与市民面对面，如：市民舞蹈大赛的决赛环节，市文联舞蹈家协会的八位主席和副主席全员到场，为市民评审、点评、指导；在校园戏

曲和曲艺大赛的展演中,各曲种的著名演员与孩子们同台演出,大大提升孩子们的表演水平;在市民书法大赛中,时任书法家协会主席带领九位专家从早上九点到晚上七点对市民的千余幅作品进行逐一评审。同时,通过市级赛事和重点项目,还带动了各级各类更多专业资源下沉到基层社区,走进市民身边,让市民在优质的演出、展览、培训中有了实实在在的"获得感"。

（二）推动专业力量的深度参与,进一步加强群文活动的内容策划

随着公共文化设施网络的日渐完善,与之相对的则是文化活动内容的相对薄弱,因此,提升群文活动的策划水平、吸引各类群体市民的积极参与、增强基层公共文化设施的活力是上海市民文化节举办的重要目标。在办节过程中,专业力量的深度参与使活动策划水平有了显著提升,尤其是在活动的内容和环节设计方面能更好地符合文化艺术本身的规律,专业性、权威性大大加强,活动的审美导向也更为清晰;同时,通过一项项具体活动的磨合,许多专业机构、各领域专家逐步了解群众文化,能切实感受到市民的文化需求,所提出的专业意见也能更贴合群文发展的需求。可以说,群文和专业在不断的碰撞和交互中互相融合、互相成就,这对上海这座国际大都市的文化气象和文化氛围也有着非常重要的影响。

相对过去,市民文化节活动具有更鲜明的群文活动品质特征:赛事的参与面明显扩大,从以往的"群文小圈"扩展到更大的社会面,具有广泛群众基础的合唱、舞蹈大赛的参与数量更是每年多达上千支;赛事的评选也能更符合群众文化的特点,以"百强"来体现成果,如"百支优秀市民合唱团""百支优秀市民舞蹈团""百名校园戏曲之星""百个优秀市民诵读达人"等等;赛事的内容也更为丰富,除了一般的艺术门类,更开展了传统文化、设计创意、公共空间、城市阅读等领域的活动;市民展演的内容和方式更是进一步得到提升和拓展。

（三）发挥专业力量的社会美育功能,进一步引领市民文化艺术素养的提升

随着市民文化需求的不断提升,许多文化艺术爱好者已不满足于一般的欣赏,而渴望掌握更多审美知识,更深入地进行审美体验,乃至自我的审美表达。市民文化节的举办则为满足市民的审美需求提供了平台,充分发挥各类专业机构和单位的社会美育功能,以坚持社会主义先进文化为导向,以传承弘扬中华美学精神为基石,鼓励多元文化的审美和展示,积极探索创新美育项目,不断拓展市民美育的深度和外延。

在市民文化节历年的展示舞台上,许多普通市民走进专业艺术殿堂,展现出具有相当水准的艺术能力:在梅赛德斯奔驰文化中心,全场两万多名合唱爱好者以德文演唱世界经典曲目《布兰诗歌》;在国际舞蹈中心,广场舞不再是"大妈"们的"健身舞",而跳出了专业舞剧"永不消逝的电波"的上海弄堂风情,更有"大叔"们舞动的"摇滚范";在保利大剧院,孩子们精彩表演传统戏曲和曲艺,年轻人用多元的方式演绎自己对传统诗词文赋的理解和热爱;还有家庭戏剧、家庭音乐会、家庭阅读等"家文化"项目,以及以时下年轻人为参与主体的阿卡贝拉、街舞、微视频等赛事都体现出各人群的文化素养不断得到提升，形成了浓郁的城市文化氛围。

二、专业力量参与市民文化节的主要机制和特点

专业力量的参与是上海市民文化节非常重要的特点之一，与其他群文活动相比，专业力量参与的范围之广、程度之深，可以说是"史无前例"的，这主要在于市民文化节所搭建的平台和一系列工作机制使各方专业力量得以长期融入其中，并持续、良性地发挥作用。

（一）以"开放性"的办节理念打通群文工作的壁垒

相比过去传统的群众文化活动，上海市民文化节活动的举办机制是具有开创性的，其最基本的办节思维就是"开放性"。在传统的群文工作中，大多是以文化馆举办活动为主，从设计策划到组织实施基本由文化馆业务干部完成，长期以来形成了一个较为封闭的系统，虽然专业力量也有参与，但往往局限于个别活动的评审环节、作品辅导环节等，就参与量、参与度、涉及面等方面来看，还是比较有限的。同时，其他系统如：教委、总工会、妇联、残联等也在面向各自的人群开展文化活动，这些活动往往也都是在本系统"内循环"，因此，全市的群文活动总体上资源比较分散，在活动的质量、规模、水平、影响力上都难以突破。

随着市民文化节的举办，一个"开放性"的活动平台逐渐建立起来，系统之间的壁垒开始打破，越来越多来自社会各界的资源汇聚到平台上，共同为人民群众提供优质的文化服务。在由全市相关委办局、各区政府、专业机构、社会团体、媒体等四十多家单位组成的"上海市民文化节指导委员会"指导下，由市文旅局牵头，市群艺馆总体策划运营，协调相关机构、调动各方积极性，总体形成以文化馆、图书馆、社区文化活动中心等公共文化设施为主阵地，联动各部门、各系统以及社会力量共同办节的场景。在此过程中，各专业协会、国有院团、专业艺术院校，乃至民营院团、社会机构等专业力量都纷纷汇集到市民文化节平台上，有的共同参与主办市级赛事，有的联合举办特色项目，有的自主开展文艺惠民活动等等，各类文化艺术专业力量得以大范围、多角度、有深度地参与到群众文化活动当中。

（二）以"全城性"的赛事活动推动专业力量的深度参与

在市民文化节平台上，每年推出的一系列"市级赛事"成为"主打"项目，吸引了大量市民团队和个人的参与。以"市级赛事"牵动相关专业机构、各领域专家，多维度、多层面地参与策划、评审、辅导等环节，是市民文化节推动专业力量深度参与群文活动的重要举措。在此过程中，通过赛事"全城发动"的机制，以点及面，从赛事的纵向进程到横向扩展，充分利用专家资源开展一系列工作，包括：对活动方案和顶层规则的设计策划，把握专业导向，对面向公众发布的赛事公告和规则逐字逐句严格把关，确保权威性；参与从基层初、复赛到市级决赛的评审工作，对各层级活动的开展进行专业指导，把握评判标准；围绕

赛事内容和主题,开展各类讲座、工作坊、分享会等活动,开展市民艺术普及;对赛事的成果展演进行专项辅导,帮助市民进一步提升,更好地展示等。

因此,市民文化节的各项"赛事"并非为"赛"而"赛",而是以"赛"为载体,以"市民美育"为内核,引导各类专业力量"立体化"地融入到市民美育的各环节中,最终使市民获得优质的审美体验。例如,在连续数年举办的中华优秀传统文化系列赛事中,为更好地推广传统文化,成立了一批由权威古诗词专家组成的"讲诗团"、由专业院团著名演员组成的"赏戏团"进入社区、校区、楼宇等开展"讲演"普及活动,掀起了市民参与传统文化活动的热潮;在市民舞蹈大赛中,为了切实帮助基层广场舞团队提升编创和表演水平,上海市舞蹈家协会的一批专业编舞老师深入十六个区,对百余支团队从作品的选题、编创到表演进行逐一指导,市民广场舞水平明显提升;在市民合唱大赛的颁奖展演中,由上海音乐家协会委派一批专家针对展演难点节目为基层合唱团进行专项培训,由此现场两百多支市民合唱团才得以共同演唱高难度的世界经典名曲。

(三)以"大文化"的群文视野融合多方专业力量

相比专业文化的"深度",群众文化的特点则是其"广度",可以说任何与市民精神生活相关的内容,都能纳入群众文化的范畴。从这个意义上来看,群众文化更有利于搭建平台,汇聚各领域的资源,解决市民文化生活中的"跨界"问题。市民文化节以"大文化"的视野,积极探索创新项目的举办,通过凝聚、融合多方的专业力量来研究和推动一系列"非传统"类的活动项目的落地。

以连续举办了三年的"公共文化空间创新大赛"为例,公共文化新空间的建设、更新、运营是当下公共文化服务领域的重要课题,而对于办赛却没有先例可循,市民文化节则充分发挥平台作用,汇集了来自公共文化、建筑、设计、阅读等领域的专家,以及长期关注城市空间更新的媒体人士等,共同探讨项目的价值导向和实施方法,并委托资深的空间设计公司来整体运营。赛事一经推出即引起了市民和社会各界对公共空间更新提升的关注,三年来评选推出长三角及全国部分城市的三百多个案例,树立了一批"美""好""新"的公共文化空间创新典范,对引导构筑城乡公共文化新型空间、推动公共文化服务品质提升具有非常重要的意义。

同样,开展多年的青少年传统文化知识大赛,邀请了古诗词、民俗、非遗、戏曲、文物保护等方面的专家,就青少年应知应会的传统文化知识进行多维度的出题,并开展一系列讲座、辅导活动,引导青少年多角度、全面地了解优秀传统文化;再如,在江南民歌大赛中,汇集民歌研究学者、民歌演唱家、原生态民歌田野调查者、沪语言学家、音乐制作人等共同为上海的"江南民歌"破题,研究科学的赛事方案和评判标准,探索江南民歌的本地推广、传承、发展方式,从而推动项目的良性发展。类似的活动项目因其涉及多个领域的交叉学科,往往不是靠一家单位、一方力量就能完成,而是通过市民文化节的平台机制,充分调动相关力量融合交互,使活动的整体策划得以文化内涵为基底,不流于表面,从而对提升活动品质起到实质性的作用。

三、对进一步推动专业力量参与群文活动的几点思考

(一)积极探索多元合作模式,动员社会力量的进一步参与

在新时代文化工作要求下,群文工作不再是一家"单打独斗",而应不断拓宽工作界面,加强各方资源统筹,汇聚更大的力量服务于民。为此,上海市民文化节已经具备了吸纳、汇聚各方资源的良好的基础,但同时,除了与诸多"官方"专业机构进行合作,未来还应更多关注来自"民间"的社会专业力量,充分激发其参与市民文化的积极性。尤其对于一些新兴的文化样式,民间力量往往更先行、更活跃,更贴合青年人群的文化需求。这在市民文化节中,已经有了一定的尝试,比如曾经举办的"市民阿卡贝拉音乐大赛""大学生街舞大赛"等都由社会机构把控专业品质,但活动往往以这些机构的"圈内"受众为主,辐射人群较为有限。因此,市民文化节应积极探索与这一类专业力量的深度合作机制,使这些力量发挥更大的作用,将优质的文化内容带给更多市民,努力实现"破圈"。

(二)持续引导专业力量下沉社区,夯实基层美育工作

群众文化,是"群众"的文化,体现的是一个地域普罗大众的精神文化生活,因此,群文活动品质的提升,其本质意义是一个使全体民众都能够享受优质文化服务的过程。为此,上海市民文化节从举办之初就着力加强基层联动,充分发挥市、区、社区三级公共文化服务网络作用。但与此同时,我们也看到大量的社区文艺团队、爱好者仍然有着大量的提升需求,常年急需专业人员的指导,尤其是希望获得更多的优质的专业资源。在市民文化节未来的发展中,应进一步加强"以赛促培"的项目设计,让更多的"讲诗团""赏戏团"、优秀合唱指挥、优秀舞蹈编导、戏剧指导,以及优质的艺术普及活动等进入社区,并形成长效机制,夯实基层美育工作,使基层群文活动的品质得以进一步提升。

(三)关切市民文化新需求,加强多领域的融合发展

在社会快速发展的进程中,市民的文化需求和关注点也在随之不断变化,群众文化也不仅仅是过去的"唱唱跳跳""写写画画",许多文化新样式、新需求成为公共文化发展过程中新的增长点。尤其是在大家越来越关注的数字文化、生活美学等方面,以及面对不同人群的需求,需要集聚多方力量来共同"破题",这在"公共文化空间创新大赛"等项目中,跨领域的共同研讨、策划已经成为一个很好的案例范本,值得在未来其他项目中推广与借鉴。因此,群文活动的品质发展应从市民的需求出发,找准选题,设计优质项目,充分发挥市民文化节平台的推动作用,促进部门之间的横向联动和融合发展,从而共同营造全体市民的美好文化生活。

新时代文化养老事业规范化、制度化建设路径初探

——以张家港市文化馆老年大学为例

李立群（江苏省张家港市文化馆）

《中华人民共和国公共文化服务保障法》第九条规定,各级人民政府应当根据未成年人、老年人、残疾人和流动人口等群体的特点与需求,提供相应的公共文化服务。这一规定为基层文化馆站针对不同群体开展相应的公共文化服务提供了法理依据,同时也作为其一项基本职能作了明确要求。一直以来,基层文化馆站作为开展群众文化的主阵地,深受广大群众特别是老年群体的欢迎。

加强基层文化馆站老年文化服务是贯彻《中华人民共和国公共文化服务保障法》,探索基层文化服务供给侧改革,推进全民艺术普及的重要举措,是满足新时代老年人美好文化生活需求的有益探索,也是贯彻落实中共中央、国务院关于老龄事业发展有关精神的重要举措。基层文化馆站举办老年大学有文化阵地、专业师资,以及广泛的群众基础等独特优势,是老年群体非学历教育的重要组成部分。但受制于体制机制、场馆设施以及经费保障等方面的制约,基层文化馆站老年大学仍存在着办学规模不大、覆盖面不广、规范化程度不高等问题,亟待通过基层试点探索科学发展路径。

作为国家公共文化服务体系示范区,近年来,张家港市围绕构建现代公共文化服务体系目标任务,创新探索,争先率先,在全国首创实施了"网格化"公共文化服务模式,率先建成县域文化馆总分馆体系,为文化建设注入了强大力量,也为举办文化系统老年大学提供了完善的网格优势。一直以来,张家港市始终把老年群体公共文化服务放在重要位置,通过开展基层综合性文化服务中心标准化建设、实施书场（戏台）繁荣工程、举办老年人喜爱的文艺活动、鼓励老年人加入网格文化员、阅读推广人等文化志愿队伍等多种方式,形成了文化养老的良好氛围。特别是文化馆老年大学以规范化建设为抓手,整合资源,发挥优势,探索创新,取得了一定的成效。

一、张家港市文化馆老年大学规范化建设情况

张家港市文化馆老年大学校舍面积 3000 平方米,现有专兼职教师 22 人,涉及音乐、舞蹈、戏剧（戏曲）、曲艺、美术、摄影、书法、文学、非遗等多个艺术门类,每学年春秋两季开班 600 余课时,均实行免费公益培训。随着规范化建设的深入开展,张家港市文化馆老年大学已成为文化馆创优公共文化服务、推进公益文化惠民的品牌项目。2016 年、

2017年先后入选江苏省和全国文化系统老年大学规范建设试点单位。2017年,张家港市文化馆老年大学规范化建设项目获评第二届苏州市群众文化"繁星奖"公共文化服务项目。

(一)加强统筹规划,构建完善的教学制度体系

1. 强化组织保障

成立张家港市文化馆老年大学规范化建设工作领导小组,统筹推进规范化建设各项工作。将老年大学建设作为推进特殊群体艺术普及的重要项目,由文化馆每年安排专项经费20万元,用于办学所需设施设备、辅导培训、产品供给、活动开展、师资聘任等。

2. 突出制度规范

坚持规划引领,把老年文化教育纳入全市公共文化"十三五"规划,并通过年度计划逐步有效落实。完善内部管理制度,制定了张家港市文化馆老年大学《教学管理制度》《教师管理办法》《学员守则》《优秀教师、学员评选办法》等一系列规章制度。

3. 完善阵地设施

张家港市文化馆是"国家一级文化馆",老年大学具有完善的教学设施。在塘桥镇、南丰镇、锦丰镇设立区镇分校,2018年首开西门社区、万红社区两个"社区课堂",分别开设剪纸、声乐等特色专业,旨在为广大老年群体提供能更便捷、更专业、更贴心的文化服务。

(二)创新教学管理,提升文化馆老年大学服务水平

1. 配强师资队伍

发挥本馆人才优势,通过个人志愿报名、专业技能展示、课堂效果评估、统一颁发聘书等选聘环节,选拔各门类10余名年轻的专业文艺骨干走上了文化馆老年大学的讲台,有力保障了文化馆老年大学的教学质量。每年开展优秀教师评比活动,已有10名教师获评优秀教师。

2. 规范学员管理

每学期根据老年群体需求设置专业,向社会公开发布招生简章,每次报名都异常火爆,注册学员人数从2015年时的200人增加到如今的近千人。为规范学员管理,市文化馆老年大学实施注册入学制度,向每位在册学员发放学员证,学员凭证入学,学制一至两年,学习期满通过考核方可转入高级班学习。学员认真遵守老年大学规章制度,出勤率90%以上。为检验学员学业,张家港市文化馆老年大学每学年都要举办汇报演出和书画影作品展览,并为各班最佳毅力奖、最佳进步奖和最佳才艺奖的学员颁奖。

3. 创新教学设计

结合自身办学经验、课程设置以及本单位师资优势,自主开发了一系列具有张家港地方特色、符合本地老年群众特点和课堂教学实际的老年大学教材。其中,6部书本教程

（涵盖古筝、二胡、葫芦丝、摄影、国画、朗诵等课程）、1 部视频教程（排舞），全部由本单位专业老师自主编写，内部使用，有效保障了教材的专业、实用、接地气。这些自编教材由文化馆老年大学统一印制后，免费发放给新入学的学员。

（三）完善平台载体，充实老年群体精神文化生活

1. 培育学员文艺团体

成立张家港市文化馆老年大学艺术团和文化志愿服务团，现有成员 102 名，平均年龄 58 岁，是一个"奉献余热、老有所为"的老年文艺团队，包括声乐队、书画队、摄影队、朗诵队等多支小分队，每年深入敬老院、基层社区等场所开展"文艺演出进基层"、"老有所乐"文化志愿服务活动，为港城老年人参与公共文化服务、展示夕阳风采搭建了平台。

2. 丰富老年文艺活动

与现代公共文化服务体系建设相结合，鼓励学员发挥所学所长，加入、辅导、培育各区镇文艺团队，如东城雅韵民乐团、七里庙俏夕阳舞蹈团、金沙洲艺术团、韩山老年民乐队等等。组织学员参加全市各级各类文艺赛事及展演活动。搭载文化馆版权工作站，鼓励国画、书法、摄影、剪纸等班级学员进行作品版权登记，并在每年"4.26 国际版权日"公布表彰上年度的"优秀版权作品"。

3. 扩大宣传推广平台

利用门户网站、微信公众号、馆刊《沙洲文艺》，搭载张家港一报两台、无线张家港APP、"五彩沙洲"微信公众号等传统媒体、新媒体平台，及时总结推广老年大学建设经验成果，宣传推介一批优秀教师、优秀学员。张家港市文化馆老年大学剪纸班学员的《社会主义核心价值观》《吉祥如意福》《纺纱女》《狗年福到》《猪年有余喜上门梢》《祝福》《喜登梅》《福》《福中有鱼》《鸟语花香》《恭（拱）喜祝（猪）》《鹦鹉》等 15 幅剪纸作品多次被《中国老年文化》杂志录用刊载。

（四）突出创新举措，打造新时代文化养老示范样板

1. 坚持与全民艺术普及相结合，注重文化特色

张家港市文化馆老年大学以"夕阳筑梦，快乐生活"为办学宗旨，突出文化系统自身优势与特点，增设特色课程，激发老年群体潜在的文艺学习兴趣，不断引领和提升老年精神文化生活。自主开发具有地方特色、符合老年群体特点和课堂教学实际的课程。为弘扬优秀传统文化，普及本地非遗项目，新增沙上秧歌、剪纸、号子等非遗传承课堂，深受老年学员的欢迎。发挥本土在戏剧特别是小戏小品方面的全国领先优势，特别开设朗诵班、表演班，教授理论知识、基本功，学演经典作品等。2019 年中国（张家港）长江文化艺术节期间，文化馆老年大学朗诵班学员还参演原创话剧《我要见市长》，得到了专家和观众的一致好评。

2. 坚持与文化馆总分馆制相结合，注重协同发展

为破解文化馆老年大学城乡发展不均衡问题，张家港市文化馆依托文化馆总分馆制

等网格优势,通过向基层区镇文体服务中心、文化网格提供政策指导和人才扶持,引导、协助乡镇基层文化单位开展老年群体服务,推动文化系统老年大学向基层延伸。目前,全市有1个市级总馆,10个镇级分馆,14个镇办事处级分馆和6个企业、社区、学校、社团分馆,300个支馆以及1015个网格服务点。每个网格都有活动阵地、网格发展规划、网格活动,每个网格都有自己的特色文化,如剪纸、秧歌、戏曲等。张家港市文化馆老年大学充分发挥3个区镇老年大学分校和2个"社区课堂"的作用,将教师资源、文艺课程"按需求、分类别、有层次"地配送进分校和教学点,让老年人在家门口便能接受文化馆老年大学的教学培训,参加文化活动。

3.坚持与网格化公共文化服务相结合,注重共建共享

利用本地网格化公共文化服务体系,选拔富有文艺专长,热心老年教育事业的优秀网格文化员担任文化馆老年大学的外聘老师,目前已超过10名,为张家港市文化馆老年大学提供了广泛坚实的师资保障。与此同时,鼓励优秀学员发挥所学所长,充实文化网格队伍,加入网格文化员行列,带领网格群众走进文化设施、开展文化活动、组建群众文艺团队。目前由学员组建或参与的群文文艺团队已超过60个,他们常年活跃在各级各类文化舞台,成为张家港基层公共文化服务的重要力量。

(五)利用优势资源,探索老年大学数字化服务新模式

1.日常管理数字化

2015年,我市在全国县域率先建成数字文化馆综合服务平台,包括"线上"门户网站、"线下"实体数字文化体验馆、"掌上"微信公众号、24小时公共文化驿站、文化馆总分馆管理系统等。文化馆老年大学除了建立学员电子档案,对其学籍、学分进行数字化管理外,利用总分馆管理系统移动端,在系统主菜单"服务项目"下设的子菜单"全民艺普"中的"特殊群体"板块,将老年大学所开班级的课程名称、学员数量、师资力量、教学内容、授课地点,以及课堂教学场景等基本情况进行数字化集成,通过后台大数据分析老年群体的实际需求,指导老年大学课程设置更趋合理,更接地气。

2.教学手段数字化

充分利用文化馆"线上"平台和馆办艺术团人才资源,将老年大学舞蹈等课程录制视频做成"慕课"教程上传至门户网站,使老年学员回家后还可以继续学习和消化。同时,依托"线下"实体馆录播系统和"线上"的直播功能,文化馆老年大学正计划尝试实施远程教学,实现与分校和社区课堂的实时教学联动。

3.成果传播数字化

利用"张家港市文化馆"和"沙洲文艺"两个微信公众号,对老年大学教学成果,特别是学员的书法、美术、摄影、剪纸等艺术作品进行展示和推介。一年一度的文化馆老年大学舞台类作品展演都通过"无线张家港"移动客户端进行现场直播和回放,不仅极大地激发了老年学员的学习热情,也进一步扩大了文化馆老年大学的影响力和美誉度。

二、关于基层文化馆站老年大学规范化、制度化建设的几点思考

（一）基层文化馆站老年大学要突出文化引领

基层文化馆站举办老年大学有文化阵地、专业师资以及广泛的群众基础等独特优势，是文化馆站等公共文化单位推进全民艺术普及的重要职能体现。工作中应该坚持以老年群体的发展需求、提升需求为导向，合理安排课程设置，做好音乐、舞蹈、戏曲、摄影、书法、绘画等多元文化供给，同时结合老年群体实际和地方特色，开设一批非遗等特色文化科目，提升办学特色，不断满足新时代老年群体多样化文化需求。

（二）基层文化馆站老年大学要注重创新发展

把基层文化馆站老年大学规范化建设纳入现代公共文化服务体系建设，围绕当前普遍存在的办学规模不大、覆盖面不广、城乡协同发展难度大等问题，探索创新。坚持集中办学和分散办班相结合，结合网格化公共文化服务、文化馆总分馆、数字文化服务等，推动文化馆老年大学向基层延伸，最终壮大基层文化队伍，提高公共文化服务效能。探索与图书馆、博物馆、美术馆等其他文化单位进行资源共享，与教育、体育、民政等条线相互协调，开展形式多样的老年文化服务，发展壮大老年大学的规模，构建覆盖城乡、均衡发展、多层次、立体化的老年文化教育体系。

（三）基层文化馆站老年大学要坚持常态长效

基层文化馆站老年大学作为公共文化服务的一项重要内容要常态化、规范化开展。要把健全制度保障，完善体制机制作为试点工作的一项重要内容来抓，将基层文化馆站老年大学纳入本地区公共文化建设规划总体安排，强化组织领导和统筹协调，有效落实场馆阵地、师资配备、经费保障，加强教师聘任管理和学员学籍管理，完善考勤、考核、结业制度，建立完善的荣誉激励机制，以规范化建设不断助推新时代文化养老事业繁荣发展。

突围：也谈文化馆事业的社会化发展

林 琰（江苏省无锡市公共文化艺术发展中心）

政府主导、社会力量参与是中国特色社会主义公共文化服务体系建设的基本特征之一。《中华人民共和国公共文化服务保障法》第二条规定："本法所称公共文化服务，是指由政府主导、社会力量参与，以满足公民基本文化需求为主要目的而提供的公共文化设施、文化产品、文化活动以及其他相关服务。"党的十八届三中全会明确指出："引入竞争机制，推动公共文化服务社会化发展。鼓励社会力量、社会资本参与公共文化服务体系建设，培育文化非营利组织。"中共中央办公厅、国务院办公厅印发的《关于加快构建现代公共文化服务体系的意见》明确了社会力量参与是公共文化服务发展的内生动力，提出要建立健全政府向社会力量购买公共文化服务机制、推广运用政府和社会资本合作模式、推动建立健全公开透明的社会捐赠管理制度、探索开展公共文化设施社会化运营方式、大力推进文化志愿服务等。

党的十九届四中全会决议等重要文件，都把进一步推动公共文化服务社会化发展作为完善政府治理体系和提高治理能力的重要目标之一。文化馆事业的社会化发展已经成为公共文化服务体系发展的重要方向，对此，我们要有两个重要认识：一个是文化馆的社会化发展是以政府主导为前提条件的社会化发展，政府主导是根本，也是前提；另一个是文化馆的社会化发展是尽可能吸引社会力量参与的社会化发展，社会力量参与是路径，也是方法。这与经济领域，以公有制为主体、多种所有制经济共同发展的经济制度是相类似的。就目前而言，我国的文化馆事业社会化发展目前仍然处于较为初级的阶段，存在着不少困难和问题。

一、文化馆事业社会化发展的主要形式

综合至今为止较为成功的文化馆事业社会化运作的相关经验，当今的文化馆事业社会化发展主要有如下几种形式：

（一）政府购买

其中又可细分为整体购买、项目外包、岗位购买等。这一类都是以政府为主体，开放公共文化服务中的部分内容给社会力量，并通过第三方或相应评估机构对完成情况进行验收或考核的一种形式。整体购买如无锡市新吴区文化馆整体服务外包；项目外包主要

是以项目形式将一部分大型活动、服务进行外包;岗位购买即招聘一部分合同制员工,由他们来提供相应的专业化服务等。政府购买以上海、无锡等地做得比较好,配套有专项资金、相应的资金使用规范和政府采购目录。

(二)联盟制度

即通过联盟制度的形式吸引社会力量参与公共文化服务事业。如浙江宁波以联盟制度吸引社会组织和艺术培训企业参与"宁波市全民艺术普及联盟",与数百家组织、企业建立广泛而经常的联系,对卓有成效的社会和市场主体落实奖励、补贴等措施。

(三)"ppp"模式

即以政策和协议为主导,利用云服务平台等中介平台建立起以"ppp"模式为代表的稳定、常态和可持续的"利益共享、风险共担、全程合作"项目共同体关系。代表如湖南株洲的"韵动株洲"文旅体公共服务云平台。

由此我们可以看到,文化馆事业社会化发展目前比较成功的范例,大多是借由专项资金或补贴带动文化艺术序列相关的上游或下游产业,再以协议或协约的形式,以项目为单位,将双方的权利和义务、合作的具体内容固定下来,并对完成的结果进行考核或评比。虽然建立利益共同体的方式方法有所不同,但是路径大都一致。

二、目前文化馆事业社会化发展存在的主要问题

前人的经验给了我们许多有益的借鉴和启示,但是目前的文化馆事业社会化发展仍然面临着较多的困难和问题。比较突出的几点如下:

(一)市场主体数量较少

由于公共文化服务的社会化运作仍然处于起步阶段,政府的相关配套政策主要集中于动漫、游戏、影视、新媒体等文化产业的企业方面,与公共文化服务企业相配套的扶持、补贴等政策几乎处于空白,这就导致了能够承接公共文化服务相关项目的市场主体数量较少。在公共文化服务领域中比较活跃的主体,目前多以民办非企等非营利性社会组织为主,稳定性和组织性较差。

(二)缺乏从业标准规范

由于公共文化服务项目中有很多是专业性很强,参与人员众多的项目,为了保障安全和品质,它对于企业的资质、能力是有着较高要求的。目前,我国对于公共文化服务企业的资质认定尚没有统一的标准。这就使得对于有能力承办相关公共文化服务项目的社会组织或企业的认定成为一个难点。另外,按照目前群众文化职称评定的相关标准,公共文化服务企业从业人员的相关职称评定、身份认定等问题很难解决。

（三）科学监管存在问题

为了公平起见，公共文化服务的外包或者补贴都需要依托具有一定权威性的第三方评估机构来进行，需要具有法律知识和相应艺术水平的专家来进行监管。然而现阶段，许多地方尚不具备拥有相应能力的机构或组织，这就使得目前的文化馆事业社会化发展存在一定的限制和瓶颈。

三、困境：政府失灵和市场失灵的双重挤压

文化馆属公益一类文化事业单位，这就意味着文化馆以服务群众、服务社会为核心任务，它通过提供服务或衍生品所获得的收益并不能为社会力量的投资人所有，这也造成了文化馆与追求利益最大化的商业集团或公司最大的区别。正是由于文化馆承担着艺术普及、艺术创作、政治宣传等重要职能，它也不可避免地受到政府失灵和市场失灵的双重挤压。政府失灵和市场失灵是经济伦理学研究中经常使用的术语，我们将其引入公共文化服务领域，用以概述政府和市场两种手段在干预公共文化服务领域中的局限和缺陷。

（一）政府失灵

"政府失灵"最初是在 20 世纪 70 年代由以布坎南为首的公共选择学派提出的。"政府失灵"针对夸大政府干预作用的做法，指出政府对经济的干预同样有着不可避免的缺陷，主要表现在两个方面：首先是国家对经济干预过度。即国家干预的范围和力度，超过了弥补市场失灵和维持市场机制正常运作的合理需要，结果反而阻碍了市场功能的正常发挥（如国有经济比重过大、社会福利水平过高、不合理的规章制度带来的扭曲等）。其次是国家对经济干预不足，即国家干预的范围和力度不能满足弥补市场失灵和维持市场机制正常运作的合理需要，结果也导致市场机制功能无法发挥（例如缺乏保护公平竞争的法律法规、对基础设施和高科技产业投资不足，忽视对环境的保护等）。在公共文化服务领域，也存在着相似的问题。这一方面由于文化馆事业首先服务于政府职能，文化馆提供的产品和服务相当部分是服务于主题宣传、大型赛事和大型活动等，这就导致部分文化产品与群众的需求和审美存在着一定的天然分歧；另一方面由于文化艺术具有较强的专业性，与单纯的行政管理不同，政府相关部门的行政决策也常常与文化馆组织管理的专业性存在着一定程度的不匹配。

（二）市场失灵

"市场失灵"最初是在 1956 年由美国经济学家巴托首先使用。市场失灵针对市场万能的观念，指出市场机制具有内在的缺陷，集中表现在以下几个方面：市场机制本身无法消除垄断，从而无法保证竞争的完全性和彻底性；无法实现经济稳定、均衡的增长，尽管市场机制最终能够使经济趋于均衡，但时滞较长，代价很大（如周期性的经济危机），无法满

足社会对公共产品的需求;无法解决收入分配差距过大的矛盾,完全按照市场机制的原则(财产的所有权与收益权一致)进行分配,就会导致社会成员之间的收入差距过大,从而引起社会的不稳定。具体到公共文化服务领域,类似问题的出现一方面是由于文化馆事业的特殊属性,使得它的艺术和政治使命高于经济使命;另一方面则是由于服务和产品的公益性,使得文化馆无法完全依靠市场存活,公共文化服务的组织或企业也很难完全依靠市场存活。这就引发了文化馆事业进一步社会化发展的一组基本矛盾:即文化馆事业发展的公益性和社会主体的逐利性之间的矛盾。

正是由于政府失灵和市场失灵的双重挤压,文化馆事业的社会发展受到了诸多限制。文化馆事业的进一步社会化发展,如果要激活更多社会主体的活力,必须在经济效益上或者社会影响上给予参与的主体一定的优惠或补偿,目前较为成功的发展模式,都是立足于这一点上的。

四、突围:关于文化馆事业社会化发展的一些构想

文化馆事业社会化发展的初衷,是以小博大,借助社会力量补充公共文化有限的资源和人员,让公共文化服务得以实现更高质量的发展。围绕着目前文化馆事业社会化发展面临的一些困境,笔者提出了如下构想:

(一)设立国家—企业—个人捐助三位一体的公共文化赞助体系

借鉴欧美国家,我们发现,在艺术发展较为成熟的国家,普遍建立了国家、企业、个人捐助一体的三级艺术赞助体系。比如美国的艺术赞助体系,就是通过合理的分工,充分调动社会各个方面的积极性,在政府、私人基金会、个人与公司之间构建了良好的沟通渠道,从而构成了适合文化艺术发展的良性的生态环境。目前,国家、各省、市普遍设立了艺术基金,用于支持和发展艺术事业,形成了国家—省—市三级的政府艺术赞助体系。企业和个人捐助也已经形成了一定的规模。公共文化和艺术密切相关,都是以文化艺术作为服务内容和产品内容的。除了财政全额保障公共文化服务单位的日常运行和基本支出外,如果能够建立国家—企业—个人捐助三位一体的公共文化赞助体系,用于推出一些富有特色、质量较高的文化活动或项目,应该能够较为有力地推动目前公共文化事业的发展,使得我国的文化馆事业社会化发展进入一个新的阶段。

(二)建立规范性的公共文化服务市场准入和评估体系

面对日益繁荣发展的文化艺术市场,和越来越繁重的公共文化服务情况和绩效 进行事后评估工作,设立公共文化服务评估委员会、出台相应行业标准、规范已经刻不容缓。行业标准的出台能够有效地促进社会主体的规范和发展,而对社会主体的分类分级则能够更好地激活各种社会主体的内生活力。如果能够通过政策引导,扶持和培养一批具有较高水平、较强专业性的公共文化企业或组织,将对于未来文化馆事业社会化发展具有十

分重大的意义。

(三)构建以理事会为核心机构的文化馆事业社会化运作体系

早在 2012 年左右,无锡市文化馆等公共服务机构就已经开始试点建立理事会。2017年,中宣部、文化部等 7 部门联合印发了《关于深入推进公共文化机构法人治理结构改革的实施方案》,要求公共图书馆、博物馆、文化馆、科技馆、美术馆等建立以理事会为主要形式的法人治理结构。但是在财权和人事权都属于上级主管部门的情况下,要如何真正发挥决策型理事会的作用呢? 如果把理事会的运作与文化馆事业社会化发展联系起来,就很容易得出一个新的结论:如果理事会能够通过吸引社会资金、社会力量参与公共文化服务体系建设,申报国家、省、市各级公共文化艺术扶持等方式,形成可供支配的人才、场地、资金等实体,文化馆的决策型理事会就可以真正发挥作用,成为政府领导下公共文化事业发展的重要补充和助力。这样,一来可以解决理事会在现今文化馆服务体系中"有名无实"的尴尬局面,二来可以进一步扩大文化馆可供支配的各项资源,促进文化馆事业社会化的高质量发展,可以说是一举两得。

作为公共文化服务公益事业的重要补充,文化馆事业社会化发展能够更好地利用资源、配置资源,吸引更多的社会力量和社会主体参与公共文化服务,从而实现文化馆事业的高质量发展。针对目前文化馆事业社会化发展的主要形式和存在的主要问题,本文提出要通过设立国家—企业—个人捐助三位一体的公共文化赞助体系、建立规范性的公共文化服务市场准入和评估体系、构建以理事会为核心机构的文化馆事业社会化运作体系等方式,从而逐步完善文化馆事业社会化发展的配套体制机制,解除现阶段文化馆事业社会化发展面临的困境,持续推进文化馆事业、公共文化服务事业高质量发展。

参考文献

[1] 关思思,刘晓东 . 我国公共文化机构社会化发展的主要形式及特点 [J]. 图书馆建设,2020(4):23-29.

[2] 陈蔚,巫志南 . 公共文化社会化发展中政府主导实现方式分析——以上海、宁波、株洲为例 [J]. 图书馆杂志,2020(4):62-28.

[3] 钱志中 . 非营利表演艺术院团经济支撑体系的构建———西方艺术赞助形式对当下国有文艺院团改革的启示 [J]. 艺术百家,2015(5):43-47.

[4] 孙军 . 无锡新区公共文化服务社会化实践分析 [J]. 文化艺术研究,2014(4):10-15.

[5] 冯华,谢雁娇 . 准公共物品视角下的国有文艺院团改革发展建议 [J]. 国家行政学院学报,2012(6):109-113.

[6] 朱贻庭 . 伦理学大辞典 [M]. 上海:上海辞书出版社,2010.

在文旅融合背景下，如何打造新时代"网红文化馆"

师　文（天津市群众艺术馆）

文旅融合发展时代的到来，将为文化馆的改革提供更多的市场要素，也为文化馆的创新发展增添新的动力。文化馆可以充分发挥文化艺术资源的优势，依托当地种类丰富、创新独特的文化艺术为旅游业提供有力支撑。"网红经济"是互联网时代的产物，尤其是短视频平台的兴起，也对其推广起到了极大的作用。越来越多的"网红"场地出现在朋友圈，最美的角度、梦幻的滤镜、修过的图片、精美的小视频、精心设计的文案，这种新型的营销宣传方式激发更多人"打卡"的兴趣，"网红文化馆"因此应运而生。年轻一代对城市的认知已经从官方认定的城市地标逐渐转变为由艺术家、设计师或文化品牌创造的独特体验；新时代"网红文化馆"的诞生就是关于文化、旅游、艺术和城市生活的新型体验。

一、新时代"网红文化馆"的主要特征

（一）颜值与内涵缺一不可

各地区文化馆作为城市的公共文化空间，也是城市标志性建筑，追求布局科学、规模适当、业务多元、特色鲜明，对彰显城市地域特色、城市历史文化内涵等有重要意义。年轻群体对新时代"网红文化馆"的要求基本相似，包括新奇的外形、完美的体验、舒适的服务和让人趋之若鹜的热门内容。比如，浙江省温州市文化馆不仅外表现代简洁、清新淡雅，透露出特有的文化内涵和气质，而且内在的公共文化服务功能优化升级，可谓"内外兼修"，并在一楼开辟"网红打卡点"，竭力把温州市文化馆打造成新的文化坐标。

（二）文艺小资的时尚品位

"网红文化馆"在城市中散发独特的文艺气质，让年轻群体试图与理想中的文艺世界发生无时间限制、无障碍沟通的深度连接。打卡"网红文化馆"体现了年轻群体对尚新时髦、文艺浪漫和小众个性的追求，可以将打卡行为理解为一种新奇体验和休闲活动，并在这种相对文艺小资的爱好中获得感官上的优越感。以上海市静安区文化馆新馆为例，其现代、时尚的内部空间，在功能上不仅容纳文化馆传统公益文化项目及其服务的内容，更涉及时尚、前瞻、开放的艺术体验，循着"中西融合、彰显时尚、互动参与、雅俗共赏"的思路，体现因地制宜，为市民的多元需求而造。

(三)兼具情怀和温度的归属感

新时代"网红文化馆"已经不仅仅是一个客观存在的建筑体,它更是有情怀和温度的,它们所带来的不仅仅是心灵的"乌托邦",更是实实在在的"归属感"。越来越多的上班族想要逃离快节奏的工作环境,去享受慢节奏的生活方式,在环境清幽的文化馆里,看看展览、听听相声、写写书法,再喝上一杯热茶,让辛苦一周的上班族们得到短暂休憩,摆脱浮躁社会的纷扰。例如,赤岗街文化站(珠海市文化馆赤岗街分馆)是"广州最美基层公共文化服务空间推荐"首批获得推荐的空间之一,"温馨"是打动街坊的标准之一,让市民觉得亲近、放松、温暖、有参与感,并整合利用社区资源共建共享,提升居民幸福感。

(四)体现"诗和远方"的互融互通

"网红文化馆"是文旅消费需求提升、产业供给创新和新媒体营销共同推动的结果,将文化体验和旅游参观有机结合,让文化艺术介入城市空间、介入城市生活,将文化和旅游互融互通的生活方式带到城市居民身边,逐渐成为大家休闲娱乐、旅游观光、文化体验的新型文化空间。比如,天津滨海新区文化中心包括滨海美术馆、滨海城市与工业探索馆、滨海图书馆、滨海演艺中心、市民活动中心、文化长廊,是一个"五馆一廊"的综合体。集群式的"网红打卡地",满足游客多种文化和旅游需求,是城市休闲的重要选择,同时兼顾"诗和远方"。

二、推广新时代"网红文化馆"的突出优势

(一)助力城市对外宣传

"网红文化馆"借助新媒体宣传的横空出世,将成为该城市的"网红打卡地",能够吸引全国各地的游客前赴后继去打卡,一睹"网红"风姿。通过当地媒体的宣传发酵,从而发掘城市中的"网红元素",加速"网红城市"的孵化,增强城市的对外宣传,提升城市的辨识度和美誉度。同时,也能引导年轻群体从自己身边熟悉的生活中,重新发现家乡的文化符号,达到提升城市形象传播和品牌价值的作用,他们也是城市形象宣传的参与主体。以西宁市群众文化艺术活动交流中心为例,将图书馆、博物馆、文化馆、美术馆"四馆"集中在一起,是西宁对外宣传的亮丽名片,是集文化体验、共享交流、演艺演出、展览展示、休闲娱乐等功能于一体的"城市客厅"。对外展示了西宁市的人文发展成就、体现了历史文化底蕴;对内丰富了人民群众高品质文化需求、提升人民群众幸福指数,也是一个休闲度假的好去处。

(二)促进文化馆多元发展

打造"网红文化馆"对于文化馆升级改造、业务拓展、影响力提升、推动文旅融合等方

面有重要作用。"网红文化馆"不仅要在场馆运营、免费开放、活动开展、品牌打造、群文创作、非遗传承保护、数字文化馆、总分馆制建设等方面下功夫,还要紧紧围绕全民艺术普及的职责和使命,为市民提供全年无休、丰富多样的文化服务。"网红文化馆"作为新型文化地标,既要支撑群众文化的高雅品位,更要加深化城市文化的精神内涵,逐渐成为当地市民休闲打卡的网红地,让"逛文化馆"成为当地市民的一种生活习惯。例如,山东省济宁市文化馆作为一座综合性艺术场馆,以艺术培训、展示、创作、制作为核心功能,内设群星剧场、艺术作品展览、非物质文化遗产展示、少儿活动体验、老年活动中心、文创空间等功能区。此外,市民群众还可以在这里接受美术、书法、音乐、舞蹈、器乐、曲艺等艺术培训,为群众提供了一个高水平文化交流平台,满足了济宁市民对文化生活多元化的新需求。

(三)拓展公共文化空间形式

对于一个国家和民族来说,公共文化空间在文化传承、文化形象展示、文化艺术修养提升等方面发挥着重要作用。新时代"网红文化馆"致力于构建一个真正让当地市民能够参与的、开放的、便利的、有理想的、有氛围的新型文化空间。新时代"网红文化馆"既可以组织老年人跳广场舞,又可以带着孩子参与沉浸式互动体验活动,还可以展出让年轻人趋之若鹜的网红展览。高大上的建筑陈列,接地气的休闲场所,集演出、培训、游玩、拍照、遛娃、餐饮等功能为一体,实现文化旅游真正融合。例如,北京市顺义区文化馆新馆是集公共文化服务与娱乐休闲功能于一体的大型公共文化综合体,也是老文化馆的升级版,馆内环境优美舒适,还有机器人"小导游"引导服务,每逢假日参观者可达 1000 人 / 天,是新晋"网红打卡地"。

(四)吸引大量游客,促进经济增长

集中地方政府优势资源对最具城市特质、发展潜力的优秀文化馆进行深度打造,进一步挖掘其核心特质和精神内涵,借助多种形式的新媒体平台,打造具有全国影响力的地标式"网红文化馆",进而拉动周边优质经济体共同发展,形成网红街区,最终形成独具城市特色的网红城市品牌。而新时代"网红文化馆"的聚集效应也十分明显,它可以在短时间内吸引大量本地和外地的游客,激发他们文化和旅游旅消费的潜力,同时增加城市的知名度、美誉度、影响力和吸引力。

三、新时代"网红文化馆"的营销宣传手段

(一)利用新媒体平台营销

互联网时代下,受众可以随时随地利用朋友圈、微博、快手、抖音等新媒体平台,与他人分享并展示自己的生活。新媒体平台也为新时代"网红文化馆"的展示、互动和传播

创造了良好的传播环境。碎片化的信息传输,将会使"网红文化馆"的信息内容更容易传播,使得每一个文化馆都有机会在大众面前展露与众不同的一面,获得更多的关注和参与。通过对外传播"网红文化馆"的优质内容,活用微信、微博、短视频等新媒体传播渠道,借助社交互动数据精准触及目标受众群体,才能让"网红文化馆"的营销回归。文化馆的营销人员也应传递出更多具有体验价值的文化信息,精心策划创意文化活动,用市场喜爱的形式内容包装设计宣传资料,比如 ins 风海报、小清新文案、微电影短视频等,以寻求与受众群体建立情感连接,创造出更多与潜在和现有受众群体互动体验的机会。比如,由天津市文化和旅游局、海河传媒中心主办的津门新地标活动在抖音、今日头条、喜马拉雅、津云、腾讯微信等时下最热门、受众面广的互联网平台同时开展,最后推选出津门新地标 15 名,天津新晋网红打卡地 15 名。该活动显著提升了天津在互联网上的传播热度,掀起了"寻找新地标,打卡大天津"的新时尚,进一步打造了"网红天津"。

(二)特色品牌活动重点营销

在信息多元化发展的今天,品牌的影响力越来越大,一个好的品牌可以吸引互联网的流量,从而吸引游客的注意力,因此,一个好的文化品牌可以引导更多人去体验馆区的文化氛围。新时代"网红文化馆"需要制定前沿的品牌战略,树立品牌活动意识,打造品牌文化活动,分享本地文化资源,定期开展特色品牌活动论坛,促进省际特色品牌活动交流。例如,为推动文化和旅游的深度融合,打造一个可观赏、可玩味、可体验,亦可交流的文旅美地,由天津市群众艺术馆举办的特色品牌活动——"方寸之间·寄忆华彩"第二届"津彩·明信片漂流记"文化创意展火热来袭。展览以明信片为载体,依托美术、摄影、创意设计等艺术形式,以天津的桥、历史人文景观、地标建筑、天津美食和精彩瞬间为创作主题,引领天津市文艺创作者用热情与智慧打造"天津名片"。

(三)热门 IP 和社会热点运用

在竞争激烈的市场环境下,IP 在文化旅游市场中的地位越来越重要,除了获得大量用户和节省营销成本,一个成熟的 IP 还可以帮助"网红文化馆"提供持续的内容输出。时下热门的电影、电视剧、漫画、综艺、小说、游戏等娱乐项目;春节、清明节、端午节、中秋节等传统节日;全民抗击新冠疫情、庆祝中国共产党成立 100 周年、迎庆党的二十大胜利召开等社会热点,都可以成为新时代"网红文化馆"借助营销的内容。利用热门 IP 和社会热点具有穿透力的特点,再加之文化赋能,善用某一角色,讲好新的故事,体现更多价值,引发更多关注,从而到达宣传文化馆的作用。比如,深圳市福田区在春节期间,推出"春节里的文化馆"系列活动,以欢乐爆笑幸福为活动主题,包括六大特色馆:打卡文化馆、网红文化馆、童梦文化馆、欢乐文化馆、线上文化馆、团圆文化馆,使居民在参与各个主题文化馆活动的同时,感受到浓浓的年味,让大家在"家门口"就能开开心心享受形式多样的文化艺术盛宴。

（四）强有力的线上线下运营能力

"网红文化馆"的运营要以特色活动或展览作为线下输出的端口，需要有一定的吸引力、宣传力、共鸣性和趣味性；移动互联网技术和流量，使文化馆能够有效地在线传播，具备在线分流渠道。强有力的线上线下运营能力，为"网红文化馆"的可持续发展，提供一个良好的平台和空间，使文化馆的日常运转能够得到有效保障。即使在疫情防控政策下，也能做到各类文化活动的输出渠道在线上线下自由转化或同时进行，持续不断地给当地群众提供多样化的文化服务。以浙江省文化馆的"迎建党百年 享美好生活"红色主题雕塑大展为例，此次展览通过线上线下联动展出扩大活动影响力，实现了数字化、网络化的展览新形式。除却传统的陈列展品形式，展览入口还放置了群雕作品，打造"网红打卡点"，让观众参与，用网络媒介的形式记录和传播红色精神，现场许多年轻观众争相在展品前拍照或录制小视频在社交软件上"打卡"。

四、提升内容品质，打造新时代"网红文化馆"

（一）"政府+游客"共同参与

打造新时代"网红文化馆"依靠文化馆自身力量远远不够，需要政府和游客共同参与。政府需要突出城市特性，善于发掘城市韵味，做好顶层设计，申请财政专项资金，修缮、重建或改造"网红文化馆"馆址，完成周边公厕、停车位和道路设施等基础建设。还要甄选部分优秀文化馆加以扶持和指导，让"网红文化馆"转变为地方政府有意识打造的新旅游吸引物。同时，也要鼓励游客广泛参与进来，顺应微信、微博、短视频等新媒体的传播规律，不断转发、点赞、评论关于当地"网红文化馆"的信息，共同参与到城市形象的宣传和建设中来。例如，上海市对博物馆、美术馆、图书馆、文化馆、社区文化活动中心等设施的建设力度加大，此外，许多形态新颖、规模各异的城市公共文化空间也集中涌现。它们深入城市的肌体，在有限的物理空间内展现出强烈的人文关怀和文化体验，是社会进步和社会文明程度不断提高的重要标志。

（二）营造体验式文化服务

发现"美"、挖掘"美"是制造"网红文化馆"的基本要求，而游客的体验感则是重中之重。国内成功的"网红文化馆"并不只是因为华美的建筑吸引游客蜂拥而至，而是以文化体验为基础，辅之完善的服务，才是这些文化馆成为"网红打卡地"的原因。"网红文化馆"应深度挖掘品牌记忆点，不局限于提供馆区内观赏性游览、打卡拍照，而是在积极营造体验式的文化活动。同时，利用优质文化资源不断引入各项演出、比赛、展览及营销活动，做到有新意、有亮点、有精彩。比如，广东省东莞市文化馆推出的"畅享文化莞 打卡文化馆——文化馆文旅线路"，以传统文化、视觉文化、数字体验三个主题为亮点，为广大市民提供一系列长期、固定且内容丰富的文旅体验打卡点,全力推动文化旅游资源共享。

(三)提升活动文化内涵

新时代"网红文化馆"要深挖本地文化特色和文化资源,还要通过文化内涵、生活美学、艺术特色、时尚风情与旅游功能的结合,营造出独特而持久的魅力,打造游客能够深度体验、感受文化生活的新场景。顺应当地文旅融合发展的实际要求,立足本地区丰富的文化资源,深入挖掘民族文化、历史文化、乡村文化、红色文化等优秀传统基因,促进生态旅游和生态文化的协调发展。同时,要将旅游要素和全域理念融入"网红文化馆"的建设和服务中,推动发展理念和宣传方法的创新,做好文化遗产保护和开发工作,不断挖掘文化艺术的新内涵,为群众创作出更多优秀艺术作品,从而促进公共文化服务一体化发展。

(四)抓住现代人文化需求

文化馆既体现群众性又体现开放性和多样性,文化馆既是艺术馆、收藏馆、体验馆,更是受到广大市民欢迎的好去处。面对现代生活的快节奏,让现代人越来越难从生活中找到安逸,新时代"网红文化馆"应该深度契合所有年龄层面群体的心理需求,提供精神层面的文化服务,与现代化、艺术化、时尚化的表达方式相结合,形成独有的文化基因,从而促进文化馆优化升级,带动文旅行业经济增长。事实证明,北京市朝阳区文化馆探索出一条亮点频频的"开门对接"社会服务之路,树立了以"公共文化"为核心的办馆理念,将区域内的企业职工、农民工、学生以及高端白领、外籍人士等人群的文化生活都纳入到了文化馆的服务范畴,从而有了下岗女工打鼓队、大学生戏剧节、白领话剧社等一系列针对不同群体打造出的公共文化产品。

(五)强化创新性内容品质

新时代"网红文化馆"离不开持续的创造力,只有不断推出新的内容和服务,才能持续激发游客的打卡意愿。"网红文化馆"的内容创新需要新技术的应用,通过新科技与新需求的对接,形成新服务。内容创新,需要新的创意应用,不断升级、转型,推陈出新,通过新的创意、新的理念和旅游消费需求的结合,形成市场需要的新型文化服务。新、奇、怪的"网红文化馆"往往成为大众关注的热点,具有差异性和独特性,同时给群众带来新奇的创意活动和文化体验。例如,天津市群众艺术馆举办的"快到我的画里来"沉浸式创想美术体验活动,将传统绘画艺术与电脑虚拟技术相结合,打破传统平面美术的"束缚",让孩子们的绘画作品变得更加"鲜活",通过生动活泼的创新创作形式传播中华优秀传统文化。

总之,在文化旅游融合发展的今天,"网红文化馆"的建设也是刚刚起步,并没有普及到每个城市;作为文化馆创新发展的方式之一,将为城市文化传承、旅游发展贡献出不可或缺的力量,未来前景非常可期。打造新时代"网红文化馆"首先需要依靠政府资金、设备、人才等方面的大力支持;其次,需要文化馆对于馆内空间进行升级改造,充分利用馆内各种文化资源,提供更加多元、多样的文化服务,依托文化馆新媒体平台宣传营销;同时,还需要建立粉丝社群,吸引大量群众参与和体验,依靠本地和外地的群众分享馆内资讯,为"网红文化馆"的宣传添砖加瓦。

参考文献

[1] 吴丽云 . 提升文化内涵 增强"网红打卡地"持久吸引力 [N]. 中国旅游报,2020-09-01(3).

[2] 徐静 . 文旅融合背景下的文化馆(站)创新发展 [J]. 今古文创,2021(9):116-117.

[3] 杨依晴 ."打卡热"中的青年时尚品位分析——以"打卡网红艺术展"为例 [D]. 上海:华东师范大学,2020.

文化馆项目管理推动高质量发展

——以广州市文化馆为例

赵　亮（广东省广州市文化馆）

近年来,公共文化服务高质量发展对文化馆的管理方式、制度建设提出新的要求,
2021 年 3 月三部委印发的《关于推动公共文化服务高质量发展的意见》提出要创新管理
方式和修订文化馆管理办法的要求[1],6 月文化和旅游部印发的《"十四五"公共文化服
务体系建设规划》进一步指出要"进一步完善制度建设,提升治理能力,激发创新活力"[2]。
制度建设、管理模式的创新发展对于文化馆高质量发展具有重要意义,深入探究文化馆内
部管理这一课题,是对新形势下提升内部驱动发展动力、实现文化馆提质增效的必要思
考。

1　文化馆内部管理存在的问题

如今文化馆的传统型活动和创新型活动并存,各类业务工作在继承优秀传统的同时
也在不断寻求突破,动态资源、弹性时间和多变条件给文化馆内部管理提出挑战。文化馆
在内部的工作管理方面仍存在待解决的难题,例如活动管理制度规范不健全、活动组织方
案计划性不突出、活动过程把控薄弱、工作档案材料收集意识不强、绩效指标衔接难落实
等,导致工作效率提高困难、预算绩效管理落实不到位、统筹发展现代化难以实现的困境,
亟待内部管理创新以解决问题。

1.1　活动管理规范待健全

广州市 2021 年全年举办文化惠民活动 2.6 万余场次,全市有 11 个区文化馆、176 个
街镇分馆、28 个社会力量合作分馆和服务点,平均每个单位一年举办 120 场次的活动,因
此对于提升文化馆、站的高质量发展而言,规范有序的内部管理是非常重要的。

通过分析文化馆的业务工作流程,可以发现各项工作已有约定俗成的流程,但前期启
动、中期执行、后期总结缺少明确的制度规范。活动在不同阶段受不同的制度约束,例如
三重一大、采购、合同签订、财务、档案等内控相关制度规定,却未出台关于工作整体流程
的结构化规范和制度性文件,这直接导致了每项业务工作无法得到全面的规范和监督,更
无法实现高质量的内部管理要求。在新形势下,活动管理规范需要建立健全,才能提高对
本单位的公共文化服务工作的整体把握,是提升公共文化服务效能的必要举措。

1.2 活动过程把控仍薄弱

文化馆业务工作大致包含启动、执行、结束三个环节,目前情况是对启动和结束流程把控严格,但是对活动过程的把控较为薄弱且困难。业务工作在计划中明确的每个关键活动节点及经费支出节点,难以在执行过程中体现和反馈,同时缺少规范的风险评估、风险应对的机制,特别是面对疫情防控期间复杂多变的外在条件。

对于内部管理而言,做好对活动过程的把控是提质增效的重要举措,业务工作效能并不仅体现在关键节点上,过程的高质量执行也应该被落实到位和严格规范,才能持续输出优质的公共文化服务。文化馆内部管理应该实现过程的可控性与可预见性,过程管理是提升工作质量的关键。

1.3 预算指标衔接难落实

根据文广旅事业发展经费一级项目预算,文化馆需要上报实施周期指标值与年度指标值,并对四个季度的指标值进行监控,《关于推动公共文化服务高质量发展的意见》明确提出了全面实施公共文化服务领域预算绩效管理的要求[3],但是在实际工作中预算指标与具体业务工作计划没有充分衔接,难以落实到具体的部门及项目,在内部管理上无法及时监督指标进度和实际数据。

根据 2020 年至 2021 年的项目跟踪情况,文化馆的各项业务活动目标未具体落实衔接经费预算指标,尤其是培训类活动未统一"班次""场次""场""节"等单位用法,给内部管理造成了一定困难,因此在内部管理上需进一步规范、明确业务工作的目标设计。

1.4 活动整体规划须加强

在项目管理制度实行之前,活动方案制订、活动执行情况、活动总结等工作上缺乏规范的流程与文本范式,具体人员分工不明确,导致工作具体情况难以整体把握的情况。因此,通过内部管理的实施情况反映,文化馆工作需要提高活动整体规划性,其重点不仅需要着眼于当下活动的开展,更要求对全年或更长周期的工作做好整体统筹和长远计划。

通过实行 2021 年的项目管理制度,根据全年的项目管理数据统计,广州市文化馆有 21% 的项目是属于阶段性工作,例如"2021 年广州市精品文艺惠民展演"分成三个展演阶段立项。阶段性立项的原因包括经费的阶段性下拨、疫情防控期间的防控要求、工作分工情况等,这对活动工作的整体性把握、活动衔接及沟通问题、后期的总结与资料收集等方面造成困难。

1.5 档案收集意识要加强

由于公共文化服务工作的特殊性,能存档保留的档案较少,工作人员的档案收集意识不强。广州市文化馆在实施项目管理制度以前,档案收集及移交以部门为单位,各具体业务工作档案资料的完整性、规范性难以保证。另外,有些业务工作在运行周期上存在跨年的情况,离档案移交时间较久,因此会出现资料不能及时存档、活动结束太早难以补充相关材料的现象。文化馆出台制度规范以提升业务工作的档案收集意识,对于总结反思、资料及时存档、审查检查等工作都具有重要意义,只有充足有效的档案才能真正使工作实施有据可查、未来计划有据可依。

2 项目管理对文化馆内部管理的意义

在新形势下,文化馆欲寻求发展之道,建立健全公共文化服务工作的内部管理机制是提质增速的关键举措。为了进一步落实内部管理建设,优化全馆资源配置,促进工作管理的规范化,根据有关法规文件,结合单位业务实际情况,广州市文化馆在2020年制定并开始实行项目管理制度,探索利用成熟的项目管理机制,推动公共文化服务工作的现代化发展,撬动文化馆内部管理机制改革,达到内部管理专业化、精细化、规范化的目的。

项目式管理机制因其出色的管理效能,被应用在很多领域,包括工程建设、软件研发、企业投资等等,目前在公益性领域上也在不断尝试与发展。项目管理聚焦于目标,遵循结构化的管理流程,以计划为基准,以过程控制为手段,以信息沟通为保证,最大限度地利用资源,以期实现项目目标。项目具有目标导向性、临时性和完整的生命周期,项目管理强调以项目为具体实践单元,以可预见的方式达成战略目标,从而获得持续的发展优势和事业价值[4]。文化馆的各项业务工作即可作为公共文化服务的基本单元,通过具有组织性的架构规范管理,综合统筹各个流程环节,实现过程的可控性与可预见性,从而实现内部管理的高质量建设,因此项目管理对于文化馆内部管理的提质增效具有机制性的引导与发展意义。

2.1 立足思维转变,全面加强系统化管理模式

文化馆要推动公共文化服务的工作效能,关键的是创新管理形式,这意味着需要从工作制度、内部管理入手,建立起系统化的管理模式与思维模式。项目管理是一种手段或工具,背后需要落实和沉淀的是系统管理的模式,只有运用统筹发展的理念去管理文化馆的各项业务工作,才能多线并行、内外共进。

以往的工作中,文化馆已经有不少做法、规定与项目管理的模式机制暗合,但是尚未形成一套结构化的制度规范体系。系统化的项目管理思维模式就是在贴合公共文化服务工作实际的前提下,以项目为单位,将零散有效的方式方法组织起来,注入高效的管理技术手段,提升内部管理的能力,真正做到上有统筹、下有条理,夯实文化馆提质增效的基础。

2.2 突出过程积淀,全面赋能现代化统筹发展

目前公共文化服务有不少稳定的连续开展的活动,然而在新形势下做出适应性调整,需要以横纵对比为基础的反思与调整。文化馆公共文化服务采取项目制充分利用了项目的临时性特征,适时进行阶段性的反思与调整,使每一阶段工作的经费、目标、服务情况等

具有对比的可能性,防止这类活动处于循例、稳定、没有变化的状态,进而形成长期有效的发展能力。只有做到项目的持续沉淀,做足分析研判工作,着力提升整合创新能力,才有真正意义上的持续发展,充分延长活动生命力与作用力。

3 广州市文化馆项目管理情况分析

根据实际工作情况,《广州市文化馆项目管理制度》规定"本馆以年为基本周期开展的一次性工作项目"为项目,分为预算项目和非预算项目,包括公共文化服务项目、研究课题、建设项目、部分运行项目等,日常管理工作暂不纳入。文化馆项目管理是以本馆发展规划、年度工作计划、各部门业务工作计划和亟待解决的问题为基本目标,以本馆年度预算、人力、物力等资源为基本支持,统筹考虑人才队伍建设、资源使用效率、工作成果绩效、流程基本规范等多种因素,对项目进行统一规范的管理。

3.1 项目流程管理规范

《广州市文化馆项目管理制度》实行以来对项目的每个阶段进行规范,共有五个主要阶段,即项目确定、项目启动、项目执行、项目结束和项目汇报。

表 1 广州市文化馆项目管理具体流程图

项目阶段	工作角色	工作任务
项目确定	部门负责人	每年年底提出下一年度业务工作项目计划、经费预算
	预算管理小组	会议讨论确定项目及对应预算
项目启动	项目负责人	填写项目启动方案,做好项目启动准备工作
	部门负责人	审核启动方案,提出修改意见
	馆务会议成员	审定启动方案
	项目管理员	审核启动方案修改情况,发布实施公告并进行公示
项目执行	项目组成员	按照活动、支出节点计划,执行项目各项工作任务
	财务人员	监督项目支出情况
	项目管理员	监督项目进度情况,每月汇总项目进度
项目结束	项目组成员	填写结项报告,整理并移交项目所有档案
	档案管理员	确认档案完整情况,确认移交情况
	财务人员	确认项目经费支出完成情况
	项目管理员	确认项目所有目标及工作完成情况,确认项目结项
项目汇报	项目管理员	组织策划项目汇报会
	项目负责人	汇报、展示项目的成果和改进方向
	全馆人员	参与汇报会,并学习、反思项目工作

一是项目确定阶段根据文化馆工作目标及发展规划,结合部门业务实际,每个部门提出下一年度业务工作项目计划,同时相应提出经费预算,经馆务会议讨论后确定下一年度开展的工作项目。二是项目启动是在经费预算批准后,部门确定各项目的负责人,由项目负责人按规范填写项目启动方案。经部门负责人审核、馆务会议审定后,在馆内发布项目实施公告并公示。三是项目执行过程要求项目负责人确立阶段性目标、组建工作小组、完成项目任务等具体执行工作,确保项目目标的实现。同时项目管理员根据各项目启动方案,对计划实施的各节点执行情况进行监督。四是项目结束流程要求在项目的活动实施、预算支出完成以后,项目负责人完成填写结项报告、整理纸质和电子档案材料等工作。五是项目汇报指每年举办项目汇报会,要求项目负责人对项目的实施过程、创新性及亮点、问题及改进方向等进行汇报及展示。

通过以上流程基本规范的确定,广州市文化馆的全部业务工作及部分运维工作做到有规可依,每月汇总上报全部项目的进度情况,细化过程管理,以完整而系统的规范和程序来建立内部管理秩序,完善制度建设,有效提高内部工作效率。

3.2 项目管理制度执行情况

根据《广州市文化馆项目管理制度(2020年版)》,2021年广州市文化馆对89个项目进行项目管理,其中从2020年跨年的项目有9个,新启动项目80个。

在文件规范方面,通过使用统一的启动方案和结项报告模板,严格规定填写项目对应的目标、所衔接的指标值、金额、支出节点、活动节点及结项时间等重要信息,有效促进了项目目标与预算指标的衔接,加强了对各项工作的支出及活动的关键节点进行监督,提升了重要的业务工作相关文件的规范性。

通过项目管理工作的实施,广州市文化馆收集汇总了全年公共文化服务工作的开展情况,包括经费、时间跨度、节点执行情况、项目产出等,根据基础数据做进一步分析判断,统筹融合内部各项工作,逐步提高常规项目的工作效率和经费使用效率,从内部管理的层面着手,加强业务工作的整体规范化、信息精细化、规划科学化、管理专业化,为提供符合人民群众需求的公共文化服务项目做好基础工作。

3.3 具体项目案例

广州市文化馆实行项目管理制度以来,公共文化服务工作切分为若干个独立的项目,在项目外部实现清晰明确的条块管理,在项目内部加强组织的条理性和规范性,形成内外双线并行的管理机制,辅助领导和实际负责人均能高效率高质量地做好公共文化服务工作。

项目管理机制为项目自身发展提供给内部动力,广州市文化馆的公益性培训品牌"百姓学堂"项目内容丰富,2021年共开展7个子项目,活动时间贯穿全年,惠及市民超8500人次,各子项目的面向人群及授课内容各不相同,是内部管理的一大挑战。通过项目管理机制,"百姓学堂"进一步加强流程和文件材料的规范性,厘清各子项目的支出和活动计划,根据对节点执行、实际产出等数据的分析,2022年继续扩大培训规模并新增4个子项目,例如开展教学汇报演出以融合提高项目内部的组织性,达到高质量落实推进全民艺术普及工作的要求。

公共文化服务工作的设计规划合理性也有赖于项目内部的整合分析,广州市文化馆志愿服务工作根据对2021年6个相关项目的开展情况、档案材料的分析,发现部分项目之间具有内部关联性,在具体活动中可形成互联互通的结构,因此将2022年志愿服务工作整合规划成为三个项目。

4　文化馆项目管理机制未来发展方向

文化馆项目管理运行以来,相关工作流程和制度都在不断完善和建设。未来在内部管理、发展规划、人才培养等方面,项目管理将继续强化对公共文化服务工作高质量发展的作用。

一是合并细项,整合管理。项目管理在文化馆内部管理中应不再局限于单个项目的阶段管理或部门管理,未来强化各部门协同合作的局面,科学提升各环节工作效率,高效高质地发挥公共文化服务的作用。

二是结合人才和工作考核机制,激发创新发展动力。项目管理后期开发项目评估体系,对项目的进度完成情况、档案完整情况、效能实现情况、影响力与创新性等要素进行考核,深化公共文化服务工作高质量要求,结合人才晋升和工作年度考核制度,形成内部管理的良性发展格局。

三是开发数字管理系统,突出线上管理效能。根据项目管理的发展要求,大量的节点数据需要数字系统的跟踪和汇总,关联现有线上办公系统可以提升融合内部的各项工作,减少重复文件和不必要流程,强化发挥项目管理的组织效能和系统治理效能。

面对推动公共文化服务实现高质量发展的要求,文化馆作为重要阵地需要着力深化创新管理方式,完善内部管理制度建设,项目管理机制的落地应用有利于推动形成系统化的内部管理,提升文化馆的现代化治理能力。广州市文化馆通过两年的项目管理工作探索,已形成良好的内部管理机制,有效加强了内部管理的专业化、精细化、规范化。未来将持续摸索融合发展之路,借助项目管理的系统化机制模式,推动文化馆的高质量发展。

参考文献

[1][3] 文化和旅游部,国家发展改革委,财政部.关于推动公共文化服务高质量发展的意见 [EB/OL].
[2021-03-23]. http://www.gov.cn:8080/zhengce/zhengceku/2021-03/23/content_5595153.htm.

[2] 文化和旅游部."十四五"公共文化服务体系建设规划 [EB/OL]. [2021-06-23]. http://www.gov.cn/
zhengce/zhengceku/2021-06/23/content_5620456.htm.

[4] 项目管理协会.项目管理知识体系指南 [M].4版.王勇,张斌,译.北京:电子工业出版社,2009.

政府购买文化馆服务方式路径探析

蔡文静（河北省沧州市群众艺术馆）

参与文化活动是群众生活的不可或缺的组成部分,满足人民群众日益增长的精神文化需求,是全面建成小康社会重要一环。政府通过购买文化服务的方式,充分发挥市场机制作用,把由政府提供的一部分公共文化服务事项,以及政府履职所需的服务事项,依照合规的方式和程序,选择符合标准的社会组织承担,政府根据合同约定向其支付费用。通过将文化馆服务委托给社会组织,可以延展公共文化内涵,拓宽文化服务供给渠道,提升公共文化服务社会化发展水平。

一、政府购买文化馆服务背景

公共文化服务是实现好、维护好、发展好人民群众基本文化权益的主要途径。近年来,我国公共文化服务体系建设取得了重要成就,《中华人民共和国公共文化服务保障法》正式颁布实施,优质文化产品和服务日趋丰富,服务能力和水平明显提升。同时,也应该看到,随着经济社会发展水平的提高,人民对美好生活的需要更加强烈,享有更丰富、高品位文化生活的期盼日益高涨,这使得文化需求和供给之间的结构性矛盾更加突出,虽然"缺不缺、够不够"问题总体上得到解决,但"好不好、精不精"问题越来越凸显,高水平、高品质的公共文化供给相对还比较缺乏。在新发展阶段,通过政府购买文化馆服务提升公共文化服务水平,为人民群众提供更高质量、更有效率、更加公平、更可持续的公共文化服务,是摆在我们面前的重要任务。

2018年8月21日,习近平总书记在全国宣传思想工作会议上指出,要以高质量文化供给增强人们的文化获得感、幸福感。2020年9月22日,习近平总书记在教育文化卫生体育领域专家代表座谈会上强调,要着力提升公共文化服务水平,让人民享有更加充实、更为丰富、更高质量的精神文化生活。2021年3月8日,文化和旅游部、发展改革委、财政部印发《关于推动公共文化服务高质量发展的意见》(文旅公共发〔2021〕21号)提出,"各级公共图书馆、文化馆(站)可发挥平台作用,通过与社会力量合作、公益众筹等方式,面向不同文化社群,开展形式多样的个性化差异化服务""可根据实际,通过政府委托运营整体场馆或部分项目的形式,引入符合条件的企业和社会组织,提高运营效率和服务水平",这一文件的出台,为进一步强化社会参与,加大政府购买公共文化服务力度,促进公共文化服务提质增效提供了依据参考。

二、政府购买文化馆服务的意义和价值

（一）突破文化馆本身的限制

1. 突破文化馆场地空间的限制

各地文化馆开展的公益培训,往往出现报名点排起长龙,一课难求的现象。一方面显示出群众参与公益课程热情十分高涨,另一方面也体现出文化服务供给与需求不匹配。探究其原因,文化馆自身教室数量、场地空间是重要限制因素,除了开展公益课外,还需满足日常队伍活动的需求,致使上课位置比较紧张,部分有意愿参与培训的人员无法获得名额。政府向社会购买文化馆服务,将一部分的培训任务交予社会组织完成,能有效解决场地受限问题。

2. 突破文化馆师资力量的限制

基层文化馆由于编制较少,往往存在专业比较单一的情况,如果仅依靠本单位人员开展培训活动,受众范围受到极大限制。例如黔东南州基层文化馆缺乏美术、书法、创作、理论等领域专业人员,该州施秉县文化馆 3 名业务人员都是舞蹈专业,对外开展声乐、美术、戏曲等培训活动只能借助政府购买文化服务[1]。例如柳州市群众艺术馆,2016 年能够承担起培训工作人员只有 10 人,而全馆的声乐老师只有一人,但是同时进行的共有 4 个成人声乐班(240 人),声乐老师除了完成备课,授课外,还要完成本职任务,工作负荷较大。不同年龄段的市民培训项目也存在较大区别,中老年群体倾向参与舞蹈和声乐培训,而年轻群体更倾向参与古筝、吉他、瑜伽等培训,仅依靠单位内部专业老师覆盖全部受众需求,开展多种类的培训活动就变得愈加困难。政府向社会购买文化馆服务,在各地文化馆人员编制有限的情况下,有利于解决授课老师专业失衡问题,为公共文化服务提供了更多的载体。

3. 突破文化馆地域的限制

我国市域、县域面积普遍较大,不同区域群众对文化的需要存在不同,仅靠文化馆的力量很难满足不同区域群众的差异化诉求。政府按照市、县、乡行政层级,推行分级采购,分级配送,例如在县域寻找相关的社会机构承接演出培训活动,比市级馆更加了解本土群众文化需求,可以更高效地利用资源,促进构建多层次、多维度公共文化服务供给文化系统,为公众供应更个性化、精细化的公共文化。

（二）购买文化服务节省资金、效率高

购买文化服务,充分发挥市场配置资源的基础性作用,使政府部门由"养人"变成"养事"。对于各类开发区、高新区,为尽快提供高质量的文化,购买文化馆服务无疑是速度最快的方式。以无锡新区为例,无锡新区难以设立配套的文化事业机构包揽文化馆的建设、运行和服务工作,公共文化服务无法匹配经济发展。为尽快满足人民群众的需求,政府选择购买文化馆服务的方式,三年时间完成了从零至提供高质量的文化服务的转变,实

现了质的飞跃。苏南地区同样规模、标准、职能"两馆"（文化馆和图书馆）的横向比较，政府财政全年划拨运营经费在1500万—2000万，新区"两馆"（文化馆和图书馆）全年承包经费仅花费750万左右[2]。购买文化馆服务有利于减轻政府管理压力、减轻财政负担，也有利于提高服务效率。

三、政府购买文化馆服务中存在的问题

（一）可供选择的企业数量少，服务水平较低

文化馆职能包括辅导活动团队、培训文化骨干、承办活动、打造文化精品等，对于工作人员的专业能力要求较高。当前，部分企业和社会组织内部治理结构不健全、管理运行不规范，实力较差，不足以承接政府购买服务；部分企业和社会组织只能提供单一性的服务，难以提供定制化、个性化、差异化服务，竞争力不强，例如举办演出和提供培训，较为成熟的可以为群众提供一揽子公共文化服务的文化企业数量较少。

由于文化馆已经基本形成较为完整的组织架构和服务体系，从省至乡镇，本地都有已经建成且正在运营的文化馆、文化站，本地文化馆仍是全方位文化服务的主要提供者。购买文化馆服务起步时间较晚，而借鉴经验、成功案例相对较少，只能摸着石头过河，而本地企业成长壮大需要大量资金支持以及时间辅导培训、追踪管理，间接提高时间成本，政府更倾向于选择本地功能较为完备的文化馆承担文化服务，对文化企业、社会文化组织的发展支持力度不足。

（二）购买服务资金不足，缺口较大

文化和旅游部关于印发的《"十四五"文化产业发展规划》的通知（文旅产业发〔2021〕42号）中指出2015年至2019年，全国文化及相关产业增加值从2.7万亿元增长到超过4.4万亿元，年均增速接近13%，2000-2018年，河北公共文化投入人均值由16.14元增至152.79元，但是目前各级政府制定的文化扶持政策和提供的扶持资金都倾向于投入文化产业中的动漫、游戏、影视、新媒体等领域，对于公共文化服务产业化则缺乏资金支持。

（三）购买服务程序不规范

当前国家、省、市发布的政府购买公共服务政策，仍是指引性方针，缺乏针对性和操作性。多地在实施购买文化服务时，由于制度建设不完善，不能形成完整的购买服务、考核评价制度体系，往往采取出现问题，再出台规章制度弥补漏洞的办法，缺乏预见性。事后考核机制仍缺乏规范性，例如演出效果的评价方面，较难设计量化、合理的指标，衡量具有一定的主观性，容易造成演出流于形式，不能满足群众文化需求的问题发生。

四、政府购买文化馆服务措施

（一）培育本地综合性文化社会组织

对本地社会团体、文化培训机构、文化协会企业全面普查，实地调查，建档立册，摸清文艺团体的人员数量、人员专业、设备持有种类数量、团体社会影响力等硬件、软件实力，建立社会组织数据库，为购买公共文化服务提供有针对性的数据支撑。

推行社会组织分类管理。根据组织本身的性质、规模、服务水平建立个性化管理方案，引导具有一定的文化专业能力，发展较为完备的组织，配合参与大型文化活动演出等积累经验；引导小微文化企业充实自身力量，扩大企业规模，达到提供服务门槛的社会组织。举办政府向社会力量购买公共文化服务培训班，增强对社会组织的引导培训，培育合格的承接主体。例如2018年，沧州市举办了政府向社会力量购买公共文化服务培训班，面向文化企业、文化类社会组织等开展政府购买公共文化服务工作辅导，与潜在的承接主体实现面对面交流。

（二）完善购买服务资金来源保障

创新财政投入形式。以发展较为成熟的购买图书馆公共服务为例，地方财政根据经济情况给予多种方式财政支持方式，第一种政府直接提供给承接主体购买项目资金，由承揽方提供运营、服务，例如悠贝亲子图书馆承接亲子阅读服务；第二种给予资金减免，例如免除房租，提供宿舍；第三种专项补助，例如第二书房承接宣阳驿站，提供会员办卡补贴、图书采购补贴[3]。充分发挥财政资金撬动作用，通过社会捐赠、群众自筹等多种渠道，完善文化服务资金来源，确保资金充裕。

将购买公共文化服务资金与社会组织评定结合，明确保障方式，保障金额。制定符合本地特点的购买文化馆服务指导性目录或具体购买目录，明确承接主体资质条件，对伪造资质，虚构资质或者夸大服务水平的社会组织记入诚信档案中，采取削减财政补贴或取消投标资格方式予以警示。

（三）出台制度，梳理购买流程

1.打造规章制度样本

购买文化馆服务属于创新区域，政府前期的引领就会起到极为关键的作用。政府应率先打造规章制度样本，针对企业如何管理政府补助资金、如何合规开展活动，提供可以依据的制度，减轻社会组织运营压力。例如重庆市潼县推动政府向社会力量购买公共文化演出服务进乡村工作，建立完善了《民间文艺团体标准》《演出要求》《培训计划》《专项资金管理办法》等资金管理办法，又推出了《演出活动应急预案》、《突发公共事件处置预案》、《演出团体人员意外伤害保险管理要求》等活动管理办法[4]。一方面提升社会服务单位资金管理水平，增强内部控制，保障资金合法合规使用，防控资金使用风险；另一方面为安全保驾护航,维持服务活动平稳进行。

2. 完善购买制度

严格按照《中华人民共和国政府采购法》和《河北省人民政府办公厅关于印发河北省政府采购管理办法的通知》(冀政办〔2012〕7号)等政府采购有关法规和基本规程购买公共文化服务,将购买计划和采购方案向社会公开。在购买服务时,提出明确清晰的服务标准。以沧州市文化广电和旅游局为例,2021年政府购买市级杂技惠民演出,要求每场次演出节目数量为6到10个,演出时长为40分钟到70分钟,要求演职人员不少于20人,每场演出固定演职人员不得少于10人;市级梆子团惠民演出每场次演出为一出大戏(大戏时间为120—150分钟)或两出折子戏(每出折子戏时间为45—60分钟)。要求剧团演职人员不少于50人,每场演出固定演职人员不得少于30人。购买服务对节目的数量、时长、演职人数明确具体,可以规范演出活动,便于文化组织对标自身实力,更好达到公共服务要求。

3. 建立完善的事后追踪考核制度

通过建立考核模型,对参与人次、开展活动频率、覆盖率,活动影响力进行追踪,为选择合适的社会组织活动承接后续活动提供参考。定期考核社会组织,引入多部门多维度对服务内容和质量进行监督,委托会计师事务所进行年度资金审计、专项资金审计,保证资金使用合规性;文化部门依照职权将其纳入执法监管体系,进行日常监管;邀请市民填写调查问卷,获取满意度数据,最终形成对社会组织的年度评估报告。考核结果向社会公示,接受社会监督,实行末位淘汰制,激发市场活力。

参考文献

[1] 陆吉星. 基层文化馆人才队伍建设的现状、问题及对策[J]. 电影评介,2013(6):100-105.

[2] 孙军. 无锡新区公共文化服务社会化实践分析[J]. 文化艺术研究,2014(4):10-15.

[3] 刘晓婷,赵胜,赵宇鹏,等. 政府购买图书馆公共服务模式研究[J]. 图书情报工作,2016(8):53-58.

[4] 鲍庆,周南定. 政府购买公共文化演出服务初探——以重庆市潼南县为例[J]. 重庆行政,2015(2):35-36.

共富视野下公共文化服务资源优化配置研究

——以浙江嵊州市为例

姚华江　　金才汉（浙江省嵊州市文化馆）

公共文化服务资源优化配置是打造新时代文化高地的重要措施,也是助推公共文化高质量发展的内生动力,对创建共同富裕示范区将起到助推作用。近年来,尽管省内外不少专家学者开始研究公共文化服务资源配置问题,但目前还处于理论探索阶段。本文试图通过对公共文化服务资源优化配置基本内涵及现实诉求的界定和分析,针对嵊州市公共文化服务资源配置过程中存在的体制性障碍,提出带有政策性、指导性、引领性的对策建议,以期为研究公共文化服务资源优化配置提供参考。

一、公共文化服务资源配置的基本内涵与现实诉求

所谓资源配置就是在一定的社会发展阶段中,通过各种方式把有限的资源在不同主体、用途、领域内予以排列组合,以获取资源的最佳效益。而公共文化服务资源是人民群众参与文化活动所产生的各种资源的总称,包括有形的资源和无形的资源。有形的资源包括财力资源、物力资源和人力资源,无形的资源包括信息资源、品牌资源和人文资源。公共文化资源的配置其目的在于使有限的资源尽可能地提供喜闻乐见、雅俗共享的文化产品和服务,其效果更多地体现在资源配置的效率上。

研究资源的配置问题,应重点关注四个要素:即资源配置对象、配置主体、配置手段和配置规范。资源配置对象,即资源自身具有的物质基础,可分为财力资源、物力资源和人才资源;资源配置主体,是国家政府机关、人民团体和公共文化机构。主要是通过法律法规和政策来宏观调控公共文化领域,按政府年度计划平衡人民群众的文化需求,决定各微观文化单位及社会文艺团体的文化产品和服务;资源配置手段,即资源配置方式,就是运用何种手段、形式配置资源更为有效;资源配置规范,就是资源配置要符合法律法规和各项文化政策,是资源合理配置的重要因素。研究资源配置的意义在于指导公共文化实践活动,使有限的公共文化服务资源发挥更大的社会效益。

（一）城乡一体化需要公共文化服务资源进行结构优化与再配置

统筹城乡发展是促进公共文化服务资源优化配置的客观条件,乡村振兴将促进优化配置财力资源、物力资源和人力资源。目前嵊州市公共文化服务资源在市区各街道较为

丰富,而偏远山区资源相对短缺。城乡一体化不仅能缩短公共服务资源的需求差距,促进城乡文化协同发展,而且对公共文化服务资源在城乡之间的结构优化和合理调整提出挑战。

(二)需求品质化要求公共文化服务资源配置更加精准合理

随着我国全面建成小康社会,城乡公共文化服务体系不断完善,全社会呈现多样化和品质化的发展趋势。需求品质化是建立在满足群众基本文化需求基础上的,是部分群体对文化产品和服务质量有更高要求的体现,是广大老百姓精神文化生活质量的整体提升。在此形势下,公共文化服务要创新资源配置模式,提高服务质量,完善群众反馈机制,向城乡各阶层群体提供智能化、时尚化、个性化的公共文化服务,不断满足广大人民群众对美好生活的向往与追求。

(三)服务社会化需要公共文化服务资源与相关要素协同推进

社会力量是优化配置公共文化服务资源的必要补充,是弥补公共文化建设投资不足的有效补充。在现代公共文化服务体系建设中,应培育和规范文化类社会组织,扶持文化类基金会、民办非企业单位的协同发展,促进人才、资金、管理等相关要素共同优化配置公共文化服务资源,拓宽政府兴办公共文化服务的范围与途径。

二、公共文化服务资源配置存在的问题

尽管嵊州市公共文化服务全面提升,市、乡镇(街道)、村(社区)等公共文化设施大为改善,顺利通过了省公共文化服务"十百千"工程验收,但城乡公共文化服务资源配置还面临亟待优化的问题。

(一)城乡公共文化设施布局待优化

由于地域、经济和文化发展的差异,城乡公共文化服务建设的差距依然不小。公共文化设施空间布局不均等体现在市区公共文化场馆条件往往优于中心镇、二类乡镇又优于山区乡村,特别是边远乡村因其居住分散、常住人口少、经济欠发达,文化设施更显落后、陈旧。嵊州市以乡镇(街道)综合文化站为例,从浙江省第七次乡镇综合文化站评估定级看,特级和一级站主要集中在五大中心镇和四个街道占60%,二三级文化站主要集中在山区乡镇占40%。因此,公共文化设施分布在五大中心镇和四个街道较为密集,且配套齐全,而边缘山区相对比较分散,总体呈现出从中心城区向边缘山区过渡的趋势。

(二)公共文化投入呈现结构性失衡

县乡两级财政投入是促进公共文化服务高质量发展的财力保障,但目前嵊州市城乡公共文化服务投入还存在供给主体较为单一、经费投入不足、城乡差距大等问题,主要表

现在:一是乡镇(街道)之间文化事业费投入结构性失衡。以 2021 年 15 个乡镇(街道)为例,公共文化事业费列支较多的乡镇(街道)是甘霖镇(41 万元)、三江街道(39 万元),列支一般的乡镇(街道)是谷来镇(30 万元)、剡湖街道(29 万元),列支较少的乡镇(街道)是石璜镇(16 万元)、下王镇(16 万元)。由此可见,嵊州各乡镇(街道)的年度公共文化事业费投入差距大、非均等化程度高。二是嵊州市各乡镇(街道)在年度人均文化活动经费占比呈现不平衡性,2021 年谷来镇人均为 12.4 元,而剡湖街道人均只有 3.4 元。三是市级公共文化财政投入在基本内容上也存在结构性失衡的问题。市本级文化馆、图书馆、博物馆等单位的事业费增速缓慢,公共文化设施建设、公共文化设施免费开放、保障特殊群体公共文化权益、人才队伍建设、数字化建设等投入比重则更低。综上所述,城乡基本公共文化服务财政投入结构性失衡问题较为突出。

(三)公共文化服务资源管理分散化

公共文化服务资源配置由政府各主管部门负责,职能交叉,多头管理,条块分割,资金投入分散,这种分散化的条块管理方式,不利于统一管理与监督。在公共文化服务领域,全市教育、科技、工会、共青团、文联等部门都拥有公共文化设施,但是大多各自为政,使原本就极为有限的公共文化资源被人为浪费与闲置。

(四)公共文化服务专业技术人才不足

嵊州市公共文化事业单位的专业人才配置在结构、质量、数量、能力等方面未能达到标准化的制度设计要求,在人才管理、培养、使用、引进等方面有待进一步加强和改善,公共文化单位普遍存在专业结构不合理,人员配备不足,专业水平低下的问题,人才资源难以优化配置和合理利用,影响公共文化服务的质量。

从我市文化馆的情况看,在编人员不足核定编制数 65%,由于人员缺岗,必须身兼数职,难以高质量开展群众文化工作,舞好全市公共文化服务的龙头。

三、优化配置公共文化服务资源的政策建议

创新公共文化服务资源配置方式,涉及配置主体、配置对象、配置方式等各个环节,必须以创建共同富裕示范区为契机,以满足人民群众多样化品质化需求为目的,按照常住人口规模和服务半径合理布局公共文化服务资源,全力提升资源优化配置的能级和效益。

(一)构建公共文化服务资源优化配置大格局

以用足用好用活各种公共文化资源为目标,创新公共文化服务资源配置的多种模式,树立公共文化服务体系全市"一盘棋"的整体性政府理念,整合现有政府主管部门的资源和职能,建立城乡一体的公共文化服务资源优化配置大格局。在推进公共文化资源"合并同类项"时,建议成立嵊州市公共文化服务高质量发展协调领导小组,设立工作专班,

定期研究解决公共文化服务过程中各自为政、分散作战、单打独斗的积累性矛盾和问题，力争公共文化服务资源配置的最优化。要根据不同部门资源优势和职能分工，在统一领导、分工协作的前提下，在事关各类创建、节会活动、重大赛事、文化下乡等方面实现有机整合，共建共有，努力实现城乡文化惠民工程建设协同化、资源配置最优化、供需对接集约化的目标。

（二）加快城乡公共文化设施均等化发展

强化城乡统筹，打破条块壁垒，根据《嵊州市文化和旅游发展"十四五"规划》，按照城乡人口分布现状，统一规划、建设、使用城乡公共文化设施，加快突破文化发展不平衡不充分问题。一是促进城乡公共文化设施均等。加大对乡镇（街道）、村（社区）公共文化空间的拓展和提升，借助社会力量拓展文化展示展演新空间。选择具备条件的民间博物馆、工作室、咖啡厅、茶室等空间开展公益性展示活动，比如书画、摄影、雕塑等视觉艺术作品展示；选择具备条件的广场、公园、街角、小区物业场馆、购物广场等空间进行公益性演出活动。二是推动公共文化服务区域均等。发挥五大集镇和四个街道自身优势，量力先行，积极打造亮点和品牌，其他乡镇坚持问题导向，补长短板，鼓励有条件的乡镇建设集镇书屋，推进建设城市阅读一卡通；三是保障公共文化服务人群均等。坚持公共文化资源向老年人、未成年人、残疾人和流动人口等特殊群体倾斜，完善公共文化空间的无障碍设施，为特殊群体提供相应的专项文化产品和服务，保障特殊群体的基本文化权益。

城乡公共文化服务资源指标一览表

各项指标	单位	2020 年	2025 年	属性
每万人拥有公共文化设施建设面积	平方米	3785.7	4350	预期
平均每万人拥有公共图书馆建筑面积	平方米	42.7	55.2	预期
人均拥有公共图书馆藏量	册	0.83	0.90	预期
图书馆流通量	人次	186273	1000000	预期
人均观看艺术表演、文博展次数	次	0.0009	0.0016	预期
博物馆参观总人数	千人次	40	300	预期
非遗展览展示场所（馆）	个	25	30	预期
非遗展览展示场所（馆）覆盖率	%	53	100	约束

注：数据来源于《嵊州市文化和旅游发展"十四五"规划》。

（三）统筹配置城乡公共文化服务财力资源

以创新公共财政投入方式为目标，提高公共财政资金的公益性、服务性和绩效性。一方面，要合理调整县乡两级文化事业费财政支出结构。逐步扭转公共财政增长偏向以大型文化空间建设和文化惠民项目为重点的公共文化配置模式，建立以乡镇（街道）基础设施为主导、兼顾转移支付项目的公共财政模式,结合实际情况不断丰富、完善政府采购为重点的公共文化服务指导性目录,建立健全稳定的财政投入增长机制。另一方面,要树立"资源整合,合作共享,统筹经营"的服务理念,按资金来源渠道,通盘考虑村镇建设、农业科技、文物保护、文化旅游、宣传统战、群团组织等政府各部门财政性建设补助资金,互相配合,形成合力,集中用于开展公共文化服务活动。

(四)强化公共文化服务人力资源机制建设

建立公共文化领域专业人才的引进、培养、使用和激励的机制,合力打造一支以专家型人才为引领、复合型人才为中坚、服务型人才为基础的高素质专业化人才队伍。一要加大人才引进力度,建议出台符合新形势需求的人才新政,创新直接引进、柔性引进等多种方式,探索引进"群星奖""山花奖""牡丹奖""金钟奖""荷花奖"等高层次文化人才和具有发展潜力的优秀青年人才,积极引进活动策划、文艺创编、信息技术等方面的专业人才,激发本土人才建设活力。二要通过定期组织开展"文耕艺作"系列培训,提升文艺团体及文艺骨干的艺术水平,通过"请进来、走出去"等方式加强公共文化专业人才培养,打造一批在省内外有一定知名度的"名家""名师""名匠"等。三要建立嵊州市公共文化专家人才库,组建由本土专家、外聘专家等组成的公共文化理论研究、文艺创作和表演队伍。紧紧抓住公共文化优秀人才引进、培养、举荐、配置四个关键环节,积极创设一体化人才培养平台,大力推荐优秀人才参加各级各类的文化艺术展演展示及比赛活动,推动人才在竞争中成长、在竞争中成才,争取到 2025 年,努力引进或培育相关研究人才 5 名以上、演艺人才 50 人以上、管理经营人才 100 人以上。

(五)加快建设公共文化智能服务系统

积极探索"互联网+"文化服务方式,建设数字文化馆、数字图书馆、数字博物馆等智慧数字文化建设项目,比如线上公益艺术课堂、空中剧场、云上视觉艺术博览,建设基于宽带、移动、广播电视于一体的一站式数字文化服务平台,比如打造嵊州市"一刻'嵊'享"公共文化服务平台,提升公共文化传播能力,构建公共数字文化服务体系。公共文化场所要配置资讯查询、资源共享、需求反馈等文化服务功能的免费上网服务。推进公共文化资源大数据平台建设,将本市内所有的文化馆、图书馆、博物馆、纪念馆、展览馆、文化站、文化礼堂等各类文化资源统一进行数字化处理,作为文化产品与服务创新的资料库,率先实现线上线下、不同层级之间公共文化服务资源的共融共享。

总之,优化既符合群众文化自身特点又适应公共文化服务的资源配置,事关"十四五"规划预期目标的实现,涉及城乡各领域、各方面利益调整,需要以更大的勇气和智慧整合各级各部门力量,深化供给侧结构性改革,补齐文化发展短板和弱项,切实解决文化供需不平衡不充分问题,全力助推嵊州打造共同富裕示范区县域样板。

重庆市文化馆服务均等化现状及推进策略

朱志玲（重庆市群众艺术馆）

党的十九届六中全会通过的《中共中央关于党的百年奋斗重大成就和历史经验的决议》中，提出"坚持人民至上"，强调"坚持发展为人民、发展依靠人民、发展成果由人民共享"。这是国家以人为本、关注文化民生、构建和谐社会，坚持文化发展为人民，全面推进公共文化服务体系向高质量发展所迈出的坚实步伐，也是为满足人民群众对美好生活新期待的重要举措。文化馆（站）作为群众文化的主阵地、主力军，普惠性、公益性是文化馆服务广大人民群众的重要职能。如何在新时代实践中贯彻落实好，并不断丰富和发展"人民至上"的发展理念，着力推动群众文化高质量发展，让人民群众共享发展成果，推动公共文化服务体系向更广空间和更深层次发展，缩小城乡之间、区域之间公共文化服务的差距，推动公共文化服务均等化，提升公共文化服务质量，是新时代群文工作者需要不断在实践和理论上进行探索思考的新课题。

一、文化馆服务均等化的现状分析

党的十九大提出"到 2035 年实现基本公共服务均等化"。《关于推动公共文化服务高质量发展的意见》（以下简称《意见》）提出：推动公共文化服务高质量发展，是让人民享有更加充实、更为丰富、更高质量的精神文化生活，保障人民群众基本文化权益，满足对美好生活新期待的必然要求。深化均衡发展是公共文化服务高质量发展的基础条件。高质量发展首先要体现在公共文化服务普遍均等、惠及全民的水平提升上。"十四五"期间，提升公共文化服务水平的首要任务，是推进城乡公共文化服务一体建设，本质上就是弥补城乡发展不均衡的短板，实现更高水平的公共文化服务城乡均等化、普惠化。

为落实《意见》精神，我们对重庆市 39 个区县文化馆馆舍面积、服务人口、财政投入、人均财政投入、人才队伍及工作开展做了深入调研，下表即是重庆市各区县的均等化现状。

表 1　重庆市区县文化馆馆舍面积、财政投入、人才队伍调查表（2019 年）

区域		馆舍面积 / 平方米	服务人口 / 万	财政拨款 / 万	人均财政 投入 / 元	人才队伍		
						在编人 员 / 人	专业技术 人员 / 人	中级（含）以上 职称人数 / 人
主城片区	渝中区	8161.45	66.2	1178.18	17.8	32	28	20
	大渡口区	5562.91	36.2	200	5.52	30	28	17
	江北区	10327	90.28	924.6	10.24	16	14	10
	沙坪坝区	9000	116.5	2516.62	21.6	59	51	31
	九龙坡区	10085	123.3	839.34	6.81	18	16	12
	南岸区	4759+4369	92.8	516.19	5.56	17	15	9
	北碚区	7952	81	2003	24.73	40	36	22
	渝北区	8223.09	168.35	1578.2	9.37	16	14	9
	巴南区	7448.34	109.12	906.9	8.31	16	15	9
渝西片区	涪陵区	6579.5	114.83	1562.38	13.61	45	41	30
	长寿区	7432	86.2	624.21	7.24	15	14	10
	江津区	6898	139.8	489.74	3.5	19	17	11
	合川区	6630	143.18	451.55	3.15	12	12	8
	永川区	8817	114	838.14	7.35	15	13	8
	南川区	22210	68.65	469.79	6.84	17	15	9
	綦江区	5202.28	83	492.89	5.94	13	10	7
	大足区	12448	78.9	413.4	5.24	14	12	8
	璧山区	8760	75.5	478	6.33	16	15	9
	铜梁区	6069.11	72.62	794.72	10.94	15	15	9
	潼南区	7076.95	72.59	473.11	6.52	25	22	14
	荣昌区	6148.83	72.03	427.99	5.94	11	10	8
	万盛区	8691	27.89	425	15.24	13	12	8
渝东北片区	万州区	5777.54	165.1	2113.01	12.81	30	26	20
	开州区	6455	118.15	788.5	6.67	38	33	20
	梁平区	7845.73+7500	65.8	588.08	8.94	12	11	7
	城口县	3633.8	18.55	110.17	5.94	9	7	5
	丰都县	5661.96	59.27	661	11.15	12	11	8
	垫江县	5879.65	72	292.88	4.07	14	12	8
	忠县	6060	75.39	389	5.16	15	13	9

续表

区域		馆舍面积 / 平方米	服务人口 / 万	财政拨款 / 万	人均财政 投入 / 元	人才队伍		
						在编人 员 / 人	专业技术 人员 / 人	中级（含）以上 职称人数 / 人
渝东北片区	云阳县	6021	92.66	430.38	4.64	13	12	6
	奉节县	6100	73.98	1009.97	13.65	16	14	11
	巫山县	6667	44.53	455.77	10.24	14	12	7
	巫溪县	6745.24	38.49	145.98	3.79	8	7	6
渝东南片区	黔江区	4670	48.59	136	2.8	13	13	6
	武隆区	5777	35.52	747	21.03	11	10	6
	石柱县	5892.09	37.9	495.51	13.07	14	12	9
	秀山县	8338.25	48.69	436	8.95	16	15	9
	酉阳县	6529	54.65	495.51	9.07	18	16	9
	彭水县	10520	70.15	388.42	5.54	15	14	8

注：南岸区图书馆及梁平区图书馆有两处馆舍。

（一）馆舍面积方面

从数据可以看出，重庆市 39 个区县文化馆馆舍面积上万平方米的有江北、九龙坡、南川、大足、梁平、彭水，其中面积最大的是南川区文化馆，为 22210 平方米，39 个区县文化馆馆舍面积低于 5000 平方米的有黔江、城口，面积最小的是城口县文化馆，为 3633.65 平方米。由此可以看出，近年来重庆市区县文化馆，在国家文化政策的推动下，在各级政府的高度重视下，文化馆的基础设施建设有了可喜的发展，壁山、巴南等文化馆新馆是当地的综合文化活动中心，也是当地文化的地标性建筑，功能设施完善，美观、大气，有的文化馆新馆正在筹建中，如南岸区文化馆新馆有待在明年竣工，有的文化馆对馆舍进行了全面的提档升级，功能更合理、布局更美观、文化内涵更丰富，活动开展有声有色。在调研中也发现，有的区县文化馆办馆条件十分有限，有的馆址偏远、面积窄小、破旧，群众来去不便，公共文化服务质量相对堪忧。文化馆场馆是开展群众文化活动的重要阵地。公共文化的设施标准，体现了市民精神文化生活的质量，检验着城市文化生活的品质。如此参差不齐的场馆面积，在一定程度上反映了文化馆服务均等化的差距和服务效能。

（二）财政拨款方面

财政拨款是调节公共文化供给的重要杠杆，也是推动公共文化建设不断发展的有力引擎。从数据可以看出，重庆市各区县文化馆财政拨款差异大的情况尤其突出，这是造成重庆市公共文化发展不均衡的重要原因之一。从调研数据可以看出：主城区财政拨款相对较高,渝西片区、渝东南片区、渝东北片区相对较低。2019 年年财政拨款上千万的有渝中区、沙坪坝区、北碚区、渝北区、涪陵区、万州区文化馆,其中最多的是沙坪坝区文化馆,为 2516.62 万,人均财政投入相对较高的是沙坪坝、北碚、武隆(服务人口相对较少),都在 20 元以上,最高的是北碚,为 24.73 元,年财政拨款在 200 万及以下的有大渡口区、城口县、巫溪县、黔江区文化馆,最少的是城口县文化馆,为 110.17 万,和最多的相差 20 倍左右。人均财政投入最少的是黔江区文化馆,为 2.8 元,与最多的也相差 10 倍左右。相对来说,主城片区略好于渝西、渝东北、渝东南片区。但就主城片区而言,差距也相当大,沙坪坝区为 2516.62 万,北碚区为 2003 万,大渡口区仅 200 万,南岸区也只有 516.19 万。渝东北片区差距也很大,最高的万州区为 2113.01 万,奉节县为 1009.97 万,而巫溪县仅 145.98 万,城口县仅 110.17 万,差距好几倍。人均财政投入北碚为 24.73 元、沙坪坝为 21.6 元,大渡口区为 5.52 元、南岸区为 5.56 元,差距也是好几倍。财政拨款在重庆市区县文化馆之间存在相当大的差距,严重影响公共文化均衡性发展和文化服务均等化的推行。

(三)人才队伍方面

人才队伍是文化馆开展各类文化活动的重要抓手。从调研数据可以看出,近几年很多文化馆重视人才队伍建设,大力提高专业技术人员占比。但也存在编制过少情况,沙坪坝区的在编人员 59 人,专技人员 51 人,服务人口 116.5 万,北碚区的在编人员为 40 人,专技人员为 36 人,服务人口 81 万,而九龙坡区的在编人员仅 18 人,专技人员 16 人,服务人口却有 123.3 万,沙坪坝、北碚和九龙坡同属主城片区,人员结构的差异却如此之大。而最少的巫溪县的在编人员只有 8 人,人员较少的文化馆专技人员不但是一人多岗,还承担了大量的行政工作,各种检查、资料的准备让他们苦不堪言,常有工作倦怠感,同时存在年龄结构、性别结构、学历结构、职称结构不合理的现象,导致文化馆人员业务水平不高、服务质量偏低,严重影响到群众文化活动的开展以及活动的质量,难以为公共文化服务均等化提供有力支撑。

(四)服务项目不够全面

调研还发现:很多文化馆在服务特殊群体方面,重视程度不够。不能从特殊群体的特殊性和文化需求出发,设置的项目内容单一,形式单调,文化服务的均等化存在较大问题。

整体看,近年来,重庆市各区县文化馆在国家文化政策的推动下,公共文化服务的标准化、均等化水平得到提升,人民群众参与公共文化活动的热情高涨,参与公共文化服务,享有公共文化福利,拥有文化获得感成为人民群众追求新时代美好生活的重要内容。然而,在调研中发现,重庆市各区县文化馆在发展过程中还存在着城乡之间、区域之间发展的不平衡,服务质量以及服务能力还存在着很大差异,有的文化馆各项工作全国领先,有的文化馆工作开展举步维艰,这与地方政府的重视程度和财政状况密切相关。

二、推进文化馆服务均等化的策略

《意见》中部署了深化公共文化服务标准化促进城乡均衡发展的重点任务。文化馆要以此为引领,针对文化馆服务的现实差距,可从以下几方面切实推进文化馆服务均等化。

(一)建设具有现代化特征的文化馆,促进服务均等化

文化馆要从群众的角度出发,积极争取当地政府的高度重视,加大人力物力的政策支持和财力保障,加强基础设施建设,实施内外改造整体提升工程,打造集辅导、培训、展示、文娱等服务功能为一体的公共文化活动场所,设置免费开放的培训教室,设置健身房、摄影棚、录音室等多功能室。大力创设具有本土文化特色魅力的文化馆,吸引更多群众走进来。同时要不断提升数字文化馆建设水平,通过微信公众号与重庆公共文化云平台,全年发布各类活动咨询、工作信息、艺术赏析、直播点播、视频音频资料,立体展示各项重要活动的全貌,让老百姓"足不出户即可享受文化大餐"的数字化体验。建立数字化文化服务的平台,推动文化资源整合,促进文化馆朝着数字化、信息化、网络化、品牌化的方向发展,使数字文化惠民活动成为群众追求美好生活的文化纽带,将文化馆打造成一个高标准、有特色、主题鲜明的文化馆,形成需求导向机制,构建健康、高效、充满活力的公共文化服务生态系统,满足不同群众的文化需求,使不同群众拥有不同的文化体验,

(二)提升服务效能,增强乡村文化服务能力

城乡公共文化服务不均衡的问题依然是当下的突出矛盾和短板。调研中发现:重庆市各区县文化馆服务内容品质不均衡、经费投入不均衡和专业人才配置不均衡现象十分严重。与城市丰富多彩的优质公共文化服务供给相比,乡镇公共文化服务内容和形式陈旧单一、供给粗放。全市各区县文化馆要充分发挥在乡镇设立的文化馆分馆的作用,通过轮流制服务,下沉到基层,实现物尽其用、人尽其才,真正打通公共文化服务的"最后一公里",有效弥补乡镇文化服务供给不足的问题,为公共文化服务均等化的实现助力。

(三)让不同社会群体能够享受均等文化服务

《"十四五"公共文化服务体系建设规划》提出:加大特殊群体公共文化保障力度,满足特殊群体精神文化生活,推进基本公共文化服务均等化。文化馆应从公平正义的价值立场出发,着重保障不同区域、不同民族、不同年龄、不同人群享受文化服务的权利均等、机会均等。特别需要保障残疾人、外来务工者、农村"三留人员"等特殊群体享受公共文化服务的权利,让不同的社会团体都有享受均等文化服务的机会,共同接受文化艺术的熏陶。

(四)建设高质量高素质文化人才队伍

文化馆服务均等化发展,关键在人。第五次全国文化馆评估指标中指出:专业技术人员占职工总数比例(85%),该项指标明确了文化馆内从事业务工作并具有专业技术职称

人员占全馆在编人员的比重。中级（含中级）以上职称人员占业务人员总数比例60%。可见，专业技术人员在文化馆人员中的占比要求越来越高，文化馆要重视专业技术人员队伍的建设，加强文化馆人才队伍的学习培养，努力建立学习型、专业型、复合型、创新型人才队伍，形成一只高素质、高质量、专兼结合的文化馆人才队伍，以此提升文化馆整体建设及服务水平。调研中发现依然存在基层文化馆人员被上级主管部门借用的现象，被借用的大都是基层文化馆骨干力量，以至于基层文化馆出现人员不足，骨干缺乏的现象。

文化馆需要重视为公共文化服务均等化的实现提供人力资源支撑，灵活运用人才政策，首先可向外界引进一批高质量人才，实施人才招聘的策略。其次，在位在岗专职专用，并加强文化馆在职人员的培训，针对文化馆需求的定向进修等。通过引进和培训来壮大文化馆的人才队伍。组建一支强有力的文化志愿者队伍，借助志愿者的优势及作用，来弥补资金与人才方面的不足，以此来实现公共文化服务均等化。

《意见》提出：要加强城乡公共文化服务体系一体化建设，促进区域协调发展，健全人民文化权益保障制度，推动基本公共文化服务均等化。文化馆要以此为引领，践行《意见》精神，努力推进文化馆服务均等化，让更多公众共享优质便捷高效的公共文化产品和服务，切实实现文化馆事业高质量发展。

疫情防控不松懈　公共服务不停歇

——疫情影响下文化馆服务空间提档升级的探索和思考

林　欣（福建省厦门市文化馆）

战"疫"三年多来，国内外新冠疫情形势仍然严峻，近期国内疫情更是相继暴发，呈散状分布在各大城市，各行各业都遭受到极大冲击，第三产业尤甚。文化馆作为人民政府设立的公益性文化事业机构，承担繁荣群众文化，提供公共服务等惠民服务职能。在这个非常时期，为大众提供形式多样、内容丰富精神食粮的步伐却没有停下来，呈现出线下服务处处受限，线上服务如火如荼的场景。实体空间和虚拟空间协同发展、优势互补的服务模式，有效适应时代要求，也为文化馆服务空间的提档升级提供了新思路。现从疫情防控背景下文化馆服务现状入手，浅析文化馆服务空间呈现出的局限性，探索文化馆服务空间提档升级的相关措施，促进文化馆服务提质增效。

一、疫情防控常态化背景下，文化馆服务现状

随着抗击疫情进入常态化，各个行业都被"要求"适应新的生存现状，文化行业亦不例外。为全力做好疫情防控工作，避免人员聚集引发交叉感染，文化馆根据文化和旅游部公共服务司发布的《公共图书馆、文化馆（站）疫情防控措施指南》，多次发布闭馆通知，线下文化体验反复按下暂停键。

"祸兮福所倚，福兮祸所伏"，疫情既是机遇也是挑战，其所带来的不定性因素，促使公共文化服务迅速升级。在全国文化馆线下场地活动屡被叫停的时期，各馆纷纷开启"云端"模式，推出安全便捷的"闭馆不闭网"线上数字文化服务。线上服务迅速突围崛起，从辅助地位一跃而升成为主流模式，功能逐渐拓展，影响成倍增长，成为提供公共文化服务、开展群文活动的主要方式。以厦门市文化馆为例，在疫情暴发初期，积极探索新的公共文化服务方式，采取在本馆网站、微信平台开设"云游厦门"专栏，开放网上展厅，增设"云课堂"线上学习等系列举措，有效打破线下"围城"的束缚，实现市民在家"一键"连接线上文化服务，宅家战"疫"就能享受海量艺术普及资源。数字文化服务的创新实践大大丰富了疫情防控"宅生活"，"不打烊"的线上服务拓展了文化馆人"朋友圈"的范围和功能。

疫情常态化防控阶段，线上线下走向协同联动。但显然，线下的文化馆服务空间存在一定局限性、封闭性和刻板性。而线上服务所展现出的社会性、交互性和便捷性，以更多

元形式链接群众,伴随全年龄段覆盖率的大幅提升,点对点交流和大数据支撑保证并推动细化人群、精细服务,服务效能倍增。这使得文化馆先前固板的线下服务不再是广大群众的首选,文化馆服务空间提档升级势在必行。

二、文化馆服务空间呈现出的局限性

文化馆的服务空间主要分为实体空间和虚拟空间,即线下举办的各类群众文化活动和线上"持续在线不打烊"的数字文化服务,线上线下齐步走的双向服务模式,更加高效地提升公共文化服务效能,但也各自存在局限性。

(一)实体空间:服务单一受限

1. 服务场地封闭固定

文化馆作为公益性事业单位,其资金和场地来源均来自政府授予。以厦门市文化馆为例,总占地面积28000平方米,但其中包含了多家其他单位共同办公使用。此外,公共区域和办公区域也瓜分占地总量,挤压着文化馆实际有效服务空间。场馆面积的限制,不可预期的闭馆防疫工作及场地限流手段,使得开放各类活动的范围也相对受限,完成文化活动项目的种类受到禁锢。在这"一亩三分地"中,群众易产生乏味心理和无聊情绪,无法提供高效的公共文化服务。

2. 服务项目少有新意

疫情防控期间,虽然文化馆的公益性及免费性,仍吸引了一众市民进馆参与群众文化活动,但大部分文化场馆能够提供的惠民服务项目相差无几,多以文化艺术培训、各类群众文化活动、展览为主。其中文化艺术培训,项目固定、师资固定、课时固定,流于形式;各类群众文化活动,以惠民演出为主要模式,内容单调;展览多是摄影、书画类展品,审美疲劳。长此以往,群众参与度和积极性逐渐降低,难以满足广大群众多层次文化需求。

3. 服务范围辐射面窄

文化馆作为公共文化的重要组成部分和窗口单位,面向广大群众提供艺术普及免费培训,设有音乐、舞蹈、戏剧、曲艺、美术、书法等,种类虽多,却以中老年群体为主要受众,少儿次之,而富有活力年轻群体鲜少参与。不仅是缺乏"年轻性",其培训服务班次固定、学员定额,经常出现一门课程学员反复报名参与,"占位"现象严重,使得真正有需求的人抢不到课,服务范围得不到大面积的拓宽和铺展。例如:眉山市文化馆2020年共开设全民艺术普及44个班次,培训学员2100余人;江门市文化馆2021年共开设28个班次,培训学员7380人次;宜春市文化馆2020年共开设全民艺术普及23个班次,培训学员9431人次。可见,未过万的受训群体,对于一座普通城市,甚至百万、千万人口城市而言,公共文化服务普惠性效率极低,服务范围辐射面较窄,社会效益不够显著。

(二)虚拟空间:存在短板不足

1. 数字资源储备不足

疫情防控期间,全国公共文化服务"线下关门、线上开花",显示了我国推动公共数字文化建设的成效。但与群众需求相比,文化馆的数字服务依然是短板,表现出来的最明显问题是数字资源总量不足和实用性不好。主要体现在:一是由于工作方向缺乏前瞻性,各类培训、文艺展演、专题讲座、非遗视频资料等因多种原因未能留下珍贵的视频资料;二是现存馆藏数字资源库中的资料拍摄剪辑过程追求效率,与群众的真正需求存在脱节;三是没有全面掌握数字服务平台日常管护使用核心技术,对图片视频的拍摄和后期剪辑处理水平不高,文字采编能力有待提升;四是资源整合不够,文图博、电视台、自媒体资源尚且不能互通共享,造成大量资源的浪费。

2. 数字服务形式单薄

为适应当前形势,全国文化馆积极探索"互联网+文化馆"的服务模式,通过建设数字服务云平台,多维度开展文化惠民服务。以陕西省安康市旬阳市文化馆为例,创新性地搭建云平台,为群众输送了丰富多彩的精神食粮,新平台的搭建弥补线下人工服务不足和时长有限的弊端,但仍存在问题:一是服务还依旧停留在输出服务和作品上传、信息发布的阶段;二是线上培训辅导仅限于培训视频的播放,缺少老师与学员的互动;三是线上配送资源仅限于固有资源的预约配送,缺少个性化的定制,能够按照群众需要进行个性化服务的项目十分有限。这也是绝大多数文化馆开展线上公共文化服务展现出的"通病"。

3. 数字宣传渠道狭隘

通过综合分析群众获取阵地和数字化艺术普及活动信息的主要渠道可以得知,大部分群众主要是通过网络平台获取文化馆活动信息,例如"微信、微博"等,其次通过"相关工作人员告知""粘贴活动信息"等传统媒介方式得知。这表明,宣传渠道还停留在文化馆单向输出的局面,形式单一化,渠道影响不足,没有形成一个良好的、双向的宣传氛围,且绝大多数文化馆工作人员不主动推广和使用现代信息媒介开展工作,从根本上没有认识到"互联网+文化馆"这种数字服务的优势和特点,切断了联系群众的"桥梁"作用,进而间接局限了文化馆服务的广告面和受众面。

综上所述,文化服务更多依赖于阵地和场馆,而线上更多扮演了宣传窗口、信息推动和平台窗口的角色,这不仅导致公共数字文化服务的单一性,还导致了线上服务与线下服务的割裂感。由此,需要推动公共文化服务在线和在地融合发展,处理好技术赋能、文化赋能和价值赋能的关系,让线上、线下两个不同服务方式、不同服务空间协同,共同创造出新的机制,打造文化馆新的服务形象。因此,文化馆服务空间提档升级迫在眉睫。

三、文化馆服务空间提档升级具体措施

结合当前形势,亟须更新营造新型文化空间,走线上线下文化馆服务"齐开花"的道

路,补齐实体空间及虚拟空间的不足,将服务空间提档升级,盘活区域公共文化资源,让全民共享文化建设发展成果,具体措施如下:

（一）针对实体空间而言

1.革新布局,拓展文化服务空间新功能

为克服场地限制,提高公共服务空间开放性,需对现有场地进行合理规划,积极探索建设复合型空间,提升群众的参与率和新鲜感。浙江省宁波市多个文化场馆开拓了新道路,例如,北仑区文化馆全面对接群众在信息流通、生活、社交、文化等方面的需求,建成了综合性文化场所,通过场馆系统改造,打破了单一文化服务和功能设置。北仑区新街道爱心城市书房增设咖啡吧常驻、朗读亭,吸引了不少市民。因此,坚持以需求为导向,重新构建文化服务空间结构和功能,开发新的多功能公共文化空间,让公众参与到文化空间建设和更新过程中,才能进一步增强广大群众的文化归属感和向心力。

2.更新内容,重塑文化服务空间新概念

文化服务空间的提档升级,不仅要关注结构布局的优化,更应注重内部的融合与塑造,加入具有区域特色的内容,打造具有本土文化特色的公共文化活动场所。以天津市群众艺术馆为例,举办的"津彩·明信片漂流记"文化创意展览成为探索、改造空间的典型案例。展览由现场明信片展览和互动体验两部分组成,其中展出作品主要是与天津相关的各种手绘、摄影、异形、风琴折式、卡通等类型的明信片。在互动环节,精选出作品定制成明信片供参观者现场投递,嫁接多重文创周边,并在现场拓印中国第一套邮票,赠予参观者收藏。活动现场还搭建了十里桃花林、天津市井生活场景等供参观者打卡留影的趣味场景。静态展览和动态体验搭配使得整场活动更具活力,群众参与不再是被动欣赏,而是转为主动参与其中进行创造,主观能动性的参与,使得文化服务空间更具有张力,有效提高了公共文化服务的社会参与度。

3.创新理念,打造文化服务空间新模式

"十四五"已开局,文化馆职能定位迎来新的挑战,不仅要提供丰富多样的文化产品和服务,还要促进供需精准对位,创新服务方式等。上海市群众艺术馆为下一步公共文化建设提供了新思路——开放办馆。开放办馆是打造新型文化服务空间的一种思维,即面向广大组织和个人,开放排练厅、展厅、报告厅等场地办活动。该馆一楼视野开阔的公共大厅成了人气"黏合剂",只要活动通告贴出来,就立刻有大批人关注;二楼经常上新的手工艺作品展和青年中心也是热门打卡地;三楼的团团圆圆照相馆、四楼的私人照相馆则抓住了人们文化社交方面的需求。这不仅让文化场馆越变越"年轻",还孵化出许多文艺社团和内容提供者,有效调动区域公共文化资源。通过开放办馆,把空间使用权交给公众,让更多人愿意带着各自的需求走进文化馆,与公众也形成了健康、可持续的供需关系,共同创造一个情感共融的文化空间。

（二）针对虚拟空间而言

1. 活用资源，优化数字资源储备库

积极拓展文化馆线上数字服务空间，有效利用"互联网＋文化馆"的服务模式，将数字资源进行整合优化，打造海量数字资源储备库。一是整理深挖历年来各类文艺展演活动的声像图片资料，有选择地进行技术处理再运用，并要求工作人员转变服务思维，强化工作前瞻性，在举办各类文化活动时，注意视频资源的留存和传递；二是根据群众需求，结合地方特色文化，创作出群众喜闻乐见的、质量精美的馆藏视频资料；三是加强对数字服务平台管理技术人员的培训，熟练掌握视频拍摄、后期剪辑及文字采编等能力。四是打通资源共享渠道，实现信息互联互通，或购置或链接一部分国家现有的数字资源，弥补自有资源的不足。

2. 丰富形式，实现资源双向互通

文化馆数字服务的供给要尊重群众需求，组织策划数字服务产品时，要问需于民、问计于民，结合不同层次和内容需求，以不同的文化产品、媒介和体验来满足公众的需求和期望。一是转变服务思维，链接大数据平台，搜索当下实时热点，及时更新内容，上传富有新意的文化作品，而不是一味"闭门造车""故步自封"。二是对数字化平台实施改造，提升功能设置，打破线上培训辅导平台仅有播放功能的弊端，尝试实行教师和学员双向互动的模式，提升艺术普及效率。三是通过在多媒体平台发布调查问卷，向广大市民群众征集数字文化服务产品内容，通过了解民意，创作符合大众需求的作品，开放富有个性化的项目。同时，面向广大群众征集高质量、高品质的文化作品，纳入数字化平台中，让全民共享。

3. 开放思维，拓宽数字宣传渠道

正确认识数字服务在公共文化服务中的重要作用，调动和利用多渠道资源，主动宣传和推广数字化平台，打通线上文化服务空间"最后一百米"。为此，东莞文化馆做了大量探索实践。2020年，联合广东权威媒体开设了"南方＋东莞云上文化馆"，形成专业融媒体与优质文化资源强强联手的局面，将文化馆品牌活动服务进行适于现代传播环境的包装，将互联网服务与文化业务密切结合，引发关注和参与人次指数级的增长。这表明，不单可以借助新兴媒体平台，还可以打破常规思维与传统媒体加强联动，借助传统渠道和新兴渠道相结合的方式，打开文化馆服务的广告面和受众面，获得更加广泛的公共服务社会效益。

简而言之，在疫情防控常态化背景下，公共文化数字化服务整体呈破茧成蝶之势，且虚拟的线上活动作为实体线下活动的一种延伸与拓展，具有突破地狱空间限制的便捷性，降低了群众参与文化活动的门槛，却有效提高了广大群众的参与度。因此，文化服务空间的提档升级要抓住时机，乘势而为，用"线上＋线下"双步并举的方式，推动公共文化服务提质增效。在激活基层文化活力的同时，进一步整合资源、创新形式、打破常规，丰富文化产品，改造服务空间，完善资源配置，加大开放力度，着力提升公共文化服务能力，实现公共文化服务"零距离"和"全覆盖"。

浅析文化馆馆内公共服务空间提档升级的思路与路径

张　幸（河北省唐山市群众艺术馆）

公共文化空间是公共文化服务体系建设的重要内容,随着"十四五"开局以及《关于推动公共文化服务高质量发展的意见》等一系列重要文件相继出台,现代公共文化服务体系建设进入新阶段。文化馆是开展全民艺术普及、推动公共文化服务体系高质量发展的重要抓手,而文化馆馆内公共服务空间则是文化馆开展服务的基础和阵地,具有枢纽和导向作用,其大体分为两部分,一是馆内实体公共文化空间,二是馆内线下数字文化空间。通过提档升级,构建布局科学、功能突出、业态多元的馆内公共服务空间,实现从有到好的跨越。

文化馆有必要对馆内公共文化空间提档升级。2020年开展的第五次全国文化馆评估定级中,全国3447家文化馆中3318家参评,2734家上等级,其中一级馆1449个在所有参评馆中占比为43.7%。从上等级数和一级馆比例可以看出,文化馆空间建设还有很大提升空间。近年来,全国各地为推进文化馆服务提档升级陆续建立了很多新馆,新馆建设在建筑面积、功能设置上都进行了一定的考量,理论上馆内空间应该得到了极大的提升,但从现有的实际情况来看,场馆整体利用率并不高。在人均利用次数方面我国人均文化馆利用率仅为0.56%人次,处在较低水平。根据文化和旅游部2020年文化和旅游发展统计公报:2020年末全国群众文化机构实际使用房屋建筑面积4677.45万平方米,平均每万人建筑面积331.32平方米,是公共图书馆的2.62倍但流通服务人次基本持平。此外服务内容和水平与社会发展匹配度还有差距,场馆内特色不足,空间美感度和数字化服务科技感不高等,难以给人留下深刻印象和丰富的文化享受。对于文化馆馆内公共文化空间的提档升级需从以下几方面开展:

一、树立一体化思维,进行整体化的设计,网格化的布局

文化馆馆内公共文化空间的整体化设计体现了文化服务的整体概念和一体化思维。统筹文化馆的空间布局,进行整体化的打造不仅可以突出整体特色和艺术主题,还可以充分利用馆内空间,同时也符合人们对事物整体认知需求的生理特性。当然,整体化的思维并不是单一或不变的,而是在整体规划的前提下具有复合化的特点和进行层次性的划分,以适应社会的不断发展,满足人们越来越高的文化期待,因此还要在整体化的设计中进行网格化的布局,通过不同网格空间的交叉与延伸,渗透和过渡,丰富内部空间的文化层次,突出

各网格的主题特色和功能特点,增强人们在整体性感知中的多层次、多元化的文化体验。

二、实体公共文化空间的改造提升

(一)优化整合,提高实体空间利用率

首先是对馆内闲置空间的重新利用,要因地制宜进行区域性网格化布局,特别是对馆内闲置面积比较大的空间,如中厅空间,它处于文化馆的中心位置,是连接文化馆其他公共空间的桥梁,也是最适合整体性设计网格化布局的区域,可以根据其位置优势布局为便捷性、展示性、开放性的不同文化空间区域。而在走廊等一些连接和边缘性的闲置空间可以布局为区角型、过渡性的空间区域等。

其次是压缩非文化性的它用公共空间。公共文化空间利用率的提升,首先要保证极大限度地对可能的空间开展公共文化服务,因此有必要对于一些非文化服务的空间进行压缩整合,如接待室、贵宾室、会议室等,通常这些场所只有在接待或开会时才使用,且并未用于公共文化服务。因此通过压缩整合一部分这类场所或者实施一室多用等方式减少非必要的、重复化的它用空间。

再者,提高对已用公共文化空间的利用效率。很多文化馆内用于开展公共文化活动的空间利用效率并不高,主要表现在安排不合理、不优化,有的活动室仅安排一个或两个活动团队活动,或者只有在活动培训的时候才使用,且活动团队和人群相对固定,全民性和开放性较低。因此,需要对公共文化空间的使用频率、服务的群体、项目、活动时间等进行统筹安排,提高单个活动室的使用频率,以谋求更多有特色、面向其他社会群体的文化空间。

(二)规划布局

重新整合后的文化空间除了在物理空间上的优化和网格化布局外,还要将网格化的区域根据功能、类型进行划分并有效结合,如根据文化服务的外在表现形式可分为以乐器、舞蹈、展演为代表的动区,以绘画、书写、棋艺为代表的静区,以阅读、冥想、休息为代表的综合区域等,再比如根据文化供给方式,分为展示区、交流区、创作区、体验区等,或者根据服务人群,项目类别等进行划分。通过有效划分和网格化的布局可以最大限度突出区域的特色,每个区域相对独立但不分裂,在自然过渡中相互联系,不仅能够得到条理清晰但不分割的艺术享受,更能得到明晰化的服务,人们的体验感与满足感更强。

(三)突出特色,对公共文化空间进行美化和人性化的改善

文化馆对公众的吸引力首先是具备美感,随着人们审美意识的不断提升,具有美感和特色的公共空间是当今时代人们特别是年轻群体追捧的重要因素之一,群众希望在公共文化空间里获得美的享受,因此要加强文化馆的公众吸引力,前提是给人以美的视觉享

受,然而美化并不是要"华而不实""富丽堂皇",无论是涉及整体美化还是区域美化都要根据空间的整体特色和区域主题进行,如广州市文化馆的岭南园林式布局等,同时在公共文化空间提档升级的过程中,还必须要考虑到人性化的服务和体验,它可以让群众在享受文化服务时会获得更高的满足感,可供休息的休息区,舒适的座椅,轻餐饮等,贴心和周到的服务可以给群众留下深刻的印象。

三、提升实体空间公共文化的服务品质

如果说设计优美,温馨舒适的空间布局是吸引群众走进文化馆的外表的话,那么内容丰富参与和体验感强的服务内容则是将群众留下来的内涵。

无论从群众需求还是文化馆服务现状来看,丰富服务内容的内涵和品质都是迫切要求,对于高质量的空间服务内容要从以下几个方面提升:

(一)增强融合性

在公共文化发展一体化逐渐加强的今天,单靠文化馆自身服务内容的出挑恐难以真正给群众带来难忘的文化体验,因此加强行业间的融合,实现 1+1 甚至是 1+n 的模式,才能满足群众多元文化体验和需求的获得。文化馆与其他公共文化行业按照职能突出、高度协同的原则联合开展文化活动,搭建多元文化活动场景。像与图书馆的融合,在轻音乐中享受"悦读空间",或者开展经典诵读等互动式的阅读活动;北京朝阳文化馆以收藏"老物件"为特色而建立的壁龛式博物馆,体现的是文化馆与博物馆的融合;有文化韵味的科技探索区域,都是文化与其他行业融合的体现,使文化馆的内容更有内涵和文化味。

(二)转变服务供给方式

增强文化的参与性与互动性,培养黏性用户。吸引不同群体走进文化馆是文化馆真正实现开放性,开展全民艺术普及的关键。在这个内容为王的时代,设计能够直观塑造公共文化空间,内容与服务则为空间注入灵魂。除了在形式上足够吸引人外,从内容上打动人才能真正将群体留下来,从而实现黏性用户的增加。首先要改变的就是文化馆单一输出文化的固有思维,参与文化、互动交流、增强体验是文化馆发展公共文化服务的新趋势,走马观花式的文艺演出和陈列式的文化输出已不适应现代人群特别是年轻群体的文化需求,因此有参与性和互动性的内容设计是群众获得良好文化体验的关键,参与文化远比感受文化更深刻,特别是对年轻群体。

(三)文化服务的内容要切合时代,具有高度和深度

有深度的服务内容往往是顺应时代,直击心灵的。多元的、复合的内容设计更具有社会性和复合人们的心理追求,正如在社会不断发展的今天,我们需要一些热闹的文艺活动,也需要慢享的文艺空间,如悦读、冥想、音乐疗养、涂鸦等,这些对于在快节奏生活的年

轻群体中可能更受欢迎。又如开展以家庭为核心的互动交流和亲子关系的项目,也恰当地迎合了教育"双减"的背景,在文化的感受中去获得对于家庭和教育的更深感悟,对文化的给予赋予更深层次的内涵。

四、推动文化馆线下数字公共空间服务的高质量发展

文化馆线下数字服务空间是通过多种类型的数字体验设备,借助于高新技术水平将文化服务科技化智能化地展现给体验者的新型文化服务,随着信息时代的进一步发展和人们对文化需求的不断提升,线下数字空间在文化馆服务中的分量愈加重要,是推动"十四五"时期公共文化服务高质量发展的重要保障。

纵观各地文化馆数字化建设进度,线下数字体验空间的建设距离发展目标和未来成长还有一定的距离。从现状来看各地线下数字建设水平参差不齐,主要存在的问题有:

(一)对文化馆线下数字空间建设认识不足,设计理念滞后

数字化线下体验在信息化的今天越来越重要,然而到底什么才是真正意义的线下数字体验,它和线上数字化有什么区别? 它的核心要素和特点是什么? 也许很多文化馆人并不是特别的清楚。线下数字文化服务绝不是把线上的内容搬到线下的设备上,也不是简单地靠数字体验设备进行文化输出。它是科技化的,体验感、互动感极强的,复合式的文化体验,是未来文化馆馆内空间建设的重心和趋势。

(二)数字化线下空间体验感不高

大部分设备形式比较简单,以单一体验项目为主,设备偏娱乐化。此外,各体验设备相互独立,没有形成区域化主题。

(三)具有公共文化建设和数字化的专业人才匮乏

由于数字化设备需要专业化的操作且技术含量较高,后期维护和更新的成本比较大,因此,对专业的数字化人才的储备和培养周期较长。

五、转变数字文化馆建设思维,提升线下数字文化的服务质量

(一)提高"科技"含量,推广沉浸式体验项目

加强高新技术对数字化线下服务的介入,以人工智能、AR、VR 等这些新兴技术为技术支撑,打造互动投影、体感交互、3D 体验等体验模式。增强内容的新鲜感和文化活力,让群众对文化的体验更有深刻印象,人们重复性体验的意愿自然会随之增加。此外随着高新技术的应用,顺势催生了符合大众口味的"沉浸式"体验模式,特别是最近几年"沉

浸式"逐渐成为社会的热门词语,通过场景设计和氛围营造,打造场景式、主题式、全景式等不同体验模式,通过人的感官和认知让群众参与并享受其中,带来更直接的体验,这种体验模式体现了科技与文化艺术深度融合,在信息化的时代给人带来了更新奇的感受,如成都数字文化艺术体验厅、中山文化馆奇点人工智能科普文化馆等。

(二)打造"数字+"的高品质线下数字文化服务内容

从表面上看,科技的融入产出了高新的文化设备,但仅仅是高科技的设备是不够的,其服务品质的关键还在于文化与科技、创意、艺术、教育等多层面融合的内容设计。高品质的服务内容才能将高端的体验设备功能真正发挥出来,以至于不会出现高大上的设备但低质化的内容,而落入"大材小用""高成低就"的尴尬境地。数字化线下服务也应遵循内容为王的原则,以文化馆功能为设计原点,延伸艺术、文化、创意、电子科技等方面跨学科融合来进行内容的高品质设计。如数字+教育,建立名师讲堂、传统文化知识普及等数字知识库;数字+科技,对地理社科等知识的科普和3D全景展示;数字+艺术,在3D设备中体验歌曲、乐器欣赏,练习棋艺、书法等。数字+创意,利用体验设备开展创客空间等。

(三)争取资金和人力的支持

数字化设备本身投入高、专业性强,特别是对一些高新技术体验设备,因此需要积极争取资金的保障和人才团队的引进。首先要根据文化馆自身和服务人群的实际选择相匹配的数字体验设备,把钱用在"刀刃"上。对于数字化专业人才来说,需要有专业的数字技能:包括理论知识储备、设备的使用及后期维护等,同时还应建立团队,加强数字团队的协作与分工。

六、建立文化馆馆内公共文化空间的良性循环和可持续发展

文化馆馆内公共文化空间的良性循环和可持续发展在于文化馆具备足够的吸引力使人们愿意走进文化馆,同时人们在体验和参与文化服务的过程中也在促进文化馆的不断发展和提升。这两者是协同并进的,是主动提升而不是被动改变的。对于文化馆来说,需要有自我更新自我提升的能力以及捕捉变化的洞察力,具体来说有以下几点思考:

(一)馆内空间的改造

需要考虑投入与产出、成本与效果的最佳比,对于投入和成本,可以微调的不大改,可以简化的不复杂,因此对于前期的设计和统筹需要仔细考量。对于产出和效果则需要一定的技术支撑,如利用大数据等及时对服务人群、项目、效果等进行监测和反馈,动态调整文化服务和内容供给。对于数字化线下服务来说,由于文化馆线下数字体验空间建设多为一次性投入,一些设备易损坏,后期维护困难,此外在内容更新和主题切换上不易实现,

出现投入大、维护成本高但使用率低下的问题,需要探寻对主题内容更容易调整和方便更换的模式。

(二)探索更多形式的参与力量

从文化馆的开放度和对民众的吸引力来看,在文化馆馆内的特定区域空间引入多种形式力量很有必要,社会力量或其他组织是市场和社会发展的神经末梢,可以较早地感知到社会的变化发展和时代的潮流,这恰好弥补了文化馆对社会灵敏度差应答水平低的劣势。对于社会力量的引入无论是实体经济组织还是其他协会组织或个体,都应与文化类别相关或是具有基础辅助的功能,如书吧、琴行、艺术教育、民间协会组织、快餐饮等。它是公益和非公益的结合,但以公益为主体,因此要在社会公益和市场效益之间找到平衡点。文化馆需要其他力量的参与带来个性化、多样化、社会化的活力,同时也将其附带的群体吸纳进文化馆,推进文化馆的开放性和可持续发展。

(三)培养具有公共文化发展思维的数字化人才

数字化专技人员仅有技术是不够的,更要具备将数字设备恰当地应用在文化领域的能力以能够充分激发数字服务在文化馆应用的潜能。从内容设计、设备运行和后期更新维护,数字人才需要具备文化筛选、分析、整合等综合能力和应用能力,对体验设备起到画龙点睛的作用,推动数字线下体验良性循环。

场景理论视域下的文化馆非遗消费场景营造

杨世红（湖北省宜昌市西陵区文化和旅游局）

勾连非遗与城市之间的有机联系，是新时代提升非遗保护水平的重要方向。随着工业化进程的加快，宜昌主城区加速向消费城市形态转变。大量非遗涌入城市，并试图在主城区寻找非遗存续发展的文化空间。非遗对城市的适应以及非遗在城区文化空间、文化生态的建构将成为很长一段时间内城市中华优秀传统文化传承发展的重要课题。其中，建构非遗消费场景，推动进城的非遗与城市、社区、市民相连，其意义重大。同时，"场景"也可作为城区文化发展的分析方法，在美国芝加哥社会学派那里，"场景是一种强有力的概念工具，可以去辨别不同地方的内部和外部呈现的具有美学意义的范围和结构，从而去发现文化生活的聚集"，"场景"也可作为分析非遗城市适应研究的有用视角。

西陵区是湖北省宜昌市主城区，是城市的行政文化中心。西陵区文化馆承担着西陵区公共文化供给和非遗保护两大职责。近年来，西陵区文化馆通过引导消费场景的营造，来推动非物质文化遗产的传承发展，取得了重要成效。文化馆在探索非遗消费场景营造、推动非遗活态传承、丰富市民生活方面，形成了典型示范，对于城市中心区推动非遗的传承保护，具有重要的推广意义。

一、文化馆营造非遗消费场景的要素

随着工厂向郊远的工业园区搬迁，宜昌主城区逐步从生产向消费城市形态转变。实践中，"自由生长的场景难以与以文化为导向的城市更新及创意经济发展有更好的衔接"，更需要有关部门有意识地聚集场景营造要素。按照宜昌城"北进、东拓、中优"的发展思路，宜昌市西陵区成为"中优"的部分，城区系统优化和更新是城区发展的主要思路。西陵区本土非遗以及城市化进程中流入西陵的外地非遗都需要在主城区重构文化空间。正是如此，西陵区文化馆积极引导、支持不同市场主体，聚集非遗消费场景营造的要素。

（一）物质或虚拟空间的营造

非遗消费场景的营造需要一定的空间，这一空间既可能是物质的，也可能是虚拟的。但无论如何，这都需要设施去维持、维护。西陵区文化馆在支持引导非遗消费空间营造上，有多种方式。一是在主城区打造大型节庆空间。西陵庙会是市级民俗类非遗，在主城区商圈有很大的影响力。逛庙会、过大年，几乎成为主城区市民的文化自觉。文化馆在区政府的支持下,与城市"中央商务区CBD"合作,每年营造庙会空间,大量非遗在这一空间中与市民互动,成为春节文化消费的重要内容。二是线上虚拟空间。在文化馆的策划下,政府和传承人合作,开展网上直播,线上售卖非遗产品。三是本地头部商场提供展位。在文化馆的牵线下,宜昌最大的商贸市场主体国贸集团在国贸商场为非遗传承人提供了公益性展位。四是支持传承人建立传习所。2021年,西陵区文化馆拿出4万块钱支持宜昌彩陶在城市更新区租赁场所,建立了市民可体验消费的"夷陶坊"。四是在市民夜消费场所的非遗产品售卖。西陵区文化馆与西坝街道合作,在西坝夜市街区设立了非遗销售点。

(二)对社区或他人群进行导流

消费场景的营造离不开社区和人群。非遗既要自带流量,也要引流。西陵区文化馆处在中心城区,在引流方面有天然的优势。西陵区文化馆在这方面也很有经验。首先是根据城市人口流动规律,引导非遗与之接近。2022年元宵节,宜昌市举办历史上最大的烟花节,60多万人涌入西陵。西陵文化馆提前通知传承人群,让其利用机会在活动中售卖非遗产品。其次,引导非遗进社区、进学校。西陵区文化馆与区教育局合作,共同支持传承人城区学校开设非遗课程。像宜昌彩陶技艺这一类体验课程受到学生追捧。西陵区文化馆与樵湖街道合作,共同支持合香制作技艺进社区,加深了传统合香文化与社区建设融合。最后,对区外非遗群体的包容。西陵区有9项市级非遗,50项区级非遗,但在西陵传承的非遗项目远多于此。西陵区文化馆认为只要在西陵地域传承的项目,都纳入支持对象。

(三)引导非遗主题与价值观贴近生活

消费场景要体现出一定的文化主题、观念、态度。非遗消费场景营造要遵循特定的规律。一是推崇非遗的真实性。西陵文化馆在指导非遗传承方面,要求非遗传承人要坚持文化传统的基础上进行创新,反对非遗庸俗化。引导传承人要坚守传统。鼓励其收集传承项目的历史文献、口述资料、图像资料,保持对传统的敬畏,引导传承把传承和发展传统作为事业。二是推崇非遗的合法性。一方面西陵区文化馆积极开展对非遗项目、非遗传承人的认定工作。与许多地方只重视高级别项目不同,西陵区文化馆对区级项目、区级传承人的支持一视同仁。有了合法的身份,西陵非遗的传承发展就有了更好的环境。另一方面,对不在西陵区非遗名录上的外来非遗项目,也允许其进入非遗馆进行展示或者生产性传承。三是推崇非遗的创新性。文化馆邀请专家对区内非遗项目创新进行指导,促进了非遗在传承发展中与地方文化、现代技术、广阔市场的结合。正因为如此,西陵区的非遗文化主题和价值观实现上,贴近了宜昌市民和社会。

(四)组织丰富多彩的非遗展销活动

消费场景离不开各种形式的非遗展销活动。西陵区文化馆在群众文化活动组织方面经验丰富。在这一优势基础上,西陵区文化馆格外重视群体性的非遗展销活动。一年一度的"西陵庙会"已举办了十五届。2020 年开启的西陵区非遗购物节已经举办三届。2020 年,西陵区文化馆在文化和自然遗产日举办了首届非遗网络直播节。这些活动聚集了场景空间、人群、文化主题及观念,从而实现了文化场景的生动化,是非遗融入城市、融入社区的一种生动文化实践。

作为西陵区非遗的保护机构,西陵文化馆需要聚集文化场景的诸要素,从而实现非遗与消费城区的勾连,让非遗成为城市更新中的文化体现。这一文化实践让西陵城区传承城市文脉,提供文娱产品,丰富主城区文化图景,增强主城区吸引力。文化场景要素的聚集,让非遗消费场景营造成为可能。

二、文化馆营造非遗消费空间的方式

非遗传承发展离不开文化空间,而文化空间由一个一个的文化场景构成。西陵区文化馆正是在非遗微小消费场景的营造过程中,建构、拓展了西陵区非遗存续发展的文化空间,实现了西陵区非遗的良性传承与发展。文化馆在这些非遗消费场景的营造中,依据主导程序不同,扮演着指导、主导、引导等角色,强调政府、市场、传承人、市民等多元主体参与,以实现非遗自带流量和强大变现为手段,推动非遗与消费城市的有机融合。

(一)大型节庆的非遗消费场景营造

节日是社会记忆机制,支持传统文化的传承。营造大型节庆活动场景,是推动非遗融入城市的重要方式。西陵庙会是西陵城区古老的节庆活动,但随着时间的推移,西陵庙会的祭祀功能已然退化,商业功能不断增强。以 2020 年为例,在西陵文化馆的组织下,西陵庙会在西陵商圈解放路步行街举办,活动的主题是"新时代、老庙会、好生活、美宜昌"。在商圈核心地带,开展民俗表演、年货展等活动。在"非遗展"活动中,市民欣赏了龙狮表演、西陵莲响舞、兴山圆围鼓、兴山民歌、峡江船工号子、五峰打溜子、秭归花鼓舞等非遗项目。大量技艺类非遗也在节庆中售卖非遗产品。如:三峡木雕船模、宜昌彩陶、龙氏合香、黄杨木雕、石雕、宜昌凉虾、吴氏鲜食泡菜、宜昌绒花等。由于西陵城区深受码头文化影响,在西陵区非遗项目中,有大约八成属于传统技艺、传统音乐舞蹈美术。大型节庆活动对西陵非遗项目的支撑性非常强。西陵区文化馆正是结合区域内非遗项目的类别特点,营造非遗消费场景,在推动非遗传承发展方面,取得了事半功倍的成效。

(二)非遗馆的非遗消费场景营造

正在建设的西陵非遗馆也十分注重非遗消费场景的营造。在现有的规划设计中,西陵非遗馆把八成以上的空间留给具体的非遗项目,只留下二成的空间作静态展示。在非遗馆的设计和建设过程中,在非遗馆二楼预留项目活态传承的空间,在一楼又设立了非遗产品专卖商店。鼓励非遗传承人开展传承活动的线上展示,通过网上直播和编辑小视频来推广非遗文化和产品。在非遗馆场景的营造中,场所是背景,文化是灵魂,活态是要求,消费是手段,传承是目的。在消费场景的营造中,还需要动态展示和静态展示相结合、项目展示与产品销售结合、传承人传承与市民体验相结合。尽管非遗馆并不是西陵非遗的主要消费场景,但因为官方背景而为项目的真实性背书,其意义与一般的消费场景营造不同。

（三）商业街区的非遗消费场景营造

西陵区文化馆与宜昌国贸集团、西坝街道夜市合作,在两地设立摊位,举办非遗现场展演、销售等活动。宜昌国贸集团是宜昌最大、最高档的高档消费品零售企业,2021年销售收入近百亿元,在鄂西南地区极具影响力。西陵区文化馆主动上门,多次商讨,最终把西陵非遗项目引入高档商场之内。非遗传承人借助这一高档消费场景把西陵非遗产品展示、推介给高消费能力顾客,这一创新形式在社会上引起了很好的反响。西坝夜市则是位于葛洲坝水电站所在的西坝岛上,是宜昌市民夜生活的重要场景之一。西陵文化馆与街道办事处商议,把西陵非遗项目展演、产品引入这一市民聚集地。这一借鸡孵蛋的非遗消费场景营造方式,解决了许多非遗传承人资金实力不足、传承条件不够的问题,大大推进了西陵非遗的生产性保护。

（四）线上非遗消费场景营造

西陵区文化馆积极引导非遗传承人开展线上直播,营造非遗产品虚拟消费场景。在2020年的文化和自然遗产日,西陵区文化馆在宜昌东山文化城开展非遗产产品线上推广和电商交易。活动邀请了西陵区领导对西陵区非遗项目和非遗产品作线上推广,非遗传承人与消费者在线上互动,多种非遗产品在线上销售。在西陵文化馆的指导下,一些非遗项目传承人也开始在自觉地电商平台上推广和售卖非遗产品。宜昌彩陶项目传承人就在线上直播推广和销售彩陶产品,这也让更多了解这一传统技艺。

（五）工厂支持的非遗消费场景营造

随着时间的推移,一些非遗项目也逐步从手工艺作坊转型为新型工厂,并在此基础上建构更具竞争力的非遗消费场景。2021年,西陵区非遗项目宜昌吴傅记鲜食泡菜销售收入达3500万,其中回味萝卜单项产品销售在1200多万。作为传统小吃的泡萝卜皮,因为非遗的加持和工厂化的支持,传承人在城市中心区设立鲜食泡菜的小面积门店,并让其他城市的泡菜店加盟进来,在泡菜与消费者之间建立了广泛的联系。依托标准化工厂,吴傅记泡菜产品消费场景迅速扩张,推动了吴傅记泡茶菜产品销售高达46%的三年平均速度的实现。正是在现代工厂和贴近主城商业中心的非遗消费场景的营造中,吴氏鲜食泡菜非遗项目实现了超常的发展。

宜昌主城区越来越消费化、休闲化和娱乐化,在城市更新和优化过程中,非遗文化通过消费场景的营造,得以有更多机会融入城市、社区和市民,并成为主城区有机构成部分。

学者刘东超曾从空间、设施、人群、活动、价值观和政策分析北京南锣鼓巷的消费场景形成的动力,探讨场景营造的复杂性、混合性及机制。这一机制同样适用于西陵主城。因此,西陵区文化馆在主动融入时代发展形势和城市发展要求,推动城市文化场景营造和非遗文化生态的重构,并在这一进程中实现了文化馆的职能更新。

三、非遗消费场景背后的文化馆职能更新

随着时代的进步和发展,文化馆的职能一直处在更新之中。从大的方面看,文化馆主要有公共文化服务和推动中华优秀文化传承保护两大方面。在实践中,文化馆会把一部分非遗项目纳入到公共文化服务体系之中,但在更多情况下,文化馆更应引导非物质文化遗产的自我传承发展。在城市主城区更新过程中,文化馆更新注重利用这一新在机会,构筑非遗在城区的文化空间,促进非遗的可持续性传承。

(一)城区非遗文化空间再造与可持续发展

我国大多数非遗项目都带有浓厚的农耕文化的背景。随着城市进程的不断深化,大量非遗项目不得不向城市集中,这就需要重构非遗的文化空间和文化生态。城市化背景下,非遗必然要面向市民,建构新的文化传承体系。因此,位于主城区的文化馆理应更新职能,推动非遗在城区的融合发展。西陵区文化馆在非遗消费场景营造的实践中具有一定的探索意义。首先,文化馆在职能上必须紧随时代和城市发展趋势。西陵区文化馆在非遗支持上一直秉持"凡是在西陵的非遗,都应支持"的理念,以开放的态度对待非遗进城,以诚实的行动帮助非遗融入城市。其次,文化馆应在城区非遗消费场景营造中积极行动。通过引导、支持非遗消费场景再造,非遗融入城市有了实实在在的效果。然后,文化馆应在城市更新中有所作为。目前在城市更新中,国家推行"不大拆大建"理念,大量老城需要进行更新。与新城大型文化设施不同,非遗融入老城区的门槛较低,路径较易。最后,文化馆应在实现非遗在城市的可持续发展作为基本职能目标。

(二)城区非遗作为公共文化服务供给资源

文化馆承担着推动公共文化服务的职责。其中,如何调动社会资源提供公共文化服务是文化馆的重要工作。从文化馆的工作职能看,一方面要引导非遗直接纳入政府公共文化服务体系之中。如:非遗进馆、进文化站、进校园、进社区等;另一方面要积极引导社会化的非遗消费场景的建设,让非遗项目直接与城市、与市民连接。要以此为契机,不断扩大非遗在城区作为公共文化服务资源的可能性。西陵区文化馆的实践表明:通过非遗消费场景的建构,非遗传承人将自觉地成为公共文化服务重要主体,能为社会提供价值观正确、吸引力较强的公共文化服务产品。

文化、艺术、历史、公共设施和活动等诸要素合成的场景,成为城市更新的重要内容。非遗场景营造也在事实上影响着城市、社区和市民,一方面推动着城市向人文、人性、多元

方向发展;另一方面也推动着非遗城市文化新生态的再造。场景理论本质是文化场景微观机制观察的有力工具,对文化馆推动非遗在城区的传承具有借鉴意义。按照场景理论视角,文化馆在非遗传承发展方面的努力,一定要按照现代化、城市化、消费化方向的形势要求,支持非遗消费场景的再造,让非遗不仅能活态传承,而且要生机勃勃,让城市变得更加美好。

基于"沉浸"理念的非物质文化遗产活态传承研究

陈慧玲（湖北省荆门市群众艺术馆）

"十四五"规划纲要提出要"强化重要文化和自然遗产、非物质文化遗产系统性保护，推动中华优秀传统文化创造性转化、创新性发展"的任务目标。其中，一个重要的目标就是实现非物质文化遗产的活态传承。长期以来，各地以非物质文化遗产的挖掘整理、宣传展示为手段，积极探索非遗活态传承的方法，取得了不少成效。但这种缺少代入感、体验感的宣传、展示模式，具有很强的时间、场所局限，难以融入社会生活日常，引导人们对非遗形成切身感受和深刻记忆，实现更加有效的保护传承。因此，构建新的范式，实现对非物质文化遗产的多元化记录和继承弘扬，成为非遗活态传承必须探索和解决的课题。

一、"沉浸"理念与活态传承

"沉浸"是指个体从事某些活动时的精神状态，比喻完全处于某种境界或者思想活动中。"沉浸"理念，我们既可以从静态上将其理解为精神和现实交互的状态，也可以从动态上理解为身临其境过程中的感官体验。乔治·卢卡契认为："只有当最内在的东西（内容性）可以直接统觉到，即其深刻本质可以获得感性外在形式时，而外在的东西又与人的内在性质相适应时，艺术作品才能构成有效的第二直接性。""沉浸"状态正是实现内外连接，将感性外在形式上升为内在性体验的有效方式。

当前，以"沉浸式"为特点的产业模式正在全国各地蓬勃发展，被广泛运用于文化、旅游、休闲等各行业中。就非物质文化遗产而言，作为经过时间检验而流传下来的优秀传统文化，它们能够产生、不断发展，并长期传承，除了文化属性外，还必须依靠它们的社会属性、经济属性、政治属性，具有相当的实用价值。当前，随着时代的进步、社会的变革、技术的创新，以及生活方式的变化，非遗的文化属性不断凸显，其他属性慢慢消亡，人们难以沉浸其中，形成直观体验、获得切身感受，导致其逐渐失去"活性"，进而失去发展动力和传承能力。因此，提高非遗保护水平，必须始终坚持"活态传承"的原则，避免传统的以挖掘、整理、宣传为主导的方式，通过创设场景、提升体验、交流融合，打破非遗文化与民众认知的界限，让民众消除陌生感，产生亲近感，更加紧密地"沉浸"其中，从而达到了解非遗、保护传承发展的目的。

二、"沉浸"理念在活态传承中的运用

将"沉浸"理念用于非遗保护工作,以此提升活态传承效果,是一种基于实践的经验、接地气的探索。当前,我国不少地区的非遗保护领域都已经或多或少地运用了"沉浸"的元素,最具代表性的是四川成都、浙江桐乡、河南郑州,以及广东东莞、佛山等地,这些地区在探索中将"沉浸体验"的理念充分运用于非遗活态传承,并取得了良好实践效果。

(一)典型模式

1. "城市文化体验空间"的四川成都模式

成都在开展非遗保护工作中,对酿酒、漆艺、皮影等非遗文化元素进行提炼,通过现代化设计理念,将这些具有高度代表性的文化元素附着于建筑、景观之上,在城市中构建一个个非遗文化体验和场景的空间,逐步消弭市民、城市和非遗文化之间的边界,形成三者共存的良好状态,并通过"畅游成都体验非遗"等系列活动,让市民在日常生活环境,毫无违和感地沉浸于非遗文化其中,实现非遗文化的传播、体验和活态传承。

2. "非遗+"的浙江桐乡模式

"桐乡蓝印花布印染技艺"是第四批国家级非物质文化遗产代表性项目。在蓝印花布印染技艺保护过程中,桐乡以"见人见物见生活"的理念,通过推动"印染工艺+学术研究""印染工艺+休闲旅游""印染工艺+文创产业""印染工艺+互联网",实现非遗与现代生活的沉浸式交互,引导民众多维度认识传统蓝印花布技艺,从而实现了非遗的活态传承。2016年以来,桐乡市在非遗保护发展指数评估中连续四年排名嘉兴第一。

3. "创新演绎"的河南郑州模式

为传承河南戏曲文化,郑州市以文旅融合为切入点,打造"只有河南·戏剧幻城",通过精心设计,将戏曲节目与戏剧城相互勾连,引导观众在"沉浸""穿越"的戏曲桥段中,让传统的非遗戏剧变得可看、可听、还可闻、可触、可尝,从而激发非遗的活性和魅力,为观众提供沉浸式非遗体验。

4. "跨界融合"的广东东莞、佛山模式

广东东莞市探索"莞草编织"与家具设计融合,跳出了非遗保护的狭隘视野。广东佛山将非遗项目"石湾米酒"和"石湾陶艺"相融合,通过产业的力量,对非遗文化进行活力再造,使非遗成为与市民生活息息相关的产品,成为将"沉浸"理念运用于非遗活态传承的又一有效路径。

(二)基本原则

对以上四个典型案例进行分析,可以看出用"沉浸"理念促进非遗活态传承,必须坚持以下三个方面的原则:

1. 与生活高度契合

非遗来源于生活,必须回归于生活。从各地的案例来看,贴近生活,让民众能够清楚

感知、亲身体验,这是达到"沉浸"目的的基础。只有在民众的身边,在日常的生活中,民众才能随时随地、毫无隔阂地沉浸,进而加深对非遗文化的认知和体验,实现非遗的保护和传承。

2. 与行业精准结合

无论是成都的城市非遗文化体验空间,广东的"莞草编织""石湾米酒""石湾陶艺"都是通过艺术的设计和创造性的运用,打破非遗文化与其他各类事物的边界,跨越了相互之间的鸿沟,使民众在日常生活场景中、器物运用中,随时沉浸于非遗文化。可以说,越是无边界的沉浸式空间,越能够激发出"沉浸"理念的功效,越有利于推动非遗保护活态传承。

3. 与产业深度融合

推动"沉浸"理念在非遗保护中的运用,需要大量的资金投入。老工艺的传承、老作坊的复兴,同样需要产业的振兴和市场的推动。产业化的包装与开发是推动"沉浸"理念运用于非遗保护的重要动力,近年来世界各地兴起的"中国风筝热""唐装热"就是产业推动非遗保护的最好佐证。无论是成都模式、郑州模式,还是桐乡模式、东莞、佛山模式,他们能够成功地将"沉浸"理念运用于非遗保护,通过非遗催生的产业是关键支撑。

三、基于"沉浸"理念的非遗活态传承范式构建

基于"沉浸"理念运用原则,借鉴各地探索经验,本文从观念变革、场景创设、元素呈现、项目体验、技艺开发五个方面,就如何构建非遗活态传承范式提出建议。

(一)思想认识中的非遗传承理念变革

活态传承最关键在于"活"字,要以"沉浸"的方式来注入活力、激发活力、创造活力,首先就要从保护观念上进行变革。一方面,要始终坚持非遗的社会化属性,扩大非遗的开放性,引导和鼓励非遗传承人、从业者跳出传统的非遗保护窠巢,在技艺传授、代表性传承人培养等方面打破圈层和门户之见,改变将非遗进行挖掘整理后束之高阁、敝帚自珍,仅供专门机构、业内专家、少数群体传习、研究的老旧思想。另一方面,要辩证处理保护和传承的关系,树立传承即是保护的观念,即遵循"非物质文化遗产的动态性和活态性应受到充分尊重,本真性和排外性不应构成保护非物质文化遗产的问题和障碍"这一伦理原则,杜绝刻意追求"原生态""原汁原味""老祖宗的东西不能改"的认识,将"可观""可学""可玩""可游"等新的理念植于非遗传承办法中,摆脱非物质文化遗产老旧、沉闷、呆板、静态等单调乏味、一成不变的印象,从而激发活力,实现活态传承。

(二)城市建设中的非遗文化场景创设

文化遗产蕴含着城市的精神基因。要将"沉浸"理念运用于非遗保护,城市非遗场景

创设是有效的手段和成功的经验。在城市中创设非遗场景,并不同于一般的文化景观点缀,也绝不是简单的、平面的展示,而是从城市建设的顶层规划入手,多角度、多维度、多层次布局,尽可能把非遗元素体现在城市建设的各个方面,如此才能让非遗元素真正融入城市建设中,才能创设出让人获得丰富感知的体验。城市的设计者、建设者,要在精心提炼非遗文化的基础上,按照宜融则融、能融尽融的原则,将非遗文化元素叙事性、观赏性和互动性充分运用到城市广场公园、店招路标、大街小巷等各个领域,让民众在潜移默化中成为非遗的传承力量。

(三)社会环境中的非遗项目参与体验

非遗是"一个文化现象的整体,是可见、可参与的",活态传承就是要让民众参与进去,让非遗"活"在民众身边。发挥"沉浸"理念在非遗活态传承中的作用,一定要基于贴近生活原则,在社会环境中、民众生活中积极推动非遗体验项目,打开非遗通向当下生活的更多接口,让非遗融入现代生活,弘扬时代价值,让民众在各类活动中感受非遗项目的魅力。一方面,在加强非遗项目的社会推广。可以借鉴上海奉贤区"非遗在社区"工作经验,通过完善制度机制、提供活动阵地、加强资源供给,大力推广非遗进社区、进学校,选择适合的非遗资源设专业、开课堂,为传统技艺、优秀文化培养更多现代传人、注入更多新鲜血液,进一步充实扩大非遗的传承主体。另一方面,要进一步扩大非遗项目的参与性。让非遗融入生活,不仅要有叙事性、观赏性,还必须增强参与性、互动性。以非遗戏曲为例,可以探索推广"沉浸式戏剧",通过舞台的特殊布置和戏剧内容的刻意编排,打破观众与演员的界限,让观众成为戏剧中的一分子,兼有观赏者和演绎者的双重身份,进而带来强烈的精神冲击和感官体验。

(四)产业发展中的非遗技艺创新开发

产业对于实现非遗活态传承具有强大的推动作用,也是"沉浸"理念发挥作用的有效载体。一方面,要积极探索非遗技艺、非遗产品的创新开发,让非遗技艺、产品在内容、特点和衍生品中承接、兼容更多现代化的元素,展现出更加符合现代人需求的功效作用和思想观念,创造更多集文化价值、使用价值、经济价值于一体的非遗产品。另一方面,通过产业化形式再创造,打破非遗固有的行业边界、应用边界,让非遗资源更加适合产业发展特点,融入文化、旅游、农业、服务业、影视业等各类产业发展序列,把"非遗"价值更好转化为经济价值,形成保护与发展的良性循环。而且,非遗的产业化不仅仅是旅游景区的展示演绎,更重要的是诸如广东石湾米酒等贴近民众生活的开发推广,推动非遗成为民众生活中的常用商品,如此才能更好发挥"沉浸"作用,激发活态传承力量。

参考文献

[1] 中国共产党第十九届中央委员会第五次全体会议. 中共中央关于制定国民经济和社会发展第十四个五年规划和二〇三五年远景目标的建议 [N]. 人民日报, 2020-11-03(2).

[2]卢卡契.审美特性:第一卷[M].徐恒醇,译.北京:中国社会科学出版社,1986:14.

[3]虞璐.桐乡蓝印花布非遗技艺的沉浸式交互探索与应用[J].轻纺工业与技术,2020(10):71-73.

[4]张玲.联合国教科文组织:《保护非物质文化遗产伦理原则》[J].民族文化研究,2016(3):5-6.

[5]中华人民共和国文化和旅游部非物质文化遗产司.中国非物质文化遗产保护的生动实践[J].中国非物质文化遗产,2020(9):11.

长三角文旅融合和一体化发展的路径分析

金城平（浙江省文化馆）

一、长三角文旅融合和一体化发展的时代背景

（一）长三角一体化发展上升为国家战略

长三角地区地缘相近、文脉相同，经济基础相当、服务产业布局互补，发展思路一致、政策背景统一，这些利好条件都为长三角地区推行一体化发展奠定了坚实基础。2018年，长三角区域一体化发展上升为国家战略，此后2019年《政府工作报告》正式以书面形式将这一发展战略固化实施。同年12月，《长江三角洲区域一体化发展规划纲要》出台，为这一国家战略明确了时间表、路线图、任务书。为进一步推进长三角一体化发展，要坚持从打破行政壁垒、提高政策协同等方面入手，推进区域高质量发展。

（二）长三角文旅资源丰富、市场发达

文化旅游产业是长三角一体化发展的重要组成部分，发展文旅融合产业，也是彰显文化自信、提升文化软实力的必要举措。长三角地区是我国旅游资源最丰富地区之一，总体规模大、文旅资源种类多、品质优良，其中国家5A景点57个、国家森林公园100个、全国历史文化名镇80个，汇聚了全国约20%的旅游资源。同时长三角地区已经初步建立区域互联互通的文化旅游聚集带，如"长江国际旅游黄金带""环杭州湾文旅集聚区"等，以上海、苏州、合肥为核心辐射整个长三角地区的休闲旅游大格局已经建立。同时，长三角地区也拥有我国最大的文化旅游市场，2019年共接待游客28亿人次（2020年疫情数据无代表性），占全国40%以上，创造旅游总收入3.9万亿元，接近全国60%。另外，长三角地区还拥有全国数量最多、实力最强的文旅企业以及最完善的旅游服务体系，携程、驴妈妈等网络旅游巨头总部落户长三角。

（三）长三角文旅一体化政策与合作机制逐步积累

长三角地区是国内一体化政策较早地区，通过近几年不断融合发展，出台了一些文化旅游指导性文件，制定了一批文旅数据标准，建立了一体化标准合作机制，区域文旅行业融合发展已经具备一定政策基础。先后出台了《长三角区域旅游一体化发展杭州方案》《长三角地区高品质世界著名旅游目的地战略合作协议》等一批指导性文件，制定统一的

长三角旅游交通指引系统,搭建了"长三角区域旅游城市'15+1'高峰论坛"、长三角湖区旅游联盟、长三角慢生活旅游目的地联盟等合作平台及开放论坛。长三角地区旅游资源体系合作进一步推进,打造了一体化旅游服务体系,区域内导游通用、旅行社全部取消限制、旅游大巴进入景区、互相进行旅游推介会等一系列务实举措落地,区域信息资源、合作机制加速融合,一体化合作基础更加夯实。

综合以上,在长三角地区进一步推进文旅融合一体化融合发展,既是历史和社会发展必然,也是资源和市场的现实需要,更是打造区域新增长极,实现绿色高质量发展、推动乡村振兴的必然需求。

二、长三角文旅融合和一体化发展面临的瓶颈问题

长三角文旅融合和一体化发展在前期工作中取得喜人的成绩,激发了区域经济发展的活力,但展望未来和下一步合作,仍然面临很多瓶颈问题和现实困难,亟待解决。

(一)市场主体参与一体化不足,融合发展推进不够深入

从当前发展实际来看,目前长三角文旅融合和一体化发展,更多还是在政府层面的交流合作,比如长三角文旅联席会、政府间合作协议等,而真正落地到企业间务实合作还十分稀少,合作尚未取得实质性进展,落地项目不多。另外已出台的合作机制大都为指导性意见,合作深度广度都不够。一些特定区域和领域甚至还存在行政壁垒、信息不对称等问题,市场活力并未得到彻底释放。

(二)利益协调困难,合作机制效率不高,长期合作根基不牢

推动长三角地区文旅融合和一体化发展,必须解决区域利益分配问题。地区文旅一体化和融合发展,目的就是打造区域文旅核心竞争力,谋求整体利益最大化,促进地域经济高质量发展。但长三角地区旅游资源依然存在同质化、要素单一等问题,存在竞争关系,利益分配问题天然存在,无法形成有效利益共同体,合作根基尚不稳固。另外一些地区务实合作还停留在表层,未下沉到核心利益和关键环节,比如人才交流、技术共享和市场推介等方面,合作深度和广度都不够;一些地区文旅惠民举措落地不实等等。

(三)区域旅游资源存在同质化现象,错位竞争优势不明显

长三角地区地处长江中下游,地缘相近、文化相通,各地在打造文旅项目时,更多将注意力集中在江南水乡旅游与长江文化上,对于各自区域的文化禀赋与特色亮点挖掘不足,在一定程度上导致同质化现象,比如桐乡乌镇、周庄水乡火起来后,周边争相模仿,一大批各类小镇涌出,导致市场认可度不高,游客新鲜感不足,容易出现审美疲劳,无法形成有效旅游链条整体效应,对于区域整体竞争力打造是十分不利的。另外由于长三角区域旅游

资源横跨地域较大,各地纷纷冠名,比如仅太湖风景区,就有不少于3个城市冠名,如苏州太湖风景区、湖州太湖风景区等。最后,长三角各地在旅游文化产品定位不清晰,未能有效形成位错优势,这些都有赖于高位进一步统筹协调。

（四）核心城市、核心机构辐射能力不足,一体化品牌意识缺乏

长三角地区融合发展,是以几个国际级大城市为核心,形成规模城市群,带动整个区域一体化发展,定位文旅领域后,目前几大城市自身引流能力很强,聚集很多人气和资源,自身发展较好,但辐射带动能力明显不足。特别是浙江省建设共同富裕示范区,在区域一体化协调发展方面还要进一步探索。同时,各地文化馆、旅游服务中心等文旅核心机构龙头带动作用发挥不明显,公共文化服务特色亮点少,供给侧不均衡等问题依然存在。最后,长三角文旅一体化发展中,各地大局观念不够,都在主打自己的资源品牌,缺乏联合宣传推广活动,对于区域一体化发展、整体旅游品牌塑造不够,区域文旅合作整体效果尚未形成。

三、长三角文旅融合和一体化发展的路径分析

（一）加强顶层设计,明确发展思路,夯实长三角文旅融合与一体化发展基础

推进长三角文旅融合与一体化发展,高位的顶层设计与统筹协调是基础和关键。长三角地区要进一步探索区域合作新模式,坚持平等协作、利益共享、合作共赢的基础上,进一步健全完善区域联席会议机制,推动建立政府引导、企业务实合作机制,发挥核心城市、核心文旅机构作用,做优存量、创新增量,带动区域文旅一体化发展。各地要将长三角一体化发展工作切实摆在工作重要位置,列入年度重点工作计划,在健全完善《长三角区域文旅一体化发展工作方案》基础上,进一步加强沟通协调和务实创新,重点完善利益分配和区域协调机制,加强区域资金、技术、人才、金融等多方面务实合作,同时结合各地资源禀赋与发展需要,进一步理清区域一体发展思路,最大化利用各地文旅资源错位发展,推动构建文旅基础设施互联互通、一体化品牌全面形成、协同发展机制有效建立、区域引流能力持续保障的良好格局。

（二）强化文化传承和纽带作用,深挖各地特点亮点,实现文旅融合错位发展

长三角地区文旅发展,既要打造一个主题鲜明,也要注意错位发展,发挥各地比较优势,给游客带来源源不断的新鲜感。长三角地区要坚持以"江南文化""大运河文化"为核心,发挥文化传承和纽带作用,加强文化研究,打造区域标志性文化产品,形成规模和集群效应,增强核心竞争力。特别是要深挖各自文化禀赋特色,突出比较优势,克服同质化现象,以文化产业引领旅游产业发展。比如上海进一步做优城市要集中力量在城市景观、重要展会、科技赋能等方面下功夫;浙苏要围绕钱塘文化、良渚遗址历史文化

遗产、古典园林、打造文化遗产文旅胜地等。要深挖长三角地区红色历史文化渊源，将红色旅游与古镇游、乡村游结合起来，比如浙江丽水市遂昌县王村口复原昔日红军入驻时历史风貌，开发"重走红军路""夜袭白鹤尖"等特色活动，集合丽水原有古镇游、风景游，引来大批游客驻足。最后，各地在开发旅游资源时，要特别注重"原生态"人文景观资源，延伸历史文脉与地方传统，避免"千城一面、万村一景"，导致同质化与审美疲劳。

（三）推动核心文旅机构，打造特色公共文化空间，形成常态化合作交流机制

推进长三角文旅融合与一体化发展，还要进一步发挥各地文化馆、博物馆、龙头景区等核心文旅机构作用，推动深入交流合作，实现共赢。要鼓励长三角区域各地文旅核心机构开展常态化合作交流活动，鼓励文化馆、博物馆、景区、互联网文化企业成立文旅联盟，探索开放文物 IP、项目招标新模式，推进长三角文化的交融与渗透。比如浙江积极推动长三角公共文化数据资源的共建、共享、共用，组织开展了长三角及全国部分城市文创产品展览、长三角最美文化空间大赛等活动，上海举办"创新长三角·2020 上海（杨浦）公共文化和旅游服务产品采购大会"等活动，完善公共文化体系、深入实施"文化惠民工程、丰富群众文化活动"要求，健全以需求为导向的公共文化旅游资源供给侧的举措，提升长三角公共文化服务水平。谋划成立文旅创新发展基金，为区域内特色创新文旅项目提供资金支持，鼓励企业举办更多特色文化论坛、文旅融合活动。探索建立长三角文化旅游资源交易服务平台、文化旅游技术创新联盟，结合上海世界旅游博览会、浙江（江苏）旅游交易会、苏州国际旅游展等活动，进一步推动长三角的旅游资源、创新技术流动，推动旅游研究成果转化，为长三角文旅融合和一体化发展注入更多源头活水。

（四）以数字旅游、智慧旅游为抓手，推动"文化＋旅游"产业进一步融合发展

推进长三角文旅融合与一体化发展，要把握当前互联网与信息时代脉搏，推动数字技术、人工智能与传统旅游业有机结合，推动文化创意产业与互联网旅游产业更深层次务实合作，打造更多更好智慧旅游、数字旅游产品，增强文旅供给侧质量，有效提升群众体验。一是大力发展沉浸式文化旅游产品。要充分利用当前 5G、"云大物"、区块链、人工智能等技术优势，将文化与旅游相结合，打造 3D 灯光秀、水幕投影、全息互动投影、无人机表演等新兴旅游业态，推动传统文化与沉浸式体验有机结合，丰富群众旅游体验。长三角地区要鼓励各地文化馆、景区、公园等大力开发沉浸式文旅项目，推动数字文化馆、虚拟景区常态化，提升旅游演艺、线上线下娱乐的数字化水平，增强文旅目的地游客体验与引流能力。二是打造更多数字文化旅游示范点位。长三角地区要充分发挥自身数字化、智慧化优势，特别是作为全国智慧城市龙头杭州，要进一步开发文旅融合发展新模式，推动数字文化产业与智慧旅游深度融合，依托西湖、钱塘江、断桥、雷峰塔等重点景区，植入更多时代内涵，打造更多创意文化产品，提升核心竞争力。三是运用数字文旅，构建旅游智慧生态圈，强化区域文旅产品宣传推介，提升旅游公共服务水平，为游客提供更多便利支持，为地区文旅融合发展提供有力支撑。

（五）发挥核心城市示范带动作用，打造区域品牌，实现一体化发展

推进长三角文旅融与一体化发展，要充分发挥上海、苏州、杭州等核心城市辐射能力，带动整体区域内各城市共同实现高质量发展；其他各城市也要充分发挥自身优势，相互帮扶、相互借鉴，带动城乡接合部、二、三线城市、新农村发展。特别是浙江省全域，一方面，要依托文化旅游产业推动共同富裕示范区建设，实现发展成果全民共享；另一方面通过文旅惠民激发更多群众创造力，打造更多更丰富的特色旅游产品，反哺文旅产业发展。要提炼以世界名城（上海魔都、南京六朝古都等）、画里乡村（传统村落、水美乡村）、东方园林（拙政园、狮子林、留园等）和锦绣山水（黄山、普陀山、九华山、西湖、太湖、巢湖、钱塘江、大运河等）等为代表的资源体系，推出"长三角旅游"系列品牌。同时聘请专业文化设计公司，统一规范设置LOGO品牌，统一在各个景区或行政区设置标志牌、指向牌、导览牌，形成一体化规模效应，强化视觉冲击和群众识别。

（六）深化全域旅游，落实惠民措施，推动文旅融合与区域一体化发展

长三角地区要进一步深化"大全域旅游"发展理念，通过全域资源整合，实现全域资源旅游化，扩容资源发展空间。特别是进一步整合长三角地区文化资源，与传统旅游资源在更广领域、更高层面进行务实合作，实施"文旅＋名片""文旅＋农业""文旅＋工业""文旅＋非遗"工程，挖掘更多载体，建设一批非物质文化遗产旅游体验基地、旅游景区传统技艺展演示范点，培育发展一批龙头文化旅游企业，打造文化旅游企业集群，促进文旅深度融合。此外，长三角地区还要积极探索文旅惠民措施，通过发放长三角景区联合消费券、联动打折等务实办法，降低旅游门槛，吸引客流。比如在公共服务便利化方面，浙江全力推进社保卡在长三角区域公共文化空间"一卡通"文旅服务，实现了浙江省123个公共场馆、110个国有公共博物馆、161个公园景区社保卡通用，打通壁垒，加快推进以社保卡为载体的文旅服务"一卡通"。积极推动了长三角公共文化数据资源的共建、共享、共用。

当前全球和国内新冠疫情仍有反弹，国际国内经济下行压力依然很大，推进长三角地区文旅融合一体化发展困难很多，发展任重而道远。但纵观整体形势，长三角地区一体化发展的趋势是整体向好的，虽然也存在着合作机制不健全、市场化参与不足、旅游资源同质化、核心城市核心机构辐射带动不足、整体品牌意识不强等问题，但展望未来，通过"进一步加强顶层设计，明确发展思路；强化文化传承和纽带作用，深挖各地特点亮点，实现文旅融合错位发展；推动核心文旅机构进一步务实合作，形成常态化合作交流机制，夯实发展基础；以数字旅游、智慧旅游为抓手，推动"文化＋旅游"产业进一步融合发展；发挥核心城市示范带动作用，打造区域品牌，实现一体化发展"的联合发展思路，长三角文旅融合与一体化发展必然海阔天空、大有可为。

参考文献

[1] 栾开印.长三角文旅融合与一体化发展路径研究 [J].中国国情国力,2021（5）:8-12.

[2] 冯学钢.推动长三角文旅融合与一体化发展研究 [J].科学发展,2021（3）:52-61.

[3] 郑奇洋.苏州文旅融合发展的评价与优化研究 [D].苏州:苏州科技大学,2020.

[4] 李萌.以文旅融合推动长三角旅游高质量发展 [N].中国旅游报,2019-03-12（3）.

基层文化馆原创舞台剧分析与建议

——以北京市西城区文化馆系列原创舞台剧为例

郑　昕（北京市西城区文化馆）

党的十九大报告明确指出：要完善公共文化服务体系，深入实施文化惠民工程，丰富群众性文化活动。近年来，全国基层文化馆针对面向基层公共文化产品供给不足的问题，围绕贯彻落实党的十九大精神，创新理念、开拓进取，探索了很多时代性强、实效性强的文化服务形式，而原创舞台剧是其中具有代表性的形式之一。笔者拟以近十年来北京市西城区文化馆系列原创舞台剧的实践为例，通过分析其现状，以期对其未来发展提出参考性建议。

一、西城区文化馆原创舞台剧基本情况和特色

从 2010 年开始，西城区文化馆即将原创舞台剧列入年度工作计划，几乎年年都有新作品，截至目前已创作、演出了包括歌舞剧、音乐剧、话剧、北京曲剧等不同的艺术形式的舞台剧共 11 部，并先后在全国政协礼堂、天桥剧场、民族宫大剧院、北展剧场、国家大剧院、国家话剧院剧场、西城区文化馆缤纷剧场等共上演 63 场，现场观众约 10 万人次，在国家文化云及多家网络平台进行现场直播，累计在线观众达千万人次，初步探索了一条以原创舞台剧为轴心、弘扬西城传统文化、对接居民文化需求的新路径。其主要特点有：

（一）坚持政治性

西城区文化馆在各项工作中，始终把坚定的政治性和正确的政治方向放在首位。文化馆的原创舞台剧中就有多部弘扬革命先烈前辈和"时代楷模"的优秀作品。如 2015 年，话剧《新北平市长》展示了以聂荣臻同志为代表的共产党人建设新中国的坚定决心和艰难历程；2017 推出了描写党的十九大代表贾立群大夫的北京曲剧《B 超神探》；2019 年推出了青少年版的话剧《父亲·李大钊》，展示了共产党人在不同时期的初心和使命。

（二）立足区域化

西城区文化馆在原创舞台剧工作中，坚持立足西城，把"讲好西城故事、展现西城风采"作为原创舞台剧的出发点和落脚点。11 部原创舞台剧均围绕西城历史、文化、人物展开，如宣传西城革命史的《父亲·李大钊》《新北平市长》，宣传西城非遗传承的《武学

宗师》《口技人生》,宣传西城先进人物的《B超神探》,以及宣传西城历史变迁和居民生活的《北京人家》六部曲,全方位地展示了西城区人文环境、历史变迁和优良传统,在提升西城软实力、增强西城居民群众的认同感、归属感、幸福感和凝聚力方面收到了明显的成效。

(三)保持延续性

结合文化馆机制体制改革,把"每年一部原创舞台剧"列入文化馆建设总体工作规划,保持了原创舞台剧的连续性、系统性;树立精品意识、品牌意识,力争把每一部原创剧都打造成可保留、可复排、随时可演、随演随新的文化资产。如以"北京人家"为主题的6部原创剧,虽然时间跨度长,但主题明确、主线清晰、前后连贯、浑然一体、形式多样、欣赏性强,构成了一个完整的系列。

(四)注重群众性

围绕文化馆提升区域群众文化水平的职责任务,坚持把提升文化馆干部业务能力、提升群众文化骨干自教自学能力融入原创舞台剧的全过程。据统计,西城区文化馆编演的11部舞台剧中,专业演员、文化馆业务干部和西城区文艺团队骨干比例分别为10%、60%、30%,初步实现了专群结合、共同提高的目标。

二、对基层文化馆原创舞台剧现状的综合分析

在全国基层文化馆中,大部分文化馆都有原创舞台剧的实践。但限于原创舞台剧对人才、资金的要求,其发展趋势基本上与经济发展形势相吻合,即越是经济发达地区的文化馆,越是起步早、质量高、剧种全。北京、上海、广州等超大城市处于领军位置,话剧、音乐剧、舞剧、情景剧等舞台剧形式多样、百花齐放;华北、华中、华东、华南的大部分地区和西南地区的四川、重庆处于中游,以小型话剧、情景剧和新编地方曲种为主等;其他东北、西北和西南的其他地区处于末端,基本上以新编地方曲种为主。但基层文化馆原创舞台剧舞台已呈现出星火燎原之势。

(一)产生的前提条件

通过对西城区文化馆十年来原创舞台剧实践的定点分析以及对全国目前基层文化馆原创舞台剧现状的综合分析,可以看出,基层文化馆原创舞台剧的产生不是偶然的,是基于以下"三个提升"相互作用、相互促进的结果:

1.各级政府对文化建设的重视程度逐步提升

目前,文化建设已经成为中国特色社会主义事业的重要组成部分,各级政府对文化建设的认识越来越高、投入越来越高,尤其是为了满足群众日益增长的精神文化需求,对公共文化服务体系建设提出了更高的要求。

2. 基层文化馆综合实力逐步提升

从硬件方面来看,资金投入有保障,经过多年建设,各级基层文化馆的基础设施逐步完善,在大部分地区剧场及其配套设施已经比较普及;从软件条件来看,很多专业人才进入了群众文化队伍,总体上拉升了群众文化服务能力。综合实力的提升,促使各级基层文化馆的原创文化产品,从单一的歌曲、舞蹈、小品、器乐等发展到综合的舞台艺术,是一个必然的结果和崭新的阶段。

3. 群众文化需求逐步提升

随着社会的进步、经济的发展、生活水平的逐步提高,人民群众的精神文化需求越来越高;尤其是随着科技的发展,各种新型的媒体传播和信息传输渠道越来越多,人民群众对文化的要求也越来越高,需要更加广阔和平台和舞台。服务对象需求和要求的提升,对公共文化的供给提出了新的要求和新的挑战。

(二)目前的主要特点

由于基层文化馆原创舞台剧产生时间不长,因而从整体情况来看,基本上还处于自由发挥、各自为战、缺乏规范的探索阶段、初级阶段,呈现出以下共同的规律和特点:

1. 自编自演为主

基层文化馆原创舞台剧基本上是基层文化馆为主体、基层文化馆业务干部为主要创作和演出力量,其中,聘请了部分专业人员和群众文化团队骨干作为补充。

2. 教育功能突出

普遍能够坚持正确的政治方向,将宣传党的方针政策、社会主义核心价值观和创建社会主义精神文明融入原创剧创作过程中,弘扬主旋律,传播正能量,用先进文化占领基层文化阵地。

3. 区域特色明显

作为文化服务的延伸,主要目标是为当地居民群众提供公共文化产品,所以定位向内、眼光向内、取材向内成为基本创作导向。普遍能够立足于本乡本土取材,以区域传统文化为载体,以区域历史、人物、事件为主要表现内容,乡土气息浓厚,距离感小、亲切感强,容易引起观众共鸣。

4. 表现形式灵活

与传统舞台剧一样,基层文化馆原创舞台剧涵盖了话剧、情景剧、音乐剧、舞剧及各类地方曲目剧,但表现形式更加灵活,大部分作品没有严格拘泥于各类舞台剧种固定模式,混编、杂糅现象比较突出。

(三)发挥的主要作用

实践证明,基层文化馆原创舞台剧作为基层文化服务的一个新领域、新途径,在增加基层公共文化产品和服务供给,丰富群众精神文化生活,凝聚人心、增进认同、化解矛盾、促进和谐等方面发挥了积极作用。

1. 传承区域传统文化，提升区域软实力

区域传统文化是区域历史的重要载体，是记载区域历史发展抽象性的、标志性的符号。西城区文化馆将京剧、鬃人、口技、武术等区域文化作为舞台剧的核心因素，同样，天津河东区文化馆原创话剧《这年过的》、山东省青岛市李沧区原创的吕剧小戏《回家过年》、山东省临沂市兰山区文化馆创作的柳琴戏《月儿圆圆》、云南省开远市文化馆原创花灯音乐剧《回家》、甘肃省张掖市文化馆原创的情景剧《仙姑传奇》等，都以宣传、传承区域传统文化为出发点和落脚点，打造对外宣传的"城市名片"，在增添城镇魅力、强化居民认同感、提升核心竞争力等方面起到了较好的促进作用。

2. 展现区域历史变迁，提升居民群众的获得感、幸福感

宣传党的方针政策、宣传社会主义建设成就是群众文化工作的主要目标之一。立足于本乡本土取材的特点，使基层文化馆原创舞台剧能真实地还原历史，以当地历史的变迁表现社会的进步、生活的改善。观众的代入感强、易于共情，在潜移默化、感同身受中增强了对祖国建设成就的了解和认同。如西城区文化馆以"北京人家"为主题的 6 部舞台剧，取景遍布西城，北海、西单、大栅栏、天桥等"地标"区域，勾勒出了一段百年历史变迁史。

3. 整合区域文化资源，提升基层公共文化服务效能

国务院办公厅《关于推进基层综合性文化服务中心建设的指导意见》指出：由于缺少统筹协调和统一规划，公共文化资源难以有效整合，难以发挥出整体效益。而舞台剧是一门综合艺术，有利于统筹利用资源，促进共建共享，提升基层公共文化服务效能。如西城区文化馆在创作演出原创舞台剧的过程中，对内集全馆之力，消除了部门壁垒；对外有上级文化、宣传主管部门的支持，有专业团体的支持，有各大剧院的支持，有群众业余文艺团队的支持，借用舞台剧这个支点，发挥撬动作用和聚合作用，整合了各级各类面向基层的公共文化资源和服务，形成了合力，促进了优化配置、高效利用。

4. 培训区域文化队伍，提升群众文化服务水平

基层文化馆的人才和业务能力问题，一直是制约群众文化发展的主要障碍。随着大量专业院校毕业生进入到群众文化队伍，极大地提升了基层文化馆的专业素质，但其群众文化专业能力匮乏的问题依然突出，缺乏"一专多能"的复合型人才依然是制约群众文化发展的瓶颈问题。而舞台剧的创作、演出过程，就是一次综合性的培训过程，能够有效地、快速地提升业务干部的综合能力。

（四）存在的主要问题

由于基层文化馆原创舞台剧刚刚起步，在发展的过程中，不可避免地存在着一些难点和瓶颈问题：

1. 创作理念有偏差

部分基层文化馆在创作过程中，偏离职责和初心，有求大求全、好高骛远的观念，有脱离本职、脱离本土的现象，有只追求形式不注重内容、弱化教育功能的趋势，使部分舞台剧功能定位不清、宣传效果不明显的情况。

2. 原创能力不足

部分基层文化馆人员的素质和能力不强,出现了原创舞台剧以外请专业人员为主、内部人员为辅的现象,甚至还有全部外聘专业团队创作、演出的现象。而有些专业人员并不了解群众文化的内在规律和目标任务,使原创舞台剧的目标不能实现、质量不能保证。

3. 发展不平衡

前面已简单分析了全国基层文化馆原创舞台发展呈现明显地域性特征的现象,其根本原因在于经济发展状况:越是经济发达地区越容易吸引人才、经费保障越充足,反正,越是贫困地区,越是人才稀缺、经费匮乏。

4. 投入和产出短期内有"逆差"

文化馆作为公益性文化事业单位,其文化活动具有高度公益性,因而一部投入较大的原创舞台剧绝不能以经济效益来衡量,短时间内可能会产生所谓的"逆差"。但从长远的角度来看,作为精品剧目是可能通过复排复演不断地产生应有的社会效益,在一定程度上缩小了这种"逆差"。

三、基层文化馆原创舞台剧未来发展的思考和建议

由以上分析可以看出,基层文化馆原创舞台剧特点突出、作用明显,虽然目前处于探索阶段、初级阶段,存在着一些问题,但依然拥有雄厚的群众基础,有较大的提升空间、较强的推广价值和较好的发展前景。

(一)坚持整体规划、有序推进

各级文化领导部门要高度重视基层文化馆原创舞台剧这一新领域、新途径,统筹规划、强化引领,发挥主导作用,掌握发展的主动权和领导权;要制定整体规划,把握发展方向,不搞"一刀切""齐步走""全覆盖",综合考虑不同地区的经济发展水平、人口变化、文化特点和自然条件等因素,分类、分级、分步进行推广;要组织专家进行研讨、组织基层文化馆开展交流,及时总结经验,提供理论支撑;要坚持试点先行,对有条件、有基础的地区给予重点关注、重点扶持,尤其对贫困地区要加大经费投入;要适时组织会演、评选,发挥典型示范作用,推动各地形成既有共性又有特色的发展模式。

(二)坚持立足本地、凝心聚力

基层文化馆原创舞台剧要端正创作理念、追求社会效益,围绕为当地居民群众提供优质公共文化产品的初心,坚持本土化的基本原则、坚持定位向内、眼光向内、取材向内的创作导向。要以区域历史变迁为抓手,宣传党的方针政策,提升居民群众的获得感、幸福感;要以区域特色文化为抓手,弘扬传统文化,确保一部舞台剧就是一张"名片",展现区域底蕴、品质和魅力,提升区域软实力;要以区域各行业典型人物为抓手,精彩、生动、鲜活地讲好区域故事,塑造市民认同的精神价值和共同愿景,培育社会主义核心价值观,提升社会

整体文明素质,为建设和谐社会提供精神动力。

(三)坚持综合施策、激发活力

原创舞台剧在人力、物力、财力方面投入都比较大,不能为演而演、一演了之,不能搞"面子过程""短期效应"。要以群众满意度作为检验的首要标准,建立健全群众反馈机制,促进供需有效对接,真正把原创舞台剧变成观众认可、喜闻乐见的"良心剧""精品剧";要学习专业院团的运作模式,精准选题、精心打磨,争取一剧多用、一剧常用;要发挥原创舞台剧的撬动作用和聚合作用,整合分布在不同部门、分散孤立基层公共文化资源;要充分发挥互联网等现代信息技术优势,建设公共文化网络平台,将原创舞台剧传播与其他文化项目、资源一同在网上发布,扩大受众群体,提高原创舞台剧的效能和活力。

(四)坚持以演代训、实战练兵

要以舞台剧的创作、演出为契机,加速推进文化队伍建设。要着眼原创,坚持以基层文化馆业务干部和基层文艺团队骨干为主力军,逐步减少专业人员的介入;要适时召开创作研讨会、经验交流会,引导业务干部互帮互学;要鼓励业务干部跨专业、跨领域开展工作,打造"一专多能""一岗多人"的复合型群众文化服务队伍;在保证质量的前提下,要轮流邀请基层文艺团队骨干参加,同时要创造机会,邀请有特色、有实力的基层文艺团队参加演出,推动区域群众文化水平的不断提升。

总之,基层文化馆原创舞台剧是公共文化服务的一个新领域、新途径,是基层原创由单一向综合发展的必然结果,具有较好的发展前景,需要各级文化机构高度重视、共同扶持。在宏观层面,要在组织领导、总体规划、理论研究、综合施策上下功夫;在实践方面,要端正创作理念、不忘初心,要坚持本土化原则,要坚持不断提高质量、激发活力,要坚持以演代训、实战练兵,确保基层文化馆原创舞台剧健康发展、不断壮大。

上海全民艺术普及创新路径初探

徐兵兵　　康春委（上海市黄浦区文化馆）

2022 年初,随着《关于做好文化艺术类校外培训管理相关工作的通知》的发布,文化和旅游部门已明确成为文化艺术类校外培训主管部门。至此,上至耄耋老人吴侬软语,下至学龄前儿童艺术培养,全民艺术普及已经成为落实公共文化服务保障,加强公共文化建设的重要任务。近年来,各级群众艺术馆、文化馆不断创新群众文化艺术普及方式,完善相关工作的创新机制,取得了显著的成绩。但随着时代环境多变,全民艺术普及的多元化、个性化和广泛化问题遇到了更多的挑战。如何联合社会力量,共同构建一个更加科学、高效的群众文化工作机制,成为一个迫切的话题。

本文将从艺术普及的平台建设、参与主体、队伍管理、机制完善等方面,探索一条全民艺术普及和机制创新路径,推动全民艺术普及的精准化供给,更好发挥文化馆的公共文化阵地作用,满足群众的精神文化需求。

一、逐渐完善的全民艺术普及现状简析

（一）数字平台建设大力发展

目前,各级群众艺术馆、区、县（市）文化馆已大力开展数字公共文化服务平台的建设,充分地利用国家数字文化云、数字文化馆建设、微信公众号、抖音平台等满足市民的使用需求。2016 年正式上线的"上海文化云"作为前期"部队",经多方测试改进,已融合了700 余家市、区县、街道文化场馆,成为上海当之无愧的公共文化大综合平台。市民可以通过 APP 了解各区线下群众文化资源,实名注册后既可以进行线下课程和场馆的预约,也可以根据兴趣检索舞台、戏剧、器乐等在线资源。近 5 年来,对标"上海文化云"较成熟的工作机制,上海 16 个区文化馆纷纷在微信公众号上建立各自的数字资源系统,更有部分街道文化中心也设立独立的数字资源系统。总体看,上海数字群众文化艺术普及共享平台已全面铺开。数字平台的使用不受时间、空间的限制,解决了多年来艺术普及老难题。

（二）全民艺术普及参与主体日益多元化

近年来,各级政府普遍地加大了对群众文化的建设投入,全民艺术普及的参与主体日益多元化。一方面,各级文化馆逐步完善政府购买公共文化机制,如通过公共文化配送云

平台建立群文艺术资源的公平招标机制,弥补群众文化艺术资源不足;另一方面,各区文化馆通过法人治理结构建设,理事会制度等方式,广泛了解人民群众的文化艺术需求,进一步引导文化艺术服务企业进行针对性的资源供给。

其中,2016年注册的"上海市社区文化活动中心管理平台"经5年多来不断升级,变更为"上海市公共文化内容供给平台",作为一个官方的公共文化内容配送平台,已成为一个全方面反映政府供给、市场企业申报与市民文化需求之间动态平衡关系的有效媒介。这体现了全民艺术普及参与主体的多元化、规范化。

(三)基层业务骨干队伍建设进一步提升

受时代原因,基层文化馆早期员工构成较为多样:既有在魔术团、杂技团、评弹团等工作经历的老员工,也有退伍人员、影院放映员、剧场票务接待等。从艺术培训的角度讲,传统的人员配置不能较好地充实到当下全民艺术普及的教师队伍中。随着新老交替,文化馆不断招入了有艺术专长的高校毕业生,使得文化馆基层群众文化骨干队伍素养明显提高。

以上海市黄浦区文化馆的职工队伍为例,自2017年以来,具有本科及以上学历人员由58.1%上升到85.71%,35周岁及以下青年占比也由36.1%上升到54.29%;截至2020年底,馆内共有在编人员35人,其中专业技术人员共30人,占职工总数85.71%。

职称结构:现有专业技术人员30人,其中高级职称2人,占比6.67%;中级职称8人,占比26.67%;初级职称20人,占比66.67%。

年龄结构:20—35周岁职工19人,36—50周岁职工12人,50周岁以上职工4人。35周岁及以下青年人已超半数。

二、新形势下新课题、新挑战

笔者用严谨的态度整理数据,用客观的理性分析现状,发现新课题、新挑战,意在探索艺术普及的未来之路,并提出以下思考。

(一)线上建设大投入不等于服务效果大产出

随着线上建设的投入不断增加,其服务效果也不尽相同。线上文化建设需要全局性思考和通盘考虑的过程,是一个系统工程,需要管理者前瞻性的顶层设计。管理者需要明确线上平台的意义,通过合理布局,功能清晰地给予整个数字平台一个全局考虑。部分数字系统升级行为存在盲目跟风,急于启动的现象,导致设备更新更像是简单地硬件堆砌,投入大,效果小。

很多被放置在文化馆一楼的数字互动设备,存在着信息重复单一,互动性差的问题,沦为一个"大屏幕版"的微信公众号。年轻人无法被单一的信息吸引,老年人又不善于使用数字设备,互动设备沦为摆设。部分微信公众数字平台上,乐于更多展示召开政务会议、评选个先进标兵、员工午间活动等信息。诚然,这样的信息有利于更好宣传文化馆建设的正能量,但数字化建设不等同于内部信息公开,更不等于会议纪要和工作汇报。老百姓更爱看文化"干货"。

数字群众文化艺术普及的建设应该以流量为导向,以吸引多少用户体验为考核指标,从而实现互联网＋思维,即小投入,大效益,从而转变线上文化服务着重政务轻服务的传统思维。

（二）艺术普及参与主体多元不等于供给内容多样

如今,群众文化艺术普及早已破除主体结构单一的问题,政府、市场和社会之间协调的积极作用得到进一步发挥。基本实现由政府加强政策制定,发布群众文化艺术发展的指导纲要,由市场主体提供更加多元化和特色化的群众文化艺术产品。

但是,服务供给主体多元不等于供给内容多样。笔者查阅上海市公共文化内容供给平台（公共文化配送）,根据2021年,12月份数据显示,居民最喜欢参与的文化活动还是文艺演出,占比61.1%,其次是特色活动占比24.26%。文艺演出内容多为传统戏剧。

以2021年12月份为例,文艺演出中,即便是上海市民点单率最高的沪剧（见表1）,其活动日多在工作日,参与者多为中老年人。新剧目类型单一,难以吸引年轻群体。

表1　2021年12月份上海市民对传统戏曲配送节目点单率统计表

剧种	文艺演出		点单率	艺术导赏		点单率
	项目量/个	点单量/次		项目量/个	点单量/次	
越剧	24	6	25%	4	1	25%
黄梅戏	24	6	25%	4	1	25%
沪剧	219	97	44%	21	16	76%

注:信息来源于上海市公共文化内容供给平台（http://whps.eshanghai.cn）。

儿童需要轻松有趣听得懂的故事;青少年需要具有时代特征,紧跟潮流的情节;打工人需要产生情感共鸣桥段。想要吸引全年龄层次市民参与艺术普及的全覆盖,必须要有创新的剧目,供给内容需要在多样性和品质上有更多提升。

（三）基层业务骨干专业技能提高不等于服务能力提升

近年来,文化馆不断招入了有艺术专长的高校毕业生,基层群众文化骨干队伍素养明显提高。但这并不等于业务骨干的服务能力全面提升。一方面部分业务干事虽然有较好专业基础,但由于普遍存在的一岗多职现象,往往无暇顾及参与市馆举办的专业文艺培训,而替代者往往是非创作人员,培训效果自然大打折扣,他们的专业技能、服务能力如何才能提升? 另一方面,部分管理干部还有着较强的行政管理意识,认为管理职责大于服务,主观上对待基层文化骨干业务能力的提升缺少栽培的用心与耐心。

三、可行方案探讨

（一）以解决线下活动局限性为目的，让数字建设用到实处

切实利用线上平台，解决线下艺术普及中实际遇到的问题，让线上平台成为线下活动的有力补充。积极借助数字革新带来的便捷，促进群众文化艺术的蓬勃发展，突破传统全民艺术普及的弊端。

首先，线下教学＋线上直播成为趋势，通过数字技术建立对线下活动高保真的呈现、模仿和拼接，走向"创生现实形态"。例如，壬寅年大年初三，黄浦区文化馆和少山文化将共同打造一台线上线下同步的文化节目《乐音荡漾，咖啡飘香》，由两位主讲老师通过交响乐和咖啡结合的角度，讲述海派文化的精致、优雅和时尚，陪广大市民共度新春佳节，该活动得到 19000 人次观摩量，突破了区域内的观摩纪录。

其次，数字建设可以不断完善市民参与机制。目前，上海各区文化馆都有自己的品牌公益课程，例如黄浦的"守艺学堂"、静安的"手工匠人在静安"、长宁的"节气课堂"等，随着上海市全民艺术普及的推广，各文化馆公益课网络报名端口的广泛应用，使得后台系统也获取了建立了一定数量的用户数据，针对这些宝贵的用户数据，建议优化如下：

（1）完善报名机制。用户报名成功后，提前两天短信确认上课时间，如无法参加，可取消报名，空出名额留给其他用户。

（2）累积用户信用积分。每个课程结束可以获得信用积分，经常无故缺席，或者破坏课堂纪律，经劝阻无效的，将被扣除信用积分。

（3）积分通用制度。为避免老用户反复抢票，高于一定积分的用户，除了可以报名更多的文化公益课程以外，可以设置积分可转化为免费门票。

（二）开拓新模式促进群众文化产品的精品化、多样化

文化馆需要对社会主体的群众文化服务供给形成新的管理机制，规范群众服务供给质量，让课程站在市场前沿的角度，紧贴都市兴趣热点，以市民满意度为导向，有效约束市场主体。建立动态化管理，提高群众文化服务效率。

"市民艺术夜校"经过三年的办学，形成了一套成熟有效的模式后，上海市群艺馆联动 16 个区，开启了进一步的拓展计划。这些课程站在市场前沿的角度，紧贴都市兴趣热点，许多白领希望能在下班之后走进这艺术之门，培养艺术兴趣，感受美育熏陶，为生活增添别样情趣，是群众文化产品精品化、多样化的有益尝试。活动主要采用延时开放、公益性收费模式，在晚间时段为 18—55 岁中青年提供文化艺术普及课程，进一步提升市民的艺术修养和人文素养，提高大众审美能力，深化"市民美育行动"。

（三）鼓励基层业务骨干开拓进取、提升服务意识

年轻群文人需要增加主导意识，策划、组织艺术普及活动，将艺术流行方式融入工作

中去。首先,业务骨干要将切实提升全面艺术普及作为自己工作之本;再者,文化馆要鼓励年轻群文人开拓进取、勇于创新;第三,鼓励老同志做好"传帮带"的积极作用,使年轻同志用心去融入老百姓艺术普及的工作中去,也是文化馆建设以后的亮点。

本文着重探索了上海在全民艺术普及中遇到的挑战与创新,对全国各地的文化馆推进成果尚未提及,存在一定局限性。事实上,全国各文化馆(站)正在以自己独特的方式推进着全民艺术的普及,并取得显著成效。望此文以抛砖引玉之用,为更多全民艺术普及机制研究产生赋能,便是此论文研究真正的意义。

我们文化工作者要深耕易耨,简化群众使用群众文化艺术场馆和各种设施设备的程序,提供丰富的群众文化艺术活动形式,积极创新群众文化艺术活动品牌,建立促进群众参与文化艺术活动的激励机制,促进群众在参与文化艺术活动时良好的体验感,满足群众的精神文化需求。

"非遗 + 旅游":探索文旅融合品牌新契机

——以"上海话·上海情"苏州河文化探访体验活动为例

黄之琳(上海长宁文化艺术中心)

自文化和旅游部组建以来,文化和旅游各行业遵循"易融则融、能融尽融、以文促旅、以旅彰文"的原则,加快了文旅融合发展步伐。在文旅融合背景下,非物质文化遗产作为其中重要的资源,不断获得更多的社会关注。旅游的发展也为非遗的传播拓宽了渠道、插上了"翅膀"。"非遗"为旅游业注入更加优质、更富吸引力的文化内容,充分发挥旅游业的优势,能为非遗保护传承和发展振兴注入新的内生动力。近年来,全国多地在非遗与旅游融合发展方面进行了多方探索,本文仅就上海市长宁民俗文化中心作为国家级文旅融合试点单位近几年开展的"上海话·上海情"苏州河文化寻访体验活动为例进行探究。

长宁民俗文化中心于 2021 年被评为"国家级文旅融合单位"。自 2012 年起,开始主办"上海话·上海情"沪语推广系列活动,2014 年被上海市民文化节组委会评为特色品牌活动项目,至今已成功举办了 10 年。正值上海市民文化节十周年,"上海话·上海情"沪语推广活动以寻访苏州河文化渊源为切入点,以上海话传承体验为依托,遵循"探访历史遗存、苏河旅游考古"为理念,以"非遗 + 研学""非遗 + 赛事""非遗 + 体验""非遗 + 数字"等模式,在挖掘苏州河长宁段沿岸文旅资源的基础上,探索非遗与旅游的融合发展。

一、公共文化视域下文旅融合典型案例运作分析

自 2011 年起,长宁区历年举办"上海话·上海情"苏州河文化探访体验,至今已连续十余年。多年来,长宁通过各种形式的文旅体验,对"沪语"进行推广普及的同时,开展形式多样、参与面广泛的苏州河文化探访游系列体验活动,包括演绎大赛、名家讲坛、"阿拉屋里厢"故事汇、微视频征稿、沪语"剧本杀"、沪语非遗集市等形式。

(一)项目背景:探访苏州河人文历史,传承海派沪语文化

上海作为开放的国际化大都市的窗口属性越来越强,同时上海也称得上移民城市。位于苏州河长宁段(哈密路、北翟路、蒲松北路交叉口)的北新泾是上海最早水路连接长三角的经济集聚区之一。北新泾街市始建于南宋,兴盛至清代,店面林立、商业繁荣,是上海开埠后,位于长宁境内、水路贯通、商业繁华的古老街镇。从此地来到上海的新上海人

越来越多。因此,作为"苏河源"的北新泾在兼容并蓄的基础上,保留、发扬上海独特的文化特色与民间习俗,已成为"寻找上海源、抒发上海情"这一话题的发起地。而语言是文化的重要载体,语言与文化、生活、风俗紧密相关,可以说是文化的缩影,主办方旨在通过"苏河源·上海情"上海话传承推广系列活动,以语言为线索,抓住上海文化的脉络,寻觅上海文化的精神,抒发热爱上海的情感。

(二)融合形式:市民公益体验,探访历史遗存

而随着社会的发展,语言存在的环境也相应发生变化,上海话的传播、传承已遇到了新的挑战,推广传承沪语,不仅需要专家学者的研究宣传,更加需要广大群众的广泛参与、生活应用、场景互动,如此才能生生不息。生活在上海,了解沪语,使用沪语,让沪语始终"活"在日常生活中才是传承传播上海话的千秋大计。活动紧紧围绕苏州河文化探访,结合"寻找上海根·抒发上海情"主题,开展"上海话·上海情"上海话传承推广系列活动,其中包括沪语展演大赛、沪语体验训练营、沪语推广探访营等,本次活动在特定场景与情境中的开展沪语指导、沉浸式体验,沪语表演竞赛、"小小沪语播音员"、线上线下联动,用更适合当下的方式更好地传播沪语,探索沪语普及与传承的有效模式。全市所有对沪语文化感兴趣的市民,通过更深入地学习、体验沪语文化,进一步增强城市归属感与"苏河源"历史文化认同感。

(三)文旅内容:注重体验互动,传播挖掘城市文化

1. 体验传统文化,开拓"沪语行走课堂"
"沪语行走课堂"让孩子走出教室,在探访苏州河文化的过程中,体验"看得见、摸得着"的非遗项目。路线以民俗行街观摩、传统美术公教、老洋房行走打卡、传统手工体验、沪语故事演讲、传统戏曲欣赏、民俗体育参与、沪语传承训练为主,主办者针对苏州河沿岸文旅资源路线编写研学手册。研学手册契合青少年语言学习特点和审美兴趣,手册集结了苏州河中山公园板块、虹桥板块、临空板块内多种多样的非遗项目,让青少年有兴趣去自主认知、动手体验、学有所悟。

2. 分享传统生产生活方式,发掘"传统非遗新体验"
"上海话·上海情"苏州河文化探访活动的初衷是"海派文化和江南文化的充分体验",在整个活动过程中我们积极引导体验团成员体验和分享传统生产生活方式,在充分尊重历史和民众的基础上,提高成员的参与度,让他们在参与过程中获得满足感。体验团成员以视频、摄影、绘画、访谈记录等方式对活动花絮、探访内容、非遗传承人等进行多角度、多维度艺术创作和宣传。在活动中体验团成员推出了多个地区"网红非遗""打卡地标",充分发掘传统衣食住行中的"新体验"。

3. 活化文化遗产,开展"苏州河文旅考古"
让文化遗产活起来是近几年大众的关注点和文化遗产工作的重点。"上海话·上海情"苏州河文化探访体验活动最终目的之一,就是要让文化遗产在当下的语境中重新散发出生命力。针对苏州河长宁段文旅特色，围绕"探寻苏州河沿岸海派文化和江南文化"主题，巧妙依托苏州河沿岸自然风光，紧密结合中山公园板块、虹桥板块、临空板块内历史建筑、工业遗存、滨水空间、商圈园区等文旅场所，开展各类上海话微旅游寻访活动，让昔日的"工业锈带"变身成为今天的"生活秀带""文旅绣带"，还河于民、还绿于民，把最好的资源留给人民，逐步形成独具长宁人文特色的苏州河沿岸文化景观，逐步推进凸显上海都市旅游特点的苏州河沿岸文旅发展。

二、文化馆推进"上海话"文旅融合活动的思考

（一）首次将市民文化节赛事与文旅体验活动进行融合

2014年，"上海话·上海情"沪语大赛被纳入上海市民文化节重点赛事活动，在全市范围开展了一系列沪语活动，参与市民当年达百万，3万余市民直接报名参赛。这充分说明公共文化服务和旅游服务有可以融合的一面，也有相对独立的一面。为此，上海长宁文化艺术中心在文旅融合方面利用"非遗＋旅游"的形式，在文旅融合方面打破了文化馆瓶颈，擦亮区域文旅融合新名片。

（二）以非遗数字化服务为手段，科技赋能非遗旅游品牌

经过多年的实践探索，开发"小程序"作为上海话文旅体验活动的报名入口，将赛事部分与体验互动巧妙结合，提高市民参与度，将"小程序"端口与数字文化馆服务APP链接。活动利用数字朗读亭功能，开发线上线下文旅融合体验新空间。市民可通过朗读亭中沪剧K歌点选、沪语诗歌朗诵、沪语音频留声等形式，参与活动，进行文旅体验。各类科技手段为体验活动扩大服务覆盖面提供了可能，帮助主办方获得报名参加的人群情况分析，对后续活动绩效评估、经验积累都提供科学客观的评估依据。

（三）充分利用资源叠加效应，将文化场馆文旅功能升级

为进一步提升国家级文旅融合单位的阅读空间服务功能，长宁非遗保护中心拟在原长宁民俗文化中心，与长宁区图书馆合作建立"非遗书房"。通过共建共享、内容迭代、科技赋能、服务提升，全面提升非遗场馆特色品质和非遗阅读服务效能。非遗书房是宣传推广世界文化遗产、中华传统文化、非遗传承保护等相关内容的主题图书馆，纳入长宁区图书馆图书借阅管理系统，对接上海市全民阅读"通借通还"，实现非遗图书借阅的"一网统管"，所有藏书由区图书馆负责采购、加工、编目，分专栏陈列，拟开设"非遗典藏、上海习俗、文学经典、旅游天地、科创手工、饮食生活"六大专栏，为全市读者研究学习中华传统文化、非遗传承保护提供主题阅读空间。

（四）在"非遗＋旅游"的推进过程中，如何处理好公共文化与旅游发展的关系

作为一个文化馆,日常提供的是公共文化服务,面对的是广大居民群众,是文化事业的重要载体。文化馆和旅游融合主要是解决在公共文化服务方面如何协同推进旅游公共服务,解决如何兼顾为居民、为游客的服务等问题。从总体思路上来讲,要以全民艺术普及为中心,一方面探索文化馆如何为旅游赋能,另一方面探索旅游如何为文化馆赋能。两方面结合起来就是"以文促旅、以旅彰文",充分发挥好综合效益,是深化文化和旅游融合发展的重要内容。

三、文化馆继续推进"非遗 + 旅游"融合发展的建议和对策

(一)以非遗文化为载体,注入"非遗 + 旅游"新活力

长宁的非遗保护工作起步较早、普及面广、工作规范,建立了完整的非遗保护档案数据库和非遗档案库,实现了非遗保护工作数字化。"非遗进校园""非遗在社区"等项目实施历年来走在全市前列。现建立并培育了非遗传承基地 21 个,分享非遗资源、配送非遗培训、广泛宣传非遗,已实现非遗项目在社区全覆盖。非遗展演丰富多彩,长宁沪剧团、李军京剧工作室、青梦圆皮影表演团等多年创作、排演新作品。其中,以虹桥街道虹储居民区党支部书记朱国萍为原型创作的沪剧《小巷总理》受邀参加中宣部、文化和旅游部联合主办的"2019 年全国基层院团戏剧汇演出",演绎长宁生动故事,获得首都观众的热烈反响。文化馆可以借助非遗资源,更好地参与旅游宣传推广,通过群文创作的故事化、生活化、艺术化和旅游融合,提高长宁在全国文旅平台的知名度。

(二)非遗人才队伍为基石,树立文旅品牌有底气

长宁现有"非遗"名录代表性传承人 16 名,其中国家级 2 名、市级 7 名、区级 7 名,所有传承人既是文化志愿者,又是文艺指导员,更是非遗文旅特色人才资源库中的人才。在旅游情境中,他们既可作为文化符号推进非遗普及,亲身讲述或演绎非遗故事,又可以传承人之口,传承长宁非遗文化之魂。此外,长宁的非遗表演团队也非常丰富,有青梦圆皮影团、两个江南丝竹表演团(仙霞社区和天山社区)、两个民乐团(华韵乐府和巧韵乐团)、两个书画沙龙(北渔书画、海派书画)、民间艺术表演团(包括打莲湘、抖空竹、大头娃娃、舞龙舞狮、踩高跷、福禄寿等)、5 个戏曲沙龙(京昆越沪锡)等等,这些非遗表演团队所表演的非遗节目可以将非遗文化有形化,突出长宁非遗中的本土元素,展现长宁风土人情,留住长宁历史文脉,讲述长宁发展故事,最终把文化馆业务人员自觉性、非遗传承人积极性、文艺志愿者自觉性逐步结合起来,成系统、成系列地将艺术普及融入旅游服务中,为打造长宁非遗文旅品牌提供人才保障。

(三)以非遗文旅地图为特色,凸显区域文旅新魅力

除了 5 家试点单位,文化馆总分馆体系的介入,使长宁构建起"一中心多点位"的长

宁非遗文旅地图,从核心圈出发,让非遗内容深入长宁各个地域,为旅游者提供不同类型、不同层次的非遗体验。就非遗文旅"中心"而言,作为上海市"非遗进社区"的示范点,长宁已拥有较明显的资源优势,非遗内容聚集度较高,活动开发系统性较强,文化馆联合总馆具备良好的"中心"品质,可以结合长宁文化文旅游,开发独具长宁"江南文化"特色的非遗探访游、非遗体验游、非遗研学游等多条旅游线路,将非遗体验中心、民俗老街、中国元素、虹桥香事馆、非遗社区服务点、非遗大师工作室等非遗点位串联起来,让游客看看皮影、扯扯响铃、闻闻香道、听听评弹、唱唱沪剧、画画农民画,进而形成集参观、体验、互动、欣赏、休闲于一体的非遗文旅系列。

(四)以提升专业化服务水平为保障,推进"非遗 + 旅游"模式可持续

从服务对象来讲,在文旅融合过程中,文化馆服务无非就是面向本地居民、面向游客以及面向两者同时服务这三种情况。要做好这三种服务,文化馆应提高旅游服务意识,积极鼓励社会组织参与,不断提升专业化文旅服务水平,开发"见物、见人、见生活"的非遗旅游文创产品,加强对文旅融合复合型人才队伍的培养,从而推进长宁"非遗 + 旅游"融合模式可持续发展。

四、从"非遗 + 旅游"长宁模式中文化馆可得到的启示

文化馆在推进非遗文化与旅游融合的发展过程中,充分挖掘非遗文化中适合进行市场化的要素,坚持守正创新,构建非遗文化与旅游开发的良性双向互动,实现保护传承与活化开发双重目标,并强化区域形象,打造具有区域特色的"多空间、多载体、多产品、多目标"非遗文旅格局。

(一)品牌化发展

要打造非遗文旅区域 IP,培育品牌形象,延续当前非遗文化开发思路,充实非遗文旅内容,确保文化认知的一致性。文化馆特别要注重旅游线路与非遗文创产品开发的顶层设计,将目标群体由居民扩大到游客,推出非遗文旅精品线路,有效整合非遗体验内容,依据不同类型非遗项目的不同特质,设计以非遗文旅为主题的系列文创产品,将非遗文化有形化。

(二)技术性注入

在在线新文旅行动方案的引领下,文化馆应更加关注科技要素在打造长宁非遗文旅品牌当中的运用和推广。既要通过直播等线上新路径,主动打响长宁非遗文旅品牌,通过有效的线上互动最终实现线下引流,又要抢抓"智慧旅游"建设的关键机遇期,不断探索线上线下文旅结合的各种可能:疏密有致出行为辅助、线上隔屏云游为主导、线上入屏云游为引擎、参与网络互动为驱动这四种可预期的旅游方式,满足不同年龄与消费需求的游

客,占领未来旅游市场制高点。

(三)针对性宣传

非遗文旅宣传可根据非遗文化特质,按受众年龄层次分类进行区分性策划,也可通过分解某一非遗资源的不同吸引点以满足不同需求。文化馆开展非遗保护需要加入旅游视角的宣传,旅游推广也需要更加突出非遗要素,实现非遗文化和旅游开发同频共振。

(四)本土化联动

在推进"非遗+旅游"的"本土化联动"时,首先要考虑到以下四方面突出问题:一是非遗开发与旅游开发在路径上容易存在割裂,融合思维尚未正式形成;二是非遗产品及活动的开发以本土文化角度为主,旅游服务功能不够明显;三是非遗宣传侧重公共文化属性,没有从旅游角度来进行布局;四是旅游市场还未完全将本土特色鲜明的非遗内容纳入其中。非遗文化具有突出的地方性特色,因此在进行文旅线路开发、公共空间设计、文化场馆布置的时候,要特别注意处理好以上四方面突出问题,关注非遗文化中的本土元素,讲好长宁故事,明确区域非遗文旅品牌的独特性,提升吸引力。

(五)传承人传播

非遗文化区别于其他文化类型的关键点在于其生命力的延续依赖于传承人。推进非遗文旅发展,文化馆要充分发挥传承人作用,既要发挥好他们的传承使命,又要发挥好他们的社会"圈粉"力。在旅游情境中,文化馆既可作为文化符号推进非遗文化普及,通过公共文化渠道,线上线下传播非遗故事,以传承人之口,传非遗文化之魂;也可作为旅游体验引导服务者身份,让游客真正参与到非遗文化的传承与传播过程中来,体验非遗魅力,增强其旅游体验感与文化自信。

浅谈湖南邵阳地区民族民间艺术文化保护与传承

葛鸿丽（湖南省邵阳市新宁县文化馆）

邵阳，是湖南省下辖地级市，地处湘西南，西通云贵、南接粤桂，史称"宝庆"，下辖3个区、6个县、1个自治县和2个县级市，国土面积约2.1万平方公里，户籍人口约800万，有1个少数民族自治县（城步苗族自治县）、1个少数民族人口过半县（绥宁县）、15个民族乡、6个民族村，有苗、瑶、回、侗4个少数民族世居邵阳且人口均在万人以上。邵阳，春秋时期建城，距今有2500多年的文明历史，是一座历史悠久的文化古城。邵阳人文底蕴深厚，是湖南省重要的文化遗产保护地，有北塔、宝庆府古城墙、魏源故居、蔡锷故居等文化遗产；有14项国家级非物质文化遗产，30项省级非物质文化遗产；有国家重点文物保护单位10处23个点，省级重点文物保护单位56处，馆藏文物1万多件。

在漫长的生活实践中，邵阳地区各族人民创造了绚丽多彩的民间艺术，展示出独具一格的民族特色，以邵阳花鼓戏、花瑶呜哇山歌、白仓高跷、岩鹰拳等为代表，是邵阳地区特有的文化符号，充分体现了邵阳人的生活、情感与文化观念，把邵阳人"吃得苦、霸得蛮、扎硬寨、打硬仗"的勤劳、勇敢、坚韧的性格特征展现得淋漓尽致。

"邵阳花鼓戏"旧称"花鼓"，是湖南民间小戏剧种，旧时兴起于邵阳县境内，属山歌小曲发展衍生出来的一种艺术表现形式，受祁剧、宗教、说唱等音乐的影响较大，以祁阳戏结合邵阳地方语言为舞台语言，演出活泼、风格诙谐、节奏明快，在邵阳市及新邵、邵阳等县市流行。

"花瑶呜哇山歌"是一种"高腔山歌"，这种艺术形式经瑶、汉民族融合发展，汉文化与当地花瑶土著文化及周边多个民俗文化相互糅合、影响而产生，有极鲜明的地域特色和民族特色。这种山歌源自花瑶族日常生活，极具情感，是花瑶族人民在劳动时抒发情感的媒介，是花瑶人民特别喜欢的一种抒情手段。花瑶山歌作为一项地区民间艺术，反映了花瑶族独特审美和丰富感情，被誉为"民歌中的绝唱"。

"白仓高跷"，又称"耍高跷"，俗称"踩高脚"，是一种深受湖南邵阳人民群众喜爱的民间传统竞技娱乐活动，"白仓高跷"的突出特色是高、奇、险，常与旱莲船、假背真、丰壳物、扎故事、秧歌舞和唢呐锣鼓等表演活动结合在一起组成高跷队，在春节、六月十九日和九月九日重阳等节日走街串巷演出，服装以黄、红为基调，以大红大绿来表现喜庆场面。"白仓高跷"主要流传于湖南省邵阳县白仓古镇及其周边乡镇，具有1300多年的历史。清光绪十七年重修的《邵阳县志》记载："咸丰十一年（公元1861年）六月十九日，白仓赛神会，踩高跷，扎故事，复衍百戏……"

"岩鹰拳"源于杜心五独创的鹰爪拳,由万赖声先生完善后,传授给著名武术大师蒋兆鸿。蒋兆鸿先生观察研究湖南山区"岩鹰"的出巢、觅食、翱翔、游猎、捕杀、格斗等动作,创编鹰的象形动作,刘烈红在此基础上继承发扬成象形"岩鹰拳"。"岩鹰拳"多次参加国内外各类武术比赛荣获多项大奖,得到国内外武林同道、社会各界人士的普遍赞扬和高度评价,并荣登中国体育非物质文化遗产和中国非物质文化遗产名录。

随着全球化趋势的加强和现代化进程的加快,人们的生活、工作方式和审美观念发生了较大改变,同时,我国的文化生态也发生巨大变化,传统文化艺术受到了流行文化和外来文化等双(多)重文化冲击,民族民间文化艺术的保护与传承工作迫在眉睫。

一、民族民间艺术文化保护与传承面临的挑战

(一)流行文化和外来文化的冲击

流行文化常指时装、时髦、休闲文化、都市文化、亚文化、大众文化和网络文化等概念所组成的内容丰富、成分复杂的总概念,在某一个阶段、某一个地区、在不同层次中快速、广泛传播起来的文化类型。流行文化中表现最为抢眼的是网络文化,网络文化主要有"快、简、新"的特点,尤其智能手机和其他智能载体的快速发展,加快了流行文化的传播速度。在文化全球化的今天,外来文化充斥中国的每一个角落。据研究,美国文化占据外来文化主导地位,从影视到音乐,其他文化无法与其比拟,它在较短的时间内就能拥有相当数量的拥趸人群,对传统文化的推广与传承有较大冲击。便捷式的快餐生活以及快节奏的工作要求,新型娱乐方式的出现,流行文化得以盛行,以及外来文化的传播,让人们很难放慢脚步,认真了解、学习,传承传统民间艺术难以落到实处。

(二)民族民间艺术文化传承断层现象严重

时代发展进入快车道,拜金主义、功利性、物质性等思想逐渐暴露泛滥,并成了许多年轻一代追求的共同目标,对于传统的民间艺术文化不认识、不知道、不了解,更难谈得上保护和传承。目前,传统民间艺术青黄不接,传承出现了比较严重的断层问题。表面看,是审美的变化,加上生活和社会等多重压力,导致年轻人无法全身心地投入传统民间艺术领域。传统民间艺术以个人技艺或手艺为主,缺乏工艺标准和严格的传承机制,传播时也很难具有一定的专业性和权威性,传承要求高,持续时间长,练习时还需要专业指导,导致无法大范围教授。加之受"传男不传女""传内不传外"等狭隘观念影响,导致愿意学习的人学不了,传承对象数量进一步减少。我们的传统民间艺术毋庸置疑是极具特色和充满美感的一种文化,我国有关部门也已将民族民间艺术融入当地教育,但由于客观上的耗时性、长期性,给青少年传承、传授带来了很大的困难,且缺乏认可度,推广压力较大。不少群众对当地传统的民族民间文化艺术"敬而远之",认为是没有出息的玩意,又进一步加剧断层现象。

（三）民族民间艺术文化设施建设有待加强

随着我国综合国力的快速提升,我国的各项基础设施有了跨越式发展,但我国的基层文化设施相对缺乏,且设备设施较为落后,文化空间、设施的建设依然有很大的提升空间。目前,部分乡村的文化设施几乎为零,即便在很多城市的基层文化设施也相对缺乏、设备设施较为老旧落后,不利于民族民间艺术文化的展示展览、演出传播和传承保护。

（四）民族民间艺术文化的传播途径有待创新

不同民族在适应、改造自然环境中形成的特有文化现象,带有强烈的地域特征,以工艺品制作、绘画、舞蹈、戏曲、民俗、歌曲等作为表现形式。民族民间艺术文化主要传播途径为人际传播和大众传播。人际传播以语言为主要手段,通过表情、动作等为辅助传播。民族民间艺术文化传播主要采用人际传播,通过"言传身教",虽保护了民俗艺术的纯粹性、地域性和独特性,但存在传播速度慢、传播范围窄、传承人数有限等问题。

二、保护与传承民族民间艺术文化需要统一认识、科学规划、切实行动

（一）正确认识和实践民族民间艺术的任务,切实做好民间艺术的保护与传承工作

实现中华民族伟大复兴,是中华民族从近代开始的最基本的愿望,也是我党在过去100多年里,团结带领人民建立起制度保证、物质基础和精神力量,实现中华民族从站起来、富起来到强起来的伟大飞跃。回顾我国民间文艺的发展历程,展望我国民间文艺的发展前景,从国家发展的历史角度来看,民间文艺的发展意义,践行民间文艺的使命。归根结底,就是要把中华优秀文化的传承、保护中华文化的根基、捍卫我们的精神家园,让来自民间、来自生活的文化的凝聚力和创造力得以延续。

（二）加强民族民间艺术文化的保护和传承,要充分发挥基层文化馆、文化站的主体作用

优秀的民族民间艺术最大的特色就在于它蕴涵在人民群众当中,而基层文化馆、文化站作为文化系统中直接面向广大人民群众的文化单位,对优秀民族民间艺术的保护和传承有着无可替代的重要作用,保护和传承民族民间艺术也是文化馆工作的主要职责之一。基层文化馆、文化站要做好优秀民间艺术普查工作,首先要了解辖区内的优秀传统民族民间艺术的家底,有针对性地统筹做好保护、传承工作,为传承工作打下坚实基础。通过科学的鉴定,采取强有力的措施,让优秀的民族民间艺术得到认同、尊重和弘扬。目前邵阳地区有文化馆 13 个、公共图书馆 14 个、博物馆 10 个、艺术馆 5 个、农家书屋 5653 个、村级综合性文化服务中心 3586 个。诚然,城市基层社区和生活小区、农村行政分中心仍然

还有不少没有辐射到位，基础文化设施建设仍有很大的提升空间。

（三）多措并举，努力提升市民的民族民间艺术保护和传承意识

邵阳少数民族民间艺术文化的保存要做好，要做好宣传和教育工作，最终目的是一种文化的重要组成部分，要把邵阳民族民间艺术融入人民群众，融入中国先进的文化之中，所以，我们也应该强化人民群众对民族民间艺术保护和传承意识。一是切实有效保护邵阳地区民族民间艺术文化相关资料及文献。邵阳是历史文化古城，拥有大量古籍文献资料，这些古籍文献是民族民间艺术的物质载体，具有无可替代的作用。因主观人为，以及承载介质因时代、自然等客观因素造成的减损流失，保护工作刻不容缓。要做好档案的登记，及时归档，对有缺页数的书页要及时修复，并派专人保管。其次，要强化文化典籍的整理出版工作，推进文化典籍资源的数字化，利用现代科技手段，利用缩微、影印、扫描等现代科技手段，对各种古籍进行分类和研究，并将其作为电子资料公开使用。除了"口传心授"以外，还包括利用录像、录音、摄影等"物化"技术；以书面形式记录和其他方式形成的数据，要严格保存。二是组织学校开展各类民族民间艺术文化教育活动。系统地传播邵阳民族民间艺术，青少年是民族的未来，蕴含不可估量的创造性力量，让民族民间艺术走进校园，有助于学生近距离接触并且熟悉，让"民间派"与"学院派"紧密结合、相互促进，再由专业老师进行教学与科研，提升民族民间艺术教育层次与质量，赋予民间艺术鲜活而持久的生命力并传承发扬。

（四）重视和加强对邵阳地区民族民间艺术传承人的保护与培育

邵阳地区生活居住着几十个民族，对邵阳民间艺术的系统性传承，可以将其作为独立于语文、历史等学习学科的专业课程进行研究。只有这样，才能使优秀的民间艺术得以传承和发展，才能得到及时的抢救和有效的保护。邵阳民间艺术的传承与保护，能否顺利有序地进行，直接影响着民族民间艺术的生存与灭亡。因此，各级文化部门必须加强对传承人的保护，对其进行传艺、教学等方面的扶持和帮助；切实解决他们在日常生活和继承活动中遇到的特殊困难和现实问题：

首先，可以公开一些传承人的个人信息，从社会中寻找适合的弟子，并通过师徒之间的双向选择来确定一批学生；开展"带徒""传艺"，是我国民族民间艺术的重要保障。其次，要积极开展优秀的民族民间艺术走进学校，在青少年中掀起传承和弘扬民族民间艺术的热潮。还要克服在继承过程中胡乱加入现代元素，使之变成"四不像"，避免将优秀的民族民间艺术变成庸俗的滑稽戏。

（五）加强全国民族民间艺术的交流，积极宣传学习，打破保护与传承的"墙"

一是要积极组织民族民间艺术的交流。邵阳民族民间艺术的保护和继承要有时代的自觉，坚持面向现代化、面向世界、面向未来，创新体制、强化异地交流，取其精华、去其糟粕，古为今用、西为中用的原则，积极组织民族民间艺术的交流，形成了社区、村落优秀民

族民间艺术和工业文化的良性互动。对于优秀的民族民间艺术,我们应该给予一定的财政支持,以缓解民众和民间团体的经济负担。二是要积极利用信息化技术、新媒体平台,推动民族民间艺术健康发展。当前,人工智能、物联网、云计算等新一代信息技术快速发展,生活方式、生产方式与消费方式也随之发生深刻变革,要充分发挥微博、微信、短视频、网络直播等热门平台作用,利用大数据进行分类、信息化存储,建立虚拟民间艺术博物馆,利用虚拟现实技术对传统工艺品的生产、使用、消费、收藏等工艺进行再现。新媒体时代,普通新媒体受众也可以对自己喜爱、感兴趣的内容进行转发和分享,从而进行二次传播,提升民间艺术的关注度和曝光率。三是要制订科学的民族民间艺术对外交流、保护和传承的工作计划,具有十分重要的意义。要突破传统文化遗产的保护和传承,创新体制,强化跨地域的沟通,将邵阳优秀的民间艺术推向世界。我们在制订优秀的民族民间艺术对外交流制度和计划时,要考虑到实际的规划,针对各个项目的具体情况,进行具体的研究,并制订相应的保护和传承、交流的具体措施。

(六)将民族民间艺术文化保护、传承与当地文化旅游产业发展、推动乡村振兴相结合

邵阳地区旅游资源极为丰富,大小旅游资源 350 处,涵盖 8 个主类、24 个亚类和 71 种基本类型,资源总量居全省第三,资源组合程度堪称全省首位,是湖南旅游新的增长极。有世界自然遗产、国家 5A 级旅游景区崀山,有南方"呼伦贝尔"之称的城步南山,有云雾缭绕的道教福地武冈云山,有被联合国誉为"神奇绿洲"的绥宁黄桑,有民俗独特的隆回花瑶,有百丈流银的新邵白水洞,有天然氧吧洞口溪,还有碧波荡漾的魏源湖……在精神文化追求日益火热的当下,把握住文旅项目建设发展的契机创作出具有新意的民族民间艺术作品,发挥地区文化馆部门的引导作用,联系实际,发掘优秀的原生态文化,从而创作出更多民族民间原创艺术作品,通过这样的形式使更多的人能够在欣赏自然风光的同时去体验生活,通过了解民族民间艺术文化作品,去了解我国各民族的传统文化。这不仅对民族民间文化发展与传承起着重要作用,也将促进邵阳地区文旅产业的蓬勃发展,推动经济进步和乡村振兴。

湖南邵阳地区民族民间艺术文化是祖国传统艺术重要的组成部分,保护和传承邵阳地区民族民间艺术文化,是邵阳地区发展和进步的需要,也是实现乡村振兴、为百姓美好生活赋能添彩的需要。继承弘扬优秀传统文化,才不会使新文化的产生成为无源之水、无本之木,才能创造出不同层次不同人群喜闻乐见、健康向上的精神内容,使中华各民族的传统纽带得以维系,为社会主义文化事业的繁荣发展,为中华民族伟大复兴贡献更多力量;同时,为世界文化的多样性贡献新元素,使人类的精神世界和物质世界更加丰富和精彩。

新时代送戏下乡活动中遇到的问题探析及应对策略

徐群英（浙江省平湖市乍浦镇综合文化站）

送戏下乡，是各级政府在农村乡镇地区实施的一项文化惠民工程。随着乡村文化振兴战略的实施，送戏下乡活动的运行模式不断规范、演出条件不断改善、剧目质量不断提高，让广大农村群众足不出村（社区），就可近距离感受文化艺术的魅力。因此，十多年来，送戏下乡活动总是能吸引众多的农村群众，活动场面也总是异常火爆。送戏下乡活动，丰富着农村群众的文化生活，在传承中华优秀传统文化、弘扬社会主义核心价值观等方面发挥着积极的作用。

随着新时代中国特色社会主义事业的不断推进和人民群众对于文化生活品质追求的不断提高，近几年来送戏下乡活动的场面似乎不再像以前那样热闹了：有的场次观众寥寥无几，甚至还出现了演员比观众多的现象。这一现象如果不加以重视并解决，就有可能使送戏下乡活动流于形式，而无法达成丰富人民群众的精神文化生活、传承中华优秀传统文化、弘扬社会主义核心价值观的目标。本文就新时代送戏下乡活动中遇到的问题进行探析，并阐述其应对的策略。

一、问题探析

是什么原因造成了送戏下乡活动观众的流失呢？我们随机调查了浙江平湖市乍浦镇内 100 名有时间观看而未去观看的村（居）民，见表 1。

表 1　未观看送戏下乡演出理由调查统计表

理由	"戏"内容老	观看条件差	演员水平差	不知道有演出	其他
人数	28	21	17	19	15

分析表 1 中的数据，我们认为：当前送戏下乡活动主要存在以下四个方面的问题。

（一）"戏"内容陈旧，供需不配

观众是送戏下乡活动最直接、最有发言权的评价者。近几年来，送戏下乡活动观众流失，其首要原因是"戏"的内容陈旧，供需不配。目前，送戏下乡活动的"戏"，主要来源是上级文化部门"送文化"服务或通过政府购买服务而采购的"戏"。然而，我们发现：这类"戏"，一般是传统的，演出过很多次的，就是"有什么送什么"，很少有根据被送村（社区）

实际特意编排的。因此，这类"戏"不仅内容陈旧、形式老套，且由于缺乏调研，不适合特定的村（社区），更不能考虑到不同群体、不同年龄层次农村群众的需求，无法做到老、青、少兼宜。如果说早在前几年，这些"戏"还勉强能够吸引农村群众，那么近几年来，随着农村群众的业余生活日益丰富和对剧目内容的要求不断提高，这些内容陈旧、不符合实际的"戏"已无法激起他们的观看欲望了。

（二）"戏"人才短缺，准备不足

在送戏下乡活动中，"戏"还有一个重要来源，那就是当地自编自演的剧目。党的十九届四中全会提出了推动基层文化惠民工程扩大覆盖面，实现从"送文化"的服务供给到乡村的主动实践供给等要求。近几年来，各地在送戏下乡活动，都积极倡导本土剧目和本土演员的使用。事实证明，很多优秀的本土剧目、本土演员，普遍受到农村群众的欢迎。然而，我们发现：在农村地区，由于本土编剧人才短缺，演职人员素养不高，加之准备不够充分等原因，导致很多的本地自编自演剧目，存在着敷衍准备、粗制滥编等现象。这样的"戏"无法满足农村群众日益增长的文化需求。因此，本土"戏"人才短缺和准备不充分，这是导致送戏下乡活动观众流失的第二大原因。

（三）"戏"剧场简陋，互动不行

剧场是送戏下乡活动演出的平台，也是农村群众观"戏"的场地。虽然说近几年来，广大农村地区的公共文化设施得到了巨大改善，但是依然缺少室内的大文化礼堂。因此，送戏下乡活动一般还都是安排在室外举行。随着农村经济条件的不断改善，农村群众对于文化生活的要求也越来越高。然而，我们发现：室外的演出剧场，受天气影响大，且由于经费等原因，不仅无法搭建精美的舞台，不能配置高档的灯光和音响，更没有设置台上台下联动的观众席位。这样的送戏下乡活动剧场，设备简陋、不能互动，无法满足当下农村群众对于观"戏"的要求，这是送戏下乡观众流失的第三个原因。这使得很多的农村群众，虽然去看"戏"了，但是由于天气热、音响听不清楚、没有互动等原因，看一会就走了。

（四）"戏"中介脱节，联动不畅

送戏下乡是自上而下落实和组织的活动，其主导者为各级政府和文化部门，而作为送戏下乡活动的中介者的村（社区）组织，理应做好政府与村（社区）居民的桥梁。然而，我们发现：在送戏下乡活动中，一些村（社区）组织没有很好地履行职责，不能发挥好中介者的作用，经常以工作忙、不是主体等为借口，传达文化惠民政策不积极、开展送戏下乡宣传不到位、没有将送戏下乡演出通知到每一个家庭。这就导致了一些农村群众，虽然想看"戏"，但由于事先不知道有送戏下乡演出活动，而没有安排好自己的学习、生活和工作，无法前去观看。由此可见，送戏下乡活动中村（社区）组织这一中介环节脱节，导致上下联动不畅，也是造成观众流失的重要原因。

二、应对策略

送戏下乡，作为一项重要的民生工程，对于繁荣乡村文化具有十分重要的意义。我们认为：针对新时代送戏下乡活动中遇到的问题，采用四大应对策略，可以让广大农村群众重新回到舞台的周围来。

（一）供需对接、量身定制，让"戏"匹配"看戏人"的需求

送戏下乡是为了满足广大农村群众精神生活和文化需求而开展的文化惠民工程。剧场服务理论认为，观众——"看戏人"，是服务的消费者，会对服务的结果产生重要影响。作为送戏下乡的观众，不仅是此项文化惠民工程的接受者，也是整个活动是否满意的评价者。因此，送戏下乡活动，应在活动前就要对所在村（社区）群众的生产、生活等状况进行调查，了解农村群众的需求偏好。在此基础上，从村（社区）群众的知识素养和文化背景入手，对接村（社区）的需求，并量身定制"戏"的内容和形式，以此让"戏"更好地匹配"看戏人"需求，这样才能让更多的农村群众回归到送戏下乡的舞台。

如我们调查时发现，有户较多家庭子女不太孝敬老人，为此在送戏下乡时，为该村量身定制了"新陆绩怀橘"的情景剧，以此传承和弘扬中华优秀的孝道文化；又如在某社区调查时发现，该社区有多人被电信诈骗，于是为该社区量身定制了"反电信诈骗"的说唱，以此宣传反诈骗的知识，习得防范电信诈骗的本领；还如一社区调查时发现，该社区外来人口居多，平时很多外来居民都说家乡的方言，导致沟通不畅，于是为该社区量身定制了"说说家乡的方言"的小品，以此增进了本地居民与外来居民的友谊。这样的供需对接、量身定制，使"戏"更匹配了"看戏人"的需求，更符合了村（社区）的实际，有利于中华优秀传统文化的传承和社会主义核心价值观的践行。

（二）扶植培育、剧目认领，让"戏"展示"本土唱戏人"的风采

剧场服务理论认为，演出效果如何取决于演员、表演、场景、观众等四大要素，而演员则是四大要素中最关键的一个。在送戏下乡中"戏"的效果不仅取决于演员的能力和素养，更取决于演员与群众的熟悉度。然而，当前乡镇、村（社区）普遍存在本土创编和表演专业人才短缺、本土文艺社团和优秀剧目数量不足等问题。为此，政府和文化部门应通过扶植地方文化剧社、挖掘和培育乡土表演人才、认领本土经典剧目等途径，更多地使用"本土唱戏人"、更好地培育"本土唱戏人"，让"戏"更好地展示了"本土唱戏人"的风采。这样不仅可以提升送戏下乡的满意度，也可以让更多的农村群众回归到送戏下乡的舞台。

如我所在的乍浦镇文化部门扶植和资助山海合唱团、老大妈舞蹈团等地方文化剧社，每周定期开展排练，精心准备节目，受到农村群众的欢迎；选派文化员、社区干部到"上海老年人乐队"、"街头艺人社"等民间剧社拜师学艺，通过师徒结对模式，培育本表演人才，取得了良好的效果。还如我镇将收集到的历年优秀剧目，通过"剧目认领"的方式，将这些优秀剧目移交给中小学、幼儿园、校外非营利性培训机构等单位进行长期排练，并给予

一定的经费支持,确保送戏下乡时可随时演出,得到群众的认可和领导的肯定。这样的扶植培育、剧目认领,培养了一大批送戏下乡活动的本土专业人才,提升了送戏下乡活动中"戏"的质量,让"戏"更好地展示了"本土唱戏人"的风采。

(三)上下一体、精心设计,让"戏台"成为"看戏人"舞台

剧场理论认为,剧场的场景涵盖了送戏下乡活动的实体设备、舞台布置、服务技术支持等要素。随着农村经济条件的不断改善,农村群众对于送戏下乡活动剧场的要求也在不断提高。精致的舞台、明亮的灯光、强大的音响、互动的观众席等设施,一直是广大农村群众的期盼。那么,如何针对当前大多村(社区)缺少室内的大文化礼堂,而不得不将剧场设置在室外的现状,让室外的送戏下乡剧场也能吸引更多的农村群众前来观看呢?这是一个值得研究的问题。我们认为:应本着舞台上下一体的理念,既要关注室外舞台上的实体环境布置,又要发挥室外场所的优势,精心设计剧场,满足演出过程中舞台上下互动的需求,让送戏下乡活动的"戏台""成为"看戏人"的舞台。

如乍浦镇在中秋节送戏下乡活动剧场布置和活动安排时,进行了三处改进:一是搭建"T"型舞台,以方便观众走上舞台进行游戏、领奖等互动;二是利用广场设置了赏月席,并提供月饼、糖果等食品,观众可以边观看演出,边赏月;三是节目内容和形式上进行改进,增加了"我儿时的中秋节——大家谈中秋"和"我故乡的歌曲"两个互动节目,激发观众上台表演的欲望。由于中秋节温度适宜,且剧场布置精心、节目安排合理,活动取得了很好的效果,吸引了数百人参加。活动高潮时,已经分不清哪里是舞台,哪里是观众席了。这样的剧场,体现了上下一体、精心设计的理念,满足了舞台上下互动的需求,让送戏下乡活动的"戏台"成为全体"看戏人"的舞台。

(四)跨域协作、各司其职,实现从"送戏人"到"接戏人"的联动

送戏下乡活动是一项由各级政府发起的,自上而下落实和组织的文化惠民活动。虽然送戏下乡活动在我国各地农村乡镇的实施方法存在一定的差异,但是送戏下乡活动,一般都要通过政府文化部门、社会文化组织、演出团体、村(社区)等部门的跨域协作,才能让广大农村群众得到精神文化的享受。因此,从这个流程来看,政府文化部门是主导者——"送戏人",社会文化组织和演出团体是"送戏人"的执行者,而村(社区)是送戏下乡的中介者,农村群众则是受益者——"接戏人"。由此可见,送戏下乡活动是一项系统工程,需要各部门跨域协作、各司其职,从"送戏人"到"接戏人"实现联动,这样才能确保送戏下乡活动的有序、深入、持续推进。

如乍浦镇在送戏下乡活动中,明确了政府文化部门、社会文化组织、演出团体以及村(社区)的四方责任,并在政府文化部门牵头下实现跨域协作。政府文化部门是送戏下乡的主导者,其职责有统筹规划、需求调查、政策扶持、资源引导、采购招标、审核监督等;社会文化组织和演出团体是"送戏人"的执行者,由政府通过招标准入,依据文化部门要求落实计划、节目创编、演出实施等;村(社区)是送戏下乡的中介者,是连接政府、演出团

体、村民之间的桥梁,其职责有演出宣传、组织观看、维护秩序、后勤保障、意见反馈等。这样的跨域协作、各司其职,使"送戏人"到"接戏人"实现了联动,打通了送戏下乡的整个环节,有效推进了送戏下乡活动的开展。

总之,作为文化惠民工程之一的送戏下乡活动,虽然暂时遇到了发展的瓶颈,面临着观众流失的问题,但是只要各级政府以及文化部门,积极探寻原因和寻找应对的策略,就一定可以让送戏下乡活动再次受到广大农村群众的欢迎,使其为丰富人民群众精神文化生活、传承中华优秀传统文化、弘扬社会主义核心价值观做出应有的贡献。

参考文献

[1] 孙浩,李淑蕾.基于剧场理论的送戏下乡公共文化服务质量的重塑路径[J].学习论坛,2020(5):55-62.

[2] 汪玉柱.论送戏下乡创新工作存在的问题与对策分析[J].戏剧之家,2016(10):238-239.

[3] 杨瑞庆.略论送戏下乡的功能[J].群文天地,2009(12):40-42.

[4] 李红琴.浅谈推进送戏下乡需处理好的四个关系[J].丝路视野,2020(10):18-20.

[5] 陈乃平.送戏下乡活动中出现的问题及应对策略[J].淮北师范大学学报:哲学社会科学版,2016(2):86-87.

加快文化馆展览服务的转型升级，
助推公共文化服务高质量发展

——对天津市各区文化馆（宫）展览活动的调查分析与思考

吕星晔（天津市群众艺术馆）

2021 年，天津市群艺馆调研美影部将调研重点放在各区文化馆组织的展览活动上，主要针对各区文化馆 2018 年以来面向群众组织的展览活动以及群众的参与、满意度、期许等情况进行了调研。经过问卷调研、个案访谈、数据整理，大致掌握了各区文化馆组织展览活动的次数、内容、服务等方面情况，同时了解到参观展览的群众对展览的满意度、偏好与期许等情况，两相对比查找文化馆在展览工作中的优势与不足，这将为今后更好组织展览，服务群众，推动公共文化服务的提质增效、优化升级提供有益的指导和借鉴。

基于调研的上述特征，本报告分为四个部分，第一部分呈现群众参观文化馆展览的情况，重点分析群众的满意度、需求和观展预期；第二部分呈现文化馆组织展览的情况，重点分析近年来文化馆展览工作的特点；第三部分以群众满意度和期许为标尺，查找目前展览工作存在的不足；第四部分立足文化馆工作性质和目标，针对展览工作存在的问题提出解决方案。

一、群众观展情况分析

本次调查共面向群众发放问卷 208 份，全部回收并确认有效。调研人群的性别比例为：男性占 43.75%，女性占 56.25%；年龄分布情况为：18 岁以下，占 1.44%，18—35 岁占 35.58%，36—55 岁占 42.31%，56—64 岁占 12.98%，65 岁以上占 7%；文化程度分布情况为：大学专科、本科占 73.56%，研究生及以上占 14.42%；职业分布情况为：政府机关公务员、事业单位工作者占 37.02%，离退休人员 17.31%，专业人员（如医生、律师等）占 11.54%。

样本在性别、年龄、文化程度、职业分布等方面基本与参加文化馆展览活动的人群情况吻合。需要指出的是，观展人群的年龄分布较为分散，与其他群众文化活动参加者以老年人、儿童群体为主不同；观展人群的文化程度和政府机关事业单位从业比例也要高于其他群文活动参与者。这体现了展览活动在群文活动中的特性：文化馆展览活动中辐射年龄段广，参与者普遍文化程度较高的，参与者对展览的要求也更高、更多样。

在初步掌握观展人群特征基础上，我们结合数据重点对观展动机、满意度和预期做了详细分析。

（一）观展动机分析

通过调研数据分析,文化馆展览的观展者在动机方面呈现如下特征:兴趣爱好仍是观展人群最普遍的动机;文化馆展览对于 18 岁以下群体的吸引力不足,人群呈现明显的跟从性和随机性;文化馆的展览已开始被一部分专业人员纳入专业工作内容的范畴,但这部分人群比例在观展人群中尚比较低。

（二）观展满意度分析

调研数据显示,观展人群中满意展览的比例为 80.95%;比较满意的比例为 15.34%。在影响观展满意度的因素方面,展览形式传统,缺少互动性,参与感较弱的比例最高,占24.87%;空间狭小占 15.87%;缺少数字设备占 15.34%。

由上述数据可见,观展者对展览的满意度较高,但联系到观展人群的动机就会发现,满意度较高与观展者目的多数出于兴趣爱好,专业性不强、要求不高有一定关系;今天影响群众观展体验的因素是全方位的,从形式到内容,从硬件到服务,都是观展者重视的,其中最看重的互动性和参与感,则反映出网络媒介对民众接受方式的影响已走出网络空间走进群众文化活动。

（三）观展预期分析

调研数据显示,在对展览的需求和期待上,内容的独特性和丰富度所占比例最高,达到 73.56%。而在强调观展互动性前提下,希望通过现场体验和操作实现互动愿望的比例最高,占到 60.58%。说明人们对展览之外的体验更有期待。

由以上数据可见,展览内容丰富、个性鲜明、富有创意是观展人群最看重的,同时观展者还希望通过现场体验和操作实现互动性观展,这对文化馆组织展览在内容和形式上都提出了更高的要求。保证内容丰富,特色鲜明,同时在较高水平的展览中增加体验操作环节,这将成为未来文化馆展览工作要重点解决的问题。

二、文化馆展览工作现状调研

本次调研将天津市 15 个区文化馆自 2018 年以来组织的展览活动全部纳入调研和走访范围,（静海区文化馆的展览服务功能由静海书画院承担,不计入本次调研范围）。三年来,全市 15 个区文化馆组织展览的情况是:2018 年全年组织展览 242 场;2019 年全年组织展览 299 场;2020 年全年组织展览 278 场。从整体上看,总场次能够稳定在 200 场以上,年度组织展览的总体量波动不大。

但总数稳定的背景下,展览内部构成上还是呈现出一定的变化和特征趋势。

（一）线上展览与创意展览的分析

调研数据显示，2018 年组织的展览中，仅滨海新区、和平、河东、武清 4 个区文化馆举办了 13 场线上展览，津南、北辰、东丽、滨海新区、和平、武清、红桥举办了 23 场创意展览活动；2019 年组织的展览中，滨海新区、南开、武清举办了 13 场线上展览，津南、北辰、东丽、滨海新区、和平、红桥举办了 41 场创意展览活动；2020 年由于受疫情影响，15 个区文化馆都举办了线上展览，共计 160 场，举办创意展览 239 场。

由数据可知，线上展览数在 2020 年迅速增加，这主要受疫情影响，而没有疫情的2018、2019 年线上展并未呈现出增长态势，这说明区文化馆的展览仍是将主要精力放在线下，疫情推动线上展览增加，客观上为线上展览带来了发展契机。与线上展览情况不同，创意展览活动呈现出逐年增加的态势，这反映出各区文化馆逐步重视展览的时代性和创新性，而这也符合群众对展览特色内容的期待。

（二）各区文化馆展览服务分析

由数据可以看出，区文化馆的场馆还是以传统的展览方式为主，辅助观展的数字设备和服务普遍不足。展览的互动类型较为单一，民俗活动、亲子活动和普及讲座作为展览的创意举措，但无法很好地融入展览本身来提升观展的互动性效果。近半数的场馆没有观众的反馈通道，这反映出组织者对展览效果没有给予足够重视，对如何提升展览质量重视不够，没有观众的意见建议，势必影响展览水平提升和为观众提供服务质量的提高。

（三）展览宣传工作的分析

宣传工作对于展览而言是非常重要的，按照内容和目的大体可分为两类，一类是信息式宣传，即将展览的时间、地点、内容、特色等基本信息通过各种媒体向尽可能广的范围宣传，以吸引更多有观展需求的群众参与活动；一类是报道式宣传，即将展览的内容、背景、特征、内涵、美质等都尽可能生动地展示出来，既能吸引观众参与，也是一种深度介绍、观展辅导和变相的展览。

调研数据显示，15 个区文化馆都是通过文化馆网站和微信公众号对展览进行信息式宣传，仅河西、武清、和平三个区的文化馆开通了自媒体短视频账号，但更新情况并不理想。而对展览进行报道式宣传非常有限，且局限于传统的方式和手段，内容上吸引力不强，影响力有限，宣传传播的作用未能得到充分发挥。

由以上数据我们能够发现各区文化馆的展览宣传存在两个明显问题：一是都只重视信息式宣传，宣传展览的目的单一就是为了告知群众，而对展览的报道式宣传明显不足，这既影响了展览的吸引力，也限制了展览走出场馆，通过媒介走向更广泛的接受空间；二是信息式宣传的途径比较传统且单一，虽然这些途径与群众获取展览信息的途径基本吻合，但这种吻合是互相适应的结果，从根本上说，单一传统的宣传途径影响了展览吸引新观众到来，相当于限制了参与观展活动人员的范围。

三、文化馆展览工作中存在的突出问题和解决办法

通过实地调研访谈,我们发现,导致矛盾产生的原因主要在于:文化馆作为公益性文化事业单位,主要依靠公共财政支撑,市场驱动,利益效能上明显不足;在内容和形式上,存在着内容单一、门类传统、形式老旧、水平不高等问题。整体在策展设计上积极性不够,创新力欠缺。还有不少文化馆在满足百姓需求方面着力不够,工作重心偏移。结合实地调研访谈,再综合以上数据分析,将观展群众的构成特点、满意度、需求和预期与文化馆组织展览的实际情况进行对照,我们不难发现二者之间存在一些明显矛盾,这些正是我们组织展览工作中存在的突出问题。而站在群众需求和我们群文工作性质角度分析这些矛盾,还是可以找到解决矛盾、提升公共文化服务效能的具体办法。

(一)场馆硬件不足与观众体验性、互动性需求的矛盾

新媒体时代,人们参与文化活动都渴望获得便利的服务、丰富的体验和感官上的冲击。但实际情况下,多数展馆由于场馆空间、经费、人员不足,一时难以实现设置的提升和更新迭代。在这样的客观情况下,就需要文化馆的工作人员在工作思路和方法上谋求改变和转型:立足现有场馆条件,努力提高策展能力,提升服务水平,积极植入情怀,实现岗位深耕,营造场馆和展览良好的艺术文化氛围,弥补暂时的硬件设置方面存在的不足。更重要的一点是,文化馆应转变职能角色,不再是被动参与者,而是作为的主动引导者,主动搭建起整合和汇聚优质文化资源的新型平台,链接起公共文化服务的热心参与者,社会力量的积极加入,全面提升基层公共文化服务水平和效能。

(二)创新性不足与观众特色内容需求的矛盾

当前观众观展非常重视展览内容的创新性,这就要求文化馆将创新性列为展览工作的重点。展览创新的推动力主要来自两个方面,一是对先进经验的汲取和借鉴,二是从群众意见反馈中获得灵感。

目前,随着全国各地文化馆工作的高质量发展,已形成了一些成熟的经验和办法,展览工作既可以从系统内寻找创新的可能,向图书馆、美术馆、博物馆学习创新性工作经验,也可以放眼全国,向国内先进地区的兄弟单位学习具有开创性、实效性、示范性的办展理念和具体做法,汲取创新引领性,推广示范性案例的先进经验和做法,不断深化理论研究,积极促进成果创新向实际运用转化,将其与文化馆实际工作结合,与当地展览活动的地域特色、文化属性相融合,为文化馆的展览活动汇入更多创新元素。

文化馆服务的对象是广大人民群众。因此,文化馆要建立健全观展反馈机制,善于从群众的意见中汲取创新养分。以人民群众的精神文化需求催生创新,以文化创新推动公共文化服务效能的提升。此外,还可以建立展览活动的策展或运营人才库,逐步发掘、培育一批有情怀、兼具专业知识和从业经验的志愿者或者社会组织,群策群力,补齐文化馆展览服务中的短板,为公共文化服务整体水平的提质增效贡献智慧和力量。

（三）宣传方式单一与观众不断变化的媒介习惯的矛盾

媒介融合时代孕育了观众丰富多样的媒介习惯，单一传统的宣传途径不仅无法发挥应有的作用，还会限制文化馆展览活动的影响力和吸引力。因此，文化馆应创新媒介思维，在充分认识媒介融合时代特征基础上拓展媒介宣传途径，升级宣传工作办法。在具体工作中要敢于打破宣传工作的舒适圈，吸引更广泛的群体加入群文活动，以更多样的方式报道群文活动。

具体做法是，建立完整的展览活动宣传工作体系，实现展前有推广，展中有创意，展后有报道。展览举办前，综合利用官网、公众号、短视频平台等媒介技术和渠道发布展览信息，将展览信息内容以文字、声音、影像、图片或动画等多媒体形式进行策划和加工，面向目标受众精准传播和营销，让人们更快速、更准确地获得所需要的信息。展览举办过程中，可以利用录播、直播等方式介绍展览具体情况，丰富解说内容，拓展展览的容量与内涵；展览后要同时依托传统媒体和新媒体，及时、快速发布活动报道，将文字、图片、视频巧妙组合，总结活动情况、挖掘展览的价值、适当延伸拓展展览内容，为感兴趣的观众提供进一步学习了解的空间，实现展览服务的时空延伸。

四、宏观政策背景下，对今后展览工作创新发展的几点建议

2021 年是"十四五"开局之年，今年一系列新的公共文化服务政策的出台为文化馆工作实现精准定位、谋求高质量发展，指明了任务和方向。结合调研结论和展览活动的现有情况，对照新的政策要求，笔者对未来文化馆展览工作提出如下建议：

（一）植入情怀，从升级服务阵地到营造有氛围感的文化场馆

在有限的空间内，最大程度地发挥阵地功能，多维度、全方位为公共文化服务赋能，是摆在新时代文化馆人面前的课题。在场馆条件有限的情况下，着力进行氛围感的营造，场馆细节的体现，有温度的服务，配套周边服务，呈现出艺术展览"plus 版"为场馆服务注入更深层的人文关怀和精神价值。此外，还要努力提升展览的延续性，可在提供扫码获取展品信息的基础上，组建馆内社群，吸纳有需求群众，在提供导览服务的同时，为群众提供持续服务，如艺术讲座、艺术培训、创意工坊等信息的推送，以此吸引更多群众持续关注文化馆活动，增加观众的黏着度，同时打通宣传与推广的新路径。最终实现在有限的空间里，打造出有颜值、有内涵、有氛围、有温度的文化艺术场馆，建立起艺术展览与广大群众之间的情感连接和沟通桥梁。

（二）盘根基层，从社区小流动到跨省大交流

突破文化馆展览"静止展示，被动接受"的传统方式，搭建多元化的载体，让展览从"动起来"到"活起来"、最终"火起来"。即便是静态展览，也不应局限于室内空间。文化

馆可以文化活动为载体，积极“走出去”大力拓展公共空间，将文化馆的各类活动、服务项目延伸至城市的各个角落。比如可在公共社区、社区周边文化空间举办流动展览，以展览丰富社区15分钟生活圈的内涵。这样的展览形式一旦实现常设或形成系列，不仅能增加社区艺术气息和人文氛围，还能加深居民对社区的认同和归属感。在产生一定影响力和社会效应后，可以联系区域内的公共文化机构和优质的社会文化资源进行合作，形成一条贯穿整年的流动的公共文化服务路线，让专业化、便利化、一站式的服务覆盖更多人群，惠及更多百姓。

同时，加强区域联合、交流、共通、发展。提倡本市公共文化服务阵地服务紧密联动，各阵地间可以通过展览项目和相关活动为纽带，实现不同区域间资源的优化整合与融合发展。此外，积极与外省文化馆进行交流和跨地域巡展。将各地彰显不同风格特点、地域文化的作品引进来，在举办展览之余同时召开相关主题的研讨活动。通过这种互融互通的交流、合作，加强本地区优秀作品的推广和宣传，展示本土地域特色，进一步提升地域知名度和影响力，最终实现社区小流动到跨省的大交流之间的良性互动和资源互惠。

（三）多面深入，从特殊群体的“微循环”到全社会的“大循环”

《关于推动公共文化服务高质量发展的意见》中提出“推动公共图书馆、文化馆拓展阵地服务功能，面向不同群体，开展经典诵读、阅读分享、大师课、公益音乐会、艺术沙龙、手工艺作坊等体验式、互动式的公共阅读和艺术普及活动。”在政策的指引下，文化馆要思考进行受众对象进行群体分类，实现差别化、精准化供给，并根据一定的群体属性和群体需求建立不同类型的社群，通过组织活动，促进社群内部的个体联系和交流，激发群体的活力和凝聚力。此外，推进学校美育教育工作，在“双减”政策的背景下，充分发挥文化馆资源优势，不断拓展服务功能，将展览与培训结合，可根据学生的喜好或者不同年龄审美水平，对馆里艺术资源及培训教师进行合理分配，做到有效供给，精准施教。此外，还可以策划组织小众性的展览，先在特定群体内部形成一定影响力和知名度，再通过包装、设计和宣传运营，以点串线、以线带面，引起更广泛的群体关注，实现受众群体的破圈，不断从圈子内的“微循环”到涵盖广泛群体的“大循环”。

（四）延续文化肌理，从打造地方特色品牌到文化和旅游的多重融合

当下，无论是文化创意服务还是文创产品的打造都要充分挖掘特色区域文化资源，延续独特的文化肌理，彰显不同地区的文化特色。以民俗文化、民间美术、手工技艺为主线，挖掘天津城市文脉，凝聚跨界资源，举办相关传统文化展览活动，结合清明、端午等传统节日，开展手工技艺展示活动；打造区域特色品牌，推动优秀传统文化创造性转化创新性发展，设立独具特色的传统文化及非遗特色项目，并尝试开发项目周边文创产品。深入探索跨界融合与科学运营，形成集体验、教学、制作、展销于一体的跨界运营模式，体现文化艺术、创意设计、文化和旅游三个层面的多维融合。

（五）与时俱进，从提升线上服务体验到拓展为民服务的广度和深度

互联网和新媒体的快速发展，给文化馆服务创新带来了巨大机遇和挑战。疫情影响下，文化馆的展览较多地转向线上，这客观上推动了线上展览的发展。在提升场馆服务能力的同时，如何突破服务空间和时间的制约，将线上线下展览活动有效结合，将服务触角广泛延伸，需要进一步探索和思考。

近一年多来，天津市群艺馆组织线上线下相结合的主题艺术展览 20 余场，其中"小靴子"线上带您看展——天津市"清风正气"美术书法优秀作品展等展览活动开创了更加新颖的公共文化服务形式，将导览与观展深度结合，让展品在讲解员口述介绍中，得到另一种全方位、多维度的全景呈现。群艺馆的实践给我们的启示：要善于以用户思维为导向，精准对接用户需求，积极探索和扩容"掌上服务"，利用技术赋能提升服务体验，让线上展览成为线下展览的有益补充和拓展观众群的方式。填补公共文化服务盲区，建成永不间断、永不落幕的艺术"展厅"，提升公共文化服务水平，不断增强群众文化的获得感和幸福感，推动公共文化事业高质量发展。

参考文献

[1] 陈庚,白昊卉.公众参观美术馆的动机、收获、满意度及其群体差异分析基于 13 个美术馆的调查分析
[J].文化软实力研究,2017（2）:5-13.
[2] 姚臻.基层文化馆如何有效组织群众性美术作品展览[J].美与时代:美术学刊(中),2021（5）:131-132.

文化馆服务年轻化转型的路径探索

严　瑾（福建省福州市文化馆）

长期以来，各地文化馆在服务对象上普遍存在老年人、少年儿童居多，而青年群体比重偏少的现象。如何让年轻人走进文化馆，吸引他们参与公共文化服务，始终是行业十分关注的焦点问题和亟待解决的发展瓶颈。

牢牢抓住、深度激活年轻群体，是文化馆在重要战略机遇期实现真正意义的高质量发展，将改革创新推向新高度的破题之举，也是文化馆事业得以可持续发展和保持旺盛生命力的内驱动力。

一、文化馆服务年轻化转型的时代意义

年轻群体是推进社会前进最活跃的力量，也是各行业争相聚焦、挖掘、培育的核心目标群体。在我国进入全面建设社会主义现代化国家的新征程、公共文化服务开启高质量发展的新篇章的大背景下，文化馆服务进行年轻化转型具有十分重要的现实意义。

（一）年轻化转型是文化馆弘扬社会主义核心价值观的题中之义

文化馆是宣传党和国家方针政策、弘扬践行社会主义核心价值观的重要平台阵地，承担着举旗帜、聚民心、育新人、兴文化、展形象的使命任务。发挥文化引领和教化的社会功能，以文化人、以文育人，用群众喜闻乐见的形式弘扬主旋律、传播正能量，是文化馆的主要职能和业务优势。

青年时期是培育形成人生观、世界观、价值观的关键时期，而年轻群体的价值取向决定着国家未来的社会风貌、时代气质和民族命运。因此，文化馆要将塑造青年品格作为工作重心，培养有信仰、有担当的时代新人。这就要求文化馆进行年轻化转型，以更贴近年轻人的姿态提升社会主义核心价值观在年轻群体中的感召力。

（二）年轻化转型是文化馆传承中华优秀传统文化的主流声音

优秀传统文化是镌刻着中华民族文化基因的宝贵精神财富，是我们实现文化自觉和自信、铸牢中华民族共同体意识的根脉。弘扬和传承中华优秀传统文化，说到底是要做到后继有人、代代相传，传承的主体是年轻人，推动传统文化在新时代创造性转化、创新性发展的主力军也是年轻人。

从连续三季创造现象级热度的高分综艺《国家宝藏》到河南卫视接连出圈的"奇妙夜"系列晚会,从《哪吒之魔童降世》刷新中国动画电影票房到以中式田园牧歌图景"圈粉"的顶级网红李子柒,都表明年轻人已成为推动传统文化传播的中坚力量,文化馆行业要借着青春国潮的东风乘势而上,就必须加快推进年轻化转型。

(三)年轻化转型是文化馆实施全民艺术普及工程的必然趋势

近几年,文化馆行业已形成普遍共识,文化馆的核心业务功能是推进全民艺术普及。"十四五"公共文化服务体系建设规划将实施全民艺术普及提升到新的高度,指出要将全民艺术普及作为公共文化服务的重要品牌和文化馆(站)免费开放的重要内容,推进全民艺术知识、欣赏、技能和活动普及,把文化馆打造成为城乡居民的终身美育学校[1]。所谓"终身"指的就是全年龄段,让全民艺术普及广泛覆盖惠及包括青年人在内的全体群众,抓住青年时期这个艺术修养和审美水平塑造的黄金期,促进人的全面发展,增强人民精神力量,这些目标的实现呼唤着文化馆要加快推进年轻化转型。

(四)年轻化转型是文化馆实现改革创新和融合发展的强大动力

立足新发展阶段,贯彻新发展理念,构建新发展格局,要求我们将创新作为推动新时期文化馆事业发展的第一动力。年轻群体主导着文化事业、产业的创新改革进程,他们既是实现创新的主体,也是催生创新的动力。年轻网民规模的逐年攀升推动公共文化服务加快数字化建设特别是对移动端的占领;新兴一族的消费习惯促使新产业、新业态、新模式不断涌现,启发文化馆突破行业壁垒,延伸服务边界;新型公共文化空间的蓬勃发展、文化与旅游的深度融合、非遗与文创的有机嫁接、文化 IP 和文化网红的培育等,也都在青年群体的参与下得到不同程度的推进。

二、当前文化馆面向年轻群体服务存在的问题

近年来,北京、上海、深圳、成都等地的文化馆,准确把握城市特质,在年轻化转型方面率先探索实践,取得了具有示范引领意义的初步成效。然而,大部分文化馆在开展面向年轻群体的服务中依然普遍存在认识不清、定位不准、方法不多、成效不佳等诸多问题,主要表现在以下几个方面:

(一)认识有局限,对年轻群体的文化心态知之甚少

每个时代和群体都有其特有的文化特质和文化心态,文化馆要真正走近年轻群体,不仅要了解他们在文化内容和形式上的偏好,更要敏锐洞悉其内在的心理共性。例如年轻群体相比宏大叙事更偏向个体化、差异化的表达,因而小众文化的独特性便被作为与众不同的品位更受青睐;城市中越来越疏远的现实距离和繁重的工作压力让他们对文化的休闲治愈功能以及促进人际交往、情感联络的作用有着更高的期待和需求。

然而,当前文化馆行业中始终存在着一种保守派观点。部分人对年轻群体的小众圈层文化缺乏了解和认同,以俯视的姿态将其视作难登大雅之堂的非主流快餐文化,而不是建立平视的沟通交流和情感联结,这也给文化馆的年轻化转型设置了壁垒掣肘。

(二)供给有缺陷,公共文化服务产品类型单一趋同

从按照年龄划分的 80 后、90 后、00 后,到与网络信息时代无缝对接的 Z 世代,年轻群体以更鲜明的个性、更开阔的视野、更多元的喜好彰显他们的文化态度,也将汉服、二次元、动漫、游戏、手账、模型、说唱、街舞、脱口秀等小众文化带入主流视野。极其丰富和细分化的圈层文化给原本以传统艺术门类和常规文化活动为主要业务内容的文化馆带来了前所未有的挑战。

虽然已有不少文化馆建立了吸纳社会力量参与公共文化服务的长效机制,但仍有很大一部分文化馆依旧维持着体系内封闭运转的供给模式,其文化产品供给数量不足、质量不高、类型单一,远远落后于年轻群体丰富旺盛的文化需求,在新新人类的大文化观下显得捉襟见肘。

(三)策略有偏差,未瞄准年轻群体的需求精准发力

定位模糊、目标群体泛化是文化馆服务对年轻群体缺乏吸引力的另一原因。文化馆的职责是开展面向全民的艺术普及活动,但这并不意味着要在一次活动或是一项服务中覆盖所有人群。许多文化馆在活动策划中并没有专门打造独属于年轻人的活动品牌或场次,而是将其融入"全民"或"成人"的群体划分中,导致活动的内涵理念、宣传重点弱化,不具备吸引年轻群体瞩目、获得群体认同的针对性和辨识度。此外,活动策划不适配年轻群体的需求也是一个常见问题,例如活动时间安排在工作日不便于年轻上班族参加等。

(四)方式有短板,策划和传播手段缺少有效吸引力

青年人喜爱新鲜事物,追求特立独行,要撬动他们的关注,就必须具备创意十足的"脑洞",用花样翻新的内容碰撞出火花四溅的化合反应,这无疑对文化馆的策划水平和媒介素养提出了极高要求。

在新媒体与传统媒体不断碰撞,媒介生态从多媒体过渡到融媒体再到全媒体的当下,原有的组织策略和传播观念已经难以满足新时期公共文化服务提质增效的要求。而许多文化馆的媒体运营水平还停留在开通网站、公众号例行公事地发布几则资讯的层面上,其策划运作和宣传推广能力严重滞后于"网感"极强的年轻群体。

三、文化馆服务年轻化转型的路径思考

文化馆的年轻化转型是一场全方位的服务模式变革,需要对价值理念、服务内容、呈现形式、资源整合、技术支撑、传播媒介、团队建设等进行全方位的创新,才能以全新的靓

丽形象出现在年轻群体的视野中。

（一）彰显"态度"，构建年轻化的价值体系

文化作为一种精神消费，投射的是符合人们情感需求和价值共鸣点的内在叙事和意义构建。文化馆服务年轻化转型的重点和难点不是怎样开展一次引爆年轻人的高人气活动，而是如何通过一以贯之的定位规划、宣传策略、活动积累和社群培育，塑造现代、时尚、青春、活力的文化馆公众形象，创造长期吸引年轻人驻足和聚集的文化场域。在这样的目标愿景下，文化馆承担的不只是单纯的公共文化服务，还承载着人们对精神文化生活的想象和憧憬。只有当文化馆的价值体系与年轻群体的文化态度、理念格调相一致，成为年轻人心中能够包容多样表达方式、多种自由选择和多维发展可能的精神领地，才能真正回应他们的文化需求，强化其价值认同和情感共鸣，一改青年群体对文化馆呆板、沉闷的刻板印象和思维定式，呈现出更具年轻气场和现代风貌的全新魅力。

（二）聚焦"圈层"，经营高黏性的文化社群

圈层和社群是移动互联网时期青年群体最显著的特征之一。根据重新部落化的理论，移动网络的普及使人们因为共同的兴趣爱好、目标需求联结在一起，形成不同的群体组织[2]。这些社群具有强大的黏性和自我服务能力，是做好年轻群体公共文化服务的重要突破口。

如何深耕社群运营"带好节奏"，不同文化馆各有侧重。上海市群众艺术馆从微博、B站、抖音、豆瓣、小红书等年轻人聚集的虚拟社区入手，挖掘突破已成型的玩家圈，将插画、模型、玩具、折纸等有代表性的社群筛选出来。以社群中的意见领袖为核心，建立深度沟通、共同策划的机制，推动社群内部交流发展为更大群体的综合性文化活动。成都市文化馆则通过开展线上慕课和街头艺人活动培养核心圈层，以"文化天府"APP实现社群的交互式管理，做好精准化后续运营和拓展延伸[3]。

（三）引领"国潮"，增强青年人的文化自信

在全球化进程和中国崛起的新语境下，"国潮""古风"日益成为青年群体追捧的文化风格。腾讯社会研究中心和中国国际电视台发布的《数字新青年研究报告》显示，88.3%的新青年对传统文化感兴趣[4]。据哔哩哔哩2021年度国风数据报告统计，B站国风爱好者人数超1.77亿，18—30岁人群占比达62%[5]。

一些文化综艺和系列纪录片为传统文化怎样以更新潮的方式住进年轻人心中提供了思路。《国家宝藏》《中国诗词大会》《上新了·故宫》《典籍里的中国》《指尖上的非遗》《了不起的匠人》等，以更鲜活的方式让年轻人感受中华文化，唤醒流淌在血液里的文化认同、情感认同和民族认同。文化馆行业也立足自身职能不断探索让国潮"热起来"的创新路径，福州市文化馆连续多年举办青年非遗文创大赛和非遗青年研培计划，取得了良好的社会反响。前者引入"选秀"模式，设置不同主题赛道和路演环节，用年轻人的创意点

亮非遗;后者旨在培养青年非遗人才,让年轻人成为新时代非遗故事的讲述者。

(四)凸显"颜值",营造有审美的公共空间

"颜值"是当前公共文化场馆吸引年轻人的重要法宝和利器。近几年,各地纷纷举办最美文化空间大赛和评比,各类具有设计美感、文化底蕴的公共文化空间惊艳亮相,成为年轻人必打卡的文化地标。

目前,文化馆根据自身实际,在打造有特色、有品位的文化空间方面主要采取两种模式:一是新建改建馆舍。广州市文化馆新馆以岭南园林风格为特色,选取岭南典型的山、水、田、塘风景元素按四季景观设景,建设广州公共文化中心、广州文艺中心、广绣风雅园、岭南翰墨园、客家风韵园、曲水观景园等园区。二是采取"嵌入式"共建方式,典型做法是温州市的"文化驿站"项目,与企业、学校、社区、商圈等合作,共同打造一批"小而美"的文化空间,更好地融入年轻人的生活场景[6]。

(五)打造"IP",形成有影响的独特标识

文化IP的概念原运用于文化产业,其以符号、形象、元素、故事作为载体承载文化内涵和用户情感的运作模式对公共文化服务领域也有许多可借鉴性。文化馆的业务范围广、活动内容多,涉及的点、线、面繁杂,不利于形成清晰的公众形象,需要精心提炼一个独特标识,围绕这个概念建立整体形象运营,强化年轻群体对文化馆的记忆点,扩大在群体中的影响力。

文化馆业务范畴内的IP主要分四类:资源IP、名人IP、活动IP、场馆IP[7],目前运用得较为成熟的是活动IP。福州市文化馆将其非遗宣传活动整合打造为"非遗有福历(利)"系列,以"日历"这个年轻人喜爱的元素为核心形象,以"今日遗(宜)"为主题串联全年活动。天津市群众艺术馆的"梦想家"系列活动,以新青年新国运、新青年新合唱、新青年新街舞、新青年新越剧等子项目,最大化突出"青年"品牌概念。成都市文化馆的天府新谷"文化连锁店",以"年轻态文化一小时"的服务宗旨深入年轻白领心中。

(六)强化"融合",汇聚多业态的发展合力

落实开放共享理念,统筹各领域资源推动融合创新,是文化馆实现年轻化转型的重要着力点。在文旅融合的政策导向下,各地文化馆立足本地资源进行探索实践。福州市文化馆将全市文化馆站、非遗传承基地、艺术培训基地、街头表演示范点等融入文旅地图,推出以民俗风情、多彩文化为特色的文旅路线,将文化场馆和文化产品植入旅游服务;组织街头达人show、"福快闪"和"花船秀"等表演进景区,打造海峡两岸民俗文化节等系列节庆文旅品牌,吸引了众多年轻游客参与文化体验。

此外,文化馆的跨业态融合发展还涉及多个领域:如文化馆＋经济,通过文艺进商圈助力城市夜间经济,与书店、茶室、轻食餐饮等文化空间合作,让公共文化服务融入年轻人的日常生活圈;文化馆＋教育,完善公共文化服务进校园的常态机制,开展形式多样的艺

术培训课程和文化体验项目,设立课外教育实践基地等。

(七)依靠"技术",提供智慧化的数字服务

提供更高水平、更精细、更智慧的数字文化服务,是"十四五"高质量发展阶段的重要任务,也是文化馆年轻化转型的关键。首先,从业人员要具备互联网思维和数字化服务意识,推进活动实现线上线下相结合;其次,加强数字资源内容建设,输出更多具有地方特色和艺术价值的优质资源,丰富总量,提升适用性;再次,充分运用年轻人喜爱的全息投影、3D、AR、VR 等技术构建虚拟空间,增强文化活动体验感和交互性;最后,依托云计算、大数据、人工智能等新一代技术,加强数据采集、分析能力,为公共文化服务评估和决策提供智慧化支持,并通过构建用户画像优化个性化服务。

东莞市文化馆在这方面做出了积极尝试,该馆联合南方日报社、南方 + 客户端共建全国首家媒体文化馆——南方 + "东莞云上文化馆",以新平台、新形式、新场景,打造文化馆线上新优势,擦亮公共文化服务线上新品牌,建设了更适应互联网传播需求的十大数字产品和五环传播路径的全新推广模式,使服务覆盖面有了指数级暴增[8]。

(八)壮大"团队",培育能创新的人才队伍

最了解年轻人的是年轻人,以年轻人服务年轻人是文化馆年轻化转型的解题之法。一方面,要着力培养文化馆青年人才,通过实施项目责任制让青年人独当一面,促进他们迅速成长。建立完善科学的选拔和激励机制,激发他们的创新创造热情去对接同样活力无限的年轻服务对象。另一方面,要成为青年文化和团队的"孵化器",进一步培育优质社会服务主体,促进青年群体自我创造、自我表现、自我服务。深圳成立了"青年文化服务联盟",由全市公益文化场馆、文化类社会组织、企业和青年人共同组成,打造开放的青年文化服务组织体系和发展阵地。在其促进下,全市青年文化活动蓬勃开展,形成了福田区"午间音乐会""星空音乐会""梦工厂"主题阵地服务,龙岗区"小弹唱 LIVE"、龙华区"音为有你"青工音乐基地等一批在年轻人中有影响力的文化品牌。

"未来属于青年,希望寄予青年。"在实现中华民族伟大复兴的道路上,文化馆要以更年轻、更具活力的脚步迈向新的征程,以美育为媒介,以文化为引领,为培养不负党和人民殷切期望的新时代青年,书写"青春无悔,强国有我"的壮丽篇章,增添文化的明艳色彩和生动注脚。

参考文献

[1] "十四五"公共文化服务体系建设规划 [EB/OL].[2022-04-10]. http://www.gov.cn/zhengce/zhengceku/
2021-06/23/content_5620456.htm.

[2] 麦克卢汉 . 理解媒介:论人的延伸 [M]. 江苏:译林出版社,2019:517.

[3] "群发"变"群聊"文化馆社群运营三招入门 [EB/OL].[2022-04-10]. https://baijiahao.baidu.com/s?id=
1689853627564331318&wfr=spider&for=pc.

[4] 数字新青年研究报告：近九成年轻人对传统文化感兴趣 [EB/OL].[2022-04-10]. http://www.techweb. com.cn/news/2019-11-10/2763132.shtml.

[5]《bilibili 年度国风数据报告》发布！2021 年 B 站国风爱好者人数超 1.77 亿 [EB/OL].[2022-04-10]. http://fun.youth.cn/yl24xs/202202/t20220215_13450067.htm.

[6] 黄放,王柳晓．文化馆公共空间拓展路径研究 [J]. 中国文化馆,2021（1）:97-98.

[7] 罗云川．从数字化走向网络化与智能化,寓普及性于交互性与独特性——"十四五"文化馆数字化建设与服务的若干思考 [J]. 中国文化馆,2021（1）:18.

[8] 高质量公共文化服务为"品质文化之都"赋能 [N]. 中国文化报,2021-04-07（2）．

群众文化活动品牌的培育与探索

——以江阴市故事活动为例

蔡晓英(江苏省江阴市公共文化艺术发展中心)

先进文化在中华民族复兴中所具有的不可或缺的重要性。就群众文化工作来说,高标准地精心打造和涵养标志性的文化品牌,以高质量的文化供给保障人民群众获得感、幸福感、安全感的持续提升,应是落实先进文化建设的重要内容之一。笔者作为文化馆一名群文干部,和同志们一起,经过多年组织策划故事活动的实践,使该项活动成为我市深受群众喜爱的文化品牌。本文拟以此活动为例,进一步探索群众文化活动品牌的培育发展之路,以利于推进我们的工作。并以此求教于专家学者。

一、江阴市故事活动的发展历程

讲故事在江阴有着广泛的群众基础。无论是田间地头、休憩纳凉,还是茶馆喝茶、出门同行,均有故事做伴。编故事、讲故事、听故事已成为江阴百姓生活的一项重要内容,并因此而得到地方政府的重视。1964年,江阴县委、县政府明确将故事活动列为全县主要的文化活动项目,成立了一个由10人组成的故事中心小组,并在31个乡镇建立了故事活动小组,故事之花迅速在全县城乡开放。一时间,许多优秀长篇小说如《青春之歌》、《林海雪原》、《红岩》等成了故事编讲的主要来源;同时创作的一批反映本县革命斗争的故事,如《宁死不屈的钱大妹》《地窖三英雄》《枪打潘梓宝》等也在群众中广泛流传。黄启元、陈正明等根据本地新人新事创作的新故事《秧田卫士》《捉火神》《捉蟛记》等相继发表。1965年,《新华日报》对青阳乡塘头桥茶馆讲故事活动的经验作了专题介绍。因江阴故事活动的影响,苏州地区文化局曾在江阴召开故事活动现场会。

1972年,是江阴故事发展的重要年份,也是江阴故事发展的辉煌时期。由江阴县文化馆牵头,有组织、有计划、有部署地抓新故事创作,其内容也从主要改编于长篇小说、革命斗争故事,转向配合党的中心工作,以反映现实生活为主要方向。自此,江阴每年都举办全县性的创作故事会讲,这一活动持续了15年,全市每个乡镇都积极参加,为江阴故事的发展奠定了一个扎实的基础。在此项活动开展的过程中,全县涌现出近300人的新故事创作队伍,每年创作的故事近百万字,在省、市级报刊发表数十万字。故事专辑《春雷》《并蒂花开》由江苏人民出版社出版;上海《故事会》连续3年出了3期"江阴故事专辑";《无锡日报》、《新华日报》、江苏《垦春泥》、上海《故事会》等报刊都刊登了介绍江阴开展新故事创作、演讲活动的经验。上海市还曾组织 10 个县的故事作者到江阴观摩故事会讲。江阴的故事活动,一时在华东地区产生了较大影响。1986 年 6 月,中国新故事学会召开首届年会,江阴县文化馆被评为江苏唯一的全国新故事活动先进集体;文化馆负责故事活动的黄启元同志被评为全国新故事活动先进工作者;业余作者张树森创作的中篇故事《蛇女恩仇记》荣获优秀故事奖(一等奖)。自此,江阴被周边县市誉为"故事之乡"。

新故事创作、演讲取得一定成效后,江阴县文化部门就有意识地把新故事活动作为本地的一项特色文化来抓。20 世纪 90 年代后,江阴制定了"出故事作家,出故事大王,出故事精品"的目标,通过稳步发展,涌现出一批故事创作能手和故事演讲大王,同时也举办了一系列独具特色的故事创作、演讲活动。

(一)推出了一批作品

自 20 世纪 90 年代以来,江阴共出版故事作品专集 30 部,600 多万字。其中,长篇故事 7 部,分别是黄启元的《五珠九龙冠》、《特工姐妹》,徐泉法、陆其明的《朱松寿传奇》,焦保生的《施耐庵江南传奇》,陈璐的《无人控诉》,肖卫琴的《中国游圣徐霞客》,陈岳林的《古镇梵音》。民间故事集 6 部,计有《江阴民间故事集》《歇后语故事集》《江阴民间故事选》《江阴历史故事集》《徐霞客的故事》《延陵季子的故事》等。新故事集 17 部,为《春雷》《并蒂花开》《江阴优秀故事作品选》《黑鹰洞追踪》《神秘的勒索者》《水乡烟雨情》《红菱》《红蝙蝠之谜》《美人蝎》《酸酸草》《连心锁》《华西村的故事》《好梦难圆》《失去旋律的青春》《流金岁月——江阴十大故事家作品选》《同猴子交换人质》《背着老娘游黄山》。此外,在各类报刊发表的短篇故事 1000 余件,2000 余万字。

(二)涌现了一批人才

在江阴故事创作、演讲活动中,除有一个故事中心创作组外,杰出的带头人和核心骨干发挥了重要作用,尤为突出的是黄启元、徐凤清、张树森、邵振良、陈岳林、肖卫琴、宋建才、郭凤英、李昌达、陈璐等十大故事家,其中黄启元最具代表性。

黄启元,江阴市文化馆原副馆长、江阴市民间文艺家协会原主席,他是江阴故事活动积极的组织者和策划者。在故事创作方面:发表长篇故事《特工姐妹》和《五珠九龙冠》2 部;编撰故事集《徐霞客故事》、《歇后语故事集》2 部;主编《江阴优秀故事作品集》《红菱》《江阴民间故事集》《江阴历史故事集》等多部;发表中短篇故事 100 余篇。除创作外,还对故事创作有着系统深入的研究,他的故事创作论文《故事一定要有好的情节》《口头故事的语言特点》《故事题目小议》《故事悬念琐谈》《故事人物塑造》等,分别发表在上海《故事会》、辽宁《故事报》、河南《传奇故事》等报刊上。他的这些论文被上海、辽宁、广东、河南等地作为培训故事作者的教材。无锡江南大学中文系特邀他系统讲授故事创作理论。他的故事《新媳妇》入选南京大学、南京师范大学合编的教科书《写作》……

在故事演讲方面,江阴市各乡镇都有一支故事员骨干队伍,共计500余人,参加过江阴市、无锡市以上故事会讲并获奖的故事员就有200多人。杰出代表有:张树森、蔡晓英、陶仕铭、高玉红、张炳龙、季建新、项剑国、陈永琴、蔡红霞、包婷婷、赵琼、叶子华、贡雨婕等。

(三)获得了各类奖项

2000年5月,江阴市获"全国民间艺术之乡(民间故事)"称号。多年来,有100多件作品获得了全国"群星奖""山花奖",江苏省"五星工程奖"以及各级刊物、各项赛事的奖项。其中,张树森创作的故事《蛇女恩仇记》于1986年获中国新故事学会首届年会优秀故事一等奖。徐凤清创作的故事《小校长怒砸校门》1994年获上海《故事会》一等奖及文化部第三届"群星奖"银奖,2004年创作的故事《无法无天的山民》获华东六省一市"金山杯"故事大赛创作金奖,2007年创作的故事《背着老娘游黄山》获得第八届中国民间文艺"山花奖"。演讲方面,2006年,蔡晓英演讲的《刀鱼馄饨》获上海第八届国际艺术节长三角地区故事大奖赛演讲金奖,2008年演讲《背着老娘游黄山》获首届中国故事节演讲金奖,获全国故事员称号;张树森的演讲《称公公》参加江浙沪"长三角"地区故事演讲大赛,获最佳故事员和本次大赛"金水珠奖"(金奖);2008年,贡雨婕的演讲《一个也不许死》获长三角地区故事演讲比赛金奖……

还有多篇江阴故事被改编成电视剧、舞台剧和曲艺作品并获奖。如黄启元的《敌塞红石》被南京改编为电视连续剧《要塞起义》;徐凤清的《小校长怒砸校门》被福建改编为多幕剧《侨乡轶事》,上演后获得文化部文华奖;陈岳林的《烟河芳踪》被改编为电视连续剧;陈璐的《生死球》被改编为中篇评弹等。

二、江阴故事活动的经验总结

江阴故事活动经久不衰,成果丰硕,成为一个文化活动的品牌,总结有以下方面原因:一方面得益于深厚的传统底蕴,故事活动在江阴有着广泛的群众基础,为"故事"这一艺术形式的生存发展培育了肥沃的土壤;一方面与当地政府的重视和大力支持,及文化单位的精心组织息息相关。其中最具有实践意义的是独到的组织举措和普及办法。

(一)要有一支核心团队

这是江阴故事发展、成熟、辉煌的关键所在。早在20世纪60年代,江阴就由文化馆牵头成立了故事创作中心小组。该小组由全市10位重点故事作家组成,定期开展活动,交流信息、讨论题材、商讨作品。他们除了自己创作重点作品外,还承担着辅导全市故事创作的使命,帮助全市故事作者修改、加工、提高作品。该小组有计划地组织故事作者深入生活,调查采风,挖掘、整理民间故事,创作反映现实生活的新故事。每年举办1—2次创作笔会。先是组织各乡镇故事作者分片举行故事题材讨论会、作品评论会,评选出优秀作品再参加全市性的改稿会。参加笔会的作者相互切磋,交流"好点子"。笔会还邀请故事刊物的编辑和著名故事作家来讲课、辅导。每年举办1—2次故事员培训班,邀请获奖故事员作示范演讲,组织观摩故事大赛,以期拓宽眼界,提高演讲水平。

在故事演讲方面,成立了一支12人的法制故事宣讲团,由江阴市文化馆、江阴市司法局和江阴市民间文艺家协会共同组队,进社区、学校专门演讲法制故事;同时还将法制故事结集出版,至今已出版《失去旋律的青春》和《风雪凤凰山》两本法制故事专集。成立了一支少儿故事演讲团,挑选市少儿故事演讲比赛,获奖选手组成演讲团,到学校巡回演讲。成立了一支新故事演讲团,由江阴市20名重点故事员组成,主要任务是参加省内外故事演讲比赛,到书场、茶馆、学校、社区讲故事,并在江阴市每周举办的"夜晚文化广场"上演讲故事。成立了一支少儿先锋故事团,由江阴市城乡100多位优秀宣讲员组成,主要任务是宣讲身边的好人、道德模范、先进人物等。

(二)有一个展示平台

1972年起,江阴开始举办全县创作故事会讲,持续15年之久。会讲包括成人故事和儿童故事。各乡镇先组织创作、演讲比赛,然后参加分片复赛,最后各片选出优秀作品参加全市决赛。1999年起,江阴继续加大故事活动的力度,在深化提高成人故事创作的基础上,举办了少儿故事演讲比赛,着重抓好少儿故事活动,至2021年,少儿故事演讲比赛已举办了21届,有力推动了江阴故事的传承发展。同时,积极组织故事作品参加无锡市两年一次的故事会讲活动;参加江苏、浙江、上海联合举办的"长三角地区"故事演讲比赛;参加全国少儿故事演讲大赛等活动。近年来,市委宣传部还组织全市的优秀故事作者和故事员,针对全市乃至全国涌现的先进人物,好人榜样,优秀党员进行故事编创、宣讲活动。

(三)要有一套激励措施

对卓有成效的故事作者、故事员和故事活动组织者进行表彰奖励,评定优秀故事作者、优秀故事员,由市人民政府颁发荣誉证书。江阴市人民政府设立了文学基金,对获得无锡市一等奖以上奖项的故事作者和故事员,给予奖励。对获得国家级大奖的优秀故事作品则给予重奖。徐凤清的故事《背着老娘游黄山》获得国家级"山花奖"后,获得市政府奖励3万元。该基金还支持故事作者出版长篇故事和故事专集,特别支持新作者出书。

(四)要有当地媒介支持

为给故事作者特别是新作者提供发表园地,江阴市文化馆创办了专门刊登故事作品的报纸《江阴文艺》;江阴市文联主办的大型刊物《雪浪湖》,每期发表10000字的故事作品;江阴市委机关报《江阴日报》,每月刊发一整版故事作品;江阴电视台还在每天的黄金时段设立了讲故事栏目,邀请当地的优秀故事员用方言讲述老百姓喜闻乐见的故事。

2010年1月,原南闸文化站站长张树森应邀主持《老张讲故事》栏目,每天下午6点播出40分钟,持续两年,收视率一直居高不下,深受群众欢迎。媒体的积极参与,不仅为故事的创作、演讲提供了发表、展示、交流的平台,更重要的是丰富了当地群众的文化生活,满足了群众多样化的文化需求。

三、对"江阴故事活动"的进一步思考

为发扬光大故事之乡写故事、讲故事、听故事的优良传统,近年来,江阴着重在少儿故事活动上狠下功夫,培养新人,为故事之乡不断增添新鲜血液。江阴市少儿故事演讲比赛2021年即将举办第21届,这一活动的开展有力促进了江阴少儿故事的发展。每个学校不仅组建了一支故事演讲团队,积极参加每年一届的故事演讲比赛,而且一些学校还以故事为主题,创造性地开展活动,把故事演讲与教学、育人结合起来,取得了可喜的成效。如江阴市山观实验小学开展的"故事三进",即"故事妈妈进校园""故事少年进社区""故事老师进课堂"活动就成为该校创新活动的一抹亮色。

山观实验小学1993年曾率先发起"红领巾小书房"活动,这项活动引发了轰轰烈烈的江阴市"一二三家庭读书工程",2005年,"红领巾小书房进万家"活动荣获中央文明办首届未成年人思想道德建设创新案例一等奖。"十一五"期间,该校又将"故事三进"成功申报为全国少先队"十一五"课题项目。课题纳入"大视野阅读"范畴,选取"故事阅读"为内容,"故事妈妈进校园"为形式,道德教育为目的,进行阅读研究,从而探索"未成年人思想道德建设"的有效途径。为此,该校组织培养了一支近200人的故事演讲队伍,其中"故事妈妈"92人,"故事老师"36人,"故事少年"68人。学校还特别聘请台湾著名的"故事妈妈"黄欣雯女士为顾问,进行专业培训。学校根据不同年龄阶段儿童的心理特点、认知结构和教育目标,编写了一套校本教材《故事阅读》,分为《小故事大道理》《小故事大学问》《小故事大智慧》三册。还出版了《老师的成长小故事》《"师"情"话"意》两本故事集。"故事三进"活动的开展,不仅丰富了学校的教育形式,加强了学校与家庭的沟通,让家长走进校园,参与到和谐教育的建设中来,而且切切实实地提高了小学生们的阅读能力、写作能力,使他们从小养成服务社会、服务他人的责任和意识,有力促进了学生德智水平的双提高。

故事虽小却做成了大文章。江阴充分发挥了本地文化传统、文化资源的优势,在把故事活动做强、做优、做新上大做文章。随着时代的变迁,江阴故事为了切合大众审美需求的提高,开创性地通过跟其他艺术形式的大胆整合,推出了一种新的舞台形式:主题情景故事会。先后推出了创意作品"抗战烽火——纪念反法西斯70周年主题故事会""风云岁月——江阴解放主题故事会""岁月里的歌——五一劳模表彰主题故事会""信念——百年红色主题故事会"等。让故事以全新的面貌走上了舞台,走进了百姓的生活,成为一种别具风采的艺术形式,切实地丰富了江阴百姓的文化生活。

综上所述,江阴故事活动这一品牌的发扬光大,依靠的一是传承,传承各方的热情,传

承有效的机制,传承创作、演讲队伍的规模和质量。二是创新,积极拓展新的作者,新的作品,新的组织架构,新的孵化机制,新的艺术形式。总之,为进一步扩大群众文化活动品牌的影响力和生命力,我们的群文活动一定要以人民群众为依托,融入时代,着力于传承与创新。用我们的努力,为新时代优秀群众文化活动品牌增光添彩,为人民群众提供更高质量的文化产品,为群文事业打造更多更优质的文化品牌。

数字文化馆平台建设和服务内容研究

陈　素（广东省深圳市文化馆）

近年来,公共数字文化服务体系建设、数字文化馆建设先后被纳入《中华人民共和国公共文化服务保障法》、《文化部"十三五"时期公共数字文化建设规划》、国家三部委《关于推动公共文化服务高质量发展的意见》和文化和旅游部《"十四五"公共文化服务体系建设规划》等重要政策文件,全国文化馆数字化建设工作全面铺开,文化馆数字平台建设、资源建设、服务推广逐步成为公共数字文化工程的重要组成部分。各地文化馆数字化建设已逐步从摸索、试点阶段转向全面建设的重要发展时期。

一、数字文化馆的定位

2017 年发布的《数字文化馆工作指南》已对数字文化馆进行明确定义。数字文化馆是运用现代信息技术处理群众文化资源、提供全民艺术普及服务、管理文化馆业务的数字化服务系统和互动体验空间。也即是说,数字文化馆＝文化资源库＋数字化文化服务平台＋智慧化管理空间。

数字文化馆作为文化馆数字化、智慧化建设的重要载体,本身就是信息化时代公共文化服务理念的体现,也是文化馆服务职能、对象、边界、模式的现代化转型标志。数字文化服务建立在新的运作模式和资源整合基础之上,以互联网服务＋实体体验馆的组合形式,根据不同人群结构特征,动态调整服务的范围、内容和方式,提供不受时空限制的文化服务,满足大众不断增长的文化需求。

（一）服务职能

数字文化馆承担着公共数字文化服务的推广职责,是在传统文化馆的基础上,为群众提供数字文化服务。同时,场馆本身的数字化、智慧化规划和建设,将全面提高公共文化服务的信息化和数字化水平,大大减少人力资源的投入和运营管理成本,促进公共文化服务高质量发展。

（二）服务对象

和传统文化馆相同,数字文化馆服务面向全体社会公众实行免费开放,对进城务工人员、老年人、未成年人、残疾人等群体应予以关照。针对不同年龄段人群的爱好和文化需求,根据馆内实际业务和业务人员专业种类,引入社会力量参与,分别开设美术、书法、绘画、舞蹈、器乐、声乐、戏曲、曲艺等艺术门类项目,始终立足全民艺术普及核心职能,持续利用数字化手段更新服务方式,加大服务内容供给,完善数字化设施建设,扩大群众参与,增强百姓文化获得感。

(三)服务边界

数字文化馆建设包括线上平台和线下互动体验空间,群众既能在文化馆实体建筑空间里享受阵地服务,也能随时随地享受线上数字文化服务。通过线上和线下数据连通联动,聚焦公共文化服务边界扩展,扩大公共文化服务内容供给,全方位满足百姓多样性的文化需求。

数字文化馆通过不断挖掘新的公共数字文化服务资源,横向整合相关文化单位服务资源、纵向延伸至国家中心和各省市县区乡镇文化服务机构资源,精心打造线上线下互动结合的数字文化综合服务平台,实现数字文化资源的共建共享与集成服务,同时通过研发大数据分析,更好地了解群众需求,更新完善服务内容、创新服务模式。

(四)服务模式

数字文化馆采用线上或线上线下融合互动的模式提供服务。

1. 数字文化馆线上模式

通过提供信息发布、资源共享、文化活动、文化鉴赏、网络培训、非遗展示、远程指导、业务智能化管理等,实现与受众群体点对点的终端服务,促进了公共文化服务全区域、全时段覆盖的发展。

2. 数字文化馆线上线下整合互动模式

一方面,以数字化实体馆来提供服务,通过建立数字体验区,以数字虚拟技术,受众群体通过数字控制端和显示端,通过触摸、感应等方式,实现同步、直观、生动的艺术体验。另一方面,通过实体馆的智慧化建设为场馆运营方提供信息化、数字化、智慧化管理运营。通过建立业务集成管理调度平台,串联场馆内所有的专业设备和业务系统,完美对接文化馆数字化云平台,高效采集、处理、储存、分析和调度各类业务数据(包含直播录播等),并推送至场馆内各显示终端。

二、数字文化馆建设的必要性

根据《中国互联网络发展状况统计报告》显示,截至 2021 年 12 月,我国网民规模达10.32 亿。在网民中,网络视频、短视频用户规模分别达 9.75 亿和 9.34 亿。庞大及持续增长的服务群体,使数字公共文化服务发展成为必然。随着数字化、网络化、智慧化的发展,云服务已经成为人们生产生活的常态。通过数字化信息技术的理念、方法、技术,促进和提升公共文化服务品质已成为必然。2020 年疫情暴发以来,数字文化服务异军突起、逆势上扬,在疫情防控和经济社会发展中发挥了积极作用,并在抗击疫情中形成了新的文化服务模式和产业模式。时至今日,数字文化服务已经成为人们生活中不可或缺的一部分。

三、数字文化馆建设技术标准探索

在数字文化馆技术标准建设上,不仅要满足数字化建设所需的信息技术软硬件条件,而且要确保网络安全。

(一)具备用户应用平台和网络终端,包括系统门户网站、微信微网站和手机移动门户等

(1)系统门户网站,是群众通过数字文化馆云系统,获取文化艺术资源,获得文化艺术服务的核心渠道,适合电脑用户。PC网站包括前台用户系统和后台业务系统的所有功能。(2)微信微网站,通过手机和智能终端等新载体为公众提供更快的公共文化服务,扩大服务范围和服务对象,拓展服务渠道,使更多的人可以更方便地获取场馆预订、活动信息发布服务等。(3)手机移动门户网站是互联网网站的延展。以快速传播简洁应用为核心,为网站提供新的信息传播和服务获取方式,为公众提供最有用最快捷、最方便的系统服务,是公众随身携带的服务手册。它作为一种可移动的"口袋网站",让使用者实现了随时、随地、随身访问。无论是PC访问的系统门户网站,还是手机等智能终端访问的微网站,又或是微信小程序,都是数字文化馆提供服务的最前端,是获取文化服务的核心渠道,其界面的设计,功能的配置,将极大影响群众的服务体验。

(二)具备丰富的数字文化资源库

文化馆服务内容多样,各类文化产品呈现方式颇多,或通过文本、图片、音频、视频进行呈现,或采取演出、讲座、培训、幕课等方式来展现。无论哪种方式,都是建设数字馆文化资源数据库的重要呈现方式。所谓数字化,并非简单地给馆藏资料、藏品等拍照、录像,机械地把线下内容"搬运"到线上,而是要进行适应化改造、针对性开发。只有灵活运用VR、5G、全息投影等丰富多样的技术,大胆创新音乐、游戏、文创产品等层出不穷的文化艺术形态,才能不断提高公共文化服务水平,更好满足人们精神文化需求。文化馆重点依托群众文化活动组织、艺术辅导培训、民族民间文化(非物质文化遗产)保护、艺术创作等业务基础,开展百姓大舞台、全民艺术普及、传统文化数字化传承、网络原创资源征集等方面的资源建设。

(三)配置场馆线下数字多媒体终端设备和完善服务系统建设

除了具备丰富的数字文化馆资源库,还要配备数据互通完善的线下多媒体终端服务设备。线下多媒体终端网络系统一般采用信息展播大屏、自助取票一体机和互动信息查询机作为载体,放置在数字体验区、数字化展厅、场馆的公共空间等。群众可以通过线下

的数字设备完成选课、投票、预约、慕课等线上活动。同时,线下多媒体终端也能自动向数字化平台提供有效数据统计,便于清晰地掌握每场活动参与人数、活动参与率和场馆的使用率等,从而简化文化馆场馆服务分析流程,提高文化服务效能。

(四)搭建场馆智慧化管理调度平台

数字文化馆涉及的技术系统复杂多变,从硬件到软件,从互联网到系统集成,从管理平台到互动终端,从声光电到展示展览展演,从音像制作直录播到多媒体,专业内容丰富,涉及面广,综合性要求极高。因此,数字文化馆应加强场馆的智慧化建设,提升建筑和设备、管理调度平台、人文服务等方面的智慧化水平。使用智慧化管理调度平台,将全面提高公共文化服务的信息化和数字化水平,大大减少人力资源的投入和运营管理成本。

5.制定相应的数字文化馆安全管理规范

具体包括技术安全和服务安全等,同时建立数字文化馆安全监督机制。(1)技术安全包括基础硬件、软件、网络设施、存储设备等,其核心主要包括防火墙、入侵检测、安全邮件系统等功能在内的全方位的网络安全防护体系。可结合当地实际情况,加入当地政务网络等级保护系统,建议最少达到二级等级保护要求。(2)服务安全指数字文化馆数据资源应设置多密级管理,设置授权流程。建立多层级身份认证系统,在为用户提供灵活便捷的身份认证方式的同时,最大限度实现用户权限的层级化,强化网络权限管理,减少风险隐患。

四、数字文化馆建设服务内容研究

数字文化馆的服务应包括线上平台服务、线下数字文化体验服务及场馆智慧化管理平台系统。

(一)线上平台服务内容建设

线上平台服务应包括网络云平台和全民艺术普及资源数据库,主要解决群众参与公共文化活动、使用公共文化场地设施、参与艺术普及培训、参与文化社团、群文创作展示、文化志愿者服务等业务功能。线上平台是数字文化馆建设的基础,所有的业务流程、资源利用、用户管理,包括线下实体馆的内容推送和管理都必须依托线上平台来实现。

2016年正式上线的上海市文化上海云,目前已推出"文化上海云5.0",通过整合全上海市公共文化场馆和公共文化服务资源,不断应用新技术手段,建成公共文化产品的"文化超市",进一步深化"精准供需""百姓点单"模式,同时采用物联网技术进行数据采集,完善上海公共文化大数据,向全市市民提供更便捷、更丰富、更精彩的公共文化服务。

截至2021年8月,"文化天府——成都市公共数字文化服务平台"注册用户达728094人,下载量超135万次,累计点击量近58140285次。云平台对艺术普及的线上直播、艺术培训线上报名、活动预约、场馆预约、活动直播、文化超市、圈子互动反馈、群众文化需求大数据分析、慕课教学、志愿服务管理、街头艺人管理、大家美术馆 VR 展览等十三大板块功能不断进行提升完善,将"成都市数字化公共文化服务"品牌继续保持在全国领先的地位,同时将平台的优势扩大,服务更多市民群众。

全民艺术普及数字资源库内容的建设,要以老百姓对九大艺术门类的不同文化需求和其已达到的不同层次水平等为前提,进行产品和项目的研究开发,分类分层次进行资源建库。引进老百姓从"从何学、如何学、如何进阶"到"如何进行艺术赏析",从而实现全民艺术普及的核心服务功能。在建设基础艺术普及资源库的基础上,可针对地区性特有的文化资源和非遗传承等项目进行特色资源库的开发建设,为特色文化的保护和传承提供数字资源保障。特色资源库主要包括特色文化资源库、文化艺术人才数据库、文艺作品数据库、文化品牌活动数据库、文化培训慕课信息库、社会表演艺术团体数据库和文化志愿者数据库等内容。

(二)线下数字文化体验服务建设

《文化部"十三五"时期公共数字文化建设规划》提出,鼓励公共文化机构建立互动体验空间,充分运用人机交互、虚拟现实、增强现实、3D 打印等现代技术,设立阅读、舞蹈、音乐、书法、绘画、摄影、培训等交互式文化体验专区,增强公共文化服务互动性和趣味性。线下数字文化体验馆应满足硬件设施条件,通过 LED 大屏幕显示、触摸屏互动、体感设备、VR 设备、一体机等载体来提供数字化公共文化服务。体验馆通过配置和完善软硬件设施,围绕文化馆业务需求和职能服务,运用数字化、智能化手段,提高服务效率和管理效能。因体验馆的高频使用率,须采用成熟的数字化装备和可升级和拓展的软件系统,借助新设备、新技术提高互动体验、降低日常运营维护成本。数字文化馆的云平台应提供活动预约、培训辅导、慕课、票务服务、场馆预约、"点单式"文化产品配送、线上活动开展、网络直播、数字统计分析、用户管理等多功能服务,并承担起文化信息发布窗口、联结横向文化资源的枢纽,构建起区域文化、旅游、休闲消费的"文化 +"平台。

(三)场馆智慧化管理平台系统

未来智慧场馆最核心的价值在于数据连接。只有将智能管理系统平台、服务资源与生活场景有机结合,才能实现智慧场馆的价值最大化。智慧化管理平台应包括高标准建设业务控制总调度室,同时配备新型显示终端及操控台。根据场馆运营管理需求,设置业务设备集成管理调度总平台。通过 5G 应用、定制化智能建模、人工智能等技术,集成各类场馆业务系统,包括智慧导览、智慧客服、剧场智能控制系统、培训教室直录播、客流分析、图书档案借阅、文化资源数据库、交互展陈、安防和楼宇智控等,从而打通场馆各业务系统的数据通道,掌握场馆各类业务的设备数据及运行状态,和云平台实现无缝对接,实现活动预约、培训辅导、慕课、票务、场馆预约、网络直播、活动开展等业务互通互享、动态更新,使场馆线下线上一体化,助力文化馆管理规范化、程序化和高效化。

五、数字文化馆服务管理评价建设

为使数字文化馆服务更专业化、便捷化和智能化，为全民艺术普及和各大品牌活动提供大数据分析等功能，使数字文化馆在公共文化服务领域发挥更大作用，需要建立和完善数字文化馆服务管理评价体系。

（一）基础设施标准

基础设施：包括宽带网络覆盖水平、服务器、网络设备等；

基础设备：面向社会公众提供数字化服务的各类数字体验馆设备、各种终端显示、互动设备、直录播设备等。

（二）服务质量管理标准

兼容性：平台应能上下兼容（上接国家公共文化云平台、省平台，下承地方平台）、互联互通。

服务效果：采取项目系统日志分析、网络问卷调查、在线意见反馈方式，对数字文化馆的服务效果进行评价，评价内容包括：服务内容（丰富性、实效性、趣味性）、服务形式（多样性、交互性、主动性）以及体验效果（简易性、实用性、高效性）。通过后台数据反馈文化服务的受益总人次。

（三）文化资源管理标准

存储量：主要涉及资料信息、图片容量及音频、视频资源达总时长等，可采取自建或采购。

安全性：确保数据库来源安全，运行系统安全、稳定和无漏洞。

拓展性：在艺术资源项目基础上可进行二次拓展开发。

综上，唯有通过信息化、数字化的技术手段，加快数字文化馆的建设步伐，才能实现文化馆的不断创新和可持续发展。在数字文化馆平台的基础上，只有加强公共数字文化管理，完善公共数字文化科技研发、内容建设、标准规范制定、绩效考核评价等工作机制，才能促进公共数字文化建设的科学化和规范化，切实提升市民群众的文化获得感、幸福感和体验感，从而推动公共数字文化服务高质量发展。

参考文献

[1]. 琚存华. 浅谈文化馆的公共数字文化资源建设 [J]. 参花, 2020（19）:137-138.

浅析高质量发展要求下的基层公共文化人才队伍建设

——以东莞地区公共文化服务为例

廖冬梅（*广东省东莞市石碣镇文化服务中心*）

公共文化服务是党和政府着眼于保障公民的基本文化权益,促进基本公益性文化服务均等化、普惠化,为公众提供更多、更好的文化产品和服务的重大举措。保障广大人民群众的基本文化权益,对促进社会和谐稳定具有重要意义。推动公共文化服务发展人财物缺一不可。随着大湾区城市文化硬件配套的逐步完善,市镇村三级文化馆总分馆体系基本建成,如何从人的角度着手,全面提升公共文化服务和管理水平,更好地满足人民群众对美好生活的新向往新追求,成为摆在文化部门面前的重要课题。

一、加强公共文化人才队伍建设是高质量发展的重要保障

公共文化服务体系人才队伍建设是实现文化大发展大繁荣的重要部分。增强公共文化服务能力,是落实公共文化服务的前提。公共文化服务离不开优秀的人才队伍。打造一支结构合理、数量充沛、能力胜任、守正创新的高素质人才队伍,是新时期推动公共文化服务高质量发展的基本保障,是公共文化事业可持续发展的重要基础。

（一）强化人才队伍建设,是实现文化强国梦的必然要求

国家"十四五"发展规划中提出,要发展社会主义先进文化,提升国家文化软实力,提升公共文化服务水平。党的十九大以来,广东坚决贯彻落实习近平总书记、党中央决策部署,将文化强省建设纳入"1+1+9"工作部署,推动各项文化工作取得新进展、新成效。但是,要实现文化强国梦,首先就需要以培育大量的优秀文化人才作为基础。推动城乡公共文化服务一体化、均等化,普惠化,没有强有力的人才队伍来支撑,这个目标难以实现。

（二）强化人才队伍建设,是推动公共文化高质量发展的必然要求

加强公共服务人才配置,是满足广大人民群众对美好生活的新向往和新追求的迫切需要。高品质的文化服务、高质量的文艺创作、高水准的文艺作品,无一不需要通过人来实现。人的全面发展是精神文明建设的根本目的。通过提高公共文化服务体系人才队伍建设的总体水平,优化文化供给侧改革,是提升全民文化素养的必然要求,也将极大地推动公共文化的高质量发展。

(三)强化人才队伍建设,是打通公共文化服务"最后一公里"的必然要求

根据 2020 中国文化和旅游统计年鉴提供的数据来看,面向基层开展公共文化服务的全国基层文化站有 40747 个,从业人员 136481 人,专业技术人才 36193 人,专业技术人才的数量仅为 26%,不到从业人员的三分之一。其中,乡镇综合文化站 33530 个,从业人员数超过全国文化站总量的 82%,但是专业技术人才仅有 31254 人,平均每个综合文化站专业技术人才不到 1 人。没有专业技术人才的综合文化站,很难提供有专业水准的公共文化服务。可见,高质量发展关键在人。要打通公共文化服务的"最后一公里",必须完善基层文化馆(站)的人才配套,配足人才服务资源迫在眉睫。

二、基层公共文化馆(站)人才队伍建设存在的问题

基层文化馆站承担了大量的艺术普及、文化保育、品牌开发、传统传承、精品创作以及场馆运维、社团组建、文艺演出、活动策划等工作。因此,基层公共文化馆站需要的重点人才可以统分为四大类:

一是管理服务型人才。场馆运营、活动执行等等。例如文化馆长、文化社工、文化志愿者。其中,管理服务型人才又涵盖了运营管理人才、基础服务人才;二是技术支撑型人才。各类文化场馆信息收集、技术支持、运维保障人员,灯光师、音响师、摄录人员、数字媒体运维人员等。三是编创演艺型人才。致力于文艺精品创作、担任艺术培训导师,负责文艺作品展演,开展文艺活动策划等。重点包括创意策划型人才:面向基层开展活动策划、创意策划,提升活动的组织能力、品牌塑造能力;有专业艺术特长的创作型人才:重点开展专题艺术创作、艺术培训与普及、艺术推广与创作;演艺型人才:重点开展艺术表演,文艺演出骨干等。四是宣传辅助型人才。宣传策划、文化新媒体工作者、新闻采编工作人员等等。

但是,由于乡镇的工作环境、薪资待遇等制约,创作演艺型人才到基层工作的意愿普遍比较低,导致在基层文化馆(站)师资匮乏、活动策划水平不高、群众文艺水平提高慢。同时,由于基层编制少,管理型人才特别是复合型管理人才难以培养,人才流失率大,策划、编创、表演于一体的高素质复合型人才更受基层的欢迎。

目前基层文化馆(站)人才队伍建设主要存在以下几方面问题:

(一)数量不足,人才总量与经济发展实力不匹配

基层文化馆(站)面向群众服务,但服务的人员没有根据经济发展总量及人口总量配足。不少基层文化馆站编制少、人员少、专业人才少。以一般文化管理员替代专业技术人员的情况多有存在。特别是村一级综合文化服务中心,基本上没有专业的文艺人才。例如东莞市石碣镇作为全国百强镇,年 GDP200 多亿,人口 30 多万,其经济总量和人口数量与湖南、贵州、安徽等地不少县区相当,但公共文化服务人员仍按照镇级进行配套,镇文化

馆的公共文化服务人员只有 8 名，人才服务数量明显不足。

（二）标准不一，馆站人才配置缺乏统一的管理标准

东莞地区的镇一级文化分馆人才配备水平参差不齐，部分领导重视、经济发达的文化分馆，其馆员数量可达到 80 多名。但部分镇区文化分馆由于种种原因文化馆员人数仍是个位数。同一区域内人才配备的巨大落差和不平衡，透视出标准不统一，重视程度不一致的短板。基层一线文化馆（站）的人才体系建设明显跟不上发展需求。

（三）结构失衡，知识更新与人才需求不匹配

从全国的范围来看，文化专业人才占全部文化人才不足 1/3，复合型人才和高技能人才比例更低。人才结构性失衡明显。进入 21 世纪，移动互联网、大数据、人工智能等在文化领域中的普及应用，在改变文化生态、催生新兴文化业态、变革文化生产方式的同时，也推动国家文化管理职能体系进行适应调整。文化慕课、直播授课、跨界融合、艺术创新等层出不穷。面对汹涌的信息大潮，知识更新快、手段更新快、系统性人才培训力度不足，不少文化人都深感压力巨大。

（四）机制不全，人才评价及激励机制不够完善

人才评价与服务体系不完善，单凭职称、学历、资历为标准的评价机制，让部分基层文化能人、乡土文化人才、民间艺术人才难以享受扶持的政策措施，文化人才培养、引进和使用机制不完善，上升空间少，待遇不高，高层次人才不愿到基层就业，基层文化发展空间巨大却找不到合适的人才等矛盾不同程度存在。

三、优化基层公共文化人才管理的对策与思考

人才是第一资源。公共文化服务的高质量发展需要更多专业的文化人才。只有进一步明确人才配套标准，完善管理机制，整合人才服务资源，创新人才管理思维、加强人才孵化培育，建立科学的人才激励机制，壮大人才队伍规模，才能够更好地满足新时期公共文化发展的需求，为高质量发展提供有力支撑。

（一）搭建合理的人才架构，完善基层文化馆总分馆体系的人才标准化建设

坚持统筹规划，加强公共文化人才体系的顶层设计。制定并完善基层公共文化服务体系的总体规划，按照基层需求明确文化馆总分馆的人员配备标准，提升规范化管理水平。

一是从制度上完善人才配备标准。总分馆制的实施给基层文化馆（站）的运作管理提供了明晰的组织基础。当前的岗位设置多数是根据机构的级别来设置。但是由于当前东西部发展不平衡，各地服务的人口数量和经济总量差距较大，根据服务人口来配备服务

人数更为合理。例如,《公共图书馆服务规范》中规定,公共图书馆工作人员数量的确定,应以所在区域服务人口数为依据,每服务人口1万—2.5万人应配备1名工作人员。同样,要推动基本公共文化服务标准化均等化,就必须在"兜底线、补短板、保基本、促公平"等方面认真研究基层公共文化服务机构的人才需求。完善《文化馆(站)服务规范》,按照服务人口数量配足服务人员数量,切实做到优化岗位设置,明确岗位职责,用制度明确专编专岗、专职专责。与此同时,按照事业单位管理的有关规定,专业技术人才配比数量原则上应占单位人员总量的70%以上,以此来确保服务的专业性。以东莞为例,东莞市文化馆作为全国公共文化服务的先行示范区,是拥有千万人口、万亿GDP的双万城市,东莞市2016年起实施文化馆总分馆制。目前,市镇两级文化馆及文化分馆共有从业人员658名,其中有专业技术职称的332名,约占从业人员总量的50%,略高于全国45%的平均水平。平均每万名东莞人拥有6.6名公共文化服务人员。通过持之以恒地实施结构性调整,有力优化了文化馆总分馆体系的人才结构,保障了文化馆总分馆体系的有效运营。

二是从结构上完善人才配备标准。市、镇、村的人口结构明显不同,文化水平也有一定差异。在市一级高层次人才、创作型人才受青睐,到了基层一线,往往创作型人才需求量偏少,管理服务型人才需求量偏大。因此,在文化分馆和支馆的人才配备结构上要因地制宜,要从人口结构出发。东莞市文化馆在2017年实施的《东莞市文化馆总分馆制建设实施方案》中,明确了全市各文化分馆配备人员不少于6名,同时必须配备3名以上艺术专业人才,并配备1名数字化专业管理员,以此确保了镇一级文化馆的人才结构的专业性要求。而在乡村,则采取了更为灵活的配套方式。东莞市茶山镇给每个村级文化支馆配备了2名文化管理员,实行镇统筹管理,工资统发。而东莞市石碣镇则采取了三馆合一(文化支馆、图书支馆、综合文化服务中心统筹管理)的方式,对村一级综合文化服务中心(文化支馆)采用了服务外包的方式,每个村配备8名社工,同时明确了文化管理员的薪资标准参照社工的标准实施。

(二)整合人才服务资源,壮大人才服务队伍

在搭建组织管理结构基础上,要大胆整合资源,优化人才储备,变人为我所有,为人为我所用。打破现有的管理机制体制上的藩篱,坚持公共服务优先,科学配置资源。全面整合文联协会、文艺社团、社会机构、文艺院校、志愿团队的服务力量,提升公共文化服务覆盖面和精准度。

一要积极整合人才资源。宣传部门分管的文联是文艺创作人才最多的社会组织;新时代文明实践中心需要生动的宣传方式和内容;教育部门主管的社会艺术教育机构拥有众多的有实力的文化服务供应商;文化部门有众多服务需求和活动资源,艺术院校的师生有专业基础,需要更多实践的基地和展示的机会;志愿团队有强大的服务基础和庞大的人员数量。强化社会资源整合,加强文化共建共享,实现资源互通共用,打好组合拳,力争实现资源整合的叠加效应。依托文艺协会,充实创作人才队伍。依托文艺社团,充实演艺人才队伍。依托社会机构,充实公益服务数量等,都能产生良好的效果。例如石碣镇文联共

有九大文艺协会,会员人数600多人,当中每一位会员都有一技之长。石碣镇通过在文联开展"艺心为民 牵手乡村"行动,为村社区送师资、送培训、送演出,受到村文化支馆的热烈欢迎。

二要努力壮大人才基数。开展横向人才引流,加大对社会艺术团队、艺术机构和文化企业的扶持和孵化培育。发挥社会组织在推进公共文化建设中的作用,全面激发基层社会组织的文化活力。近年来,东莞市连续举办了社会组织孵化培训班,从文采会及文化创投大赛中挑选有实力的年轻文化团队,建立孵化中心,大力培养有潜力的新文化青年人才。此外,2021年东莞开展了共享文化年"四个一百"文化创投大赛,通过路演和精选,在全市的公共文化社会服务机构精选出四个100的优秀公共文化空间、文艺团队、文艺节目和文创产品,通过资金、宣传、项目等入手给予大力支持,不但提供了丰富的个性化文化产品,更是大大激活了疫后经济。此外,通过支持和发展社会工作服务机构和志愿服务组织,壮大志愿者队伍,吸引更多志愿者投身公共文化事业。东莞市石碣镇对各村(社区)提出了每个村要保有1名专职文化社工,要组建不少于3支艺术团队,要发展不少于30名文化志愿者的考核标准,纳入每年的村"两委"班子绩效考核。通过三年时间,石碣镇的文化志愿者从70多人发展到1700多人,成为乡村公共文化服务的另一支生力军。

(三)建立科学的人才激励机制

完善人才激励机制,鼓励引导支持文化专业人员、高校毕业生等到基层一线从事公共文化服务工作,着力促进资源、服务和人才下沉,推进城乡一体化发展。例如东莞市石碣文化馆与高校联手,设立东莞市理工学院艺术院实践基地,为优秀的高校毕业生提供锻炼成长的土壤,每年举办舞蹈编导专业毕业生专题汇报演出,合作创编舞蹈艺术作品,开展艺术人才就业推荐,等等。东莞市文化馆与星海音乐学院建立人才培养基地,每年举办青春季,吸引新一代艺术人才参与文化建设,扎根基层,均取得了良好成效。此外,东莞市石碣镇通过制定《文化发展专项资金》,对精品创作、文艺名家、文艺社团、青年艺术家进行大力扶持,并增加了对乡村文旅项目、村史馆建设、数字文化项目的扶持,使更多擅长于创意策划、非遗建设、美丽乡村建设和数字文化馆进基层的项目及人才获得资金支持,促进了新型人才向新项目、新需求集聚。当然,做好公共文化服务工作仅靠政府是远远不够的,需要全社会共同推动。要坚持共建共治共享的理念,充分运用购买服务、委托承办、项目外包、税收优惠等方式,提高社会力量参与度。只有坚持以人为本,发挥人才的最大效用,才能真正激发全社会共同参与公共文化服务的活力。

新时代、新征程、新追求、新发展。公共文化服务的根基在基层,只有把优质的人才输送到基层,强化人才输血,公共文化服务的参天大树才能根深叶茂,文化强国的梦想才能在中华大地上开花结果,优秀文化才能得以代代相传。重视人才,培育人才,人尽其才、才尽其用,让优秀的人才为公共文化赋能,让公共文化的发展伴随着人才的成长迈上高质量发展的快车道。

群众文化视野下主旋律"剧本杀"的发展融合与价值重塑

唐元玲（四川省成都市文化馆）

剧本杀是一种以剧情为核心的真人角色"演绎"推理游戏,是玩家到实景场馆,参与互动体验推理的一种新型文化业态,由于其具备很强社交属性和体验属性,迎合了现在年轻人表达自我与实现自我的追求。近年来,剧本杀成为中国增长最快的沉浸式体验文化娱乐活动,《2021实体剧本杀消费洞察报告》显示,中国实体剧本杀市场规模达154亿元,消费者人数破千万,数据增长背后,是"Z世代"年轻人的热情追捧和新型文化娱乐形态的蓬勃生命力。

将剧本杀纳入群众文化视野进行考察,是群众文化的本质和发展趋势决定的。自古以来,群众文化就是以人民群众为主体,通过大众自我参与、自我创造、自我娱乐来满足自身精神文化需求的重要的社会历史现象,具有悠久的历史文化传承。近年来沉浸式文化体验的蓬勃崛起进一步丰富了群众文化的生态环境,而现代社会的群众文化自身承载着娱乐、美育等诸多功能,不论是从狭义或广义的角度,群众文化的内涵与形式也应该与时俱进顺应时代发展,去关注前沿文化现象,聚焦群众文化热点和需求,并从理论批评、实践创造等多重视野去综合考察。群众文化的生命力从某种角度而言就蕴含在其巨大的包容性和不断的拓展中,去面对并试图容纳和重构各种新的文化现象。

从这个意义上,剧本杀,尤其是主旋律剧本杀,成为近年来文化娱乐行业一道显性且靓丽的风景,也为群众文化的发展注入新的内容和形式。剧本杀主题十分丰富,但剧本质量良莠不齐。在2021年,为了迎接中国共产党建党百年,一时间涌现出许多优秀红色主旋律剧本杀作品,《兵临城下》《孤城》《刀鞘》《红色恋人》《诡影谍踪》《与妻书》等成为其中的佼佼者。2021年,央视网还联合中国动漫集团共同发起以"家国情怀"和"光辉历程"为主题的《风云剧会》剧本演绎征集活动,共征集到了500多部正能量剧本杀作品。相较于传统主旋律作品类型,剧本杀天然的互动与社交属性,对年轻人具有更强的吸引力,它提供了一个具有张力和创造性的空间,解构了传统主旋律作品过于严肃规整的叙事方式,为主旋律精神的传载提供更有活力的路径。当前主旋律剧本杀已经吸引了一大批博物馆、党史学习教育基地、文化馆、学校等一些公共机构的参与和引入,也一度成为古镇、非遗景点等旅游场景的新型文化旅游体验方式,为文旅融合提供新的路径。

一、共性与特质：主旋律剧本杀作为群众文化新形态

剧本杀的基本元素主要有四个：剧本、DM、场景、玩家。剧本的创作可以说是一种重要的群众文艺创作，好的剧本是一部优良剧本杀的前提和根基；DM 是 Dungeon Master 的缩写，在剧本杀里一般被称为主持人，充当了导演、裁判、公证人等多种身份，是推动剧本演绎的重要推手；玩家则在一定的场景里以剧本为核心去实现沉浸式的文化娱乐体验，与剧本和 DM 共同构成剧本杀的基本元素。剧本杀有着三个共性特征，而主旋律剧本杀则在此基础上实现了三个更高层面的审美价值的升华。

（一）剧本杀的三个普遍审美特征

叙述性诡计：叙述性诡计是剧本杀剧本创作时常用的一种手法，作者通过叙述，主观介入故事，利用文章结构或文字技巧，对读者在推理过程中进行误导和隐瞒，诱导读者向假象的方向靠拢的一种讲故事方法，最后在真相揭露时产生巨大惊奇与错愕，从而增强剧本的戏剧性效果，为玩家提供反转的心理期待。以广受好评的抗日剧本杀《兵临城下》为例，故事发生在抗战背景下的朔县，白家老爷在福满楼的晚宴上突然被害，当时参加宴会的七个人都成为潜在的凶手，随着剧情在玩家们互相猜疑指证中推进，真相却层层反转，情感一步步被引燃，极大增强了玩家的体验。

戏剧性内核：从某种意义上说，剧本杀是一场被放置于圆桌上演绎的微型戏剧，在叙述诡计的面具下，等待演员们去发掘假面下的生与死、爱与恨、美与丑、亲与仇，于惊心动魄的冲突、对抗、逆转中去体验生命与人性的复杂形态。"演绎""冲突""反转"这些极具戏剧性的因素，在剧本杀里体现无遗。剧本杀确实可以算作一种戏剧的形式，它具有极强的现场性、演绎的唯一性，与传统戏剧不同的是，剧本杀没有观众，每个角色获取的也只有剧本的信息碎片，无法掌握结构性戏剧冲突的完整剧情，因而产生更多随机性与不确定性，为玩家提供更多演绎与阐释空间。

沉浸式扮演：当人们对于某项活动或者事物抱有高度热情时，并沉浸其中时能获得高峰体验。对于剧本杀玩家而言，正在想通过这种高峰体验而获取某种心理甚至智力上的满足，每个玩家都会分配到一个角色，这个分配不是随机的，而是经过一定程度的匹配，争取尽可能角色还原。不同于其他艺术形式有主配角之分，剧本杀故事里的角色没有边缘化的人物，每个角色都有自己的高光时刻，这也给参与者充分体验了一把"主角"的感觉，完成了某种程度上的自我弥补与塑造。

（二）主旋律剧本杀在审美价值特性上的升华

人民性：人民性是社会主义时代文艺基本美学原则和评价标准之一，也是群众文化重要的特征。习近平总书记指出，"人民的需要是文艺存在的根本价值所在"，马克思主义文化的人民性要求文化艺术能够再现或表现广大人民群众的利益、价值观、愿望。主旋律剧本杀在题材上大多都具有深厚的家国情怀，反映着人们对真善美的追求，也承载了中国

传统优秀文化和现代中国共产党的红色基因。如《兵临城下》展现出壮烈的爱国主义精神,《光阴》里的打动人心的亲情故事,《谜宫·如意琳琅图集》承载的博大精深的故宫文化等,这些优秀的主旋律剧本杀无不体现出深刻的人民性特征。

审美性:群众文化的审美性是人民群众通过文化艺术完成对日常生活的价值取向、审美范式的集中体现,能为人提供精神上的愉悦和升华。主旋律剧本杀以展现真善美为主要价值取向,剧本引导玩家完成对正义、崇高、真情等审美意义的追求,与群众文化的审美性达成一个共性特征。在形式上剧本杀则以更繁复的线索或场景,更激烈的矛盾冲突,更沉浸的情感投入等完成审美上的体验,一些资深或优秀玩家甚至能挖掘与建构一个更复杂且深刻的审美过程,产生审美再创造的效果。

情感性:主旋律剧本杀往往能营造出跨越时空的情感穿透力。比如以1948年解放战争为背景的机制阵营本《刀鞘》中展现出的家国与情仇,骄傲与信仰,每个人都深受触动,一些玩家甚至潸然泪下。《兵临城下》的主角们面临着家与国、"战"与"和"、生与死、爱与恨的艰难选择,高举起抗争的旗帜,感受到抗日战争的先烈们"埋骨何须黑土地,中华无处不家乡"的壮烈情怀,作品交织着个人命运与时代命运的绝响。主旋律剧本杀以这种情感更投入、更行动化的方式,为玩家们营造出一段戏剧化的情感时空,产生意想不到的精神情感层面的塑造效果。

二、融合与创新:"主旋律剧本杀+"的多维度融合和创新性表达

剧本杀的文化娱乐属性和主旋律剧本杀寓教于乐的功能,已经被越来越多的主流机构所关注并认可,这种新的群众文化形态,呈现出多维度融合的蓬勃发展之势,其应用的场景也越来越突破之前小众的游戏娱乐方式,被注入各种场景和内容,成为弘扬主旋律,增强教育活力,提升公共文化服务品质的重要手段,"主旋律剧本杀+"已经成为当前最前沿、最具创新性的群众文化表达。

(一)注入公共文化服务的"活力态"

剧本杀的出现,为公共文化服务创新服务内容和手段提供了时尚化、年轻化和活力化的手段,是传播精神趣味和审美的新载体,博物馆是首当其冲的受益者和创新者。早在2019年,上海玻璃博物馆推出剧本杀《艺术家消失之谜》,成为最早的探索先进者。随之,故宫博物院与奥秘之家合作的解谜书《谜宫·如意琳琅图集》,陕西历史博物馆与中联百文、陕西师范大学出版总社、盒中闪电合作的《古董局中局:无尽藏》,长沙博物馆和湖南省茶叶博物馆联手推出《法门梦影》,成都金沙遗址博物馆为配合《回望长安——陕西唐代文物精华展》设置的剧本游活动等,历史文物及其文化精神得以转化成乐趣横生的机智推理,使得静态的文物宝藏焕发了新的光彩。一些博物馆不仅提供原创剧本内容,还提供实景项目运营空间,这个空间或与博物馆展览融合,或打造一个新的场景独立运营剧本杀项目,逐渐成为一种新的潮流。

文化馆作为承担公共文化服务和群众文化生活的重要职能机构,也正尝试引入甚至自己着手打造剧本杀服务,作为拓展和创新服务的新手段。2021 年,武侯区文化馆举办了一场文化志愿者党史学习教育剧本杀体验活动,通过新颖有趣的沉浸式剧本体验模式,带领青年志愿者进行了一场具有历史感的"隔空对话"和"头脑风暴"。2021 年上海虹口文化馆立足于自己的区位红色资源优势,打造出全新红色剧本杀《如果你是烈士李白》,吸引了不少年轻人上门打卡体验。2022 年 4 月,成都市文化馆充分利用新场馆,以多媒体技术手段,打造沉浸式体验空间,组织开展"成都文化四季风·民俗闹春"之剧本杀主题游园活动。活动精心挑选 2 个沉浸式实景剧本杀、10 个特色剧本杀、3 个亲子剧本杀供市民朋友体验,还有"成都主题"剧本杀,将成都独具特色的文化艺术表演、传统手工艺、民间传说故事、历史遗迹等融入剧本之中,在参与体验中感受成都文化韵味。

而当"非遗"遇到"剧本杀",也会擦出别样的火花。比如湖南雨花非遗馆举办"非遗范,正当潮"——大型沉浸式穿越民俗剧本杀活动,以剧本杀为蓝本,将滩头年画、古法榨油技艺、扎染、活字印刷等多项非遗技艺,与精心打造的原创剧情串联,将两者完美融合,在剧本杀的形式中,引导市民群众探索剧情脉络,体验和了解老祖宗们留下来的传统技艺,在游戏中感受中华传统文化的博大精深,也让非遗真正在人民的生活和娱乐的活起来,传下去。

(二)注入文旅融合的"黏合剂"

剧本杀也成为近年来文旅发展的新趋势,在文旅市场快速复苏的过程中,旅游产品的不断迭代升级,加速了文旅市场从传统消费向体验消费的转变,而剧本杀已经成为当代年轻人娱乐和社交的新宠,不仅带给年轻人沉浸式体验,同时自带的群众性、社交性、互动性也进一步扩大了其影响力。相比室内小型的剧本杀活动,"文旅 + 剧本杀"模式能够提供更为宏大、真实的场景,承载更多当地人文、历史元素,游玩时间也更长。对于游客而言,原本旅游只是简单的观光打卡,但剧本杀赋予了游客全新的角色,尽管是在同一个场景,却大大增加了整个旅途的内涵和乐趣,剧本杀形态与旅游形态之间形成了一个"相互赋值"的关系,也极大带动了乡村旅游和乡村振兴的发展,成为注入文旅融合的"黏合剂"。

"剧本杀 + 旅游"已经有了丰富成熟的案例,如四川邛崃平乐古镇打造了川西最大的实景沉浸式剧情探秘体验《卧龙秘宝》,将酿酒坊、榨油坊、造纸坊、农家小院等大量川西建筑,以及天府文化元素和本地文化传说植入剧情故事;云南彝人古镇推出真人实景剧本杀《彝人古歌——威楚之战》将彝人古镇文旅核心区产品、业态等内容完美融入剧情体验当中;浙江杭州河桥镇打造《狐妖小红娘》剧本杀,并首创"动漫 + 科技 + 行浸式夜游"的全新体验模式,结合景区场景特色进行了内容再创作,让游客进入一个可触可感的国漫世界;红色旅游景点也纷纷利用剧本杀开展红色文化传播,如 2021 年上海黄浦区推出红色经典步道主题剧本杀——《寻找》,以"红色基因 + 实景表演 + 互动沉浸"的红色"剧本杀"牵手高流量剧本杀 APP "我是谜",吸引更多青少年来到红色经典景点,在实景体验中开展党史学习教育。

三、创造与重塑:"主旋律剧本杀+文化馆"的路径和优势

繁荣发展群众文化向来是文化馆的重要职能,主旋律剧本在进入群众文化视野之后,就成为文化馆必须关注的新形态和新内容,并要从群众文化与群文理论的视野中对剧本杀进行创作和研究,以达到其价值重塑并实现艺术普及和美育的目的。对于剧本杀的创作和服务,文化馆不论是在资源上、团队上、技术上还是在其属性上,都比其他公共文化机构更具有优势,从而使得"主旋律剧本杀+文化馆"的形式成为未来文化馆提升服务品质、贴近群众需求、推动和繁荣群众文艺创作的创新路径,也是文化馆在传承和发展群众文化的重要职责和义务。具体而言,文化馆在剧本杀领域的优势主要有以下几个方面:

(一)创作与演绎优势

就目前状况而言,优质的主旋律剧本杀作品仍处于一个稀缺的状态,从事剧本杀剧本创作的作者主要以自由职业者、小的工作室为主,缺乏专业的编剧和编辑,也相对缺乏主旋律意识与主流精神的培养。开展群众文艺创作和群众文化活动本身就是文化馆的职能与特长,很多文化馆都拥有在戏剧或小品领域的专业编创团队,这对开展剧本杀创作提供了良好的人才储备,也是文化馆开创剧本杀这一新兴群众文化创作领域的一个契机。另一方面,文化馆所具备的群众文化资源禀赋,在传统文化和非遗保护等领域的长期深耕,也为剧本杀创作提供了丰厚的创作元素和素材。此外,剧本杀在演绎环节需要的 DM(主持人)、NPC(指剧本杀里真人扮演的服务型角色,在游戏中推动剧情、提供服务等),以及角色沉浸扮演所需的服饰道具,文化馆自有的文艺团队和相关资源也完全具备这方面的业务潜能和储备,甚至,可以借鉴剧本杀的游戏化、悬疑化与互动性等创新元素,完成真正意义上的沉浸式舞台表演作品,为群众文艺创作提供新元素、新思路。因此,主旋律剧本创作不但是文化馆发展和繁荣群众文化的一个创新路径,也具备了在创演方面的先天优势。

(二)场馆与数字优势

剧本杀发展至今,对场景和技术的要求越来越高,简单的室内布置已经远远不能满足玩家的需求。为了提升玩家体验,剧本杀需要更丰富的场景,甚至借助声光电等科技手段打造全息剧本杀场空间。对于文化馆而言,场馆和技术都是巨大的优势。文化馆特别是国家一级文化馆,动辄上万平方米的场馆,多功能布局的空间,完善的设备设施,为剧本杀专门开辟打造一个区域绝非难事,也能进一步丰富文化馆场馆的功能格局。更重要的是,数字文化馆的蓬勃兴建与逐步完善,沉浸式、互动式的数字文化体验厅,能为剧本杀的场景演绎提供良好的数字技术支撑,为参与者们提供更丰富、更有科技感的氛围,能极大提升玩家的体验感和剧本杀的完成度。

（三）公益属性与理论支撑

剧本杀在市场上更多的是作为一种文化娱乐消费形态,每场剧本杀游戏的费用从几十元至上千元不等,对于一些博物馆或者旅游景点,也需要玩家购买门票。文化馆将剧本杀的创作和服务纳入群众文化和全民美育的范畴,以体现社会主义核心价值观与美学观的剧本杀作品,为玩家提供全公益性的服务与享受,以实现对年轻人健康价值观的塑造,美学精神的培养。优质的剧本一方面可由文化馆自有编创团队生产,也可以经过政府采购引入优质的社会文化力量,但对于参与者而言都是不需要花钱消费的。文化馆的剧本杀公益属性,不论是内容上,还是价值上都对当前的剧本杀起到了重构的作用与意义。另一方面,对剧本杀给予群文理论的视野与观照,除了在具体创作层面上提供方法和技术指导,群文理论批评界应该从更深层面去探讨剧本杀这一新事物的性质、特点和规律,引导创作出更多优质的主旋律剧本杀作品,发挥其弘扬主旋律、全民艺术普及和审美教育的功能。

参考文献

[1] 沈怡琦. 文化生产视角下的中国群众文化体制研究 [D]. 上海:上海社会科学研究院,2019.

[2] 叶青. 扮演、戏剧化及其空虚:"剧本杀"作为文化现象 [J]. 艺术评论,2021 (11):136.

构建和完善文化事业单位的项目绩效考核机制

江　翔(广东省深圳市文化馆)

随着文化事业单位职能的变化,文化单位也在改进公共文化服务模式:在形式上,从单打独斗到总分馆、从阵地服务到线上服务、从单向供给到需求供给、从传统模式到新媒体加盟;在服务对象方面,从少儿、中老年人转向青年工薪阶层;在内容方面,从单一到各方面的融合。服务模式的改变,归根结底是为了提高公共文化的服务效能,服务效能又与单位服务水平和社会效益密切相关,而后两者正是文化单位实行项目绩效考核的出发点和落脚点。

所谓项目绩效考核,是因项目而进行的绩效考核,是指按照项目的实行标准和目标,借助相应的绩效考核办法,对项目的履行进度、完成质量、预算执行和社会效益等进行考核,并通过分析反馈结果的一种项目管理办法。一个完善的、有效的项目绩效考核办法,不仅有助于提高项目的执行率和满意度,其结果反馈还能作为项目可持续发展的参考和依据。

一、文化事业单位的项目绩效考核现状

目前,事业单位的绩效考核制度大都着眼于人员管理方面的绩效考核,如人事部于1995年颁发的《事业单位工作人员考核暂行规定》和后续的《事业单位人事管理条例》等,均从基本法律的层面,对事业单位的绩效考核进行了明确规定。近年来,各地人力资源管理部门也相继出台了地方绩效管理办法。深圳市于2009年发布了《深圳市事业单位绩效工资制度实施方案》,将员工的绩效考核与奖励性工资分配结合起来,在一定程度上发挥了奖励性工资的激励导向作用。然而,随着员工绩效考核制度的日趋完善,关于项目绩效考核方面的制度却研究甚少。从目前来看,大多数文化事业单位对项目绩效考核的意识不强,项目绩效考核体系不健全,或是建立了项目绩效考核机制却流于形式。究其原因有三:

(一)缺少项目绩效考核标准

文化事业单位作为全额拨款事业单位,项目绩效考核被纳入单位的整体绩效评价体系中,既没有一套独立的、具体的考核标准,也没有专业的项目绩效考核团队。在文化事业单位中,推行员工的绩效考核制度,有利于提高员工的积极性和效率,多年来已形成了

一套科学稳定的绩效考核标准，同时也建立起了规范的绩效考核队伍，所以执行起来相对容易些；而在项目考核的实施过程中，涉及策划、组织、领导、协调和参与等诸多方面，评价因素多元化、主观化且复杂化，难以进行定性和定量的分析，导致项目绩效考核仍处于不断摸索阶段。

（二）缺乏配套的项目绩效考核机制

要确保绩效考核的顺利执行，除制定具体的绩效考核指标外，还需要建立起一整套完善的绩效考核机制，包括专业的绩效考核团队、绩效考核激励机制和绩效考核监督机制等。现行的项目绩效考核体系，一般只设定了基本的绩效考核指标，缺乏配套的机制，仅凭借指标要素进行打分，导致考核结果无关痛痒，使绩效考核流于形式。

（三）项目绩效考核执行困难

目前，越来越多的文化事业单位开始重视项目绩效考核，也根据现有的职能制定了绩效考核办法，却执行艰难或流于形式。首先，大部分文化事业单位致力于项目实施过程，或缺乏项目绩效考核的意识，或重视不够，导致项目绩效考核可有可无。其次，现有的项目绩效考核办法过于笼统，考核周期过长，考核指标不够细化，考核目标不够明确，导致项目绩效考核办法不具备可行性和合理性。再次，缺乏专业的考核团队，在项目绩效考核上流于形式，不能全面、真实地反映项目执行情况，从而影响了考核结果的精确性，不能起到借鉴作用。

二、文化事业单位实行项目绩效考核机制的意义

实行项目绩效考核机制，是指在制定项目考核标准的基础上，对项目实施的全过程，包括策划、组织、实施、效果等，进行综合评估，判断项目各项指标是否达到了预期目标，最终对项目评估结果进行研析，作为衡量项目优劣的依据。项目绩效考核的实施，不仅约束了项目执行人的行为，规范了项目实施进程，还为单位决策者提供了评判依据，从而提出改进项目的方式方法。从长远来看，不仅促进了单位自身职能的履行，而且大大提升了公共文化服务效能。

（一）有助于实现项目规范化管理

在实施项目绩效考核机制过程中，一般采取前期—中期—后期分步考核管理，通过分析考核结果，发现项目实施过程中的问题，并反馈给项目实施团队，促使其研究改进的方法，促进项目的顺利实施，实现项目规范化管理。

完善的项目绩效考核机制是一个闭环管理机制，由项目绩效考核标准—项目绩效考核方法—项目绩效考核评价—项目绩效考核结果分析—项目效能提升决策等部分组成，各部分之间环环相扣、动态循环，在项目绩效考核过程中不断补充和完善，最终形成科学

的、合理的绩效管理机制。

（二）为项目决策提供科学依据

实施项目绩效考核管理，归根到底是为了评判项目的总体效能。通过全面分析项目绩效考核结果，发现项目执行过程中存在的问题，在项目可行性、合理性和可持续性等方面得出系统的、客观的结论，为单位决策者进行下一步项目决策（或中止或改进）提供科学的依据。

（三）有利于完善公共文化服务标准

不同于已日趋成熟的员工绩效考核机制，项目绩效考核机制起步晚，可供借鉴的考核办法并不多。项目绩效考核涉及项目进程、经费投入、公共满意度和社会效益等多项指标，需要在制定公共文化服务标准的前提下，对应项目的具体标准，建立起一套科学、简易、合理的评估体系。因此，对项目绩效考核团队而言，急需在细化项目标准的基础上，进行同比和类比，取长补短，摸索出真正适合文化事业单位的项目绩效考核办法，为提升单位的总体服务效能提供制度保障。反之，在具体考核实践中，项目绩效考核办法得以不断完善，将有利于公共文化服务标准的打磨和提升。两者相辅相成，齐头并进。

三、优化文化事业单位的项目绩效考核机制

（一）提高对项目绩效考核机制的认识

通过学习培训的方式，树立现代科学管理的观念，提升高层思想站位，提高项目团队对项目绩效考核机制的认识。鉴于项目涉及的主、客体较广，需加大对项目绩效考核的有效宣传，排除普及项目绩效考核的阻力，让项目绩效考核的观念深入人心，从而推动项目绩效考核机制的顺利实施。

（二）构建和完善项目绩效考核体系

1.制定项目绩效考核标准

项目绩效考核标准的制定需要考虑其科学性和合理性。因此，在制定考核标准时，既要考虑到考核标准对每个项目的适用性，也要避免因制定过多的标准而造成考核成本的浪费。这就要求找准项目考核指标之间的共通性。文化事业单位属于公益一类事业单位，基本职能是面向广大群众，开展全民艺术普及、组织开展文化品牌活动、创新群众文化理论、丰富文化艺术创作、提供文化志愿服务等公共文化服务，以满足人民群众日益增长的精神文化需求。公共文化服务项目围绕基本职能展开，在投入成本、项目数量、项目质量、实施时效、社会效益和满意度等方面有其共通性，可设置基本的考核指标。

根据时代发展对文化事业单位提出的新要求,笔者在深圳市某文化事业单位的《项目绩效自评表》上进行了细化,并添加了项目进度管理和创新元素,具体如下图:

项目绩效考核表

项目名称					项目金额		
主管部门					实施单位		
项目资金执行率 (10分)	年度资金总额（万元）	年初预算数	全年预算数	全年执行数	执行率		得分
	其中：当年财政拨款						
	上年结转资金						
	其他资金						
年度预期目标完成情况 (10分)	预期目标				*实际完成情况		
项目各阶段完成情况 (30分)	项目阶段	完成时效		*项目推进情况		得分	
	前期						
	中期						
	后期						
年度绩效指标 (50分)	一级指标	二级指标	三级指标	预期完成标准	*实际完成值	*得分	偏差原因分析及改进措施
	产出指标 (30分)	数量指标	项目规模、惠及人次等数据				
		质量指标	项目级别、获奖、荣誉等情况				
		成本指标	项目资金投入和使用情况				
	效益指标 (20分)	社会效益指标	宣传报道和社会影响等情况				
		满意度指标	公众满意度、社会赞誉等情况				
项目创新 (10分)	创新举措				分值		
总分 (110分)							

图1 文化事业单位项目绩效考核表

诚然,制定项目绩效考核标准不可一蹴而就,需要在大量的考核实践中,不断进行思考和提升,才能逐渐完善既有的项目绩效考核指标。此外,项目绩效考核还涉及项目安全、可持续发展等因素,所以,我们在制定项目考核标准时,必须切合文化事业单位自身的实际,将单位总体目标与项目绩效考核有机结合起来,对项目进行定量＋定性的分析,才能够得出客观公正的结论。

2. 明确项目绩效考核主体

要构建完善的项目绩效考核体系,必须明确考核实施的主体。在具体操作过程中,可以成立项目绩效考核小组,一般由领导成员、中层管理人员、专职干部和业内专家学者构成,由项目考核小组负责项目考核的组织和实施。在项目绩效考核小组中,大部分成员可以相对固定,业内专家学者则是随着项目的类别而变化的。项目绩效考核小组的主要职责包括:制定和完善项目绩效考核标准,采取科学合理的项目绩效考核方法,组织实施项目绩效考核,对考核结果进行分析反馈,根据考核评定的等级进行奖惩。

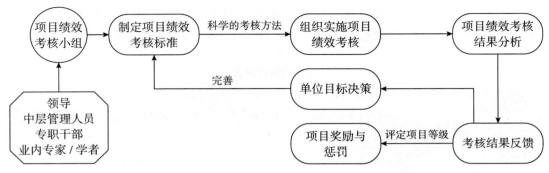

图 2　文化事业单位项目绩效考核流程

3. 建立项目绩效考核激励机制

实施项目绩效考核的目的在于：实现项目规范化管理，提高项目实施团队的效率和质量，从而提高单位的总体服务效能。前文提到，项目绩效考核在推行中受阻或流于形式。为促进项目绩效考核的顺利施行，可考虑向已日臻成熟的员工绩效考核机制"取经"，引入项目绩效考核激励机制。激励机制将绩效考核和项目的审批、经费预算、等级评定和奖惩挂钩，项目执行的结果直接关系到项目的存亡、投入和奖励，不仅有利于提高项目团队的积极性，也极大激发了团队之间的竞争意识。从长远来看，这种竞争力将衍生成项目团队潜在的动力，从而提高项目实施团队的效率和质量。

4. 建立项目绩效考核监督机制

为确保考核结果的精确性和考核过程中的公平公正，应建立项目绩效考核监督机制。首先，在制定考核标准、考核程序和组成考核小组前，应公开征集意见并进行充分论证，确保参评对象的知情权和建议权；其次，申明考核的要求和纪律，严格按照考核程序进行考核评定，必要时可邀请参评代表列席，参与考核的全过程监督；再次，拓宽绩效考核监督渠道，主动听取参评对象诉求，确保项目绩效考核机制的顺利推行。

5. 完善项目绩效考核反馈机制

精确的绩效考核结果，不仅能够起到甄别项目优劣的作用，而且能给单位决策者一个思考的方向。对项目负责人而言，精准的绩效考核结果，有利于了解项目在施行过程中存在的问题，及时进行整改和提升；对单位决策者而言，通过项目绩效考核数据的累积，可分析出同类项目的投入与产出，为下来的项目决策提供依据；同时，项目绩效考核加入了群众满意度和创新的元素，有助于决策者思考单位运行的目标和方向，促进单位项目机制创新，提高公共文化服务效能。

在文化事业单位的改革和制度化建设过程中，项目绩效考核机制起到了积极的作用，且在项目标准化制度建设、公共文化事业目标决策和发挥文化事业单位总体效能等方面有着极其深远的意义。因此，实行项目绩效考核是大势所趋，必须在现有绩效考核标准的基础上，不断完善项目绩效考核制度，配套建立项目绩效考核激励机制、监督机制和反馈机制等，从而推动公共文化事业的可持续健康发展。

参考文献

[1] 徐婧英. 事业单位绩效评价体系的缺陷与改进措施探讨 [J]. 现代商业,2018（12）:133-134.

[2] 桑田. 事业单位项目绩效管理研究 [J]. 现代经济信息,2020（4）:48-49.

[3] 张秀莲. 事业单位绩效考核优化的探讨 [J]. 财会学习,2020（7）:156-157.

[4] 徐秋韵. 事业单位绩效考核制度研究 [J]. 中国管理信息化,2021（2）:165-166.

群众文艺戏剧普及创新性实践探究

——以上海虹口"社区剧场"为例

石　磊（上海市虹口区文化馆）

2007年11月，中国剧协决定在上海市虹口区建立华东地区唯一的小戏小品基地。秉承"立足虹口、带动全市、辐射华东"的宗旨，基地依托虹口区小戏小品基础扎实的优势，着力在创作、编导、表演上挖掘、引进、培养人才，形成了覆盖虹口、辐射上海、涵盖市级专业人才和业余团队创演力量的小品创作三级网络。多年来，坚持"政府搭台、社会赞助、群众参与"原则，基地不断把握时代潮流，坚持与民同创共享，创作出了众多喜闻乐见的精品力作，在上海群文新人新作展评展演、"华东六省一市"小戏小品大赛等平台取得瞩目佳绩，并获得全国"群星奖"殊荣。如何发挥小戏小品基地的平台创作实力与示范引导效应，鼓励更多百姓走进剧场，让戏剧体验融入生活，2016年，虹口区文化馆探索"戏剧"优势群文项目的"转型"，即从"戏剧内容生产"到"大众传播教育"的转变，以"戏剧创作和体验"为媒介，致力打造群众文艺戏剧大众审美与公众教育的参与平台，让"群众戏剧百姓演，群众戏剧聚众创"，让市民体验戏剧之美，并从中收获情感认知与思想价值观念的升华。于是，一个专门为社区百姓打造的演绎平台——"社区剧场"呼之欲出，开始群众文艺戏剧大众审美教育的实践探索。

虹口"社区剧场"让市民参与互动，先由参与者讲述身边的有趣故事，再由专业老师将故事打造成小型戏剧片段，最终由讲述者及伙伴亲自演出。它奠基于生活经验，取材于社区记忆，脱胎于生活角色，是人人唾手可得的艺术表现，与引发共鸣的美学利器。它让戏剧的种子，在心田、在学校、在社区逐渐育种、抽芽、苗长起来，在每一次的公演中，展现民众全方位的才艺。自"社区剧场"项目运作以来，共吸引全区八个街道两百多个社区的普通市民积极参与，共吸纳学员八十多名，孵化创作原创小品二十多个，社区戏剧体验项目五个，举办演出巡演百场，以此培养戏剧观众群，使辖区两万余名群众受益，并在上海市民文化节"文化上海云"应用大赛成果发布会上荣获"最佳口碑奖"。

一、"社区剧场"运作层次体系

遵循"人人参与、众人创作、人际互动"的运作理念，虹口"社区剧场"从素材发现、剧本创作、排演展示到公众组织均由报名加入的学员在专业导师力量的指导下合作完成，充分挖掘学员的个性创造力、表达力及协作能力，实现学员在项目运作体系"全路径、全环节、全要素"的融入与贡献。其项目的理论体系依据于"教育剧场"（Theatre in Education，简称 T.I.E.，主要是处理具有社会性的议题）的运用，主要是由一群专业的演员及演员老师将社会主题或内容框架构成戏剧的模式，并与年轻学子共同讨论过程与发展。

与普通演出不同的是，虹口"社区剧场"非常强调它的教育性，接近性和参与性。它的每一出戏剧创作都是针对社区不同背景职业、不同年龄群体的百姓，哪怕是相似的议题，也要根据参与者或观众年龄和身份的差异做出调整；它的选题都是参与者在社区中的观察与感受、抑或是生活中人们关心的热点话题；在演出过程中，必须设计引发观众参与、讨论或建议的互动环节，比如，随时暂停并就剧中问题和观众讨论，甚至可以由观众给出具体的指向性建议，由演员现场调整剧情并予以呈现，从而解决角色中的一些问题。在演出完毕后，还会经常设置"总结环节"，在项目导师主持下，参与的演员与观众根据戏剧主题相互讨论沟通、提供意见或保留一些问题与活动供该项目社会话题在日后深化、创作运用。演出后也可以针对创作所延伸的谈论内容作进一步的归纳、总结并形成宣传展示材料。

（一）"素人演员"锻造

没有年龄、身体条件等客观条件的限制，只要你热爱戏剧与表演，都可以加入"社区剧场"，从一名被动欣赏的普通观众成为训练有素的"民星演员"。如何在"短时间、集中化"的训练模式下，让这些"素人"突破表演心理障碍，挖掘自身才能与个性，完成戏剧故事的演绎表达，这是"素人演员"培养锻造的难点。对此，"社区剧场"启动了"味匣子"[①]即兴表演工作坊，即在专业指导老师的指令下，训练参与的学员学会限定自己去体验或表达某些情绪。当一个人充满能量、完全地投入某种情绪，能够点燃想象力，建立身体和行为的连接。通过身体与意识的高强度、模块化训练，培养一名素人快速成为演员而应具备的"解放天性""专注力""想象力""感受力"等基本素质。

（二）"群体剧本"创作

故事的挖掘、孵化与打磨均是在以导师为核心的团队中共同完成。在主题选材方面，可以由导师列出各类专题，包括涉及个人生活经验的"自传式"、人生重大节点及选择的"家庭问题"、围绕社区形态及面貌演变的"环境变迁"，或是百姓息息相关、共同面对的"社区议题"等，学员们结合经验与感受自主选择组成"共同主题小组"，大家分享经验或生活片段，最终形成剧本架构；抑或是由导师决定一个选题，带着疑问一起走进社区，体察生活并反馈讨论，形成故事的主题与思路。在文本成型阶段，导师带领学员们围绕确定思路架

---

① "味匣子"训练法是理查·谢克纳将印度古典表演理论《舞论》、现代神经心理学、心理学以及戏剧家安托南·阿尔托所倡导的演员应该成为"情绪运动"的观念相结合，创造出一套能够帮助演员"情绪热身"、迅速进入角色、充分利用肢体与声音完成情感表达的训练方法。

构,通过"一人一故事剧场"①的创作方法,即学员们围坐在剧场,在导师确立的主题框架下讲述着他们人生中真实的故事,然后组合、加以提炼,并看着这些故事被他们自己表演出来。

(三)"立体模式"传播

依托"文化上海云""社区剧场"微信公众号等大众媒介数据资源,开展对虹口"社区剧场"项目的宣传与推广,是新媒体时代链接"戏剧"与"社区"的一条有效渠道。打通"线上播放"与"线下体验"的群众互动边界,开展线上剧场数据库资源与线下展示与工作坊的同步推进、协调与整合,形成了同频共振的群众戏剧创作生态和社区媒介场域。比如,通过网络媒介宣传让"社区剧场"的戏剧创作成果第一时间触达社区,吸引社区居民随时鉴赏,并培养与激发社区群体的戏剧热情,鼓励他们网络报名,并成为新一批的"社区剧场"学员。以媒介为纽带,融入"鉴赏"与"参与"板块,拉近了社区群体对"戏剧"的熟悉感,培养了潜在的社区戏剧爱好客群,形成了社区戏剧鉴赏与创造良性循环的群众文化生态。

二、"社区剧场"在戏剧教育审美中的价值发现

(一)从"被动接受"到"主动表达"

如何激发社区居民对戏剧的热情,实现从"观众"到剧场"参与者"的转变,这是虹口"社区剧场"的一大特点。在报名发动阶段,不设"门槛限制",鼓励全民参与,且尊重每一位学员的个性,力求在戏剧体验中充分发挥自我个性的表达,体现了该项目的"大众性""多元性"。在演出展示阶段,让街区、广场、商圈化身流动的"社区剧场",居民可以"零距离"体验戏剧的魅力;在演出过程中,观众可以"即兴发言",打断表演段落,提出解决问题的新方法,或是在演出结束后,开展"全民讨论",并在今后演出中予以改进落实,真正实现了"大众化戏剧创作"体验。在创作排演阶段,以"表演故事"为手段,让学员讲述自己的故事,并与团队共同通过表演完成故事的有机呈现,在此过程中,指导老师运用"表演技巧训练",让学员真正做回戏剧创作的主人,把传统课堂变成了学员思考与交流,展示与合作的舞台,激发学员的创作欲望与真实体验,鼓励素人在舞台上讲述他的故事,表露他的情感,真正做到"真学""深学""乐学"。

(二)从"困惑局限"到"接纳共融"

参与者来自社区基层,社会身份丰富,有小孩有老人,有各个阶层职业,呈现芸芸众

---

① "一人一故事剧场"(Playback Theatre)是一种互动即兴的民众剧场,于1975年由美国Jonathan Fox及Jo Salas等创立,结合了剧场、口述故事、心理剧场等元素,是着重分享、平等与尊重的表演模式。

生的状态。但是，项目鼓励每一位学员主动寻找问题，并带着问题参与训练，并找到最终答案。虽然"社区剧场"项目一开始没有剧本，但这部剧依然不缺少"戏剧性"，往往挖掘的"戏剧性"就在这些素人演员发现或经历的"问题"身上。指导老师认为："他们在舞台上一次次独白，是对他们现实生活、身份的逃离，把这个揭示出来就相当于传统戏剧中的'戏剧性'。"在指导老师看来，素人的身份在进入舞台后会和他们生活中的身份产生一种关系，舞台上渴望"扮演"的角色指向一种实际生活里的"缺失"或"共情"。为了解决问题，"社区剧场"往往会设置前置游戏，训练目的是打消平常独来独往惯了的素人"破冰"。比如，进门时，指导老师与二十余位素人围成一个小圆做热身训练，结合指令进行发声练习。工作坊的训练不是帮助素人学习表演，而是重在通过"游戏"互相交流，从人与人的日常碰撞中寻找灵感，这也切合"力学"这一名词，在剧场中素人与素人、与导演、与空间之间显露着力的相互作用，发酵着蠢蠢欲动的戏剧元素，催生出最终的"大众力学"。

三、"社区剧场"在群众文艺发展中的作用

（一）市民文化风尚形成的"教化课堂"

除了专业化的"审美剧场"之外，群众文艺戏剧也需要一种带有教育性质、群众参与度比较高、更亲和平民、以启发大众心智为宗旨的"社区剧场"。虹口"社区剧场"，其实就是一种新的以达到社区教育为目的的艺术创作尝试，一种让百姓认识自己、认识世界的方法。在剧场中，同一社群一起为某些关心的议题而集体讨论创作属于社区的故事。社区剧场用形象反映现实，但比现实有典型性，是一种能引起人们情感共鸣的社会意识形态。它将教育感化、政教风化、环境影响等各种方法综合起来，使人在快乐、消遣中受到微小而深刻的启发，在精神世界中留下了印记，最终在潜移默化中使人们达事明理，由思想的变化进而影响和提高社区居民的行为素养。例如，围绕"上海市新七不规范"：马路不乱穿、车辆不乱停、垃圾不乱扔、宠物不扰邻、餐食不浪费、言语不喧哗、守序不插队等话题邀请学员引发讨论、挖掘社区故事，并进行戏剧创作，把这样的故事借由剧场来表达，从而得出社会共识，提升群体道德素养。可以说，"社区剧场"是政府、社会组织与民众之间沟通的"桥梁"，解决居民生活中的"困惑"与"误解"，从而形成互相信任与协作的"群体意识"，带动社区健康、良性、互助文化氛围的塑造。

（二）群众文艺创作与表达的"智库园地"

群众文艺舞台是从群众中来，回到群众中去的舞台。只有深入群众的生活与内心，创作出的戏剧作品才能贴近生活又不失意境，才能引发大众的共鸣。而"社区剧场"的诞生为虹口戏剧小品基地的群众艺术创作提供了大量来自社区一线的火热素材，为群众文艺戏剧原创提供了丰盛的"养料"。这些素材包罗万象，从社区故事到社会热点，从生活经验到人生选择，涵盖了当代城市生活的方方面面；而且它们注重细节真实，反映了社区百

姓的真实感受与内心思考,折射了这个时代最重要、最有价值的道德命题,为群众文艺原创代表性佳作的诞生提供了内容保障。比如,虹口"社区剧场"的相关作品参加过"虹口区德律风杯公民道德建设小品大赛",团队的代表作有《寻找男子汉》《牵手》《调解明星》《拉链夫妻》,分别荣获过中国艺术节戏剧小品金奖和中国戏剧奖——小戏小品奖;《一句话的事》登上央视虎年春晚,并荣获华东六省一市戏剧小品大赛金奖、小品《回家过年》获得原文化部"群星奖",并登上了蛇年元宵晚会。此外,"社区剧场"创作推出的一大批反映百姓身边人身边事的优秀作品如《离合契》《五百块钱》《非成不可》《心结》《楼上楼下》等,让百姓们在轻松观看作品啼笑之后还能引发对社会问题和矛盾的深思。

(三)群众文化"自我创造"的"实践场域"

从项目成员招募、戏剧创作、排演实践、场地巡演到常态化管理,目前,虹口"社区剧场"已经实现由学员自我管理、自我发展、自我实现的运作模式,每一个项目环节均由"学员"自发合作推进,运营负责人、指导老师皆以"项目顾问""艺术指导"的身份外聘担任,真正实现了"社区剧场"全链条的"志愿管理"。虹口区文化馆(虹口戏剧小品基地)作为项目的指导方,为"社区剧场"运作搭建文化志愿服务平台,完善项目活动阵地。比如,筛选"社区剧场"脱颖而出的作品参加市、区两级文艺展示、比赛及巡演;定期邀请戏剧行业、群文创作专家开展专题讲座、工作坊等。以文化馆(基地)为管理平台、以学员为主角、以艺术指导为辅助力量,三者力量的有效结合,激发了学员为中心的工作热情,充分发挥了群文创新服务作用,解决了群众文化项目运作人力不足的瓶颈。

戏剧种类繁多,表现媒介与特色不一;在社区文化活动在各地风起云涌发展的同时,这一种足以迅速汇集社区能量,并且能在短时间让个人激发潜能、达到身心整合目标的活动项目——"社区剧场"能够增加百姓情感联系、形成群体道德共识,并加速社会价值观的理念形成与传播,并在基层大众予以深入践行。未来,虹口"社区剧场"将立足"长三角",鼓励学员走出社区,加强"长三角"各兄弟省、市交流,拓展学员创作视野,让"社区剧场"创作力聚能延伸,推动群众文艺审美教育深化发展。

以红色文化赋能公共文化服务高质量发展

——赣州市打造国家公共文化服务体系示范区"红色引擎"的思考

何志清（江西省赣州市文化馆）

红色文化是在革命战争年代，由中国共产党人、先进分子和人民群众共同创造并极具中国特色的先进文化，蕴含着丰富的革命精神和厚重的历史文化内涵。在城市公共文化服务中注入红色文化元素，是我国城市尤其是地处革命老区的城市在发展中思考非常重要的课题之一。

我国高度重视红色文化的传承发展，从上到下均出台了相关法律法规和政策文件，对大力弘扬以红色文化为代表的优秀公共文化提出了明确要求。《中华人民共和国公共文化服务保障法》第三条规定："支持优秀公共文化产品的创作生产，丰富公共文化服务内容"；《江西省公共文化服务保障条例》在第一章"总则"中明确："传承中华优秀传统文化、红色文化，弘扬社会主义核心价值观，坚定文化自信，发展中国特色社会主义文化，提高人民群众文明素质"。此外，《国务院关于支持赣南等原中央苏区振兴发展的若干意见》（国发〔2012〕21号）对赣南等原中央苏区战略定位之一是："红色文化传承创新区。加强革命遗址保护和利用，推动红色文化发展创新，提升苏区精神和红色文化影响力，建设全国爱国主义教育和革命传统教育基地，打造全国著名的红色旅游目的地"；《国务院关于新时代支持革命老区振兴发展的意见》（国发〔2021〕3号）在"主要目标"中提出，革命老区到2025年红色文化影响力明显增强，到2035年形成包括"红色文化繁荣"在内的发展新局面。赣州市委、市政府印发的《关于加快构建现代公共文化服务体系的实施方案》要求："鼓励支持贫困地区挖掘利用文化资源充实公共文化服务内容，加快建设红色文化传承创新区"。

近年来，赣州市紧紧围绕红色文化传承创新区战略定位，大力传承红色基因，弘扬苏区精神、长征精神，加强红色文化资源保护和整体规划，并纳入公共文化服务保障体系，完善红色文化创新、传播体系，做好内容策划运营、特色创新等，以增加公共文化服务的吸引力、感染力，提升精神力量，让红色文化浸润城市精神，让红色文化的力量历久弥坚。

1　背景缘由

2019年5月，习近平总书记视察江西和赣州时，作出了传承好红色基因的殷切嘱托，发出了新长征再出发的伟大号召。近年来，江西省赣州市牢记嘱托、感恩奋进，深入挖掘红色资源,促进资源创新转化,教育引导全市干部群众从红色基因中汲取强大力量,把赣州打造成最讲党性、最讲政治、最讲忠诚的红色圣地。红色是赣州市的底色,赣州市大力创新主题公共文化服务和活动的形式和内容,积极打造国家公共文化服务体系示范区建设"红色引擎",以红色文化赋能公共文化服务高质量发展。

2　主要做法和成效

2.1　拓展公共文化服务空间,让红色成为公共文化服务的最亮底色

一是加强红色资源保护利用。赣州红色资源十分丰富,共有革命类文物保护单位389处、472个点。近年来,我市充分发挥红色资源在爱国主义、革命传统教育中的作用,着力将革命旧址精心打造为公共文化服务的主阵地。以《国务院关于支持赣南等原中央苏区振兴发展的若干意见》(国发〔2012〕21号)颁布实施为契机,制定出台《赣南等原中央苏区革命遗址保护规划》;2019年6月1日又颁布实施了《赣州市革命遗址保护条例》。近年来,赣州市共有260个革命遗址保护项目争取到国家专项补助资金40796.55万元,其中,中共华南分局扩大会议旧址、广东会馆(赣州工人第一次代表大会旧址)、楼梯岭会议旧址等完成修缮并结合声、光、电技术进行了改陈提升。目前,赣州市全市有国家级爱国主义教育基地6个,青少年社会实践基地、党员干部培训教育基地或现场教学点1000多个,结合红色教育,打造了"重走长征路"现场教学暨军事日活动系列课程,推出系列主题党课,探索出公共文化服务与党员群众教育有机结合的新路子,进一步拓展了公共文化服务的空间。

二是推进重大红色项目建设。近年来,《百年征程江西红》展陈项目、全国首个红色文化高科技主题乐园——赣州方特东方欲晓,以及会昌风景独好园建成开放,赣州市中央苏区历史博物馆、南方红军三年游击战争纪念馆相继建成开馆,大型实景演艺项目"浴血瑞金"常态化演出,瑞金"红色故都"、长征国家文化公园(赣州段)、寻乌调查学院等重点项目加快建设。2021年,赣州市中央苏区历史博物馆周边环境提升工程、赞贤公园提升改造项目、长征广场红色文化改造工程等相继完工。赣州市通过建好并用好红色文化阵地,推动了红色文化设施与公共文化场馆的融合,进一步优化了公共文化设施布局,促进了红色公共文化设施的提档升级。

三是大力打造"红色文化驿站"。为提升基层公共文化服务水平,促进基层公共文化资源有效融合和统筹利用,打通公共文化服务的"最后一公里",赣州市创新形式,建设了形式多样的"红色文化驿站"。截至2021年底,赣州市建成的新时代文明实践中心达12个,并建成了500余个实践所、2000余个实践站,在中心(所、站)的建设中凸显红色文化,融合理论宣讲、文化服务、健身体育、科技科普、教育服务等服务内容;在赣州市中心城区人员聚集的广场、公园、旅游景点等地,按照"五有"(即有固定标识、有传唱设备、有红色歌曲简谱、有社区文艺队伍、有管理服务)的标准配套,建设了21个红色歌曲传唱点。同

时,将中心城区 14 家城市书屋作为红色歌曲传唱的联系点,常年接受群众对活动的咨询和报名。

2.2 丰富公共文化产品供给,推动红色主题融入艺术创作和活动开展

一是大力创作红色文艺精品。在文化产品供给方面,赣州通过对红色文化的深度融入和对红色资源的创新利用,创作了一大批颇有影响力的红色主题曲艺作品、文学作品、电影、音乐和曲艺作品等。2019 年为庆祝新中国成立 70 周年拍摄制作红色电影《八子》,被列为"庆祝新中国成立 70 周年献礼影片",获"2019 国防军事电影盛典优秀扶持影片"奖。2020 年,组织发动全市文艺工作者新创战"疫"题材艺术作品 2200 余件,原创歌曲《爱是桥梁》等 16 件作品被评为江西省优秀抗疫艺术作品,《新长征再出发》等 3 部艺术作品入选文化和旅游部"庆祝中国共产党成立 100 周年舞台艺术精品创作工程"重点扶持作品名单;《永远的歌谣》《抵达昨日之河》获第三届江西省文学艺术奖,围绕脱贫攻坚题材面向全国发行图书《决不让一个老区群众掉队——脱贫攻坚"赣州答卷"》和《新长征再出发》。2021 年,电视理论文献片《从瑞金出发》、电视动画片《红游记(第二季)》2个项目入选国家广电总局建党百年重点项目,赣南采茶戏《一个人的长征》入选国家艺术基金庆祝中国共产党成立 100 周年大型舞台剧资助项目和中宣部、文化和旅游部、中国文联庆祝中国共产党成立 100 周年优秀舞台艺术作品展演剧目等。

二是开展红色文化惠民工程。赣州市深度聚焦"群众"和"公共"这两个关键词,为了给群众提供优质的文化服务产品,结合地域文化特色,以红色文化主题的引领,大力实施文化惠民工程,公共文化产品供给能力、文化活动水平均得到了不断提升。以"红色文化+""群众文化+"为理念,全市群众文化活动空前繁荣。广泛开展、唱红色歌曲、讲红色故事、读红色经典、看红色电影、参观红色教育基地等"五红"活动。仅在 2019 年,就组织大型赣南采茶歌舞剧《八子参军》进大中专院校巡演近 20 场,近 3 万名大学生观看演出,反响热烈。在中心城区常态化开展"红色歌曲大家唱"群众文化活动,广大市民自发参与红色歌曲传唱活动,既让群众享受文化大餐,又推动红色基因融入血脉、扎根人心,有18 支由业余文艺爱好者组建的"榕树下的红歌队"活跃在社区一线,成为红色文化传承的生力军。举办"诵读红色家书、不忘初心使命"朗诵大赛、中小学生红色故事大赛、红色故事讲解大赛等,推动红色乡土教材、红色课堂剧、红色歌曲走进课堂,帮助青少年学生从红色基因中汲取智慧和力量,争做时代新人。组织开展"全民诵读红色故事"活动,截至2022 年 3 月 27 日,共发布诵读作品 2496 期,参与人数超过 9000 万人次。每年组织红色文艺轻骑兵开展送戏下乡演出 1100 余场。从 2016 年以来,赣州市连续高质量开展了六届文化惠民周活动,并在文化惠民周期间推出红色歌曲广场舞专场展演、红色歌曲大合唱专场展演、红色文艺精品剧目展演等系列活动,所有活动,均免费向群众开放。在 2021 年第六届文化惠民周期间,有 30 余万人次通过线上平台或在现场免费享受文化大餐,其中,有 6000 余名群众现场观看了《八子参军》《一个人的长征》《苏区干部好作风》《赣南游记词》《盘山魂》等 6 台红色文艺精品剧目展演。为生动再现长征出发,让群众在参观中接

受精神洗礼,弘扬长征精神,汲取前行力量,走好新时代的长征路,于都县组织志愿者常态化演出大型情景剧《告别》,通过群众演、群众看,极大地丰富了群众的文化生活。

三是开展形式多样的红色快闪活动。2020年,赣州开展了"我和我的祖国"主题快闪征集活动,各地、各部门积极响应,围绕"我和我的祖国"这一主题,精心组织策划拍摄了一大批优秀快闪作品,在全社会营造了浓厚的氛围,共收到作品100余件,共有《我和我的祖国》《不忘初心》《新长征 再出发》等19件作品获奖。由赣州市文化馆2019年、2021年组织策划的原创《新长征 再出发》《没有太阳哪有鲜花》两部音乐健身舞快闪作品,通过在全市广泛推广该红色音乐的传唱以及舞蹈的传跳,深入赣南各大红色景点、广场等,参与快闪的群众超过了5000人次,快闪作品在"学习强国"等平台刊播,相关画面被中央电视台新闻联播选用,引起了极大的社会反响。这些快闪作品很好地融合了公共文化服务与红色教育功效,进一步增强时代特性、铸牢文化之魂。

2.3 装点公共文化设施,增强红色文化软实力的精神驱动力

一是浓厚红色文化氛围。赣州市出台了《中心城区红色文化氛围提升项目建设实施方案》,在中心城区增设红色城市雕塑、红色宣传牌等;中心城区红色元素布局也得到了进一步细化完善,长征剧院和长征广场已经完成了更名或提升改造;近两年来,结合承办全省旅发大会和文化强省大会契机,在赣州市快速路通道、主要道路和交通节点登处设置了"共和国从这里走来 长征从这里出发""红色故都 客家摇篮"等宣传灯杆道旗5000余座,在赣州市火车站广场、高铁西站等地设置了20座电子显示屏滚动播放赣州红色文化内容,如赣州电视专题片《永远鲜艳的赣南红》、原创歌曲《这里是红军的老家》等。2021年10月至11月,赣州将国家级非物质文化遗产项目石城灯彩艺术和红色主题故事相结合,在赣州大剧院门口开展了赣南红色主题灯彩艺术展,将共和国的摇篮、长征第一渡、苏区干部好作风等红色文化元素通过9组大型灯彩,向广大群众精彩呈现。在赣州市博物馆、图书馆等公共文化服务机构,专门设置了红色书籍阅读区、红色文创展示区等。正是有了红色基因的注入,催生了一大批公共文化主题产品,在深厚的红色文化的浸润下,这些公共文化产品又被赋予了深厚的文化内涵,更好地发挥"以文化人""文化育人"的作用。

二是用红色文化浸润公共文化服务场馆。在赣州市文化馆、美术馆、图书馆、博物馆等各类公共文化场馆,通过开展红色文化培训、讲述红色文化故事、举办红色文化展览、设置红色文化专栏等与红色文化深入融合,让红色文化软实力通过公共文化设施的传导转化为精神驱动力。2021年是中国共产党成立100周年,赣州市文化馆相继开展了"百年辉煌 继往开来"优秀美术书法作品展、"童心向党颂党恩 红色基因代代传"赣州市青少年书画展等4场红色主题展览,赣州美术馆相继开展了庆祝中国共产党成立100周年暨纪念中国工农红军长征胜利85周年美术书法作品展、"艺术新长征"——赣州·遵义·白银红色美术作品联展、"童心向党·致敬百年"少儿美术作品网络展等8场红色主题展览,赣州市博物馆联合赣州市图书馆开展了"理想照耀中国——庆祝中国共产党成

立 100 周年暨百种《共产党宣言》展览",这些红色主题展览受到了群众的一致赞扬。此外,在赣州市中央苏区历史博物馆内的《百年征程江西红》陈列展项目,除陈展区外,还配套有红色文创商店、红色影院、红色书吧等服务空间。有了红色文化之魂,赣州的公共文化设施进一步彰显出时代价值,受到社会各界的共同关注。

三是大力开展红色教育培训。在公共文化场馆里大力开展红色文化培训,2019 年以来,赣州市文化馆、博物馆在馆内免费向群众开展红色歌曲传唱、红色歌曲广场舞传跳和红色景点讲解培训等活动,培训逾 2000 人次。赣州借筹备全省旅发大会和文化强省大会之机,各级各单位共培训红色文化讲解员 500 余人次。赣州市先后评选表彰了 90 个爱国主义教育基地、22 个红色主题研学实践基地和 19 条红色主题研学精品线路,每年接受红色教育的中小学生达 127 万多人。同时,赣州建立了干部党性教育培训联盟,要求全市基层党组织带领党员讲红色故事、读红色经典、看红色电影、参观红色教育基地、唱红色歌曲,推动党员从红色历史中汲取正能量、接受思想洗礼。连续 3 年举办红色讲解员培训班,定期选派一批讲解员到省外知名基地进行交流培训,打造一支专兼结合的高素质讲解员队伍。通过三年努力,实现全市持证讲解员达到 1000 人以上。

3 启示思考

赣州市用红色文化赋能公共文化服务,打造国家公共文化服务体系示范区建设"红色引擎",为开展公共文化服务提供了生动的案例,也带来了有益的启示,主要有三点:

3.1 目标明确,回答了为什么要开展公共文化服务的问题

中共中央办公厅、国务院办公厅《关于加快构建现代公共文化服务体系的意见》中,提出要加快构建现代公共文化服务体系,促进基本公共文化服务的均等化,这充分体现了公共文化服务的"以为人民为中心"的宗旨和终极目标。赣南是党的初心启航之地。2019 年 5 月,习近平总书记在江西考察调研时强调:"要从瑞金开始追根溯源,深刻认识红色政权来之不易、新中国来之不易、中国特色社会主义来之不易"。俯拾皆是的红色故事、无处不在的红色基因,赣州市用红色文化赋能公共文化服务具有得天独厚的资源优势。因为熟悉,所以亲切,赣州人民喜欢看红色剧目、唱红色歌曲、阅读红色书籍。通过在各类公共文化服务机构开展的文化活动,近距离聆听革命故事、红色旋律,感悟红色精神,在有效满足群众精神文化生活需要的同时,让广大群众通过文化的熏陶传承初心,深刻领悟今天的幸福生活来之不易,始终对党怀着感恩情怀赤子忠心。

3.2 摆正角色,回答了如何开展公共文化服务的问题

转变政府在公共文化服务体系中的角色和责任是管理型政府向服务型政府转型的重要内容之一。赣州市各个公共服务机构与红色文化深度融合,通过红色主题文化活动的开展,加快了角色转变。公共文化服务最重要的是要用"心"服务,赣州市公共文化服务

机构大力弘扬"苏区干部好作风""寻乌调查""长冈乡调查"精神,真诚倾听群众呼声,把自己当作群众的一员,真心提供群众真正需要的文化。赣州市文化馆的每位干部职工都是红色歌曲大家唱、红色广场舞大家跳的领唱人、领跳人和联系人,在2019年至2020年,每天安排专人,提供设备、矿泉水,发放歌谱等,在人员聚集的广场、公园、社区传唱红色歌曲。赣州市博物馆要求每一位讲解员,每天都要安排时间学习红色革命历史,以便随时回答游客关于红色革命历史有关问题,并持续组织讲解员开展红色历史党课进校园活动,受到了广大师生的一致好评。赣州市图书馆则积极开展红色经典领读人培训,培养出一大批红色经典诵读人才。此外,有效发挥社会力量参与公共文化服务体系建设的积极性。社会力量参与公共文化服务积极回应了社会需求并再生出一种倒逼机制,促使政府从越位的地方退回来,从缺位的地方要补上去,使政府、市场与社会各归其位、各得其所。如赣州市近年来发展了60家红培机构,推出了"追寻初心之旅""重走长征路"等广受好评的红培研学精品;引进了全国首个红色文化的高科技主题乐园——赣州方特东方欲晓,开园5个月来入园游客达80余万人次、综合收入突破1亿元;于都县在祁禄山长征步道上通过社会力量参与建设了初心纪民宿,并在里面开设了公益的红书馆等。

3.3 把握内容,回答了提供什么样的公共文化服务的问题

作为中国共产党特有的文化形态,红色文化接续了中国传统文化中最优秀的部分,是中国文化自信之根,更是中国文化自信之魂。赣州是革命老区,长期以来人均文化事业费远低于全省平均水平,公共财政投入偏向于中心区和大型文化设施建设,城乡、区域之间发展不平衡现象严重,政府部门对此颇有捉襟见肘和力不从心之感。但又因为赣州是革命老区,这里的红色资源十分丰富。通过对散落在山野、村落等各处红色资源进行保护和挖掘、有机整合,极大地拓展了赣州市公共文化服务空间、丰富了公共文化服务产品的供给。红色基因需要融入血脉、薪尽火传,用红色赋能公共文化服务需要与时俱进、守正创新,如此才能彰显出时代特色,进一步增强红色文化的感染力和吸引力。赣州市通过这些红色资源所开展的活动包括:情景表演、红色阅读分享、文创开发、文艺创作、故事讲述、书画展览、研学旅行、歌舞唱跳等,这正是守正创新的体现,使红色文化彰显时代特色,让受众身临其境,在"沉浸式"的体验中触及思想,让精神得到洗礼。

参考文献

[1] 张婧. 江西赣州以红色精品赋能城市品牌 [N]. 中国文化报,2022-03-19(3).

[2] 江西赣州:用活红色资源 传承红色基因 [EB/OL].[2021-06-01]. http://www.jx.xinhuanet.com/2021-06/01/c_1127516006.htm.

[3] 钟骏树,陈小兵. 江西赣州:发挥红色资源优势铸魂育人 [N]. 中国教育报,2021-05-24(3).

[4] 梁健. 赣州打造红色文化传承创新区 [N]. 江西日报,2021-11-25(15).

[5] 胡晓,杨小安. 赣州:深入挖掘红色文化资源 [N]. 光明日报,2021-09-29(5).

文旅融合背景下基层文化馆在推动
"沉浸式"演艺方面的探索与实践

孙　玲［山东省齐鲁文化（潍坊）生态保护区服务中心］

"沉浸式"演艺是由传统舞台演艺向身临其境、感官新奇、互动体验的一种现代演艺模式的进化和过渡。它是顺应新形势下，对文旅文化的消费需求，以此拓宽文旅融合市场，为文旅产业转档升级服务的全新命题。"沉浸式"演艺文化的诞生，来自文旅文化的多元化发展，对于基层文化馆如何推动"沉浸式"与旅游景区、文化场馆深度融合，实现文旅产业创新文化供给，将是值得探讨的课题。

一、当前群众演艺活动现状

（一）文化氛围浓厚，群众演艺活动普及

随着广大人民群众物质生活水平的不断提高，精神需求已成为人们的生活必不可少的一部分。近年来，城乡差别趋于平衡，城乡市民在享受着政府不断完善的文化场馆建设带来的文化愉悦的同时，自发组成文艺团体，活跃在城乡文化场馆、街头广场、社区大院，到处都可以看到广场舞、直播演唱、群体舞蹈表演、大合唱等活动，这些广泛开展的文化娱乐、健身活动已成为大众演艺主流。在政府引导扶持下，基层文化馆通过广阔的农村和社区大舞台，扶持并培养了一大批文艺爱好者和文艺团体，这些文艺团体在履行职责方面起到了积极带头作用。以山东省潍坊市青州市为例，全市 1000 余村，仅大大小小的广场舞团队就达 2000 余支。2011 年开始，市政府就依托民间文艺组织，经过考核选拔，挂牌成立了"十大文艺团体"，并每年拨付 600 余万元的专项资金，鼓励民间文艺团体，利用政府资源，开展基层"惠民演出"、"惠游客演出"活动，这样持续"千场大戏惠民演出活动"已经十年之多，广大人民群众实实在在得到了实惠，良好的文化氛围也逐渐形成。

群众性演艺的发展还得益于基层文化馆的社会公益性培训服务工作。广大人民群众有着不同层次的文化需求及政治性、鉴赏力，对演艺质量与水准要求也在不断提高。为解决这些问题，基层文化馆纯公益性招收学员，对有需求的文艺骨干和部分群众进行培训，不断强化对文化项目水平的认知和欣赏水平，从而提高自身表现能力，使音乐、美术、摄影、舞蹈、曲艺、民乐诸方面水平有了明显提升，同时也为文艺团体注入了生机和活力。

(二)演艺活动缺乏严谨和新意，传统舞台演艺热度降低

民间演艺组织居多，其演艺项目，演艺形式，演艺内容，演艺水平等具有随意性特点。不管是节目选题，还是原创立意，由于民间团体个人文化水平的原因，在选择上对节目或剧目的政治性、艺术性和感染力，都缺乏客观的定论，从而导致选择的剧目要么偏低俗，要么缺乏正能量，要么水平档次低，给群众演艺蒙上了一个不能登大雅之堂的色彩，有的也就是自娱自乐，没有任何推广意义。

基层文化馆对民间文艺团体和文艺爱好者的引领与指导尤为重要，这是促进全民演艺事业健康发展的重要工作。除了策划组织实时演出活动、辅导赛事活动等之外，基层文化馆也对演出团队的节目单、剧目单进行审核，对团队的演职演员水平进行测评，并提出指导性意见，定期举办文艺团队演出评估专场，帮助他们确定演出内容，形成阶段性节目单，从而以较高的演出水平回报社会。

随着新形势下新的文化现象变革，改革开放数十年的文化演艺模式也在逐渐改变，表现在城乡文化场馆及社区舞台的传统舞台演艺在逐渐降温，而被"沉浸式"新模式演艺所淡化。

二、突破传统演艺模式的发展趋向

(一)传统演艺向"沉浸式"演艺过渡需要创编思维的改变

文旅"沉浸式"演艺项目，基本上由三部分组成，即"巡游、路演、剧场演艺"。其演艺特点表现在：一是通过环境氛围营造及演职演员的表演还原故事真实场景；二是激励游客通过"角色扮演"的方式主动参与；三是让参与者得到差异化的个体性体验感受。这种体验是让游客直接感受景区文化内涵，也是强化体验的直接手段。如何将"沉浸式"与演艺完美结合，对创编思维也是一个挑战。

2017年国庆节期间，山东省潍坊市青州古城演艺有限公司，依据青州民间传说率先创编历史路演情景剧《知府审鸡》，由青州市文化馆辅导完成，国庆节在民俗馆广场上演，受到群众好评；2018年春节期间，又创编完成了历史情景剧《衡王嫁女》，被青州古城景区确定为5A风景区保留节目。两个"沉浸式"剧目的成功上演，是完全根据景区游客需求，打破了传统演艺模式，走下舞台，走到人群中，改变以往的创编思维，挖掘出独特的剧情与游客接轨互动，而得到社会及广大游客公认的新尝试。

(二)"沉浸式"演艺对精准、靶向群体的意义

文旅融合下基层文化馆的演艺服务创新，受益的首先是年轻人。年轻群体思想活跃，好说好动，"说走就走"的旅行，他们是主力军，再加上他们是主要消费群体，是景区消费经济支撑大军。因此，"沉浸式"演艺的靶向群体还是以年轻人为主。有了消费群体要有

相对应的演艺项目,除了挖掘保留当地的传统文化之外,要创新类似"剧本杀""密室逃脱"等年轻人挑战性的项目,保证以完美的文化个性,准确投放。所以对适合"沉浸式"项目群体其意义在于旅游主体的轰动效应和叠加效应。

基层文化馆在这方面要帮助把握立项尺度,纯娱乐项目要考虑到景区规范公示,避免出现争论、争执及安全事故。

(三)"沉浸式"演艺对文旅融合效益产生的作用

创新演出形式,让文化表演更加适合旅游和社会。文艺表演规模,已经由过去的大型演出,变为实景的、多场景的小型演出;文艺表演形式也由过去的单一演唱,变为形式多样的说唱、小剧目、口水歌、剧本杀等内容,使其适合旅游运动中的"观、听、嗅、悟"四要素,使游客体验度更高,更适合旅游需要。

"沉浸式"演艺注重与文化场馆的结合,是改变传统演艺模式的"开场白"。文化场馆舞台的演出单向交流,是传统舞台热度降温的主要原因。文旅深度融合,已经把文化表现和旅游表现融合在一起,在文化中享受旅游,在旅游中体验文化。例如,青州市云门剧院 2020 年创作并获得潍坊市十佳剧目奖的《老倔杠卖油》,就是一个"沉浸式"与场馆舞台结合的实例。

文旅融合的目的是社会效益和经济效益的提高,那么,"沉浸式"演艺对融合效益的作用就体现在以下三个方面。一是促进旅游大环境的尽快形成,提升旅游景点知名度和公认度;二是改变传统旅游消费观,转变旅游消费模式;三是增加游客满足感和愉悦感,增加后续体验机遇。

三、基层文化馆推动"沉浸式"演艺探索实践

(一)舞台演艺亟待向"沉浸式"演艺转变

传统演艺是演员在舞台上表演,观众在舞台下面观看,活动整体上是一个单向沟通表演形式,无法给观众或游客带来主动式的互动体验。随着旅游业突飞猛进的发展,旅游人群从年轻人到中年人的价值观念、消费观念都在变化,"边游边看"成时尚,"消费体验"被追捧,新型演艺形式逐渐代替过去的老模式,舞台演艺虽也作为"沉浸式"的一种形式,已逐渐被写实性"沉浸式"所淡化,更多的观众群体愿意参与到演艺活动中。

把握时代发展新趋势,全面贯彻新发展理念,坚持价值导向和实践导向,为广大人民群众提供更加准确、更为便利、更有效率、更可持续的文化服务是当今基层文化馆的工作方向,这对满足广大人民群众对美好生活的新追求、新期待,提升文旅品质性、体验性、沉浸性和个性化服务水平起着重要的决定性作用。因此,跳出舞台演出层面,走进立体演艺中去,已成为文旅文化之所需。

(二)明确"沉浸式"体验实施主体,争取政府立项支持

以景区、文化场馆为实施载体和演出阵地,政府和社会逐步增加对旅游文化的投资,是保证"沉浸式"演艺的关键。再以青州市为例,青州市是潍坊地区文化内涵深厚的旅游城市,从5A级景区古城,到全域旅游的山村景点共30多处,随着旅游开发的深入,文化注入层面加大,文旅发展多元化趋势日渐明显。比如,在青州古城演出场地,由文化馆辅导编排,由古城投资打造,政府买服务,由民间演艺团队创作的古典情景剧《衡王嫁女》《冯溥教子》《知府审鸡》《李清照在青州》《夥巷街传奇》等频繁上演,已逐渐成为演出常态,实现了"让文化留住游客,让游客带走文化"的目标,不但让游客了解青州的历史,还给古城带来了经济效益。根据民间传说,在山村旅游景区凤凰台编排演出的古典情景剧《龙凤呈祥》,由凤凰台旅游公司投资打造,上演效果良好,不但受到广大游客喜欢,还荣获潍坊十佳剧目奖,使经济效益和社会效益双赢。在云门剧院上演的青州清音戏《老倔杠卖油》场场爆满,使青州新挖掘的新剧种焕发新活力,该剧种也被申报为潍坊非物质文化遗产。由于基层文化馆文化服务具有良好的针对性,呈现出四大特点:一是使创新演出场次明显增加;二是演出团体水平普遍升高;三是激活了创作队伍创作热情;四是丰富了旅游文化生活。

(三)加强创编队伍建设,提升演艺内容水平

广泛引进人才,拓宽创新发展渠道。政府相关部门应着眼于文化的发展和未来,把人才引进纳入创新发展规划。在充分发挥现有人才能力的前提下,在打破政府传统用人体制的情况下,可从以下四方面解决人才紧缺问题:一是从社会上聘请,打破编制、行业、工种、性别、年龄限制,选聘有文化服务能力的人员进入基层文化馆文化服务队伍,毕竟社会上自发组建的文艺团体,也是文旅文化中坚力量;二是从教育系统选配相同的人员参与,填补文化服务队伍缺位,教师队伍庞大,有些在就业之前,就经历了文化和旅游的专门教育,有的甚至是高才生;三是从转业复退军人中聘用有这方面能力的人员,复退军人素质高、意志强、决心大,有的复退军人在部队这个大熔炉曾接受过文化发展方面的教育,底子好;四是从高等院校纳新文化服务专业人员,把学历高、专业强、思想进步的高才生编制在基层文化馆,为队伍建设增添新鲜血液,使其焕发新的活力。

(四)弘扬本土文化,挖掘地方特色

演艺注重地方特色,打造家乡品牌。旅游地都有旅游当地的文化,弘扬本土传统,创新本土文艺,必然成为本土旅游品牌,会更加吸引游客而产生经济效益。在我们游览的许多旅游胜地,都有自己的文化品牌。例如:山东临沂的竹泉村保留的"山村娶亲"等乡村演艺活动;潍坊市高密市的红高粱3A级景区保留了"三十里红酒坊"系列情景表演活动;5A级风景区青州古城保留了当地民间传说《衡王嫁女》的表演活动;临朐县沂山5A级景区保留了"东镇沂山祭仪大典"等演艺活动。时间长了,演艺成熟了,就成了自己的品

牌,就代表了这里的旅游文化。

(五)创新动漫科技全新体验,丰富"沉浸式"演艺形式

利用光影及动漫科技,融合景区演艺内容,利用激光投影、激光互动、纱屏前景、3D动画、高压水雾等多项创新科技,或水上、或墙上、或地上,真人参与演艺;利用景区亮化效果、雾化效果,体现出与之相吻合的剧情,实现以"光影 + 动漫 + 演艺"的"沉浸式"融合场景,游客既可深入体验景区文化,在多个场景中拍照打卡,也可从全新的视角欣赏景区之美。

(六)与旅游景区深度融合,实现创新文化供给

"沉浸式"演艺是一个动态项目指标,为保证旅游新鲜感,演艺内容 1—3 年为一个更新周期。基层文化馆要拓展文化服务空间,扩大演艺领域,还要考虑每一个演艺内容更新周期内的基层工作保持持续性。比如,基层文化馆可以在乡镇街办设立分馆,也可以在景区设立"直辖"演艺指导办公室,常年且不断地对景区"沉浸式"演艺项目进行指导,达到中间不留"空地",完全实现创新文化供给,确保"沉浸式"演艺在文旅融合下走进一个新领域。

"沉浸式"演艺是基层文化馆文化创新发展期新的工作主线。这种文旅融合下的新模式不但体现出文化职能部门对本职工作的综合水平验证,同时也表明对于新时代文化创新工作研究任重而道远。把握新时代脉搏,适应新时代需求,让文化体验走进群众中去,实现文旅产业新发展,或许是我们理应考虑的服务方向。

文化礼堂走亲助推村落文化建设

——以余杭区为例

周春美（浙江省杭州市余杭区文化馆）

浙江省在 2011 年就启动了全省"文化走亲"活动，并将其纳入"十二五"规划，通过牵线组网和补助资金等形式，推动"文化走亲"成为人民群众喜闻乐见的活动形式。农村文化礼堂建设和"文化走亲"活动都是在政府主导下，社会各界广泛参与，以基层组织和文体队伍为主体的系统工程，是实现社会主义文化大繁荣和培育、践行社会主义核心价值观的具体举措，有着广泛的群众基础，将二者有机结合，可实现共同发展。近年来，余杭区紧紧围绕"文化地标、精神家园"的目标，按照高水平建设文化小康的要求，打好建管用育融组合拳，把农村文化礼堂建设引向深入。随着 2020 年余杭农村文化礼堂实现全覆盖。农村"文化走亲"活动就有了更好的平台，"文化走亲"也逐步成为丰富村落文化建设的重要推手，为推进余杭村落文化建设注入了生机活力。

一、突出"多元互动"，系统化推进文化走亲工作

（一）走亲主角多元，起步早

从 2009 年开始，余杭区就全面铺开文化走亲工作，连续 13 年开展文化走亲活动。一开始完全由专业团队余杭小百花越剧团、余杭滚灯艺术团通过"走出去、送下去"等形式，广泛开展文化走亲。后来发动区级各艺术协会、区一级业余文体团队参与文化走亲项目。为拓展覆盖面，逐步开展镇街之间的文化走亲，并最终延伸到村（社区）之间的文化走亲活动。各种文体队伍自主参与，充满了民间的亲情，文化节目和内容都来自农民群众的身边，深刻反映了农村生活，深受老百姓的欢迎，有效解决了群众的审美疲劳问题，极大地丰富文化礼堂的文化活动内容。余杭至今已举办文化走亲 430 余场，参与群众文体团队 2000 余支，参与演出文艺节目（展品）9000 余个（次）。2011 年，以余杭为典范的"文化走亲"模式就在浙江省全面推广，浙江省文化厅首次在全省范围内评选"文化走亲"先进单位。自推出评选以来，余杭区文广新局已经连续多年被评为"文化走亲"先进单位。

（二）走亲内容多元，动静结合

余杭区的"文化走亲"活动形式多样，内容丰富，动静结合，并不断推出文化走亲新项

目,使文化走亲常走常新。以文艺演出为主要载体,开展书画笔会、展览、摄影、"美丽洲"故事会、非遗手工艺制作展示等,调动各艺术门类参与文化走亲,培育系列化的走亲项目,不断提升文化走亲的综合效应。文化走亲吸引了众多部门、企事业单位等参与进来,联合部委办局共同参与主办,创作反映各行各业风貌的文艺节目开展文化走亲,如由余杭区纪委、区委宣传部、区委组织部、区文广新局等共同推动的"正风肃纪"廉政小品巡演活动,所有节目都由各单位、部门公职人员来创作、表演,很多领导干部白天会场做报告,晚上礼堂演小品,成为文化走亲舞台上为群众带来欢乐的独特的一分子,让老百姓享受到了别样的文化乐趣,繁荣了村落文化建设。

二、抓好"三大建设",打造文化礼堂走亲拳头产品

(一)抓团队建设

针对文化礼堂走亲薄弱环节,大规模开展文化礼堂培训工作。如针对村级宣传文化员举办文化礼堂走亲活动策划培训班,从策划方案、队伍组建、组织保障等方面给予指导;针对各礼堂设施设备管理人员开展音响、灯光等设施设备操作、维护培训班,针对业余演员开展化妆造型、服饰搭配、节目编排等一系列非常实用的培训,通过这些培训,大大提升文化礼堂团队的整体水平,为文化礼堂走亲打下扎实基础。同时,余杭进一步加强文化礼堂"管理员、文体团队、宣讲团、文化志愿者"四支队伍建设,做到定人、定时、定地点、定活动,以制度来管理,以活动来检验。2020年,全区登记在册的业余文体团队共有2009支,等级文体团队110支,各类业余文体骨干9000多人,拥有基层宣讲员3000多人。这些人才团队在"走亲串门"的碰撞中,通过交流展示,激发出了相互学习和共同提高的热情,也促进了乡土文化精品的创作非物质文化遗产的传承,是的有效途径。为实现乡村文化大繁荣奠定了人才基础。

(二)抓精品佳作

为提升文化礼堂走亲作品质量,余杭区文化馆全体业务干部深入镇(街道)、村(社区)挖掘当地特色文化资源,抓文艺精品创作,使每个镇、街道都有拳头作品。如为崇贤街道三家村文化礼堂打造民间舞蹈"崇贤花篮"荣获"亚洲音乐舞蹈艺术节"金奖,多次参加国际文化交流演出。仁和街道普宁村文化礼堂创作村歌《牡丹花开》、百丈镇溪口村村歌《溪口恋曲》荣获全国村歌大赛金奖,在全国出版发行,仁和街道永泰村文化礼堂节目《高头竹马》获全国民间广场舞比赛金奖。良渚大陆村的"大陆花灯"赴日本参加国际华人艺术节活动等。此心安处是吾乡。通过挖掘本村的历史文化,打造这些精品佳作,传承本村历史,展示当地文化,不仅让外乡人对余杭有了更深层次的了解,也让更多的村民增强了对家乡的归属感。

（三）抓特色项目

为文化礼堂走亲精心打造具有余杭特色可在全区推广的特色项目,如余杭滚灯操项目。余杭滚灯是首批国家级非物质文化遗产,余杭以余杭滚灯为原型,集舞蹈和广播操特点于一身,易学易演,并有非常好的强身健体作用,它就能吸引广大群众主动来参与。余杭区文化馆派遣18名业务干部分成9个小组,深入到全区各镇、街道举办滚灯操培训班。全区300多个村(社区)的业余文艺骨干都参加了培训,村村都建立起了余杭滚灯操队伍。并组织开展了"百村千场"滚灯操大赛,使滚灯操走进千家万户,成为乡村文化走亲演出中的常备节目。因为村村有了这支稳定的滚灯操队伍,他就像种子一样在村落文化中生根发芽,带出了更多的文体队伍,吸引更多的人参与活动,同时生产出更多的文艺作品,为村落文化建设提供了源源不断资源。

三、搭建"三大平台",促进村民从"看戏"到"演戏"转变

（一）打造"农民送戏进城"平台

自2013年起,余杭推出一个品牌活动"美丽洲大舞台",其目的就是为了给全区各文化礼堂走亲活动提供一个更好更高层次的展示交流平台,活动规定各镇街组织一台由各文化礼堂创作、表演的优秀节目到走进"美丽洲大舞台",主题就叫"农民进城为居民送戏",这不仅整合了辖区内文化礼堂优秀团队、优秀节目,而且也圆了好多农民朋友登上城里高大上舞台的梦想。另外,像崇贤街道利用"美丽洲大舞台"和温州市平阳县鳌江镇开展了跨区域文化走亲活动。2013年至今,通过"农民送戏进城"公共文化服务新模式,排演节目2000余个,村民登台演出15000余人次,观众达100余万人次,实现了乡村文化反哺城市、城市需求点燃群众文化激情的和谐局面。改变以往"送文化下乡"由上而下的"一元供给"模式,变成了由村送村,到村送往市区的多层次、多主体、多样化的互动模式,使之成为一项全民参与的文化活动。"农民送戏进城"模式得到《中国文化报》等主流媒体的关注和报道。

（二）借力品牌活动平台

借助"相约周末"文化夜市、百场演出下基层、"美丽洲"大型系列活动等公共文化服务品牌活动,为农村文化礼堂节目提供展示平台。2020年,通过"相约周末"文化夜市,在300余个村(社区)开展各类文化走亲活动426场(次),村落文体团队463支参与演出,观众达58万余人(次),全面落实"星期日活动"。同时,通过举办"文化礼堂村晚"、"乡村艺术节"、元宵节、中秋节、国庆节等传统文化节日活动等一系列平台,为农村文化礼堂节目提供展示平台,开展文化走亲。此外,结合地域文化实际,余杭相继培育"乡村故事会""文化走亲""村校合作""村企共建"等品牌活动。创新开展"钉钉文化讲堂""联盟

走亲""云上村晚"等活动,不断打造文化礼堂新品牌,为村落文化建设提供了持续发展的媒介平台。

(三)搭建高层次交流走亲平台

选拔文化礼堂优秀节目开展跨区域文化走亲,到省市乃至国际舞台开展文化交流。近几年,与舟山、丽水、绍兴、安徽、江西、山东、湖南、内蒙古等地区以及美国、以色列、新西兰、荷兰等国家开展了跨区域文化走亲,径山镇绿景村文化礼堂、瓶窑镇石濑村文化礼堂、百丈镇溪口村文化礼堂等的精彩节目登台亮相。2022年11月,以培育和践行社会主义核心价值观和满足广大群众精神文化生活需求为中心,以弘扬优秀传统文化和繁荣村落文化为重点,以"礼堂联盟"为基础的"奋进迎亚运'余'悦幸福年"云上村晚活动在余杭街道永安村文化礼堂举行。虽然因为新冠疫情的原因,村晚只能采用云上直播的形式播出。老百姓不能亲临现场观看,但是线上年味不减,乡情不淡,20余万人次的观看量让余杭文化礼堂这十余个近几年精心打造的精品尽展风采。同时,直播场外,余杭区一大批优秀文化礼堂表演艺术项目和非遗手工艺项目也得到了很好的展示。

四、强化"三项保障",完善文化礼堂走亲政策体系

(一)强化政策资金保障

文化走亲"是一项花小钱办大事的活动,乡村文体队伍不是以营利为目的,其成员多数是文化志愿者和文艺爱好者,只是想通过活动开展来丰富生活和陶冶情操。当然,要想让"文化走亲"走得红红火火,就得为其提供一定的补助经费,最低要给"走亲队伍"保障"一辆车、一盒饭、一瓶水"的基本费用,有条件的还可帮助他们置办器材、道具和服装,或是聘请专家老师指导学习和创作。针对这些,余杭区制定出台《余杭区农村文化礼堂实施意见》《关于组织实施余杭区农村文化礼堂"文化走亲"活动的通知》等文件,区、镇(街道)两级安排专项资金,保障文化走亲工作顺利实施。

(二)强化标准体系保障

标准体系的建立能够科学、合理地描绘出文化走亲这一活动的整体框架,反映群众对走亲的总体需求和具体需求;为全区文化礼堂开展文化走亲活动提供指导性文件,指明标准化工作的重点和方向,为年度计划、考核验收的定制、修订提供依据,避免盲目性;同时为相关工作人员全面、系统地了解这一工作,掌握此项工作的现状和发展趋势提供了可靠的信息和指南。余杭对此出台《余杭区基本公共文化服务标准》,明确镇(街道)之间、村(社区)之间每年组织跨区域联动不少于4次,村(社区)之间不少于2次。发布国内首个《余杭区乡镇(街道)综合文化站公共服务规范》地方标准,是公共文化服务地方标准,地方标准明确要求镇、街道必须组织村、社区开展文化走亲活动。

（三）健全长效机制保障

完善的机制能使工作更加严密、服务更加周到，可有效解决想起来就抓一抓，忙起来就放一边的随意性问题。因此余杭区建立农村文化礼堂"文化走亲"试点工作领导组织架构，成立区委宣传部牵头，文广旅体局、文联等部门和各镇街共同参与的工作架构，充分激发文化礼堂参与积极性。开展农村文化礼堂星级考核制度，把文化走亲工作纳入文化礼堂年度考核，从机制上保障文化走亲长效开展。相关责任单位要将"文化走亲"活动的组织实施列入常规工作，按照走亲流程，通过制订年度计划、定期检查指导、分期报告工作和组织考核验收等办法抓好落实，促进平台搭建、服务保障等工作落到实处，从而实现"文化走亲"的常态化、规范化。

多年以来，我们感到，文化走亲工作是一个系统工程，需要社会各界的广泛参与，需要不断创新，持续推进。余杭还将继续积极探索文化礼堂走亲工作的有效措施和办法，为推进余杭村落文化建设作出新的贡献。

共同富裕示范区建设背景下的文化馆高质量发展路径探索

王志明（浙江省宁波市文化馆）

2021年6月，《中共中央 国务院关于支持浙江高质量发展建设共同富裕示范区的意见》正式发布，在该意见中，明确提出要支持浙江省打造新时代文化高地，为丰富人民精神文化生活，指出要完善覆盖全省的现代公共文化服务体系，提高城乡基本公共文化服务均等化水平，并通过深入创新实施文化惠民工程，优化基层公共文化服务网络等多项重要措施。

人民精神生活的富裕离不开高质量的公共文化服务，文化馆作为公共文化服务的重要提供者，应站在满足全民文化艺术需求、提升全民艺术素养、提高社会文明程度的角度来谋求新发展。为充分发挥文化馆在公共文化服务体系中的重要作用，需要在推进共同富裕示范区这一新发展背景下，认真梳理和深入研究文化馆服务体系的新发展定位，明晰促进我省文化馆服务体系高质量发展的可行路径。

一、共同富裕示范区建设背景下对文化馆服务提出新要求

（一）符合新时代要求的发展定位

按照传统的建设思路，文化馆服务主要涉及音乐舞蹈、美术书法摄影、非遗保护等领域的文化服务工作，重点应该为群众提供文艺培训、演出展览的文化活动和活动空间，满足群众的基本文化需要。而近些年来，由于存在着发展定位模糊、功能特色不突出、服务内容保守等问题，导致文化馆与图书馆、博物馆相比，在群众影响力、内容体系等方面存在明显差距，且随着文化馆的社会辨识度凸显不足，导致与其他公共文化设施的差距仍在不断加大。

党的十九大报告中明确指出，我国社会主要矛盾已经转化为人民日益增长的美好生活需要和不平衡不充分的发展之间的矛盾。2021年，为在新形势下更好推动公共文化服务的高质量发展，由文化和旅游部、国家发展改革委、财政部印发的《关于推动公共文化服务高质量发展的意见》中，也明确提出"将基本公共文化服务融入城乡居民生活，促进公共文化服务提质增效"的工作要求。作为文化建设的主阵地，文化馆是我国文化事业发展的重要组成部分，与建设城市社区文化、提升国民文化素养、促进人民物质文明与精神文明相协调有着密切的关系。因此，积极面对建设共同富裕示范区的时代要求和发展形势，把握这一阶段内人口、经济的变化新特点，找到切合自身的职能定位，是全省文化馆摆脱行业困境、取得突破发展的现实所需。

（二）加速数字化转型的服务能力

自 2020 年起，新冠疫情在全国各地暴发，出于疫情防控的需要，省内各地多次出现实体文化场馆在某段时间内闭馆停止服务的状况，出现了文化服务供给的中断和文化消费的低迷。为了满足公众对高品质文化艺术的需求，各地文化馆均通过线上的方式陆续推出了数字文化服务，包括开放文化馆线上平台资源，以及举办免费讲座、公益性艺术培训、摄影艺术展等线上活动，继续发挥着文化馆向社会传播正能量的重要作用。

在受到疫情与新媒体信息网络传播变革的双重影响下，文化馆的数字化服务能力得到了空前的关注度，也将数字文化馆的全面服务能力凸显得愈加重要，文化馆的数字化发展也不得不面对新一轮挑战。因此，在新阶段的发展诉求下，文化馆必须加强数字化资源统筹能力、平台建设能力和智能化管理运营能力，加强数字化从业人员比例，以实体馆的高质量的数字文化服务"软实力"来惠及更多的群众需求，创新文化馆的服务供给途径，发挥好示范作用。

（三）构建区域一体化的服务体系

作为国家级发展战略，随着京津冀协同区、长三角一体化地区、粤港澳大湾区、成渝地区双城经济圈等城市群的不断发展，区域间愈加频繁的互动交流和人群往来，在一定程度上外扩了城市自身公共文化服务所提供的区域边界，更是强化了区域之间公共文化服务一体化的必要性。因此，在区域协同的发展背景下，构建区域一体化的服务思维，提升文化馆的区域一体化服务能力，成为文化馆高质量转型发展的必经之路。

区域协同发展地区，多存在山水相连、人缘相亲的常态自然人文联系，并且随着城市群、都市圈建设的不断推进，城市网络间的人口流动、文化交流合作联系将愈加频繁，要构建现代化、高质量的公共文化服务体系，就必须以一体化的服务思维，对区域内的文化公共服务进行统筹考虑，实现文化服务更深层次的共建、共享，从而带动文化服务要素在区域内的畅通流动，真正地促进文化服务和精神的共同富裕。

二、现阶段全省文化馆服务体系中存在的主要问题

（一）高质量的文化服务供给不足

作为衡量文化馆建设、管理和服务水平能力的重要工作，文化和旅游部于 2020 年开展了第五次全国文化馆的评估定级工作，根据评估结果，浙江省共有 99 处上等级文化馆，而国家一级馆作为城市公共文化服务的高质量和高水平的代表，数量越多则代表着城市文化服务能力越强，现阶段全省共有 93 个文化馆达到一级馆服务标准，表明浙江省内已经形成一定的文化服务体系和能力，为新阶段的文化馆服务打下了坚实基础。

细化分析，虽然近年来全省各地的文化馆均加大了公益艺术培训投入，通过开设多门

类的培训班、举办线上线下艺术展览等多种方式,使市民们有了更多的机会接触文化艺术。但文化馆的服务形式仍以"送文化"为主,活动内容也多局限于文化艺术的展示、讲授和培训,形式方法的传统保守,文化服务单向输出,导致市民群体的认同感和参感不强,无法起到示范和宣传作用。亟须加强高质量的文化服务供给,特别是面向不同受众群体的精准供给。

(二)文化服务群体的覆盖面不广

根据各地举办的文化活动的实践情况来看,老人和青少年的活动参与程度明显高于中青年群体。分析造成该现象的原因主要有两个方面,一是受中青年群体上班、加班等时间的限制,另一点是传统的线下参与方式,未能满足互联网需求旺盛的中青年群体,活动的吸引力不足,导致中青年群体的活动参与率较低。为打破服务覆盖面的瓶颈,摆脱群众对文化馆"老老少少、蹦蹦跳跳"的固有印象,亟须建立多层次的文化服务体系,不断吸引和保障中青年等多元化群体对文化成果的需求。

(三)从业人员中高素质人才缺乏

根据现阶段省内各级文化馆(站)人员组织情况分析来看,专业人员配备不合理成为各级文化馆中的常见现象,主要包括从业人员不足、专业结构不合理、高层次人才缺乏等问题,服务团队的专业质素、服务能力与文化馆的服务质量息息相关,而专业人才的缺乏、技术管理水平不足等问题又直接影响了各级文化馆的文化服务能力和管理运营水平。面对高质量建设和发展文化馆的基层诉求,构建专业素质较强、新型技术敏感、管理能力强的文化服务团队,成为各级文化馆必须直面解决的问题。

(四)区域协同管理制度尚未统筹

自 2018 年 11 月长江三角洲区域一体化成为国家战略后,在《长江三角洲区域一体化发展规划纲要》《共同推进长三角地区文化和旅游高质量发展战略合作框架协议》的指引下,2019 年起沪苏浙皖地区就开始了一系列文化馆协同服务的探索。例如成立长三角城市文化馆联盟,通过整合区域内各个文化馆的线上线下资源,搭建统一的文化馆资源共享平台和公众传播平台,打造了一批具有区域特色和国际影响力的城市文化活动,实现文化服务在区域内的交流和互动。但从现阶段已有活动成果来看,还缺乏完善的管理运营机制对协同工作过程进行保障,以期促进文化服务行业的良性循环和可持续创新发展。

三、共同富裕示范区建设过程中文化馆高质量发展的路径探索

通过对建设共同富裕示范区背景下文化馆高质量发展的要求进行辨析,充分结合现阶段全省文化馆服务工作中的不足和问题,认为可从顶层指导、规划建设、服务需求、制度建设、协同评估这五个路径层面入手,建设符合建设共同富裕示范区时代需求、群众需要

的文化馆服务体系,让群众在走向共同富裕中,享受到高品质、高质量的精神文化生活。

(一)从顶层指导层面,明确协同合作的重点工作和模式

首先,面对区域协同发展的大趋势,为弱化区域内文化馆服务一体化的行政壁垒,建议从顶层规划设计层面统筹,制定符合共同富裕示范区发展要求、满足全省实际特色、各地居民文化需求的文化服务一体化发展规划,并支持以文化馆联盟的组织形式,不断加深全省与其他长三角地区文化服务一体化的合作程度,将区域性的文化服务共建共享发展成为全省内各个文化服务单位的常态化工作要求和模式。

由于各个城市在空间格局、社会经济、文化历史、人文风俗等方面也存在一定的差异,所以必须在充分考虑各地现实实际和发展诉求的情况下,因地制宜地推进文化服务协同发展。这就需要在充分贯彻落实《关于高质量打造新时代文化高地推动共同富裕示范区建设行动方案(2021—2025)》的基础上,发挥政府部门的主导作用,以发布纲领性或具备指导性的政策文件的形式,对区域内文化服务一体化发展的总体目标和建设途径作出明确的安排,通过制定文化协同领域的具体行动计划,明确区域内各个文化服务单位在开展文化服务一体化过程中的职能职责,以季度、年度的完成形式推动工作内容落实开展。

(二)从规划建设层面,统筹全省文化场馆设施的空间布局

现阶段,全省文化馆服务体系还存在服务能力不均衡、不健全的现象,而布局合理的场馆设施体系才能提供完善的文化服务,实现公共文化服务的均等化,所以,非常有必要打破行政壁垒,跳出传统的单个文化馆服务的竞争思维,以共同富裕示范区建设为契机,对全省乃至长三角地区的文化馆(站)进行全局性的规划布局。

一方面,按照不同级别文化馆(站)设施的规模和资源条件,科学合理地确定文化场馆服务的辐射范围。另一方面,对现状无法覆盖的空白地区,按照统筹谋划、平衡分配的理念,逐步弥补部分地区公共文化场馆资源和服务能力方面的不足。可重点突出核心城市内文化馆的示范带动作用,充分利用"15分钟品质文化生活圈"的建设机遇,优化各区域文化馆(站)的空间布局和层级关系,明确文化馆高质量发展的指标体系,提升城乡基本公共文化服务的均等化水平,从而形成便捷、优质的公共文化服务网络。

(三)从服务需求层面,构建匹配需求的数字化服务资源

一是通过利用手机信令、网站访问记录等大数据信息,采取用户画像等新技术分析手段,识别出区域内文化资源的热点内容、用户特征、用户服务需求偏好等信息。二是各级文化馆要积极顺应线上信息技术的发展趋势,在保留和突出自身服务特色的基础上,通过整合服务资源、联合搭建数据库的方式,实现不同地区文化馆的资源高效交流与共享。

通过以上两个方面的提升,在下一个阶段,根据大家的兴趣爱好和资源需求,各级文化馆可以精准地、实时地提供相对应需求的文化演出、作品展等公共文化艺术服务,及时地更新和调配公共文化资源,保证了文化资源供给与服务需求的高效衔接。后续,也可将该系统融入全省的"智慧城市系统"（城市大脑）内，将文化服务平台与城市政务服务平台、城市民生服务平台的互联互通，拓宽文化服务的应用场景，实现文化馆全方位、全体系的智能化升级。

（四）从制度建设层面，形成一套完善的政策保障体系

由于各地的文化馆（站）隶属于不同的主管部门，为保障各级文化场馆在一体化协作中顺利地开展各项工作，各个协作体之间必须通过完善的规章制度来规范整个协作过程，这就需要政府机构协商构建一套完善的规章制度，为两地及其他地区的文化馆（站）开展互动、交流工作提供合法有效的保障。建议规章制度内容可以包括文化资源协作服务标准、馆际合作活动细则、人才互动机制等方面。其中，为提高各级文化馆内的团队专业素质和技术水平，对文化馆内工作人员的技能提升尤为关注，可通过建立从业人员的定期互动、交流、学习机制，通过向先进文化馆的实践学习，敦促工作人员不断提高专业技术和接触学习新技术，做专业性和服务能力共存的复合化人才。

（五）从协同效果层面，建立互通互认的考核与评估机制

为快速推进文化馆协同发展的基层动力，科学有效地量化文化馆协同服务的实施效果，建议从全域层面建立一套互认互通的考核与评估机制，对文化馆开展服务一体化的协同方式、服务内容、协同效果等方面进行考核打分，并从上级文化主管部门、文化馆联盟、公众、第三方机构等渠道对工作开展情况进行评估。

在考核和评估后，建议对区域内做法先进、协同效果明显、形成社会影响力的文化馆机构进行表彰和先进案例学习，并在后续工作中给予倾斜性政策，不仅激发文化服务协同工作的持续动力，也在一定程度上提升文化馆协同服务的社会氛围和影响力。

随着建设共同富裕示范区的工作不断推进，为城乡居民提供更加均衡、充分的品质服务，推动城市群优质文化公共服务资源共建、共管、共享是时代和社会发展的必然结果。面对愈加复杂的公共文化服务需求，作为时代的先锋，期待省内的各级文化馆（站）可以大胆创新和改革，充分利用时势，发挥出自身特色，探索出一套具有时代创新性的可推广、可复制的文化服务高质量发展路径。

参考文献

[1] 徐佳晶 . "十四五"时期构建文化馆发展新格局的思考[J]. 中国文化馆，2021（1）:46-53.

[2] 舒彦 . 关于现代新型文化馆功能定位和服务创新的思考[J]. 中国文化馆，2021（1）:139-142.

[3] 丁啸 . 现代新型文化馆的功能定位和服务创新[J]. 文化产业，2022（7）:100-102.

[4] 金栋昌，白挖锁 . 高质量发展导向下的文化馆服务联盟研究[J]. 中国文化馆，2021（1）:100-106.

[5] 白雪华 . 文化馆行业高质量发展的重点任务[J]. 中国文化馆，2021（1）:1-3.

延伸文化触手　优化服务体系　共促高质发展

——嘉定区文化馆"我嘉·秀空间"之探索路径

田　甜　余灵妍（上海市嘉定区文化馆）

在努力构建覆盖更广、效能更高、可持续性更强的现代化公共文化服务体系的路上，嘉定持续保持探索。面对数量丰富的社会文化空间、精美展厅、灵活阵地，2021年起，嘉定区文化馆探索建立延伸服务点"我嘉·秀空间"，这也是嘉定立足"我嘉书房"公共文化创新空间基础上的积极尝试。

为了充分调动社会力量参与文化服务的积极性，盘活多种多样的存量灵活文化空间，嘉定在全区范围内择选环境优质、服务高效、口碑优良的空间、场所建立"我嘉·秀空间"，共同构建文化馆"总分馆"文化服务覆盖"弹性"网络，探索推进嘉定地区文化品牌共育、文化阵地共用、文化活动共享的合作模式，推进公共文化服务的进一步下沉延伸。截至2022年3月底，嘉定区建立了覆盖全域的36个"我嘉·秀空间"体系，选址包含商区、园区、校区、景区、社区等多种形式在内，以人民的需求为追求，撬动公共文化赋能城市建设的巨大潜力。

一、基本背景

嘉定位于上海市西北部，辖区面积463.55平方公里，下辖12个街镇，常住人口183.4万人，其中外省市来沪常住人口为103.7万人。近年来，在大力发展"五个新城"的背景下，嘉定站位"人民至上"谋篇布局，围绕建立和打造现代公共文化服务体系示范城市，根据悉心调研和考察，嘉定的文化需求正在逐渐发生变化。

一是服务半径层级分层不够细。面对满足百姓对于"十五分钟公共文化服务圈"的渴求，嘉定存在着现有镇级文化供应圈与村居小范围供应圈之间存在断层的问题，文化服务供给半径存在"大的太大，小的太小"的现实问题。如何在镇级与村居之间进行架设，有效补充文化资源的覆盖面和可得性，是供给侧改革的重点，也是民心所向。二是服务人群需进一步拓展。根据第七次人口普查数据，2010—2020十年间，嘉定常住人口增长24.68%，增速全市第一；外省市常住人口增长25.2%，已占常住人口的56.5%。随着政府对嘉定新城的大力发展，新城成为外来人口、高端人才青睐的工作、居住地，这类人群的文化需求更强烈也更多元，亟须更多文化资源进行对接。三是各类文化设施利用率还需进一步提高。"十三五"期间，嘉定新建了包括文化馆、图书馆、博物馆、汽车博物馆等在内的文化设施，"十四五"开局还布局建设了"我嘉·邻里中心"等公益性社区空间，社会层面也涌现了不少灵活多样的文化机构与空间，如何提升设施硬件的使用率、盘活社会资源的参与率也是亟待解决的问题之一。

面对完成文化设施全面布局势在必行的使命，嘉定推动特色文化空间"嘉文·秀空间"作为公共文化延伸服务点，推进优质公共文化服务进一步下沉延伸，充分发挥各类社会主体主动参与文化服务的积极作用，促进公共文化服务高质量发展。

二、主要做法

（一）人群多元，打破地域限制壁垒

为了进一步扩大"保基本、兜底线、促公平"的公共文化服务半径，综合考量服务不同类型空间、覆盖不同人群，嘉定将服务人群多元化放在目标首位，精心研究供需如何精准匹配。选址徐行小学、同济大学等覆盖未成年人和大学生人群场所，拓展服务至校园人群；与深层服务于周边的新型企业服务机构如嘉定新城科创加速器、菊园企业文化交流中心等建立合作，服务科研人才、创业人群；进入15个"我嘉·邻里中心"为社区居民公共文化"会客厅"注入新的文化活力。此外，为覆盖更多党员干部、特殊人群、弱势群体等，嘉定将区服务党建中心、区残联、区民政等区级机关社团纳入"秀空间"合作体系，选址在阳光天地、嘭城新天地"益嘉驿"等场所空间，服务特定人群，让全社会、全人群受益，提升公共服务设施覆盖率和利用率，将文化传播之花开遍各类人群。

（二）内容多元，精准覆盖百姓需求

在政府购买资源进行配送的过程中，嘉定兼顾不同需求，为"秀空间"开设资源查询与点单权限，各空间即对文化资源配送的内容有了选择权。结合不同人群需求，选择配送包括艺术导赏、舞台演出、手作体验、文化讲座等形式多样的文化活动。如，由嘉定区文化馆与嘉定区党建中心，围绕服务新城地区的党群干部文化需求和机构特色，合作开设"洪德有约　嘉文艺课"系列公益培训，以"红色文化"为主题，首课开设油画课程，以"画红船"为起点，吸引不少亲子家庭和年轻人的参与。可以说，"秀空间"的加入，不仅是在物理层面上对现有设施进行了补充，实现了公共文化空间的可触可达，更重要的是以社会空间的多样性支撑文化资源的丰富性，从而满足群众更有个性、更高品质的文化需求。

（三）主体多元，打造资源新型平台

作为公共文化资源"承接＋供给"的二道平台，"我嘉·秀空间"的日常管理分为几种模式，一种是搭载了"我嘉·邻里中心"本身由区级政府支持经费并运营的社区邻里空间，另一种是由主体如企业、学校、商圈、景区自行运营的灵活文化空间，此外还有由街镇级支持经费并运营的党群服务站、人才服务点等。为充分发挥各类社会主体主动参与文

化服务的积极作用,搭建整合、汇聚公共文化服务资源的新型平台,"我嘉·秀空间"在空间自身运营管理的基础上,为点位免费配送文化资源,既是对现有资源的一种优质补充,也是通过机制创新在文化供给侧层面进行拓展和优化。嘉定以公共空间为杠杆,撬动原先局限于各个行业、社区内部的资源,将其转化为公共文化服务资源,实现从系统内小循环向社会化大循环的进阶。

(四)机制创新,标准统一便于复制

2017 年,嘉定区文化馆"总分馆制"建设为切入点,建立以嘉定区文化馆为总馆,12个镇(街道)社区文化活动中心为分馆,289 个居村综合文化活动室为延伸服务点的公共文化服务网络。随着"我嘉·秀空间"的加入,形成了完整的文化服务、文化资源、文化人才共建共享的模式,从统一标识规范、统一配送规范、统一服务标准规范、统一数字服务规范以及统一政府考核规范不断下沉公共文化服务重心,完善嘉定的"全域"公共文化服务模式。管理制度办法一体化、

文化资源配送系统化、人才培育建设规范化以及公共文化空间的大聚合所形成的"三化一合"措施,将促进打造群众触手可及的优质文化空间"全域式"服务体系的建设,也将有力促进嘉定建设现代化公共文化服务高地。

三、初步成效

(一)获得居民认同,有效参与文化升级

2021 年 10 月起,嘉定区已开启由政府供给第一批优质文化资源进入各空间,针对不同场地的百姓需求,送去各项精彩演出、趣味讲座、传统文化体验等。在社区的一些点位上,大型原创沪剧、传统越剧以及滑稽说唱表演都受到了居民欢迎;在新城地区,白领喜爱的弦乐节奏音乐会、近景魔术获得良好反馈;而传统文化讲座和非遗手作项目则受到了亲子家庭的热烈欢迎。近在家门口的文化空间让百姓得以在"拔腿就到"的距离,享受精致可口的文化"私房菜",得以共享公共文化升级后带来的福利,百姓对地方公共文化服务的满意度也就越来越高。

(二)盘活资源活力,有效扩大服务半径

在公共文化资源配送体系中,一直是以政府为主导的。"秀空间"的加入,从空间上拓展与提升了文化设施覆盖率和利用率,打破了行业壁垒,盘活了社会资源,同时也孕育了更多丰富多彩的文化艺术品牌项目。近年来,嘉定区文化馆与多方合作,形成包括"洪德有约 嘉文艺课""嘉文有约""多彩非遗 美丽嘉定"、残联"自强合唱团"等文化品牌和团队,将公共文化服务以"项目化""品牌化"的形式因地制宜充分开展,进一步延伸文化触角,扩大公共文化服务半径。

（三）开拓创新思维，打造灵动城市空间

城市公共文化空间对城市空间形态和居民习俗、审美、公共活动与生活方式等造成深远影响。"我嘉·秀空间"既为群众文化活动提供场地，也是嘉定文化景观、社区文化的有机组成部分。目前，"我嘉"系列品牌内涵囊括了城市书房、邻里中心、惠民餐厅、文化空间，以此形成的惠民、助民、利民的地区性的人文空间，集环境优美、时尚便捷、服务暖心等优点于一体，"我嘉"成为嘉定城市文化空间品牌。"我嘉·秀空间"在其中承担起了优质文化聚集传播、大众审美培育的责任，提供更好的各项公共文化服务，全方位提升市民的文化满足感和获得感，真正发挥文旅部门"文化营造"的价值。

四、未来路径

在"十四五"持续推进期间，嘉定将进一步覆盖多样人群、结合多元需求、扩充丰富内容。未来，将把资源结合在建的66家"我嘉·邻里中心"，打造一批与城市特质相匹配、与产城融合发展相统一的文化空间；做好供需调研，精准匹配，推进更丰富、更符合百姓需求的个性化文化资源下沉市民身边；讲求"内容为王"，将嘉定文化基因、非遗元素融入文化资源配送，发挥乡土文化价值，提升地方文化认同，全面推进"十四五"期间公共文化服务高质量发展。

表1 "我嘉·秀空间"名单一览表

序号	所属街镇	场馆名称	类型	地址
1	马陆镇	嘉定新城科创加速器	园区	合作路1355号
2	外冈镇	威派格企业中心	园区	外冈镇恒定路1号
3	菊园新区	菊园企业文化交流中心	园区	嘉定区环城路579号
4	真新街道	枭林·梦工厂	园区	嘉定区新郁路258号
5	江桥镇	八分园	园区	嘉定区江桥镇嘉怡路151号
6	新成路街道	方舟广场·理想湾	园区	澄浏中路3288弄86-87号
7	安亭镇	嘉亭荟	商区	墨玉南路1055号
8	马陆镇	西云楼商业街	商区	洪德路228号
9	真新街道	真新戏曲空间（丰庄茶城）	商区	嘉定区曹安公路1611号
10	江桥镇	虹舞台	商区	金沙江西路1051弄
11	南翔镇	南翔镇绘画艺术创作中心	商区	陈翔公路2431号
12	南翔镇	南翔老街	景区	南翔镇共和街28号
13	菊园	嘉北郊野公园	景区	嘉定区沪宜公路5051号

续表

序号	所属街镇	场馆名称	类型	地址
14	华亭镇	华旺社区·幸福广场	社区	嘉定区华亭镇华旺路 888 弄内
15	嘉定工业区	同心园·大客厅	社区	南新路 282 号
16	嘉定镇街道	百合书院	社区	嘉定区东下塘街 53 号
17	安亭镇	汽车城我嘉·邻里中心	社区	博园路 6990 弄 59 号
18	马陆镇	陆家社区我嘉·邻里中心	社区	崇福路 459 号
19	马陆镇	众芳社区我嘉·邻里中心	社区	洪德路 115 号
20	南翔镇	东社区我嘉·邻里中心	社区	宝翔路 160 号
21	江桥镇	金鹤新城我嘉·邻里中心	社区	金园一路 1398 号
22	徐行镇	启新社区我嘉·邻里中心	社区	新建一路启宁路路口
23	外冈镇	恒飞路我嘉·邻里中心	社区	恒飞路 516 号
24	华亭镇	唐行集镇我嘉·邻里中心	社区	嘉行公路 3218 号
25	嘉定镇街道	花园弄社区我嘉·邻里中心	社区	清河路 109 弄 11 号
26	新成路街道	迎园我嘉·邻里中心	社区	迎园中路 638 号
27	真新街道	曹安商圈我嘉·邻里中心	社区	新郁路 755 弄 55 号
28	嘉定工业区	朱桥我嘉·邻里中心	社区	嘉朱公路 1468 号
29	嘉定工业区	三里村我嘉·邻里中心	社区	娄陆公路 728 号
30	菊园新区	六里村我嘉·邻里中心	社区	嘉安公路 1735 弄 558 号
31	区党建服务中心	区党建服务中心	区级机关	洪德路 50 号
32	区残联	阳光天地	区级机关	复华路 7 号
33	区民政	嘉定镇嘐城新天地"益嘉驿"	区级机关	塔城路 295 号 12 幢 101 室
34	安亭镇	同济大学(嘉定校区)·文榷堂	学校	曹安公路 4800 号
35	华亭镇	华亭学校·小剧场	学校	嘉定区华亭镇华谊一路 12 号
36	徐行镇	徐行小学	学校	勤学路 58 号

厦门市新型公共文化空间发展现状与思考

叶女英（福建省厦门市文化馆）

党的十九大提出："满足人民过上美好生活的新期待，必须提供丰富的精神食粮。"随着生活水平的提高，人民群众对文化的精神需求也在不断提升，近年来，新型公共文化空间如雨后春笋在厦门不断涌现，其中不乏特色十足的城市书房，新颖别致的融文旅驿站，温馨雅致的邻里书屋，它们共同组成了厦门特色和亮点的新型公共文化服务空间，为厦门公共文化服务高质量发展提供了鲜活的力量。

一、相关政策的出台为新型公共文化空间发展保驾护航

随着"十四五"开局之年的到来，现代公共文化服务体系建设进入了崭新的阶段，面临着崭新的任务。国家层面不仅出台了多项政策为新型公共文化空间的构建保驾护航，还通过各种会议进行部署和传达。

（一）新型公共文化空间建设获国家级层面高度重视

2017 年 3 月 1 日起施行的《中华人民共和国公共文化服务保障法》要求地方各级人民政府配备必要的设施，采取多种形式，提供便利可及的公共文化服务（第三十六条）。鼓励和支持公民、法人和其他组织通过兴办实体、资助项目、赞助活动、提供设施、捐赠产品等方式，参与提供公共文化服务（第四十二条）。基层综合性文化服务中心应当加强资源整合……根据其功能特点，因地制宜提供其他公共服务（第三十条）。此外，党的十九届五中全会通过的《中共中央关于制定国民经济和社会发展第十四个五年规划和二〇三五年远景目标的建议》中，明确提出要"提升公共文化服务水平"，并作出了一系列重大部署。

顺应时代发展，2021 年 3 月，由文化和旅游部等三部委联合发布的《关于推动公共文化服务高质量发展的意见》明确了公共文化空间布局优化和空间提升的要求，鼓励在都市商圈、文化园区等区域，引入社会力量，创新打造一批"城市书房""文化驿站"等新型文化业态。鼓励将符合条件的新型公共文化空间作为公共图书馆、文化馆分馆。正式为新型公共文化空间的建设保驾护航。2021 年 4 月 29 日，文化和旅游部发布的《"十四五"文化和旅游发展规划》，明确将新型公共文化空间建设作为重要任务，提出创新打造一批新型公共文化空间。

2021 年文化和旅游部组织召开全国公共文化领域重点改革工作总结部署会议,将着力构筑公共文化新型空间列为未来文化建设的工作重点之一,并进一步将公共文化空间的建设提档升级已上升到战略层面。此外,国家还出台了《国家基本公共服务标准(2021年版)》《"十四五"公共文化服务体系建设规划》一系列重要文件,把创新拓展城乡公共文化空间被列为重要任务。

(二)厦门市出台系列政策为新型公共文化空间发展提供保障

近年来,厦门市在公共文化服务体系等方面建立了一套完整的制度措施,为新型公共文化空间的萌芽和建设提供了政策依据。2015 年出台的《关于加快构建现代公共文化服务体系的实施意见》对加快构建现代公共文化服务体系,推进基本公共文化服务标准化均等化,保障人民群众基本文化权益作了全面部署。2016 年出台的《关于推进基层综合性文化服务中心建设的实施方案》详细规定了基层综合性公共文化设施建设的标准。2017 年出台的《政府向社会力量购买公共文化服务实施办法》,鼓励政府加大力度购买社会力量参与公共文化服务。2021 年出台了《厦门市公共文化设施规划(2020—2035 年)》,提出打造 15 个文化设施集聚区,到 2035 年,厦门建成公共文化服务体系的标杆城市,成为具有国际影响、闽南特色、开放多元的一带一路上的国际文化都市。一系列的政策引导,都为新型公共文化空间的打造提供了有力的政策支持,近年来,政府引导、社会力量积极参与的新型公共文化空间如雨后春笋,不断涌现。

二、厦门市新型公共文化空间近年发展现状

一系列政策的保驾护航,为新型公共文化空间的孕育和培养提供了新的契机,我市新型公共文化空间应运而生,成效颇丰。

(一)近几年来新增情况

根据调研数据,2018 年,我市新型公共文化空间数量为 9 个,截至 2021 年 6 月,我市新型公共文化空间数量为 29 个,两年内多涌现出 20 个新型公共文化空间,增量 222%。

(二)各主题新型公共文化空间数量对比情况

我市 29 座新型公共文化空间共涉及文化服务驿站、邻里书屋、城市书房、群众性活动互动场所、融文旅驿站、文化沙龙、志愿服务驿站、主题图书馆等主题。其中,文化服务驿站数量 17 座,占比 58.6%,是我市新型公共文化活动空间的主力,发挥着主要作用。其中,在我市 17 文化服务驿站中,以公共文化结合居家养老服务、公共文化结合阅读体验为主题的特色明显。其中,湖里区三嘉悦读体验馆的成功实践,成为我市新型公共文化空间的一张特色名片。邻里书屋、城市书房的建设相得益彰,更侧重与"阅读+"相结合,着力打造有特色、有品位、小而美、舒适化的阅读体验空间。文化沙龙通过新型文化空间建设,打

造特色品牌活动,营造出更温馨的公共文化氛围,提升了城乡文化品位。

(三)各行政区域新型公共文化空间数量分布情况

据调研数据,我市29座新型公共文化空间分布全市各个行政区,其中,思明区7座,湖里区5座,海沧区4座,集美区1座,同安区3座,翔安区9座。在人口较为集中的岛内,共设有12座,占比41.4%。人口较为分散的岛外4个区,共设有17座,占比58.36%,岛内岛外区域均衡。

(四)各区新型公共文化空间发展概况

思明区设有7座新型公共文化空间,包含文化服务驿站和群众性文化活动互动场所,并以文化服务驿站居多。思明区结合现代城市居家养老服务需求,结合基层综合性文化服务中心建设,为中老年提供更多元化的养老服务,推进老有所养。此外,思明区打造了典型的新型公共文化空间:金榜书院。该书院分为书院主体、金榜广场、金榜学堂、金榜艺术空间等四大部分。书院主体设有教室学·传·承、乐·礼、翰·墨、悦·读、学·思等多个功能分区;金榜学堂为学术研讨、文化交流和群众性文艺汇演与排练区;金榜艺术空间为厦门民俗风情人文的展示厅,通过照片展示、文字描述等讲述思明故事,传播思明文化,展示思明厚重的人文历史。

湖里区创新公共文化服务模式,采用政府与社会力量合作的模式创办"三嘉悦读体验馆"模式。由政府部门提供场地,社会力量提供设备、人员、物业管理等保障服务,区公共图书馆提供图书、借还设备、管理软件及业务指导等进行三方合作,创新"公共图书+文创空间+关联服务"的"三嘉"模式。这种由政府部门联合又引入企业管理的公共文化服务模式在湖里区属于首创。湖里区文旅局《创新公共文化服务"三嘉悦读体验馆"模式》还获评湖里区2021年度"改革创新奖"优秀案例三等奖。

海沧区有4座新型公共文化空间,包含城市书房、文化沙龙、志愿服务等主题,其中,海沧区在海沧区文化馆二楼打造"桥·空间"于2016年1月重新装修投用。文化馆按照"公益免费、对接需求"原则,采取社会化运作方式,借助社会力量,引进一批知名文化学者、艺术达人开班授课,打造既接地气又上档次的各类文化艺术沙龙,让更多群体享受到政府提供的优质文化服务产品。近年来,"桥·空间"年均举办沙龙30场次以上,主题涵盖音乐、舞蹈、文学、电影、木偶、绘画、陶艺、剪纸等各种门类,成为海沧新型公共文化空间发展的一张名片。

集美区嘉庚书房内设"24小时书房"自助阅读区、"嘉庚书房大讲堂"多功能区、朗读亭和中心文化广场等区域,藏书近1.5万册,并设立人民日报出版社图书专架,党史学习教育、嘉庚精神专题书架。书房引入智能化图书馆管理系统、电子阅报机等数字化设备,与厦门市各大公共图书馆形成信息实时交互、通借通还的大流通体系。

同安区充分利用打造"阅读+"新型公共文化活动空间,青漾少儿艺术中心图书室、樊登小读者同安分会图书室、慈爱公益图书馆等为青少年及幼儿提供阅读服务的同时提供多元文化活动,得到众多小朋友的青睐。

翔安区设有 9 座新型公共文化空间,数量为全市最多。翔安区的新型公共文化空间包含文化服务驿站、邻里书屋、融文旅驿站、主题图书馆等主题,充分利用社区文化活动中心改造成新型公共文化服务空间,扩展基层文化服务中心的功能和特色;充分结合美术馆打造邻里书屋让人在感受美育的同时能够接受文化熏陶。同时,还融合当代乡村发展特色打造出黄厝融文旅驿站(繁星),涵盖繁星基地、翔安区志愿者孵化基地、檀樾书院、翔安区图书馆黄厝分馆、艺匠小镇文创园等系列项目,也是我市新型公共文化驿站实施的一个典型案例。

三、厦门市新型公共文化空间的特色

(一)应运而生,增长迅速

新型公共文化空间随着时代的需求应运而生。近两年来,民间力量自发组织参与公共文化建设热潮不断涌现,形成了如今政府指导民间自发组织的良性发展现状,新型共文化空间在我市遍地开花,增长迅速,成为我市公共文化的一大补充和亮点。这不仅得益于各级政策规章的保驾护航,也是政府探索鼓励社会力量参与公共文化服务建设的有效探索,有利于推动全社会积极参与公共文化活动,提升人民群众幸福感。

(二)创新成为新型公共文化空间的"标配"

新型公共文化空间打破了传统公共文化空间"五室一厅""样板式"的服务模式,以创新模式为满足人民群众个性化文化需求提供了有效途径,有助于推动公共文化服务"多栖发展",使公共文化更亲民高效。我市新型公共文化空间不仅在空间从功能设置、环境布置、氛围营造的创新入手提升了建筑内涵,而且在服务设置上强化了项目设置、内容供给、活动开展,通过经常性举办新颖、丰富的阅读、创造、分享活动,增强了人民群众的文化创新体验感和获得感。

(三)成为基层综合性公共文化服务中心的有效补充

我市目前已完成全市 38 个镇(街)综合文化站、500 个村(居)文化室(中心)的建设,已基本实现"15 分钟公共文化圈"。新型公共文化空间的投入使用,在功能上实现了服务范围、服务模式的创新,满足了人民群众个性化需求;在空间设置上,突破传统"五室一厅"的设置,更能根据自身属性而设计和打造空间上的舒适感;在服务上融合了文化和旅游、文化和养老等元素,提供综合服务的同时,满足了人民不同的需求,已经逐渐成为我市基层综合性公共文化服务中心的有效补充。

（四）社会力量是新型公共文化空间的重要元素

社会力量的参与是我市新型公共文化空间建设的重要元素,社会力量的投入改变了以往政府公共文化服务"唱独角戏"的困境,有效解决了公共文化服务产品单一与人民群众多样化、个性化文化的需求不相适应的问题,社会力量的参与直接推动我市公共文化服务产品更加丰富多彩,公共文化服务更加亲民便民,公共文化服务方式更加改革创新,在提供普惠性公共文化服务的同时,更能满足特殊群体个性化公共文化服务需求。

（五）"一区一亮点",特色突显

纵观我市各区新型公共文化空间,各区都能够从群众需求出发,根据区域特色、乡村文化地域特点,从理念、功能、服务等方面入手,采取由政府与文创园区、企业、社会组织等社会力量共同建设的方式,调动年轻群体参与,创新公共文化服务模式,打造出新颖别致、让群众满意的新型公共文化活动空间。各区新型公共文化空间各具特色,亮点突出,其中,思明区金榜书院,湖里区"三嘉阅读体验馆",海沧区"桥·空间",集美区嘉庚书房,同安区慈爱公益图书馆、翔安区黄厝融文旅驿站(繁星)都能合理规划拓展公共文化空间新功能,丰富公共文化空间内涵,吸引众多群众参与,成为每个区的特色和亮点。

四、厦门市新型公共文化空间发展的瓶颈

虽然我市新型公共文化空间近几年发展迅速,但还存在着一些问题:一是体量不够。新型公共文化空间虽然是一种新兴业态,但在厦门这座充满艺术气息的城市,数量依然偏少,知名度依然不够。二是各区发展不够均衡。由于统计口径还存在一定的差异,各区对新型公共文化空间情况的掌握不是非常精准,但从现有的数据看,新型公共文化空间在各区的分布并不均衡。三是资金保障还需加强。各新型文化空间虽然有政府投入和社会力量参与运营,但政府并未对之设置专项的资金预备,资金投入目前以依赖政府统筹为主,社会力量主动参与资金投入的较少,不利于未来发展。四是人才力量有待补充。从目前运营情况来看,厦门市新型公共文化空间的运营缺乏专业的人才队伍支撑,部分新型文化空间的运营"创新性"的活力已出现逐步淡化的现象。

五、未来发展的几点思考

（一）创新是新型公共文化空间的灵魂

新型公共文化空间的灵魂在于"创新"。主要有:一是空间"颜值"的创新与提升。邀请专家对场所进行改造和设计,提升整合文化空间的利用率,打造"才貌双全"的公共文化空间,提升群众的"体验值",提升群众对公共文化服务的满意度。二是活动开展的

创新与提升。不局限于开展传统的文化活动,应当更加注重"个性化"的文化需求,根据人群特点开展有针对性的文化服务,满足特殊群体文化需求。

(二)政府重视是新型文化空间发展的保障

各级政府部门应加强对《关于推动公共文化服务高质量发展的意见》的贯彻落实力度,尽快出台实施《厦门市关于推动公共文化服务高质量发展的实施方案》,将新型公共文化空间的建设纳入其中,以政策引导我市新型公共文化空间业态发展。

(三)加强与科技的融合,为新型公共文化空间发展注入源源不断的活力

创新往往离不开科技的赋能,各新型公共文化空间可尝试通过加大科技与文化相融合提升自身竞争力。例如,通过引进地面互动、触摸屏、"书籍推荐瀑布流"、朗读亭、文化一体机等科技设施设备,为群众提供互动式的文化体验,从而提升群众文化的获得方式和体验感。

(四)加大人才和资金的投入,为新型公共文化空间发展提供有力支撑

人才和资金是新型公共文化空间发展必不可少的条件和基本要求。厦门市新型公共文化空间的发展需要从以下两点考虑:一是加大政府部门的资金保障力度,设立专项发展资金专门用于投入建设新型公共文化发展空间。二是优化投入方式。改进资金投入方式,采取政府补助、人才奖励、社会力量参与等多种方式,对典型案例、优秀个人予以重点保障。

"十四五"时期文化馆发展的几点思考

孙情操　张露君（江苏省淮安市盱眙县文化馆）

文化馆是政府设立的公益性文化事业单位,作为公共文化服务体系的重要组成部分,与人民群众的文化需求共生共长。随着我国供给侧结构性改革不断深化,人民美好生活需要日益广泛,对群众文化事业发展、公共文化服务供给提出了更高要求。文化馆为满足人民群众文化需求而生,聆听民声,关乎民生,是弘扬社会主义核心价值观、提供优质文化产品及服务、满足人民精神文化需求的重要阵地。然而,当前国际形势复杂多变、科技发展突飞猛进,加之新冠疫情不断冲击,诸多问题为我国文化产业带来许多考验与挑战。新时期,如何助力文化事业和文化产业繁荣发展,满足人民多样化文化需求,加快构建文化馆高质量发展新格局,是当前文化馆人需要静下心来认真探索思考的课题。

1　应正确认识文化馆高质量发展的内涵及必要性

文化兴国运兴,文化强民族强。文化馆作为中国特有的文化机构,早在清光绪年间,苏南地区已有了文化馆的雏形。20 世纪 40 年代,民众教育馆一词跃入大众眼帘,随着新中国的成立,在已有的民众教育馆基础上设立了群艺馆、文化馆。直至今日,文化馆已经伴随新中国走过 70 余年岁月;时代变迁,文化馆教化民众、服务人民的职责始终不曾改变。正确认识文化馆高质量发展的内涵和必要性,可以从家国所望、民心所向两个层面进行分析提炼。

1.1　国家赋予文化馆繁荣发展社会文化的重任

党和国家一贯高度重视文化建设。自党的十八大提出建设社会主义文化强国的任务以来,我国文化建设成果显著。国家相继出台多项文化政策,为公共文化服务发展指明了方向。

2017 年 10 月,党的十九大召开,新时代文化建设的基本要求转为"坚持为人民服务、为社会主义服务,坚持百花齐放、百家争鸣,坚持创造性转化、创新性发展",这也是新时代文化馆高质量发展的目标和方向。2021 年 5 月 6 日,文化和旅游部印发《"十四五"文化产业发展规划》,提出:"坚持以满足人民美好生活需要为根本目的,牢固树立以人民为中心的创作生产导向,不断扩大优质文化产品供给,更好满足人民精神文化生活新期待,更好推动人的全面发展、社会全面进步。"文化馆作为我国文化产业的重要组成部分,只有紧跟中国特色社会主义文化发展的步伐,站在文化助力社会文明建设、助力全民文化素养提升的高度,才能找准文化馆的职责定位,完成新时代国家政府赋予文化馆的使命。

1.2 人民期盼多样化、高品质文化需求得到满足

文化馆是人民的文化馆,在文化馆发展的历程中,任何一个环节都离不开以人民为中心的导向。我国人口基数大,群众文化需求广,公共文化服务投入也随之增多。《中华人民共和国公共文化服务保障法》提出:"按照公益性、基本性、均等性、便利性的要求,加强公共文化设施建设,完善公共文化服务体系,提高公共文化服务效能。"据统计,2015 年末,全国共有群众文化机构 44291 个,全年全国群众文化机构共组织开展各类文化活动166.395 万场次,服务人次 54827 万人次。2018 年末,全国共有群众文化机构 44464 个,全年全国群众文化机构共组织开展各类文化活动 219.48 万场次,服务人次 70553 万人次。公共文化服务设施的建立健全,公共文化服务效能的提升,体现文化馆作为群众文化的提供者正积极发挥自身的职能作用。文化活动的增长不仅仅是量的增长,"云平台""文化IP"等新业态、新领域的融合,县区级文化单位到国家级文化机构的协同共建,从老百姓在家门口就能看的"乡村大舞台",到央视推出的大型文化节目《故事里的中国》,都是普惠性文化与高品质文化服务共进的体现。

2 "十四五"时期,文化馆转型发展的紧迫性

迈入"十四五"新时期,社会各领域、各行业都在积极探索转型升级的新途径。文化发展作为社会发展的必不可缺的部分,文化馆转型发展迫在眉睫。

2.1 传统"送文化"模式难以满足新时代群众文化需求

公共文化服务是政府兜底的民生工程,文化馆是公共文化服务与百姓之间的重要纽带。尽管国家提出文化馆应该完善服务项目、丰富服务内容,仍有部分文化馆拘泥于"搞演出、办展览、做培训"的基本文化服务形式。这不仅暴露文化馆在还新时代文化发展中存在的短板,也使得文化馆在转型升级中陷入瓶颈。传统的"政府端菜"文化服务模式在公共文化高质量发展的当下愈发暴露弊端。当下,文化馆需要深入思考文化服务"有没有"到文化服务"好不好"的问题,千篇一律的"送文化"模式终将被社会、人民所淘汰。为避免文化馆陷入发展困境,摆脱群众"审美疲劳",文化馆必须探索群众文化需求反馈机制,创新服务理念,提升服务品质,不仅要"送文化",更要"育文化""种文化",不仅要"政府端菜",也要引导"群众点菜""群众做菜"。

2.2 公共文化服务社会化对文化馆形成冲击

《中共中央关于制定国民经济和社会发展第十三个五年规划的建议》指出:"创新公共服务提供方式,能由政府购买服务提供的,政府不再直接承办;能由政府和社会资本合

作提供的,广泛吸引社会资本参与。"

政府引导和鼓励社会力量参与文化建设,通过购买公共文化服务的方式提高公共文化服务供给效能。公共文化服务社会化一定程度上体现其助力打造"三型政府"的优势,由此暴露文化馆服务供给的不足。如何保住文化馆在公共文化服务中的领军地位,首先,要增强公共文化服务的可及性,充分考虑服务内容、场所与老百姓之间的"距离"。其次,要根据城乡居民的需求差异,有针对地提供差异化公共文化服务。再次,让文化产品"有温度""有深度"。唯有如此,才能有效应对公共文化服务社会化对文化馆行业的冲击。

2.3 后疫情时代公共文化服务供给缓慢

疫情当下,群众的文化需求不增反涨。文化馆不仅要满足群众日常文化需求,也要借文化力量抚慰大众因疫情而焦虑的情绪,歌颂疫情中涌现的英雄形象,弘扬社会正能量,唱响时代主旋律。由于线下活动受疫情发展态势限制,这要求文化馆积极探索线上公共服务供给渠道,疫情不是文化产业的"休息期",反而应该是文化产业的"孕育期""成长期"。各地文化馆可以通过制作短视频、征集抗疫主题文艺作品、打造数字化艺术展览,以投票、奖励等多种形式增加平台与群众之间的互动性,持续高效提供优质化文化产品,才能有效抵消疫情时代对公共文化服务带来的冲击。

3 文化馆高质量发展的路径方法

面对种种"危机",文化馆如何变"危机"为"机遇"?可以从"内化提升""外向融合""树立品牌""多元发展"几个维度思考。

3.1 内化提升

基层文艺工作者应学会"自省""自强",从行业内部实现蜕变。习近平总书记在中国文联十一大、中国作协十大开幕式上的重要讲话中提出:"推动社会主义文艺繁荣发展、建设社会主义文化强国,广大文艺工作者义不容辞、重任在肩、大有作为。"这无疑为广大文艺工作者承担起时代、人民赋予的使命提供了重要遵循。文艺是时代的号角,如何"吹响"号角,如何"吹"出动听、"吹"得嘹亮,这是留给广大文艺工作者深思、自省的重要论题。

明德修身是广大文艺工作者的立身之本。优秀文化产品供给旨在更好地推动人的全面发展。作为优秀文化产品的"生产者""传播者",广大文艺工作者的自身素质修养不仅仅是个人的事,更关乎人民群众,关乎文化事业。坚守本心、不忘初心、德艺双馨,是长久以来广大文艺工作者明德修身的本源,也是从事一切文化创作的基础。守正创新是广大文艺工作者的前进方向。广大文艺工作者要牢记以人民为中心的创作导向,在摸索前进中不断提升自己的道德修养和专业技术水平,心怀对艺术的敬畏之心、对群众的热爱之情,创作德才兼备的文艺作品,下真功夫,练真本领,才能"吹响"、"吹亮"时代的号角。

生活是艺术的源泉,创新是文艺的生命。时代呼唤文艺工作者守正创新,无论岁月如何变迁,为人民服务始终是文化创作的导向,实现党和国家发展、民族复兴,必须把社会主义核心价值观体现在文艺创作之中。广大文艺工作者要立足"十四五"时期发展新形势,时代新要求,人民新期盼,握紧时代脉搏,坚持勇于创新,充分把握传承与发展的关系,从中华优秀传统文化中汲取创新活力,把文化创作下沉到群众中去,在生活中寻求新的灵感,在创作中发展新的特长。

2022 年除夕夜的春晚舞台,一部舞蹈诗剧《只此青绿》惊艳无数人。舞蹈的灵感来源于北宋画家王希孟传世名作——《千里江山图》,剧作以翩跹舞姿勾勒出如梦如幻的山河图景,讲述了一段跨越古今的传奇故事。这是一次推动中华优秀传统文化创造性转化、创新性发展的成功示范。从作品的创意提炼,到舞台剧作的呈现,都体现出文艺工作者守正创新的理念。文化馆作为公共文化的创造者,除了可以在优秀传统文化中提取精华,还可以从革命文化、红色文化、社会主义新先进文化中寻找灵感来源,以自身的文化创新能力激发全民文化创新创造活力。

3.2 外向融合

探索"文化+"模式,实现跨行业、跨区域融合发展。文化馆在积极寻求自我革新的同时,也应以前瞻性、大局观的思想寻求多业态、多行业、多区域的融合发展。独木难成林,百川聚江海。文化馆想要在文化强国的洪流中奔涌向前,也要学会把好互联网、旅游、非遗、社会购买等"船桨",内外齐心,探索融合,才能在文化服务百舸争流的现状中勇立潮头。

"文化+互联网"模式,实现服务阵地转型。各地数字文化馆平台的建立,公共文化服务领域得到有效拓展延伸。随着疫情的传播,"云上文化馆"的服务效能愈发显著。"江苏公共文化云"是江苏省文化馆运用"文化+互联网"模式创新实践的成功典范,已成为江苏全省文化馆系统公共数字文化服务的主阵地。"江苏公共文化云"自 2018 年上线,截至 2020 年 10 月,文化云总用户数已突破 100 万,线上服务人次超 1 亿人,被江苏省文化和旅游厅、江苏省信息化领导小组办公室评选为"2019 年度江苏省数字文化和智慧旅游示范项目",其中"全省乡村公共数字文化服务应用系统"(文旅 e 乡村)被江苏省文化和旅游厅、江苏省信息化领导小组办公室评选为"2020 年度智慧文旅培育项目"。

"文化+互联网"的运作模式不仅要创意先行,也要以智慧化管理能力、制度保障、财政投入为托底。各地文化馆可以学习借鉴其他文化馆优秀实践案例,积极策划线上线下相结合的文化活动,突出特色性、原创性、互动性,简化线上文化产品获取方式,深化文化产品服务内涵,为广大群众提供多种唾手可得、回味无穷的数字文化活动。

"文化+旅游"模式,提升旅游的品质内涵。推动文化和旅游融合发展,以文促旅、以旅彰文,已成为发展现代旅游业、促进公共文化传播的不二选择。在政府公共服务机构中，文化和旅游并非"各自美丽"、自成一体，而是在社会经济的发展中不断融合、相互促进。文化馆协同其他公共文化服务部门探索"文化＋旅游"模式，不仅能促进地方旅游事业的发展，提升旅游吸引力，增强文化自信，也能推动社会经济事业发展。各地文化馆可以拓宽思路，做好文化馆场馆优化工程，尝试将文化馆打造为当地旅游线路中的"网红打卡点"，大众旅游习惯不再是简单的"走走看看"，而是进入文化服务场馆后能领略当地特色文化风光，将"名片"发到群众手中，以文化服务带动群众主动宣传推广，进而促进当地文化事业、旅游事业的发展，才是探索"文化＋旅游"模式的初衷和目的所在。

3.3 树立品牌

因地制宜，提炼开发本地特色文化"IP"。服务项目品牌化是文化馆高质量发展的关键。打造特色服务品牌，本质上是以发展促进文化馆主动创新，在常态化的文化活动中加入新元素，以新办法、新模式、新思维对已有的文化元素进行包装升级，深化其文化内涵，形成具有良好社会效益的文化形象。

值得一提的是，各地文化馆正积极探寻树立文化服务品牌的路径，在塑造本地特色文化 IP 上铆足了劲，其中，昆山市以昆曲普及带动公共文化效能全面提升项目为全国公共文化服务建设提供了"昆山样本"。作为"百戏之祖"昆曲的故乡，昆山以"大美昆曲、大好昆山"为城市形象广告语，不断深化昆曲艺术普及，创新举办戏曲百戏（昆山）盛典活动，实施"昆曲＋"工程，不断推动地方文化提质升级，更推动昆山成为中国戏剧文化展演、交流、研究的"圣地"。这一创新探索，不仅顺应了时代发展文化的需求，推动文艺精品的创作，也提升了文化服务效能，是为满足人民群众文化需求进行的有益探索。各地文化馆在塑造文化品牌时应找准定位，首先，文化品牌要有特色、有温度、有深度。其次，打造文化品牌目的在于扩大文化馆文化辐射范围，从众多博物馆、图书馆"文化 IP"中脱颖而出。再次，文化品牌切忌照搬照抄，应因地制宜、因时制宜，才能有效助推文化馆公共文化服务供给发展。

3.4 多元发展

普惠式、全民性文化服务促进公共文化服务高质量发展。在当前复杂的社会结构下，不同的文化服务于社会的发展，满足不同群体的文化需求，可以理解为多元文化的释义。公共文化服务不能局限于眼前的"一亩三分地"，常态化的送戏下乡、演出展览，逐渐形成以中老年群体为主的受众结构。国家强调文化惠民应是普惠式、全民性的，这要求文化馆在提供公共文化服务时应促进文化产业融入新型城镇化建设、乡村文化振兴建设，兼顾青年群体、特殊群体等容易被忽略的部分。

《"十四五"文化产业发展规划》强调："大力发展县域和乡村特色文化产业，推进城乡融合发展，促进要素更多向乡村流动。"文化馆应积极挖掘乡村传统文化、民间文化，培育具有浓郁地方特色的文化产品，打造"一地一品"，形成一批具有较强影响力和市场竞争力的文化产业品牌。此外，提升公共文化服务对年轻群体的吸引力，引导年轻人投身公共文化服务建设。针对有视听障碍的特殊群体,如何让他们享受均等的公共文化服务,都是文化馆高质量发展过程中应该思考的问题。

迈入"十四五"时期,文化馆的发展应坚持在探索中不断前进。认清形势,明确目标,加快步伐,推动文化产业高质量发展,构建文化馆转型升级新格局,需久久为功,善作善成。

浅谈如何做好文化馆数字化服务

常竹君（辽宁省锦州市群众艺术馆）

一、当前辽宁省线上培训的基本现状及存在问题

为了掌握全省各市文化馆的数字化服务水平，笔者对省文化馆和全省14个市文化馆（群众艺术馆）的微信公众号逐一深入体验。基本情况是省内14个市均开设了微信公众号，提供服务的有14个，为省文化馆和13个市的文化馆，其中仅一个市虽开通了文化馆微信公众号但没有任何内容。各级文化馆微信公众号的内容主要包括新闻动态、通知通告、数字课堂、作品展示等。其中数字课堂的水平和数量参差不齐，有的市既有本市老师的授课也有外部的资源，如辽宁省、大连市、鞍山市、盘锦市；有的市只有本市老师的授课视频，如沈阳市、抚顺市、本溪市、丹东市、锦州市、营口市、铁岭市、朝阳市；还有的市全部为其他来源的课程。综上可见，辽宁省及各市文化馆已将数字化服务纳入了工作当中，但从实际情况来看依然存在某些不足，比如对线上培训投入保障不够、整体思路谋划不足、服务水平有待提高等。较为共性的问题如下：

（一）数字课堂的更新速度较慢

据笔者掌握，辽宁省大多数文化馆的微信公众号更新速度为一周或两周更新一期内容，有的甚至更长，而其中属于数字课堂的更是寥寥无几。作为普通群众，学习一项技能对于每期几分钟的视频而言，需要若干期，按照每周一期的更新速度就需要几周甚至超过一个月的时间，而其课时总长可能还不足一个小时。这样的更新速度，一般来讲是无法满足群众学习需求的，数字课堂在实践中尚未形成广泛认同。

（二）数字课堂的内容较为单一

按照辽宁省各市级文化馆现有的情况来看，无论是自制课程，还是第三方的课程，所涵盖的内容普遍都不够丰富。通过笔者深入体验，绝大多数市级文化馆的微信公众号中，所囊括的学习内容还不够丰富，或较为寻常，或仅仅体现地域特色而不够全面。东北地区有其特有的文化曲艺传承，不进行展示和宣传是一种资源浪费，但如果只传播本地特色，而不传播大众喜闻乐见的艺术形式也会显得有所缺失。

（三）数字课堂的内容缺少互动

以锦州市群众艺术馆为例，今年以来共开办数字课堂 12 期，在全省各市中属于更新较为频繁的，所设置的课程包括四项，分别为朗诵、舞蹈、书法和绘画。通过点击量可以看出，截至 3 月 17 日点击量最多的一期仅有 323 人次，锦州地区常住人口 270 余万，相比之下，这样的点击量和预期存在较大差距。由此，基本可以判断只有很小的群体关注文化馆的线上培训，大多数群众并未参与体验，可见群众对其兴趣并不高。

二、产生上述问题的原因分析

文化馆的数字课堂作为线上培训的主要形式，同时也是文化馆数字化服务的核心内容，在当今社会互联网高度发达的时代，本应发挥重要作用。然而现实情况却是几年以来一直没有得到明显的发展，其中有研究谋划不充分等主观原因，也有投入不足等客观原因。具体原因分析如下：

（一）对于数字课堂必要投入与经费保障不够，即没有足够力量做线上培训

以辽宁省各市文化馆为例，大多数文化馆并没有对线上培训投入足够的专项经费。对搞好线上培训，办好数字课堂所投入的人力物力财力都较为有限，同时对于专业人才配备和必要的软硬件配置与线下培训都不可相提并论。所以，由于各项投入保障不足，导致了目前各市文化馆微信公众号更新速度慢且内容较为单一的尴尬局面。

（二）对于如何丰富数字课堂的内容缺乏思考，即不知道如何做好线上培训

据笔者了解，除省文化馆和大连、鞍山、盘锦等个别市将数字课堂的内容涵盖本地及第三方以外，其余市均不够全面。大多数市仅展示了本市文艺人才的各类课程；而有的市仅展示了第三方的课程，如某市将微信公众号的内容全部链接到第三方，所展示课程全部由第三方决定，可见其对线上培训的内容缺少精心研究。很多市对于群众的需求缺乏了解，对于自身的课程缺乏设计，这样的工作思路是不足以将数字课堂做强做优的。

（三）对于如何办活数字课堂的服务意识不足，即不知道如何做活线上培训

目前来看，辽宁省各市大多数文化馆的微信公众号所发布的内容都是基于对自身现有资源的利用，而没有充分考虑到市场需求，工作覆盖面没有完全打开。因此无论内容多少，无论更新频率如何，即使用了较大投入，可能依然收效甚微。尤其是线上培训的形式普遍来看都是单向的，即只做到了展示与表达，而没有回馈与倾听，缺少与群众的互动，使得线上培训缺少温度，难以达到深入人心的效果。

三、搞好数字化服务，做好线上培训的对策建议

针对当前文化馆数字化服务水平较低，线上培训没有得到充分发展的现状，必须解决主观客观方面存在的各项问题。建议从三个方面加以解决：

（一）要提高认识，深化数字课堂的重要意义，解决为何做好线上培训的问题

文化馆作为事业单位，肩负着做好群众文化艺术传播的重要职责，无论是线下培训还是线上培训都是方法和手段，都要符合实际和时代特征。当今社会处于信息时代，互联网让人们的生活得到极大便利，解决了许多从前想都不敢想的问题。然而由于时间和空间的限制，很多群众无法参与到线下培训中来，特别是白天上班工作的中青年。群众公益课堂俨然成为"老年大学"，从教育资源的分配上讲是不公平的，然而这也是客观实际情况。公益课堂应当有教无类、一视同仁、多方兼顾，这一点很难在线下培训实现，而在线上根本不成问题。由于处于疫情环境下，线下培训所面临的风险和受到的冲击极大，为了避免人员密集，采取停课等方式是常规做法，也是必然选择。这样虽能避免疫情，但对于群众来说是很大的损失，对无课可上的教师而言也是一种资源的浪费。线上培训可以解决这一问题，它不受时间、空间和外界环境的影响。教师在家甚至在外地都可以录好视频发布到网上，无论是谁，只要有手机，只要想学习，就都可以实现。因此线上培训有着线下培训不可相比的便利优势，线上与线下应如人之双腿、鸟之两翼，被各级文化馆给予更高的重视、更多的谋划、更大的探索。微信公众号不能仅仅作为发布工作动态的平台，更应作为发挥艺术普及作用的有效途径，让线上培训成为文化馆的一项重要工作。

（二）要丰富内容，增加数字课堂的各项投入，解决如何做好线上培训的问题

文化馆开展线下培训与线上培训的本质意义是相同的，都在于培养传播艺术技能。因此本馆的在职教师都应参与到线上培训当中来，这样一方面可以丰富数字课堂的内容，同时也有利于激发教师的工作热情。在线上，每名教师的课程都是公开的，大家可以相互学习交流，借鉴提高，这样也有利于形成良性竞争，培养比学赶超的向上精神。以锦州市群众艺术馆为例，每年年终的业务考核都受到全馆上下教职员工的极大重视，但客观来讲仅凭一次公开课的展示其实不足以充分反映每名教师的全部教学水平和专业能力。如果能制定一套更加全面的考核制度，比如每年发布的线上课程数量、点击量、群众留言等加以量化，最终再与年终的公开课得分进行加权计算，这样就能使考核结果更为真实，也更有利于在职教师的成长进步，同时也在馆中形成公平公正的良好风气。在课程的安排上，要破除旧观念，摒弃凡事以本馆现有教师为出发点的工作思路，要从公益培训的供给侧改革，更多考虑群众的需求。只有变"提供我有的"，为"提供群众需要的"，才能尽量满足群众所求。因此，除本馆职工外，还应充分挖掘本地区有代表性的艺术人才，如非遗传承人及其他文化艺术名人都可以邀请讲学或表演。当今社会，酒香也怕巷子深，通过这种方式既可以丰富线上培训的内容，让群众受益，同时也可以弘扬文化，提高本市文化馆的品牌

形象和影响力。除此之外，可以引入第三方平台，收录知名权威教师的课程，使群众有更多的选择性。

（三）要形成互动，建立数字课堂与群众的联系，解决如何做活线上培训的问题

有的文化馆可能既给予了线上培训足够的重视，同时在内容上也足够丰富，但依然没有形成较强的影响力和品牌效应，群众认可度不够高。究其原因还是在于线上培训做得不够"活"。师者，传道授业解惑者也。分门别类开设数字课堂做到了"传道授业"，但线上培训最大的问题在于"解惑"。观看教学视频是一种单向的学习，学生只能接受，无法进行信息反馈。然而由于每个人的禀赋和领悟能力各有差异，特别是如果某个问题并没有讲得很透的时候，这时学生如果提问，老师就可以对症下药帮助解决。线上培训最重要的一个问题，就是不能将制作数字课堂当成是"一次性"的任务，录制好发到网上就认为完成任务了。文化馆作为事业单位，本质属性在于为人民服务，因此在对待线上培训的问题上，也要从服务的供给侧改革，增加与学生的互动，变一次性录播，为长期性服务。这种有来有往的线上培训模式必然会让群众得到更好的学习效果。具体的方式可以为根据群众留言，定期更新视频回答留言问题；或者是开展定期直播，遇到问题即时解答等，形式要与时俱进、切实有效。这样必然会让线上培训越做越活、越做越实，文化馆的影响力也会更加扩大。

当今社会，科技日新月异，信息高度发达，互联网给人们生活带来的变化和便利超乎想象。文化馆作为为群众服务的事业单位，承担着为群众提供文化学习交流、技艺展示、书画作品评选等文化活动的重要责任。文化发展离不开互联网的推动，在全球处于疫情的环境下，传统教育模式的短板充分暴露，数字化服务的优势充分展现。即便是非疫情环境下，数字化服务凭借其便利的优势早已深入人心，唯有依靠"互联网+"的模式才能符合时代发展的要求。所以，做好数字化服务，搞好线上培训是文化馆的大势所趋，更是历史的必然。数字课堂作为数字化服务的核心内容，可以让全国乃至全世界的教育资源得到共享，可以让日趋凋零的传统曲艺走进人们视野重新焕发生机，可以使全国各地的文艺人才充分展示其教学水平和专业能力，更可以让广大人民群众充分享受到新时代的教育成果。相信在全国各级文化馆的努力下，文化馆数字化服务的水平必将得到极大提升，文化馆也必将为繁荣国家文化事业、丰富群众文化生活做出更大的贡献。

论群众歌咏活动的创新与发展

——以上海市徐汇区"阿卡贝拉"音乐推广为例

龚蓓蓓（上海市徐江区文化馆）

一、群众歌咏活动的现状与发展趋势

群众歌咏活动是指具有一定主题和规模的群体性歌咏表演活动,是我国民间群众艺术的重要形式,特别是近现代的群众歌咏活动,其内容反映的不仅是昂扬向上的社会风气,也是时代的精神风貌。

群众歌咏活动发展至今,已然遍布人们日常生活的每一个角落。顺应时代的进步,人们对歌咏活动有了更高的要求,那就是在普及基础上的艺术提高。纵观中国群众歌咏活动发展史,我们会发现,早期的歌咏活动主要是以独唱,大齐唱的单声部旋律为主。随着人们物质生活水平的提高,精神上的艺术追求也必然在增长,歌咏活动内容不再是单纯的群众齐唱,而丰富的和声以及具有流行风格的音乐形式逐渐成为主流趋势,多元化音乐受到各年龄层人群,特别是年轻人的青睐。

以无伴奏人声合唱——阿卡贝拉为例,早在十多年前的青歌赛上就有参赛选手选择了阿卡贝拉的演唱方式,此后相关歌咏活动及赛事中出现阿卡贝拉演唱作品的数量逐年增加,目前很多行业及地区歌咏大赛都会有阿卡贝拉乐团参加并获得佳绩。自 2015 年"首届上海市民阿卡贝拉音乐大赛"在上海市徐汇区文化和旅游局、徐汇区文化馆的推动下举办以来,阿卡贝拉的热潮在上海及周边长三角地区席卷而来,灵动与纯净感染了民众喜欢音乐的心,越来越多的阿卡贝拉团队如雨后春笋般不断涌现。近年来,阿卡贝拉作为新兴的潮流音乐形式着陆并迅速席卷全国,并在中国发展出本土音乐特色。阿卡贝拉的发展让人们见识到了群众歌咏与新兴音乐融合创新与发展的无限可能,将阿卡贝拉作为群众歌咏活动普及的重要载体以及具体措施,对提升全民艺术素养,推动群众文化发展事业具有现实意义。

二、阿卡贝拉在群众歌咏中的艺术特色

阿卡贝拉,即无乐器伴奏的纯人声音乐,无须借助乐器来表达个人的情感,以清唱方式主导合唱音乐为特点,它有极强的互动性和可塑性,任何地点、任何时间,只要兴之所至,音乐的火花即刻绽放。群众歌咏活动作为一项大众化的活动,其低门槛、投入少、易上

手等特性与阿卡贝拉音乐不谋而合。阿卡贝拉与传统群众歌咏活动的不同主要表现在以下四个方面：

（一）形式灵活便利

阿卡贝拉是一种边唱边玩的艺术，它形式活泼，灵活多变，不需要借助任何乐器的演奏，只要人们聚集起来就可以随时随地进行音乐表演。这种单纯以人声制造音符旋律，不受时间与地点的限制，是一种人人皆可享受、极易上手推广教育的音乐形式。

（二）风格包容多变

阿卡贝拉风格包容多变，没有音乐体裁的区分，可以融合本土与外国、传统与现代、原创与改编等不同门类的音乐，任何类型的音乐与乐器皆可用声音表达模拟，塑造性极强，具有广泛的包容性与多样性。像传统民谣、民歌，如我国的《茉莉花》《送别》等耳熟能详的旋律皆可用阿卡贝拉来表达。而节奏强烈的说唱音乐，或者舞曲也能用阿卡贝拉来表达。现代阿卡贝拉更多是运用现代流行、爵士和声，特别是有了打击乐器模拟（Vocal Percussion）的出现，让歌声更律动和富有感染力。

（三）舞台表现丰富

不同于传统多声部合唱团在固定站位上庄严肃穆地完成音乐表演，阿卡贝拉因为通过人手一支麦克风，所以并不固定站位。演唱队伍可以根据歌曲排出各种造型、动作与走位，它的舞台表现更加丰富灵活，配合舞台灯光与设备音效加成，歌者可以手持麦克风加入肢体语言带动现场氛围，与观众进行互动，将全场气氛推向高潮。

（四）参与群体广泛

一般文化馆组织的传统的群众歌咏活动参与对象单一，以中老年群体为主，而阿卡贝拉因为更加流行、现代等特点，吸引了更多白领的关注，参与群体以青年白领居多。以阿卡贝拉为形式的群众歌咏活动将以大众流行的基本特征为基础，吸引更多的青年白领走进文化馆，通过歌者参与和曲风创新尝试，让阿卡贝拉在群众歌咏活动这片艺术土壤上发展到一个新的高度。

三、阿卡贝拉在上海地区群众歌咏中的推广及创新举措

无处不在、声势浩大的群众歌咏与海纳百川、大气谦和的上海精神，不断滋养着各音乐艺术门类的发展。近年来，上海市徐汇区致力开展各项群众歌咏活动已达到普及多元化音乐艺术，不断丰富群众文化生活的目的，而现代阿卡贝拉音乐可谓是徐汇区群众文化的重头戏。徐汇区充分利用阿卡贝拉所具有的艺术价值，与上海独特海派文化相融相契，在群众歌咏活动中积极推广阿卡贝拉，使其成为上海地区音乐文化普及的重要抓手。

自 2014 年起,徐汇区文化和旅游局、徐汇区文化馆积极推广阿卡贝拉艺术并扶植团队成长,组建延伸各个年龄段及各个行业的阿卡贝拉培训及活动,通过成功举办"上海市民阿卡贝拉音乐大赛"、成立"上海阿卡贝拉联盟"等一系列举措普及艺术。徐汇区将群众歌咏活动与阿卡贝拉融合创新,吸引白领、青少年积极参与,将上海打造成人声音乐之都,让市民共享人声音乐之美。

(一)举办赛事促进交流,提升市民音乐素养

随着阿卡贝拉发展的影响力,各地区陆续将阿卡贝拉纳入歌咏比赛范围乃至举办专项的音乐大赛。徐汇区文化和旅游局、徐汇区文化馆携手上海市群众艺术馆、上海阿卡贝拉文化交流中心,自 2015 年起共同连续举办了七届"上海市民阿卡贝拉音乐大赛"。阿卡贝拉开始频繁出现在舞台上,用音乐吸引更多观众的目光。

与传统歌咏活动不同,阿卡贝拉更受青年社会群体青睐,他们敢于创新、尝试,思想更加前卫,更容易接受这一演唱艺术。以上海市民合唱大赛为例,大赛团队主要为中老年人,以多声部合唱为主要表演内容,而上海市民阿卡贝拉音乐大赛则是以青年白领群体为中坚力量,其节目多样化、形式新颖、文化新潮,已然成为上海市民们喜闻乐见的活动之一。作为国内唯一的市级涵盖全年龄层的阿卡贝拉音乐大赛,它在为阿卡贝拉团队提供观摩切磋平台的同时,充分传播正能量,不断丰富市民文化生活,提升市民群众的音乐素养。

1. 探索创新,打造全民参与的专业赛事

上海市民阿卡贝拉音乐大赛从 2015 年"鼓励全民参与的音乐大赛"逐渐进一步向"更具专业化的全民音乐大赛"发展。参赛人群年龄段横跨 4—60 周岁,根据平均年龄层分为少儿组、中青年组及乐龄组,更具竞技公平性。奖项也从最初的"十佳团队",逐渐向专业奖项设立发展,依据组别新增金、银、铜奖等奖项,以主唱、人声打击、舞台呈现、中文编曲及原创作品五个方面专设单项奖,每年不断探索创新力求塑造更加专业的赛事制度,以鼓励更多不同年龄、不同行业的市民群众参与。为聚合优秀音乐团队、搭建互动音乐舞台作出了积极推进,旨在举办更具欣赏性、参与性、专业性、普及性于一体的高质量音乐赛事。

2. 云端观赛,实现百变灵活的线上互动

2020 年受新冠疫情影响,为在维持线下比赛的公平、公正、公开原则基础上,最大限度保障参赛团队及观赛观众们的安全与健康,赛事采取团队线下比赛、观众云端观赛的模式。无论观众身处何地,均可通过官方直播平台了解赛事实况并留言评论参与互动,完全体现了上海市民阿卡贝拉音乐大赛百变、灵活、包容的特质。近两年来,大赛线上直播观看人次均超过 6.7 万余人次,线上活动观看人次一再创下新高,极大地促进了全区市民艺术素养的提升。

(二)成立联盟培育团队,推广普及全民音乐

对于阿卡贝拉团队的培育与扶持,特别是民间自发组建的非专业团队,政府予以了充分重视和正确引导。徐汇区以群众歌咏为契机,利用丰富的社会资源,增加团队之间的交流与学习,一起推动着阿卡贝拉在徐汇、在上海乃至全国的发展。2017 年 5 月,徐汇区文化和旅游局与 SACC 上海阿卡贝拉文化交流中心共同组建的"上海阿卡贝拉联盟"正式成立,阿卡贝拉音乐推广活动全面铺开。作为中国大陆地区首个阿卡贝拉推广联盟,上海阿卡贝拉联盟旨在从专业师资、交流空间等各方面为团队提供更多支持,持续推广扶植团队成长,广邀上海市与周边江浙地区团队加入。目前,联盟成为华东地区阿卡贝拉最重要推手,让阿卡贝拉人声音乐成为上海文化特色。

1. 专业师资培育,促进团队交流

徐汇区秉持"既有团队精致化"目标,对阿卡贝拉进行全面推广,不断提升徐汇市民对阿卡贝拉的了解和兴趣,通过普及讲演活动、不同年龄段的各类人声打击、师资培训等课程,加强既有团队的持续训练,"五夜骑士""Aca Dreamer""清河""徐汇实验小学 LeBelle"等以徐汇区为主的上海阿卡贝拉团队在发展数量和质量上都效果显著。联盟对成员团队进行定期深度培训,举办各类主题诸如"从乐谱到舞台""看见你的声音"等沙龙活动、专场音乐会、音乐谱集编创及专辑录制等各项交流活动,为团队提供专业展示舞台,丰富上海市民的艺术欣赏形式。同时,联盟与 Vocal Asia 等国外组织机构接轨,支持奖助上海优秀团队参与国内外各大艺术节与比赛,包括上海阿卡贝拉音乐节、Vocal Asia Festival 以及与 Vocal Asia 结盟的世界各大阿卡贝拉艺术节,为团队提供登上世界舞台的机会。

2. 吸纳自建队伍,发挥指导作用

截至 2020 年,上海阿卡贝拉联盟吸引了 7 支青少年团队、6 支高校团队、29 支白领团队、4 支长青团队陆续加入,现有的阿卡贝拉团队成员不单单只有原来政府组织的群众歌咏团队,更多的是自发组建运营的团队。这些自建团队没有明确的发展方向与决策,未来充满不确定性。联盟制定了《上海阿卡贝拉联盟入会办法》《上海阿卡贝拉联盟规章制度》《上海阿卡贝拉联盟曲谱授权书》等一系列规范,引导成员团队在自我管理发展的基础上更加专业化、制度化。

(三)鼓励音乐编曲创作,体现时代主题特色

徐汇区鼓励有能力的团队创作具有徐汇特色、上海精神的歌曲,用自己的声音唱自己的歌。同时联盟拥有专业编曲老师,鼓励阿卡贝拉联盟团队改编歌曲、原创歌曲,不断丰富演唱曲目,让更多创作歌曲能够在群众歌咏的舞台上绽放光彩。

1. 鼓励团队自发创编

在专业老师指导下,音乐团队逐步发展具有独立创作与编曲能力,以联盟成员五夜骑士为例,成立六年以来共推出了十七首单曲并录音发布于网易云,其中有两首为原创歌曲《把世界说给你听》与 *AcaSingers*,均由团员自己作词、作曲。同时另一支团队 AcaDreamer 以徐汇特色及上海精神为主题,根据歌手赵雷的当红歌曲《成都》改编创作,阿卡贝拉版《徐汇》这首代表区域形象的作品应运而生。

2. 编曲融合时代精神

徐汇区紧跟潮流与时事，推出能够体现时代性、与群众歌咏相融合的歌曲：2019年发布「纯净人声·献歌祖国」阿卡贝拉专辑，精心挑选不同年代经典曲目，如《打靶归来》《映山红》《我和我的祖国》等，用阿卡贝拉予以全新演绎，在音符中回顾峥嵘辉煌70年；2020年组织16支团队、47位歌手发起公益歌曲《手牵手》的录制创作活动，为奋斗在抗疫一线的人们加油打气；2021年恰逢建党一百周年，联盟推出《致敬百年·璀璨人声》专辑，以阿卡贝拉的音乐方式共同致敬党的百年征程。

四、阿卡贝拉在上海地区群众歌咏中的推广成效

中国文学艺术界联合会第十一次全国代表大会上，习近平总书记在讲话中强调，时代为我国文艺繁荣发展提供了前所未有的广阔舞台。广大文艺工作者要坚持百花齐放、百家争鸣方针，坚持创造性转化、创新性发展。而将阿卡贝拉与群众歌咏的融合为文艺繁荣创新发展注入新的活力。上海市以阿卡贝拉形式作为群众歌咏的活动载体，于2014年开始推广阿卡贝拉，首先从欣赏、了解再到惠及于民，作为一种全新的艺术形式，它的活泼、灵动与纯净感染了民众喜欢音乐的心，其多元化音乐性的特点受到各年龄层人群的青睐，市民用纯人声的方式进行学习、演唱和表演，以满足群众高品质生活中的文化需求。

（一）全民参与，营造了良好的音乐氛围

"上海市民阿卡贝拉音乐大赛"自2015年举办以来，一直强力推动着上海群众文化的发展，已成功举办七届，总计吸引了上海市近200支团队参与，开创了国内市级阿卡贝拉音乐大赛的先河。与此同时，已有50余支上海及周边地区的阿卡贝拉团队加入上海阿卡贝拉联盟，团队成员包括公司白领，文艺工作者，退休职工，高校及中小学生等，总人数达400人。上海阿卡贝拉联盟自2017年成立以来，肩负深化团队、培育推广、向下扎根、永续发展等目标，深耕阿卡贝拉音乐文化土壤，将上海打造成人声音乐之都。每年阿卡贝拉音乐推广活动、演出惠及市民群众千人，资讯一经发布，门票便迅速被预约抢空，效果反响热烈。

（二）辐射周边，不断提升影响力和美誉

"上海市民阿卡贝拉音乐大赛""上海阿卡贝拉联盟"相关活动自举办以来，受到人民网、东方网、上海人民广播电台、上海电视台、文汇报、中国新闻网、新民网、网易新闻、解放日报等各类媒体的宣传与报道。至今已多次荣获"上海市民文化节优秀项目奖""上海市民文化节优秀项目奖""上海市民文化协会特别贡献奖"等荣誉，更加丰富地展现了"音乐徐汇"的特色与魅力，已然成为上海市民心中极具影响力与美誉度的群众文化活动。经多年发展，上海阿卡贝拉联盟连接社会资源，与上海音乐家协会合唱专业委员会、生活周刊、清晨录音棚等单位成为战略合作伙伴，与上海蓝丝带公益基金会、"阿彦和他的朋

友们"爱心团队成为公益合作伙伴。上海阿卡贝拉联盟作为会员团队的后盾和展示的舞台,融汇多方资源,长期推动着徐汇公益文化品牌的发展。

(三)团队优育,展现区域歌咏文化特色

上海开展阿卡贝拉推广活动以来,着重于团队的质量提升,从引进专业师资技能,提升音乐团队质量做起,给予团队相关培训辅导,引导联盟成员团队积极参加各项地区群众歌咏活动并在赛事中斩获佳绩,如 2018 年五夜骑士人声乐团在上海地区好声音大赛中获得一等奖等。此外盟编制了一本以弘扬中国传统文化为主旋律的阿卡贝拉谱集、制作以庆祝中华人民共和国成立 70 周年、中国共产党成立 100 周年为主题的两张阿卡贝拉专辑。阿卡贝拉逐渐成为徐汇区群众歌咏重要展现形式之一,为上海及长三角地区阿卡贝拉团队的深入发展提供了重要的保障与依托。

总体而言,多元的音乐形式催生出新颖好听的作品,有足够高的艺术性吸引大众主动参与从而扩大文化活动的覆盖面和受益面,推动着群众歌咏与音乐艺术共同发展,提升城市整体的文化建设水平。以阿卡贝拉为例,它与群众歌咏活动的融合创新与发展成功赋予了上海城市文化和城市精神更强大、更绵长的生机和活力,下一步,参照上海地区阿卡贝拉推广模式计划打造的 2022 年长三角阿卡贝拉音乐大赛和联合长三角区域组建的长三角阿卡贝拉联盟,将会把影响延伸至上海周边长三角地区,扩大音乐影响力。

公共文化服务与社会治理融合发展的定海样本

李　华（浙江省舟山市定海区文化馆）

高质量发展背景下，公共文化服务不仅要让群众享有更加充实、更为丰富、更高质量的精神文化生活，更应最大程度地促进政治、经济、社会、生态全面发展。为了进一步释放公共文化服务社会效益，定海区以治理体系和治理能力现代化为切入点，打造"艺工在线"公益服务平台，积极探索公共文化服务与基层社会治理融合发展的体制机制、内容形式和路径载体。致力于集成各类文化资源，力求在满足群众文化需求的同时，主动融入"自治、法治、德治、智治"等基层治理的各个方面，让文化功能作用的发挥从"隐性"向"显性"转变，从"自在阶段"向"自为阶段"转变，印证了文化不仅是社会和谐的润滑剂，更是基层社会治理的有生力量。

一、公共文化服务与社会治理融合发展模式的构建

定海区依托"艺工在线"公益服务平台构建公共文化服务与社会治理融合发展新模式。该平台以群文工作者、业余文体团队、文体骨干和各类文化志愿者为主体，线上线下同步运营、互为补充，实现公共文化服务和基层社会治理全天候、全方位、全覆盖。其主要特点是：

（一）以激发文化"内循环"为出发点

不同层次、不同文化背景、不同地域人群基于各自的文化口味，对会产生不同的文化需求。以文化服务为基础，针对各类群体的多样性需求开展定制服务，把服务重点放在适应和激发各类群体的文化热情、降低参与门槛、提升艺术水准上，整合"百姓课堂"文化公益培训、"海尚艺苑"艺术沙龙、"海岛艺骑进百村"等公共文化活动，以内容丰富、形式多样的"订单式""菜单式"系列文化活动满足群众的基本文化需求，更有意识地通过面向残疾人、高龄独居老人、偏远海岛居民等特定人群开展公共文化定制服务，将公共文化服务提升到有针对性地设计和提供公共文化产品，实现公共文化服务资源与个性化文化服务需求的精准对接上来，不仅开拓了基层群众感知、理解、享受文化精准服务的新途径，也夯实"艺工在线"平台参与社会治理的人力资源基础。

（二）以推进公益"大循环"为落脚点

依托"艺工"志愿者体系，引导其从单一文化服务功能向"自治、法治、德治、智治"为

核心的基层社会治理多层次公益活动延伸,主要包括:以爱心帮扶为重点的"暖心行动",针对各类特殊帮扶对象开展慈善、敬老、救助等公益志愿服务活动,深化集文艺表演、生活照料、心理疗愈于一体的"流动公益一条龙"、"海岛文艺轻骑兵"等文化公益品牌。以党政中心工作为重点的"攻坚行动",按照文化围绕中心、服务大局的理念,根据党委政府的阶段性重点工作、中心工作,发动"艺工"积极开展疫情防控、文明城市创建等的公益志愿服务活动。以社会治理为重点的"善治行动",按照基层社会治理"四治"要求,动员并组织"艺工"就近参与"村民议事会""义务巡逻队""纠纷调解队""绿化管护队"等各类村社善治组织和善治行动。同时,根据"艺工"特长分别在镇街或村社区成立"法律援助""非遗传承""国学推广"等各类"艺工工作室",从而充分发挥"艺工在线"对基层社会治理的示范、引领、辐射和带动作用。

(三)以提升数字化建设为着力点

把握数字化改革时代机遇,加大对线上服务的投入,根据互联网特有的传播环境、传播结构、传播规则、传播逻辑,通过数字文化馆小程序、"三个全民"APP等数字服务平台不断丰富公共文化服务和基层社会治理项目内容。探索"学艺直播间"线上艺术教学、"百姓课堂online"短视频等多种"文化+互联网"的表现形式,以更强的交互式体验,丰富的图文视频表达,提高公共文化现代传播力。注重服务内容"碎片化",将服务内容拆分成相对独立的系列微环节,极力适应用户运用碎片时间享受数字服务的使用习惯;推行数字资源"品质化",结合各艺术门类特色精耕细作,推出高品质的数字文化资源,并依托新媒体矩阵进行融合共享。同时,通过互联网媒介构建、优化以共同喜好为核心的文化群体,为吸引更多人参与到公共服务中来提供全新途径。

二、公共文化服务与社会治理融合发展模式的创新亮点

(一)探索了文化高质量发展赋能精神富有的途径方法

公共服务的难点、重点在基层,在农村。"艺工在线"公益服务平台以群众需求为导向,以公共文化服务为基石,编制了各类服务菜单,并汇集各类优质社会资源丰富基层供给,把文化服务、志愿服务送到群众家门口,使渔农村群众的获得感、幸福感不断增强。自2020年以来,截至2021年底,"艺工在线"平台在30.92万人口的定海区,向基层群众提供各类文化服务近千项次,受惠群众近30万人次;新增文化人口万余人,新建团队116支6千余人,新增文化志愿者1012人,开展各类志愿服务2139次,参与服务3万余人次;文化骨干参与村、社区民主议事会、义务巡逻队、保洁服务队、纠纷调解队、公德宣讲队、艺人工作室等社会治理组织665人,参与各类社会治理相关活动6350人次。"艺工在线"公益服务平台发挥了文化在社会建设中的作用,并充分依托"艺工"志愿服务群体,围绕基层治理延伸拓展服务项目,推动了基层善治实践,引领了时代风尚,实现了文化功能作用

的发挥从"隐性"向"显性"转变,从"自在"向"自为"转变,在深入推进人民群众精神富有的道路上迈出了新步伐。

(二)践行了现代公共文化服务体系发展理念

文化和旅游部《"十四五"公共文化服务体系建设规划》(文旅公共发〔2021〕64号)提出将推动城乡公共文化服务体系一体化建设作为首要任务,努力促进城乡协同发展,缩小城乡公共文化服务差距。"艺工在线"在运行过程中积极践行这一理念,坚持全民参与,全民受惠。推进过程中,既把握数字化改革时代机遇,引导群众在互联网开放环境中,无差别地系统学习艺术知识、艺术技能,参与艺术欣赏、艺术活动,着重体现现代公共文化服务均等化,也为无力运用数字服务平台的特殊群体提供文化服务。同时,依托全民艺术普及的逐步推进,将享受公共文化服务的群体转化为提供文化服务的有生力量,以服务主体多元、服务方式多样的态势,形成深耕基层文化的良好氛围,实现公共文化服务全域覆盖、全域服务、全域共享。

(三)创新了基层社会治理体制机制

"艺工在线"公益服务平台建立了区领导挂帅、文旅部门牵头、各镇街道负责实施、村社区具体落实的四级管理架构和区级总台、乡镇分台、社区工作台的运营架构和区文化馆、镇街综合文化站、村(社区)文化员分级管理运营体制。同时进一步梳理、完善相关机制,包括修订完善《定海区社区文体活动专项资金奖励办法》《定海区群众文化政府奖》《定海区现代公共文化服务体系建设协调机制》《关于加快构建现代公共文化服务体系的实施意见》《定海区基本公共文化服务标准(2015—2020年)》等政策文件,并将参与基层社会治理的情况纳入先进社团、优秀文体骨干评价体系,重新修订《先进文化社团和优秀文体骨干评选及奖励办法》等制度。以基层治理为突破口,动员并组织"艺工"以公益志愿的形式参与基层治理各类组织及其开展的各类活动,将公共文化服务与社会治理有机融合,让文化、慈善、养老、城市管理等多层次的公益志愿服务能够在全社会范围内自由流动,充分发挥优秀文艺团队在社会治理层面的示范、引领、辐射和带动作用,实现文化"内循环"到公益"大循环"的转变,有力地推动了善治局面的形成。

三、推进公共文化服务与社会治理融合发展的相关建议

(一)坚持以公共文化服务为核心

推动公共文化服务体系朝现代化方向迈进,实现基层文化设施建设和优秀公共文化产品服务供给互为支撑、相互促进。建议以标准化建设、规范化运行、系统性管理为重点,孵化一批"文化馆+""城市书房+""书场+"等多种形式的文化驿站及社区公共文化空间样板,为百姓打造家门口的文化会客厅。通过线上线下互为补充的公益培训、艺术普

及、特殊群体文化定制等方式,丰富优秀公共文化产品和服务供给,深入文化末梢拓展社会公共服务惠及面,打通服务群众精神生活的"最后一公里"。从而让艺术理念得到张扬、艺术创造力得以发挥、艺术价值得以实现,满足人民群众对美好生活的新期待和新需求,为公共文化服务助力共同富裕打下坚实基础。

(二)坚持以基层社会治理为拓展

依托"艺工"志愿者群体,形成结构独立、组合多元的基层社会治理参与模式。建议以扶持志愿服务团队专业化发展着力点,努力建设以注册志愿者为主、技能型志愿者为核心的高素质、多层次、相对稳定的志愿服务队伍。借力行业协会等平台,重点加大对技能型志愿服务团体的组织和招募,着力提升志愿服务队伍的整体水平和规模。尝试将志愿者协会、公益组织培育中心等机构作为孵化基地,向志愿服务团队提供场地设备、组织规划、项目管理、专业培训、能力评估等支持。同时,抓住团队负责人这个关键少数,要重点引导在志愿服务中表现积极、威信较高并有一定能力的志愿者担任团队负责人,也要盘活各级专业社工资源,鼓励其挑起组建、完善志愿服务组织的重担。此外,在服务基层社会治理过程中,志愿者可能遭遇不理解、不配合等种种情况,因此,也建议探索建立相关保障机制,为志愿者提供有关心理建设、压力舒缓等方面的服务。

(三)坚持以数字平台创新为导向

构建全流程一体化在线服务平台和便民服务网络,不断丰富公共文化服务和基层社会治理项目、内容。建议加强平台建设,按照高效、便捷、共享原则建设线上平台,推进平台智能化;以村、社区为落脚点,集成文体、农业农村、民政及工青妇等部门相关资源,整合各类公共文化服务和公益志愿服务的数字载体,设置"艺工"参与各类服务的线上"无障碍通道",以便动态扩充"艺工"队伍,持续吸纳群文工作者、文化社团、文体骨干、文化志愿者和社会各界人士进入平台,为平台提供丰富而高质量服务夯实人力资源基础。从而令数字化平台功能更为"聚而合"、工作模式更为"美而精"、服务机制更为"新而活",充分发挥示范作用和整体效益,形成公共文化服务精准化与社会管理服务有机结合的新样本。

参考文献

[1] 徐平.强化数字资源建设 引领群众文化服务新方式[J].中国民族博览,2019(6):51-53.

[2] 魏大威.浅析公共数字文化工程融合创新发展[J].图书馆理论与实践,2019(8):26-31.

[3] 付钊.专业社会工作参与基层社会治理:何以可能、何以可为[J].深圳社会科学,2020(3):101-112.

[4] 何雪松,杨超.中国社会工作的本土化:政治、文化与实践[J].济南大学学报(社会科学版),2019(1):24.

后疫情时代文化馆公共文化服务能力提升策略探究

吕　佳（山东省淄博市文化馆）

2020 年以来，突如其来的新冠疫情对国家经济、各行各业和人民生活都产生了较大影响。作为公共文化服务体系的重要组成部分，文化馆承担着满足公众文化需求的社会责任，同时在应对和处理公共卫生事件中也承担着一定的社会义务。疫情防控期间，人们不得不减少外出，更多地选择通过电视、网络等方式开展文化活动，并且更加关注公共卫生及健康等问题。为了配合疫情防控，文化馆必须控制馆内人数，有时甚至要封闭场馆。在此背景下，文化馆作为公共文化服务的重要窗口，在坚持线下文化活动的同时，还应充分利用互联网、新媒体平台等途径提供线上服务。在后疫情时代，社会对文化馆承担的社会责任和义务有了更多的期待，文化馆的文化服务也相应产生了新的特征和内涵。本文结合淄博市文化馆的实践，就后疫情时代文化馆文化服务的新特征、文化馆如何提升自身公共文化服务能力等问题进行初步探索。

一、后疫情时代

"后疫情时代"是当前社会使用频率比较高的一个词语，中山大学王竹立认为："所谓后疫情时代，并不是我们原来想象的疫情完全消失，一切恢复如前的状况，而是疫情时起时伏，随时都可能小规模暴发，从外国外地回流以及季节性的发作，而且迁延较长时间，对各方面产生深远影响的时代。"

在疫情防控常态化的今天，"后疫情时代"包含三个特点：一是新冠疫情已经得到了整体控制；二是新冠疫情仍旧存在复发风险；三是新冠疫情对社会各方面产生的影响依然存在。

自 2020 年初疫情暴发至今，我国疫情防控工作取得了阶段性重大胜利，但国内零星散发病例和局部暴发疫情的风险仍然存在，因此整体形势依然严峻，"外防输入、内防反弹"的总体防控策略绝不能放松。在这样的大背景下，我国文化行业呈现出了新的发展特点：一方面，部分地区的疫情反弹和反复使文化行业复苏存在众多不确定性；另一方面，疫情常态化使文化行业发展"危"中有"机"，以互联网为依托的数字文化发展迎来新机遇，线上文化需求的剧增促使短视频、直播等产业蓬勃发展。

二、后疫情时代文化馆文化服务的新特征

受疫情影响,文化馆行业同样面临着新挑战。2022年3月以来,山东多地多点相继发生本土聚集性疫情。3月13日,山东省文化和旅游厅发布《关于进一步加强文旅领域疫情防控相关工作的紧急通知》,决定自当日起,暂停全省各级各类公共文化服务场馆组织的线下培训活动,包括各类公益培训及出租、出借场地进行的文化艺术类培训。虽然应疫情管控要求,很多文化馆暂时闭馆,但这并不意味着文化馆的工作陷入停滞状态,相反,面对新形势,一些文化馆快速调整公共服务策略,实现通过线上服务项目为公众提供文化服务。如山东省文化馆第一时间对馆藏数字资源进行更新推送,丰富远程培训、辅导等云端供给,满足居家群众的精神文化需求;淄博市文化馆迅速利用各种线上文化资源开展线上艺术培训、展览、抗疫创作等活动,实现公共文化服务一直"在线",为市民提供战"疫情"时期的文化大餐;济南、青岛、潍坊、烟台、威海、德州、东营、滨州等市文化(群众艺术)馆也都开展了抗疫文艺作品展播、线上文化惠民季、书画、摄影线上展览等形式多样的线上文化活动,使广大人民群众可以随时随地、足不出户享受公共文化服务。

以上思考和实践表明,后疫情时代背景下,文化馆正从自身的基本职能出发,探索在与社会有效互动中实现自身"恢复与创新"的途径和方法。伴随着这些新变化,社会公众对文化馆公共文化服务品质也提出了更多、更高的要求,因此,后疫情时代的文化馆文化服务也逐渐呈现出新的特征。

首先,文化馆公共文化服务安全性的作用更为凸显。受疫情影响,社会公众对文化场所及文化活动的安全性要求必然会有所提高,加之疫情复发的风险依然存在,公众在满足自身文化需求的同时,也对疫情防控和自身安全较为敏感。后疫情时代,部分文化馆的疫情防控意识有所欠缺,没有继续落实好疫情防控工作。具体表现为每日消毒不及时,对进馆群众的体温检测相关记录不完善等情况,这些是后疫情时代疫情防控工作的隐患。如何持续保障公众各方面的安全,兼顾安全与精神文化需求,为提供及时高效优质的公共文化服务做好安全保障,成为当下文化馆面临的首要任务。

其次,在经历了一段时间的居家隔离之后,人们对精神文化的需求必然有着强烈的反弹。2020年3月中国传媒大学文化产业管理学院的研究团队公布的专项调研结果显示,全员居家隔离结束后,"居家文化消费意愿的比重断崖式下滑,从疫情暴发前的78.22%下降到20.05%。可以预见,疫情结束后外出文化消费意愿将明显增长","公众有望出现较大的补偿性消费"。例如2020年疫情过后,淄博市文化馆在线上发布活动预告,开通线上报名系统,各类培训班和馆办文艺社团在"限流"措施下时常出现预约人数爆满的情况。除馆内培训人气高涨外,一些大型群众文化活动群众参与度急剧增长,这些都是很好的证明。如何应对急速增长的公共文化需求是疫情之后文化馆要面临的第二个挑战。

最后,经历了疫情所带来的身心考验后,社会公众对线上、线下文化活动的质量也提出了更高的要求。笔者发现,后疫情时代社会各界关于淄博市文化馆发展方面的建议和反馈明显增多,对文化馆公共文化服务品质提升方面提出了新的更高的要求。这说明传

统、被动性的公共服务模式已不能满足人民群众整体素质提升后的多元化文化需求，文化馆应及时调整公共文化服务供给形式，提供满足不同层次、不同年龄的社会受众的多元化文化活动。

三、后疫情时代文化馆公共文化服务能力的提升

后疫情时代文化馆文化服务的新特征，事实上也为文化馆公共文化服务工作的发展指明了方向。作为公共文化服务体系的重要组成部分，同时为了适应后疫情时代防控常态化的新局面，文化馆应不断提升自身服务能力，以满足社会和公众对文化馆的高期待、高要求。具体而言可从以下几方面入手。

（一）高度重视，做好常态化防控工作

安全是文化馆实现公共文化服务功能的前提和基础。文化馆既是重要的文化工作落实场所，同时也是人群密集的封闭的公共场所，故其防控工作十分重要，应予以高度重视。如 2022 年疫情暴发以来，淄博市文化馆在前期疫情常态化防控的基础上，迅速分析研判疫情形势，完善疫情防控处置方案，及时动态调整疫情防控应对措施，实行实名登记制度和活动预约制度，落实物资保障、环境消杀、测温验码、行程管理等各项措施，充分利用馆内 LED 大屏、宣传栏等，动态更新防疫知识等宣传内容。此外，与相关部门保持信息畅通，配合全市做好各类防控相关工作。全馆上下始终绷紧疫情防控这根弦，积极作为，续写了全馆零风险、零事故的纪录。

（二）承担责任，积极进行防疫、抗疫宣传

在后疫情时代，群众更希望看到的是抗疫专题的文艺作品展示，基于自身职能的要求，文化馆应主动承担社会责任，在抗疫作品创作宣传、相关作品征集、文艺志愿服务等方面有所作为。如淄博市文化馆自疫情暴发以来，线下培训和活动虽然暂停，但是线上防疫、抗疫宣传工作全面开花：组织创作各门类战"疫"文艺作品 30 余件，被"学习强国"平台采用 28 篇，引发社会强烈反响；编辑印发《众志成城 英雄赞歌——淄博市战"疫"文艺作品集》，收录全市战"疫"文艺作品 200 多件，受到群众广泛好评；利用淄博市文化馆公众号和视频号，整合全市抗疫作品资源，推出《同心战"疫"，"艺"路同行 文化馆人在行动》全市抗疫文艺作品展播 20 余期共 100 多件作品，发布抗疫短视频 40 余件；利用网络直播平台，先后举办"品游淄博·云享文旅"文化进万家文艺志愿服务线上专场演出、舞蹈专场演出等，用线上文艺志愿服务的力量，驱散疫情带给人们的焦虑和不安，取得了良好的社会效果。

（三）多元服务，为公众提供文化支持

作为面向公众开展艺术普及培训以及展示区域文化艺术的"会客厅"，文化馆在做好

疫情防控相关工作的同时，更应重视多元服务，提升服务质量，通过线上和线下有效联动，为公众提供文化支持。

1. 重视文艺作品的线下创作与线上传播

网络是文化馆发挥自身社会服务功能的重要途径和平台。淄博市文化馆紧跟网络发展趋势，在文艺作品创作的内容、主题、形式等方面进行创新，借助新媒体传播范围更广阔、传播内容更多元化、传播效率更高的优势，文艺作品传播模式得到有效的发展与优化。其中党员教育微视频《榜样》陆续被人民日报、央视频、凤凰新闻、今日头条等高端媒体报道；歌曲《天使的微笑》《平凡的英雄》被大众日报媒体中心推出，点击量43万人次；五音戏歌曲《最美逆行者》MV在大众网发布并被人民日报副刊表扬；抗疫五音戏《一封家书》入选第十二届山东文化艺术节全省小型戏剧新创作优秀剧目评比展演并在文旅山东、齐鲁云剧场的网络平台进行演出直播；八仙戏《白云洞》代表山东省入选戏曲百戏（昆山）盛典，此次盛典活动网络直播观看量超1.5亿人次，新浪微博累计阅读量超7.2亿次，抖音播放量超4.2亿次；吕剧《马耀南》入选"百年征程 时代华章"山东省优秀展演剧目，并在山东省文化和旅游厅建立的"好客山东"新媒体直播矩阵共10个平台进行同步直播，展演直播总观看量达332.1万人次。

2. 增加数字化资源总量，突出地域特色文化资源建设

在疫情居家隔离期间，文化馆传统的面对面和人员聚集性培训活动形式受到极大冲击。全民艺术普及慕课的广泛开展是后疫情时代文化馆面向公众开展艺术普及培训的新模式，有效填补了因公共文化场馆闭馆所造成的服务空缺。淄博市文化馆在疫情防控期间组织业务骨干深挖文化馆资源，录制各艺术门类慕课和全民学才艺教学视频，重点突出教学内容系统精粹、教学单元短小精炼、表现形式丰富多样、传播模式交互性强的特点，很好地贴合了当下移动互联网环境下公众的使用习惯和快节奏的互动模式，极大地丰富了文化馆数字化资源总量，最大限度地突破了传统线下教学人员规模受限、学员被动学习的局限性，使广大基层群众享受到的公共文化服务内容更加丰富、途径更加便捷。

地域特色文化与数字资源的深度结合，对形成有鲜明特色的文化馆数字资源建设有极大帮助，可吸引更多基层受众。相较于图书馆的电子图书和博物馆的数字展览，文化馆的数字资源建设特点并不突出。虽然一些文化馆都推出了全民艺术普及慕课，但其地域特色并不鲜明，也在一定程度上影响课程的共享和传播。鉴于此，淄博市文化馆在数字文化资源建设的淄博特色上重点发力，打造淄博市文化馆形象宣传片，建立淄博市非遗数字化档案平台和淄博市民间舞蹈数据库，录制淄博民歌广场舞《赶牛山》教程，进一步打造有淄博特色的数字文化资源。

3. 提升文化馆线下公共文化服务品质

"线上文化馆"的蓬勃发展使观众获取公共服务的途径和方式进一步丰富。但也应该看到，相比线上活动，文化馆传统的"面对面"模式能够弥补"虚拟体验"缺乏互动、画面失真、氛围欠缺等缺憾，让群文活动更加贴心，尤其在面对不同层次的观众时，针对不同的需求可及时有效地对服务内容和形式进行调整和提升。因此，文化馆在充分发挥线上

活动的优势的同时,也应注重提高线下活动的服务品质。

首先,重视线下馆内活动的体验感提升。文化馆内活动体验是广大群众参与群文活动的重要组成部分。良好的氛围和体验感可以引发公众的情感、兴趣,从而达到改变和影响公众的文化审美,提高文化艺术鉴赏力的目的。淄博市文化馆自新馆开馆以来,始终注重营造馆内良好的文化氛围,在疫情防控得力的前提下,有序开展了针对各年龄层、各艺术门类的公益培训,取得了良好社会成效;不断完善非物质遗产展示馆展陈和提升观众互动体验,积极推动"场馆建设 + 旅游"工作,接待参观人员近万人,同时借助各合作平台,开展非遗推介活动和各年龄段研学游,成为全市非遗文化普及宣传、教育,以及对外文化交流的主阵地;改造提升馆内群星剧场设施设备,每年组织、承办各类公益讲座、培训、演出活动几十场;购置戏曲体验机、书法体验机、棋乐无穷棋牌机、休闲音乐椅等数字化体验设备,打造公共文化"沉浸式""互动式"体验服务,得到广大群众热烈好评。淄博市文化馆已成为后疫情时代最受市民欢迎的网红"打卡"地之一。

其次,重视线下大型文化活动的服务品质提升。疫情危机下,文化馆应根据自身职能和行业特点,突出线下大型文化活动对满足疫情过后群众急剧增长的文化需求的重要作用,为公共文化服务提质增效。如淄博市文化馆在疫情防控得力的前提下,不断创新活动形式,提升群众参与度,以"齐舞·悦动"为主题,采取市级主导、区县联动、部门配合、社会参与的模式,策划开展了"乐动的夏天"淄博乐队音乐节、"五个大家"系列活动、"热土欢歌"暨"六艺秀淄博"系列活动以及"送文化""种文化"系列活动,现场观众累计达10 多万人次,线上直播观看互动 200 多万人次,既满足了疫情过后社会公众强烈的文化需求,丰富了文化消费供给,又为推动"夜经济"的发展,释放文旅经济活力贡献了力量。其中有 6 项活动荣获山东省"五个大家"系列活动优秀案例,公共文化服务提质增效走在全省前列。

最后,重视馆外服务的品质提升。文化馆在做好馆内培训、开展群众文化活动的同时,还应主动走出去,依托自身优势,开展有针对性的社会服务,在与社会的互动中实现自我的发展,满足更多人民群众的文化需求。如 2021 年山东省文化和旅游厅在塞尔维亚首都贝尔格莱德举办了"河和之契——陶瓷·琉璃·茶 中国非遗精品展",淄博市文化馆作为协办单位选送的 50 件陶琉非遗精品在活动中进行线上线下展览推介,向国际社会展示了淄博历史悠久,特色鲜明的地域文化和非物质文化遗产保护成果;组织业务骨干联合馆办团队和社会志愿者,密切区县联系,开展形式多样的文化惠民进农村、进社区、进企业、进军营、进校园等活动,为群众零距离送上高质量的文化产品和服务;创新开展"淄博市非遗传习大讲堂""群星讲堂"等品牌活动,走出了一条接地气、惠民生的公共文化服务创新之路;加强馆外社会资源共享,与山东理工大学、淄博市第十八中学签订实践基地协议,不断扩大与市舞蹈家协会、音乐家协会、美术家协会等社会团体的积极协作,以实现群文事业为重点,在资源共享、互利共赢方面进行一系列积极有益探索,取得了良好的社会效益。

总之,后疫情时代背景下,社会公众对文化馆提出了更高的要求,文化馆在切实做好疫情防控工作的同时，还应积极发挥自身职能优势，从疫情防控常态化形势下人民群众对公共文化服务的新需求出发，创新服务载体，发挥互联网资源优势，线上线下全面提升公共文化服务能力，使我们的群众文化生活更加丰富多彩、蓬勃繁荣！

参考文献

[1] 李国新. 疫情对公共文化服务发展影响的思考 [J]. 图书与情报, 2020（2）:43-49.

[2] 王竹立. 后疫情时代, 教育应如何转型? [J]. 电化教育研究, 2020（4）:13-20.

[3] 新冠肺炎疫情对公众文化消费影响的调查 [EB/OL]. [2020-03-11]. https://whcy.gmw.cn/2020-03/11/content_33639330.htm.

[4] 郁海平. 新冠肺炎疫情期间文化馆活动开展形式的思考 [J]. 参花（上）, 2020（5）:131-132.

基于公共文化云视角下文化馆（群众艺术馆）数字化建设实践与思考

刘　婷（湖南省湘潭市群众艺术馆）

通过公共文化云的使用,可以促使文化馆的用户体验成效得到全方位的提升,服务渠道也从单一的线下服务变为多元化服务,使得文化馆的实用性强全面增强。尤其是在我国强国兴国过程中,国家对文化软实力的关注和重视程度越来越高,信息技术高速发展和建设,强化文化馆的数字化建设也逐渐演化为文化传播事业中的重点内容。

一、文化馆开展数字化建设的重大意义

（一）以群众为中心,精准有效实现供给

目前在我国现行文化馆的建设过程中,其建设的侧重点大多数都放置在了文化服务水平上,这样的服务形式无法真正地做到对人民群众带来吸引,需要基于公共文化服务产品的设计这一层次展开深度分析,将设计作为着力点,确保文化馆服务水平能够真正满足社会大众的基础需求。基于公共文化云这一时代背景,数字化文化馆的建设需要展现出文化活动的信息,同时保障文化馆活动信息的丰富多样化,人们只需要通过终端设备,如手机、电脑、iPad 等即可在文化云中约课,掌握上课的具体时间,具体内容,并通过专业教师来授课。实现互联网和公共文化服务二者之间的深度融合,需要始终秉承着文化产品创新的服务理念,实现和人民群众之间的精准衔接,从本质上促使公共文化服务的便利度全面提升,为广大用户提供更为针对性、个性化的文化服务。

（二）以技术为导向,盘活公共文化资源

通过文化云,可以直接将数字化文化馆中的多元化资源进行有机整合,促使文化资源的传播水平、传播速率得到全方位的提升和改善,文化传播范围也可以得到拓宽,使得文化的共享性和参与性提高。对当前区域范围内的基础文化设施进行整合,如文化大院、文化馆等,在其中适当地投入专项资金,实现文化场所的改革和升级,设置专人对其进行管理,在有限的时间内展开文化培训,设置不同的文化活动,实现文化资源利用率的全面提升。在使用文化云之后,传统碎片化、独立化的文化基础设施、文化活动也可以集中在文化平台中,使得基层文化场所利用率低下的问题得以改善,将基层文化资源直接盘活。

（三）优化文化馆资源配置

在数字化文化馆的建设过程中,需要使用公共文化云技术,展现出信息的双向流动价值,将不同文化馆之前的时间和空间限制全面打破,真正实现资源共享,强化在资源传播上的综合速度,使得文化馆真正实现资源共享,让这些文化资源为人们所服务。现阶段在数字化图书馆的建设过程中,公共文化云发挥着十分重要的价值和作用,将全国范围内的文化资源进行统筹规划,构建出了数字化文化服务的集成性平台,同时使用微信公众号、客户端等,实现了文化资源的共享和直播,用户只要通过手机等终端设备即可获得文化服务。将公共文化云使用在其中,可以利用网络的传播性特征,将不同文化场馆存在的空间限制被全面打破,在为用户提供更为便捷的文化服务的同时,也促使用户和用户之间可以实现沟通和交流,信息可以双向进行流动,促使文化馆的资源配置水平得到改善,将不同城市文化场所资源配置不够均衡的问题及时解决,降低城乡在文化服务上的差异性,保障文化服务的均等化,公共文化的服务范围也可以得到扩大,国民既可以提升自身的文化综合素养,也可以将文化的传播范围拓宽,资源共享化价值发挥到最大。

二、以公共文化云建设推动文化馆数字化服务能力提升

（一）高度重视文化馆数字化建设

我国各级地方政府部门在数字化文化馆的建设上存在一定的差异性,个别乡镇级政府对数字化文化馆建设关注程度不足,在财政资源的投入上显著不足,建设水平参差不齐,加上物资所需要花费的资金投入量较大,在采购流程上较为烦琐,设备的配置水平良莠不齐,设置的参数不够合理,在多重因素的限制和影响之下,数字化文化馆的建设复合型人才不。想要进一步将这些问题解决完善,相关政府部门就需要加强对数字化文化馆的关注和重视,在其中投入足够的财政资金,将数字化文化馆的建设基于政府这一层次展开分析,将其视作为重点建设工程,促使当地的数字化文化馆建设进程得到全方位的加速。

（二）线下变线上,扩大服务覆盖人次

通过公共云文化,数字化文化馆的建设不仅仅是体现在数据端上,还可以展现在现代化信息设备的使用上。通过多媒体设备的有效使用,实现传统文化艺术培训以及相关赛事活动和文化展示活动的全面升级,进一步提升城市文化活动在举办上的趣味性和综合效果,文化活动的影响力也可以得到全方位的增强,在公共文化云的技术支撑之下,数据信息的综合利用以及下载将会变得更为简洁,多媒体设备的使用也具备更强的方向性,受众可以使用数字化设备自主感受数字化文化馆的公共文化服务,进一步改善数字化文化馆服务水平的过程中,也可以促使文化馆的服务覆盖面积、服务影响力得到全方位的提

升和改善,成为城市中文化服务靓丽的风景线。在线上线下有机联动,扩大服务覆盖人次上,主要体现在以下几个方面:

一是活动直播,将传统的线下演出变为线上演出。在传统的文化馆服务上,演出模式多为线下演出,受众自己买票,按照时间到文化馆中观看,但是在后疫情时代,传统的线下演出在多方因素的影响下,时常会出现无法演出,或演出延迟的问题,受众观看演出也时常觉得不便。但是基于公共云文化视角,运用目前较为流行的活动直播,将传统的线下演出变为线上演出,一方面,可以积极响应国家抗疫的号召,减少人员在线下的集中聚集,避免带来麻烦,另外一方面,线上演出也可以节省演出经费,文化馆的资源投入也可以减少,更是降低了人为因素对实体文化可能会带来的破坏。通过活动直播,将单一的线下演出人群覆盖宣传面积进行了全面的扩大,依托互联网在传播上的高效率、传播范围广、传播速度快等特征,实现了文化服务覆盖面积的倍数增长,一些因故无法参与到线下文化服务的受众也可以参与到其中,突破了传统文化馆服务的单一性,打破了时间和空间的制约,对于塑造文化馆的形象和口碑具备着非常重要的现实意义。

二是场馆预约,将传统的线下预约变为线上。为了进一步改善公共文化馆在服务上的水平,确保公共文化资源获得最合理的利用,实现资源的公平分配,以及服务范围的全面扩大,同时保障公共文化馆服务职能的正常履行,需要保障文化馆预约服务的规范性。公共文化馆可以依托互联网等信息技术,微信公众号、小程序等公众平台,在公众号以及小程序中开启预约服务,将传统的线下预约,变为线上。预约需实名制,划分不同的预约时间段,不同的场次有效避免因为人流上限无法进入到文化馆的尴尬。对于已经线上预约的观众,到达现场之后,无须再次验证身份信息。通过线上预约,场馆可以及时了解到场馆的使用时间,使用人次,做好充足的准备工作,弥补传统线下预约所带来的问题。

三是慕课服务,将把艺术培训辅导从线下搬到线上。互联网融合教育已经逐步演化为我国教育行业的必然发展趋势,文化馆作为我国的重要文化组织也不例外。可以依照当地文化馆在城市上的本土特色,如剪纸、古筝、小提琴等,通过慕课等现代化公开课教育平台,创造全民艺术普及慕课,降低人群集聚风险的过程中,也可以促使群众的精神文化生活变得更为丰富,通过慕课平台的线上教学,推出系列慕课,足不出户即可真正地实现线上艺术教学。

四是在线展厅,把线下展览搬到线上。积极整合当地文化馆资源,通过现代化设备以及在信息资源的优势,以 VR、直播等模式,将传统的线下展览真正搬到线上,在线视频、在线展览,强化在线上文化的供给服务。全景视频、全息影像,加强对虚拟技术的使用,加强在线文化馆展览的交互体验区设定,扩大文化服务的覆盖面积,服务范围也从传统的单一线下转化为线上。

三、湘潭市群众艺术馆的做法

从 2019 年开始,湘潭市群众艺术馆全面实施数字文化馆建设,并获得了较为可观的建设成果,全市加强网络服务平台的建设,使得公共文化服务变得更为完善。目前,湘潭市已经逐步建成 1+5 个文化馆公共数字化服务平台,公共数字化平台服务延伸到乡镇村。同时湘潭艺术馆开展云上品牌活动,"艺心抗疫·云赏湘潭",真正实现了人民群众艺术云视角化,为文化服务的面积扩大、影响力扩大打下了坚实的基础。

(一)慕课服务

我市群艺馆的业务专干有 26 人,教学优势突出,历年来培训工作都具有国际影响力,多次代表官方参加对外文化培训及文艺交流,我们紧跟新时代的步伐,阵地公益培训与线上教学两手抓,尤其在大疫情背景下,"微"课堂教与学的模式直接实用,2022 年 3 月,疫情使全市的线下培训工作全面停止,我馆为坚决遏制疫情蔓延势头、打赢疫情防控阻击战,积极贡献文旅工作者的力量。在紧要关头充分发挥文旅行业的优势,突出抓好文化和旅游线上公共服务工作,全面开展线上教学活动及引进文旅 U 课,每节课 15 分钟以内,内容简单,言语精炼,传达有效的"微"讲课为主要模式,此次活动期间共推出云视频 190 多件,线上服务人数达 400 多万人次,大大提高了馆内专干的工作激情、提升了全民艺术欣赏水平,提质了公共文化服务的内涵,多次被电视、媒体作为"闯新路 破险阻"的优秀案例,也被多个地市引用作为线上培训参考模式。

(二)活动直播

全年共举办庆祝建党百年、文旅志愿服务、月秀专场、长株潭三市融城、为民办实事五大主题活动,我馆参与执行了湘潭市庆祝中国共产党成立 100 周年文艺晚会、"百年百歌赛 歌咏流传"大型群众合唱比赛等 7 场子活动,在线观看人数超过 350 万,覆盖线上观众千万人。

2021 年申报成功"看直播"省级专项,依托湖南数字文化馆平台春节期间,"看直播"在正月十六实施并验收成功,湖南公共文旅云活动全程跟踪报道采访,线上活动成效显著,传播力优势突出、服务覆盖到全省,服务人次较比线下增长 600%。

疫情防控期间开展"艺心抗疫·云赏湘潭"线上展播系列活动。旨在以云视角的方式向全市人民展示我市文化艺术事业发展的新成果,努力推出具有时代风格和湖湘品格的优秀作品,助力中华优秀传统文化传承发展。针对第七届湖南艺术节(湘潭市作品)、本地文旅资源进行展播,共展播 85 件本地文旅资源及原创作品。云视角与群艺馆业务有效结合,引领示范性展示群艺馆的优质资源,碰撞出新时代的新路子。

(三)场馆预约

2022 年申报成功"订场馆"省级专项,依托湖南数字文化馆平台,对全省场馆数据、预约数据进行采集,并在国家公共文化云平台发布,为国家文化云数据提供支持,突出文化与科技融合服务,通过 360° 全景相机拍摄湘潭市群众艺术馆全景视频并制作成 VR 视频,发布到湖南省文化馆及市群众艺术馆平台供用户浏览。共拍摄我馆场馆资源 7 处,从一般性数字线上预约逐步转型为云视角 VR 可视预约。

（四）线上展厅

中国（湘潭）齐白石国际文化艺术节，是湘潭市唯一国际性的文化活动品牌，据统计，艺术节线下活动举办以来，我市输送的书法美术入展作品达 300 多件，其中许多获得"齐白石艺术奖"，2022 年，我馆利用良好的书法美术基础，结合"艺心抗疫·云赏湘潭"线上品牌与线下长株潭三市（长沙、株洲、湘潭）联盟，开办书法、美术、摄影展，进行线下展，线上赏的云视角模式，使疫情对文化活动的影响降低，艺术价值不贬，影响力增强为目标，活动期间内共展出书法美术作品 89 件，转载欣赏及线上服务达到 205 万人次。

综上所述，在对数字化文化馆进行建设的过程中，加强对公共文化云的使用，可以促使用户的体验感得到全方位的提升和改善，实现资源的最合理配置，在文化馆的管理工作上，也可以走上智能化的发展之路。从本质上来说，数字化文化馆的建设是实现传统文化和现代信息技术之间的深度融合，更是实现文化资源全面共享，改善国民文化综合素养的重要手段。

参考文献

[1] 颜芳 . "十四五"时期全民艺术普及数字化建设研究 [J]. 大众文艺，2021（14）:5-6.

[2] 沈华 . 公共文化云与数字化文化馆构建路径探析 [J]. 参花（上），2021（6）:134-135.

[3] 顾欢 . 基于公共文化云视角下文化馆数字化建设探讨 [J]. 参花（上），2020（5）:135.

浅谈乡村村晚对乡村文化振兴的作用

钟叶青　肖　奇（湖南省武冈市文化馆）

党的十九大报告提出实施乡村振兴战略,是新时期推动农村发展的重大决策,其中乡村文化振兴是乡村振兴的内生动力和根基,而乡村村晚作为乡村文化活动中一个新兴活动,近几年在乡村文化活动中遍地开花,它充分调动了农民群众参加文化活动的积极性,激发了农民群众参与乡村文化振兴的自觉性和主人翁意识,强有力地提升了农民群众对乡村文化的自信心,对乡村振兴提供了有力的文化支撑,是乡村振兴的一个重要载体,对乡村振兴起着积极重要的作用。

一、乡村村晚是乡村文化振兴的重要载体

近几年,"乡村村晚"作为一个新兴文化活动走入了千村万户,在乡村文化活动中遍地开花,已成为老百姓最喜欢的文化活动品牌之一,乡村村晚,不仅丰富了老百姓们的精神文化生活,同时也是传承乡村传统文化重要载体,从而推动着乡村振兴。

（一）乡村村晚有利于传承乡村民俗文化

民俗文化,又称为传统文化,是指民间民众的风俗生活文化的统称。每一个乡村都有自己独特的民俗文化,乡村村晚演出节目以村民自创、自编、自导、自演为主,大多数的节目都源于他们的真实生活,展现原汁原味、真情实景的乡村风情,这些节目虽然看上去有点"土"、有点"俗",但老百姓看着亲切,乐意看,在武冈来说,我们邓家铺镇就有"滩里水龙灯"的民俗文化,据《武冈州志》载,"历有舞水龙灯之习俗,其源可溯至唐末"。每年乡村村晚,"滩里水龙灯"就是他们村村晚必演的节目,通过表演"水龙灯"祈求来年风调雨顺,国泰民安。现年86岁了传承人张昌湘老人说:"打我记事起,最开始是我爷爷在做这门手艺,后来是我父亲掌管",他8岁开始学鼓、16岁舞龙、26岁扎龙头,一直研究滩里水龙灯70余年,把滩里水龙灯技艺传承至今。2021年,"滩里水龙灯"被列入湖南省第五批非物质文化遗产名录,如今谈滩里水龙灯他是满眼的骄傲,滔滔不绝,从他身上,我们看到了滩里人从水龙灯身上找到属于自己的文化自信,水龙灯已成为邓家铺镇滩里人探索乡村振兴的文化钥匙,水龙灯带给村民的不只是节日的欢乐,更多的是来自传统民俗文化的精神力量。而更多的传统民俗文化也将通过乡村村晚让年轻人了解和喜爱,从而代代相传。

（二）乡村村晚有利于发现和培养乡村文化人才

乡村振兴的内在动力就是文化振兴,乡村文化人才是促进乡村振兴的重要力量。乡村文化人才的培养则需要一个平台,通过近几年的乡村村晚活动,发现乡村村晚是一个乡村文化人才培养的孵化器,通过乡村村晚的舞台在乡村发现一批民间艺人,还真是高手在民间,只是未发现,在乡村有一批有着一定的文化艺术修养的人才,只是因为没有一个平台让他展示自身的才能,乡村村晚让这批人找到了属于他们自己的舞台,他们自己撰写剧本、编排、导演,从演出的策划、组织、现场的实施都相当的成熟,在他们的带领下,整个乡村的文化活动搞得有声有色,还真起到了一人带动一村的作用,在发现人才的同时,通过乡村村晚也培养了一批乡村文化人才,就武冈来说,文旅广体局每年都会组织乡村文艺骨干培训,通过开设舞蹈、声乐、戏剧、丝弦、群文活动策划和组织、音响灯光的调试的培训,还有派专业的文化专干下乡亲临乡村村晚的现场,指导村民排练、组织实施,手把手教农民群众开展乡村村晚活动,大大提升村民的艺术修养和组织文化活动的能力,培养一大批民间文艺人才,他们就是乡村文化的种子,播撒在每一个村庄,在乡村生根发芽,在乡村舞台上茁壮成长,为乡村的文化繁荣发展开花结果。

（三）乡村村晚有利于发挥乡贤的在乡村文化建设中的作用

"乡贤"是指乡村才学兼优、德高望重的人,随着社会经济的发展,"乡贤"被赋予了新的定义。2018年的中央一号文件中提到"乡贤"是"作为乡村传统文化的传承守望者、传递正能量的人",明确提出在乡村振兴中要"积极发挥新乡贤作用",乡镇有不少在外的乡贤,他们有了一定的经济基础,大都愿意反哺故里、回报家乡父老乡亲,而且他们长期在大城市工作,接触新事物多,思维活跃、视野开阔,可以为家乡的发展献计献策,乡村村晚的开展大大发挥了乡贤的作用,为乡贤们回报家乡搭建了一座桥梁,在武冈,每年的乡村村晚已经是老百姓最重要的文化活动,是一道必不可少的"年夜饭",乡村村晚也成了乡贤们联系的一条重要纽带,像武冈的邓元泰镇是武冈一个比较富裕的乡镇,很多村民在外经商致富了,就涌现了一批乡贤全程赞助村里办村晚,所有经费全赞助,这样就解决了乡村村晚的经费问题,每年邓元泰镇的乡村村晚开展是全市最高水平,节目丰富多彩,舞台设备高规格,参与人数广,农村群众的参与热情非常高,仅邓元泰镇就有广场舞队上百支,曾还有在乡村村晚上千人同跳一支舞的盛大场面,这就得益于乡贤们对乡村村晚的经济支持,让村民们尽情在舞台上绽放自我,有一批乡贤在赞助经费的同时还给乡村带来项目,为村民提供了就业的岗位,乡贤的优秀事迹通过乡村村晚的舞台传遍了乡村男女老少,也为乡村的孩子们提供一个学习的榜样,进一步激发孩子们向优秀者学习,锐意进取,让更多的青年才俊,参与乡村建设,回报家乡,为美丽乡村建设注入人才力量,从而促进乡村的发展。

二、乡村村晚有利于乡村公共文化服务高质量发展

公共文化是一座城市历史人文内涵和精神风貌气质的鲜明体现,是一个地方的文化名片,近年来,我国公共文化服务体系建设蓬勃发展,村级文化广场设施不断提升,农村综合服务中心、农家书屋等基础配套设施纷纷建成并向公众开放,公共文化服务的硬件设施有了质的飞跃,为老百姓提供了开展文化活动的场地设施,而公共文化服务体系建设的核心是服务,为老百姓提供更多的优质公共文化产品,让公共文化服务高质量发展,才是老百姓最需要的。乡村村晚的兴起,进一步丰富了公共文化服务的内容,成为老百姓家门口的文化大餐。

(一)乡村村晚有利于乡村公共文化服务提质增效。

党的十九大报告强调,完善公共文化服务体系,深入实施文化惠民工程,丰富群众性文化活动。当公共文化服务场所和设施建起来之后,那么就需提升公共文化设施的使用效率,促进公共文化服务提质增效,让文化活动"火起来",乡村村晚活动的开展从源头促进了乡村公共文化服务提质增效,以武冈为例,2019年全市开展了"美丽乡村行、春晚进农家活动"该活动分为"一乡一行""一村一品""三镇一地"三个分活动,"一乡一行"是指在春节前夕,市文旅广体局在每个乡镇开展文化惠民活动,有送春联、送戏、送书画等一系列文化惠民活动,"一村一品"是指在全市每个行政村开展乡村村晚活动,根据每个村的自身条件打造属于自己村的特色文化品牌,"三镇一地"是指将市级春晚舞台从剧场直接搬到老百姓的家门口,办在田间地头,武冈文旅广体局组织全市的文艺精英,组织了一台代表全市最高水平的节目在武冈市的邓家铺、邓元泰、湾头桥、云山露营基地开展4场市级大型春晚进农家活动,为乡村村晚起到了示范和引领的作用,2019年,全市乡村村晚共计演出160场,观众人次达36万,改变了春晚在剧场演出,受众面窄的现象,真正地实现把春晚办在农村田间地头,办在老百姓的家门口,把欢乐送进千家万户,把公共文化服务从源头上带活,大大促进了我市的公共文化服务提质增效。

(二)乡村村晚有利于完善乡村公共文化服务体系

公共文化服务体系建设是一项长期任务,特别是乡村公共文化服务体系机制的完善,公共文化服务体系建设在不断完善硬件设施的过程中,要结合乡村实际,总结经验,形成制度,才能长久有序地运行,通过这几年的乡村村晚活动,促进了武冈的乡村公共文化服务体系的建设,在我市已经建立了乡村村晚财政投入机制,只要举办乡村村晚活动的行政村,政府给予一定的经费支持,同时,为了提升乡村村晚的质量,每年武冈市文旅广体局会派文艺专干奔赴每个乡村进行现场培训和指导,还出台了文艺骨干培训制度,这些制度的出台,大大地促进我市乡村公共文化服务体系的规范化、制度化,从根本上完善乡村公共文化服务体系。

三、乡村村晚有利于提升乡村的文化自信

党的十九大报告中提出："文化自信是一个国家、一个民族发展中更基本、更深沉、更持久的力量。"习近平总书记指出："一个国家、一个民族的强盛，总是以文化兴盛为支撑的。"一个乡村的振兴也是需要文化振兴来支撑，而乡村的文化振兴需要依靠村民深刻的文化自觉、坚定的文化自信，村民的文化自信就是对生养自己的家乡有一种精神归属感，通过乡村村晚活动，大大激发村民群众自身的主体意识，增强村民对自己村庄的认同感、自豪感、荣誉感、归属感。

（一）乡村村晚增强了村民对自己村庄文化的认同感

随着乡村村晚的火热开展，村民的节目越来越有自己的村庄的独特的风格和特色，这是对自己居住地方文化的认同感的体现，就武冈来说，每年的乡村村晚，每村都有自己的特色节目，比如迎春亭办事处的"石羊的跑马灯"，大甸镇的"七星锣鼓"，湾头桥的"阳戏"，辕门口办事处的"武冈丝弦"，村民将这些散落在民间的"文化瑰宝"在"乡村村晚"的舞台上展现，不断增强村民的参与感，让村民自己当文化主角，唱文化大戏，体现他们对自己村庄文化的认同感和自豪感，从内心对自己村庄的赞美和热爱。

（二）乡村村晚增强了村民凝聚力和乡风文明

乡村村晚现在成为全村盛大的节日活动，全村都积极参与，村民自发组织了军鼓队、腰鼓队、广场舞队、合唱队，为了在村晚上表演，各团队都在平时利用农闲时间，进行排练，你追我赶，都想把最好的节目在乡村村晚展演，没有参与节目的村民就自觉地参与村晚的后勤服务，搭舞台、搬凳子、维护现场秩序，乡村村晚演出的场面也是相当的热闹非凡，台上的尽情表演，台下的喝彩声、加油声、掌声，声声不断，通过一场"乡村村晚"乡村少了黄赌毒、少了麻将声，用寓教于乐的方式促进了村民的思想文化道德素质的提升，使乡村充满了正能量，乡风文明有了新风尚，还大大加强了村民的协作精神，从而提升了村民的凝聚力，村民形成合力，推动乡村文明建设，从而促进乡村文化的发展。

乡村村晚是群众文化活动中新生的"网红品牌"，已经成为繁荣群众文艺的一支新生力量，深入老百姓的生活，其影响力大，辐射面广，是实现乡村文化振兴非常重要的载体，同时也大大促进公共文化服务的高质量发展，它进一步激发了老百姓的文化自觉，坚定了老百姓的文化自信，表现出老百姓对乡村振兴的信心和主人翁意识。今后，乡村村晚将会以它独特的魅力引领乡村老百姓的新生活以及对美好生活的向往，为新时代的乡村赋予文化的力量，为新时代的中国乡村文化生活增光添彩。

参考文献

[1] 巾明 . 乡村村晚凝聚文化力量推动乡村振兴 [EB/OL].[2020-01-08].http://hz.wenming.cn/ycpl/202001/t20200109_6235125.htm.

[2] 李晓玲. 李清清. 乡村振兴战略背景下乡村文化建设存在的问题及对策探究 [EB/OL]. [2019-03-12]. http://www.doc88.com/p-2894893894388.html.

[3] 乡村村晚不只是一场文艺联欢 更是乡村振兴的重要载体 [EB/OL]. [2019-02-12]. https://www.yidian zixun.com/article/0LHgPIoS.

[4] 王如忠. 建议弘扬"乡贤"文化发挥"乡贤"在乡村振兴中的独特作用 [EB/OL]. [2018-08-10]. https://www.cndca.org.cn/mjzy/lxzn/czyz/jyxc/1284614/index.html.

[5] 罗建峰. 武冈推进公共文化服务体系建设显成效 [EB/OL]. [2019-11-01]. https://sy.rednet.cn/content/2019/11/01/6178846.html.

[6] 林日新, 陈艳, 付勇. 新春走基层丨武冈民俗:"滩里水龙灯" [EB/OL]. [2022-02-04]. https://www.sohu.com/a/520547839_100161010.

用心用情书写时代变迁中的世情百态

——浅议重大主题群众文艺创作的内涵与提升

李舒婷（陕西省文化馆）

群众文艺是群众文化的重要组成部分。繁荣群众文艺创作、提升文艺创作内涵对于保障人民群众的基本文化权益、提高人民群众精神文化境界、构建社会主义和谐社会都具有重要的现实意义。重大主题文艺创作体现着时代特征、彰显着民族自信、凝聚着中国力量、弘扬着社会主义核心价值观，在群众文艺创作中的地位更为明显。

一、重大主题群众文艺创作的内涵及原则

重大主题是指在一定历史时期内，对社会生活产生重大影响的人物和事件。中华民族近一百年来的奋斗史，在不同的历史阶段，发生着波澜壮阔、具有鲜明时代印记的"中国故事"。在这些历史节点上，人民的广泛参与推动了整个社会的发展和进步。比如：中国共产党的建立、中华人民共和国的成立、改革开放、全面建成小康社会、乡村振兴、抗击新冠疫情等。这些重大事件，是群众文艺创作的核心主题，重大事件中所蕴含的人民精神，是习近平总书记所强调的中华民族一脉相承的精神追求、精神特质、精神脉络，这也是重大主题群众文艺创作的核心内涵。

重大主题群众文艺创作的原则即坚持政治性、时代性、实践性与人民性相统一。

（一）旗帜鲜明，聚焦时代

群众文艺工作要深刻领会"两个维护"的深刻内涵和重要性，深刻认识群众文艺工作的意识形态属性。在重大主题文艺创作中要始终反映正确的政治观念、政治价值、政治制度，践行社会主义核心价值观。习近平总书记指出，文艺是时代前进的号角，最能代表一个时代的风貌，最能引领一个时代的风气。作为群众文艺工作者，有责任也有义务将自身创作与党和国家以及人民的命运联系起来，深入挖掘各个时代背景下社会的发展与变迁、人民的生活与美好期盼。同时将作品所涵盖的社会信息、表现的技巧方法、揭示的社会本质打上深深的时代烙印，这样才能创作出人民认可的、具有时代性的重大主题群众文艺作品。

（二）注重实践，扎根人民

习近平总书记强调，文艺需要人民。人民是文艺创作的源头活水。一旦离开人民，文艺就会变成无根的浮萍、无病的呻吟、无魂的躯壳。群众文艺创作要坚持以人民为中心的创作原则，把服务人民作为根本的价值需求。这要求群众文艺工作者要从群众中来，到群众中去，深入生活、扎根人民，关注人民的根本利益，创作时切忌假大空，要注重生活实践体验，虚心向人民群众学习，从人民的伟大实践中汲取营养。同时，要挖掘时代变迁下社会的全面风貌，描写彰显时代精神的鲜活人物。

二、重大主题群众文艺创作的现状

过去的 2021 年，是中国共产党建党百年华诞。中国已打赢了脱贫攻坚战，宣布全面进入小康社会，全国各族人民努力奋斗，到 2049 年建国百年时，我们将建成富强、民主、文明的社会主义现代化国家。但与此同时，新冠疫情在全球范围内仍在肆虐，中国人民众志成城，打赢了一场又一场新冠疫情防控攻坚战。在这样一个风云际会的时代，群众文艺工作者发挥文艺力量，用不同的形式创作了大量的重大主题群众文艺作品，用心用情书写伟大的时代。

（一）重大主题群众文艺创作繁荣发展，其中不乏精品

目前，全国重大主题文艺创作繁荣发展，重大主题文艺作品早已告别短缺局面，就题材类型上主要分为以下四类：（1）重大革命题材，按照新民主主义革命时期、社会主义革命和建设时期、改革开放新时期等三个发展时期六个历史阶段进行划分；（2）地域特色精神文化题材，是指发生在全国各个地区的具有独特印记和鲜明特色的重大贡献人物、事件或集体精神；（3）中华优秀传统文化题材，中华优秀传统文化是指中华民族历史上优秀的文化思想、道德观念、精神意识形态的总体，是中华文明成果根本的创造力。其为国人提供了立身处世的规范以及普遍意义上的精神归宿；（4）重大现实题材，立足当下，表现社会重大现实事件的发生发展历程，生动反映在习近平新时代中国特色社会主义思想指引下，涌现出的先进典型、感人故事以及取得的巨大成就。

重大主题群众文艺创作就呈现形式上分为：文学类、美术书法类、音乐类、舞蹈类、曲艺类等。以第十八届群星奖获奖作品为例：舞蹈类：陕西省群星奖舞蹈类获奖作品《毛乌素沙漠的女人们》，从牛玉琴等治沙英雄的感人事迹中汲取创作灵感，阐释众志成城、永不退缩的"追梦"的精神。这支舞凝结了半个世纪的治沙实践，表达了陕北治沙护林的环保主题意识。曲艺类获奖作品：广州市文化馆创作的西河大鼓书《大营救》，作品讴歌了共产党人勇敢机智、殊死捍卫文化魂的英雄气节，这也是广州首度在群文曲艺作品中选择近现代重大主题历史题材。音乐类获奖作品：山西平定县文化馆创作的《保卫娘子关》是一部红色革命题材作品，以武迓鼓的音乐素材为基础，作品生动讲述了百团大战中，晋察冀

军区第四军分区五团一营一连坚守娘子关镇磨河滩村的故事,充分表现了八路军不屈不挠、英勇奋战、不惧牺牲的精神。除此之外,其他门类也涌现出许多重大主题文艺精品,群众文艺工作者在艺术探索的过程中,抓住重大主题文艺创作的核心精神,深耕细作,不断为人民带来有影响力有感染力的文艺作品。

(二)重大主题群众文艺各门类创作发展不平衡,创作者水平差距明显

近年来,全国各地受意识宣传、经济等各方面因素影响,群众文艺各门类创作呈现出发展不平衡的状态,创作者创作水平差距也逐渐明显。部分文艺创作者知识和综合素质不扎实,创作意识欠缺、创作能力参差不齐。从全国大环境来看,同样以群星奖为例,群星奖从2004年起每三年举办一届,共有7个门类,分别是音乐、舞蹈、戏剧、曲艺、美术、书法和摄影。但从第十五届(2010年)起,连续四届群星奖都是以音乐、舞蹈、戏剧、曲艺这四个门类为主。美术、书法、摄影、文学很少有全国性的群众文艺评奖机会,相比来说,音乐、舞蹈、戏剧、曲艺这四个门类在重大主题群众文艺创作方面来讲是领先其他门类的。

从小范围来看,以陕西省文化馆《百花》杂志在全国开展《百年奋斗路》栏目征稿活动为例,征稿启事发出后,一个月内收到全国各地来稿500多件,其中包括文学、音乐、美术、戏剧等各门类文艺作品,杂志从2021年第三期开始陆续刊登优秀作品。笔者在选稿时发现,东部投稿作品多于西部,部分文学作品在展现中国共产党百年奋斗历程时会出现历史常识性错误,创作的人物和故事雷同、缺乏真情实感与实践支撑,诗歌作品大都千篇一律、缺乏新意等问题。音乐类、美术类、书法类、摄影类几乎没有投稿。因为没有形成领军创作队伍带领群众文艺创作模式,所以很难创造有益的重大主题群众文艺创作氛围。重大主题文艺创作需要专业引领,领军创作队伍的建立就显得尤为重要。

(三)重大主题群众文艺创作后续发力较弱,激励机制、宣传机制不健全

在各个时间节点,顺应时代的重大主题文艺作品层出不穷,但随着社会发展阶段发生变化,群众文艺创作态势渐渐回落,后续发力持续变弱。例如:在全国脱贫攻坚战期间,涌现出了一大批群众文艺作品,但当中国全面进入小康社会后,表现全国各族人民努力奋斗,摘掉贫困的帽子,开启美好新生活的作品却少之又少。又如在新冠疫情初次来临时,展现人民群众众志成城抗击疫情的各门类文艺作品呈井喷态势,音乐、美术、书法、戏剧等门类不乏精品,但当疫情成为常态化时,新作品就很难见到了,只在发生疫情的省市有作品呈现。2021年12月至2022年1月,陕西发生新冠疫情,陕西省文化馆《百花》杂志开展了以"众志成城 长安常安"为主题的征文活动,收到了来自全国各地的群众文艺作品。但与以往征文相比,此次征文外省来稿数量明显减少,在收到的300余件投稿中,外省投稿只有不到40件,创作力量以本省为主。当陕西疫情过去,全国其他省市出现新冠疫情时,陕西的新冠疫情防控文艺创作热情明显回落。究其原因,是因为重大主题群众文艺创

作缺乏激励机制,宣传机制不完善,没有后续推进力。

三、重大主题群众文艺创作的提升方法

(一)发挥文化馆在重大主题群众文艺创作中的引领作用

1. 思想引领——提高重大主题群众文艺创作意识,打造精品项目

文化馆是群众文化的龙头单位,各级业务骨干要引导广大群众文艺工作者积极关注和投身重大主题群众文艺创作。群众文艺创作贴近人民群众的生活,从生活中走出来的人和事更容易为人民群众所接受。加强群众文艺工作者重大主题创作意识,有利于集中创作精力,推出更符合当下的审美的、符合人民群众价值观的优秀的文艺作品。

2. 创作引领——拓宽群众文艺创作门类,创新重大主题群众文艺形式及内容

文化馆可以通过开展重大主题群众文艺作品研讨会、重大主题群众文艺作品创作培训、创新剧目展演、线上线下展览、网络平台搭建、馆际合作共享等形式,引领广大群众文艺工作者进行重大主题文艺创作,同时需广泛开展市场调研,创作出人民喜爱的、反映时代现实的文艺作品,确保重大主题文艺作品打得响。

在文艺创作时,文化馆要积极为各门类提供创作展示评奖平台,不断引导重大主题群众文艺发展滞后的门类创作者进行创作,同时拓宽群众文艺创作门类,进行门类融合与跨界合作,例如文学与戏剧的融合、美术与舞蹈的融合等;创新文艺创作内容,在广大的社会生活中汲取丰富营养,展现时代变迁中的世情百态,例如第九届陕西省艺术节群星奖舞蹈类作品《致富果》通过果农在农忙丰收时的琐事,抒写新时代乡村振兴新篇章,湖南花鼓戏《桃花烟雨》将三对寻常情侣编织进戏里,将"扶贫"这一重大时代题旨镶嵌进一个个活灵活现的人物中,演绎生活中实实在在、血肉丰满的人和事;提高文艺创作质量,创作时要把握思想高度,要创作出体现社会主义核心价值观的、展现中国人审美追求的有情怀有担当的文艺作品,例如上海市群众文艺"援藏援疆"作品《不定期失踪》《高原上的白玉兰》讲述了干部们用奉献和担当构筑起了中国梦,第九届陕西省艺术节群星奖曲艺类作品《一条棉被》,表现了红军将领谢子长坚定的革命理想以及陕北百姓对红军的拥护与爱戴之情。这些动人的中国故事中蕴含的核心意义不仅增强了我们民族自豪感,也激励着我们为了美好幸福生活而努力奋斗。

3. 组织引领——培养重大主题群众文艺创作人才队伍

要想出精品,人才是关键。文化馆要发挥其职能作用,发动业务骨干带头创作,组织业余群众文艺创作者加入重大主题群众文艺创作中来。人民群众有大量的社会实践支撑,拥有得天独厚的一线创作材料,他们是时代的亲历者、见证者,文化馆要发展行业内外群众文艺创作者,可以通过写生实践、交流研学、专业点对点指导等方式,挑选出本地区重大主题群众文艺创作人才,随后针对创作中出现的问题,文化馆可以建立跟踪辅导机制,积极帮助解决。同时建立本地区重大主题群众文艺人才库,挑选领军队伍,以专业指导、

业务带动、互助合作、交流共享等形式促进重大主题文艺创作。

（二）建立健全科学合理的重大主题群众文艺激励机制和宣传机制

在尊重艺术创作规律的基础上,建立健全科学合理的重大主题群众文艺激励机制和宣传机制是群众文艺创作的保障。（1）激励机制。群众文艺工作者面对重大主题文艺创作时,要耗费大量的心力与物力,各级文化部门在面对重大主题群众文艺作品时,要建立起一系列的考核机制,同时可以建立重大主题群众文艺创作支持基金,对优秀的创作者给予一定的奖励,促进创作者良性循环。政府还可以通过购买公共文化服务的方式,向各市发放重大主题群众文艺采购清单,激励重大主题文艺创作者,从而有利于创作的繁荣和精品的出现。（2）宣传机制。各级文化部门要积极搭建宣传平台,以重大主题群众文艺展演、研讨、推荐等形式,建立层级宣传阶梯,专业的点评、更高平台的展演有利于增强重大主题群众文艺创作者的信心,更有利于将重大主题文艺作品打得响、传得广。在宣传方案的制订上,靶向目标受众量身定制,利用新型传播渠道在重点时段、重要版面、重点网站进行多方位、多层次、立体式传播,切实发挥好文化职能部门桥梁纽带的作用。

（三）积极搭建合作平台,促进省际重大主题群众文艺创作交流

各级文化职能部门要建设有利于催生重大主题创作和转化的全流程全链条支撑平台,建立创作服务"深扎"基地,加强社会化合作,整合社会资源、打通市场衔接需求、统筹调动富集的文化资源参与重大主题文艺创作,引进市场竞争机制,以项目化运作方式,打造重量级的群众文艺作品。

各省之间重大主题群众文艺创作有共性也有个性,抓住共性,建立省际合作交流平台,通过资源共享、专业交流、人才重组、项目合作等方式,将重大主题群众文艺创作者联结起来,形成创作圈,以此带动更大范围的重大主题群众文艺创作氛围。只有把文艺战线的力量发动起来,形成专业支撑,才能为重大主题文艺创作持续发力。

四、反思

首先,如何催生出更适合重大主题群众文艺创作路子,从组织上、制度上予以规范化,需要引起足够重视。我们要在摸索中逐渐形成《重大主题群众文艺精品创作指导意见》,意见中包含指导思想、创作原则、创作内容、项目实施（征集选题—评审—动态调整—审核验收）、组织保障（人才培养—激励机制—宣传平台）等内容,以此为创作者提供清晰的创作思路。

其次,在重大主题群众文艺创作的过程中,要避免操之过急,创作出娱乐化、资本化、片面化的文艺作品。重大主题之所以重大,是因为其中包含着深刻的社会现实,丰富多样的典型人物,正确的历史观、民族观、文化价值观。受市场化影响,有些创作者在重大主题群众文艺创作时容易出现历史虚无主义、娱乐化的创作倾向。创作者要合理运用资本的

力量，打造宣传作品，同时一定要正视革命历史、聚焦社会现实，以人民的名义创作出符合史实、贴近群众、兼顾思想性与观赏性、展现社会主义正能量的优秀作品。

再次，如何使重大主题群众文艺作品让各个年龄层都可以接受，是我们需要重视的问题。青少年是祖国的希望，重大主题群众文艺作品在呈现形式、表达方法上如何能够更贴近青少年的认知范围，培养青少年的爱国主义情感，树立青少年的文化自信，需要我们做新的尝试和探索。

最后，重大主题群众文艺创作受地域影响，创作内容、表现形式、语言风格、社会风俗都不尽相同。如何打破区域文化壁垒，让具有鲜明地域文化色彩的重大主题群众文艺作品走得更远、传得更广，需要创作者和各级文化部门多加思考。

在我国文化事业繁荣发展的今天，为满足人民群众不断升高的文化需求，群众文艺工作者任重而道远。用心用情书写时代变迁中的世情百态，在宏大的结构中以细腻的笔触或富有情感的表演塑造出具有时代特色的典型人物，展现人类与社会命运交织的思考，彰显社会主义先进文化的内在底蕴，这是广大群众文艺工作者应有的担当。

参与式文化视角下的文化馆数字化服务研究

余璧玲（四川省德阳市文化馆）

一、参与式文化的背景与内涵

（一）参与式文化的溯源

"参与式文化"（participatory culture）这一概念最早由美国学者亨利·詹金斯（Henry Jenkins）在其著作《文本盗猎者：电视粉丝与参与式文化》一书中提出，用于表现媒介文化中的互动。2007 年，詹金斯在《面对文化的挑战》白皮书中定义了"参与式文化"，他指出，参与式文化本身源于较低的公民参与门槛和较容易接近的艺术表现形式，是一种自由、平等、公开、包容、共享的文化样式。

换言之，在低门槛准入的前提下，人人皆可以参与文化创作与重构，强调参与感与共享性。同时，参与式文化又包含了传播和教育两方面属性。参与者在获取知识、接受教育的过程中，其扮演的角色也根据其参与的程度逐渐向文化生产者转化，并将其创造的内容在社群或平台上进行分享和传播，从而促进新文化和新社群的生产。

（二）互联网语境下的参与式文化

詹金斯认为，"参与式文化"是由传播平台、联系、创造、集体协作四个关键词来定义的。互联网语境下，新媒体技术的应用及发展，改变了以往单向线性的传播模式，借助新媒体平台，媒介内容生产与消费两端的对立逐渐消失，一种以分享、参与、串联与自我呈现为特色的媒介文化正在显现，最直观的就是用户生产内容，参与创作的门槛和成本进一步降低。在 Web2.0 技术平台的支持下，各类层出不穷的"网红"有力地印证了这一点。从个体到集体，从用户到社群，参与式文化将文化产品联结成为一种社会互动，并凭借参与者的力量将其影响力不断扩大。

二、参与式文化视角下的文化馆服务实践

（一）参与式文化与参与式文化馆

参与式文化这一文化形态强调文化参与者的自主性与能动性，在文化领域的延伸上，

西方学者开始尝试将"参与式文化"与文化机构相结合①。如美国学者妮娜·西蒙在《参与式博物馆》一书中开宗明义地给参与式博物馆下了一个定义:一个观众能够围绕其内容进行创作、分享并与他人交流的场所。不少国内学者也尝试将"参与式图书馆""参与式博物馆"等舶来概念与我国实际相结合。例如,学者罗丹以首都博物馆为例研究了参与式文化下博物馆社交平台,学者肖秋会和许晓彤等人分析了公众对于图书馆、档案馆等文化机构的参与式文化活动,将参与式文化的研究从媒介文化领域延伸至公共文化事业领域。

虽然提供的公共文化服务内容有差异,但溯源参与式文化的特征,参与式文化馆同样具备参与式博物馆、参与式图书馆类似的属性,低门槛准入、传播教育、创作共享、联结呈现,文化馆实质上也成为一种"文化社交场所",参与者加入相应的社群,学习创作交流分享。

(二)参与式文化在文化馆中的表现形式

参与式文化在文化馆中主要有两种表现形式:一是线下活动。包括并不限于文艺培训、文艺讲座、展览展演、志愿服务等等。文化馆向广大群众无条件提供线下"文化社交场所"或"文化社交平台",让其可以在此享受公共文化服务、学习文化艺术知识的同时,借由其提供的平台,创作交流分享,与他人建立联系,从孤立的个体成为集体的一员,契合参与式文化的内涵。二是线上活动。主要是围绕"两微一端"(微博、微信、移动客户端)开展的文化馆数字化服务,包括并不限于信息发布、云展览、云课堂、云展播、慕课等。社交平台转到线上,用户可通过网络报名、投稿、投票、评论等手段参与文化活动。

值得一提的是,不论是线下活动还是线上活动,里面都包含接收、贡献两个阶段,即参与者可能处于单纯的获取知识、接收教育的阶段,也可能进阶到生产文化、参与贡献的阶段。例如,部分参与者虽然参与线下艺术普及,但囿于个人性格或能力水平等原因,只有学员一种身份,但是部分参与者水平达到一定程度后,愿意反馈给周围其他学员,协助教学,或者参与相应的展览展演活动以及文化志愿服务中,这就从接收转化到贡献阶段了。同样地,线上活动也具备从接收到贡献的阶段,前者表现为单向的接收服务,没有交互和反馈,如单纯地浏览发布的信息或者活动等。后者可能进一步参与到文化的生产和共享过程中,如参与文化馆开展的作品征集、知识竞赛等各类线上活动,实质上也是一种贡献,亦即文化的生产和共享阶段。

其实,从线下参与再到线上参与,从接受知识到参与贡献,包含的无疑是一种递进的逻辑关系,也是参与者参与程度的直观呈现,其参与的广度和深度都在不断拓展和延伸。实际上,囿于智能手机操作困难等原因,老年群体更倾向于线下参与,线上参与更多集中为年轻群体,后者也是网络主力军,合理激发其文化创造的活力与创意有助于促进文化馆

① 梁晨.我国当前参与式文化研究综述[J].西部广播电视,2021(16):18.

的线上服务和文化生产,乃至线上社群和社区的建立,充分发挥参与式文化的优势。

我们常常提到的打造文化馆"网红",实质上就是在利用参与式文化,挖掘社群中文化生产的佼佼者,再通过社群和平台进行推广传播,里面也蕴含了集体的智慧,每一次的分享与转发都是参与创造并不断扩大其影响力的过程,最佳效果就是发展到全民参与。

三、参与式文化视角下的文化馆数字化服务

结合上述对参与式文化理论基础及其在文化馆中的实践分析,下面将着重聚焦参与式文化视角下的文化馆数字化服务,具体分析参与式文化下文化馆数字化服务遭遇的困境以及潜在的机遇。

(一)文化馆数字化服务平台

为适应媒介技术的革新和用户习惯的转变,加强线上文化阵地的建设,文化馆的新媒体服务逐渐向多平台并存的方向发展,致力于打造规模化的线上文化传播矩阵,协同为受众服务。

目前,文化馆数字化服务平台主要有微博、微信、抖音客户端三种。据笔者不完全统计,截至 2021 年 9 月,全国地市级以上文化馆(群众艺术馆)中有 279 家开通了微信公众号、69 家开通微博、146 家开通抖音。其中,微信公众号成为文化馆开展线上服务的最主要的平台,也是参与式文化馆线上实践的主要平台。

平台功能主要包含两个方面:一是宣传功能。文化馆展演、展览、培训等各类活动信息的发布主要通过线上平台,也便于不了解文化馆职能的群众获取信息。二是服务功能。各级文化馆陆续尝试在第三方技术的支持下,基于微信公众平台开发各类小程序,拓展服务功能。现在普遍实现的主要有线上报名、活动预约、文艺慕课等功能。在线上课堂、活动直播功能等功能的开发应用上,不少文化馆还处于相对滞后的阶段。

(二)参与式文化视角下的文化馆数字化服务困境

1. 平台建设的不平衡性

在文化馆数字化服务实际建设中,并没有做到科学统筹多平台的发展,平台建设不平衡,与建设文化馆线上传播矩阵的构想存在较大距离的同时,线上用户的覆盖面与参与性都大打折扣。

小部分开通官方微博的文化馆,仅有部分进行了官方认证,且大多早已处于停更状态,无人经营维护,平台显示未进行资质年审,与"僵尸号"无异。在以抖音为主的移动客户端文化阵地建设上,相较于建设基本停滞的微博,对于该传播渠道的建设仍在持续,但文化馆抖音账号主体开通率依然不高,内容生产也较少。

换言之,虽然新时期文化馆在新媒体建设上有一定的前瞻意识,明确建设新媒体矩阵、多平台拓展的必要性,但实际操作中,仍集中于以微信为主的单平台建设。

问题在于,上述三种数字化平台属性并不相同,用户画像也存在差异。微博、微信用户多为年轻群体,而抖音面向下沉市场,用户年龄结构更加丰富。其次,三个平台的用户素养、喜爱偏好也存在显著差异。如果只着重于单一平台的建设,一定程度上是对文化馆数字化服务潜在参与对象的"放弃",也是在弱化参与式文化的效力。尤其是抖音平台,作为当前孵化"网红"的重要阵地,用户日活高达6亿,却成为文化馆数字化服务的"荒地"。

　　2. 参与对象的有限性

　　詹金斯在接受清华学者常江采访时表示,即使有了数字技术,也不是每个人都能获得平等的生产和流通的手段。只能说,这是一种更具参与性的文化,而远非完全的参与式文化①。

　　在前文分析参与式文化在文化馆中的表现形式时已经谈到,碍于操作障碍等原因,文化馆线上服务的参与对象集中为年轻群体,从技术层面实际上已经划分了参与的门槛,一定程度上老年群体被变相"剥夺"了线上参与的权利。如文化馆线上报名、预约等服务功能的开放,本意是为了文化馆服务的便民化,但在实际执行过程中,受到了来自部分老年群体的质疑。对于不善于使用智能手机的老年人而言,通过数字化平台进行培训报名、活动预约反而增添了困难。有的需要子女的协助,而有时尚未明确操作流程,界面即显示名额已满。对于这部分群体而言,这种参与实质上是不平等的,他们的文化参与权利未受到保证。

　　3. 平台功能的局限性

　　在分析数字化平台建设的不平衡时,提到了平台之间的属性差异,这也是不同平台的优势和竞争力所在。但由于其服务定位的重心不同,平台功能也受到了限制。

　　置于参与式文化视角来看,文化馆数字化服务最重要的平台微信,实际上在发挥分享传播、联结共享等功能方面处于弱势,用户的参与式体验是相对单向的。

　　相较于开放的微博和抖音而言,微信作为社会化关系网络,针对的是处于闭合社会关系中的用户群体,其平台设计也体现了闭合的特点。如果不是用户在微信平台上的主动留言,微信管理者无法与用户取得联系。用户的留言必须经过管理者的筛选才能作为"精选留言"在评论区公开,从而被其他用户看到。用户更无法在评论区与其他用户自由互动。因此,微信用户的参与更多是处于接收层面,可以通过浏览资讯、拓展服务获取知识,接受教育,当然并没有排除贡献,如前面提到的参与答题、参与投稿或者最简单的评论。

　　现阶段需要考虑的是,在单一平台功能受限的情况下,如何最大化发挥平台的优势和特征,吸纳更多用户参与到文化馆线上服务中来,同时针对用户需求,在第三方技术的支持下,不断优化平台,调动用户的参与性。

---

　　①　常江,徐帅.亨利·詹金斯:社会的发展最终落脚于人民的选择 ——数字时代的叙事、文化与社会变革[J].新闻界,2018(12):6.

4. 平台内容的同质性

研究发现，目前部文化馆在微信、微博、抖音三大平台发布的内容同质化问题严重。文化馆的数字化服务有必要契合平台特性，在服务内容上有所区别，从而激发受众参与的动力。诸如微信的优势在于深度信息的发布和丰富的服务功能，微博和抖音的优势在于碎片化信息的及时传播和优秀的交互功能。后两者在媒介形态上又有区分，微博侧重图文，而抖音则以视频为主要传播载体。

结合微信的服务功能，服务的重点应集中在活动信息的发布和活动预约、报名培训、文艺慕课等方面，充分发挥参与式文化的教育功能。结合微博的即时交互特质，除了重要信息的发布之外，可侧重于设置新鲜、有趣的日常议题，加强与受众的互动，如堪称运营典范的故宫博物院微博的"每日故宫""让我们一起来读日历"等互动话题，每天介绍一样馆藏文物或介绍一幅画作，兼具科普性和娱乐性，作为长期性的议题，潜移默化地增强了用户的参与黏性。文化馆也可设置"'艺'起秀""学艺打卡"等日常互动话题，鼓励学员发布学习打卡动态，即时互动点评，充分发挥参与式文化的联结共享功能。结合抖音的视听优势，可侧重于优质创意内容的传播，基于15秒短视频，可悉心记录文化馆日常运行中有亮点、有意义的片段，策划兼具趣味性和思想性的短视频，或分享群众参与创作的文艺作品等，充分发挥参与式文化的创造功能。

5. 参与程度的浅层性

围绕两微一端的新媒体矩阵建设较为缓慢，针对各平台用户特征的数字化服务取向不明确，致使文化馆数字化服务在追求和维持一种参与性更强的文化时显得进程缓慢，参与群体的活跃度和参与程度都较为有限。

即便是能够参与到评论、征稿、展演、展览等线上活动中的参与者，其参与频次大都达不到黏性用户的地步，其参与包含了一定的偶然性，甚至可能只是一次性的。这类参与实质是浅层性的参与，理想中的从接收到贡献、从文化获取到知识生产的文化参与者角色群体在文化馆数字化服务中尚不明晰。

（三）参与式文化视角下的文化馆数字化服务革新

聚焦参与式文化视角下的文化馆数字化服务困境的分析，一定程度上也为今后文化馆数字化服务革新提供了思路和方向，不仅有助于提升文化馆数字化服务的广度和深度，也能更加有效地调动参与者的积极能动性，促进文化馆数字化服务提质升级。

一是加强平台建设的均衡性。持续加强文化馆数字化平台的建设，围绕两微一端开展的新媒体矩阵建设不能只是"空中楼阁"，要切实投入资源，尤其是对微博和抖音两块"荒地"的开发，实际上是在拓展文化馆数字化服务的覆盖面，亦在拓展参与式文化的广度。

二是提升文化参与的平等性。文化馆数字化服务的初衷是在提升服务的便利性和多元性，但参与式文化不该因为技术等原因对群体设限，其参与形式应当是灵活便捷的，并尽量给予参与群体自由选择的权利。针对参与线上服务困难的老年群体，应当考虑补偿性参与的措施,确保服务渠道的多样性。如在开放线上报名、预约通道的同时,服务公告上可注明电话或线下报名、预约渠道的操作方式。

三是完善平台功能的体验性。各平台在先天设计上就存在诉求侧重的差异,尤其在微信公众平台这样相对闭合的平台,部分用户的交互体验受限于平台的功能设计。因此,在现有平台功能基础上,可通过第三方技术支持,针对用户诉求,优化其参与式体验,如提供三维云展览、云课堂等,从服务供给方面增强用户的参与体验感。

四是关注服务内容的差异性。模式化、同质化的服务内容既不契合平台特性,也不利于挖掘潜在参与用户。要基于不同平台的特征和用户画像,创造性地开展差异化服务,实现平台之间的共建互补,提升参与式文化服务的内容和质量。

五是促进文化参与的深层性。各数字化平台在运营过程中,要认真挖掘长期活跃的黏性用户,并提供展示才能的机会,鼓励其参与文化生产,逐渐成为文化志愿者,并在开展文化志愿服务的过程中,享受成就感和归属感,进一步深化参与。

互联网语境下,新媒体技术的发展赋予了"参与式文化"更多的可能性,公众参与文化活动的场域从线下延伸到了线上,同时基于数字化服务平台,公众参与文化活动的形式也更加灵活。但受制于平台建设运营中存在的问题,公众参与线上服务的效果有限。着眼参与式文化视角下文化馆数字服务的具体困境,正确认识技术、传播和文化之间的复杂关系,从平台建设、运营管理等方面进行积极探索和尝试,或许能促进公众真正意义上参与到文化生产建设中来。

参考文献

[1] 詹金斯 . 文本盗猎者:电视粉丝与参与式文化 [M]. 北京:北京大学出版社,2016.

[2] 吴兰 . 互联网语境下的参与式文化研究 [D]. 杭州:浙江工业大学,2016.

[3] 梁晨 . 我国当前参与式文化研究综述 [J]. 西部广播电视,2021(16):17-19.

[4] 常江,徐帅 . 亨利·詹金斯:社会的发展最终落脚于人民的选择 ——数字时代的叙事、文化与社会变革 [J]. 新闻界,2018(12):4-11.

[5] 罗丹 . 浅谈参与式文化下的博物馆社交平台——以微信公众号为例 [J]. 首都博物馆论丛,2019(10):143-151.

刍议文化馆在文化治理体系中的独特价值

——以北京市朝阳区文化馆为例

唐继红（北京市朝阳区宣传文化中心）

一、治理演进与文化治理内涵

（一）治理的演进

2013 年，党的十八届三中全会首次使用"社会治理"取代"社会管理"，提出改进社会治理方式，发挥政府主导作用，鼓励和支持社会各方面参与，实现政府治理和社会自我调节、居民自治良性互动[1]。自此，涵盖经济、政治、文化、社会、生态文明和党的建设等各领域体制机制、法律法规安排的国家治理体系[2]浮出水面。

作为国家治理体系有机组成部分的文化治理，在国家治理体系中同样发挥着重要的作用。党的十九届四中全会指出，发展社会主义先进文化、广泛凝聚人民精神力量，是国家治理体系和治理能力现代化的深厚支撑[3]。2021 年，文化和旅游部、发改委、财政部三部委联合印发了《关于推动公共文化服务高质量发展的意见》，明确指出要努力推动文化治理体系和治理能力现代化[4]。

（二）文化治理的内涵

欧盟 ERIC Arts 研究所在《创意欧洲》报告中指出，"文化治理"是公共部门、私营企业、非营利组织等机构和个人组成的复杂网络，在跨国、跨民族、跨地区等地理和行政层面，在文化、经济、社会等政策领域，为文化发展确定方向[5]。

中国人民大学国家发展与战略研究院在《文化治理在国家治理体系中的地位和作用》中指出，"文化治理"内容包含两个方面，一是对文化领域进行治理，二是以文化的方式进行治理[6]，实现文化之外的政治、经济、社会效果。

背景不同，文化治理的内涵不尽相同。本文中提到的"文化治理"，是文化参与社会治理的简称，即在社会主义核心价值观的引领下，充分发挥中华优秀传统文化、革命文化、社会主义先进文化的作用，促进和实现高水平的社会治理。

二、文化馆参与文化治理的必要性与独特价值

（一）文化馆参与文化治理的必要性

文化馆作为文化治理的重要载体之一，不仅仅要服务文艺爱好者，还要介入社会问题治理。在新的形势下，文化馆要推动群众文化工作高质量发展，就要把握时代脉搏，倾听群众最真实的诉求，最大限度地发挥文化治理功能，以社会主义核心价值观为引领，充分发挥社会主义先进文化的作用，提高社会文明程度，推动国家社会的良性运转。

（二）文化馆参与文化治理的独特价值

文化馆在参与文化治理方面具有独特的价值，主要表现在以下四个方面：

一是，创新实践。文化馆是实践文化治理、解决矛盾冲突、发扬先进文化的重要阵地。文化和旅游部《2020年文化和旅游发展统计公报》显示，2020年末，全国共有群众文化机构4.3万个、从业人员18.5万人、开展各类文化活动192.6万场次、服务群众5.6亿人次[7]，为创新实践文化治理奠定了坚实基础。

二是，潜移默化。文化治理有显性治理和隐性治理两种，文化馆参与文化治理，不是用强制手段向群众灌输思想，而是通过举办各类展览、讲座、培训、指导群众文艺创作、指导业余文艺团队建设等方式，实现社会主义先进文化在群众中潜移默化的效果。

三是，主动接收。对于文化馆提供的公共文化服务，群众在反复鉴别吸收过程中最终有选择地内化于自身的意识形态，进而实现自身价值与行为的优化。在接受文化馆的公共文化服务过程中，群众是积极的认知主体，而并非强迫接受，在自我认知的过程中实现了自我调优。

四是，持续影响。文化馆把符合中国国情、文化传统和高扬人民性的文化服务，通过多种方式有效传播，一旦被群众接受和认可后，就会形成相对稳固的文化影响力。这种影响力会在人们的长期行为中产生持续的效应，最终形成相对稳定的行为方式。

三、朝阳区文化馆参与文化治理的实践

（一）朝阳区文化馆文化治理背景

朝阳区文化馆文化治理的背景可初步概况为：城乡居民多元化、社会层级复杂化、利益诉求多样化。

北京市朝阳区是高密度、高流量、多元化的复合人口大区。一方面，有CBD、三里屯等承载国际交往的区域，需承担起对外开放、文化交往的责任；另一方面，作为曾经的"东郊区"，仍有19个乡、143个村，45.2万乡村人口[8]，村落搬迁上楼、城乡一体化改造还在持续进行中；与此同时，朝阳区有149.1万外来人口[9]，庞大的外来务工人员群体已成为

新时代朝阳区发展的一支重要力量,其社会认同与社会融入亦成为一个重要议题。

在这样一个特点鲜明的地区,白领、农民工、上楼农民、下岗职工共同栖息,如何抚慰不同人群的焦虑,填补不同人群之间的鸿沟,满足日益多元的文化需求,是朝阳区文化治理需要解决的问题。

(二)朝阳区文化馆文化治理目标

朝阳区文化馆作为朝阳区重要的公共文化服务机构之一,需要把握时代脉搏,倾听群众最真实的诉求,开展文化治理功能的创新实践。

朝阳区文化馆文化治理主要围绕以下四个目标展开:

一是广泛凝聚精神力量。通过文化治理,构筑中国精神、中国价值、中国力量,巩固全区上下团结奋斗的共同思想基础。

二是促进形成价值共识。优化社会群体和个体的心理,塑造社会群体和个体的德行,规范"朝阳群众"群体和个体的行为。

三是调和各方利益实现矛盾消弭。从观念、道德、习惯等方面对不同群体的整合,形成稳定长效的矛盾协调优化机制。

四是促进公平公正。保障全区每一位群众的基本文化权利,尤其是注重对弱势群体的保护。

(三)朝阳区文化馆文化治理实践

从20世纪90年代末至今,朝阳区文化馆紧密围绕社会热点、难点,开展了一系列的创新项目,推进文化治理现代化实践。

1. 下岗女工大鼓队:从文化诉苦到文化民生

朝阳区文化馆坐落在针织路,在20世纪90年代是纺织企业集聚地。在1997年朝阳区文化馆新馆落成之际,周边一些棉纺厂和印染厂女职工下岗逐渐增多[10],这些40来岁的下岗女工在家无所事事,经济困难,精神受挫。

在此背景下,朝阳区文化馆成立了全国第一支下岗女工大鼓队——红半天女子鼓乐团。其始,下岗女工们还沉浸在消沉情绪中,不愿来参加排练。为此文化馆制定了相应的排练、演出等激励措施:每排练一次给予5元现金补贴。不到一周就有60多人报名,集训了3个月便可以参加社会演出。

大鼓队成立20年来,参加过新中国成立60周年天安门广场会演、2008年迎接北京奥运圣火等重要文化活动,并走出国门,去过德国、美国、芬兰等多个国家表演,大鼓队成员们不但重拾自信,还增长了见识,保证了收入。

在社会转型带来工人身份转变的巨大落差,朝阳区文化馆通过成立下岗女工大鼓队,助力下岗女工构建新的文化身份,最终实现从文化诉苦到文化民生的转变。

2. 新生代农民工肩并肩保育计划:和新生代农民工一起突破阶层焦虑

朝阳区是北京市外来人口最集中的地区,也是北京市新生代农民工最多的地区之一。

庞大的新生代农民工群体已成为新时期朝阳区发展的一支重要力量。新生代农民工呈现出新的特点,他们受教育程度更高,很多人都从事信息传输、软件和信息技术服务业等新兴行业,更侧重于对自我意识的关注,注重在"乡村—城市"间的断层里寻找精神归属。这时候文化治理功能的价值就显现出来了。

朝阳区文化馆从21世纪初开始,就致力于丰富农民工的文化生活,开展了"新生代农民工肩并肩保育计划"系列活动,包括:"新时代农民工一平米肖像""我们都是活雷锋——民工英雄体验""民工影院""打工春晚""农民工讲习所""工友六点半舞蹈课堂"等活动。其中,"民工影院"项目获得原文化部民工文化服务项目表彰。

新生代农民工不再把人生目标停留在收入多少,更注重自我价值的实现,朝阳区文化馆通过"新生代农民工肩并肩保育计划",帮助新生代农民工更好地融入城市。

3. 让艺术留住乡愁:服务农村和农民,重塑生活方式

朝阳区多年来一直推动农村城市化工作,并计划到2025年要实现全区剩余8.4万农民全部转居转工[11],农村地区城市化过程既充满了农民的欢庆和喜悦,又带来了熟人社会瓦解和身份焦虑。

自2007年起,朝阳区文化馆持续举办"大碗茶故事会——从农夫到邻居"等活动,帮助上楼的农民更好地适应城市化的生活方式。

2020年,朝阳区文化馆在金盏乡东窑村开展"艺术乡村"版画接龙活动,数百名群众参与到"手作之美"木版画公开课以及为期十次的"艺术乡村"木版画体验课,最终选取了400张温榆河和通惠河的照片,制作成黑白版画,并在798玫瑰之名艺术中心展览。

服务农村和农民是公共文化行业主动融入和服务积极服务国家重大战略的必然要求。在持续进行的城市化过程中,朝阳区文化馆仍持续关注农村农民,将狭窄的舞台搬进广阔的农村,致力于重塑农民生活方式,让文化艺术留住乡愁。

4. "文化居委会"实验:重构社区文化秩序,促进不同群体融合

堡头地区是老工厂退休工人、上楼农民、外来务工者、高档小区居民结合之地,这是朝阳区城乡居民多元化的一个缩影。

面对不同群体之间的隔阂,2013年,朝阳区文化馆在堡头地区开展了"文化居委会"实验,组织堡头地区的学生、工人、农民、高档小区居民,通过情景喜剧表演,学习罗伯特议事规则,经过精炼,最终形成十条公约。并以这一模式来讨论、协商、决定地区文化公共服务项目。

在"文化居委会"的框架下,朝阳区文化馆陆续开展了"一米田"走进居民生活的尝试——提供种子、工具和材料,鼓励居民在阳台上一米见方范围内种植蔬菜;组织居民到小汤山特菜种植基地去学习种植技巧,并联系专业农技人员在微信群里提供咨询服务。

通过"一米田",大家逐渐从陌生人变成熟人了,互相关注、互相帮助;"一米田"也逐渐衍生出了"一米美术馆""一米博物馆"。

"文化居委会"让真正参与其中的居民掌握主动权,深切感受自身体验的发酵,了解到文化的重要性,从而真正影响到实际生活。

总之，朝阳区文化馆围绕文化治理现代化开展了一系列有益实践。如果说取得了一些成绩，依靠的是文化馆既是文化艺术团，也是社会工作队；依靠的是文化馆既要立足专业领域，也要关注社会热点；依靠的是文化馆既需全面服务文艺爱好者，还需积极介入社会问题治理。

　　总体来说，在我国推动公共文化高质量发展，努力推动文化治理体系和治理能力现代化的政策环境下，文化馆应以文化治理作为其深化与拓展职能的抓手，充分发挥自身的独特价值，培育共同的价值观念，形成国家的文化凝聚力，进而协调完善各种社会关系。

参考文献

[1] 中国共产党中央委员会. 中共中央关于全面深化改革若干重大问题的决定 [EB/OL].[2013-11-16]. http://cpc.people.com.cn/n/2013/1116/c64094-23561785.html.

[2] 中共中央文献研究室. 十八大以来重要文献选编：上 [M]. 北京：中央文献出版社，2014：548.

[3] 中国共产党中央委员会. 中共中央关于坚持和完善中国特色社会主义制度 推进国家治理体系和治理能力现代化活干重大问题的决定 [EB/OL].[2019-11-05]. http://www.gov.cn/zhengce/2019-11/05/content_5449023.htm.

[4] 文化和旅游部，发展改革委，财政部. 关于推动公共文化服务高质量发展的意见 [EB/OL].（2021-03-08）.http://www.gov.cn/gongbao/content/2021/content_5602033.htm.

[5] 郭灵凤. 欧盟文化政策与文化治理 [J]. 欧洲研究，2007（2）:68.

[6] 林坚. 文化治理在国家治理体系中的地位和作用 [M]. 北京：中国人民大学国家发展与战略研究院，2015：15.

[7] 文化和旅游部. 中华人民共和国文化和旅游部 2020 年文化和旅游发展统计公报 [EB/OL].（2021-07-05）.http://www.gov.cn/xinwen/2021-07/05/content_5622568.htm.

[8] 北京市朝阳区人民政府.2021 年统计年鉴 [EB/OL].[2021-12-21]. http://www.bjchy.gov.cn/affair/tjnj/8a24fe837dd9dc08017dda5acf540003.html.

[9] 北京市统计局. 北京区域统计年鉴 2020[EB/OL].[2020-11-01]. http://nj.tjj.beijing.gov.cn/nj/qxnj/2020/zk/indexch.htm.

[10] 新京报. 改制 20 年朝阳文化馆获市委书记点赞 [EB/OL].[2017-09-10]. https://www.bjnews.com.cn/news/2017/09/10/457481.html.

[11] 北京市朝阳区人民政府网站. 北京市朝阳区国民经济和社会发展第十四个五年规划和二〇三五年远景目标纲要 [EB/OL].[2021-04-25]. http://www.bjchy.gov.cn/affair/ghjh/ghxx/ghjd/8a24fe83791a7f3a01791cf3299d042b.html.

浅析后疫情时代下大型国际活动中文化自信的创新性输出

——以北京冬奥村（冬残奥村）文化活动为例

莫智菲（北京市文化馆）

大型国际活动是文化自信输出的重要途径之一，以往活动中通过活动内容、活动形式、传播优势达到社会效益和国际影响。但在新冠疫情蔓延的大背景下，传统的线下活动受到极大挑战，大型国际活动具有聚集性、人员集散量大、流动量大，疫情传播风险较大的特点，与疫情防控要求相悖。后疫情时代下，如何在成功输出文化自信和认真履行疫情防控措施之间找到平衡点，是今后举办大型国际活动需要思考和探索的重要方面。

文化自信成功输出的前提是对文化自信的坚定，中国履行承诺向世界奉献了一届"简约、安全、精彩"的冬奥会和冬残奥会，其成功举办是中国自信与实力的真实写照。文化自信主要表现为以下四个方面：第一，自信于中华优秀传统文化的博大精深；第二，自信于中华优秀传统文化蕴涵的浓厚深刻的人文精神；第三，自信于中华优秀传统文化的创新性；第四，自信于中华优秀传统文化"开放包容、兼收并蓄"的显著特色。对文化的自信和坚定才能成功输出和转化，当传统与科技完美融合，中华优秀传统文化与冰雪文化激情碰撞，中华优秀传统文化在创造性转化、创新性发展中迸发出时代活力。在疫情常态化背景下，北京冬奥会和冬残奥会将中华意蕴融入现代科技，彰显深厚着的人文色彩和时代内涵，为大型国际活动中的文化输出树立了精彩典范。

一、深入挖掘，凸显精品

（一）中国元素凸显文化自信

北京冬奥会、冬残奥会的各个环节深挖文化精髓，从简约浪漫的开幕式上二十四节气倒计时、冰雪五环破冰而出等设计，"新晋顶流"冬奥吉祥物、体育图标到场馆内"黑科技"满分的构思设计，再到奖牌、制服的设计诞生，无一不展示着中华优秀传统文化的丰富内涵。

北京冬奥组委依照冬奥组委文化活动部 383 号文《北京冬奥组委文化活动部关于在冬奥村（冬残奥村）开展"文化中国"展示体验活动有关工作的请示》，在北京、延庆、张家口冬奥村（冬残奥村）统筹设置"文化中国"展示体验区，将奥林匹克精神与中国元素完美融合，向世界传递别具匠心的中国形象、中国符号和中国特色。

在北京冬奥村（冬残奥村）中的"文化中国"展示体验区内设置了冬奥景观与中国文

化展示板块,展示了会徽、奖牌、火炬、火种灯、火种台等冬奥景观标志性元素的原件及其设计演变历程,体现着北京冬奥会和冬残奥会对中华优秀传统文化的传承与创新。篆刻和汉字巧妙融合,设计出灵动飘逸的冬奥会徽;火种灯、奥运奖牌、火种台的设计灵感来自长信宫灯、同心圆玉璧、何尊等。

北京冬奥村(冬残奥村)巧妙利用春节这一传统节日,通过贴春联、贴福字、吃饺子、逛庙会、看中医、学武术等丰富多彩的活动形式,让中外运动员感受着中国传统民俗。在"文化中国"展示体验区的春节文化及非遗展示板块通过展示对联、福字、剪纸和大红灯笼等春节民俗文化,及以兔儿爷、景泰蓝、雕漆为代表的百余件精美的非遗展品,烘托出喜庆的"年味"和文化氛围。

(二)精品化彰显文化厚重

在北京冬奥会和冬残奥会期间,"文化中国"展示体验区是三个冬奥村(冬残奥村)丰富文化活动、展示中华优秀传统文化的重要窗口,共设置冬奥景观与中国文化展示、春节文化及非遗展示、人文地标展示、传统文化数字体验、汉字互动体验等五大板块,设计之用心、做工之考究无不彰显工匠精神,坚持精品化意识。

"文化中国"展示体验区为中外参观者贡献了一场"细节之处见真章"的传统文化盛宴。人文地标展示板块有机融入京杭大运河、故宫和北京四合院等地标景观,配以丝绸、汉白玉、红木家具等实物展品,地标景观与实物展品各具特色,彼此呼应。馆内地面布置京杭大运河河道的地贴,空中悬挂着沙燕风筝,以风筝为引、河道为导,拉开了一个广邀世界、展阅中华、共赴未来的中华优秀传统文化奥运故事篇章;以海派绒线编结技艺为灵感设计的"镜中花"装置与冬奥颁奖手捧花展示相呼应,也将两个板块巧妙联系在一起;在中华传统文化数智阅读区大屏中呈现的《锦绣江山》视频动画与地贴的北京中轴线全景图相呼应,每一处细节布置都折射出高度的文化自信。

二、美美与共,突出人民性

大型国际活动具有大众性特点,尤其是冬奥会、冬残奥会是一项跨越国家和地域的重大体育赛事活动,受到举世瞩目。2008年北京奥运会开幕式注重呈现中国五千年的历史、讲述中国悠久深厚的文化,而2022年北京冬奥会和冬残奥会开闭幕式则是从展示"我"变为展示"我们",展现"一起向未来"的人类共同情感,讲述新时代中国对人类命运共同体的理解、期待和展望。北京冬奥会开幕式上强调"人民性",全部启用群众表演广场舞进行热场。从用世界语言向世界表达中华优秀传统文化的精髓,整体风格也从浓重深远到简洁清朗。这是走向富强的中国以人民性、群众性为核心的办会理念,秉持包容友好、开放多元的积极心态,创新传播中华优秀传统文化的方式,真实、立体和全面地展示中国文化自信。

在北京冬奥村(冬残奥村)的"文化中国"展示体验区内,充分考虑到以人为本的工作理念,紧紧围绕"以运动员为核心"的服务态度,工作人员与志愿者积极提供中英双语、手语等交流方式,为中外参观者提供讲解服务近百场次,介绍展区特色,使中外来宾沉浸体验中国文化和历史,获得中外参观者的一致好评。自 2022 年 1 月 23 日开村以来,国际奥委会主席巴赫先生、国际奥委会委员、国际奥委会北京冬奥会协调委员会主席胡安·安东尼奥·萨马兰奇及百余位国外运动员及官员来到"文化中国"展示体验区,深入体验中国传统文化,感受浓厚节日氛围,均对展区表示高度赞赏。

冬奥工作人员用自信、阳光、热情的服务向世界展现着当今中国人民的"精气神"。以北京冬奥会和冬残奥会为契机,以冰雪为媒,以文化为桥,与世界同行,一起向未来。

三、科技 + 文化,助力创新

新冠疫情对大型国际活动的影响巨大,线下转为线上、云端成为首选,这就需要借助科技手段才得以实现。北京冬奥村(冬残奥村)深刻领会"如期顺利举办即成功"的办赛目标,牢牢把握"简约、安全、精彩"的办赛要求,减少非必要环节活动和人员数量,将原计划的民乐团演出和非遗传承人现场演示等安排创新性地改为静态展示和科技手段相结合的现实景观,让外国运动员能够身临其境地感受中华优秀传统文化。

(一)科技赋能文化新感受

以北京冬奥村(冬残奥村)"文化中国"展示体验区为例,设计之初就充分考虑到疫情防控要求,用新技术、新概念取代传统的文化活动展示,更好地履行文化担当。以"科技 + 文化"赋能场景化展区的呈现,5G 全景阅读等科技手段使传统与未来交织,以科技为依托,时代精神重新激活中华优秀传统文化,对其进行了创造性转化。

传统文化数字体验板块中,中华传统文化数智阅读区以中华优秀传统文化为核心,围绕"水墨绘中国""典籍阅中国""京剧韵中国""华服展中国"四大主题,以文化与科技深度融合的全新方式,让国画作品、珍贵古籍等中华优秀传统文化内容"活起来。"通过270° 大屏全景沉浸式展示《华山云海图》《永乐大典》等十余部经典作品,让中外参观者深刻感受中国文化魅力。

音乐在传播文化任务中承担重要作用,前期筹备中,文化活动业务领域预设计民乐团现场演奏著名中国民乐的环节,考虑到疫情防控关于减少人员聚集的具体要求,后期将真人演员改为由身着汉服的"中国姑娘"(机器人)替代,钢琴在预设电脑程序的驱动下奏出优美音符。中外参观者一进入展区,便能看到一位"中国姑娘"摇动着身体,弹奏着西洋乐器,中西方音乐在交融,乐曲既有《茉莉花》《梁祝》等传统民乐,也有《青花瓷》等流行音乐,让参观者们亲身感受着古今中国音乐的魅力。

(二)融媒体传播助力"破圈"

随着大数据、5G、VR 等新媒体技术的发展,媒体传播方式发生了根本性改变,特别是短视频平台的迅猛发展带来文化传播模式的新局面。大型国际活动需借力新技术、采用新手段在传播方式上进行创新性发展。大型国际活动作为人民参与性活动,常以聚集性现场参与的形式开展。在后疫情时代下,由以往的线下活动为主,逐渐转变为线下活动规模缩小、线上活动增强、线上线下融合的发展趋势。

北京冬奥村(冬残奥村)文化活动领域注重结合运动员和官员生活和比赛需求,利用大数据预判参观人员流动峰值,灵活调整参观政策,采取限流等手段保障赛时安全顺利。在对外文化传播交流中,运用多样化机制运作的传播方式传播优质内容。同时,注重精准化传播,传播的内容和方式与冬(残)奥赛事紧密结合,形成多效联动,传播更加个性化、风格化、即时化、深入化。"文化中国"展示体验区自运行以来,网络、报纸、电视等新闻媒体报道达百余条,中外参观者利用微信朋友圈、抖音、推特等新媒体、自媒体广泛交流,形成矩阵式传播。"中国姑娘"、大运河槽船、绒线花装置、北京四合院、数智阅读区等展示成为"网红打卡点",参观者纷纷拍照留念。多维立体传播,打破闭环管理局限,形成文化"破圈之势",为中外民间文化交流打开文化窗口。

四、包容兼蓄,以情动人

优秀传统文化内化为中华民族的内在追求和审美趣味,代表着中华民族独特的气质。

(一)互动助力深度体验

提升中国文化传播力和影响力,需将中华优秀传统文化对外传播内容的丰富性、传播途径的多样性、文化影响的持久性进行有机整合。以北京冬奥村(冬残奥村)为例,在严格落实疫情防控,并结合冬奥村(冬残奥村)整体防疫要求下,文化活动灵活调整运行策略,最大限度地平衡防疫要求和文化活动需要。通过学写中国字、欣赏中国民乐、戏曲等,让中外参观者听、看、品、享,立体感受中华优秀传统文化。

在展区汉字互动板块中,利用视频展示写"福"字、木板拓印"福"字等内容,结合疫情防控要求,灵活调整互动环节政策,严格执行防疫保护措施后,参观者在志愿者协助下,书写毛笔字、拓印"福字",深度体验汉字魅力。

(二)文以载道,文以化人

大型国际活动是人与人之间的交流,更是文化与精神的传播。北京冬奥会、冬残奥会是一次中华优秀传统文化与奥林匹克精神的完美融合,中国历来主张"世界大同,天下一家"与追求团结、友谊、和平的奥林匹克精神不谋而合。北京冬奥会、冬残奥会"一起向未来"的口号既符合追求世界团结和平进步这一目标的共同诉求,也体现了奥林匹克运动的核心价值和愿景。

礼轻情意重,用赠送明信片、"福"字等方式向中外参观者传递着温暖和友谊。筹备前期,文化活动业务领域多次与北京市文旅局协调,邀请非遗传承人精心筛选景泰蓝、

"兔儿爷"等多种类、多样式且代表中国文化的非遗礼品,为尊贵的来客送上祝福。国际奥委会委员、国际奥委会北京冬奥会协调委员会主席胡安·安东尼奥·小萨马兰奇参观北京冬奥村时,收到了北京市非物质文化遗产——火绘葫芦。他说道:"非常感谢,我会珍惜这份来自北京冬奥村的特别礼物。"

五、总结

北京冬奥会和冬残奥会已经圆满结束,留下了文化自信输出实践的精彩典范。基于目前新冠疫情的严峻形势,大型国际文化活动的实施举办仍具有挑战,推动文化活动传播文化自信,提升中华优秀传统文化影响力,需要将文化与科技有机融合,创新性发展活动内容的丰富性、传播途径的多样性。

(一)深度挖掘中华优秀传统文化精神内核

坚定文化自信是成功输出的基石。后疫情时代下,需要深入挖掘中华优秀传统文化的精神内核,主动寻求全人类的文化共识和共同价值,坚定文化自信。中国文化既是历史的也是当代的;既是民族的也是世界的。中华优秀传统文化中的"天人合一""和而不同"等思想既是中华文化的精神内核,也是世界人民的文化共识。

(二)创新性增强文化自信传播路径

举办大型文化活动,在发挥主流媒体主导优势的同时,也需结合大数据、人工智能、5G、VR 等科技手段,推动传统媒体和新媒体在体制机制、政策措施、人才技术等方面形成矩阵传播规模,从官方的传统传播渠道向全民参与的自媒体裂变传播效应转变,同时做好传播信息舆情的有效管控。强化以科技为依托,利用线上线下相融合的文化活动模式,创新发展文化元素,创新文化展现形式。

北京冬奥会和冬残奥会的成功举办,在冬季奥运赛事历史上留下了浓墨重彩的一笔,北京冬奥村(冬残奥村)文化活动通过"文化中国"展示体验区的有限空间传递出无限的中华优秀传统文化的精神内涵,传播着深厚的文化底蕴,传递出强大的文化自信。在大型国际活动中传播文化自信,必须坚定文化自信,深入挖掘中华优秀传统文化,在传承传统思想精华和文化智慧的基础上,坚持创造性转化、创新性发展,激发全民族文化创新创造的活力,不断铸就中华文化新的辉煌。

文化馆数字服务平台与智慧空间建设

刘　伟　韦婵婵（广西壮族自治区来宾市群众艺术馆）

在我国文化体系的完善和升级工程中,文化馆的优化和转型是其核心的环节。在大数据技术的影响下,文化馆的数字服务平台和智慧空间的建设应该同步进行。通过两者的有机融合和彼此促进,才能加快文化馆数字化和现代化建设步伐。同时,依托数字服务平台的框架和技术,文化馆的智慧空间布局也初具规模,智慧空间建设必须本着响应迅速、服务周到、覆盖全面、运转高效、集约成本的原则。在具体的设计和实施上,要以现代信息技术为依托,大胆创新文化治理模式,立足于基层文化,积极鼓励和引导社会文化团体和民众广泛参与的新型公共文化馆。文化馆智慧空间最核心的蕴涵就是需求导向下的人性化服务。

一、文化馆数字服务平台与智慧空间建设的必要性

文化馆一直是我国文化服务体系中最核心的服务机构,在文化传播中发挥着枢纽作用。而进入新的历史时期,民众的生活观念和文化意识都有了明显的变化,主要表现在信息多元化的需求和对文化刺激更高要求,这就要求文化馆在管理模式和服务内容上进行优化和改革,而大数据和现代信息技术给文化馆的变革带来良好的契机,可以依托大数据技术进行文化馆数据服务平台和智慧空间的建设。

打造数字化服务平台和建设智慧空间,完全可以将现代信息技术融合到文化馆的文化资源中,利用技术手段突破传统文化馆运营面临的空间制约,更能保障文化馆本身具备的特殊性、开放性和公益性。总而言之,文化馆数字服务平台和智慧空间的构建,是现代文化体系构建的必由之路,也是充分满足现代读者更新、更高阅读和浏览要求的有效手段,也是智慧文化馆建设的基础和框架。文化馆数字服务平台和智慧空间对大数据的应用,不仅实现了文化信息共享,也促进了文化产业化的形成[1]。

二、文化馆数字平台建设路径

（一）数字化和数据化

数字化是新时期群众文化有效发展的保障,而且要构建资源库;数字化的培训资源可

以形成教学资源,在线上开展有效的服务;文化馆空间环境的数字化,必须依托文化馆服务体系对应的数字化设备及设施,同时虚拟的场馆空间能够在网上构建。显而易见,文化馆数字化建设必将成为"十四五"时期文化体系建设的关键内容,并成为新常态。

数据化就是梳理、归类和分析数字化在各环节形成是数据,更有利于文化馆对信息的管理和对客户的服务,文化馆重要的资产就是数据本身。特别是"十四五"时期,是大数据在文化馆应用最佳阶段。文化馆首先要弄清数据化能带来什么,能产出什么。例如,可以通过数据化发现区域内的用户对哪一类文化艺术更喜欢,以及不同群体的不同偏好,通过分析实施有针对性的服务。再如,可以利用数据化分析在哪些方面提升服务水平。

(二)完善文化馆管理体系

文化馆的数字化服务平台建设完全可以改变工作内容的管理模式,从人工传达向网络化转变,网络化的管理,只要发邮件或者公告就可以确保所有工作人员都接收到指派。这种管理会起到降低人员工作量的作用,特别是针对文化馆内部的培训工作,可以让不同部门间的交流和沟通更简化,以此促进文化馆服务效率的提升。在完善文化馆管理体系的过程中,管理者可以通过实时查询系统中的信息,有针对性地掌控相关工作,同时可以提出有针对性地解决其中的问题,以保证文化馆数字平台的合理构建。

(三)文化预约与配送服务系统

文化预约是前期通过精彩预告等形式,对预开展的文化活动进行宣传,让更多的民众参与其中。具体来说,要创建活动预告、报名人员管理、活动展示、活动搜索、活动预览、一键预约报名等功能。文化活动配送遵循的是"百姓点单,政府配送"的宗旨,针对群众或者是基层文化服务站点预约的文化服务,平台按照预约权限和配送计划实施审核。文化服务配送的内容包括对文化资源的收集、后台管理、评选、预约、审核、配送等,具体功能包括收集文化资源、数据统计分析、线上点单、预约培训、场馆展示、场馆预约、场馆搜索、民意征集等[2]。

(四)网络直播服务系统

1. 高清录播直播系统
可以在网上剧场直播一些版权放开的剧场节目,让民众在家里就能欣赏到剧场节目。直播系统必须设置回放功能,方便错过的观众通过录像观看,同时要支持高清播放。

2. 远程辅导培训系统
艺术培训是文化馆会经常举办的活动,但总有一些群众因为有事不能参加,针对这样的情况,文化馆的数字服务平台可以进行线上直播服务,不仅可以实现线下互动,还可以在线提问培训的老师,进行直播解答。

3. 移动互联直播系统
网络直播系统可以通过移动端和 PC 端,分别进行两个客户端的在线直播,而且也能够通过移动端欣赏 PC 端直播节目,从而形成多样化、灵活性的文化馆数据服务平台。

(五)打造独特 IP

1. 资源 IP

大数据背景下,文化馆都在打造属于自己的文化资源,各地文化馆在不断探索 IP 的打造,比如广西某市文化馆结合自身优势打造出的慕课,在特定的区域内打造独特的 IP。在打造中求质不求量,使其成为不可替代的资源。

2. 名人 IP

就像普通人经过运作和努力成为网红一样,文化馆也可以将自身打造成高人气的网红,形成正能量的"名人 IP",例如某城市的"非遗小姐姐",可以在网上直播间为本市的非遗好货代言。

3. 活动 IP

打造活动 IP 应该是文化馆的优势所在,通过持续地开展有地域特色的被民众熟悉的文化活动,逐渐形成文化馆的活动品牌,并升级为城市名片,比如某市文化馆打造的乡村春晚等。

4. 场馆 IP

文化馆的场馆 IP 突出的是空间设计,不仅要具备美感、和谐感、时尚感、舒适感,更要融入科技感的元素,让民众陶醉在立体的空间氛围里。可以借助一个典型的元素打造文化馆独特的 IP,比如某市的滨海新区文化中心的构建就是一个独特的 IP。不同区域要根据自身的特点去打造独特的 IP。

(六)线上线下服务体验结合

在数字文化馆的建设过程中,文化馆线上和线下的有机融合,可以借助云计算的网络平台来实现,以提升服务的效率和质量。例如,某文化馆打造了利用 3D 技术融合全景的模式,将馆内的布景和环创等文化内容利用数字化的手段传输给用户,让用户享受到新颖的视听服务。显而易见,大数据的应用让文化馆的数字服务平台建设更加科学化,系统化,针对现代民众的文化需求,提供相匹配的文化信息服务[3]。

二、文化馆智慧空间建设路径

(一)打造有活动力度的智慧空间

1. 完善网络化的总分馆制

文化馆针对智慧空间的网络构建,通常设定的总馆为区县馆,在此基础上利用直管、加盟、托管和联办的模式,在文化站、社会文化企业、公益文化组织等机构里建立分馆。基于公共文化大数据的资源节点都要由总馆和分馆承担,而文化馆的智慧空间为核心节点。

大数据平台能够把比较分散的网络节点进行互联,形成协作互助、信息共担、数据共享、平台共建的大数据资源库。民众如果登录文化馆的官方网站,可以通过相关的微信公众号的关注、APP 等,也可以通过文化馆合作的其他网站,利用智慧空间获取全方位的大数据服务。文化馆智慧空间网络体系如图 1 所示。

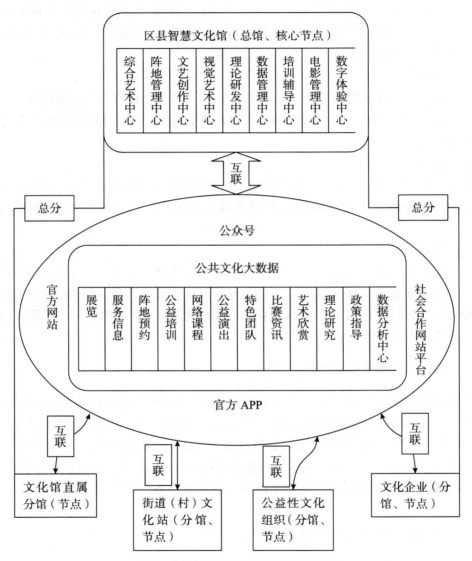

图 1　文化馆智慧空间网络体系示意图

2. 多元化的决策依据

大数据在社会的各个领域中得到广泛应用,将其应用在公共文化领域中,更具有现实意义,可以帮助文化部门科学而精准地了解民众的文化需求,更公正合理地维护民众的文化权益。同时,可以发挥公共平台的开放性,凝聚广大人民群众的智慧,让民众有机会参与到以文化馆为主体的打造的公共文化服务的全过程。民众可以在积极地参与和欣赏过程中,将潜藏的文化意识和主体价值最大化地发挥出来,文化部门和民众共同治理的文化格局已经形成,实现了文化馆智慧空间的文化服务价值。

3. 打造网格化的"文化超市"

该层次的智慧空间建设具备三个特点:网格化、权利义务共存化、小而美。网格化是指依托总分馆的"文化超市"进行全区域的覆盖服务;所谓的权利义务共存化,就是市民参与文化活动后经过文化志愿服务的途径得到文化超市的积分,参加的活动包括文化馆的公益艺术辅导培训、公益演出、公共文化政策以及法规宣传等,然后利用获得的积分兑换书籍、高级网课的观看权、光盘、艺术培训课时量、音乐会门票、文创产品等。小而美智慧空间的定义是只需要少数志愿者负责"文化超市",通过文化馆的数据平台,向市民提供一系列的文化服务,包括书籍借阅、参与文娱活动、获取文创产品、资讯查询、艺术培训等。另外,可以借助文化馆的数据服务平台,将公共文化资讯点击量,广大市民在文化馆官网以及微信公众号的关注量,参加公共文化活动出勤量,参加公共文化活动出勤量,以及淘宝蚂蚁信用积分、"我的XX"APP的绿色积分等,完全对接"文化超市"积分的兑换系统,让民众通过智慧空间得到更多的高品质、免费的公共文化服务的机会。

(二)打造有服务精准度智慧空间

1. 实现服务内容精准化

从本质上讲,文化服务的精准化就是人性化的文化服务,体现了公共文化服务行业的人本精神。大数据技术不仅可以进行精准又全面的分析,还可以定量分析,这就为具备因人、因时、因地制宜优势的公共文化服务系统营造了可靠的技术支撑,促进了文化馆从被动响应服务模式向主动服务模式转变,加快了文化馆基于优化服务的改革和创新,让一直困扰公共文化服务领域的很多问题得以解决,形成了文化馆智慧服务的新模式。

2. 实现精准扶贫

文化馆可以借助大数据分析,能够直接发现某些文化空白的地带,制定的文化关怀政策可以覆盖这些地区和人群。针对那些还没有接触网络的区域和群体,比如偏远山区的空巢老人、社会残障人士、乡村的留守儿童、社区敬老院等,这些群体有的很少接触网络、也有不会使用智能手机的人。文化馆可以打造为这些领域服务的智慧空间,比如电子阅读设施的投放,加大流动文化服务力度,推广盲人影院,完善无障碍文化活动设施、数字互联终端的架设等。同时借助数据服务平台的反馈信息,真实掌握文化馆各项服务的效率和动态变化,让民众通过智慧空间的精准化,真正享受到便利和均等化的公共文化服务,让民众的文化权益得到保障[4]。

(三)打造足够覆盖广度的智慧空间

1. 空间维度

依托数据服务平台进行基于公共文化空间虚拟和现实二重空间的有效拓展,实现数字化线上和线下互动的完美体验。线上文化馆可以利用VR技术将各类服务内容移到网上,例如演出、活动阵地、教学、展览、培训、环境等,探索以大数据为依托的新模式,包括免费开放以及文化馆智慧空间公益性服务的形式。在线下的文化馆智慧空间里,利用数字手段全景式展现区域特色文化场景,让用户感受真实的视听体验。

2. 时间维度

借助大数据平台开辟文化馆智慧空间的门户网站,利用智能 APP 和微信公众号平台,全年候地为民众提供公共文化服务,包括信息资讯、艺术欣赏、文艺辅导、查询文化政策法规、文化遗产介绍、智力支持理论研究等。任何网络覆盖的区域,智慧空间的服务都做到 24 小时不打烊的服务。

3. 交互维度

为陌生人之间提供远程对话和协作,是大数据平台的功能之一。同时,借助大数据功能掌握用户的个性特征,通过智慧空间提供有针对性的服务。例如,如果登录智慧网站首页的是个摄影爱好者,文化馆系统就会推荐关于摄影的相关信息,如果登录官网的是音乐爱好者,就会接收到文化馆推送的有关音乐方面的信息。文化馆的智慧空间可按照用户的流量进行分析,通过对用户文化习惯和喜好的了解,将真实有效的热点文化内容推荐给用户,让文化服务个性化和智慧化。

（四）打造绩效管理有透明度的智慧空间

借助大数据的真实性、价值性、实时性和高效性,文化馆的智慧空间可以让文化馆服务的评估和反馈机制更科学、更透明。例如,可以借鉴网游的运行管理模式,通过数据的管理体系,向工作人员布置日常工作任务,主要包括调研、比赛、演出、出勤、辅导等;接受任务者可以按照自身的能力和精力领取适合的任务。完成任务的相关情况可以通过数字积分的模式,利用数据平台客观地反映出来,其中包括完成情况、个人获奖情况、基层辅导情况、文章发表情况、客户对文化馆提出的意见和建议情况,以及其他的相关贡献情况等。以此为依据,员工可以获得绩效奖励、休假补助、岗位晋升、年终评优,也可以作为职称评定的依据。

（五）打造理论研究有高度的智慧空间

利用大数据技术,可以为文化馆智慧空间的理论研究提供多样化、实时化的、有价值的研究成果,更好地纵深开展智慧理论的研究。例如,传统的乡村电影放映虚报场次的现象屡见不鲜,群文部门的研究数据有水分。而智慧空间的监控视频、卫星遥感技术、GPS定位技术,可以真实地进行电影放映点数据的掌握,包括电影放映的内容、时间、地点等信息,以至于观众的数量都能够直接在系统反映出来。

（六）打造社会参与有深度的智慧空间

文化馆的智慧空间基于现实生活服务,以文化理事会为核心,吸收群众和文化部门的外部人员丰富、充实决策层,扩大决策与监督人员范围,利用直管、托管、加盟和联办的模式,在更大的区域内构建文化馆总分馆智慧空间的结构。基于数字生活的智慧空间建设,在打造数字服务平台的基础上,大力推进"政府、企业和公众"三者协同,实现大数据支撑下的文化馆智慧空间的构建。构建大数据平台,需要三个系统的支持,即云平台、物联网、数据库。其中,云平台是平台建设的重中之重,这也是文化馆智慧空间构建的核心[5]。

综上所述,文化馆数字化服务平台建设不是一蹴而就的工程,首先需要相关部门真正认识到该平台的建设是公共文化服务体系完善的必由之路,其次意识到该工作开展和落实的时代契机,最后按照本区域的特点,进行现代文化资源与传统文化资源的有效整合,在逐步满足更高、更新文化需求的过程中,真正实现文化馆数字化的目标。大数据给各行各业带来的不仅是技术革命,还是一场思维革命,所以,数字服务平台和智慧空间的建设,不仅是线上和线下文化空间的建设,更是大数据理念下公共文化治理模式的深刻变革。因此,公共文化部门必须紧跟时代脚步,抓住技术革命的机遇,打造好六度智慧文化空间,实现公共文化发展的数据化、信息化和现代化。

参考文献

[1] 李楠. 浅析新时代文化馆发展模式 [J]. 大众文艺,2020(12):15-16.

[2][5] 杨玮. 谈新媒体时势下群文数字平台建设 [J]. 戏剧之家,2019(10):244.

[3] 谭玮. 区县公共数字文化服务体系构建探索——以重庆市北碚区公共数字文化建设与服务为例 [J]. 图书馆研究与工作,2017(11):20-22.

[4] 周姗姗. 新时期背景下数字文化馆建设的创新研究 [J]. 文化创新比较研究,2017(29):100-101.

互联网时代鄂尔多斯市文化馆持续激活内部组织的几点思考

柔　强　薛　晨（内蒙古自治区鄂尔多斯市文化馆）

在互联网信息时代,快速变化的外部环境按照自己的发展路径持续高歌猛进。从而使文化馆自上而下的传统管理方式遭遇到前所未有的挑战。文化馆需要更加频繁地与环境进行交互才能够适应环境,才能在满足广大基层群众精神文化生活上获得持续动力,这就要求文化馆要不断地思考:在复杂不确定性的外部环境中,如何激发内部组织的巨大活性,形成文化馆的核心竞争力?

一、文化馆面临的外部环境新特征

(一)复杂的群众文化生态

在互联网时代,从服务手段而言,群众文化活动已由线下转变为线上与线下相结合;从服务主体来看,群众已经由观众转变为演员,从外行人转变为内行人;从价值驱动理解,群众已经从参与者转变为合作者。这个时代,广大基层群众需求的不确定性已远远超出了以往任何时期,无论是群众文化系统的广度、深度、维度都发生了迅猛不及的变化。这种深不可测、没有边界的复杂程度很高的群众文化生态时常让文化馆感觉到迷茫与困惑。

(二)庞大的线上人口

随着中国互联网的不断普及,中国网民规模快速增长,截至2021年6月底中国网民规模达10.11亿人,较2020年12月底增加了0.22亿人,庞大的网民规模为推动我国经济、政治、文化、科技等高质量发展提供强大内生动力,加速我国数字新基建建设、打通国内大循环、促进数字政府服务水平提升。这个新型人群是最活跃的、最有生命力的一族人,他们的能力与需求引领着每一个行业的变化,针对他们的行业模式都有着极强的冲击力与颠覆能力。

(三)全新的思维逻辑

互联网带来的"新进入者",用全新的逻辑去展开自己的行业模式,不遵循于原有行业的思维逻辑。一旦有新进入者进入,他们能够推动新潮流的兴起,用一种全新的行业模式获得规模与品牌的影响力,进而会改变行业发展的格局,并形成新的格局。以往,文化馆在战略规划时,通常做法是用以往文化馆行业经验分析历史数据以推断未来的发展趋势。但是如果新进入者出现,这些做法就会有很大的局限性,并会影响到决策的有效性。

(四)共生的价值再造

腾讯微信官方微博发布了2019年春节期间(除夕至初五)微信收发红包的相关数据。根据数据显示,8.23亿人收发微信红包共享祝福。微信运用互联网有效地粘住了广大老百姓,让中国传统的节日充满了快乐。从而促使腾讯微信与"个体"成就了彼此。"共生"与"众享"意味着可持续的选择。这种合作体现了共生关系的协同作用和创新活动,不排斥竞争,不是自身性质和状态的摒弃,而是通过合作性竞争实现其相互合作和相互促进。

二、鄂尔多斯市文化馆内部组织存在的问题

(一)扁平式组织机构变革不够彻底

面对文化馆提供的产品不符合群众"胃口"、经常模糊对群众的关注、文化产品质量不高、组织自身能力亟待提升等诸多问题。鄂尔多斯市文化馆痛定思痛,下决心变革内部组织机构。2021年文化馆聘请北京云联珠咨询有限公司为顾问,于10月份将下设的11个部室调整为6个部室及1个创新工作领导小组办公室。将组织机构由传统层级式变革为扁平式,实现扁平化、透明化、公平化。并且成立了链头部门,实施项目制,更进一步打破了层级结构,给予单位职工提供平等的展示自我的机会和平台。内部组织机构调整后,很快调动了大部分干部职工的工作积极性,大家有了干事创业的热情。同时项目制的实施,更是打破了层级壁垒,针对每个项目特点,新建立工作组,将对的人放到对的岗位上,发挥了职工的业务特长。但是,还是有一部分职工不够信任组织,继续选择观望或躺平。

(二)借助科技手段推进工作缓慢

目前,全馆在职人员65人,专科及以上学历48人,高中以下学历17人,艺术类专业人员42名,平均年龄45岁。日常的办公软件,全体职工能熟练掌握Word软件的不到30%,能熟练使用Excel、Powerpoint不到15%。面对迅猛发展的数字化时代,面对10.11亿的线上人口,没有称手的武器,文化馆与外界沟通连接,满足庞大的网民群众精神文化生活就会显得束手无措、彷徨不已。2021年鄂尔多斯市文化馆引进了北京云联珠咨询有限公司研发的创新工具—标尺,在标尺推进使用过程中,遇到了很大的阻力,年龄比较大的一部分职工认为自己连电脑都不会用,使用标尺办公简直是天方夜谭;还有部分职工认为就现在这些工作完全没有必要使用标尺办公;只有一部分职工使用标尺办公如鱼得水,办公效率急速提升。

（三）对于新进入者不够了解

线上的人群是一族全新的人群,他们有自己的主张,不随波逐流,更重要的是他们创造新的游戏规则,要以新的方式界定群众文化的边界与价值。他们无论是价值观、行为模式、生活方式,还是沟通与认知,都是完全不一样的。根据以往文化馆开展群众文化的模式与经验,已经完全不能满足这群人的喜好需求。但是他们究竟需要什么样的精神文化生活,目前我们似乎还没找到清晰地方式与路径。

（四）共享共生理念还没有形成

今天的文化馆要具有高度弹性与柔韧性,要不断调整自己,不断寻求与变化共舞的机会,需要形成开放与合作的组织平台。无论是内部还是外部,都可以嫁接新的组织能力,从而帮助组织获得新的发展机会。目前,文化馆正处于调研摸底、整合全市文化资源、搭建共享平台、推进总分馆建设的起始阶段,后面的路还有很长。

三、鄂尔多斯市文化馆持续激活内部组织的几点思考

（一）持续调整文化馆内部平衡

海尔张瑞敏曾说过,鸡蛋从外面打破就会是食物,但从内部打破就会是新的生命。为应对互联网时代快速变化的外部环境,鄂尔多斯市文化馆需要积极进行探索和行动。一是加强"链头部门""项目制"的执行力度。例如,深入推进"民族音乐普及推广""总分馆建设""群星奖评奖"等项目制工作,用以打破专业分工,减少管理层次和职能部门,强化内部信息交流与沟通,突出平等、速度与效率,并按照群众的需要开展工作。从而形成以工作小组、团队为基本单元的组织结构,强化组织与外界的反应速度,适应变革的持续性。二是形成组织内部人员流动的氛围及机制,给予职工最大化的获得新机会的可能性,不仅要保证机会均等,更重要的是保证中共能够自主地表达需求,同时不准许职工固化自己的角色与岗位;三是不断调整组织目标。互联网时代,环境的动态性更使得组织目标需要及时进行更新调整。例如,2021年文化馆的发展目标是"疫情防控,稳健开展群众文化活动""打造数字化平台""强化文化志愿者服务"等。2022年文化馆的目标是打造乡村"村晚"、大学生美育辅导培训、文艺创作、群星奖评奖等。

（二）科技赋能组织发展

文化馆需要极力运用科技赋能组织发展。一是要运用信息技术协调职工之间的关联。管理者职能从控制转向支持、从监督转向激励、从命令转向指导,并且要借助互联网信息技术以帮助职工进行自我管理。例如,建立信息平台,帮助职工在相互尊重与信任的基础上进行知识与资源共享,协作完成组织目标。二是运用互联网有效粘黏线上人口。

腾讯微信官方微博发布了 2019 年春节期间（除夕至初五）达 8.23 亿人收发微信红包,共享传统节日快乐。这种方式完全突破了地域、行业、人群等限制。鄂尔多斯市地广人稀,文化馆在繁荣当地文化、满足群众精神文化生活过程中,遭遇最大的困难就是地区人口总量小,参与文化活动人群体量小。显然,要想突破此困境,需要紧紧抓住互联网技术不受地域时空限制,兼具交互性与纵深性的特点。加快推进数字化服务基层群众的力度与深度。

（三）建立成长型组织思维

体制内的组织由于受各种条件与因素制约,一般会采取安全稳定、按部就班的管理方式,不会轻易冒险、尝试新的突破,所以组织总会被外部环境牵着鼻子走,不会随环境改变而改变。互联网时代,文化馆行业要想真正做到以群众需求为导向。一是必须认真调整自己的思维方式,组织的思维方式。一切群众文化工作一定是基于外部而不是内部,基于群众而不是自我,基于需求而不是产品,基于行业而不是资源,基于变化而不是历史;二是必须鼓励探索与宽容失败。政府需要包容支持文化馆管理者的探索与创新。文化内部要建立价值共识,要包容支持职工不断尝试、不断创新;三是用协同提升分工。要求每一位职工能够用系统思维和整体意识来对待自己的分工,用配合他人、达成整体成效作为自己的工作准则;四是促进公共文化资源共建共享。以文化馆总分馆服务体系为抓手,统筹协调全市文化资源、全市群众文化活动、基础设施设备。制订完善效能评估,建立协调机制、激励机制,促进各类资源在体系内流动,最大限度地实现文化馆服务的均衡发展。同时促进与周边盟市文化馆的协同发展。与内蒙古自治区文化馆、呼包鄂榆乌文化馆加强合作共联共建。实现文化馆资源在全市内统筹规划协调、上下左右联动,在全区内辐射共享。实现促城乡文化相互支撑、均衡并进。

（四）构建共生共享的价值体系

今天,封闭、僵化的价值体越来越不能适应开放、灵活的网络时代。文化馆需要拥有连接系统上下级,连接左右相关同行,还需要和其他行业、资本、机构组合在一个共同生长的网络体系。要把理解、创造群众文化需求置于组织价值体系的核心,时刻站在群众的立场上思考与行动。共生共享价值体系的构建,一是需要文化馆管理者理解并认识到,文化馆内部的资源和能力也许不再是最重要的,最重要的是你的组织可不可以与外部机会组合在一起,并为这个新机会建立新的资源与能力,尝试冒险与创新,形成价值创造、价值延伸与价值共享的系统逻辑。二是文化馆全体职工要保持思想与理念一致,以相互的兴旺与繁荣为目标,并积极建立一种健康的人际关系环境。三是平衡好职工家庭与工作。工作和家庭是职工生活中的两个重要部分,它们之间相互影响、密不可分,而且会有竞争和冲突。当来自工作和家庭两方面的压力在某些方面出现不可调和的矛盾时,文化馆要给予职工平衡的时间和机会。四是进行绩效评价奖励,把职工放在合适的岗位上。根据职工性格特点、业务特长,为职工匹配合适的岗位。并启动奖励性绩效,打破"干与不干,多干与少干一个样"的死循环,鼓励全体干部职工的创新意识,激发全体干部职工的工作热情。

浅谈新形势下文化馆服务转型

姜　蔚（湖南省文化馆）

文化馆既然公共文化设施，更是区域的群众文化组织体系，是满足群众精神文化需要的重要阵地。在新时代的召唤下，文化服务建设就要融入时代潮流，突出创新驱动。文化服务体系高质量发展，将从"基本满足、惠及民生"的基层向高质量、深层次发展，从外延式"量"的积累到内涵式"质"的升华，推动文化馆服务全方位、均衡性、开放性融合发展。就当前新形势下文化馆如何提升服务水平、拓展服务领域，创新服务方式，使文化馆在公共文化服务发展体系中充分发挥作用，有待我们进一步加强摸索与探讨。

一、加强与其他公共文化服务机构的融合，加速文化馆职能转变

文化是最需要创新的领域。实现文化建设更大发展、更大影响和更大作为，必须坚持制度创新，加强公共文化服务顶层设计。公共文化服务在国家和地方的有关政策措施的扶持下，加快了社会化发展的步伐，在文化馆面向社会的服务中，社会服务、培训机构等逐渐起到了越来越重要的作用，成为一支新的强有力的社会力量，开展公共文化建设服务。只有充分发挥政府的主导力、推动力，通过制度创新，搭建平台，共建共享，把文化资源统筹起来，采取集约化、一体化运作，公共文化服务能力和水平才能上一个新的台阶。例如我馆与省图书馆合作开设书吧，增加场馆公共阅读服务功能，引进乐旦教育机构开设古筝艺术、茶文化教育熏陶，与社会力量合作开设了国学教室和非遗馆，在参观的同时也能够参与风采展示与手工制作，体验并感受传统文化与非遗文化的魅力。引进了插花、搏击等团队的合作在造型艺术、竞技等方面也做出了积极有益的尝试。2021年仅我馆"湘文艺培"公益培训项目与社会力量合作一共开设了95个班，参与培训人数3500人，年龄层次最小的4岁，最大的70岁，在社会上引起了强烈的反响，湖南卫视等各大媒体争相报道，并荣获第七届湖南省艺术节"三湘群星奖"。加强与社会公共文化服务组织的融合其意义在于创新运作机制，推进市场化服务。应创造条件，采取合作办学、合作办班、委托管理等方式，在社区公共文化服务中吸引更多的社会组织、文化企业参与。

公共文化服务是一项全民的、与人民群众生活息息相关的、面广点多的、伟大而需要爱心的公益事业。政府提供的公共文化产品和服务是有限的，现阶段无法完全满足全社会的需求，因此，还需要更多的社会支持与提供。这就需要引导更多的志愿爱心人士和社会爱心企事业单位、团体（队）等共同参与。这样，我们的公共文化服务队伍将越来越强

大,全面覆盖城乡,提供更多优质服务。例如:湖南省文化馆群星艺术团从社会招募文化志愿者成立老年模特队,已成立 17 年,每年演出上百场,满足了这个年龄层次人员的艺术爱好和需求,成了社会上享有盛誉的老年明星团队。文化馆在这个过程中,必须把握社会主义核心价值观,举旗帜、聚人心,让老百姓实实在在享受国家经济发展带来的文化成果。进一步激发文化馆的时代使命感,充分发挥文化的引领作用,让最广大的人民群众免费享受公共文化带来的幸福感,实现文化惠民。

二、从总分馆制建设到文化空间营造

"十三五"期间,随着文化馆总馆和分馆制度的逐步完善,城乡文化设施网络建设已基本形成,文化资源共享共建得到了均等化发展,服务效率大大提高。但也面临着总分馆发展不平衡、专业化水平不高,投入有待提高等一列问题。未来如何提高总分支系统,拓展更大的文化服务空间和范围。我们应该思考和借鉴一些好的经验和做法,例如:以"公共文化服务圈"的建设理念为中心,推动公共文化服务设施载体转型升级,根据受众人群人数、面向地区地域,为新建公共文化服务设施载体进行科学合理的布局。同时,向社会招募公共文化艺术设计人员,建设一批城市公共文化复合空间。在功能方面,城市公共文化复合空间可以同时具备公益性阅读、体育健身、美术音乐、餐饮休闲等功能,而在特性方面,应当具备时尚性、便利性、公益性、开放性等特点,并富有现代感和艺术感。这些公共文化复合空间的营造值得借鉴并大有可为。文化馆还可以推进公共文化服务产品创新发展,实现公共文化服务产品"网上点单、配送到家",将全省基层文化设施打造为一批"网红景点",推动基层文化设施由"数"到"质"的转变,增强基层文化设施的亲和力,向城镇公共文化复合空间转型。共享文化空间应当追求美的形式、优质的内容、新的理念模式,以及贴近社区、因地制宜、面向不同需求的群体。在城镇中建设一批青年文化活动馆、老年健身活动中心、城镇书屋等公益性机构设施,在建立公共文化服务质量体系的同时,加入创意企业文创空间、商业经济空间、景区观光空间等公共文化空间,文化馆也应当积极加入创造公共文化服务空间,共同探索新的方式来建设公共文化服务环境。

三、从数字化到智慧化

据湖南数字文化馆平台 2022 年 3 月运营月报统计湖南数字文化馆自上线以来,已联通全省 1+15+127 个文化(群艺)馆,截至 3 月 31 日 24 时,平台共发布文化资讯 11361 条,活动预告 3727 条,直播 327 场,总浏览量达 4163 万人次,注册人数 5.9 万余人。2022 年 3 月期间,平台发布文化资讯 514 条,活动预告 9 条,直播 4 场,总浏览量 146 万人次,新增注册人数 1335 人。计算机及网络通信技术的迅猛发展为文化馆建设带来了一次数字化革命,在文化传播领域,以信息技术为传承、了解和创造文明的手段,将虚拟的文化馆作为传播文化、渗透价值观的窗口。为基层群众提供便捷的网络数字文化服务,满足新媒体时代基层群众文化的迫切需求。数字文化馆线上功能强大,而"智慧化"重在数字化介入与来访者及馆员双向参与,更具人文关怀。一个新型的智慧化文化馆,应该是打破建筑实体的限制,凭借着信息处理、网络流动的新模式贴近来访者,可以实现实时主动为来访者服务。例如:智慧导览系统将改变人们的参观习惯。场馆所有区域实现 Wi-Fi 信号覆盖,来访者可以通过官方 APP 和微信公众号享受两种不同深度的导览服务,APP 提供定位触发导览、地图导览、自助查询导览、定位查询导览、预设及推荐路线指引等导览功能;微信公众号提供二维码扫描式导览、自助查询导览。导览内容涵盖展览及展品的图文、影音、三维模型等,并通过后台数据库,实现知识扩展阅读。人们不用再依赖工作人员以及复杂的导引指示牌,通过智慧导览系统,一种行动自由、信息完备的观展体验将越来越流行。除此之外,观众还可通过客流统计系统,获取当前客流信息、拥挤情况和排队信息等,从而更加从容地安排参观计划;通过智能停车系统,提供停车引导;通过线上平台及现场的纸质和电子意见簿,轻松反馈意见,不断督促服务内容改善。随着新技术的应用,观展体验将变得丰富而有趣。一座信息化现代文化馆,就在身边。运用了现代科学技术因素所形成的可以即时获取相关感知数据的新模式,即智慧化文化馆的最新形象,使得传统文化馆变身为内在素质优越的智慧文化馆。

在数字产业飞速发展带动下,我馆数字文化馆智慧化建设也处于积极进行中,随着数字技术、网络技术的飞速发展,新型、高效数字文化传播形态正在逐步改变基层群众的文化消费生态。我们正在将"欢乐潇湘""国乐正当'燃'""声乐大课堂""播撒艺术的种子""我来学手艺"体验活动等这些线下品牌优势、结合"云技术"以及媒体链接优势进行升级包装,线上呈现出一场场完美的文化盛宴,吸引广大市民积极参与,从而达到人气互动的效果。结合互联网优势与媒体重塑新优势,借助我馆持续推进的公共文化云建项目的优势,使得我馆线上特色品牌"网红乡村""百姓大舞台""云赏非遗"等活动直播参与率达到上千万,让文化艺术之美"润物无声",辐射全社会。为建设智慧化文化馆作出了卓有成效的努力。

四、自成一体到融合共生

党的十九大吹响了建设社会主义文化强国的进军号角,把文化工作提升到崭新的高度,在这样的一个大好时机,公共文化服务要有时代性、与时俱进,能适应群众的新思想、新观念、新需求,文化馆如何抓住这一契机,及时进行服务模式不断融合创新是社会发展的必然趋势。首先在城市文化建设中起到壮大服务阵地的作用,作为"群文湘军"要筑牢"历史文化名城"这块基石,文化地标是国家和民族的灵魂极具代表性的可视符号,它承载了许许多多的历史记忆,也彰显了当地的地域特色,省文旅厅开展的湖南十大文化地标推选活动,构建起湖湘文化强烈的向心力与归属感,构建起文化与发展相互促进的良好模式,这对湖南省经济强省、科教强省、生态强省、开放强省的建设,无疑会产生极大的推动作用。其次聚焦资源集约强合力。打通事业与产业的界限,推动与产业的渗透融合,拓展大众文化消费,开发特色文化消费,主动加强职能转变,搭建招商引资和创新创业平台,强化服务,打造公共技术支撑、投融资服务、信息发布、资源共享、人才培训等平台。破除系统和行业的壁垒,运用大文化的视野,通过文化与商业、体育、科技、金融、旅游等横纵联合,推进跨部门、跨领域、跨系统的交流合作。以及多元文化扩大服务网络,以实现文化馆"最后一公里"的服务。增强城镇与农村的互动,完善城乡一体联动的公共文化服务平台,增进外来人口归属感;发挥农村文化能人、民间非遗传、群众自办文化团体的作用,构建以城带乡、以乡促城、城乡互动、文化共享的发展新格局。

五、文化馆服务转型发展,使文化工作者面临新的挑战

加强队伍建设,强化人才保障:一是探索建立科学、可行的绩效考评机制,对从业人员及部门应按照分级、定目标、明任务、达效果、群众测评等多项指标量化绩效考评,年终考核奖优勉后,促进服务效能的提升。二是建立人才引进机制。公共文化服务领域较宽、涉及面广,引进一批文化志愿者是缓解人才缺乏的一个好办法。一个县、一个乡镇、一个村,乃至一个社区的公共文化服务要搞好、做活,有水准、上品位,必须经常性地发现、引进一些专职或非专职人员。同时要建立文艺人才数据库,让公共文化服务队伍有基本的人才保障。三是建立人才培训机制。每年应不定期地聘请专家学者授课,同时派出业务骨干分批次参加各级举办的各类专业艺术培训,"充电"提高业务水平。其次大力开展馆员素养培训计划,以内部和外部交流相结合的方式,实现人员专业化。

文化馆服务转型发展不仅要培养专业化馆员队伍,使之成为中坚力量。培养一支具备现代服务意识和理念管理人员队伍更应是当务之急,因为它所体现出来的人文关怀、数字服务、组织结构、技术创新,都将会在很大程度上与从业人员自身的发展理念高低相关联。思想开放环境下的文化馆,先进治理理念程度有多么深,专业技术人员的品质也就会有多高,相应地为文化馆服务转型的营建也就会如虎添翼、如鱼得水。

贯彻落实党的十九大精神,文化馆要全面发挥示范引领作用,以需求为导向,加紧探索多样化的公共文化服务,探索社会力量参与、文化志愿服务、自动化文化服务、共享文化服务等新的公共文化服务方式,以推进公共文化服务资源整合为着力点,开辟一条公共文化服务的集成供给渠道,努力形成政府主导、全社会充分参与的文化惠民新格局,文化馆服务转型发展将为提高公共文化服务的水平和效率提供保障。

乡村振兴视野下，破解"最后一公里"难题仍是公共文化服务高质量发展的关键

赵明楠（陕西省文化馆）

乡村振兴是国家的重大发展战略。乡村公共文化建设是乡村振兴的重要内容，是乡村公共文化服务的重要保障。公共文化服务体系建设的目的最终是要让城乡群众受益，实现群众的基本文化权利。在推动乡村振兴的背景下，抓好村级文化建设，促进农村公共文化服务高质量发展，首先要认识农村村级文化的现状，分析存在的问题和群众的文化需求，提出村级文化建设的基本思路。解决这个问题，我们没有精力进行广泛的调查，只能采取解剖麻雀、以点带面的办法进行。因此，我先后5次到我熟悉的老家——户县卢五桥村进行调查，调查的主要方式是发放调查表和重点走访村干部、群众，面对面地听取群众心声，掌握第一手资料，对所搜集到的材料进行系统梳理分析，力求作出准确科学地研判。

一、卢五桥村的村情和文化现状

卢五桥村位于户县县城以东，第四条河流与第五条河流之间，五村环绕，均以"×五桥"命名。户县到秦镇通往西安的公路擦村而过，交通极为便利。卢五桥村现共有2个村民小组，260户，826人，共有土地1085亩，人均约1.3亩。村民的年龄结构：在826人中，0—14岁122人，约占14.7%，15岁—65岁630人，约占76.76%，65岁以上74人，约占8.96%。知识结构：初中以下（含小学）113人，约占13.68%，高中682人，约占82.56%，文盲31人，约占3.74%。基本上都已成为有文化的农民。2020年，农民年均可支配收入13250元，低于西安平均水平，与全省平均水平持平，其原因是：20%的家庭依赖土地种植收入，种植的是小麦、玉米，经济作物很少；80%的家庭除土地种植收入外，精壮劳力出外务工是家庭的主要经济来源。在全村的826人中，有450余人在外经常打工，约占全村人口的54%，占15岁—65岁630人的71%左右。总体看，在西安市属于中等偏下发展水平的村。

在困难的情况下，在上级的支持下，村委会在土地租金和高速公路建设征地金中挤出资金，建设了400多平方米的村党支部、村委会办公、活动场地和文化广场、对村的街道进行了水泥硬化，修建了自来水塔，让全村群众吃上了自来水。近年来，体育部门赠送了1套体育健身器材，安装在文化广场一侧。文化部门赠送了一套文化活动器材，由村委会指

定专人管理。由于宽带线路进村,文化共享工程的基层服务点也在村委会设立。新闻出版部门在村委会设立了农家书屋。"村村通"早已实现。如今的村委会办公室,既是开会办公的地方,更是综合文化活动室。

经调查,卢五桥村群众参与的主要文化活动项目情况如下:

(一)节假日文化活动

春节、元宵节、惊蛰锣鼓会、忙罢会、清明、端午节、重阳节、七巧节等都有民俗活动,文化活动主要集中在春节、元宵节,村子有耍社火、闹秧歌、敲锣鼓、唱戏的风俗习惯。由村委会每年阴历十二月下旬开始组织,正月初十到十五或演出或比赛或游街,年年如此,90%的群众参与其中,热闹非凡。

(二)红白喜事文化活动

孩子出生和老人去世,主家都要举办不同规模的演出,过去以唱秦腔、演电影为主,现在发展到歌舞晚会,成为村民休闲娱乐的重要方式之一。

(三)曲子社的文化活动

户县曲子是眉胡戏的祖先。卢五桥村是户县曲子的发源地之一,有唱曲子的历史和传统,曲子代代传唱,经久不衰。村委会为了传承曲子,专门组织成立了曲子社。近年来,在上级文化部门的支持下,户县曲子已成为省级非物质文化遗产项目,卢登荣为省级项目传承人,享受传承人补贴待遇,在当地产生很大影响,学习曲子、演唱曲子、听曲子已是群众生活内容的一部分。

(四)休闲健身活动

在文化广场安装了健身器材后,村民利用这些器材,每天早晚自愿自觉进行健身。在文化广场上打篮球、打乒乓球,吸引了广大群众参与的积极性。同时,带动了走路、打太极拳、健身操等活动项目,增强了群众的体质。

(五)有线电视和上网服务

由于当地有线电视已接入家家户户,所以,只要家庭经济条件允许,就可办理手续观看有线电视,经过调查,80%的家庭都看上了有线电视。上网服务虽线路已进村,但村委会的文化共享工程基层服务点利用率偏低。

(六)读书看报获取知识信息情况

村民读书看报的目的主要是获取对他们致富或生活有用的信息,主动通过读书提高思想道德修养的人还不多。村里虽然有了"农家书屋",开始许多人喜欢去看一看,后来问津者也就寥寥无几了。村党支部、村委会订了规定的党报党刊,群众自愿订阅的都是对他们有帮助的科技生活类的报刊,每户自己主动订阅的报刊数量极少。

除上述项目外,村民下象棋、打牌、打麻将也非常普遍,部分带有赌博的性质,发展下去有的就会危害家庭和社会。在农村,个别传教行为值得予以关注的。

二、村级公共文化的问题和群众的文化需求

乡村振兴战略是习近平同志 2017 年 10 月在党的十九大报告中提出来的,在中央一系列政策的推动下,农村基础设施建设、农民基本生活保障,以及农民对追求美好生活的精神状态等都发生了极大的变化。在公共文化服务领域,各级党委、政府也出台了许多推动发展的政策措施,公共文化服务体系建设从稳步发展转入高质量发展阶段。然而,我们看到的公共文化高质量服务的创新项目基本上都在城市,在农村调查中,我们经常被一些问题纠结着,例如,国家高度重视公共文化建设,经费和项目听起来都不少,但真正落到群众身上让群众看得见的却少之又少,群众能感受到的项目却又难以发挥作用,好像公共文化建设和农村群众是背靠背、两张皮。我们的感受是"上面雷声大,基层雨点小""上面很热闹,基层静悄悄",上面科技＋文化、数字化服务、互联网＋文化、文旅融合、非遗助力乡村振兴、高质量发展、服务的均等化、总分馆制、资源配置向基层倾斜等概念和提法作为新的发展理念已引领公共文化建设和服务的发展方向,而在农村基层,特别是在一个微观的小村子,还感受不到上述项目带来的任何好处,更谈不上便利化、获得感、幸福感了。说到底,农村基层公共文化服务的"最后一公里"还没有彻底打通。

农民群众基本的文化权益究竟是什么,农民群众目前需要一些什么文化就算满足了"基本文化权益"呢,根据村常驻实有村民的年龄结构变化,通过调查,我们发现,群众的文化需求可以分为两个层次,一是基本需求;二是高层次需求。基本需求是一个村子村民带有共性的需求,包括:(1)看戏(舞台),人均年 5 次以上;(2)要社火,人均年 1 次(春节)以上;(3)敲锣鼓,人均年 3 次以上;(4)曲子社自乐班活动年 10 次以上;(5)看书看报,比较便捷地去农家书屋(集中);(6)看电影,人均年 6 次以上,内容不能老旧;(7)有线电视,家家通要有保障;(8)上网,80% 家庭有需求;(9)健身,经常参与;(10)举办书画或民间艺术表演集体活动,每年 2 次。

上面这个共性需求是按实际调查均等、评估处理的,次序不代表项目的重要程度,实际上,由于人的年龄和知识层次的不同,对文化需求的差异性是极大的。这只是一个基本需求的首次量化,我们认为,达到了这个标准,群众的最低"基本文化权益"就满足了。当然这还谈不到群众文化生活的"丰富性",只是保基本,兜底线。如果要用新的理念引领村级文化发展、重塑农民的精境界、大幅度提高乡村的文明程度,塑造一代新型农民,那么就要满足农民高层次的文化需求和个体文化的差异性需求,追求更高的文化诉求是农村人素质提高和社会进步的表现。

三、破解"最后一公里"难题必须创新思路多措并举

近年来,中央和地方政府在公共文化领域不断出台和完善一系列法规政策,大力强化政策引领、财政投入、社会参与,文化产品供给丰富、供给和服务方式不断创新,在实践中也积累了许多好的经验和做法,公共文化服务全覆盖、保基本、兜底线和标准化、均等化的落实,有利于其向高质量发展迈进。但是,我们必须看到,上下内外的文化温差还十分显著,满足基层特别是农村以村为单位常年居住村民的文化需求任务还十分艰巨。我们通过调查认为坚信,在当前体制下,一个村或一个社区为单位居住的居民是公共文化服务的基本对象,他们精神文化生活满足的程度是检验公共文化服务体系建设有效性的试金石。我们进行一个村的公共文化调查,寻找破解"最后一公里"难题办法,认为应创新思路协同推进。

(一)转变文化立场

基层村(社区)公共文化建设是乡村全面振兴的重要内容和基本手段。在乡村振兴中如果没有文化作为基础和先导,那么乡村振兴是不可能实现的。从另外一个角度看,乡村(社区)是整个公共文化服务体系建设的基础,只有把这个基础搞好了,城乡群众的精神文化生活达标了,群众的获得感、幸福感增强了,才能说明整体公共文化服务体系建设搞好了。坚持以人民为中心的发展思想,就是要坚持以乡村、社区群众为中心。这就要求工作重心下移,资源配置下移,服务对象下移,检验评估效果下移。因此,我们无论是新开工一个建设项目,还是创作一件作品,或者是完成一项工作,都要从群众的立场、角度出发考虑问题。农村公共文化服务体系建设,一定要站在村民的立场上看投入、看项目、看效果。要以村民满意不满意作为衡量工作的标尺,群众不知道、没感觉的项目肯定是不成功的项目。只有加快转变文化立场,努力构建公共文化服务体系,为城乡群众提供更高质量的公共文化服务,才能实现人民精神生活的共同富裕。

(二)加大项目和经费对农村基层的投入

文化共享工程、电子阅览室工程、数字图书馆工程或公共数字文化工程、送戏下乡(通过政府采购,仅限于送到乡镇)等,直接与农村行政村有关系的极少,群众能直接享受服务的不多。文化馆、图书馆总分馆制在村里群众中的效果还看不到。民间艺术之乡助力乡村发展的效果弱。数字电影工程无观众。农家书屋形式大于效果。电视广播"村村通"已经实现。休闲健身设备安装项目简单且农民评价效果好。根据这些情况,一是要加强村(社区)综合文化服务中心的标准化规范化及管理常态化建设;二是所有项目要向村(社区)延伸;三是突出重点项目,目前要加强文化馆、图书馆总分馆制项目、公共数字文化工程项目、政府采购送戏下乡项目和非遗助力乡村振兴项目。发挥好这些项目在丰富群众生活,推进乡村振兴,引领乡村文明导向,塑造新时代一代新人的骨干作用。投资要向这些项目重点倾斜,大力深化改革,缩短投资"渠长"和流程,提高投资效能,让群众

充分享受经济发展和文化建设成果。

（三）建立以县（区）为单位的农村居民公共数字文化存储中心和服务平台

强化县级政府主导责任，提升为农村群众服务的针对性、准确率和有效性。在农村开展线上公共文化服务是大势所趋，线上线下公共文化服务今后在农村应该平分秋色，互相促进，要积极改变目前农村线上服务薄弱的现状。线上服务容易做到对县域村和村民的全覆盖。可以对接新时代农村群众对文化的新需求，以群众实际需求来确定公共文化产品供给的内容、数量和优先次序。实现农村"订单式""预约式"服务，实现"自下而上""依需定供"和"需求采集、服务供给、效果评价、改进创新"良性循环。可以使公共文化服务的内容更丰富，文化方式更多样，群众享用更方便，服务效果更有效。会极大改变农村群众文化的供需关系，对于乡村振兴战略目标的实现发挥巨大的促进作用。

（四）发挥好村（社区）特色文化优势

乡村是中国农村的细胞，也是民俗文化的根基，打牢这个根基对中华民族传统文化的传承意义十分重大。"乡村文化是优秀传统文化的重要组成部分，是乡村百姓的精神家园，是乡村社会治理的源头活水。"发挥乡村特色文化优势，一是要挖掘发现，就是明确家底、辨别异同、寻找优势。二是要传承保护，对于维系乡村延续根脉和符合新时代价值观的项目要保护好传承好。遴选好传承人，设立村民俗文化（非遗）展示馆。三是要创新发展。对于能以产品方式助推乡村振兴的项目要加大投入，大力发展。一个村都有一定的文化特色，例如，卢五桥村曲子文化、孝道文化、锣鼓文化、年节文化等特色鲜明。按照"一村一目标"的方向，建议启动民俗文化村的命名活动，引导增强村文化的凝聚力、感召力和文化自信。

（五）建立县（区）一级群众文化导向引导资金

解决好以县为单位的群众文化生活保障问题，县委、县政府是关键，承担主要职能责任。在一个县域范围内，抓好公共文化服务，只完成了文化供给的一半任务，另一半则是要大力激发群众自办文化的动力，让农民成为开展文化活动、文化创新发展的主人。一个县少则十几万人，多则一百多万人，加之县域面积和复杂的地理环境，县文化馆、图书馆等机构再努力工作也不可能做到全覆盖，服务到位也就大打折扣，保障群众基本文化权益也就是空话。调动群众积极性，强化对群众自办文化的引导就显得十分重要。引导资金可以用于开展农村主题文化活动，培训农村业余文化骨干队伍，对农民自办文化自创品牌的表彰奖励和鼓励县文化馆、图书馆、博物馆等公共文化机构，及乡镇综合文化站对村一级的指导和辅导。也可以用于线上开展的直接服务于农村农民的项目。做好村级文化工作，一定要国办和群众自办两手抓，缺一不可。只有这样，以村为单位的县域公共文化服务才能保基本、全覆盖、多供给，人民才能享有更充实、更丰富、更高质量的精神文化生活。

（六）建立村（社区）群众文化生活指标体系绩效考核机制

以村（社区）为考核对象，以县为单位组织实施。指标体系内容应分三个层次：一是公共文化供给指标（一级指标，含群众参与度）；二是群众自办文化指标（二级指标，含群众参与度）；三是工作推进指标（三级指标包括重视程度、硬件设施、运行管理等）。体系终端绩效考核，拟一年一次。考核的结果，就是群众文化生活水平高低和人民基本文化权益保障的指标依据，可直接作为公共文化服务体系建设的决策依据，同时也是乡村振兴中文化振兴情况的指标反映。为公共文化服务高质量发展奠定坚实的实践基础。

建立"四式"服务机制 助力乡村文化振兴

杜永权 陈言敏(广东省肇庆市高要区文化馆)

实施乡村振兴是国家战略,乡村文化振兴是重要组成部分。县(区)文化馆(站)是乡村文化振兴的桥头堡,加强乡村基层群众文化服务,大力做好传统文化的保护传承和弘扬,加强思想道德、生态文明建设,培养文明乡风、家风、民风,提升农民的精神风貌和乡村文明程度,让乡村焕发生机,是新时代赋予我们文化工作者的历史使命。

随着社会经济发展,乡村振兴深入推进,农村环境大变样、群众生活改善、产业发展提升、网络普及和新媒体自媒体的发展,乡村群众文化消费需求呈爆发式增长,从单一性向多样化提升,从普遍性向个性化演变,从享受文化向参与文化转变,城乡一体化,基层群众已不满足于一成不变的文化下乡、老节目、老脸孔。

乡村基层群众文化服务如何才能真正做到"知民所想、惠民所需、忙民所盼、解民所忧"? 如何不断满足群众对精神文化生活需求,让精神文化与经济发展和谐共生? 近年来,高要区文化馆在落实党委政府乡村振兴战略过程中,把加强乡村群众文化服务作为工作重点,以创新服务机制为抓手,探索建立起乡村群众文化服务"四式"工作推进机制,即换位式寻需、互动式服务、局部式推动、闭合式管理,有效推动基层群众文化服务的规范化、常态化开展,助力乡村文化振兴,这一机制的建立和落实得到各级党委政府和群众的肯定。

一、换位式寻需,以群众视角找好服务内容,找准服务人群,做好组织策划

如何找到群众满意、喜欢参与、容易开展、凝聚民心,助力乡村振兴的文化服务项目呢? 这是我们经常思考和寻找的问题,到群众中去是解决问题的捷径。近年来,高要区文化馆领导班子经常深入辖区各文化站、文化服务点、村委会去,一边在工作中总结分析,一边与乡村文艺积极分子、热心村民促膝倾谈,交流群众文化堵点、换位体验难点,从群众角度检视群文服务工作短板,将实事清单找准,找到群众心坎上。

高要人喜欢粤曲,特别是一些四五十岁以上群众,不完全统计这个"粤曲文化朋友圈"有六七万人,他们很多都自发加入镇村曲艺社,常年活跃在基层一线。我们与之倾谈后发现,他们并非只喜欢"自弹自唱",他们更求"与人共舞"。"有人喜欢我们当然就越积极,有人鼓掌我们当然就越卖力啦"大湾镇湾溪曲艺社的陆伯说。这就是基层群众的心声。

这个人数众多的"粤曲文化朋友圈"缺的是舞台,而文化馆缺的就是这种文艺积极分子。找准问题清单后,我们尝试选择文化走亲这种群众文化服务新形式,策划举办高要区庆祝中国共产党成立 100 周年红色经典戏曲作品巡(汇)演。活动历时半年,线上线下直接或间接参与人数(包括活动组织、排练、演出、志愿者、观众、热心参与者)有 10 万多人次。由于主题鲜明,群众喜欢,互动紧密,群众积极自创自演和自办活动。在总分馆的指导下,热心群众自编自导《绣红旗》《美丽乡村》《沙家浜》等一批戏曲作品上台表演,这些作品主题鲜明、内容新颖、有高度、有温度,更接地气,热情讴歌伟大祖国、讴歌中国共产党好、社会主义好,广大群众在欣赏粤剧艺术的同时潜移默化地得到教育,凝聚了民心,提振了精气神,营造了团结向上振兴乡村的良好氛围。

二、互动式服务,"你情我愿"共办活动

高要乡村有句老话,"瘦田无人耕,耕起有人争"。一项群众文化活动没受人关注及活动主体没有收获前,这项活动就像一块瘦田,让人觉得种不出高质量的水稻,要改变这种局面,我们就要让先行者"尝甜头"。

广场舞是高要农村妇女主动参与人数最多的活动,参与群众约 2 万人,这个"广场舞文化朋友圈"主要集中在经济和城镇建设较为发达的南金片、白金龙片 12 个镇,活动的区域分布极不平衡。为了推动江北片 5 个镇群众广场舞的普及和南金片、白金龙片 12 个镇广场舞的发展提高,我们采取文化走亲"选亲"这种服务形式,文化总馆分馆联动,组织开展"群心向党 文化为民"——高要群众艺术广场舞推广培训暨文化志愿服务进基层活动,主动与队伍较为集中、基础较好的金利、蚬岗、金渡、南岸、白诸、禄步、大湾等镇街文化站"结亲",以站为节点向乡、村、居铺开,让群众在家门口就可以享受到群众文化服务。应对疫情,我们又推出"线上线下同步培训课程",录制好教学视频,在线上向群众免费发放,方便更多群众参与。培训活动结束后,举行广场舞队线上展演,让群众动手用手机拍摄制作广场舞节目视频,在文化馆官方公众号及视频号进行发布,接受线上投票评优。短短 2 周时间,网络浏览点击量突破 30 万人次,网络投票 15000 多张,成为高要群众近几年来最受关注的文化盛宴。

三、局部式推动,以点带面推动群众文化服务有序开展

粤剧作为广府文化的精髓,在高要有着广泛深厚的群众基础,涌现出罗云超、杨超明、骆木兰、梁剑辉等一批饮誉西江两岸的粤剧名伶。目前,高要区有群众曲艺社 19 个,他们以文化馆(站)为依托,以送戏下乡为阵地,活跃在高要城乡各地,成为乡村文化振兴的一支重要力量。但随着一些老艺人的离去,粤剧艺术传承由于教学、宣传的力度不足,这一优秀传统文化后继乏人,日渐式微。高要区文化馆十分重视粤剧艺术的传承和发扬,采取局部式推动,以点带面推动高要乡村粤剧文化振兴。

（1）组建高要区文化馆少儿粤剧艺术团,在全区中小学发掘优秀人才、集中培养。目前,已吸收少儿学员10多人,每周六在区文化馆免费集中培训,在陈淑芳等粤剧专业老师的指导下,这些粤剧艺术苗子已经小荷已露尖尖角,他们已排练了《红旗颂》《花好月圆》《美丽乡村》等粤曲节目,先后登台演出,在乡村掀起一股少儿学粤剧的小高潮,备受各界关注。

（2）区文化馆几年来坚持举办高要中小学教师戏曲知识技能培训班,在各镇(街)粤剧传承开展较好的中小学校选派二名音乐老师参加培训,进一步提高骨干教师传统戏曲理论知识和专业技能水平,推动戏曲进校园的深入开展。

（3）坚持开展戏曲进校园,每年派出粤剧老师到17所乡村学校开展戏曲知识教学。

（4）文联、文化馆牵头成立高要曲艺社联盟,推动全区19个曲艺社的互动演出和艺术交流。做好每年50场的送戏下乡,为粤剧表演提供平台。

（5）区文化馆开展成年人戏曲公益培训班,为高要19个曲艺社培养粤剧表演人才。

（6）区文化馆牵头一年举办一场有文化影响力的粤曲专题晚会,让群众粤剧艺术的魅力。2021年举办了庆祝建党100周年红色经典粤曲巡(汇)演,2022年计划于2022年7月1日,在中国共产党成立101周年,联合肇庆市曲艺家协会,高要区曲艺协会共同举办"广佛肇粤曲交流文艺晚会",邀请三地曲艺名家同台演出,共同推动乡村粤曲文化振兴。

（7）区文化馆与高校、协会共建,为乡村粤曲文化振兴提供技术支撑。今年春节过后,肇庆市曲艺家协会肇庆曲艺传承基地正式在高要文化馆揭牌成立,为高要区粤剧传统文化的传承发展注入了新的力量。主要目的是广开思路,共同挖掘人才,共同培养人才,出精品,出好戏,促进戏曲传承和发展,协会和文化馆资源共享互利互用起到双赢作用。

（8）推动以政府主导,汇聚社会各界力量在高要城区建设一个具有广府粤剧文化特色的"百姓大舞台",为县、镇、村群众粤剧艺术表演提供场地。

乡村粤曲文化振兴中这八个局部式推动措施,体现以点带面的工作态势,让我区群众文化服务工作找到抓手找准方向。

四、闭环式管理,让群众文化服务规范化、常态化

在建立基层群众文化服务闭环式管理以前,送戏下乡等群众文化服务缺乏系统性、常态化,往往只重视"送"而忽略了"看戏人",服务是互动的,要想产生共鸣,"送戏人"主动,还需"看戏人""入戏"。基层群众文化服务的服务对象是农民群众,他们的生活习性、知识结构、工作环境、文化需求等方面参差不同,文化特性专业性不强,强硬灌输结果只会囫囵吞枣。

我馆在服务群众中坚持事前走访找准问题,精心筹划,积极回应群众需求,成立专责组,制定出项目跟踪进度表,梳理出项目完成清单认真落实,定期总结分析评定,结果通过宣传栏、文化馆微信公众号等方式向群众公布,给予群众回音,接受群众监督。建立闭环

式管理,确保了基层群众文化服务从民意收集、立项办事、评估问效、督查回访到督导反馈的有效链条,最大限度地"知民所想、惠民所需、忙民所盼、解民所忧"。

近年来,高要区文化馆通过建立、健全、落实群众文化服务"四式"工作推进机制,在内部,有效提高了文化馆总分馆人员开展群众文化服务的主动性和群众参与文化活动的主观能动性,不断满足群众对精神文化生活需求,在外部,群众文化工作发生"鲇鱼效应",吸引当地旅游景区及没有参与活动的乡镇主动与文化馆牵线,希望共同合作开展文化活动,化被动为主动。正如金利镇一位广场舞发烧友经常哼出的小快板所说,"龙飞凤舞广场舞,快乐健康三脂唔高,手套音响齐齐上,乡村文明活力我有主张……"。各项群众文化服务的规范化常态化开展,让优秀传统文化、科学知识,社会主义核心价值观巧妙融入,润物细无声,让精神文化与经济发展和谐共生,助力乡村文化振兴。

参考文献

[1] 孙渊 . 群众文化概论 [M]. 北京 : 新华出版社,1988.

[2] 冯守仁,鲍和平 . 群众文化基础知识 [M]. 北京 : 北京师范大学,2013.

[3] 赵恒榉 . 群众文化管理学 [M]. 北京 : 新华出版社,1989.

增强危机意识　改革创新发展

——谈文化馆在当前文化竞争形势下的机遇与挑战

叶　昕　费晨阳（江苏省南京市文化馆）

2021年10月在台州举办的中国文化馆年会上，武汉大学国家文化发展研究院院长傅才武教授提到，随着社会经济文化的发展，文化馆提供的文化服务正在面临来自社会多方面的竞争，导致空间压缩，影响力下降，这是当前文化馆行业发展面临的不利局面。傅教授所说的现象是广泛存在的。笔者认为，面对竞争并非坏事，竞争既是挑战又是机遇。在当前，文化馆应该直面形势，认真分析、研究文化馆当前所面临的挑战，找准自身定位，发掘自身优势，努力在竞争中搏出有利局面，在公共文化服务中做出更大贡献，得到更广泛的社会认可。

一、增强危机意识，有为才能有位

社会经济文化的发展，促进了人民群众对文化生活需求的提升。文化产业、文化活动也随之得到了蓬勃发展。文化馆的工作、服务正在面临来自社会多方面的竞争和压力。一方面有来自社会上丰富的商业文化服务的竞争，如剧场、展览、专业艺术培训与表演等，它们提供专业化高品位的文化服务，吸引了更多的消费者受众。另方面有来自互联网，风靡的自媒体、短视频的竞争。它们普及率高，影响力广泛，占用了广大群众更多的业余休闲时间。还有来自公共事业的文化服务内部的竞争，如图书馆、博物馆等，它们正在围绕图书、文物周边，不断拓宽自己的文化服务范围，与文化馆的服务形成更多的交集。

文化馆与图书馆、博物馆等都属于政府体制下的文化单位，都是国家公共文化服务体系的一部分。但是，图书馆和博物馆的工作、服务都是有实体依托的：图书馆围绕图书借阅，博物馆围绕文物展览，唯独文化馆没有实体依托。文化馆是以组织、开展群众文化活动为主要职能的。正是因为这个特点，使得文化馆在开展公共文化服务的工作中，更容易受到来自各方面的竞争。

近年来，社会上各种商业文化机构的服务范围已经囊括了文化馆公共文化服务的所有方面，除了规模巨大的影视产业、专业院线演艺表演之外，社会上各种商业艺术培训、艺术策划公司兴旺发展，从少儿到成人，舞蹈声乐器乐美术书法培训，文艺活动组织策划，品类齐全，应有尽有。与文化馆服务范围交叉，形成竞争局面。

表 1　南京市文化馆与本市商业文化机构提供的公共文化服务部分内容

南京市文化馆提供的公共文化服务	内容与功能	来自本市商业产业机构的竞争
520 音乐厅	定期举办免费的音乐会、音乐讲座	各种小剧场（数量在不断增多）举办的音乐会。琴行、艺术培训机构举办的艺术通识讲座
老年大学	给中老年人提供低收费的艺术培训学习	社会上越来越多的面向成人的艺术培训班，包括舞蹈工作室、音乐培训、器乐培训班及画室
群文大舞台	组织群众开展各种歌舞表演	
少儿公益课	面向少年儿童提供免费、低收费的艺术培训学习	如雨后春笋般涌现的艺术培训机构
南京市文化馆艺术展厅	定期举办各种书画、艺术作品展览	各商贸中心日益增多的商业文化艺术展览
艺时间"金陵时节南京节日"等数字化视频制作	制作各种视频节目，推广、普及、传播南京本地民俗文化	大量数字影视文化公司入驻抖音、小红书、优酷等平台，制作各种地方民俗相关的视频节目，风头甚至盖过省市电视台

　　在面对社会商业文化机构的竞争中，文化馆是公益性的政府下属单位，一直提供低收费甚至免费的文化服务。这是一种天然的优势。但是目前看来，商业文化机构以盈利为目的，营销机制更灵活，提升服务质量的动力更强劲。在经济发展，人民生活水平普遍提高的今天，群众更加在意文化服务的品质和效果。这就大大消解了文化馆免费、低收费的优势。如果文化馆提供的文化服务在质量上总是不如社会文化商业机构，不能给群众带来他们所预期的文化收获或者文化享受。那么群众将宁可花钱去商业文化机构消费，也不愿免费参与文化馆的活动，文化馆将在与商业文化机构的竞争中将失去原有的社会关注度。面对社会竞争，文化馆唯一的出路，就是不断提升文化活动的质量。

　　在国家公共文化服务体系内部，有博物馆、图书馆，美术馆，还有文联领导的各种协会组织。当前，图书馆和博物馆以图书、文物为依托，正在努力开拓服务范围，聚焦图书、文物周边，以传播知识普及文化为目的，开展各种公益课程、少儿成人培训、讲座、学习交流等文化活动。尤其是非遗传承保护工作方面，文化馆、图书馆、博物馆三家都有交集。图书馆和博物馆以图书和文物为"实体"，还拥有高校图书信息专业、文博专业的学术背景，在开展文化活动时具有实体和专家、学术资源的优势。此外，文化馆在开展广场文化活动、晚会活动、文艺培训等方面，还在面临着文联及其下属协会组织的竞争。文联是艺术家的联合体，具有更高的专业性。跟它们相比，文化馆唯一的优势就在与群众联系更紧密，更接地气。文化馆只有结合自身特点，开展更加具有群众性，参与性的活动，才能在竞争中站稳脚跟。

表 2　南京博物院、南京图书馆、金陵图书馆与南京市文化馆服务项目交叉

活动名称	举办单位	主要内容	与南京市文化馆何项目交叉
二十四节气我们的节日	南京博物院、南京图书馆、金陵图书馆	线上视频文案推送,线下走读活动,介绍二十四节气,以及不同时令南京的民俗	艺时间"金陵时节南京节日"
享非遗	南京博物院	线上介绍、线下互动活动,推广介绍各类非遗项目	非遗传承人之家
微知堂金图讲坛	金陵图书馆	线上、线下讲座,传播多方面文化艺术知识	金陵群文大课堂
悦读荟	南京图书馆	面向少儿的手工制作、朗读教学、主持人培训	少儿公益课

面对竞争,文化馆必须增强危机意识。在当今的国家公共文化体系中,公共文化服务产品实行政府采购措施,只要符合对公共文化服务的需求,任何单位、组织,社会团体都可以成为政府公共文化服务的采购对象。文化馆不再是政府文艺活动的唯一来源。当前,文化馆如果不能有所作为,将会面临严重的行业危机,甚至其公共文化服务机构的地位都会被动摇!笔者认为,文化馆面临的困境是社会经济文化发展的必然,文化馆必须做出成绩,做出影响,在公共文化服务体系中发挥重要作用,其行业职能才能得到政府和社会的认可!

二、注重文化服务的均等化、普及性与导向性

在当前的竞争环境中,文化馆首先要找准自己的工作方向和定位。文化馆是开展群众文化活动,并给群众文娱活动提供场所的机构。其职责和使命是全民艺术普及,实现社会公共文化服务的均等化。这样的定位,决定了文化馆在公共文化服务工作上,不必与艺术团体、学术机构竞争专业化。而应该面向大众,开展更多广大群众喜闻乐见的文化活动,满足广大群众普遍的文化需求。

要做到群众喜闻乐见,文化馆在开展文化活动的时候务必要有针对性。不能够盲目追求大数量、全覆盖,而忽视了活动的内容与受欢迎度,造成资源浪费。为了增强针对性,了解群众当下的文化需求与口味,群众反馈信息就显得尤为重要。文化馆需要获得群众对文化活动的反馈,了解什么是当前群众喜爱的潮流,什么是群众当前更想学习、了解的文化内容,才能够有针对性地提供群众喜爱的文化活动。近年来,南京市文化馆推出了"大众评审员制度",在"艺时间"剧场的每一场活动,都邀请热心群众担任评委,给活动打分,提出意见和建议,让他们在活动结束后参与讨论并记录整理。根据大众评审员的反馈,南京市文化馆总结每场活动的成功与不足,了解群众的审美与趣味,力图在下次活动中更加具有针对性,更加受欢迎。这一做法收到了良好的效果。

其次要重视公共文化活动的导向。作为政府公共文化服务机构的文化馆,和以营利

为目的的文化产业机构是有着重要区别的。文化馆肩负着引领、促进社会文化健康发展的重要使命，反对低俗，力图弘扬向上向善，充满正能量的文化，在社会舆论导向上产生积极作用。在与社会文化产业机构的竞争中具有体制优势。2021年，南京市文化馆根据革命战争时期雨花英烈的英雄事迹，策划制作了红色短视频系列剧《热血诗书雨花魂》。该视频节目既响应了党和政府弘扬红色文化的号召，同时在情节上生动浪漫，受到群众的广泛喜爱。该节目作为视频作品，登上了南京市"龙虎网""学习强国"平台。又以现场舞台表演的形式，成为多家单位红色党课的学习内容反复上演，产生积极的社会效应，同时扩大和提升了文化馆的社会影响力。

三、调动社会资源，引进社会力量，发挥群众优势

相比于图书馆、博物馆、文联下属文艺协会的专业优势，文化馆具有的优势是与群众联系更加紧密，更接地气。在过去，文化馆对业务干部的要求是："一专多能""万金油"，文化馆的各项活动都是由馆内业务干部组织开展的。长期组织策划活动，与群众打成一片，为文化馆奠定了坚实的群众基础。

在当今，广大群众对文化服务的需求普遍增长，并且对文化服务的质量提出更高的要求，这样的形势下，仅凭文化馆内部力量组织开展文化活动是不能满足社会文化需求的。当前，文化馆需要进行一场职能转型，改变过去作为公共文化活动开展创造者的角色。利用群众基础，积极吸引、联络社会文艺团体和广大文艺爱好者，用场馆和服务吸引他们走进文化馆的舞台，加入文化馆公共文化活动的开展和创造，既给他们提供了交流、学习、展示的平台，又为广大群众提供了更加丰富、多元的文化节目内容。群众的力量如有源之水，源源不绝。文化馆要因势利导，吸纳辖区内各种社会文艺力量为我所用，壮大公共文化服务的队伍。充分发挥群众的优势，激发其参与性，方能在激烈的文化竞争中立于不败之地。

文化馆的业务干部也要积极适应这样的转型，从过去的文艺作品创作者、文化活动组织者变成群众文化的引流者，经理人。将来，文化馆业务干部的主业将是积极联络、接洽社会上的各类艺术团体，寻觅各种公共文化服务资源，帮助其走到公共文化服务的舞台上去。文化馆业务干部要适应这样的转变。

近年来，南京市文化馆围绕馆内"艺时间"文化剧场做工作，努力开拓"南京公共文化联盟"和"艺委会"。"南京公共文化联盟"是南京市文化馆建立的社会上各种文艺团队的结合体，包括各大高校的文艺社团、社会上文艺爱好者、文艺团体等，他们都愿意通过南京市文化馆的平台交流学习，展示自己。而"艺委会"则由市内小有名气的艺术家组成。他们对公共文化联盟的文艺创作进行指导，并且遴选其中优秀的节目走上南京市文化馆的舞台。

南京市文化馆充分利用馆内剧场等资源和服务，广泛吸纳社会上各种艺术团体、文化机构参与其中，激发其活力，同时以文化馆的人脉，邀请南京市的艺术家们，群众文化活动

进行教学指导。引领他们走上舞台。短短两年来,南京市文化馆"艺时间"小剧场办得风风火火,孵化出上百台深受群众喜爱的文艺节目,这正是转变机制,引流社会文化资源的成果所在!

四、重视传统文化和数字化两个关键阵地

近年来,图书馆、博物馆聚焦图书、文物周边,积极拓展服务范围,开展各种讲座、课堂、交流互动活动。与文化馆的服务形成更多交集。笔者发现,目前图书馆、博物馆在公共文化服务领域与文化馆的竞争,主要集中在传统文化阵地的争夺上。这是因为,弘扬传统文化在当前公共文化服务中具有突出的地位。当今时代,广大群众对中国传统文化的关注与兴趣日益加强,党和国家也对"弘扬传统文化"大力倡导。中国传统文化是民族之魂,中国辉煌灿烂的文化历史也是世界文明的瑰宝。文化馆作为公共文化服务机构,势必要重视推广普及中国传统文化。对于文化馆人而言,不能再把文化馆名头上的"文化"理解为狭义的"群众艺术",文化馆有必要将自己的服务范围、纵深拓展到历史与人文方面。通过文化馆擅长的群众艺术手段,推广普及文化历史知识,争取更加广阔的文化领域,拓宽在公共文化服务中的工作空间。

近年来,南京市文化馆在非遗传统文化方面,做出了喜人的成绩。南京市文化馆积极联络南京市各家非遗传承人,建立了"非遗传承人之家"的交流平台,还在馆内专门设立了"艺空间"非遗展厅,邀请各家非遗传承人带着自己的绝活,在广大群众面前展示、交流。还拍摄了一系列与南京非遗相关的纪录片。近年来,南博、南图等兄弟单位在非遗保护方面的工作更加侧重于知识性、学术性。而南京文化馆为非遗传承人专门开辟出来一块舞台,把古老的非遗文化展示在群众面前,让广大群众了解非遗,认识非遗,看到了民间古老传承艺术美丽的光环。

同时,在当前激烈的文化竞争中,文化馆还要高度重视公共文化数字化的建设。数字化不仅仅是数字技术普及与推广的潮流,也是具有历史意义和广泛群众基础的社会文化现象,当今时代是数字网络新媒体主导的时代,网站、微博、微信公众号、短视频平台,各种不同形式的新媒体如雨后春笋般涌现,长江后浪推前浪般汹涌澎湃。如今的手机短视频已经占据了人们绝大多数的休闲时间,其所受关注度,远远高于传统媒体。在当今时代激烈的文化竞争中,数字化新媒体是一片新的阵地。各行各业都在学习使用数字化新媒体进行文化传播,谁先掌握了数字化新媒体的运营模式,谁就在未来的文化竞争中占领了先机。

南京市文化馆近年来一直重视数字化公共文化服务,建立了专门的数字化部门,培训业务干部学习网络运营、视频软件制作等课程。利用网络直播,将各种公共文化活动变成线上线下双平台传播。开发了微信公众号、新浪微博、B站、制作了丰富的网络、视频节目在各个平台上播出,收获了大量的点击率与关注度。笔者认为,文化馆对于数字化新媒体的研究和开发,不仅是熟练掌握各种数字网络技术,平台操作。更应当深度融入当前流行

的数字多媒体文化之中,了解各大平台的特点与运营模式,了解不同时期数字化媒体的热点与风向,吸粉引流,成为互联网平台上有影响力的 UP 主,将公共文化服务全面推进到互联网时代。

在当前,文化馆面临的竞形势是严峻的。然而正如英国哲学家休谟所说,高尚的竞争是一切卓越才能的源泉。文化馆人应当勇于面对竞争,在竞争有所作为,发扬自身优势与特色,提高文化服务的质量与效能。做出更优秀的成绩。得到社会、人民的肯定。

文化馆事业社会化发展的方向、机制与策略

蒋　丽（湖南省岳阳市华容县文化馆）

近几年随着社会文化建设事业受到重视，我国文化馆建设工作的开展也逐渐引发广泛关注，如何发挥文化馆事业的重要作用，加快我国公共文化体系的建设和发展，成为社会建设发展实践中的热点问题之一。在此背景下，文化馆在建设发展实践中，要准确定位社会化发展的主要方向，明确社会化发展机制的建设要点，从而有效推进文化馆事业呈现社会化发展状态，使文化馆事业的综合发展效能得到显著的提升，为我国新时期社会主义文化事业的稳定推进提供良好的支持。

一、文化馆事业的社会化发展方向

近几年我国文化馆在建设发展实践中，已经初步认识到文化馆事业社会化发展的重要性，并且在初期发展阶段对具体的发展方向进行了探索和实践，取得了相应的发展成效。具体分析，当前我国文化馆事业建设发展实践中，社会化发展主要涉及以下方向：

（一）结构多元化发展方向

在新时代文化呈现出大繁荣发展状态下，文化馆事业在发展实践中逐渐开始表现出多元化的发展状态，并且组织结构的多元化发展也使文化馆建设发展水平不断地提升。具体结合文化馆事业的建设发展情况进行分析，文化馆事业在社会化发展过程中结构的多元化发展主要涉及多种不同的要素，从以下方面表现出来，即参与主体多元化，文化馆事业社会化发展项目一般由政府组织部门领导，区域范围内文化馆、企业组织、社会机构、民间组织以及广大群众能积极参与其中，使服务体系更加多元系统；推动策略多元化，即在探索文化馆事业社会化发展的过程中，能构建完善的保障机制、能充分挖掘和利用社会化力量、可以对扶持政策进行建设和完善，还能倡导社会力量积极支持和配合，从而提高文化馆社会力量的参与效果；实施方式多元化，在加快文化馆事业社会化发展的过程中，能在政府的倡导和扶持下促进各项工作落实、能在公共机构和民间组织的协调下保障各项工作落实、能在企业的捐赠和赞助下支撑各项工作落实，还能在个人志愿服务的配合下促进各项工作落实。从这一点看能看出文化馆事业社会化发展过程中，表现出结构多元化的发展状态，社会化服务的整体效能也会进一步增强。

(二)技术专业化发展方向

在新时期积极推进文化馆事业社会化发展的过程中,一个较为明显的发展方向就是在文化馆事业探寻社会化发展的过程中,技术的专业化发展状态更加明显,在社会化设计、管理和运作方面技术的应用专业化态势较为鲜明。具体表现为,管理程序更加专业,在文化馆事业推进社会化发展的过程中,覆盖范围、组织方式等涉及的相关技术都更加专业、立体,借助专业化的管理能促进综合管理效能的提升,使文化馆能实现高效化运作的目标;流程设置更加专业,即文化馆事业发展过程中运作流程、操作规范等都呈现出更加专业的发展状态,能保障文化馆事业社会化建设工作的顺利组织推进;文化馆事业运作过程中目标的设计更加专业,现阶段已经能针对目标实施科学的分类和细化,形成良好的目标导向作用,使文化馆事业发展过程中不同艺术门类工作的专业性更加鲜明,社会化发展效能更加突出,可以显著提高文化馆事业社会化发展的整体效果[1]。

二、文化馆事业社会化发展机制的建设

文化馆事业的社会化发展需要完善组织机制的支撑,新时期要想提高社会化发展机制的建设效果,就要注意从多角度针对文化馆事业社会化发展机制进行建设和分析,确保在推进社会化建设的过程中,借助完善组织机制的建设可以推动文化馆事业建设取得理想化的发展状态。具体分析,文化馆事业在现代社会背景下要想真正优化发展机制、提高发展成效,就要注意从以下角度针对发展机制进行建设和优化:

(一)整合社会文化资源,拓展公共文化综合服务效能

在新时代背景下,社会大众对文化馆提供公共文化服务的需求更加鲜明,文化馆如果仍然采用传统的发展模式和组织体系,就已经无法与群众的动态变化需求和多元化发展需求相适应,只有文化馆事业建设发展实践中,能积极探索社会化发展趋势,构建完善的社会化发展机制,才能显著提升社会化建设发展的综合效果。因此文化馆在工作实践中,要注意结合地区公共文化建设的实际情况,尝试对社会文化与服务资源进行适当的整合分析,将分散的社会文化艺术联盟和培训机构进行整合利用,构建能够得到群众积极支持和认可的群众文化艺术公益性培训组织,形成公益性的文化艺术培训服务矩阵,从而增强公共文化服务方面的综合效能和水平。

例如文化馆在对社会化服务工作进行创新的过程中,可以构建公益文化惠民工程和体系,在全面对文化馆所在地区区位区间、师资力量、设备条件以及艺术门类等进行系统整合的前提下,逐步与社会上具有良好信誉和规模的社会艺术培训机构签订合作共建方面的协议,确保能对社会艺术培训方面的人才资源、场地资源、师资资源等的系统整合,增强公共文化服务工作的综合发展成效。与此同时,文化馆要负责针对公共文化艺术培训工作的开展进行监督、规范和引导,确保在社会机构的积极支持和配合下尽量为群众提供

免费的、公益性的培训工作,使培训的地点更加广泛,优化培训的主要内容,真正促进文化馆事业向社会范围内延伸,使服务工作的开展能与群众需求实现广泛对接,提高服务工作的综合效果。在此过程中,通过社会文化资源的整合,文化馆事业探索社会化发展的过程中就能构建多元互动的发展规划体系,可以有效利用社会文化的力量,支持文化馆事业社会化发展工作的系统推进,真正为社会大众提供高质量的社会化服务[2]。

(二)搭建集中服务平台,创新公共文化服务体系

现阶段文化馆在政府的引领下开展公共文化服务事业,虽然属于公共文化服务体系中的重要组成部分,但是文化馆与科技馆、博物馆、图书馆等隶属于不同的文化主管部门,不同文化主管部门在参与公共文化建设的过程中各司其职,缺乏有效的沟通和交流,造成公共文化资源开发和利用的过程中出现了重复性的情况,会造成公共文化服务事业的发展受到不良影响。因此为了能对公共文化服务工作进行创新,更好地展现文化馆事业服务群众的作用和效果,文化馆事业在推进社会化发展的过程中,就要尝试构建集中的服务平台,拓展服务工作的覆盖范围,形成多元化的创新公共文化服务体系。在实际工作中,文化馆可以紧密结合群众急切的文化需求情况,重点对公共文化资源进行整合开发,突破不同行业管制的界限,构建能为社会大众提供高质量公共文化服务的统一化服务平台,借助信息技术的力量构建线上线下融合的服务体系和服务网络,真正为群众提供高质量的公共文化服务,确保群众的文化权益得到相应的保障。

例如文化馆结合地方特色在推进集中服务平台建设的过程中,可以搭建公益性文化场馆免费开放的工程组织体系,重点对区域范围内美术馆、图书馆、博物馆、科技馆等的综合力量,构建统一高效的公共文化服务网络平台,在文化馆的管理和运作支撑下,确保能为社会大众提供免费资源和获取、免费培训、免费讲座等方面的公共文化服务,从而使区域范围内公共文化服务的潜力得到有效的释放,进一步促进文化服务资源的系统整合和创新,在对文化服务体系进行科学组织和规划的基础上,显著改善公共文化服务的综合发展成效。这样就能搭建集中性的文化服务平台,助推文化馆事业实现社会化发展的目标,在公共文化服务体系的支撑下,确保文化馆事业社会化孔制能实现稳定运行[3]。

(三)整体委托运营管理,激发公共文化服务活力

文化馆事业要想实现社会化建设和发展,就需要专业服务机构的支撑,在构建专业化服务体系和运营模式的基础上,提高公共文化服务工作的水平,使服务工作的活力得到进一步激活。因此在积极推进文化馆事业社会化发展的过程中,地方政府应该加强对文化馆建设的重视,结合文化馆事业社会化发展的基本情况进行分析,准确定位部分文化馆编制、岗位设置以及运营能力不足的情况,引导文化馆在建设和发展过程中尝试采取整体性委托运营管理的组织体系,引入专业的运营机构对文化馆各项工作的开展实施有效的运营管理,从而在专业运营管理力量的支撑下加快文化馆社会化服务建设成效,凸显公共文化服务的整体影响力。

例如针对新时代背景下建设的文化馆规模相对较大、编制有所不足、现有工作模式无法保障文化馆公共服务工作质量和效果的情况，新时期在实际推进文化馆服务创新的过程中，就可以尝试构建社会化服务体系，在全国范围内通过公开招标的方式引入有实力的专业运营公司负责文化馆运营工作的开展，对运营成本进行有效的控制，促进运营服务效能的提升。在此过程中，可以结合文化馆社会化发展工作的需求，从多角度对专业运营的组织规划进行设计、对专业化运营的制度体系进行建设和完善，确保能转变文化馆服务社会公共文化事业的发展职能，在切实推动文化馆事业社会化发展的基础上，确保公共文化建设的潜力得到进一步激发，切实提升文化馆建设和发展的综合组织成效。

（四）构建志愿者队伍，丰富公共文化服务内容

在社会大众物质生活水平不断提升的情况下，群众对于精神艺术层面的需求也进一步增多和增强，这对文化馆开展公共文化服务工作提出了新要求，文化馆只有不断对服务模式和服务组织体系进行创新，才能使各项工作的开展与群众的需求实现有效的对接。但是在文化馆当前建设发展实践中，专业人才队伍已经无法支撑公共文化服务工作的创新，使文化馆服务工作的开展受到限制，无法适应群众不断变化发展工作的需求。因此新时期在文化馆的建设发展实践中，为了能寻求社会化发展、提升文化服务的整体影响力，文化馆在实际工作中还要注意吸引更多的文化志愿者参与到服务工作中，为社会文化服务事业的发展助力[4]。

在组建专业志愿者队伍的过程中，可以主要招聘具备一定艺术修养的教师和学生，或者了解本地区群众文化需求和文化特点的民间文艺工作者和爱好者，为文化馆服务工作的开展提供助力，使服务工作的效能得到进一步提升。在工作实践中，为了更好地发挥志愿者服务群众文化建设工作的基本成效，文化馆在组织机制的建设方面还可以促进志愿者服务资源的系统整合，组建专业的文化志愿者服务协会，设定统一的管理制度、管理标准，开展专业的宣传教育活动，吸引更多有能力的人参与到文化馆公共文化服务体系的建设和发展实践中，打造强大的志愿者队伍，为公共文化服务工作的创新开展提供良好的人才支撑。这样就能借助志愿者队伍的构建，加快文化馆事业社会化发展进程，使文化馆服务工作的开展能取得良好的发展效能。

三、文化馆事业社会化发展的实现对策

文化馆事业的社会化发展需要多元化管理体系的支持，新时期在对文化馆事业社会化发展机制建设进行明确的前提下，新时期要想真正实现社会化发展的主要目标，在实际工作中就要采取有效的措施保障社会化发展工作的落实。具体可以从以下角度对文化馆事业社会化发展对策进行完善：

（一）构建社会化的管理组织体系

文化馆事业探寻社会化发展的过程中，需要不断对组织管理模式进行改进和创新，尝试引入社会化治理理念，构建社会化的组织管理体系。在文化馆发展过程中，要有意识地针对社会化发展模式进行分析，不断对社会治理方面的组织机制进行优化和创新，在社会化治理方面作出相应的尝试和探索。在实际推进文化馆事业社会化发展的过程中，要重点从技术管理的社会化变革、模式的社会化创新等角度进行改革，遵循社会化发展方向制定全新的发展组织规划，从而提高社会化管理工作的整体效果，使文化馆在建设发展实践中能取得良好的发展效能。

（二）引入社会化运作范式

文化馆事业社会化发展实践中，传统的运作范式会降低运作效率，不利于管理和运作的全面创新。而新时期在尝试对文化馆事业加以变革的过程中，可以尝试引入社会化运作方面的基本组织范式，促进文化馆事业向着社会化发展方向转化。在实际工作中，各地区文化馆可以结合本地区实际情况，从政府主导文化志愿者服务范式、专业机构运作文化募捐服务范式以及行业组织开展的文化众筹范式入手，选择合适的范式对自身运营模式进行变革，构建相对专业的商业化运作体系，引入高度专业化的运作条件，从而确保文化馆事业在探索社会化发展和创新实践中，能取得良好的发展成效，可以产生巨大的影响力，全面增强社会化运作的综合效果[5]。

（三）创新社会化普及形式

文化馆事业在探索社会化发展的过程中受到普及形式的影响，普及形式的逐渐丰富和发展为社会化发展提供了良好的支持。现阶段，我国各地区文化馆在尝试构建现代化综合服务体系的过程中，逐渐深刻认识到推进全民艺术普及的重要性，并且在区域间文化交流和合作方面作出了多元化的探索，也有部分文化馆结合文旅深度融合的发展状态，对公共文化服务进行创新，使文化馆的社会化运作呈现出积极的发展状态。在此过程中，文化馆事业通过对社会化普及形式进行创新和开发，能够不断对服务模式的受众范围进行拓展，并且文化馆的活动规模也会得到进一步拓展，服务工作的社会效益会呈现出显著提升的发展状态，再加上文化馆构建社会化运作机制在普及方式方面不断的探索创新实践措施，必然会对文化馆加快社会化发展产生积极的影响，确保我国各地区文化馆事业社会化建设和发展能取得良好的发展效能。

综上所述，文化馆事业的社会化发展是新时代背景下文化馆建设发展的主要方向，只有能逐步构建社会化发展服务体系，才能更好地发挥文化馆在服务社会文化建设、支撑社会公共文化体系建设方面的重要价值和作用，使文化馆综合服务工作的开展能取得良好的发展成效。因此在新时代背景下文化馆建设发展实践中，要对文化馆事业的主要发展方向进行准确的定位，积极探索各项文化服务事业的全面创新，从而提升文化馆服务工作的综合效果,确保文化馆事业社会化发展能呈现出全新的发展状态和发展格局。

参考文献

[1] 苏怡.社会力量参与文化馆建设的实践与思考——以浙江省台州市文化馆为例[J].文化月刊,2021（8）:116-118.

[2] 李俊民.文化馆事业社会化发展之路的探讨[J].中国文艺家,2021（8）:185-186.

[3] 赵静琳.公共数字文化融合背景下的数字文化馆建设路径[J].参花（上）,2021（8）:137-138.

[4] 李舒婷,同欢.陕西省文化馆系统公共文化服务社会化的可持续性基层调研报告[J].百花,2021（7）:71-74.

[5] 易传志.浅谈全民艺术普及的社会化运作——县级文化馆全民艺术普及工作探索[J].明日风尚,2020（18）:193-194.

新时代群文戏剧创作题材探讨

——以第十九届群星奖上海地区选拔活动戏剧专场为例

李泽林（上海市嘉定区文化馆）

戏剧作为一种综合艺术表现形式，是群文舞台上的常客。无论是戏剧小品还是戏曲小戏，因其贴近民众生活的内容选择或幽默或感人的情节故事、通俗易懂的对白唱词等，都深受观众的喜爱。党的十九大明确我国进入中国特色社会主义新时代，党的十九大报告提出了新时代文化建设的基本方略，"没有高度的文化自信，没有文化的繁荣兴盛，就没有中华民族的伟大复兴"①，文化建设的意义格外凸显。群众文化活动一直是社会文化的重要组成部分，是满足群众精神文化生活的重要途径，在新时代的背景下，"新时代群众文艺创作的蓬勃发展是满足人民群众日益增长的精神文化需求的根本任务"②。因此新时代的群文戏剧与以往有哪些异同，就成为创作者们关心的问题。"只有选择合适的素材才能够创作出适合群众的戏剧"，其中戏剧题材的选择，是创作的重要一步。

一、群文戏剧创作概述

群众文化活动顾名思义，是由群众自发组成，在群众业余生活中开展的各式活动。群文戏剧创作因此区别于专业戏剧创作：专业院团创作戏剧时，由专业人员各司其职，以创作者的艺术表达为目标；而群文戏剧创作的"特质在于'群众'二字"③，目标则是服务群众。两者之间的区别并不在专业技术上，越来越多专业院校的毕业生进入群文系统，群众中也不乏专业素质极高的业余爱好者，在各个地区的舞台上，总能看到不逊色于专业院团的精彩作品。但群文戏剧不追求更高的专业技术，如何更好地表达群众所思所想、如何符合人民群众的审美、被群众认可，才是群文戏剧创作的重点。

群文戏剧因其内容往往取材于群众生活或人们耳熟能详的历史故事等，使得群众对于这一艺术形式有天然的亲近感；与人们息息相关的内容也让创作的门槛没有那么的高，

---

① 中华人民共和国中央人民政府.习近平:决胜全面建成小康社会 夺取新时代中国特色社会主义伟大胜利——在中国共产党第十九次全国代表大会上的报告[EB/OL].（2017-10-27）[2022-04-06]. http://www.gov.cn/zhuanti/2017-10/27/content_5234876.htm.

② 葛莹.新时代如何发展群众艺术创作工作[J].艺海,2020（10）:2.

③ 钱冰冰.论文化馆的文艺创作——以南京市秦淮区文化馆为例[J].参花:下,2018（12）:1.

书写身旁最熟悉的事让群文戏剧的创作氛围热烈,每年在各种演出或比赛中也能看到新作频出。但蓬勃的数量表象下,却有着群文戏剧质量不高的情况,"剧本的创作和舞台的表演已经显现出了不少的问题"。随着时代的发展,人们可以从各个平台观看到形式丰富的文艺内容。以戏剧类节目为例,从以往的电视平台到如今的网络平台,形式上从电影、电视剧再到短视频,数量庞大的内容可以被观众们轻易获取,老百姓对于节目的质量也有了更高的评判标准。而群文戏剧的创作者们如果还停留在过往的创作题材与方式上,就无法满足现代观众越来越高的精神追求。

二、群文戏剧创作题材的选择

群文戏剧作为服务群众的文艺形式,其题材广泛,小到家长里短,大到国家历史,通通都可以作为创作的材料。丰富多彩的题材给创作者广阔的天地去发挥,但同时也赋予创作者巨大的挑战:如何从中选择合适的素材创作出优秀的作品,是需要选择和思考的。

为群众文艺创作事业的进步、群众文艺作品能够推陈出新、群文事业能够不断繁荣发展,文化和旅游部设立"群星奖"作为群众文艺领域的政府最高奖,面向广大的业余文艺爱好者和群众文化工作者,每三年评选一次。第十九届群星奖将于2022年举办,为推选优秀作品参加本届群星奖评选活动,上海市举办了选拔活动,参选作品为2019—2021年上海市优秀的群文作品。参考这些新时代以来创作的群文戏剧题材,可以给未来的创作一些启示。

(一)人与人之间的关系

讲述老百姓自己的故事,最常见的也就是人与人之间关系的问题。在本次选拔赛中,就有多部作品的题材来自对关系的探讨。像探讨"亲情"的小品《转门》,用保险箱的密码作为父子回忆的线索。而小品《小小眼镜店》则将目光对准"邻里情",一位热心帮助四邻的小店店主,也获得了他人的帮助渡过难关。还有关于"医患关系"的《新年快乐》,医生帮助一名失去希望的病人重获信念,医治病人不只是治疗他身体的病,也要关注他心灵的伤。

小品《时间之爱》讲述了两个本来没有关系的人的故事:曾经获得女儿帮助的年轻人上门致谢,刚刚失去女儿的痛苦老人无法释怀悲伤。一老一少对于女儿的回忆让他们连接在一起,年轻人决定照顾这位独居的老人。时间也许不足以把糟糕的情绪消化,但人与人之间的帮助却能抵御未知的困难。在群文创作的题材中,这种人与人之间互相关怀、互相帮助的题材总是能够令人感动,唤起大众心中的温情。我们歌颂人们善良的灵魂,期待一个互帮互助的大同社会。

(二)改编

在戏剧创作中,改编是常见的一种做法,从生活或者其他的艺术作品中寻取灵感,并通过合适的方式表达自己的想法,创作富有时代气息的作品。这次的作品中,有从真实故事改编而来的小品《生死兄弟情》,讲述武汉疫情时期上海援助医疗队的感人故事。也有从新闻事件改编的小品《锁》,"长租公寓"暴雷事件之后,房东与租客之间由不信任到互相理解的转变。还有从一出大戏中的段落改编的沪剧小戏《变脸》,由原本大戏中不到一分钟的片段,变成一段美丽乡村文明建设中的趣闻。

音乐剧小品《一个人的球队》就是由真实故事改编而成:一个热爱篮球的少年不幸早夭,他的父母选择将他的器官捐献。几个因此重获新生的陌生人,受邀参加一场特殊的篮球赛,组成球队一起感谢并纪念这个少年。在改编后的演出版本中,篮球赛正式开始,一名少年突然出现在赛场上,并在众人的帮助下完成投篮,那一刻所有的观众都能感受到,这个少年凭借留给众人的"遗产",将继续活在这个世界中。改编作品的好处在于故事原型已经提供给创作者,能够"站在巨人的肩膀上";但它的难处就在于创作者如何使用这个原型,从何种角度再将这个故事表达出来,讲出新意,讲出深度。

(三)时事热点

时事热点永远是老百姓关心的话题,时代浪潮中往往会涌现出一批精彩纷呈的故事。以 2020 年新冠疫情为背景的作品,就有刚刚提到的小品《生死兄弟情》,还有即将奔赴"战场"的逆行天使的沪剧小戏《出征之前》,以及关于疫情防控时期,志愿者和居民一场美丽的误会的京剧小戏《擒"贼"记》,从不同的角度切入,各有各的精彩。上文提到的小品《锁》来自前一段时期大家讨论的"长租公寓"事件。而小品《又见炊烟》则关注"地摊经济",在新政策的背景下,三个不同困境的陌生人如何互相抱团获取希望。再比如近几年火热的"直播"与"网红",小品《网红爷爷》通过这一热点,提倡人们在复杂的网络世界里我们依然要发扬优秀文化,传扬劳模精神;而小品《赞了,我的哥》也将目光放在网络世界,通过讽刺沉溺网络虚荣的人,告诫大家关注真实生活。

红色题材一直是我们创作的热点,但过于强调宏大叙事则可能离群众有些距离,选择合适的角度切入往往可以获得更好的效果。小品《我记得你,你就活着》给了我们一个很好的例子:上海解放前的战役中,一名 20 岁的战士睡梦中穿越到了今天的上海,遇到了同龄的一名志愿者女孩。不同时代的年轻人之间的对比令人感慨时代的发展。女孩告诉战士即将牺牲的结局,但小战士毅然选择回到战场,并对她说"你记得我,我就活着"。不忘历史,铭记英雄是我们牢记的初心,群文戏剧也有向群众教育宣传的责任,如何在这个题材中创作出打动人心的作品,通过这部小品我们可以学到很多。

(四)地域特色

"民族的即是世界的",在文艺创作领域,要积极挖掘属于自己所属地区的独特文化。上海作为"海纳百川"的经济中心,无数的年轻人在这座城市寻找自己的梦想,"新上海人"的故事每天都在发生,像上文提到的小品《小小眼镜店》和《锁》,这座城市温暖着每一个希望扎根在这里的人。而小品《味道》取材于上海老字号的馄饨店,紧跟潮流的"网红"老字号馄饨店,迎来了一位久违的老顾客,引发出我们对当下应该保留什么、珍惜什么、追求什么的思考。

(五)价值观

作为最贴近民众的群众文艺,从价值观角度取材也是常见的创作角度。比如小品《体面》,通过父女二人争论地铁安检员是不是个体面的职业,来传递合适的职业价值观;类似的还有小品《后浪》,希望女儿能有个安定工作的父亲不支持她创业,但在一笑一闹间,父亲明白了什么是长江后浪推前浪。小品《勿忘我》把目光放在年轻人的偶像观上:在一个展览上究竟是革命英雄还是年轻偶像的照片应当被选上的争论中,一场关于民族价值观的讨论以小见大。小品《孩子的天空》则从孩子的视角讲述了联合国维和部队为保卫祖国与世界和平作出的英勇贡献,让我们对"英雄""祖国""和平"产生了更深刻的理解。

在音乐剧小品《和未来的约定》里,一个即将去支教的年轻人充满了对未来的迷茫,她不知道自己选择的这个事业是否正确。一次穿越让她能看到20年后的自己,那个支教多年的自己沧桑、疲惫,看起来并不幸福。但未来的她对过去的她说,看到自己教过的孩子们的笑脸,让她从未后悔自己所作的决定。群文艺术活动通过浅显易懂的故事,让观众理解并共情其中的角色,迅速提升自己的文化素养。因此选择恰当价值观的题材,能够给观众精神享受的同时,获得思想上的提升。

三、群文戏剧创作题材选择的策略

群文艺术是面向群众的艺术形式,在丰富人民的精神文化生活的同时,也有向广大群众提倡优秀文化的作用,是我国精神文明建设的一项重要途径。基于群文艺术的这些特性,选择群文戏剧的题材时就要考虑到群众的接受和理解。另外,一个好的题材并不意味着能创作出优秀的作品,"一出戏的成功与否主要决定于题材的处理工作",从合适的角度来切入题材才是创作能力的体现。根据对第十九届群星奖上海选拔赛戏剧专场剧目的分析,在这里提供一些题材选择的策略供参考。

(一)选择群众关心的话题

群文戏剧的创作要深入到群众之中,只有写"群众所想",关心群众的生活状态和内心需求,才能创作出打动群众内心的作品。在新时代群众关心的话题有什么特点?从人民的衣食住行到工作、医疗、教育有什么问题?只有找到贴近群众实际生活的题材,才能得到观众的认可。比如小品《锁》关心的租房问题,小品《后浪》讨论的"创业"还是"铁饭碗"问题等,都是从民生角度出发创作而成。

(二)多个题材的融合

很多创作者在得到一个不错的题材后不知道如何下手创作,不妨试试将两个题材或多个题材融合,也许能碰撞出不一样的火花。比如小品《我记得你,你就活着》将红色题材和穿越尝试融合,用不一样的角度对历史进行的纪念;小品《网红爷爷》则是将"直播"和"劳模精神"进行连接,就有了通过直播传承劳模精神的新角度。

(三)视角的转换

一个大的话题如果从正面描写往往很难着手,可以试着换个视角以小见大。比如"疫情"主题讲医生的担当精神,沪剧小戏《出征之前》没有讲多少个医生奋斗在一线,而是将视角放在一位医生临行前的告别:她既是孩子的妈妈,也是丈夫的妻子,同时是母亲的女儿,一个人却也代表千万医护人员。小品《孩子的天空》讲述的是对联合国维和部队的歌颂,通过孩子们天真烂漫的对话,更能感受到一代英雄守护着未来的英雄精神。

新时代的到来对群文艺术的发展有了新的要求,只有不断提高自身水平才能更好地满足人民群众的需要。群文戏剧作为广受群众喜爱的群文艺术形式,在新时代也将发挥着其独特的作用。而创作优秀群文戏剧的核心,始终应以人民为中心,讲群众需要的故事,反映群众内心之所需。群文戏剧的创作是没有止境的,群文戏剧的创作者们也应不断进步,群文戏剧的质量也必将得到提高。

参考文献

[1] 顾仲彝.编剧理论与技巧[M].上海:上海人民出版社,2016:30.

[2] 习近平:决胜全面建成小康社会　夺取新时代中国特色社会主义伟大胜利——在中国共产党第十九次全国代表大会上的报告[EB/OL].[2022-04-06]. http://www.gov.cn/zhuanti/2017-10/27/content_5234876.htm.

[3] 葛莹.新时代如何发展群众艺术创作工作[J].艺海,2020(10):2.

[4] 钱冰冰.论文化馆的文艺创作——以南京市秦淮区文化馆为例[J].参花(下),2018(12):1.

论全民艺术普及在数字资源共建共享方面的发展及意义

张艺潇　李俊洁（山东省烟台市文化馆）

中华民族拥有五千年灿烂的文化，为了使中国传统文化得到更好的传承与发展，进一步提升全民文艺素养、激发民族文化创造力，党的十九大以来，中央提出了"开展全民艺术普及"的目标任务。全国各地积极响应号召，近年来组织开展了大批形式多样丰富多彩的艺术普及实践活动。

为了跟上时代步伐，更好地推进全民艺术普及，开展创新性群众文化工作，烟台市文化馆开始利用网络传播艺术，"数字服务"开始登上我馆文化服务的历史舞台。

"数字服务"是这两年出现的新名词，也是艺术服务需要不断探索的新领域。如何做好这项工作就成为当前艺术从业人员以及文艺从业机构的重要任务。我们不难发现，数字服务其实就是以数字技术为支持所提供的服务，是以数字化为手段，借助网络为人们提供便利、高效、舒适的体验。云端储存、在线学习、在线欣赏等都是数字服务为我们呈现的。

随着信息化、数字化时代的到来，人们选择信息接收的途径在不断增多，各种终端设备的出现，满足了不同人群不同时间、不同地点、多角度接受信息咨询的可能。随时随地在线学习、在线欣赏已经成为一种趋势。因此将各种艺术资源整合，完成数字资源建设就成了重中之重。这样既有利于扩大受众群体，加速全民艺术的普及也有助于人们根据实际情况，自由安排自己的学习阅览时间，有利于各项艺术在群众中的推广。数字资源共建共享的不断发展将助力全民艺术普及提高全民文化素质，增强民族自信心，形成社会向心力、凝聚力，维护安定团结，从而促进经济发展以及社会进步。

一、构建艺术数字资源库，维护好共建共享体系，促进全民艺术普及工作的科学化发展

（一）艺术数字库的建设

建立完善的艺术数字资源库，是开展一切工作的基础，数字资源库的建设要从一点一滴开始，通过积累的方式达到丰富资源库的目的。

1.收集手段

以文化馆数字艺术库建设为例，我们可以通过展览和活动收集大量的美术、摄影、民

间艺术图片资源;通过现场展示表演等活动的录制,完成视频资源的收集整理;通过教师的声乐、舞蹈、乐器的讲解演示,录制完成慕课资源;将音乐、电影等录音录像资源以及文学书籍等进行数字化转化,将它们保留到"云端"。通过不同的渠道,完成多种艺术资源的收集工作。

(1)利用原有文献资源及活动进行艺术资源的初步汇总

发挥自身优势,将建馆以来档案库内的图文影带光碟资料通过扫描、提取、录入等途径进行数字化处理,将留存的美术、音乐、戏剧、影视等重要历史文献汇总形成数字艺术资源库,同时也为艺术资料的永久保存起到积极的促进作用。

文化馆每年要举办主题活动及不定项活动达百余场,如"元旦、春节"的迎新主题摄影展、美术展等;"五一"以劳动为主题的朗诵、书法展赛等;"六一"的儿童主题绘画比赛等;"七一"的红色主题绘画书法摄影展及歌唱比赛等;"八一"以拥军为主题的创作文艺活动;"重阳节"的关爱老年人书画展;"十一"的庆国庆非遗展赛表演等。这些主题展赛、文艺汇演、慰问演出等活动汇集大量的文艺资源涵盖多个门类的方方面面,使资源库不断充盈。

由于网络的快速发展,为了让人民群众更好地学习艺术知识和课程,近年来文化馆进行了优质慕课的录制,涵盖美术、书法、设计、舞蹈、声乐、器乐演奏等多个项目,这些优质艺术课程源源不断地涌现,补充了数字艺术库的建设,为下一步更好地开发使用艺术资源库奠定了良好的基础。

(2)利用群众力量进行艺术资源补充

文化馆是进行群众文化宣传服务的高地,既要以文艺的形式弘扬社会主义核心价值观,开展公益性文化艺术服务和社会艺术教育,培养基层文艺骨干,还要组织群众文化活动及创作推广群众文艺作品,进行相关文化理论研究,保护和发展好非物质文化遗产等。

所有馆内项目活动基本以围绕群众进行组织开展实施,因此吸收群众的文艺力量是必不可少的,文艺来源于群众普惠于群众,通过各类作品的提报,舞蹈、歌唱、朗诵等活动项目的展现汇集,极大丰富了艺术资源库内容。在群众的交流展示中不但加强了艺术元素的感染力,也对艺术资源质量的不断提高产生了积极的促进作用,形成了良性的循环。以艺术创作为例,文化馆经常组织美术、诗歌等创作活动,有长期及阶段性不同的组成形式,可以在文化馆课堂也可以在家中进行创作,大家可以进行自主创作,也可在专业老师的指导下完成,在发挥自身主观能动性的同时强化交流,使作品更加富有表现力,目前通过上百场的美术、歌曲、视频等征集活动,近五年共收集高质量艺术作品 26827 件,类型共有 9 种,极大丰富了馆内艺术资源库的建设。

(3)利用社会组织力量进行艺术资源充实

社会艺术团体、民间艺术组织等机构是非常庞大的艺术资源供给来源。它们拥有或吸收了一批优秀的艺术工作者、艺术爱好者,同时具有较强的组织能力和社会影响力,是丰富社会艺术生活的重要力量。

如市民文化节贯穿整年,属于全民性大型主题季活动。其中艺术类机构的参与在这种大型活动方面就形成了优势,依靠各个民间艺术团体、机构和其他重要艺术组织完成主题活动下的艺术展演等目标任务,它们可以根据自身特点进行具体的活动安排,在活动的组织过程中就完成了美术、音乐、戏曲、影视等艺术资源收集工作,通过上传活动资源,就为艺术库建设提供了高质量的资源素材。

2. 结构规划

通过不同渠道汇集的大量图片、动画短片、课件、音频、视频等艺术素材,因在不同时间举办且分别上传,大都是单独成立或多个元素包含在某个展出或演出项目中,没有做系统的关联,就是简单的艺术资源的汇集状态。如果进行使用,达到助力全民艺术普及的目的,就必须促使艺术资源库架构完整且结构细化。

(1)根据内容形式,形成多个基础主题资源库

在汇总的艺术资源达到一定数量后,通过数字化分析,我们可以列出不同主题门类的项目,便于进行查阅、学习等。如美术类,可分成美术图片类、美术音视频类、美术课件类、美术文献类等,再根据不同的使用目的进行细化分组,以美术图片类为例,我们可以细分为国画、版画、油画、水彩画、儿童画、农民画等,可提前设置图片题目或是利用电脑系统识别后完成分组,便于以后的调取使用。

当然之前的活动项目所采集来的素材资源,它们因为隶属于不同的活动、展览、书籍所以不一定有所关联,但是由于我们需要形式一致或具有某种特征的图片时,能够通过关键词或主题字的搜索进行集中阅览,这就是建立主题资源库所要达到基本目的。

(2)根据需求需要,在资源库的基础上形成有关联性的同类主题层级

由于某种学习、阅读、欣赏的需要,通常人们在调取艺术资源时,不单单局限在一个种类上,更希望某项艺术元素与搜索的主题之间,或其他艺术元素之间具有相同意义抑或是功能上的关联,从而获取更多需要的元素,增加知识面的拓展。例如人们想找寻古代艺术服饰,那么可从艺术库内搜索出来历代的民族服饰图片,同时又可以搜索出穿着古典服饰跳舞的舞者视频、陈列古代服饰的重要历史博物馆的图文视频资料、历朝历代服饰介绍的资料文献以及可以找到各个古典服饰当年的流行地区及其当地的风土人情历史文化艺术的传承发展等。

(3)搭建多条艺术资源链条,丰富艺术库组成

通过智能化的建设使艺术资源库"活"起来,艺术资源库将按照文化资源系统和网络艺术管理系统两个部分同时进行建设。文化资源系统整合馆内资源,各个兄弟艺术单位资源,划分专区类目,将资源库不断丰富更新。网络艺术管理系统由合作的艺术网络资源管理平台构成。通过多个艺术资源平台的建设,可以囊括更多的优质资源,艺术资源标准的设定、网络系统的链接以及具体与资源库相契合,形成互补互促的模式,可以持续更新改进,动态的良性循环会更有效地优化艺术资源库构成。

(二)建立维护艺术资源共建共享体系

资源的共享让人们轻松获取所需资源,达到资源的最佳的利用率,服务社会,促进了

社会的进步和经济的发展。建立共享体系是一个繁复且浩大的工程,需要多方参与共同完成。构建大的艺术资源网络体系将是未来全社会共同努力的方向。目前,一些专业及综合性机构的文献、艺术资源共建共享工作已取得了阶段性的成效,使大众能够快速方便地进行艺术资源的查阅、欣赏、学习,加速了全民艺术普及工作的步伐,使普及工作更加高效便捷。

1. 强化组织,建立多方参与的联盟体系,实现互联互通

首先我们可以在文化馆系统内,建立区域性文化馆同盟网,实现相互关联,根据各馆不同的特点特色进行有效分类并开展相关工作,将优质艺术资源汇总到地区性牵头文化系统的平台上,共同构建共同享有,为群众谋求最大的服务便利。这种模式的推行,形成了有效管理,资源信息收集会更加快速,周期建设也会缩短。

其次是多单位参与,在区域性专业馆团合作的基础上吸收发展民间性质的艺术组织机构,多点整合,建设一个更大的网络平台。通过艺术资源共建共享强化紧密合作关系,实现各单位之间的信息资源优势互补,能够为大众提供更具多元性更具个性化的艺术服务。

三是从长期来看,需要突破地域的限制加入全国艺术资源的共建共享当中去。当然这是一个远期的规划,也是国家近年来稳步推进的工程项目。对于一个大的艺术信息资源共享平台来说,会更加有利于全民的艺术普及工作,是功在当代利在千秋的伟大事业。在组织上的可以构建国家级平台,按照地区进行树形分布排列,形成一个大的资源网络,使各地区的资源通过数字的手段快速抵达社会大众的手机等终端系统便于随时随地学习与娱乐。

国家、省、地市、区县、乡镇等各级平台下设各个艺术资源网络,由各级专业平台机构进行统筹管理,依靠全国上下各个成员单位相互协作,共同构建,实现资源的优势互补,通过全国平台进行统一的规划、整理、分类,建立存储、管理、发布的全新中心,让全国各地区群众机构受益。通过网络智能优化过滤,去除糟粕,让好的优秀的好的文化艺术陶冶社会大众的情操,有利于加速我们社会的发展,实现民族的伟大复兴。

2. 加强技术建设,加速艺术资源网络构建,实现信息共建共享

随着科学技术的发展,“云”技术出现,它可以自我维护和管理虚拟计算资源,如计算服务器、存储服务器、宽带资源等等。云计算将所有的计算资源集中起来,并由软件实现自动管理,无需人工参与。“云”的分布式存储及共享逐渐替代了一个个相对孤立的数据源,不断加强云技术的开发,通过大数据分析联动进行个性化推荐为人们提供丰富、高效、快捷的资源服务。

“云”的应用,形成了网络服务区域,各单位机构通过互联网与云端服务器实现交互,可从云端共享其他地区的资源,也可上传本地的资源。加强“云”等技术的开发,不仅对区域内艺术资源的整合带来了便利,更使服务人群的能力得到了提高。随着移动终端设备的普及,拥有手机的人们能随时随地依靠移动互联网检索、访问和上传艺术资源,使共建更加智能,共享更加便捷。

3. 完善艺术信息资源在共建共享实施中的服务体系

艺术资源网络系统的共同建设是为全民共同享有而服务的。因此共享服务是用户在实际使用中最关心，也是实施运行中最重要的一环。首先我们要保证共享资源以及平台的安全，保证资源存储、发布的安全，及时补充可能出现的漏洞，保证用户访问安全，建立责任机制，总平台与分平台应加强资源和网络的安全保护。其次要实时更新，平台要有最新资源，以最新的艺术咨询、艺术资源引领中国文艺前进的方向，引导人们通过艺术感受美，发现美，思考人生，享受生活。再要注重开通沟通渠道，及时发现问题并给予解决，形成良性循环，将服务真正落实到位。

二、建立健全数字资源共建共享体系对全民艺术普及的重要作用及意义

人类作为地球上的高等生命体，不仅需要物质生活更需要精神生活，需要体现自己的人生有价值，使生活变得别具色彩且更有意义。人类对生活意义的寻求，对人生价值的追求，是人类精神生活的核心内容。

艺术作为人类精神生活的一部分，对于人的心灵、情感、精神有着巨大影响，可以塑造一个民族的品质，关乎一个民族的未来和发展。当人的精神生活得到满足时，他们的生活体验及质量就会提高，就会为社会创造出更好价值。以绘画为例，当一位画家在绘画的时候，他会觉得无比充实，所创作出的作品富有思想和人文情怀，如《星空》《向日葵》等作品，都是很好的诠释。

建立一个快速地让大众能够随时进行学习交流的网络体系，对于艺术的普及与社会的发展都是极为正面和符合时代发展意义的。

（一）充实群众文化生活，提高全民艺术素养，助力打造积极乐观的价值取向

中央印发的《关于加快构建现代公共文化服务体系的意见》进一步强调"开展全民艺术普及"这项工作任务的重要性。艺术可以培养和提升人的想象力、感知力和领悟力，使人具备正确的审美观。数字艺术资源的共建共享，让艺术以轻松的形式照进人们的生活，让优秀的艺术思想成为现实生活的引路标，成为人生的明灯塔。使人忘却痛苦与悲伤，心灵得到释放，精神上拥有寄托，思想上得到满足，让人得到全面的发展，使人的"生命"得以延展，在充分而自由地发展人的真性情的同时，积极乐观的情绪也保障着社会的稳定与经济的良好发展。

（二）与时俱进，用全新的方式和便利的途径，引领新一代年轻人的价值导向

青少年是国家的未来和希望，通过数字网络化的新途径，将优秀的文化艺术带给青少年，摆脱陈旧、教条化的传授方式，以动画、漫画、体验类视频等多种新颖的形式为他们打开视野，为他们架起一座追求美的桥梁，促进孩子们德、智、体、美等多方面的发展。开发

他们的智力,提升他们的创造力,以美辅德,陶冶青少年的情操,促进他们形成正确的价值观义利观。通过艺术的普及在满足他们个性化需求的同时也促进他们与其他人拥有共同的爱好和语言,为他们今后更好地融入社会打下了良好的基础。

青少年通过网络资源库中喜闻乐见的艺术形式学会欣赏,学会创作,在这其中,理解什么是美,什么是值得肯定赞扬的,怎样做才能对社会有价值。理解什么是丑,分析什么是对社会有害的,需要如何警惕等,从而提升自己的思想境界,将为未来构筑强大的精神家园,选择正确的社会共有价值做好充分的准备。

(三)以资源共建共享为手段,加大艺术普及范围,助力乡村振兴发展

时代在召唤人们前行,改变了原有的思路,艺术资源共建共享的数字化发展,为乡村带来了新的前进方向。例如网上的手工艺术展厅,让远在千里之外的人们欣赏到来了来自淳朴乡村的艺术之美。民谣会、民族歌舞会也吸引了不少网友的目光,乡村人民在分享他们艺术生活的时候,也将美好的种子种到了观者的心中,于是网络上的播放流量与点赞变成了实地的打卡与订单,这种形式不但吸引了更多的青年人积极返乡创业也将烙有民族艺术之魂的非物质文化遗产更好地保留和传播了下去,为中华民族再次崛起构筑起十分有力的文化强盾。

有艺术浸润和滋养的生活是美好的,它可以塑造高贵的灵魂。用便捷的数字网络方式向全民进行艺术普及,将加速全民文化艺术素养的提升,使民族精神面貌得以更有力地提振,在社会主义核心价值观的培育方面会愈加便利,能进一步激发群众的文化创造力,使民族凝聚力更加稳固,国家文化软实力也会随着数字化这种普及形式的到来得以不断增强。

一个全新的时代正要到来,未来在进一步加大数字资源共建共享的力度的同时我们的艺术体验也会更加丰富、生活会更富有情趣、更具内涵、价值和意义。全民文明素养会得到更大提升,中国会以前所未有速度,以更加昂扬的姿态,大踏步走向更加美好的未来。

全民艺术普及在线课程建设的网络思维与视频拍摄

刘重渔（重庆市群众艺术馆）

目前,在线课程已成为社会各个领域教学方式的重要类型。从在线课程本身的内涵来看,其指的是通过互联网平台向社会开放课程的一种新形式,在线课程并非单纯的视频授课,而是通过视频的形式进行学习方面的引导,进而实现学员更加自主化的学习。但是,由于在线课程的建设仍处于初级阶段,其易受到传统教学理念的影响。针对这一问题,探讨全民艺术普及在线课程建设的网络思维与视频拍摄意义尤显重要。

一、全民艺术普及在线课程建设的网络思维

随着互联网的飞速发展,全民艺术普及在线课程的发展也呈现出快速变化的局面。由于互联网是在线课程呈现的平台,也是教育目标实现的有效路径,因此重视全民艺术普及在线课程建设的网络思维是十分重要的。

（一）大视野思维

在互联网发展迅速的时代背景下,在线课程逐渐突破了时间和空间上的限制,能够实现比较自由的流转。换句话说,全民艺术普及在线课程突破了传统艺术普及的时空限制,能够拓宽群众学员的学习方式和受众人群,简化学员的学习流程。在线课程的建设必须具备大视野思维,即充分考虑当下的时代特征,有效充分地利用网络和各种多媒体技术。在其建设过程中,要不断体现在时间和空间两个层次的特色,真正促使群文课程内容和方式实现有效变革。大视野思维旨在实现学习者在时空层面的自由性,能够自发安排学习状态,通过选择更优质的教学资源获得专业反馈。通过各种生动有趣的方式和多种多样的途径,让人们了解艺术的起源,了解各门类艺术的特点、特征、规律,激发人们对艺术的向往和热情,培养人们对艺术的兴趣和爱好。

（二）开放性思维

全民艺术普及在线课程的建设突破了传统课程的对象在艺术专业的限制性,它面对的是社会上的所有群体。而这些变化充分体现了全民艺术普及在线课程的开放性思维。全民艺术普及开展的线下课程,由于受时间和空间的限制,参与者多是未成年和中老年群体。现在由于技术的发展,群文在线课程可以让更多的人群突破时空的限制参与其中,其

中包括中青年甚至是一些特殊群体都成为可能。因此,在进行全民艺术普及在线课程建设时,在保证导向正确,符合社会主义核心价值观前提下必须重视其开放性,以便满足不同群体不同阶段的艺术培训需求,真正使课程的内容、交流形式与考核方式符合时代的发展和社会的需求。让热爱艺术、有艺术追求的人都能够掌握一项或多项艺术技能,帮助他们发掘自己的艺术潜能,实现自己的人生梦想。

(三)多媒体思维

多媒体思维是信息时代的一大显著特点,其表现为传统媒体与新兴媒体之间相互融合的趋势,在这一过程中不仅能够突出用户的思维,也更加注重内容和综合性思维。"新兴媒体"特指当下与"传统媒体"相对应的,以数字压缩和无线网络技术为支撑,利用其大容量、实时性和交互性,来实现全球化的媒体。现今被提及得最多的是小红书、微信、微博、火山小视频、抖音、快手、B站、知乎、视频号等平台。其特点是个性化突出。以前由于技术受限的原因,几乎所有的传统媒体都是大众化的。以手机发展为例看看新兴媒体的发展,最开始是1G手机只能做到接打电话。进入2G时代后,除了可以接打电话外可以发短信和上网冲浪。2009年1月7日,进入3G时代。主要区别是在传输声音和数据的速度上的提升,它能够在全球范围内更好地实现无线漫游,并处理图像、音乐、视频流等多种媒体形式。2013年4G开始进入我们的视野,它能够传输高质量视频图像,以及高质量图像。不论是从网速、容量和稳定性上来看,4G相较于上一代3G技术都有了明显的提升。移动互联网开启了一股新的浪潮,新兴媒体就是在此技术背景下兴起并得到非常快速的发展。当今的5G已经从人与人之间的通信上取得了突破,进而走向人与物、物与物之间的通信。其特点是万物万通。从上面手机的发展不难发现,新兴媒体现在可以做到面向全体用户提供更加个性化的服务,每个用户可以通过其定制自己需要的内容。其次是受众的选择性增多。从技术层面上讲,所有用户都可以接受信息,都可以充当信息发布者,用户可以同时参与多个节目的讨论发言、展示投票等线上互动,使更多的选择成为可能。最后的特点就是形式多样,各种形式的表现过程丰富,可融文字、音频、画面为一体,做到即时地、无限地扩展内容,从而使内容更加生动更加有吸引力。由此可见全民艺术普及在线课程的建设过程中必须充分发挥多媒体思维,在表达课程的核心内容时不仅要使用传统媒体形式,也要更多的应用新兴媒体展现出多层次多元化的表达。切实提升学习者的学习体验,充分享受艺术的乐趣,享受艺术给人生带来的愉悦、充实、快乐和幸福,丰富人们的精神生活,提升人们的精神境界。

(四)"网络一代"思维

与网络信息技术共同成长起来的"80后""90后"被称为我国的"网络一代",而这些人群也是在线课程的主要受众。从该年龄段的学习特点来看,家庭教育、校园教育以及在线教育对其均有着相当的影响能力。而在信息时代的影响下,"网络一代"的思维呈现出表达自由、专注力持续时间短以及注意力易分散等显著特征。因此,在线课程在建设过程中必须重视"网络一代"思维,通过设置时长合理、特征明显的讲课视频有效完善现有的课程体系。使"网络一代"的艺术素养得到提高、核心价值观得到培育,同时也是塑造国民精神的有效途径。

二、全民艺术普及在线课程建设的视频拍摄

视频是在线课程建设核心内容,如何把文字的内容通过视频镜头的形式完美地呈现出来显得尤为重要,而对于不同的艺术教学内容以及不同的艺术教师团队而言,镜头呈现出来视频也是存在差别的。

(一)拍摄准备

群文在线课程拍摄前的准备工作需要严格按照课程建设模式进行,不仅要在拍摄前进行统一的规划和设计,从而形成主要的知识体系。也要针对每一个特定的知识点进行拍摄脚本的撰写,并对课程中所要使用的PPT及教学场景进行设计。以下从两个主要部分进行拍摄前的准备。

1. 导演的准备工作

首先是对具体工作的分工,通过分解与解析剧本,排练与规划摄像机拍摄角度和位置,拍摄构思以及后勤准备等,来确定授课老师和剧组成员的职责与任务.还要制定拍摄流程以及后期剪辑包装的工作计划。首先拿到授课文案后要进行内容的理解和分解,与教师对授课内容进行交流和讨论,并提出相应的改编意见和分镜头脚本的创作设想。根据授课内容创作的分镜头脚本与拍摄组和灯光舞美音控的工作人员进行交流和讨论,确定拍摄场地镜头取景的方式,灯光角度与亮度的调度,舞美的基础设定,声音的现场处理方式等具体现场拍摄事项。然后要安排相应的后勤保障人员的工作,卫生、安全、电力、网络等拍摄现场所需的保障,确保现场的工作能够安全顺利正常运行。最后确定拍摄的日期安排,授课老师的时间,工作人员的时间,场地的时间。

2. 授课老师的准备工作

首先结合时代的要求撰写教学内容,兼顾课程时间的要求制定尽可能详细,认真做好知识架构和知识点的布局。然后和导演组进行交流和沟通。确定脚本内容并对拍摄方式有一个基本的了解。由于多数老师都是第一次在镜头面前授课,会感觉孤立无援、很不自信。所以在确定内容后需要自己反复地演练,可以穿着拍摄时的服装和化妆后在镜子前练习,在练习的时候特别是注意身体的姿态、手上的动作、脸上的表情以及语言的情绪等。还可以把练习内容简单的拍摄下,自己分析和总结同时发给导演组,来指导自己并改进不足之处,同时也让导演组更了解拍摄的内容和自己的体态特点,便于拍摄中的灯光布景以及镜头的调配。让镜头能够呈现更完美的内容。这样授课老师在拍摄的时候能够更快地进入拍摄状态,减少拍摄时的困惑从而达到提高拍摄的效率和完成度。

（二）选择形式

从在线课程的拍摄形式来看,大致有课堂实录、外景拍摄、电脑录屏和虚拟演播室等几种形式,而在选择拍摄形式时,要根据导演的分镜头脚本和手中的资源来确定,从而保证课程视频取得最佳的展现效果。课堂实录就是在上课时对课堂情况进行实时录制。更加讲究真实性,旨在展现上课时的真实情况,同时录制时间较长。外景拍摄利用自然环境或实地景物进行的拍摄工作。电脑录屏就是将电脑屏幕中的一切东西都录制下来。虚拟演播室是将计算机制作的虚拟三维场景与电视摄像机现场拍摄的人物活动图像进行数字化的实时合成,使人物与虚拟背景能够同步变化,从而实现两者的融合,以获得完美的合成画面。这四种方式应用各有优劣势,原则上根据实际情况来最终确定。

（三）撰写视频的分镜头脚本

视频的分镜头脚本指的是课程进行拍摄的最基础内容,是拍摄的灵魂。用以确定整个视频的发展方向和拍摄细节。分镜头脚本的撰写是将文字转换成可以用镜头直接表现的画面,通常分镜头脚本包括画面内容、景别、摄法技巧、时间、机位、音效等。

在进行撰写时,首先要结合课程的核心知识框架,通过感知情境、深入情境以及再现情境三个阶段设计视频中的专业情境,其次要注重视频内容的表达要可视听化,真正通过画面的形式呈现给学习者。好的学习情境能够感染学习者,使其领悟到在线课程的目的,从而实现较好的自主学习。

（四）处理拍摄问题

在拍摄过程中,往往会遇到各种各样的问题。拍摄顺序的问题,根据授课内容和场景再决定。拍摄的问题要整体考虑取景、构图、机位移动方向与速度以及话筒的位置相互影响的因素,来合理安排固定镜头和移动镜头,部分和整体拍摄方式,以及重组与转场等。舞美设计的问题,内容决定场景,决定服装化妆的选择,选择适合的布光方式,场景应安排怎样的道具,授课老师所处环境应有的物品,选择怎样的服装,以及妆容等。设备的问题,准备备用设备,摄像机与话筒兼容问题,拍摄的帧率问题,30帧还是60帧,像素问题,高清还是4k,现场收音的问题,声音数码录音建议48k以上也可以采用96k或者192k的采样率。授课老师表演问题,面对镜头和面对学员是不一样的,面对镜头和灯光条件下的演播室,容易产生紧张和焦虑的情绪。需要自我状态的调整,集中与放松,状态迷失与恢复状态。

还比如教师在视频中呈现的比例,教师的位置以及表情体态等。多数老师都是第一次在镜头面前授课,会感觉孤立无援、很不自信。在不熟悉的环境里,只能依靠导演的鼓励和承认,获得帮助用来摆脱困境。正确处理教师图像、知识体系以及教学效果这三者之间的关系,确立工作节奏。最后还要考虑剧照和花絮的拍摄,包括定妆照,工作照,拍摄短片等这样才能确保课程内容是足够完整的。

（五）视频制作的原则

课程的拍摄并不是视频呈现之前的全部,事实上,拍摄的视频往往会通过后期剪辑才会成型。因此多机位的拍摄成为必须,根据分镜头脚本安排不同机位拍摄不同景别,分别对应全景中景近景以及特写。参考公共文化云建设项目"十四五"建设指南文件要求,音乐类:主讲人应有一个镜头至少保持半身像,以看清整体状态,同时讲解细节时,需搭配特写镜头,可分别看出左右手或其他细节;美术类:主讲人应有一个镜头至少保持半身像,以看清整体状态,同时不同种类搭配不同的细节特写镜头(如画板的特写、笔触的特写、调色板的特写等);舞蹈类:大景别镜头,保证大动作或移动时能够保全整体的状态,同时不同种类搭配不同的细节特写镜头(如头部特写、手部特写、脚部特写等)来确定。如果条件允许还可以用无人机进行上帝视角的俯拍。这样在视频制作的过程中就有了多方位角度景别的素材,让后期剪辑视频有更多的选择。同时收音也可以现场和后期录音加工相结合,从而更好地展现视频结构,便于学习者展开学习。

（六）群文课程资源的设计

完整的在线课程不仅包括讲课的视频,还包含着对应的课程资源,其信息包含:课程名称、授课教师、课程简介、课程门类、课程专业(如音乐分类中的器乐)、教学大纲、教学对象、课程海报、直播/录播(直播课程排期播出)、课程梯度、版权方、版权有效期、建设单位、经费来源等信息。同时还应有讨论话题和课后作业等等,如何有效表现这些资源也是课程设计的重要内容。只有将视频制作与配套的课程资源共同使用才能更好地构建在线课程系统。

群文在线课程无疑对传统艺术普及的方式造成了冲击,其无论从教学理念还是表达形式都发生了翻天覆地的变化,也真正突破了传统艺术普及教学在时间和空间方面的限制,真正保证了学习者学习的有效性和自由性。但是,我们也必须承认,在信息时代快速发展的时代背景下,群文在线课程已然成为当下课程开展的重要形式。因此,探讨群文在线课程建设的网络思维与视频拍摄是十分重要的。本文通过详细解读这两个方面的内容旨在为群众文化工作者在进行群文在线课程教授时提供一些建议和思考。

参考文献

[1] 李文莉,李春林.高校在线课程设计策略与开发方法研究[J].深圳职业技术学院学报,2022(1):59-63.

[2] 赵安学,蔡坤琪.学校在线课程建设问题及策略研究[J].海南广播电视大学学报,2021(4):82-86.

[3] 周红芳.高职在线开放课程建设及应用探究——以"仓储与配送管理实务"课程为例[J].湖北广播电视大学学报,2021(6):33-38.

[4] 邵小晗.在线课程建设的网络思维与视频拍摄[J].黑龙江教育(高教研究与评估),2017(10):31-33.

浅谈乡村文化站（室）应如何在乡村振兴中发挥作用

——以和田地区为例

曹建斌（新疆维吾尔自治区和田地区文化馆）

1 绪论

1.1 乡镇文化站建设时代背景概述

实施乡村振兴战略，是党的十九大作出的重大决策部署，是决胜全面建成小康社会、全面建设社会主义现代化国家的重大历史任务。全面实施乡村振兴战略，首先必须实施好乡村文化振兴，在乡村文化振兴中，乡镇的文化站、村文化室是最直接的参与者、是群众文化活动的主阵地。大量的社会实践表明，以乡镇文化站为依托，群众能够体验到高质量的文化活动与正能量的文化传播。

乡镇文化站是乡镇的文化服务部门，为乡镇群众提供文化服务、做好乡镇的文化建设工作。作为乡村振兴战略的重要组成部分，乡镇文化站是全面贯彻落实党的十九大关于建设美丽中国的具体行动，不仅要承担起乡村文化精神面貌和文明、文化工程建设的重任，也是推进新型城镇化和社会主义新农村建设、生态文明建设的重要途径。当前，如何更好地推进文化建设，高质量地满足各种大众文化生活的需要，是基层文化工作者必须考虑的问题。

1.2 和田地区乡村文化站（室）基本情况

和田地区下辖和田市、和田县、皮山县、墨玉县、洛浦县、策勒县、于田县、民丰县 7 县 1 市，设有地级文化馆 1 个、县级文化馆 8 个、乡镇文化站 91 个、村级文化室 1360 个，共有民间艺人 2328 人。

2 乡村文化站（室）现状

2.1 文化阵地建设

发展乡村群众文化事业，群众文化活动场所和设施是必备条件。乡镇文化站一般由活动室、图书室、广播室、器材道具服装管理室五大功能室和 1 个室外篮球场组成，基本可以满足群众的日常文化需要。和田的每一个乡村都建有文化站（室），文化阵地建设具备实际空间，但是仍然存在一些问题。根据和田地区2021年的文化场馆检查工作反馈情况来看，乡村文化站（室）被征用、占用、共用一室的情况多有出现，没有有效利用好现有阵地，出现乡村文化活动和文化站（室）脱节的情况，使文化站（室）的场地、乐器、音响设备、文体设施闲置，没有人气，时间一长就会出现一室多牌，阵地被占用的情况。

2.2 文化站（室）管理人员

（1）人员不固定。村文化室工作人员多由村妇联主任等村干部轮流兼职，导致村文化室的工作人员流动性很大且工作人员专业性不强，图书室的图书没有分类上架，报刊堆放在一起无人替换更新，有些文化站（室）只是有检查时才开门，工作没有连续性，出现文化室无人管理、文化设施损坏、丢失、活动无人组织的情况。

（2）人员流动大，管理人员没有受过系统的专业培训。文化站（室）的管理人员是直接服务乡村群众文化的对象，是最直接的接触人，管理人员的素质关乎着乡村文化工作的发展。部分文化站、文化室无固定工作人员，临时人员业务能力和水平不高，自身素质、业务素质、工作态度等有待提升，人员岗位急需固定。

（3）把不热爱文化工作的人员放在文化站（室）岗位上，就存在部分文化站、文化室工作人员工作态度不认真，因为经常随时调整文化室的工作人员，就有不会干、不想干、应付敷衍现象，这种情况不是个例。还有部分村子书籍、报刊及杂志未开封，新书堆在角落未上架供村民阅读，未及时更新阅览报纸。

（4）活动简报质量差无法采用，使得乡村各种文体活动信息报不出去，不能有效真实地反映乡村振兴、文化繁荣发展的实况。越是基层文化站（室）越要求工作人员是多面手，能组织活动、能写稿件。

（5）基础设施差，冬天取暖没有解决，无法保障文化站（室）的正常开放，存在免费开放时间不达标的问题。

3 采取的有效措施

上述的情况在乡村文化站（室）中普遍存在，是共性问题，在实际的工作当中，应当针对存在普遍性的问题入手。

3.1 发挥文化带头人作用

文化阵地一定要发挥当地文化带头人的作用，文化带头人就是我们的民间艺人，让民间艺人的演出排练在文化站（室）常态化，例如：于田县文化馆将乡村民间艺人在文化站（室）外挂牌公示，他们的专业特长、联系方式，便于为群众点单式服务。只有让更多优秀人才的加入，才能切实提升农村文化工作质量，带来全新的工作思维与视角。

3.2 县市级文化馆要发挥职能作用

县市级文化馆发挥业务指导作用,组织开展乡镇文化站站长和民间艺人培训班,提升管理人员在文化室活动策划、上报信息的能力;图书馆图书及时分类上架的能力;组织各类群体提高图书资料利用率的能力。根据乡镇需求进行菜单式培训,每月对乡镇文化站和村级文化室发挥作用情况进行指导和验收,特别是对村级文化室开展的群众文化活动、乡村文艺队伍在文化站(室)里的节目排练进行指导提升,使文化站(室)的业务工作有人管理和有人规范,激励民间文化团体和民间艺人在宣传党的各项路线方针政策、扎实推进文化润疆工程中发挥作用。

3.3 建立民间艺人队伍,提高民间艺人待遇

各县(市)对所有类别的民间艺人进行调研摸底,对有较强文化文艺专长,有一定演出、创作水平、热爱群众文化文艺专业的人员进行梳理,择优挑选成立"一乡一队""一村一队"民间艺人团队,较大村不少于10名,小村不少于6名的标准进行配备,例如:2019年,洛浦县文化馆将乡镇民间艺人进行登记在册,精选出30人成立文化馆民间艺人演出队,每月由县财政解决每人每月4500元的工资,一个月15天在馆内排练,15天到各个乡村进行巡回演出。这一做法推出后,洛浦县的每个乡镇都推出自己的演出队,每支队伍10—15人不等,县财政还每个月给予演出队每个民间艺人1500元补助,这样民间艺人不用外出务工,一边演出一边可以照顾家里的农活,解决了他们的实际困难,有效保障了每个乡村文化阵地周周有演出,提高了文化站(室)的利用率。在传承中华优秀传统文化、红色革命文化、社会主义先进文化、铸牢中华民族共同体意识等方面发挥重要作用,使基层文化阵地持续发挥作用。

3.4 打造特色文化站(室)

让文化站(室)成为乡村文化娱乐的核心,成为青少年的科普基地,成为文化艺术交流展示的平台,根据每个村的特色进行主题打造,例如:"我们乡村国家级非遗展"、"我们乡村出来的文化名人"等内容吸引村民。

3.5 让文化站(室)里有文化,营造文化氛围

将中华传统文化元素上墙,国画、书法、剪纸、摄影全家福、我们身边的好人故事展示等,让文化站(室)和百姓文化生活、人文情怀、文明时尚相结合,打造接地气、可互动的文化场所。

3.6 发挥驻村工作队的后盾作用

加大文化振兴资金投入,让现有的文化站(室)设施在现有基础上提档升级,例如:于田县阿热勒夏玛勒巴格村,是国家能源集团下派的驻村工作队,书记杨益民为民所想、为

民办实事,在乡村文化振兴上想尽办法,并能有序实现、落实到位。鼓动后盾单位真情投入文化建设,2021年投入50万为村民修建文化广场。在文化长廊绘制宣传中华传统文化的图文,投入4.2万元。在村礼堂安装了LED大屏投入15万元,使村民不用进城就能看上红色电影。还为村里建立了村史馆,为文化室更新了音响设备,为民间艺人购买各类演出服饰、乐器,共计为该村投入90多万,大大改善了村里的文化硬件设施和软件设施。并安排工作队员专门负责担任村里文化室的宣传专干,帮助村里培养文化室的文化活动管理员、宣传员。把村的各项娱乐活动组织得红红火火,充分调动发挥了民间艺人的作用。该村还推出了两名歌手,并且还给其中一位找到了在策勒县迪吧演唱的工作,一名在北京做了个体音乐人,发表的作品深受听众喜爱,真正实现了靠文化艺术谋生。把群众参与乡村振兴的精气神调动起来了。该村党支部也被和田地区评为先进基层党组织。

3.7 将各种文化志愿者服务团队请进文化站(室)传经送宝

自治区文联派往和田的"石榴籽"文化志愿服务队来到和田的文化站(室)、新时代文明实践中心,每到一处艺术家们激情创作,现场创作书画20多幅,还组织青少年学生现场指导培训、互动,让当地群众也受到艺术熏陶,我们调研这些文化站(室)时,看到墙上挂了这些艺术作品,让文化站(室)瞬间提升了文化氛围。还要多组织邀请援疆省市北京、天津、安徽的文化志愿者赴和田基层文化站(室)进行文化志愿服务,例如:援疆省市"中华文化耀和田"文化志愿者服务队,他们用文艺精品记录新时代广大文艺工作者,用无愧于时代、无愧于人民、无愧于民族的优秀作品弘扬民族精神和时代精神,为繁荣发展边疆文艺产业、建设文化强国,为满足人民对美好精神生活的需求做出贡献。他们中有著名的书画家和演员,带着援疆省市人民的亲切问候,到边疆基层送文化、种文化、传精神,实现了让基层群众在文化自信、文艺自觉中真心实意"听党话、感党恩、跟党走",他们把欢声笑语奉献给人民,让和田百姓暖心、开心、舒心,为和田的乡村文化振兴奠定了坚实基础。

3.8 建立文化馆站(室)绩效考核制度

把县级文化馆的下基层服务和文化站(室)的群众文化活动有效结合起来,利用文化馆评估定级来督促县市文化馆每年对基层文化站(室)培训不得少于6次,业务辅导不少于12次。县级文化馆还要积极发挥总分馆作用,将上级文化馆的专题片、慕课、展览、短视频、讲座、舞台表演作品、网络课程等数字文化馆文化资源与乡村文化站(室)连通,及时定期组织群众和文艺爱好者线上培训,拓宽服务方式,让更多的人民群众感受到党的文化惠民政策。各乡村文化站(室)要充分发挥支援优势,主动担当,组织各自的民间艺人完成和田地委下达乡村演出任务,做到文艺演出全覆盖,坚持老瓶装新酒的创作理念,不断创造紧跟时代的文艺新节目、新作品,坚守在文化站(室)反复排练,让文化室里天天有歌声、有音乐,文艺节目有提升、百姓有赞声,用优秀的文艺作品吸引群众,凝聚人心,讴歌时代。

3.9 经费保障

一是地方财政要保障乡村文化站(室)工作人员工资。二是各级文化馆站要严格落实国家免费开放资金的专款专用,地方财政也要保障文化站(室)配套资金和每年活动开展的经费。

乡村文化振兴要让乡村文化站(室)发挥作用,需要全社会的关注和支持,特别是援疆省市的大力支持,也离不开各级党组织的关心关爱,更离不开各级文化站(室)基层文化工作者的努力奉献,还有土生土长的民间艺人将文化站(室)当成家的真情实感。让热爱文艺活动的人员管理文化站(室),让乡村文化能人管理文化站(室),让训练有素的人员长期坚守,不断创新服务方式,只要用心用情服务群众文化,乡村文化站(室)一定会在乡村振兴中发挥不可取代的作用。

对于乡村文化站(室)未来的工作而言,依旧要以占领文化阵地为主要核心,开展丰富多彩的乡村文化活动,更要紧跟时代发展的潮流,引领现代的群众文化走向,举办更多群众喜闻乐见的体现地方独有魅力的群众文化活动,推动文化润疆的深度发展,在基层铸牢中华民族共同体意识!

数字展览共建共享的探索与实践

付海芬（天津市群众艺术馆）

自 2020 年新冠疫情暴发，为配合疫情防控工作的需要，各地公共文化服务前沿阵地全系关闭，以避免大型聚集导致疫情扩散。面对骤停的线下文化体验服务，各级公共文化服务工作人员转战线上，借助互联网，实现了"互联网＋文化"的跨界模式，以更为灵活的方式满足群众的文化诉求。与此同时，各种艺术机构也利用形式多样、美轮美奂的线上艺术展览来满足宅家人群的美育需要，于是各种"云看展"纷至沓来，让人们足不出户即可游历各种展览，尽享艺术之美。这样的数字展览目前已为大众接受，进而引发了传统艺术展览的变革，实现了艺术永远在线的新模式。

一、数字展览的优势

数字展览不受时空的限制，可实现多媒介的传播，顺应时代发展趋势。数字展览独有的优势，正逐步为艺术家及艺术机构所接受并逐步使用推广。

（一）降低展览成本

传统线下展览对场地依赖比较大，展厅的地理位置、场地物业、人员等诸多因素影响展览效果，为保证展览效果势必加大以上因素的经济投入，而展厅的运营维护成本等资金投入势必要提高传统展览的立项门槛。目前国内较为普遍的现状是公共文化服务场所有自己的场馆，但运营费用和人力尤其不足，场馆的维护成本高，导致线下展览的更新不及时，从而降低使用效率。

数字展览以其独有优势恰恰弥补了线下展览的不足，可以更好地实现降本增效。数字展览依赖科学技术的发展，打破了传统线下展览的运用模式，一定程度上大幅降低展览成本，这样的形式为大家所接受。

（二）扩大传播路径

传统线下展览受场地影响，位置限制，其传播半径受限，但是数字展览就弥补这项缺失，其展示地域广，不受物理位置限制，甚至可以全世界范围内传播，基本上可以实现 365 天 24 小时在线。较之过去大众要走进展厅观摩经典作品以感受艺术作品独有的魅力，现在可以透过屏幕远程进行审美的培育，足不出户即可品味作品背后的历史和韵味，完成审美的提升,进而激发了更多人参加线下展览的兴趣,相得益彰,全民艺术普及得以实现。

(三)丰富展示方式

数字展览的建立得益于互联网技术的发展,除却传统以搭载 html 为基础的图片显示形式展览外,沉浸式的作品体验技术已经成熟。为了艺术作品全方位展示,沉浸式的作品解读通过 3D 作品扫描、渲染、辅助 VR 拍摄,WebGL 建模,同时增加交互技术,使得平面的艺术作品变得活灵活现。参观者可以借助手机、电脑、平板电脑等多平台观展,并且可以像爱丽丝漫游仙境般体会艺术作品独有魅力,打破了艺术作品"可远观而不可亵玩焉"的魔咒。同时,同声传译链接直播技术,实现了艺术无国界,艺术家可以远程在线与参观者交流。多元的形式更好地表达了艺术家的态度,也为本土艺术家表达、发声提供了更多的渠道。

二、数字展览的成功模式

(一)"DOU 来看展"

"DOU 来看展"主题活动是中国美术馆、木木美术馆等 8 家艺术机构与抖音联合发起的,目前已经正式启动,以抖音为平台,利用短视频、滤镜、直播等数字方式,将敦煌、达·芬奇、拉斐尔、埃利希等主题的展品搬到线上,让大众在手心里即可接受艺术普及和审美教育。

"DOU 来看展"活动是抖音多元数字化艺术实践的探索之一,将线下和线上展览有机融合,爱好者在线下观展时候可以通过扫描展品二维码了解展品的创作背景、画家生平以及创作技巧等专业知识,影像等动态效果补充了静态展品的,对于无法到现场的艺术爱好者,通过抖音平台,可远程观看相关视频,搜索滤镜"展览主题词",自动切换到现场合拍,在剪影搜索"展览主题词"工具模板,还可以编辑相关风格的视频,实现从古至今的穿越,系列化的编程设计,做到了艺术的普及和体验,可使得普罗大众不受时空的限制,与艺术经典对话,让观者全方位地沉浸在艺术长河之中。

据悉,抖音上的"遇见拉斐尔""遇见敦煌""遇见达·芬奇"话题展览视频,已吸引累计近 3 亿用户观看。另外数据显示,截至 2020 年末,抖音艺术短视频累计播放量超 2.1 万亿。这相当于 2019 年全年线上到访卢浮宫人数(1410 万人)的 14.9 万倍、线上浏览纽约大都会艺术博物馆人数(700 万人)的 30 万倍。

(二)故宫博物院官网内的"数字多宝阁"

故宫博物院的"数字多宝阁"是借助高精度的三维数据展示其收藏文物的细节和全貌,让观者不但零距离而且 360 度观摩文物,通过 3D 旋转的方式辅助文字介绍,比展览现场还要看得清楚。通过 3D 还原后的影像,对文物做到了极其细致真实的还原,对局部进行更加细腻的介绍,同时对文物所处的年代及工艺、文物价值都有详尽的介绍。如选择清代"竹雕东方朔像"后,映入眼帘的便是设色清晰的展品图像,以及标注展品尺寸的高清图像。不仅如此,线上展厅内还详细介绍了竹雕的雕刻过程,从竹材选择处理、注色打磨、雕刻、铲底、穿线、喷漆、描彩最终完成,每一个步骤皆用3D动画详细展现,让观者了解展品的前世今生,将面部表情开朗乐观,仙风道骨模样的竹雕东方朔像介绍的活灵活现。

(三)天津市群众艺术馆"小靴子"带你云看展

天津市群众艺术馆一直借助官方网站打造数字展览阵地,将线下展厅与数字展览同步进行。自疫情暴发以来,面对广大群众居家及不可聚集的困境,天津市群众艺术馆整合资源,推出多个数字展览,让广大群众通过手机即可享受视觉盛宴。为了更好与观众产生互动,纾解艺术曲高和寡的排他性,天津市群众艺术馆开展线上代展,由解说员"小靴子"带观众"云看展",通过她讲解油画、水彩、版画、国画、书法、漫画、摄影等不同艺术门类的作品,伴随镜头视角,通过通俗易懂、言简意赅的语言,带给观者更舒适的观展体验。

如天津市群艺馆举办的"我为群众办实事"天津市群文系统党史学习教育主题宣传图片展,通过"小靴子"带你云看展,不但了解天津市群文系统各级党组织为庆祝建党百年开展的系列活动,而且进一步学习了我党建党百年的历史以及所取得伟大成就。在虎年新春,"小靴子"与观众相约"壬寅新春 津城满福—天津市春联国画作品展",通过"小靴子"介绍天津市多名书法美术工作者的精品佳作,对联国画技巧及内涵,让观众在享受水墨丹青之美时,"小靴子"也把新春满满的祝福送给大家。

三、文化馆开展数字展览所面临的困境

当前社会环境处于公众对文化资源需求旺盛的阶段,一是各地疫情突发,群众普遍通过网络获取文化艺术资源;二是教育部门"双减"政策,各种营利性质的艺术培训机构关闭,家长寄希望通过政府获取优质、公益的公共文化服务,以实现艺术普及、审美教育的目的。以上背景,要求文化馆提供优质数字文化服务,但现实中,在开展数字展览方面,文化馆还面临很多困难。

(一)文化馆开展数字展览的策展能力有待提升

数字展览内容可以包罗万象,一方面是馆内常设展览的数字化,最重要的是互联网时代的艺术迭代,是"互联网 + 艺术"的新创造和艺术美学。数字展览传递的是网络时代下艺术家感性的意识形态,有互联网的再加工,包含着时代新的文化性和符号性。正是数字展览这一特性,要求文化馆在开展数字展览业务时候,对馆内人员策展能力有较高的要求。同时,数字展览的覆盖面广、传播速度快等特性都对策展人员提出更高的挑战,如数字展览内容意识形态的把握,文化属性的理解,等等。

（二）文化馆开展数字展览缺乏专业技术人员

对于数字展览的建展,除却丰富的艺术资源,最主要的是将艺术资源转换成数字格式,转移到屏幕上。这种转移,借助传视觉传达设计、虚拟现实技术、展览展示平面设计、CAD制图、二维动画设计与制作、三维动画设计与制作、后期合成制作、交互设计等专业技能。目前,文化馆配置专业美术、书法、摄影等专业技能人员,但数字展览所需人才相对匮乏。面对这样的情况,一些文化馆不得不采取服务外包的形式,而资金紧张的文化馆不得不放弃此项业务的开发。

四、文化馆开展数字展览的发展方向

（一）文化馆需重视互联网阵地打造

毫无疑问,社会飞速发展已进入互联网时代。从文化馆的角度,借助互联网来提升公共文化服务效能已成为时代要求。文化馆只有打造覆盖面广、影响力大的互联网阵地才有为艺术发声、为文化代言的网络阵地,搭载互联网的快车,与这个时代同频共振。

文化馆打造互联网阵地,从管理者而言,要加大专业人才引进、资金投入,改变传统管理思维,积极的提高数字文化服务效能。从专业技术人员方面,要更新思路,将活动组织、艺术培训与互联网结合,加强互联网阵地打造。有了知名度高、粉丝基数大且黏性高的平台阵地,是活动开展的强有力保证,可以促进公共文化服务数字化蓬勃发展。

（二）文化馆需加强数字展览策展能力

2020年突如其来的疫情让文化馆人将展示的平台转移到线上,数字展览的发展空间还很大,会成为文化馆数字业务开展很重要的一部分,通过数字展览作为线下展览的补充,实现线上、线下相融合,让走进文化馆的群众有更丰富的观展体验,通过数字展览,建立新的业务链条,进而将群众带领到新的精神场域,达到艺术普及的目的。鉴于常态化疫情防控的工作局面,很多文化馆的数字展览多以"抗疫"为主题,如美术作品展、图片展等,主题单一、多以纪实题材为主且普遍存在线下复制线上内容的现象,这与艺术普及和提高审美趣味的工作重点不一致。

数字展览不受场地限制,根据主题设计创意的虚拟空间,空间的设计可以更自由迎合、塑造主题,以创作更佳的观展氛围。数字展览的诸多特性促使展览策划人员在策展时候可以更多地借助数字服务平台,差异化的关注线下展览所不能覆盖的一部分群体,打破艺术的排他性,给更多艺术家搭载输出路径。数字展览的策展能力建设,应该基于数字展览是社交、创造、展示、玩乐于一体的精神领域,是不受建筑物限制的精神文化空间这一认知而开展。在这样的情形下,任何暂时脱离现实生活的虚拟空间都可以构建为告别实体的精神场域,这个空间中的艺术可以是传统的,可穿越千年时空的历史沉淀作品,可以借助数字展览高清分辨率突破肉眼的限制,更可以是先锋的、新锐的潮流艺术。

文艺作品是时代前进的号角,引领时代的风气,艺术作品的展示借助数字化春风已成为必然。国家"十四五"规划纲要和2021年全国"两会"对"数字化"的重视和推动都要求文化馆数字展览业务链条成为必然。当前,科学技术日新月异,疫情的暴发更为公共文化服务数字化转型提供契机。面对当前社会环境,文化馆人应抓住机会,迎接挑战,深耕线下展览,把握数字空间,将线下展览与数字展览有机融合,在时间的维度向历史和未来延伸,进一步提升公共文化服务效能。

探索文化馆免费开放"新玩法"

——以"青岛群星书场"为例

杨惠麟　赵　峰（山东省青岛市文化馆）

创新、破题、出圈，已成为公共文化服务高质量发展的良药。

日前，国家发展改革委会同 20 个部门共同研究起草了《国家基本公共服务标准（2021年版）》，对目前阶段我国基本公共文化服务的主要范围，即公共文化设施免费开放等在内的 8 方面内容做出明确要求，并对其财政支出、服务标准、服务内容提出具体要求，免费开放工作再次成为公共文化服务职能的重头戏。

本文试图以青岛市文化馆免费开放项目——青岛群星书场为例，聚焦服务项目的平台链运作模式，服务内容的趣味性内核，在提升服务效能、提升服务能见度的同时，大力融合旅游、民俗、互联网等多种元素，摹画公共文化服务新图景。

一、青岛群星书场的发展路径

2017 年，由青岛市文化馆主办的青岛群星书场，以本馆市民小剧场为阵地，以公益演出的形式，4 年来，线下线上先后推出长篇评书《三蒸骨疑案》《三盗九龙杯》《调寇准》《包公案》等作品，共计演出 180 余场，服务群众近百万人次，成为青岛公共文化服务亮点项目。该项目以振兴、传承传统文化为主旨，以多级平台联动、多元素融合的模式，突破人员、场地限制，出走一条科学有效、可持续发展的路子。

（一）"1+N"平台链相互作用，聚焦多方资源，形成合力

青岛市文化馆打造的青岛群星书场，既是一项免费公益开放项目，也是传统曲艺艺术培育基地。为夯实、带动本土传统艺术的传承与发展，吸引全市、全省乃至全国曲艺名家联袂演出，青岛群星书场自启动以来，先后有岛城非遗传承人、省内曲艺名家以及天津等地艺术家百余人前来交流、献艺。

自 2018 年开始，通过青岛群星书场平台，建立一支 10 余人的曲艺表演队伍，成为流动的平台，常年在青岛理工大学、青岛科技大学等岛城各大高校公益巡演，流动的群星书场，深受岛城高校学子欢迎，场场演出爆满，累计观看人次达 10 余万人。疫情防控期间，群星云书场启动，至今已举办线上评书展播 100 余场，云上听书，不仅丰富疫情防控期间市民百姓的精神文化，而且，听书这一传统娱乐活动，更引发一批中老年粉丝的对童年时

光的追忆,2021年3月,书场恢复正常演出时,就有一批粉丝由线上转为线下。同时青岛群星书场作为我市"清廉之岛"教育课堂之一,利用评书这一生动有趣的文艺形式,传播"清廉之声"、弘扬"清廉风韵",每年线上、线下演出场次达60余场,网络点击达51.8万人次。2021年五一前夕,青岛群星书场举行青岛市首届"三书大会","三书"包括评书、快板书、山东快书,"三书"同台是曲艺演出中的常见形式,此次"三书大会"首次在青岛集结,并由青岛市文化馆曲艺干部、青岛市曲艺家协会副主席刘宗琦领衔,文化部"群星奖"获得者胡曌斌、全国首届山东快书大赛十佳演员王泽坤等,名家新秀联袂奉献,显示出青岛群星书场强大的号召力和吸引力。

青岛群星书场作为文化馆内免费开放的主平台,在巡演、云书场、公益课堂等各级子平台的相互融合、发展中,上承各级云端,下至社会各界,并与全省、全国同行相链接,已由单一免费开放项目,形成非遗传承基地、演出(巡演)、公益课堂等复合型、开放型公共服务项目。

(二)打造平台衍生品,塑造网红气质,撬动旅游能量

青岛群星书场不仅是一个多级互动的平台链,而且以开放的形态,在互联网、社交媒体的作用下,将故事性、趣味性话题赋能"诗与远方",形成青岛群星书场的多个衍生品,成为岛城文旅网红。

2020年,青岛市文化馆着力线上服务,推出一系列短视频,以互动式演出、曲艺评说等综合式服务内容,突破演出场地的限制,把景区公共场所变成文艺表演的舞台,"大奇说青岛""大奇说民俗"等短视频栏目应运而生,作为青岛群星书场的衍产品,将青岛崂山、小青岛等美景逐步内化为一个个有故事、有趣味说辞,这座"红瓦绿树,碧海蓝天"的城市,不仅有美丽的外表,还有更多历史的回响与韵味,这种方式的文旅融合,无疑极大提升了城市的魅力与吸引力,先后录制30期的短视频,线上点击人次达110万人次,一把纸扇、一袭大褂、一段传奇往事,成为青岛旅游景区的别具风情的注解。

(三)趣味性内核,引领公共文化服务新风尚

提升公共文化服务高质量发展,免费开放服务项目的高质量发展至关重要。有调查显示,趣味性是吸引市民参与公共文化活动的首要因素。各级文化馆,作为基层公益文化服务单位,责无旁贷地成为市民百姓趣味生活的发起人和制造者。趣味性或许可以成为公共文化服务高质量发展最生动的解读。

目前,听书、听相声这类老派文艺形式,不仅是对传统文化的传承与追随,更是当下年轻人追求的时尚生活方式。2017年启动的青岛群星书场,以公益的姿态,零门槛敞开大门,以期待吸引更多的新老粉丝。趣味性,就是使人愉快、使人感到有意思、有吸引力的特性。趣味本身也是一个复合体,在幽默、好玩的因子作用下,形成欢乐、轻松且不乏耐人寻味之感。书场的趣味性,还包括以下几个因素:

1.时尚性

近年来,人们对精神文化需求越来越高,各种娱乐方式和场所的出现,给传统艺术带

来很大冲击。但听书、听相声，却有逐步复兴的趋势，因为大众的审美观念具有一定的交替性，任何艺术都是在兴与衰的交替中发展，在对新奇快爽的外来流行文化慢慢淡化后，自然要回归寻找一种适合本民族的艺术形式。书场，这一处传统意味文化场所，对于现代人而言，本身就因年代的距离感而产生好奇和吸引，这里既有相声表演者的说学逗唱、也有说书人的跌宕情节，天然具备"幽默、好玩"的因子，不仅吸引众多年长、爱听评书的中老年粉丝，也逐渐吸引年轻朋友前来坐坐。时尚与传统，本身就是一对孪生体，年轻人从传统里找到时尚，年长者从传统里感受到回归。

2. 故事性

说书，这种面对面的语言表演艺术，既是一段故事的表演场，也是情感共振的交流地。青岛群星书场自启动以来，先后表演了长篇评书《三蒸骨疑案》《三盗九龙杯》《调寇准》《包公案》等作品，书场以其精彩有趣、跌宕起伏的作品，精彩传神的表演，吸引了越来越多的粉丝，观众里其中既有老年人，也有年轻人、孩子，一家三辈来听书的也不在少数，他们当中既有喜欢评书艺术的市民百姓，也有对历史故事感兴趣的知识分子，总之，其故事的精彩，表演的精湛，共同激发观众的情感共鸣、情感共振，而且这种现场直面艺术冲击力，更让观众难以忘怀。

3. 和谐性

书场，既是娱乐场所，也是社交场所。听书，通常都是长篇评书，就是要在一段相对长的时期，在固定的时刻，进行相同的艺术体验，其形式类似于追剧，观众通常都是相对固定，不少粉丝也都成了固定的听友，除了听书，听友们的聊天、话题也涉及更多层面，在听书以及闲谈中，观众们扩大自己的交际面，增长了知识和见识，填补了老年朋友相对单调的生活，减少了老年朋友的孤独感和失落感，所以，书场这个开放的公共文化场所，对于社会群体的和谐发展具有积极意义。

二、青岛群星书场的多重价值

（一）由一场艺术体验引领一种生活方式

青岛群星书场，正如媒体所言，"这一老派文艺范儿，逐步形成一部分市民度周末的休闲方式"，评书、相声，正是适合当下快生活的"慢艺术"。观众们暂时放下手机，安静、凝神地观看的一场艺术表演，这种置身其中的观看，不仅是欣赏一次艺术表演，也是抽离生活、安放身心的一种生活状态，这在互联网信息无刻不在的当下，短暂的聚焦与安宁尤为可贵。这一场看似平静，却又不乏跌宕情节的评书表演，也为忙碌的打工人构建一处心灵桃花源地。

（二）打造文化符号，讲述城市故事

将一个公共文化项目打造成一个城市地标，一个游客打卡地，无疑是公共文化服务

成功的标签。青岛群星书场主讲人刘宗琦老师,从舞台走向景区,从文艺作品走向市井生活,在"大奇"系列短视频中,将民风民俗、历史故事,与传统节日、网红景点相结合,"大奇"这一评书演员,在社交媒体的作用下,成为青岛文旅的代言人,城市的版图不仅在游客脚下丈量,一个个人文历史故事成为城市魅力的引擎,一个书场成为讲述城市故事的道场。

(三)新玩法成为全市新引领

青岛群星书场作为市级文化馆的免费开放项目,以平台链的模式,成功走出公共文化服务新模式。与之相类似的如青岛市北区文化馆 2018 年举办的免费开放项目"午间 60分,文化初体验",也是以多级平台链的模式,由馆内走向辖区内商务楼宇,由线下扩大为线上共同发力,由艺术赏析逐步扩大为包括文体类、非遗民俗类等多门类的活动体验等,由馆内单一免费开放项目,逐步成为遍及辖区的知名文化品牌,并以多元化、时尚化的有趣活动内容,吸引年轻人的参与。

由此可见,一个成功的免费开放项目,本身就是能量巨大的文化 IP。青岛群星书场的能量远不止当下的效能,无论是对旅游价值的挖掘,还是传统文化的传承与发展,青岛群星书场都还任重道远。

三、提升青岛群星书场的发展规模与服务效能的建议

青岛群星书场,经过几年的运作,也显现出制约其发展的诸多因素,如场地的限制、资金的短缺以及项目运营的不合理之处,对此,基于该项目长期发展,提出以下几点建议:

(一)科学运营

青岛群星书场作为公益项目,显现出公益的两面性。一方面,零门槛让书场成为自由出入的之地,方便市民随时体验,更为低收入群体提供免费精神食粮;同时,零门槛也让习惯购买心仪文化产品的群体,对服务的品质产生怀疑,零门槛常常被误读为质量低廉的代名词,毕竟,对于现代人来说,时间才是最宝贵的成本。所以合理收费,科学运营,才是每个文化服务项目科学发展之道。购票,本身就是一种契约行为,是对服务的供给方和需求方,双方权利义务共同的约束,一方的一味无偿付出,常常导致供应链的失衡,并不利于项目的长期稳定发展。

(二)政府支持

青岛群星书场作为公益服务项目,为市民百姓免费提供听书、休闲的服务,书场自身并无盈利点,想要为市民提供更多元更优质的服务,需要政府投入专项资金加以扶持。一个环境优美、趣味高雅、表演妙趣横生的书场,自然能吸引观众,而青岛市文化馆馆内的青岛群星书场,其硬件设施简陋、陈旧,无法与现代文娱场所相媲美,极大阻碍书场的发展。

（三）形成曲艺平台同盟

青岛群星书场作为青岛文化馆的一个服务场所，从事曲艺创作演出的专业人才有限，若与全市、全省同行形成可流动、置换的演出机制，不仅能丰富各个曲艺舞台，而且逐步丰厚的曲艺艺术土壤，从而带动传统艺术的传承与发展。任何艺术形式的繁荣发展，都离不开舞台的打磨，离不开艺术家的传承，更多平台、更多形式的共同培育，从而促进曲艺艺术兴盛发展。

（四）对旅游与其他产业的融合

青岛群星书场位于青岛老城区旅游中心，周围拥有丰厚的人文历史旅游资源，囿于文化馆场馆、人力、财力等多方资源的限制，青岛群星书场作为文化地标的知名度和美誉度不够，一直游离在老城区文旅产业链之外，无法带动周围各个产业链条的发展。

浅谈群众文艺创作如何适应当下"微"时代变革

王莹莹（北京市西城区文化馆）

群众文艺是一个古老社会文化现象，几乎伴随整个人类文明的历史。群众文艺作为大众喜爱的娱乐方式，有着受众人数多、传播面广等特点。在科学技术产生变革时，与传统艺术相比，群众文艺由于受众基数大，在科技变革和主流传播方式的影响下，更容易随着外部环境的变化而变化。

群众文艺的活动深受传播渠道的影响，传播是人类的一种信息交换方式，群众文艺所涉及的方方面面，也通过传播媒介产生活动。以往大众所熟知群众文艺活动，多是在文化场馆、广场、集会上进行的，传播手段往往是通过纸媒、电视等传统媒体。根据中国互联网络信息中心（CNNIC）在京发布第 49 次《中国互联网络发展状况统计报告》数据统计显示，截至 2021 年 12 月，我国网民规模达 10.32 亿，互联网普及率达 73.0%。其中手机网民规模为 10.29 亿，网民中使用手机上网的比例 99.7%。由此可见，随着移动互联网的持续增长，传统群众文艺体系已经被打破，新兴的科技普及带来了全新的传播渠道。

麦克卢汉曾提出"媒介即人的延伸"，但随着互联网的革新，媒介已不仅仅是人的视觉、听觉、触觉的延伸，它还为人们搭建了独立且分解的个性表达与交流互动的平台。从传播媒体发生变化来看，个人、微小的媒体打破传统大媒体的垄断，这种"微"媒体是通过网络社交平台发展而来。与传统媒体相比的是，"微"媒体打破了传统媒体的庞大、单一、枯燥、官方，通过传播权力的下沉，让人人都可以参与到信息的交换过程中，"微"媒体具有平民化、个性化、多样化、自由化的特点。"人们相互分享信息，共同制造信息，每个人都是信息的生产者，同时，每个人都是信息的传播者和接受者。在已经步入数字时代的今天，由网络媒介衍生出来的微媒介，在延续大众媒介的部分媒介特性的同时，也表现出个性化、多样化和交互化等独有的媒介特性"。因此，网络时代的"微"具有即时性、零散化、碎片化、动态化的传播特征，包含微型传播、零碎思维、话语暗喻和非线性思维，借助宏大叙事向微型叙事转变以及碎片化文本形式和新媒体文化的现象。而第五代移动通信技术的全国推广，使"微"媒体又增加了飞翔的翅膀。理论上 5G 技术可以使数据流量增长 100 倍，用户普通速率达到 10Mb/s，获得超高速传输。这使得群众文艺可得以使用视频、直播的方式进行传播，大众无须到专门的活动场所便可享受群众文艺活动。群众文艺的网络时代已经到来，当今互联网生态的"微"属性，使文艺活动的"微"时代悄然到来。

一、"微"时代群众文艺创作模式分析

互联网的发展颠覆了群众文艺的生产方式,其生产主体不再仅局限于专业的文化机构或艺术团体,传播话语权的下放使每个个体都拥有了利用媒介表达自我的权利。目前,在以互联网为传播媒介的群众文艺创作中,通常采用以下两种模式。

其一是 UGC(User Generated Content)既用户生产内容。移动互联网的技术发展使得群众文艺中广义上的观众成为互联网平台的用户,而简洁化、可视化、标准化的网络工具使得广大群众不想将自我的身份仅仅局限在"观众"这一群体下,再加之互联网平台"微"媒介的属性,极大地增加了群众对文艺创作的热情和主动性。UGC 模式的特点在于群众文艺创作的视角和参与者由专业的群众文艺工作者扩大至"观众"这一群体,这类群众文艺创作在内容选题上更加随意,他们不刻意追求作品的策划和艺术性,对艺术形式的选用非常灵活,更多的是以生活化的记录为主。群众自发的表演打破了艺术以往"高高在上,不食人间烟火"的刻板印象,拉近了群众与文艺之间的距离,从而吸引更多大众去了解群众文艺的魅力。

其二是 PGC(Professionally-produced Content)指专业生产内容。群众文艺单位和群文工作者们在互联网平台上开设个人或官方机构账号,提供专业的群众文艺作品。严格按照传统文艺作品的创作路径进行编创,具有较高的观赏性、实践性、艺术性是 PGC 模式的创作特点,同时由于观演模式被互联网科技改变,手机屏幕代替剧场观看,在作品传播层面,又根据互联网的特点进行了相应调整。现阶段,利用移动互联网的优势,群众文艺工作单位运用微信公众号、抖音、快手等网络平台和各种"云"线上活动,将制作精美的群众文艺作品送进了千家万户的手机屏幕中。"微"媒介与"5G"的双重加持下,使大众参与群众文艺的难度降低,参与的热情提高。同时,群众文艺的传播渠道增加,形式也大大增多。越来越快的传播速度使文化娱乐不再是少数人高端的特权,古今中外上千年来的文化沉淀,海量的信息与知识,通过终端快速地摆在大众眼前,同时也增加了群众文艺创作的创新性与活力。

二、"微"时代的变革对群众文艺创作的影响

"微"时代的科技进步为群众文艺事业带来便利,屏幕之间拉近了文艺和群众间的距离。但科技的进步为整个群众文艺事业的生态带来便利的同时,也对整个行业充满了挑战。由于网络空间的碎片化、去中心化以及高效传播的特性,导致整个互联网生态充斥着形形色色的意识形态,不只有"为人民服务"的群众文艺创作,还有对整个群众文艺事业不利的影响。目前整个行业对 WEB2.0 变革尚处磨合阶段。

(一)优秀的群众文艺创作被网络稀释

"微"时代的科技革新使文艺作品的传播渠道大量增多,在各个网络平台上,各平台

从对自身商业模式出发,对于 UGC 创作模式和 PGC 创作模式的流量扶持策略大不相同,平台间为了扩充流量池以及宣扬自身品牌属性,通常会对 UGC 模式进行流量的扶持。而这些 UGC 模式的创作者,大多是出身于民间,创作以生活经历为主,没有经历专业的艺术训练,却拥有极高的创作热情。泛娱乐化的今天,许多艺术门类都被网络娱乐解构并重新定义。UGC 模式的创作者,对非常专业的艺术理论可能了解较少,也没有经历专业的艺术培训,面对网络碎片化的知识和错误的示范效应,往往会追随网络流行而创作,在创作中缺少正能量的内容,也容易误导大众。

这类被曲解的创作并不能称为群众文艺的创作,而是流水化、工业化批量生产的娱乐产品。但在艺术定义不断被消解、模糊、重构的"微"时代,不少网络低俗的娱乐视频,却出现了高达几百万的点赞和浏览量,不少商家也嗅出了其中潜在的高额利润,冠以"群众喜爱的文艺作品"名号进行宣传。久而久之,不明真相的大众必然会被此类错误宣传所误导。

优秀群众文艺作品的创作,无论是在现实还是在网络中,是集合了人力、时间、资金等条件潜心编创完成,在数量和制作时间上都不及这些批量生产娱乐网络视频。由此,优秀的群众文艺创作被网络平台稀释,好的作品播放量和点击率都不高,严重影响了群众文艺工作者的创作热情。同时,大众无法忍受套路重复的低俗娱乐视频的反复播放,又无法找到被严重稀释的优秀群众文艺创作作品,继而对整个群众文艺活动失去兴趣。

(二)网络环境功利,商业气息浓重

群众文艺作品是为大众健康的精神生活而服务的,在各年龄层面中均有受众。但由于手机媒介的高效和便捷,也有不少不良商家,将商业利益植入公益的群众文艺事业中。网络平台以"流量"为货币,通过计算机算法,调整视频在屏幕中被观众浏览到的频次。

不少 UGC 模式创作者,被平台机制所迷惑,幻想获取百万点击量,实现"一夜暴富"的梦想。创作出一些哗众取宠,不遵守艺术原理,博人眼球的作品,丢失了自己是因喜爱文艺而创作的初心,浮躁而功利化的创作。虽然在短时间内,满足了大众的猎奇、"审异"的心理,博得了一时火热,但在长此以往错误的引导下,大众必然对群众文艺的定义产生曲解,面对真正优秀的群众文艺作品而无法进行欣赏。

一个优秀的群众文艺作品,它的首要目的一定是优先服务好普通大众精神娱乐生活,而不是一种牟利的工具。在商业平台看来,单纯的群众文艺创作没有什么可以直接利用的价值,所以无论群文工作者怎样宣传,这些创作的推广力度,都不及那些噱头高的娱乐视频,优秀的创作得不到推广,而大众的眼睛被商业和利益所绑架,群众文艺的创作逐渐有被替代的风险。

三、"微"时代群众文艺创作的策略之探讨

现阶段,大众参与群众文艺的热情普遍高涨,全民艺术普及逐渐朝着良好的方向发

展。"微"时代的出现,让群众文艺事业产生了不小的变化,虽然还尚处磨合阶段,但只要抓住本质,不利的影响就会迎刃而解。

（一）建立有效的相关活动指导机制,加强网络平台监督管理力度

上文中提到关于商业化、泛娱乐化等诸多现象。这些现象的背后,本质是缺乏对整个网络平台的有序指导所导致的。

"微"时代的出现给群众文艺的创作带来了更多的活动空间,也吸引了非艺术行业的人才从事群众文艺的创作。这些通过 UGC 模式进行创作的人才可能拥有丰富的生活经验,对社会也有一定独到的解读,可以创作出非常精彩的题材作品。但缺乏艺术素养和艺术基础的理论知识是 UGC 模式的普遍短板,在作品的创作中,作品的主题和核心极易受到商业利益、意识形态的影响。对此各地的群众文化单位,应该发挥自己的职责,对群众文艺产生创作兴趣的"平台用户"创作人才展开培训,指导进行群众文艺作品的创作,对优秀的、有非常高创作热情的,可以吸纳进当地文化馆进行合作,成为业余的群众文艺创作者,并对日后的创作提供专业理论技术方面相应的指导。

举办相应的赛事,完善相应的活动体系,开设相应的公益培训课程,激发人们的创作热情,使创作走向一个正向的循环。一方面,在赛事上,群文工作者应引导参与者正向的为大众精神娱乐而创作的正确价值观,不为名利竞争。通过创作比赛搭建群众文艺自己的平台,带动群众文艺创作,形成良好的创作氛围。同时,还可以定期组织文艺创作骨干开展创作研讨活动,制定群众文艺创作规划,组织专业的群文工作者为广大爱好者进行经常性系统培训,建立完善相应的激励机制,对优秀作品给予一定的奖励。此外,可以成立群众文艺创作者之家,积极帮助其解决创作中遇到的问题,为群众文艺创作者提供相互交流和学习的平台,使其开阔视野,不断提升创作水平。另一方面,提高大众的文艺鉴赏能力,可以举办各种文化展、优秀群众文艺作品展览,并对参观的市民群众提供必要的讲解,让大众了解群众文艺的创作机制,并正确地欣赏群众文艺作品,消解"微"时代下对健康欣赏文艺作品不利的方面。

在"微"时代,移动互联网平台作为基层群众文艺创作展示的主要窗口,其重要性不言而喻。要想基层群众文化健康快速发展,必须保持对网络平台的积极良性的指导,保持群众文艺创作在网络上的纯粹性。加强和网络平台间的联系,共同扶持和打造精品的文艺作品和特色个人 IP,开创让优秀的群众文艺创作可以得到广泛的推广,而网络平台也可以获得有限商业利益的"双赢"局面。面对网络的创作乱象,专业的群文工作者也应敢于亮剑,编创出优秀的群众文艺作品供大众鉴赏。在必要的时机加强监管机制,完善相应规则,邀请文化管理部门参与对互联网平台的监察与管理,做好网络巡查工作。

（二）以生活为源泉以"微"媒体为载体,创作不同层次的艺术作品

群众文艺是面向普通大众精神世界的,所以在作品的创作中,要避免创作出现"吃大锅饭"的现象。受众来自社会生活的各行各业,有着不同的精神需求,而网络的便捷更加放大了不同人群的不同特点。所以在创作文艺作品时,应该尊重不同的差异,例如城市和乡村的差异、网络和现实的差异、传统和新潮的差异等等。专业的群众文艺创作者要深入民间生活,挖掘民间社会的故事,用专业的艺术手段进行创作,脱离了大众生活的文艺作品是群众文艺创作中的"空中楼阁",因此文化单位应该多组织创作人员和普通群众的日常活动,加强二者之间紧密的生活连接,这样才能创作出群众喜爱的文艺作品。

在相同的题材创作中,创作者也可以通过不同的形式进行多元化创作,同时可以邀请网络创作达人,融入"微"时代的风格特点,和群文工作者们一起创作优秀的群众文艺作品,向大众提供数量庞大、质量上乘的网络群众文艺作品。

当下网络平台和各机构或个人的"微"媒体均有点评留言的功能,创作者们应该善用这一功能,将评论和留言变成创作者和大众的交流地,使作品具有更加强烈的艺术性,在情感方面引起群众的共鸣,使大众更加认同群众艺术。

当面对群众自发创作时,文化工作人员可以借助平台,开设自己的"微"媒体账号,宣传和普及艺术的专业知识和创作的艺术规律,并针对性进行一些互联网线上的技能培训,帮助具有创作热情的普通大众创作者,更好地进行群众文艺作品的创作。通过对创作爱好者的指导,提高文艺创作在群众生活中的关注度,吸引更多群众主动参与艺术创作活动。例如在刚刚过去的冬奥会和残奥会期,由北京市政府主导、北京各区群众文化工作者利用网络"微"媒体,普及推广北京冬奥会、冬残奥会的主题曲《一起向未来》的歌与舞。经过推广宣传,很快传遍全国各地、大街小巷,迅速掀起全民传唱、共舞的热潮。此次推广就是通过线上和线下两种学习方式进行,单位在职职工、学校学生、行政人员、街道服务志愿者、社区阿姨都参与其中,展示广大群众喜迎冬奥的热情,演绎《一起向未来》的精彩,弘扬奥林匹克精神,引导全民共同为冬奥会和冬残奥会的运动员加油。通过网络"微"媒体,向大众普及和宣传冬奥文化,深受广大群众的喜爱。

群众文艺工作是我国社会主义文化艺术事业的重中之重,它有助于建设社会主义精神文明,满足人民文化生活需求,反映人民生活状态,提高国民综合素质,促进文化繁荣,增强文化自信等作用。在文艺工作座谈会上,习近平总书记提出,"社会主义文艺,从本质上讲,就是人民的文艺","以人民为中心,就是要把满足人民精神文化需求作为文艺和文艺工作的出发点和落脚点,把人民作为文艺表现的主体,把人民作为文艺审美的鉴赏家和评判者,把为人民服务作为文艺工作者的天职"。群众文艺事业首先要满足人民群众的精神文化需求,1905年,列宁在《党的组织和党的出版物》中就已着重指出,文艺"是为千千万万劳动人民,为这些国家的精华、国家的力量、国家的未来服务"。1942年,毛泽东同志在延安文艺座谈会上提出了文艺为工农兵服务的方针。科技发展带来的"微"时代,通过技术与渠道合理运用,可以更好地助力群众文艺的发展。群众文艺创作也一定会借力、助力"微"时代带来的便利,进入一个"百家争鸣,百花齐放"的健康时代,真正满足大众对美好幸福生活的向往与期待,实现文化的繁荣昌盛。

新时代群众文艺创作研究

孙英华（江苏省南京市六合区文化馆）

群众文艺创作是人民群众通过艺术形式表达自身情感和精神需求的社会文化现象，它是群众文化活动的灵魂和源泉，也是实现文化自信和民族复兴的集中体现。党的十九大报告指出："中国特色社会主义进入新时代，意味着中国特色社会主义道路、理论、制度、文化不断发展，拓展了发展中国家走向现代化的途径，是全国各族人民团结奋斗、不断创造美好生活、逐步实现全体人民共同富裕的时代。"由此可以看出，所谓新时代意指我国各领域发展过程中的新的历史方位，是针对不同历史阶段社会主要矛盾特点，所采取的不同战略及策略。同时党的十九大报告指出，新时代我国社会主要矛盾已经转化为人民日益增长的美好生活需要和不平衡不充分的发展之间的矛盾。毫无疑问，满足人民群众日益增长的丰富多彩的精神文化需求必然是美好生活的一部分，而文艺创作必然是第一小提琴手。对于广大群众文艺创作者而言，艺术创作本身就是美好生活的具体体现，他们所创作的每一件文艺作品都承载着他们对历史的诉说、回忆，是对不同历史时代变迁的反映。因此，新时代的群众文艺创作，应该在充分解读新时代历史方位、充分认知新时代群众文艺创作特征基础上，对于文艺创作作品的体裁、风格、创作手法不断加以创新和发展，从而更好地促进群众文化活动的繁荣，反映群众对美好生活的幸福体验和表达，达到"百花争妍"的效果。这是本文研究的目的所在，下面笔者将详而论之。

一、新时代群众文艺创作的特征

群众文艺创作是创作主体运用一定的创作方法，通过对现实生活观察、体验、研究、分析、加工、提炼，塑造艺术形象，并创作文艺作品的创造性劳动。同其他相关专业艺术创作一样，都是一种创作主体的个人主观意识行为，这种主观意识行为一定是与时代所倡导的精神追求、价值取向、审美标准息息相关。自群众文艺这种艺术形式诞生之日起，社会上的有志之士、文艺爱好者、文化馆的相关从业人员、业务骨干就一直在群众文艺创作方面孜孜不倦、默默探索。虽然取得了一定的成果，但是由于自身专业性不足，人员相对较分散，与专业文艺创作比较而言，对艺术的领悟、理解及技术运用等方面存在短板，文艺形态相对单一，其文艺作品蕴含的艺术思想内涵及艺术品质存在较大差距。

既然新时代是满足人民群众日益增长的丰富多彩的精神文化需求，那么充当第一小提琴手的文艺创作必然要改变创作导向，寻求多种艺术形态、多种艺术形式，在创新中发展,以满足人民对美好生活的需求,从而适应新时代文化强国建设要求。就此,群众文艺创作也呈现出新的时代特征,这种时代特征笔者认为主要有以下两点:

(一)新时代群众文艺创作形态的丰富多样性特征

时代的变迁,科学技术手段越来越多被运用于社会发展的各个领域,互联网技术、新媒体技术、公共文化云等科技手段被运用于公共文化服务体系的构建之中,由此催生出一大批新的文艺类型,文字的数码化,书籍图像化,阅读的网络化等得到空前发展,网络作家、签约作家、自由音乐人、自由美术人、自由撰稿人等新的文艺群体十分活跃。新形势的发展,迫使群众文艺形态发生了重大变革,从过去单一的文艺创作和呈现方式变革到满足人民对美好生活需求的丰富多样性上来,从而让新时代群众文艺创作呈现出丰富多样性的特征。

(二)新时代群众文艺创作的趋同性特征

社会的发展使得专业艺术院校毕业的大学生、专业艺术团体的专业从业人员越来越多地加入文化馆及相关文化事业单位、文艺组织中来,群众文艺创作主体的艺术专业性得到加强。其次,社会艺术基金和政府对文艺作品的资金扶持,许多专业艺术创作人才纷纷加入群众文艺创作的队伍中来,群众文艺创作作品蕴含的艺术思想内涵及艺术品质越来越高,让新时代群众文艺创作又呈现出与专业艺术创作的趋同性,从近些年来的全国群星奖比赛中即可窥见一斑。

纵观中国艺术发展史,从原始艺术时期的半坡文化、河姆渡文化以及早期器乐器,夏商周三代艺术时期的青铜文化、制礼作乐时代,秦汉时期的文化大一统时期,魏晋一直到晚清的形神、情理、风骨、虚实、气韵、心源等为艺术审美特征的时期,我们可以看出,任何一件文艺作品、艺术品都不是茕茕孑立的存在,一定是时代特征与艺术性格的完全统一。群众文艺创作形态的丰富多样性和群众文艺创作的趋同性形成了新时代群众文艺创作新的历史特征,二者定位了新时代群众文艺创作的发展方向,也是新时代文化高质量发展的新要求。

二、新时代群众文艺创作的现状及问题成因

改革开放以来,为了推动群众文化工作的开展,以文化馆相关业务骨干及社会上的文艺爱好者组成的创作主体,一直在默默耕耘,积极探索,产生了许多群众文艺作品,有歌曲、器乐、舞蹈、戏剧、小品、美术、书法等门类作品,并且文艺作品的质量也在不断逐年提升。同时,也不能否认,在群众文艺创作方面,存在着有数量,缺质量,存在千篇一律、形态单一、脱离群众、脱离现实等现象,形式大于内容,许多群众文艺作品没有生命力。而对于新时代群众文艺创作的学术研究更可谓寥若晨星,有的只是针对传统意义上的群众文艺创作做了些分析和实质性的工作,但是也很难真正从中觊觎其实用价值。另外,个别优秀

作品也多是一些政治性的应景之作,美声和民族成了这一类作品的专属,虽然创作技法上注重艺术性,但是由于旋律不够优美加上审美疲劳很难走到群众心中去,多数情况下,只是成了群文工作者晋升职称的重要途径。大多对于数临时性的应付之作,其品质和内涵也就无从谈起了。

通过对近些年来的群众文艺(音乐类、舞蹈类、美术类、摄影类、戏剧类)五大门类的创作作品以及近些年对于群众文艺创作研究的文章整体梳理来看,目前这一现状成因主要有以下几个方面:第一,创作主体人才缺乏。虽然近些年许多艺术专业人才不断到群众文化队伍中来,但是以文化馆从事相关艺术专业人员和社会领域内的群众艺术爱好者为创作主体的群众文艺创作,由于自身专业、艺术修养、艺术经历等方面的限制,其艺术视野、创作技术、创作形式、创作体裁上都具有局限性,文艺精品力作很难打造出来,艺术品质和艺术内涵很难得到保证。第二,创作体裁单一。群众文艺创作主要包括舞台类(声乐、音乐、舞蹈、戏剧、曲艺)和非舞台类(美术、书法、摄影)两大类,最近一两年又增加了公共文化数字作品类。创作作品相对集中在歌曲、舞蹈方面,器乐、戏剧、曲艺作品相对较少。其中如艺术歌曲、通俗歌曲、合唱歌曲几乎没有,器乐作品多以独奏和合奏为主,协奏曲和管弦乐等更是渺无影踪。非舞台类作品多集中在书法和摄影方面,这里不一一列举。这种创作模式的相近、创作体裁的单一,造成新时代群众文艺创作在艺术创作上的种类狭窄,也就很难满足人民对美好生活需求的丰富多样性。第三,创作创新能力不足。刘勰在《文心雕龙》中有云:"名理有常,体必资于故实;通变无方,数必酌于新声。"意指作家诗人要随着时代生活创新,以自己的艺术个性进行创新。从近几年的各级群文赛事来看,其中绝大部分作品在体裁、题材、风格、手段、形式上大都相近,在某种程度上缺乏创新能力,必然让人产生审美疲劳,也就失去了艺术生命力。

三、新时代群众文艺创作对策建议

(一)播撒创作种子　提升艺术创作品质

既然新时代群众文艺创作具有丰富多样性的特征,那么就要构建文艺创作"百花齐放　异彩纷呈"的局面。文化和旅游部《"十四五"文化产业发展规划》中指出"支持多种艺术形式、风格、流派创新发展,挖掘青年艺术家潜力。"因此,对于新时代群众文艺创作而言,对于文化馆而言,利用全民艺术普及这一发展契机,播撒创作种子,通过政府为主导的各级平台,建设创作队伍,弥补创作主体人才缺乏的局面。正如前文提及的如"网络作家""自由音乐人""自由美术人"等新时代新的文艺群体,他们都是一些怀揣艺术梦想、天赋异禀的人,这就需要我们延伸联系手臂,架设天梯,制定全新的政策,团结和吸引他们,把一颗颗散发创作热情的种子播撒在艺术的土壤里,让他们成为群众文艺创作的有生力量。另外,新时代群众文艺创作的趋同性特征,说明群众文艺创作与专业艺术创作一样,都要在艺术创作思想精深、艺术创作技术精湛、艺术制作精良上下功夫,这就需要我们在建设创作队伍的同时,注重文艺精品的打造,以孜孜以求、精益求精的精神,将好的群众文艺作品打造出来,从而提升艺术创作品质。

(二)以人为本　群众文艺为群众

所谓以人为本,就是新时代群众文艺创作要结合基层群众的审美情感、审美思想和审美爱好,并加以艺术性的提高,这种艺术性又需要在人民生活中唤醒艺术家,并使他们得到发展。艺术批评家克莱夫·贝尔在《艺术》一书中指出:"各类不同的艺术,有着各种各样的性质,但必定有一种是本质的和共有的。"笔者认为,这种本质的和共有的就是艺术家审美创造和审美情感组合的有意味的形式,是人的主观意识形态的创造方式。因此,新时代群众文艺创作应以满足人民对美好生活的多方面需求为创作宗旨,从人民生活中汲取素材,通过艺术家运用多种体裁,以充沛的情感、生动的笔触、优美的旋律、感人的艺术形象创作出人民群众喜闻乐见的优秀文艺作品,从而改变创作体裁单一的问题,让群众文化活动不断迈上新台阶。

所谓群众文艺为群众,就是人民群众的需要是群众文艺作品和群众文化活动开展的根本价值所在。新时代群众文艺创作能否不断创作出优秀作品,最根本在于是否能够为人民群众抒情和抒怀,能否为人民群众搭建创作学习、交流和展示的平台,在充实创作队伍、丰富创作体裁的基础上,激发人民群众文艺创作动力。《诗经》中《采薇》《关雎》《木瓜》等名篇分别描写士兵征战生活、男女爱情、人间报施情谊等,都是表达人民生活中的真情实感。杜甫的"朱门酒肉臭,路有冻死骨",苏轼的"月有阴晴圆缺,人有悲欢离合,此事古难全"等等,也都是反映人民心声的名作和佳句。因此,以人为本,群众文艺为群众,是紧跟时代潮流、丰富创作体裁、顺应民意的重要举措,只有这样才能让新时代群众文艺创作充满活力。

与此同时,需要指出的是,为人民群众搭建学习、交流、展示的平台,不能形同虚设,它也是激发人民群众创作动力,解决创作体裁单一的重要方面。目前,以政府主导,省市各级文化馆主办的一系列群众文艺创作学习、交流、展示的平台每年都在如火如荼地进行,但是根本没有形成完整体系,从效果上看,收效甚微。如以国家、省、市各级举办的群星奖、五星工程奖、星辰奖等不同层级群众文艺赛事活动,并通过经费奖励优作品的方式,为不同地区、不同地域的创作人才和原创作品搭建了一个良好的展示平台,在某种程度上,其成果还是斐然可观的,但是尚需在体系构建上不断完善。

(三)辛勤耕耘　提升艺术感染力

(清)赵翼《论诗绝句》中云:"诗文随世运,无日不趋新。"创新是群众文艺不断繁荣发展的催化剂。新时代群众文艺创作中的一些问题,与创新能力不足有着很大关系。就此,笔者认为,我们应该从群众文艺创作自身和外部要素入手,努力造就群众文化领域内的群众文化领军人物,营造和谐的创作氛围,在壮大创作人才队伍的同时,给人以价值引导、创新引领、审美启迪。与此同时,制定相应的鼓励和扶持群众文艺创作的政策,并给予一定的资金支持,并做好扶助资金的评估、跟踪、审计,以确保资金投入的有效性,从而提升群众文艺创作社会化运作的绩效性。

对于群众文艺创作自身而言,笔者认为应在作品一度、二度创作上将创作理念和创作手段相结合、表达内容和表现形式相融合,从而实现作品的深度创新。一部文艺作品它的结构构成原则、发展规律是不变的,变的是我们用何种方式展现来刺激人们的审美感官,引起人们的审美情趣是其关键所在。正如达明邨老师所言:"优秀作品一定包含令人震撼的思想内容和吸引眼球的审美表现形式。"当前是一个多元文化共存的时代,不应有一个一成不变的形式不断重现,而应根据人们的不同文化需求来设计作品的风格和表现形式,提倡不同观点充分讨论,提倡体裁、题材、形式、手段充分发展,舞台类作品在二度创作上要综合考虑将舞美、音乐的衔接、呈现方式、节奏的掌控、戏剧情节的发展、情感的表达方式等各种艺术要素与技术要素集成,将创意与作品的主题思想、风格设计完美结合在一起,从而结成风格各异、硕果累累的群众文艺成果。如第十八届群星奖的器乐重奏作品《和鸣》,将全世界最新乐器手碟,澳大利亚的最古老的乐器迪吉里度管,非洲的沙克,中国的古琴、竹笛、口弦、大鼓……从最古老到最年轻,从东方到西方,跨越地域、民族和国度,为观众展现了不同乐声碰撞融合,和合流荡的"奇景",将蕴含中华民族"和"的思想性和艺术性相融合,将各美其美、美美与共的人类共同心愿化为和谐的乐律,引发广泛共鸣。再比如著名作曲家吴小平创作的声乐作品,在音乐上大胆运用戏曲音乐的发展手法,将歌曲与戏曲完美融合在一起,形成了自己独特的创作风格,其音乐所代表的新时代创新发展的文化内涵和艺术感染力更深远。

一部优秀的群众文艺作品一定是时代性、人民性和艺术性完美结合的产物,正如习近平总书记说:"一部好的作品,应该经得起人民评价、专家评价、市场检验的作品。"紧跟时代步伐,以人民为创作导向,扎根人民群众生活,是新时代群众文艺创作创新发展、提升艺术感染力的根本要求。

综上所述,新时代群众文艺创作,要深深抓住其丰富多样性和趋同性的时代特征,辩证取舍,推陈出新,以先人之规矩,开自己之生面,从而实现群众文艺创作的创造性发展。时代的发展,人民生活水平的提高,人民对文艺作品的质量有越来越高的要求。因此,以人民的文化需求为出发点,不断拓展创作思维和创作空间,弘扬中华优秀传统文化,追求人类社会的真善美,是我们在新时代群众文艺创作实践中不断追求的永恒价值。

文旅融合背景下文化场馆和旅游景点网络地图服务探究

谭俊超（四川省成都市文化馆）

读万卷书,行万里路,国人崇尚多读书以增长才学、多游历以增加见识。世界那么大,去看看不一样的风景、体验不同的文化,也是大多数人的共同心愿。以前到陌生的地方,或是先买一份地图,或是咨询他人,以规划好出行路线。但纸质地图出版周期较长,承载信息量有限,信息更新有所延迟,已不能应对日新月异的城乡发展。

加快推进文化和旅游供给侧结构性改革,坚持文化和旅游融合发展,建设一个集中呈现全国公共文化场馆、旅游景点位置信息的地图服务平台,直观、新颖地集中呈现国家文化和旅游建设成果,创新地推动文化和旅游高质量发展。地图平台向公众呈现各点位的地理位置、基本介绍、特色内容,推动公共文化、旅游服务走上"云端"、进入"指尖",促进公共文化的智慧服务、旅游体验的智慧出行,为百姓的文化生活、旅游出行提供更丰富、更便捷的选择。

一、文化和旅游地图服务现状

在经济社会的高速发展下,纸质地图已不能满足人们的出行需求。电子地图因其丰富的数据存储、快捷的位置查找和良好的路径规划等多重功能给人们带来巨大的便利。手机、平板电脑等智能移动终端的普及,进一步催生了电子地图的广阔应用,网络地图的智能化和便捷性更加突出。在文化和旅游行业,地图服务的研究和应用也逐渐受到重视。

（一）公共文化领域的地图服务研究

以"文化地图"为主题的研究,大多是测绘、地图出版等行业从某种属性、局部地域来探讨地图在文化行业的应用,如红色文化地图、非遗文化地图、历史文化地图和城市文化地图等,侧重于地图视觉元素的探讨,如风格、符号、底图、色彩等等。以"公共文化服务"为主要研究对象的则较少。

朱文博等从大同市塞外文化、民俗文化等角度出发,将具有文化特色的地物抽象成个性化的地图符号,采用具有传统文化特色的色彩进行风格渲染,设计出了"大同市城区历史文化地图"[1]。朱曦以上海红色文化系列地图为例,采用地图形式对红色文化进行可视化表达,结合线下纸质地图、移动端电子地图、移动端 Web 页面、音频多媒体等多种形式,向读者展现上海红色资源的构成及空间分布情况[2]。董明等尝试建立文化地图制图的技术框架,以京味儿文化地图制图为例,分别从宏观和微观两种尺度选择南锣鼓巷和京西古道两个案例进行了文化地图的制图实践[3]。苏世亮等重点阐述了什么是城市文化地图集、应遵循怎样的设计理念和逻辑思路、如何科学合理地确立主题内容体系并制定相应的表达策略这三个问题,形成城市文化地图集的设计理念和逻辑思路[4]。孔翔等编制"记忆江宁"手绘文化地图,探讨文化地图承载地方集体记忆的作用,以其可视化表达的空间、景观唤起当地人的地方想象和地方认同;由文字、地标、绘画作品和漫步路线组合而成的彩色画卷,成为游客手上的导览图[5]。邢晓娟等利月手绘专题图的形式对大运河(北京段)历史文化资源进行梳理和展示[6]。

(二)旅游行业的地图服务研究

以"旅游地图"为主题的研究文章,明显多于以"文化地图"为主题的研究文章,但仍以测绘、地图出版的研究视角为主,从旅游服务角度出发的较少。这些研究文章也多侧重于某些功能、特性的专门地图,如手绘地图、红色文化旅游地图、历史文化旅游地图等。较常见的是某地特色的手绘旅游地图,以手绘的形式将自然地理、人文景观等元素表现出来,艺术性地呈现当地文化旅游资源。

李晓雯等探讨了地图模式下"一带一路"沿线国家旅游 APP 平台的设计,点击 APP 中以国家地区为代表的"块结构",可以查看包含当地的特色景点、民俗风情、酒店出行等相关信息,还可参与景点美食、酒店等的话题圈子[7]。唐鹏飞以"永州八景"为例,设计了一款旅游 APP,提供了查看地图、项目详情、路边风景、特产介绍、游客分享、个人中心等功能,用户通过 APP 可以查看景点历史文化由来、路线导航,还可与他人分享自己的出游照片、游记心得等[8]。马立等设计了邯郸市旅游景点查询平台,实现对邯郸市旅游景点空间格局数据及属性数据的信息化,用户可对旅游景点进行布局分析和可视化查询[9]。郭砚博以襄阳动漫旅游地图设计为例,将动漫技法引入旅游地图的绘制中,以提高现代旅游地图的艺术性和娱乐性;旅游者可以通过旅游地图方便地查找所需要的文化信息、交通信息、地理信息以及生活信息等[10]。

二、公共文化和旅游网络地图服务必要性分析

现代科技的发展催生新业态新模式新需求不断涌现,为公共文化服务和大众旅游的深入推进提供了强劲的动能和新的发展契机。现有文化旅游方面的地图服务研究多从地图出版的角度出发,侧重于地图符号、色彩、分层等专业设计方面的思考,从公共文化和旅游的参与者、建设者的角度较少,应更多地探索地图服务的功能建设,更好地满足公共文化参与、旅游体验出行的日常需要。

(一)提高公共文化场馆知晓率、利用率的迫切需要

2020 年国家统计局数据显示,全国有公共图书馆 3212 个,文化馆站 43687 个,博物

馆 5452 个 [11]。覆盖城乡的国家、省、市、县、乡、村（社区）六级公共文化服务网络基本建成，让更多的群众知晓周边的文化场馆，让这些场馆得到高效的使用，让更多的人参与文化活动、享受文化服务，不断满足人民群众的多样化多层次的公共文化需求，进而提高人民群众的精神文明素养，是公共文化建设者持之以恒的初心。

（二）满足大众旅游消费的旺盛需求

随着中国经济的持续增长，国民收入与生活水平也在不断提高，国内旅游需求旺盛。旅游成为小康社会人民美好生活的刚性需求，'十三五'期间年人均出游超过 4 次 [12]，自助游逐渐成为旅游业新的发展方向。但众多旅游问题不容忽视。节假日期间，热门景点拥挤不堪，旅游体验不佳；冷门景点却门可罗雀，无人问津。构建新的旅游发展格局、做大做强旅游蛋糕并将这块蛋糕全面呈现在公众面前，让公众自助点单、各取所需，避免一拥而上扎堆热门景点，让百姓有更多的去处，才能为国家扩大内需战略作出更大贡献。

建设一个旅游景点地图，呈现全国旅游景点信息，从游客的角度出发，更多考虑"去哪里玩、那里怎么样、有何特色"等旅游决策问题和"现在在哪、要去哪、怎么去、周边还有什么"等一系列定位、寻路、导航的空间问题，为大众出行提供及时高效的解决方案，更好满足大众特色化、多层次旅游需求，推动旅游业态、服务方式、消费模式和管理手段创新提升，发展智慧旅游。

（三）适应数字化、移动式的时代要求

网络信息技术的快速发展和各种移动终端的普及，为公众查询信息、出行导航提供了极大的便利。移动设备的网络地图提供更加灵活的实时定位服务，让用户可随时随地查看周边文化场馆、旅游景点的位置信息。每一处点位结合丰富的图文资讯和音视频资料，可以让用户感受文化场馆、旅游景点的丰富内涵，吸引更多的群众参与到文化服务、旅游体验中来。

积极响应文化和旅游的"十四五"发展规划，深化"互联网＋文化""互联网＋旅游"，加快推进以数字化、网络化、智能化为特征的智慧行业发展，以提升便利度和改善服务体验为导向，推动智慧文旅公共服务模式创新，是提升公共文化服务和公众旅游体验的应时之举。

三、公共文化和旅游网络地图服务建设策略

建设全国文化旅游点位网络地图服务平台，向公众提供公共文化场馆、旅游景点位置信息查阅、搜索和导航服务，方便公众查找感兴趣的文化场馆、合理规划旅游行程。考虑到平台的移动端特性和快速反应需求，平台功能侧重于点位的简介、导览与交互，为公众寻找目标、初步了解目标提供帮助，在功能上追求简单易用、在性能上追求快速高效。

（一）目标点位基本介绍

打开地图平台，一站式呈现定位区域内的文化场馆、旅游景点，为公众参与公共文化服务、游览旅游景点提供位置信息服务。点击选定的点位图标，可查看点位的基本介绍，包含简介、活动预告、交通指南、场馆预约（票务预订）、攻略等模块。点击某一功能模块，出现详情内容，供用户浏览查阅。基本介绍内容可分栏目在侧边出现，或以卡片的形式弹出，区分识别电脑端、移动端后作出不同响应。

"简介"是目标点位的图文介绍，包含地址、联系电话、开放时段等内容，也可以插入简短的形象宣传片，直观呈现文化场馆、旅游景点的精彩内容；可添加目标点位的官方网站、云平台的链接或二维码，方便跳转查阅更多详细内容。"活动预告"发布目标点位一周内将要举办的特色活动、重要活动，方便感兴趣的人员提前做好行程安排。"交通指南"提供前往目标点位的交通信息，包括公交地铁线路、周边站点、首末班时间；同时为自驾出游的游客提供准确的街路名称、门牌地址、停车位置，力争接入停车场计数功能，实时显示当前可容纳停车数量。"场馆预约（票务预订）"提供文化场馆内的空闲教室、多功能厅、活动室的线上预约，免费提供给非营利团体及个人使用，让场馆利用更高效；提供旅游景点各类票务信息，如价格、剩余量、订票方式等，并根据预约人次、售票情况预警剩余接待量。"攻略"提供游览建议，可以是官方的小贴士，也可以是从用户日志中筛选而出的优质游览体验。

全国文化馆场馆、旅游景点数量多，相应信息内容的收集整理工作量巨大，可由行业协会建议相应官方网站、平台遵循一定的代码编写规范，包含本平台需要收集的信息内容，方便本平台对目标点位信息的对应内容进行自动采集。

（二）出行线路推荐

立足民族特色、文化特色和地理特色，挖掘时代特点，开发特定主题的经典出行线路并向公众推荐。在网络地图平台的显示区域内，点击推荐的经典线路，地图呈现相应路线行进图，并可查看相应的线路介绍、出行攻略、体验日志。

可以推荐经典红色线路，以旅游为手段，深入学习革命先辈追求民族独立、国家富强的红色文化，通过亲历红色经典线路，让人民群众在旅游中接受精神洗礼、传承红色基因。打开非遗传承体验新思路，让各地非遗传承展示连点成线、连线成面，吸引更多的游客前来，以文化体验、旅游观光带动非物质文化遗产的开发和保护，为非遗传承保护与宣传推广作出贡献。还可以推出丝绸之路、科普教育、饮食文化、乡村旅游等主题线路，围绕时令推出踏青寻春、戏水消夏、秋赏红叶、冬玩冰雪等主题线路，围绕节庆推出元宵灯会、端午赛龙舟、泼水节、少数民族新年等主题线路，为公众出行提供文旅大餐。

允许用户自定义个性化的主题线路，将地图上的点位按出行顺序添加形成新的线路，也可以在推荐线路上自由添加、删减线路中的点位。自定义的个性化线路仅自己和团队成员可见，可以同步到个人空间向公众展示。热门的个性化线路可转化为经典线路,供公众参考。

选定主题线路后,各点位节点可添加游览始末时间、天气、路况等重要事项,方便组团的成员间做好充分准备。线路示意图可打印、可分享,便于组团成员间的交流沟通。线路可进行行进导航,也可一键开启百度、高德等专业导航地图,开启专业地图后,路线的始末点位、关键节点依然有效,不用重新输入。

(三)公众的交流互动

允许用户发表评论和日志。坚持文化发展依靠人民,充分尊重人民群众主体地位和首创精神,着力提高文化参与度和创造力[13]。只有活跃的用户才能造就活跃的平台,允许用户发表积极健康、客观公正的各类文化、旅游日志,为后来者提供攻略参考,让亲历者的评论日志对优质的文化场馆、旅游景点进行宣传推广。

查看点位的基本介绍,可以看到关于本点位审核后的评论日志和攻略;访问个人页面空间,可以查看该用户发表的经审核的全部个人日志。鼓励用户对游览体验、交通情况、停车场等环节进发布真实有效的评论文章,提出、分享新的主题线路,优化现有主题线路。

鼓励用户标注新的、不为大众所知的文化旅游点位,并配以图文简介、出行建议、游览攻略等内容。平台审核相应内容后,公众即可对新点位进行浏览访问;相应单位也可以对新点位进行认领,并完善相应信息。

(四)分类查询,按需呈现

平台默认显示定位一定范围内的文化旅游点位分布,可按需求设置只显示文化场馆或旅游景点。文化场馆和旅游景点可按行政级别、辖区筛选显示,也可按评比等级筛选显示,可单选也可复选。

平台注重客户端的简洁呈现,追求快速响应。首先呈现的仅是各点位的标注符号,然后根据用户查询或点击来呈现更多内容。

酒好也怕巷子深,很多优质的文化旅游资源可能因为地理位置、受众群体、交通条件等因素限制而不为大众所知。坚持文化和旅游融合发展,加快推进文化旅游业供给侧结构性改革,搭建一个汇集全国文化旅游点位信息的网络地图服务平台,将优质文旅产品呈现在公众面前,让人们更快捷地查找文化场馆、旅游景点,让人们更方便地体验灿烂文化、游览秀美山河,坚持以文塑旅、以旅彰文,促进文化和旅游高质量发展、融合发展。

参考文献

[1] 朱文博,田瑞.大同市城区历史文化地图的设计研究[J].经纬天地,2021(6):84-87.

[2] 朱曦.上海红色文化系列地图的设计与特点浅析[J].城市勘测,2021(3):126-129.

[3] 董明,甄一男,邢晓娟,等.文化地图制图技术框架——以京味儿文化地图为例[J].城市勘测,2019(5):21-25.

[4] 苏世亮,吴林颖,杜清运,等.城市文化地图集设计的理论框架与实践案例[J].测绘科学,2021(7):

145-152.

[5] 孔翔,陈品宇,文英姿.文化地图在城市街区集体记忆建构中的作用初探——基于"记忆江宁"活动的调研 [J].华东师范大学学报(哲学社会科学版),2019（5）:205-213,243-244.

[6] 邢晓娟,刘佳雨,曹筱敏,等.线性历史文化遗产地图设计——以《中国大运河·北京》文化地图为例 [J].城市勘测,2021（5）:150-154.

[7] 李晓雯,李嘉健.地图模式下"一带一路"沿线国家旅游 APP 平台的设计 [J].中小企业管理与科技(下旬刊),2021（1）:160-161.

[8] 唐鹏飞.基于 Android 的旅游 APP 设计与实现——以"永州八景" APP 为例 [J].无线互联科技,2017（18）:48-49,77.

[9] 马立,许文韬,王明珠,等.基于高德地图 API 的邯郸市旅游景点查询平台设计 [J].河北工程大学学报(社会科学版),2019（3）:53-57.

[10] 郭砚博.旅游地图设计研究 [D].长沙:湖南师范大学,2015.

[11] 国家统计局.中国统计年鉴 2021[EB/OL].[2022-01-23].http://www.stats.gov.cn/tjsj/ndsj/2021/indexch.htm.

[12] 国务院.国务院印发《"十四五"旅游业发展规划》[EB/OL].[2022-03-21].http://zwgk.mct.gov.cn/zfxxgkml/ghjh/202201/t20220121_930613.html.

[13] 文化和旅游部.文化和旅游部关于印发《"十四五"公共文化服务体系建设规划》的通知 [EB/OL].[2022-03-21].http://zwgk.mct.gov.cn/zfxxgkml/ggfw/202106/t20210623_925879.html.

文化馆开展延时服务存在的问题及对策探究

郑丽新（福建省厦门市文化馆）

文化馆是大众文化事业开展的窗口，建设好文化馆能够更好地满足人民群众对精神文明的需求，传播社会主义核心价值观。近年来，根据福建省文化和旅游厅下发的《关于推进公共文化服务单位错时延时开放工作的通知》，要求文化馆实施错时、延时开放常态化，推动公共文化服务高质量发展超越，更好地满足人民群众的精神文化需求。在这样的政策背景下，新的时期文化馆如何打好服务"时间差"，充分发挥作用，体现优势，积极做好公共文化服务，提升文化馆服务效能，是文化馆当前面临的重大工作任务之一。

一、文化馆在群众文化建设中的意义

文化馆承担繁荣群众文化，组织开展文化辅导、艺术培训、展览展示、非遗传承等文化惠民和全民艺术普及等服务职能。文化馆开展的宣传活动是以群众文化为基础，以往文化馆要回答"有没有"的问题，满足基本文化需求，提供基本公共文化服务，保障基本文化权益。而今文化馆要回答"好不好"的问题，延时延长服务、提供丰富、多元化服务，着力解决不平衡不充分问题。因此，如何更好地开展和提升延长服务质量水平，就是文化馆要回答"好不好"的问题之一。现将文化馆在开展延时服务中存在的问题及策略做些探讨。

二、文化馆开展延时服务存在的问题

延时服务是提升文化馆服务效能，实现公共文化设施社会效益最大化的一种方式。但是在文化馆以往白天工作日的正常标准工时制之外，要开展延时服务惠民举措时，并非能够一蹴而就，往往易受到诸多限制因素，如安全管理、人力不足、延时服务供给与群众需求不匹配等问题，使延时服务未能为老百姓提供更贴心、更优质的文化服务。

（一）延长时间内场馆安全管理难

场馆管理边界模糊，延长时间内场馆安全管理面临困难。以厦门市文化馆为例，厦门市文化馆馆内有闽南神韵、资产管理中心、厦门兆翔物业服务有限公司等多单位、多部门进驻,共同使用本场馆,文化馆在8小时工作时间以外,周末及法定节假日开展延时服务活动时,容易存在场地安全管理边界模糊问题,易导致非本单位活动演出人员大规模聚集,占用公共空间、游客喧哗挤占洗手间等安全问题。同时,在延时服务时间内,必须对馆内人群的人身安全负责,当发生异常情况时,工作人员如何急救、如何疏散人群、如何组织抗灾自救等缺乏相应的安全专业知识。

(二)文化馆场馆运营成本拉高

开展延时服务必然拉高文化馆的运营成本。运营成本包括人力成本和物资成本。常态化开展延时服务,需要充足的人力资源。文化场馆延时服务必定面临场馆工作人员劳动保障、夜间安保等一系列问题,人防措施的加强、夜间展厅服务工作和配套活动的开展都需要额外投入人力。这需要文化馆和有关部门无缝对接协调处理好,只有这样才能有效提高场馆人员的工作积极性,才能保障场馆延时服务的正常运行。

(三)文化服务供给与群众需求错位

文化需求的本质是多样性的。文化馆开展延时服务时间段提供的文化服务活动内容与原先工作8小时标准工时制提供的文化服务活动内容重复、枯燥单一,未能建立多种形式的文化需求征集与科学规范的评价反馈机制,未能根据延时服务后的参与群体不同、需求不同,而专门定制一套满足多样化群众需求的文化服务体系。

三、文化馆开展延时服务对策

正所谓"逆水行舟,不进则退"。开展延时服务及提高服务质量水平是当前文化馆提质的重要任务之一。要想"改旧貌,换新颜",开展延时服务,提升文化馆服务效能,满足人民群众对美好生活的需要,文化馆需要转变思路,针对具体问题,精准解决,在安全管理制度、补充志愿服务力量、精准对接文化服务需求等方面下功夫,在实践中不断积累经验,向更优质服务的目标进发。

(一)启动错时延时服务工作安全生产值班制度

安全生产是文化馆顺利开展公共文化服务的必要保证。加强安全意识,落实安全生产,为提升公共文化服务活动质量保驾护航,才能把延时服务做到群众的心坎上。首先,启动错时延时服务工作安全生产值班制度。在实行标准工时制的同时,启动错时工作,延时服务工作安全生产值班制度,方便群众参与公益文化艺术培训,满足群众文化需求。通过加强制度建设,按照安全生产值班制度要求职工严格落实值班责任,做好错时延时开放值班和服务,加强文化活动阵地管理,确保场馆和活动安全。其次,强化安全意识抓好场馆安全生产。安全生产无小事,防患未然是关键。要强化安全生产工作领导小组责任意识,按照分工落实责任,提高全馆职工安全生产意识,安排部署安全生产重点工作,多次在会上强调提高安全意识,强化风险防控意识,组织职工学习相关急救安全知识与培训。最后,排查消除隐患,筑牢安全生产防线。文化馆要与物业等相关部门做好协调,安排物业值班人员加强安全隐患的排查,对各楼层群众活动场地、水管、电源线路、消防通道、灭火器、消防水泵房等进行安全隐患排查,清理和整治工作。加强巡视检查的次数,对发现的问题及时处理,切实做到防范措施到位,责任到人。

(二)按劳付酬招募志愿者补充人力

延时服务常态化开展,需要大量的人力资源持续接棒。这就要求文化馆的管理运营部门要做到延时与正常上班一样的要求,确保有足够的工作人员为群众提供服务。基于文化馆有限的人力资源的现状下,要想做好延时服务工作,可结合自身实际情况,补给充足的志愿者,参与文化馆延时服务无缝对接工作。首先,制定并实施招募志愿者按劳付酬制度。由于夜场以及周末、节假日避开了正常的工作时间,为更多的群众提供文化服务的机会,有效的补充人力方式是招募志愿者,实行按劳付酬制度,提高志愿者积极性和服务效能。其次,对志愿者进行岗位培训和专业理论培训。在培训形式上,可采用网络直播等新媒体技术,使文化馆志愿者在有限的时间内迅速掌握岗位工作流程以及和服务相关的专业理论知识,引导并鼓励志愿者们进行自主学习,提高其专业素质水平与服务能力。最后,高比例招募高素质自由职业志愿者。志愿者因为其志愿性质,难免有些管理不便,比如,在延时服务时间段,开展志愿服务容易与他们上班时间相冲突,条件允许的话,可引入接受过人文艺术高等教育的自由职业者,他们时间弹性灵活,参与性高,同时也便于管理。公共文化活动的核心策划和质量把控由文化馆职工来负责,而具体实施过程交给自由职业者,按劳付酬。

(三)精准对接需求提高延时服务质量

延时服务不仅是指延长服务时间,还指延伸服务内容。延时是为了方便群众走进来,那么不断丰富文化场馆的延时服务内容,想群众之所想,提供群众之所需,才是真正的利民、惠民服务。因此,文化馆要根据群体不同特点和不同需求,合理安排文化服务供给内容,创新推出适合群众需求、适合夜间、周末、节假日开展的场馆阵地内和阵地外的文化活动,为群众提供多样化的体验,增强文化馆的吸引力。首先,多渠道了解群众文化需求。文化馆要充分利用志愿服务驿站、官方网站、微信公众号等多渠道搭建与群众的交流平台,通过线上线下的问卷调查方式,着重了解群众兴趣点。其次,分类统计群众的文化需求。根据了解到的不同群众需求,有针对性地开设非遗文化、文化课程、美术展览等内容与模式,满足老中青不同群体多样化需求。最后,复盘多样化的文化服务活动需求。从前期文化服务内容策划到中期的实施,再到最后服务结束,在复盘中汲取有益经验,认识和改进不足,进一步研究对策,以制定更为丰富的活动规划。从而不断提升文化馆的社会支持度,从而提高文化馆服务效能,使之成为文化馆事业长期发展的不竭动力。

开展延时服务,不断丰富群众文化生活,让文化馆成为群众休闲时光的好去处。提高文化馆延时服务质量和效能,让群众充分享受文化惠民政策,是群众文化工作者不懈努力的目标。文化馆应根据自身场馆实际情况,在做好人员组织管理、场馆安全管理保障的前提下,及时根据群众文化需求的变化,调整文化服务供给内容,进一步将文化馆延时服务文化惠民这一好事办得更好,使公共文化服务资源社会效益最大化,真正实现惠民、利民、为民服务,让更多人享受优质的公共文化服务。

沉浸式文化馆的构建、价值和意义

侯晓宏（北京市东城区文化馆）

在我国文化馆的历史悠久,据考证可以追溯到民国年间。其功能是为百姓提供公益性质的文化资源及文化艺术培训。近年来,随着群众生活水平的日益提高,精神层次的需求已经变成人们的"刚需"。社会文化的发展和变迁,社区和街道文化功能的日益丰富,数字网络媒体的发达和科技的进步也极大地丰富了群众文化活动的方式。微信公众号,网络培训小程序、各种群文活动 APP 让人眼花缭乱。在互联网的冲击下,如何吸引更多的群众走进文化馆,使现场沉浸体验与网络慕课、VR 体验等科技方式相互引导相辅相成,是当今每个群众工作者迫不及待需要思考的问题。建设一个群众沉浸体验型的数字文化馆,吸引更多的群众走进文化馆,在体验过程中获得审美感受,进行更能引发兴趣的审美教育,享受沉浸艺术体验和展览带来更刺激的感官体验,从而对艺术产生更强烈的兴趣,打造一个数字型沉浸体验式文化馆势在必行。

一、沉浸体验的概念界定和特征

2020 年底吴晓波频道发表了《人的全景:数字生活的新消费趋势白皮书》,其中多次提到了"体验"。报告中表示:"体验因参与感而富有温度。"也就是说,只有让参与者真正置身其中,全情投入注意力与时间的体验才富有价值。这便能解释为何时下的沉浸式体验场馆常常门庭若市。这也启发着群众文化的发展可以开辟出一条沉浸体验式新道路。

Facebook 创始人马克扎克伯格说"虚拟现实（VR）将成为 5G 时代的杀手级应用。"何为"沉浸式"体验? 沉浸体验一般有以下几个特征:①角色化:体验者在沉浸过程中可以找到自己,会增加自我认同感,自我实现得到满足。②交互体验:带有互动装置的设备,不仅可以丰富舞台和课堂背景,还可以提升舞台空间的感受效果。③解构体验:沉浸式体验会通过叠加、复制、夸张方式表达真实的世界,使体验者能够重新定义理解所处的环境。

作为沉浸式体验必备的条件即适当的虚拟现实,也称为虚拟技术、虚拟环境,是 20 世纪发展起来的一项全新的实用技术,是利用计算机模拟产生一个三维空间的虚拟世界,提供用户关于视觉等感官的模拟,让用户感觉仿佛身临其境,可以即时、没有限制地观察三维空间内的事物。随着科技的发展,虚拟现实技术也取得了巨大进步,并逐步成为一个新的科学技术领域。沉浸式文化馆则是借鉴了这一技术,将体验者所处的环境加以技术模拟,从而有身临其境的舞台感,增加自我成就和自我认同。

二、沉浸体验型文化馆的创新思路

为了吸引更多的群众放下手机走进文化馆,在馆内建立智慧艺术培训教室和艺术互动体验区,结合艺术普及教育的内容,融入 VR 科技体验元素。在文化馆现有场馆服务的基础上进行全面系统升级,向群众展示一个全新沉浸式体验型文化馆。能够让群众在文化馆的体验空间通过沉浸性、多感知性、构想性、自主性的沉浸体验,激发浓厚的艺术兴趣,找到自己感兴趣的文化资源,沉浸其中,乐在其中,实现全新的文化体验。沉浸体验式文化馆可以打造直录播体验空间、数字化教学体验空间、VR 舞台体验、资源共享云平台、互动体验矩阵等沉浸体验区,在提供公益性公共文化服务的文化馆具有得天独厚的天然优势。

(一)沉浸式直录播体验

沉浸式直录播体验空间是集直播、录影、拍摄等于一体的文化直录播体验空间。该直录播系统通过设置虚拟背景,满足馆内录制的虚拟场景需求。实现对已有的音乐、书画、演出、讲座等视频资源进行收集和分类,以微课的形式提供给广大群众系统化学习。以智能录播为硬件支撑,通过四机位拍摄方式,采集教师和学生教学过程全景等多个实景画面、编码等录制功能。配套硬件设备包括云台摄像机、多功能调音台、场景搭建、高清直录播主机、监视器、补光灯箱等,同时体验空间还配备多媒体触控教学演示系统。体验空间硬件设施配有录播系统、视频系统、中控系统、跟踪系统、音频系统等,群众可通过手机APP 收看直播的慕课音视频、讲座和演出。

(二)VR 舞台体验

基于人工智能的轻量级沉浸式 VR 舞台体验通过 5G 虚拟空间技术,告别一次性实体舞台搭建的成本浪费,带给体验者更强的感官刺激,将剧场演出效果以及观众掌声、呐喊声进行三维立体模拟,体验者通过戴上 3G 眼睛,可以身临其境地感受到自己站在大剧院的舞台上,为成千上万的观众进行现场表演,同时融入虚拟数字人技术模拟台上和台下的互动。

(三)数字化教学体验空间

数字化体验教室在原有教学设备的基础上进行数字化升级,可以提供乐理、视唱、听音、练琴、鉴赏等各种专业学习模块,这种智能教学体系还支持教师统一教学,也支持群众自行进行钢琴曲目练习,其丰富的学习内容,可以满足公共文化服务多样化的培训方式。真正做到了因人施教,寓教于乐。

该空间采用"科技+音乐"的形式为广大群众提供音乐、学习鉴赏和互动交流的平台,空间的电子钢琴设备采用音色采样技术,音频采样率达 48kHz,采样精度 24 位立体声,同时内置多重效果器,完美呈现钢琴音色,同时具有钢琴手感的键盘能够准确响应手指弹奏动作,既能演奏柔美段落,亦能展现雄伟乐章,达到完美演奏体验。

（四）资源共享云平台

当今大数据时代,文化馆由过去线下实地向着线上线下相结合的形式发展。将群众艺术慕课放置在公众号和 APP。与此同时设置共享链接与各大文化热门网站共同搭建资源共享云平台,建立文化新闻、群文培训、课程预约、演出直播、在线教学、云展览、志愿服务等多个板块。文化馆辅导培训、慕课开发等服务形态与工作方式的转型与革新,形成体系化群众文化资源共享服务平台。使文化馆由过去单一时间地点提供的文化服务效能跨时间、跨地点、跨平台更广泛的传播,使群文服务不受疫情影响,极大提升了广大人民群众享受公共文化服务的便利性。

（五）互动体验矩阵

当前大数据时代,人流量是衡量文化馆服务质量的命脉。通过和附近艺术培训中心、艺术体验馆签约授牌,设立分馆体验,与此同时,整合融入优质的公共文化资源,通过互动体验矩阵,吸引更多的群众人流。对于文化馆来说,依托环境幽雅,体验感较好的场所设立分馆开展服务活动,解决附近居民就近获取公共文化服务的问题。馆舍环境的优势和与其吻合的公共文化服务的叠加能够直观地提升受众群体的体验感和获得感,进而提升文化馆的服务水平,和分体验馆实现社会价值的双赢。

三、沉浸式文化馆建设的优势和存在的问题

（一）群众的体验反馈

用户体验是一切服务的命脉,群众文化亦是如此。文化馆参与体验的群众构成有以下几个特征:非专业性的老年人群为主;对艺术的兴趣浓厚,带着一个艺术梦。这些群众来到文化馆的目的大多是为了陶冶情操,老有所乐。因此他们的反馈意见对于群文工作者而言有着重要的参考价值。如:培训的形式是否能激发成年人对艺术的兴趣;文化馆提供的舞台能否满足群众的自我实现需求。沉浸式文化馆的体验魅力在于利用空间技术、经典艺术元素组织起来的超时空体验,通过虚拟场景充分调动参与者,感官、听觉、想象力、情绪以及思维,使体验者置身于艺术创造效果的中心,体验者在这个过程中获得愉悦的审美感受,进而享受在这个过程中,并对这门艺术产生更加强烈的学习兴趣。这种沉浸体验带来的美育更具有吸引力,和生活中获得的美感是有所区别的。

（二）硬件设备成本较高

沉浸式体验是参与者完全沉浸的体验,使人有一种置身于第二空间的感觉。而这一种具有强参与感的体验形式,正是随着信息技术发展而出现的,是数字生活的产物。从技术上看,依靠和借助灯光投影、多媒体、AR、VR、3D 等技术可以提升文化艺术的表现力,

群众文化艺术和高技术的完美融合可以为沉浸式文化馆的体验带来突破性的变化和意想不到的效果。但是建设沉浸式文化馆需要采购 5G 虚拟系统和虚拟设备，而我国大多文化馆都是全额拨款的公益一类事业单位。政府采购额度限制了沉浸式体验设备的购买以及日常的维护。

四、沉浸式文化馆的价值和意义

在文化馆设计中融入沉浸式体验从某种意义上来说推进了社会进步。在体验者参与沉浸式体验的过程中内心感知层面，会感知到两个世界：一个是可重构或者还原的真实存在的外部世界；另一个是虚拟存在的内源性世界。这两个世界的差异性带给体验者新奇刺激的全感官体验。这意味着当观众走进文化馆沉浸式教学区、展览区和舞台区，参与者能够获得与传统方式不同的审美，能够产生一种打破现实世界，打开新世界的新鲜感，甚至会在内心产生微小的重生感。这样的独特感受，与观众走进 4G 电影院去感受一个充满欢笑或者悲伤的故事的感官体验并没有本质上的不同。可以说，沉浸式文化馆设计能够做到在美育层面、智慧层面与情感层面都让观众得到自我满足感。

中华民族的文化历史深厚，源远流长。优秀历史文化最重要的传承手段则是美育。正如蔡元培先生所言"在中国美育是可以替代宗教的"。由此可见美育对于传承中华优秀传统文化的重要作用。那么如何通过文化馆的职能与作用对百姓进行美育，让他们通过走进文化馆，体验美，发现美、认识美、欣赏美、创造美。纵观中国当前艺术教育体系，学校艺术教育、家庭艺术教育和社会艺术教育可谓三足鼎立。而社会艺术教育以其广泛性、包容性和多样性为前两种的有效补充；从现实意义上来讲，又不得不说它是比较被边缘化的。尤其对于中老年人的艺术教育和文化熏陶更是容易被忽视，这恰恰也是群众文化的职责所在。沉浸体验式文化馆以向群众提供更优质的文化服务，传播先进文化为己任，在互联网席卷而来时找到了一个平衡点，沉浸体验式文化馆以体验为核心，文化为线索，通过艺术氛围的打造，使参与者充分感受到文化的魅力，享受沉浸在群众文化的乐趣，尝试群众文化服务的新的道路，吸引更多群众认识文化馆、走进文化馆。在当前的艺术教育环境中，学校艺术教育可谓"天时"，家庭艺术教育占有"地利"。作为群众文化这种社会艺术教育形式如果想发展，则必须"人和"。如何能实现"人和"则需要文化馆能提供形式丰富多样，群众体验感更好的服务，可以说，沉浸式文化馆基础数字化和智慧化建设，为参与者打造了一个超越主流视角诠释艺术教学和艺术展示的空间模式。进入新的发展阶段，面对多元化的发展机遇沉浸式文化馆大有作为。祖国的群众文化事业，有着很多需要我们去开拓进取的领域，线下沉浸体验和线上多媒体，最终都可以做到互为补充、互通有无，争取群文事业的繁荣发展，彰显了新时代公共文化服务体系的新价值。

困囿与破境：文化馆数字化建设误区及反思

黄　放（浙江省嘉兴市文化馆）

　　文化馆的数字化建设已历时经年，目前所取得的瞩目成效为各地文化馆的发展提供了新方向与新动力，为文化馆服务效能的提升提供了技术支撑和可能空间。但从我国当前各地文化馆数字化建设整体情况来看，还存在巨大的提升空间。当下，文化馆的数字化困囿于多重建构误区，存在着较多现实问题与偏差。本文试图针对这些谬误与偏差进行审视和反思，并思考和探索文化馆数字化建设的革新策略和破境之路。

一、文化馆数字化的建构误区与现实问题

（一）建构误区

　　观念或概念上的认知偏差，逻辑思维的囿限与固化，经验主义或教条主义引入的误区，是文化馆数字化建构过程中出现的几大误区，也是制约文化馆数字化建设的主要因素。

　　1. 认知偏差

　　一般而言，认知偏差往往因为人对事物的认知不够全面、受外在环境或信息干扰而产生。数字化简而概之是以数字信息处理技术来处理事物内外部各个环节之间的关联，但万物关联的复杂性也决定了数字化的无限性。而以目前文化馆数字化建设的具体实际来说，无论是文化馆的决策者和管理者还是数字化建设具体环节的承担者和操作者，都对数字化本身的基本概念及相关知识缺乏足够的认知。因此，因对核心概念的认知局限而导致的对建构目标产生认知偏差就在所难免了。例如，对文化馆数字化和数字化文化馆两个概念就存在着较大的认知偏差。而这几乎是所有文化馆在进行数字化建设时难以回避的天然的建构误区，且这一误区还将需要相当长的一个时期进行提升和跟进。

　　2. 思维囿限

　　受前述认知偏差的影响，文化馆的数字化建设在思维方式上也充满局限性。大多文化馆在制定数字化建设规划、设定数字化建设项目、拓展数字化服务方式时都囿限于一种固化的思维模式，即在处理文化馆和数字化两者关系中无一例外地把数字化当作是文化馆建设内容的一个方面，一个分支，一种手段或形式。这些偏差与局限皆因在两者关系的设定上简单地将文化馆和数字化进行了主次之分，而被定性为辅助手段的数字化自然难以呈现其真正的价值。如果跳出这一思维局限，从外部视角去考量文化馆与数字化两者

之间的关系,或者将两者内部所有的点都建立起联系,那本文所讨论和思考的问题将进入一个全新的维度。

3. 经验误区

此外,文化馆在数字化建设过程中还往往陷入经验主义的误区,在各个环节的实际操作过程中,将文化馆传统的管理模式、活动策划样式、服务供给方式等内容直接代入数字化建设内容的设置中,却忽略了数字化建设的初衷与目的正是为了突围与破除原有的桎梏,尤其是要在文化馆的服务体系建构上要破除固化的经验主义误区,拓宽服务体系建构边界。这些误区具体体现在以下几个方面:

服务对象方面。以往文化馆的服务对象多以老年人、少儿和极少数特殊群体为主,但数字化服务的目标群体恰恰大概率避开了这些常年参与线下活动的服务对象。因此,在提供数字化线上服务时,若提供的文化产品和服务仍与线下一样,那么线上服务效能、公众参与度及满意度可见一斑。

服务范围方面。目前文化馆提供的数字化服务多以数字文化馆实体体验、线上培训、表演或视觉艺术活动直播或视频录制、数字档案、信息宣传为主。但文化馆的数字化建设范围远不止此。近年来,文化馆理论调查研究、客服反馈、数据库建设、信息咨询服务等内容也逐渐进入建设视野与范围。

服务方式方面。文化馆的数字化建设不仅仅也不应该是单个馆的闭环管理和内部建设,数字化、信息化、网络化的根本涵义和核心价值在于互联,是事物内外部之间点与点的双向互联互通。文化馆的数字化建设是在建立文化馆与文化馆之间、文化馆与其他场馆之间、文化馆与其他行业或领域之间的互联互通与共享共建。这才是文化馆数字化建设的最大意义与价值所在。

服务空间方面。目前,文化馆借助馆办网站、微信公众号等平台发布消息,宣传活动。但要构建现代文化馆,应以数字化建设为基础,构建一个能够进行供需互动、社区互动、场景互联的虚拟空间,无限拓展文化馆的服务空间与服务领域。

(二)现实问题

文化馆的数字化建设除了上述几大误区外,还存在且不限于观念、人员、经费等多个层面的现实问题。这些问题势必对文化馆数字化建设的实施及成效产生极大的影响和制约。

1. 观念方面

众所周知,在错误的逻辑或有偏差的认知中形成的观念势必背离事物发展的自然规律,也必定导致与预期相背离的结果。基于前述各种认知偏差和思维谬误的影响,目前很多文化馆从业者、管理者、决策者在数字化建设的规划理念、制度设计、后期管理与运作上都存在不同程度的问题,其中观念陈旧落伍是较为显性的客观实际。

2. 人员方面

人员是欲善工事的利器。文化馆数字化建设毫无疑问需要充足的专业人员配备。但目前文化馆在数字化建设方面,无论是项目决策者,还是项目管理人员,以及各个环节的实操人员,都是相当缺乏的。一则自然是因为管理者对数字化认识不足,对建设预期目标判断失衡;二则也是由于真正专业的技术实操人员的匮乏。其实,目前所缺的并非艺术专业人才或数字化专业人才,而是缺乏既了解文化馆工作内容又懂得数字化技术操作的复合型人才。这点非文化馆或文化主管部门能独立解决,而是需要全社会提高共识并合力解决的难题。

3. 经费方面

在大多数人的固有思维中,只要提及经费问题,便认为事情未能达到预期或未能顺利开展,根本原因在于资金紧缺,经费投入不足不到位。但仅就文化馆数字化建设实际投入经费而言,大部分文化馆确实存在经费短缺的问题,有些文化馆甚至根本就没有这块经费。但另一方面,也有相当数量的文化馆存在着经费严重浪费的情况,甚至有些文化馆是在经费紧缺的情况下还存在经费浪费的问题。究其原因,一方面是基于前述误区和问题的存在而导致后续的问题不断,另一方面也是相关主管部门、责任部门在顶层设计和资金监管等方面都缺乏足够的专业度和执行力。

二、文化馆数字化建设的革新策略与突破路径

文化馆数字化建设要打破前述困围,在更大空间和更多维度上寻求突围,则需要在发展策略上进行多重革新,在实际操作层面探索更多破境的可行路径。所谓破境,在本文中的直接释义可以理解为维度上的突破与提升。个人以为,数字化的核心价值正是对未知世界的探索和未在世界的建构,是虚拟,更是创造,而绝非现实世界的复刻与模拟。若能理解这一点,文化馆的数字化未来之路才能破茧化蝶。

(一)革新策略

文化馆建设需要不断地创新思路和举措,但文化馆的数字化建设则需要从理念、思路和技术等方面进行策略上的变革、更新与创造,方能突破困围,破境而发。

1. 理念革新

文化馆数字化建设首当其冲需要革新的是建设和发展理念。这是理论层面的认知重构,直接影响甚至决定建设的结果。理念革新在于先破后立,唯有先破除原有桎梏和局限,才能生成新的认知体系与架构,并借此生成新的建构目标并为其谋划科学合理的新的发展方向。文化馆应该首先确定线上受众的广泛性和极大限度的无差别性,才能在服务理念上进行革新,在服务内容上持续补充,在服务方式上不断更新。理念革新是思路革新和技术革新的前提,也是后两者的基础。

2. 思路革新

现下,很多文化馆数字化建设思路都是基于对数字化这一概念的平面化、单一化的理解而生成的,受固化认知和线性思维的影响,其建设思路和发展方向在不同程度上都趋向

单一和雷同。简单来说,思路其实是诸多创建方案的合集,应该具有严谨的系统性和较强的可执行性。在顶层设计过程中,文化馆数字化的创建思路应该基于对文化馆自身发展态势的前瞻性研究和预判,基于对数字化建设内容与路径的开放性评估,基于对两者建设与创新思路的框架、条理、脉络以及机制与法则的检验与变革。

3. 技术革新

在文化馆数字化建设的实操过程中,可能最容易被理解和接受的革新策略便是技术革新了。所有建设参与者都认同技术革新带来的向好驱动,但未必能接受技术革新带来的巨大冲击。因为技术层面的革新产生的不仅是发展和进化,还有破除和淘汰。所以,数字化建设不仅仅是对文化馆提出了挑战,更是对每个文化馆人个人生存和生活的生态与能力的终极考验。因此,在技术革新的具体设计过程中,不仅要注重其深度、广度和精度,更要注重情感温度和人文厚度。

(二)突破路径

论及文化馆数字化的建设路径,毋庸置疑,最基础、最根本的仍是理念、制度、人员、投入等几个方面的确立和保障。但在数字化与文化馆建设的概念及内在关联性已然发生改变的当下,本文试图从反思的视角,探索和讨论可以帮助文化馆的数字化建设从当前困囿境况中突围而出的几点路径。

1. 立足全局,统筹业务发展

在很多从业人员包括管理者的认知中,文化馆的数字化建设就是相关数字技术部门的工作,其他业务部门提供一些宣传素材即可。这种沿袭已久的认知或多或少与文化馆自身的行业属性和行业特点有关。文化馆的部室职责多根据艺术门类的类别来分,各个艺术门类的工作内容、特色和方式各不相同,因此各个部室闭环而作的工作方式由来已久。这种各自为政的工作方式自然也渗透在数字化的实施过程中。但文化馆的数字化建设需要建立在全馆业务统筹发展的基础上,需要文化馆的管理者具有高度的大局意识,全盘统筹好各个艺术门类、各个部室人员在数字化建设中的职责与担当。数字化不应仅仅成为文化馆的一个宣传手段和路径,更应该是各个艺术门类的呈现方式,是文化馆的存在形态,也是承载着文化馆的场地、活动、人员、形态的另一个全维度空间。这才是文化馆从困囿中突围的破境之路。

2. 关注趋势,应用前沿科技

说及前沿科技,很多人容易将其等同于高精尖技术。但从操作层面而言,事实上"前沿"在更多应用情境中代表的是新式、新颖、新兴等概念。因此,文化馆在数字化建设中应该紧密关注应用科技的发展趋势,广泛应用前沿科技。可以多结合运用一些操作简便、创意感强、趣味性强的新型创意形式,在场景互联、终端互动等数字服务空间中多融入备受年轻人青睐的创意设计形式的应用,例如现在在很多小视频、长页面、宣传海报、横屏长图、数据表单以及各类测试和游戏中被广泛应用的 H5 技术,给大众带来了丰富、有趣的视觉传达效果。前沿科技的运用能有效增强各类文化活动的时代感和趣味性,拉近文化馆与更多年轻人的距离,提高年轻人在公共文化服务中的参与感与获得感。这是文化馆数字化建设在技术层面需要不断跟进和提升的地方。

3. 优化结构,升级人才配备

客观来说,文化馆数字化建设至今,绝大部分文化馆都面临着相关专业人才紧缺的困境。一直以来,文化馆的人才储备和人才吸纳基本都以艺术专长者为主,近些年增强配备了理论研究、信息宣传、非遗保护、行政管理等方面的人才队伍,但极少有文化馆配备了数字化、信息化等专业的人员。因此,当数字化建设提上日程时,大部分文化馆仅仅是从馆内人员中挑选了个别略微懂得计算机基础知识的业务干部负责数字服务部门。但这些人员配备很难真正适应数字化建设的需要。因此,随着文化馆数字化建设的重要性与必要性的显著增强,文化馆势必尽快优化馆内相关人才结构,建立并升级数字化人才储备,使之与文化馆未来数字化建设需求相匹配。

参考文献

[1] 王天恩. 信息及其基本特性的当代开显 [J]. 中国社会科学,2022（1）:90-113.

[2] 胡泳,刘纯懿. 元宇宙转向:重思数字时代平台的价值、危机与未来 [J]. 新闻与写作,2022（3）:45-55.

[3] 王竞一,张洪忠,斗维红. 想象的可供性:人与元宇宙场景关系的分析与反思 [J]. 新闻与写作,2022(4): 70-78.

浅析文化馆群众文化行业发展现状与思路

钟丽珠（四川省成都市大邑县文化馆）

一、"七普"人口结构与文化馆

在 2020 年 11 月 1 日零时展开的第七次全国人口普查工作在全社会的高度关注下拉开帷幕,通过此次普查,全面查清了中国人口的数量、结构、分布、城乡住房等多个方面的情况,据国家统计局发布 2020 年全国人口普查公报数据,此次普查将人口年龄层次分为三档,分别为 0—14 岁,15—59 岁,60 岁及以上,而这三组数据在总人数的占比分别为 17.95%,63.35%,18.7%,直观从数据来看,人口老龄化问题较为突出,但我们还要结合另一组数据进行对比分析,那就是由于城镇化的进程中"民工潮"的现象,城城流动与城乡流动已出现相当活跃的态势,2020 年四川省内流动人口为 2.51 亿人,官方预测我国的人口流动已进入调整期,既不会减缓也不会逆转,高流动性将会是常态。

在如此高速发展的城镇化行进道路中,农业转移人口市民化和农村人口公共服务支撑体系等融合城乡发展的系列问题成了当前最核心的一项工程。迁徙时代的来临让农业人口与市民身份转换有了新一轮的融合,基层公共文化的黏合作用在目前人口大背景下也被突然间放大,如何有效弥合各色文化背景的人群之间的距离,提升群众文化服务品质成为基层群文工作的重中之重。县一级的基层文化馆面扮演着文化融合的缓冲地带这一角色,这在文化馆建制的历史长河中是绝无仅有的一个特殊时间段,这既不同于 20 世纪县级文化馆由农村文化占据主导地位的局面,也不完完全全归属于当下大力倡导的"市民文化"范畴,这是一个重要的过渡期。

关于人口数据的引用在分析基层群众文化工作是有一定的指导性作用的,也是符合时代需求的。笔者认为,在国家人口趋势的大环境影响下,县级文化馆的工作方向可进行开拓性的探讨。群众文化文化工作历来以人为本,大数据显然不能直接暴露出公共文化面临的深层矛盾,一面是从上而下的群众需求的不断提升,一面是从下而上的现实业务工作的落伍,需求与实际分列天平两端,而县级文化馆处于天平的中心点,社会责任是显而易见的。如今,流动人口大量增加的现实状态确实在严重影响着县级文化馆的业务开展,从近年的基层活动策划和文化任务落实的过程当中就可以看出目前供需失衡的端倪。主要有以下几个较为突出的问题。

（一）参与人次的不平衡

由于当下城镇化进程的不断演变，笔者以成都市郊的大邑县为例，据大邑县第七次人口普查数据公示，目前全县范围内常住人口为 51.6 万人（比"六普"时期人口总量增长 0.58‰），"六普"时期间总人口城镇人常住人口率占比为总人口的 35.03%，而到"七普"时，城镇常住人口率已提升至 48.45%，在执行基层群众文化工作时，笔者明显体会到各类展演类的文化活动的在乡村一级开展难度越来越大，城区组织与乡镇层面组织，参与人数两相比较差距非常明显。

（二）年龄层的不平衡

常态化的辅导培训工作参与人群相对单一，不管是城镇还是乡村的培训对象几乎以本地老年团队参与为主，50 岁以下参与者寥寥无几，看似队伍体量庞大，但长期执行下来也会发现这种现状也存在诸多发展的制约，客观因素的存在让一些诸如器乐类的基础课程时常会没有学员。

（三）线上培训课程效果不佳

由于受 2020 年以来新冠疫情影响，大邑县文化馆的业务辅导培训工作为适应新形势的需要，会定期在文化馆的 APP 上发布一些培训课程，内容涉及较广，涵盖书法、国画、声乐、器乐、民族舞蹈、现代舞蹈等等内容，表面看似热闹，但细探下去就会发现其实点击量是非常少的，为了完成相应点击目标，文化馆甚至不得不在馆内各个业务交流群间进行任务分发形式完成"点赞"数。截至 2021 年 8 月底，大邑县文化馆的微信公众号目前已完成各类线下培训课程 93 期，但"云课程"上的阅读量如何就一言难尽了，如果不是本单位各个业务群间的积极宣传，点击数据量更为堪忧。

关于云课程的开展问题，老年文艺爱好者普遍不太习惯，而年轻人通过互联网学习的途径也较多，文化馆的微信公众平台与其他商业学习平台，不管资源或是热度等方面都有着相当大的差距，吸引不到年轻人参与也实属合理。

（四）传统业务遭遇瓶颈

文学辅导在各县级文化馆历来为重要的与大众沟通的窗口，但随着时代发展，这项传统业务依然面临巨大的挑战。大邑县文学协会众多，有：诗词楹联学会、西岭文学社、大邑散文协会、大邑文学协会等，每个涉文协会都有自办刊物，现在大邑县域范围内有《大邑文艺》《西窗》《花水湾》《龙门山文学》《安仁文艺》《鹤鸣》《西岭文学》七份纯文学刊物。通过二十世纪八九十年代文化馆人的努力耕耘，本地文学事业在眼下有了质的飞跃，而文化馆似乎已完成发展壮大本地文学的历史使命，让人有一种文学业务应该在文化馆功成身退的错觉。

经多方了解，成都市各区市县文化馆均举办了自己的馆办刊物，但文化馆的文学辅导工作在立馆多年以后的今天成了鸡肋,全社会更多的声音倾向于文学创作应以各自发展为主,而令文化馆从业者焦虑的是:如今文化馆的本地文学地位又将在哪里出现呢?

二、外部环境限制文化馆发展

文化馆业务工作在整个文化系统中的有弱化趋势,有内部原因,也有外部因素的影响,这不能单单考虑哪个方面影响更直接,顺应时代发展,顺应人群结构的变化,看清来路,想好对策,这将是一项长期的工作。

(一)业务外的影响

每个文化馆从业人员都可以感知当下一个非常突出的工作模式是:县级文化馆的业务工作如今需要将近有 50% 的精力用于应付日常各级文化主管部门非自身业务的工作下派,自 2019 年文化与旅游合并后,此种超业务范围的工作内容只增不减,由于旅游方面工作人员的不足,临时抽调人员情况更是屡见不鲜。

(二)全社会文化程度的提升

大邑县公布的"七普"数据中,全县总人口 51.6 万人,每 10 万人中具有大学文化程度人口为 11153 人。虽然整体受教育水准与全国水平有差距,但与本县 2010 年"六普"时期相纵向比较,当年同项数据为 7541 人,如今"七普"时已有了 47.9% 的增幅。

通过数据可以得出一个结论:文化馆立馆之初整个社会的受教育程度尚待提升,文化馆作为本地文艺先锋的领跑人,带动作用在当时会非常明显。但时过境迁,由于经济社会的整体发展,文化馆还是那批业务人员,而广大群众的文艺素养早已是今非昔比,文化馆墨守成规的各门类业务工在现代文化氛围中显得非常落伍,怎样跟进成为文化馆发展绕不开的话题。

(三)老龄化

在此项内容中其实包括了两个层面的老龄化意义,一是文化馆从业人员的老龄化,二是社会参与文艺活动的老龄化。以大邑县文化馆为例,目前大邑县文化馆目前在岗工作人员有 17 人,50 岁以上接近退休人员为 9 人,占比 53%,余下群体当中尚且包括 2 名临时聘用人员,人员年龄结构不合理,而成都市各区县的情况大致也相似。

再说另一个层面的问题,"银发队伍"是文化馆业务活动的中坚力量是不争的事实,退休后参与文化馆活动更是成了全社会统一的认识。在"七普"数据里,大邑县的60 岁以上老年人超过了全国 18.7% 的平均值,已达到 24.05%,文化馆的群体认可度在不断增强,但这种现象也对文化馆从业人员给出了反思信号:其他年龄段的参与人员又在哪儿?

（四）文化服务购买

笔者认为此项工作当属不得已的应急措施，但效果如何却是不言自明的，很多时候是花了大钱办小事或花了钱没效果，这是内部人员时常为之诟病的局面。

再者，提供服务方或许还与本地各社团之间有交叉，各种不同的声音也会随之涌现，群众文化的公益性与商业文化的逐利性质发生了奇特的胶着现象。但笔者认为一味倚重文化服务项目的购买或会减弱整个群众文化行业发展的后劲，群众文化的公益性怎样体现价值，这是需要我们文化馆从业人员认真去思考的。

三、破冰之举

时代的车轮在推进，而基层文化馆从业人员的思维模式大多数尚且停留于 20 世纪80、90 年代的桎梏中，要打赢群众文化这场硬仗的难度系数已悄然升级，渐渐冷清下来的文化馆逐步拉开了与服务人群之间的距离，离开群众的文化馆又能走好远呢？好在近年出现的"市民文化艺术学校"的新工作模式在全成都市的成功推广让当下的困局出现了一点转机。

从 2021 年 3 月公示出来的成都市龙泉驿区市民文化艺术学校为开班前招聘师资队伍的新闻内容来看，龙泉驿区这项业务活动开展得非常顺利，有近 14 年的工作经验。目前学校开办的业务门类有近 50 门，师资强劲，整个项目受到群众热捧。但反观其他起步较晚的其他文化馆，市民文化艺术学校这项工作开展起来相对吃力了许多。

最难的是资金问题！

由于各地财政情况的不一致，各文化馆投入市民文化艺术学校板块的项目资金各不相同，用各种方式解决课程投放完成目标工作成了经费不足区县的常用办法，或请协 / 学会联办，或线上授课充量，质量如何也就可想见了，种种现象的出现值得所有人深思。

当然不可否认的是：市民文化艺术学校是如今改变基层群众文化业务固有局面的一次重大的改革，是非常值得推广的工作模式，但我们仔细分析此项工作的落实过程，就可以发现此工作或多或少地让本单位的业务人员跳出了业务辅导的层面而去参与了组织工作，文化馆业务人员不参与业务工作眼下已成普遍现象，而这种情况在老一辈文化人眼中却是不可思议的事情。从业务中撤退出来的工作人员如何找到工作重心呢？传统的辅导工作是不是操作不下去了？馆内业务人员要完全改变工作方向全部走入管理层吗？

四、困局的反思

（一）基层群众文化关注谁？

现在大量参与文化馆活动的老年队伍成了文化馆坚实的中坚力量，这是文化馆稳住业务量的重要一环,有了他们作为底气,文化馆的业务工作在很长一段时间尚可支撑,但业务工作的瓶颈非常明显——老年队伍虽然业务提量快,但影响面散、小,从长远来看业务要有质的突破会非常困难。

我们不要忘记我们还是有相等数量的 15 岁以下的未来成年人,还有大量的 15 至 59 岁的群体,他们在当下在自己丰富的文化生活中都能找到自己的喜好,而基层县级文化馆由于文化吸引力的落差,他们没有走进文化馆,甚至于没有听说过文化馆,引起这些群体的关注将是我们接下来的重要工作任务。

(二)文化馆是社会艺术培训机构?

又回到市民文化艺术学校的话题,以 2021 年 9 月笔者对大邑县教育局提供的对本县校外培训机构的总体情况进行分析,大邑目前各种规模的校外培训机构有 122 家,其中培训内容涉及艺术类培训机构也超过 100 家,大邑县文化馆邀请了部分校外机构师资进入文化馆,通过了解很多区县的文化馆也是同样操作,现在我们再来思考这个大家都不愿意触及的核心问题:文化馆已经变为社会艺术培训机构的分支了吗?

举例笔者所在的成都市大邑县本地一个场地有 3000 平方米的普通规模的"JA 流行舞蹈"街舞培训机构进行实地调研,具体情况收集如下:

在这个专业街舞培训机构中,有备案专职授课教师 10 名,每周一至周日课时在 46 节课时以上,每课有学员 12 人,按全年 200 天的满额学员量统计,这个机构的全年参与人次已近 12000 人。像这样规模的艺术机构目前在大邑就超过 100 家,我们细想这里面参与培训的人员有多少?课时有多少?影响面有多大?这些都可以预估出来了,而文化馆全年的市民艺术学校影响力又有多大?

文化馆的市民文化艺术学校在笔者看来已是群众的次要选择了,一是文化馆在此项工作上精力投入不及社会艺术类机构;二是课时安排连续性差,专业深度达不到大众需求;三是馆内公益入门课程学员流失严重;四是文化馆培训门类多而广,但多是点到即止;五是由于政府招标流程周期长导致市民文化艺术学校的硬件、设备更换不及时,群众体验感差。

甚至此项工作推进过程当中出现了一个最让人头痛的情况:社会各类艺术培训机构在推广其服务卖点时,惯用的商业操作流程中就有赠送基础课时的情况,而文化馆用重金包装下同样性质的公益课程卖点又将在哪里体现呢?竞争力又在哪里呢?

五、群众文化专业的回归与突破

基层文化馆做群众文化专业在每个时代都不会过时,但此后若所有群众文化活动都交由市场购买服务来完成,或是反复招标一些不痛不痒的艺术公益课程进行社会推广,那文化馆业务存在就会是一个超级悖论,及时找准文化馆的时代地位,打造一支属于群众专业的文化馆行业准则势在必行。

文化馆内部人员自己都说不清要做什么样的群众文化工作,甚至还一厢情愿地把文化馆往专业院团方向靠,这是对社会分工的误解,也是对人民群众的不负责任的表现。树立起基层文化馆自己的行业标准在如今显得尤为紧要。

(一)搭建起本地群众文化基本框架

可借鉴教育系统各优秀学校组织出版的"校本教材"模式,由文化馆组织本地的特色明显的"基层文化教材"系列丛书。此项工作由文化馆内部各专业人员参与编撰,将本地群众文化按业务类别进行分册编写,旨在大力宣传本地的群众文化。最近成都市文化馆已制作、发放了《全民艺术普及系列教材》系列书籍,这当是一次最接地气的尝试,非常值得全社会推介。但笔者建议可以在各个艺术门类中增加地方特色,让每个文化馆都有着独特的文化印记。

(二)文化艺术培训内容的减与增

市民文化艺术学校要坚定而高质量地走下去,文化馆业务人员要参与策划,如:川剧类知识课程可邀请名家来主场,但也要有本地爱好者或团体专业人士参与授课内容的编写,与本地文化完全不搭界的应该优选其内容,全面提升授课课程品质,扩大社会影响力。另行增设介绍本地特色文化的课程,这个课程以文化馆各科室业务人员为主体,依照本地"全民文化普及教材"为蓝本,全面向群众推介本地文化的方方面面。

(三)文化服务购买的重心改变

为了将本地区群众文化事业提档升级,建议每年文化单位单列资金购买专业艺术院校师资进行系统授课,有针对性提升本地艺术骨干与队伍的艺术品质,形成本地文艺圈子的良性循环。

县级文化馆不管在当下还是过往,都在全社会的高度信任与关注当中发展壮大,这个多彩的时代不缺创意,缺少的是直面问题的勇气。正视危机,正视困难,相信所有基层文化人始终与人民群众一道,不忘初心、脚踏实地,我们的基层群众文化必将迎来崭新的一个春天。

参考文献

[1] 张静. 校外培训,该走新路了 [J]. 瞭望东方,2021(15):28-31.
[2] 陆杰化,林嘉琪. 中国人口新国情的特征、影响及应对方略 [J]. 中国特色社会主义研究,2021(3):57-
67.

综合文化站设施资源共享促进服务供给创新

戚　军（浙江省金华市文化馆）

今年全国"两会"政府工作报告中有关文化工作的表述，与前两年政府工作报告对比阅读，发现除持续性、常态化重点工作外，对文化馆（站）相关的工作提出了"推进公共文化数字化建设，促进基层文化设施布局优化和资源共享，扩大优质文化产品和服务供给"的新要求。这次报告给文化馆（站）今后工作明确了重点方向。对于如何在原有文化工作基础上达到新要求，是当前值得我们去思索的问题。

一、新时期综合文化站设施共享现状

近年来，各地公共文化服务体系建设不断完善，覆盖城乡的公共文化设施网络更加健全，乡镇（街道）综合文化站在党和国家对基层文化的重视下，设施建设有了长足发展。党的十八届四中全会明确提出，制定公共文化服务保障法，促进基本公共文化服务标准化、均等化。2016年12月颁布了《中华人民共和国公共文化服务保障法》，在文化设施建设、服务和产品提供、运行机制、财政投入、监督评价等方面给予了制度性保障。各级政府加大对基层文化设施的投入，较大程度补上了文化建设的历史欠账，使城乡、区域文化协调发展。浙江省文化厅还编制了《浙江省基本公共文化服务标准（2015—2020年）》，制定了《基本公共文化服务标准化建设两年提升计划（2017年6月—2019年7月）》，使公共文化服务标准化的同时，区域短板得到有效改善，综合文化站设施建设得到均衡发展。

基层文化设施的加强，集书报刊阅读、文艺娱乐、科普培训、宣传教育、信息服务、体育健身等于一体，使人民群众开展各类文体活动有了设施的保障，百姓尽享"家门口"公共文化服务带来的获得感和幸福感。但由于有的乡镇（街道）在公共文化投入上配置不合理、文化站运行经费不均衡及管理机制等原因，存在文化站只管"建设"不管"运转"、文化工作边缘化、文化干部转岗使用、混岗使用、身兼数职，对文化工作"心有余而力不足"或者无所适从等问题，使文化设施使用效率低，造成资源浪费的现象。党的十八大以来，党和国家赋予了基层更多的教育和服务职责任务，基层党委政府着眼围绕中心工作出成效，利用文化站设施开展一些新的综合性社会服务场所建设。主要如：

党群服务中心。随着党中央提出加强基层党建的新要求，全国上下掀起了一股建设党群服务中心的热潮。要求各级党群服务中心以集约化的形式，整合基层所有资源，依托市、县、乡镇（街道）、社区（村）党组织和相关部门在综合服务场所建立中心（站点），开展便民服务、教育培训、宣传展示、群团活动、图书阅览、志愿服务、文体活动等项目。因文化站地处人员较为集中位置，同时文化站服务职能与内容和党群服务中心有许多相同之处，因而有些地方党群服务中心则利用文化站（文化活动中心）设施，使服务中心面向群众更便捷地发挥服务功能，成为最贴近党员、群众，群众想来、爱来、盼来、还来的活动阵地。

新时代文明实践所。2018年7月，习近平总书记主持召开中央全面深化改革委员会第三次会议并发表重要讲话，会议审议通过了《关于建设新时代文明实践中心试点工作的指导意见》，新时代文明实践中心建设在各地深入开展起来。要求各地整合现有基层公共服务阵地资源，以县、乡镇、村三级为单元，把各类阵地资源、文化资源、人才资源等挖掘调动起来，打通贯通联通，形成整体合力。通过志愿服务的形式，学习宣传习近平新时代中国特色社会主义思想、宣讲党的方针政策、培育主流价值、活跃文化生活、推动移风易俗的农村基层宣传思想文化活动和精神文明建设。于是，文化站的资源优势凸显，有的实践所地址选在邻近，有的则直接挂牌进驻文化站，与文化站浑然一体。

综合文化站还为其他很多部门提供场所，如妇联、团委、民政部门开办的"家长学校""未成年活动中心"，所在街道开办的"社区学校"，教育部门举办的"成人技术学校"，民宗局推广的"民族之家"等。公共文化设施资源共享，较好地发挥了文化站资源的综合使用效益。

二、文化站资源共享存在的问题

（一）共享设施标牌标识杂乱

因为有的文化站与多部门的功能场所设施共享，捆绑使用，各部门会根据当时的中心任务重点打造的功能场所，突出形象和特色。由于各主管部门统筹协调不够，使文化站标牌标识杂乱。如浙江金华有的文化站标识牌被多次移位，当重点促进民族文化融合时，文化站大门显著位置挂牌"民族之家"。当重点打造新时代文明实践活动时，将文化站大楼顶部原文化站大字标牌缩小并移至大楼侧面墙体，楼顶大字则改为"新时代文明实践所"。当重点打造党群服务中心时，为突出服务中心形象，将文化站一楼门厅改为"党群服务中心"。如深圳龙华区党群服务中心则加挂"政务服务中心""人才人事服务中心""文化体育中心""离退休干部活动中心"牌子。也有的乡镇（街道）存在"文化让位"思想，甚至出现找不到文化站标牌的现象。

（二）服务资源共享缺乏统筹

社会综合服务场所与文化站设施共享，尽管各功能场所中心任务有所不同，但许多工作与服务职能交叉可以共享服务资源。当前有的地方统筹规划不够，产生设施资源综合利用而服务资源浪费现象。如党群服务中心以开展教育培训、宣传展示、群团活动、图书阅览、志愿服务、文体活动等主要服务，基本与文化站服务职能相同，只是服务对象与内容侧重点有所不同。新时代文明实践所的工作任务中宣讲党的理论、活跃文化生活、推进精神文明建设也与文化站服务内容很是相近。虽两者更突出政治性,但利用文艺形式宣传党的方针政策,群众更易接受,也是文化站的传统职能。有的新建文化站(中心),基层党委政府要求将站内独立的空间专门用于建设文明实践所展厅,没有考虑到独立的空间如果没有吸引群众的文化活动资源,难以发挥好的宣传效果。有的则恰好相反,只挂牌,服务任务则均文化站完成,服务内容与文化站一致,开展活动时制作不同的承办主体宣传横幅,台账分做,做表面文章,没有联合统筹年、季、月工作规划,没有充分利用服务资源发挥应有的职能作用,形成合力。

(三)文化干部思想认识不足

文化干部没有从历史的角度去认识文化馆(站),使文化干部对于文化设施共享产生抵触或者惰性思想。历史上文化馆(站)从宣讲馆(所)、通俗讲演所、通俗教育馆、社会教育馆、民众教育馆演变而来。民众教育馆设立阅览室、讲演室、生计室、游艺室、健身室、陈列室、教育室、出版室。至新中国成立后,人民政府将接收的近千个民众教育馆改建为人民文化馆,并继续在全国普及文化馆、站的建设。文化馆(站)工作职能自新中国成立后也有三个阶段的变化:第一阶段强调文化为政治和中心工作服务,第二阶段强调文化为市场经济发展服务,即"文化搭台,经济唱戏",第三阶段即现在的强调以保障公众基本文化权益,即"文化惠民"。因而,当前文化站工作与各项教育和服务功能融合有其历史必然性,文化站功能从"以文惠民"提升至"以文化民"也在情理之中。

三、多功能融合推动文化站服务创新

(一)坚持为民服务理念

在当前推进公共文化服务现代化背景下,文化站工作与服务创新,首先文化干部要提高认识,更新理念。文化工作的对象是人民,以满足人民需要为出发点,以人民在文化中所取得的获得感和幸福感为落脚点,即文化工作的根本导向是满足人民群众对美好生活的需要。因此,只要群众需要的,我们就要积极支持,主动配合,助推文化设施资源共享,让更多的便民服务功能融入文化站。并结合群众需求,精心策划和开展群众乐于参与的文化活动,积极开展"三下乡"服务,为党委政府的社会综合服务场所营造浓郁氛围。同时,我们要坚持"以文惠民、以文化人、以文育人"理念,推进公共文化服务现代化,在"兴文化"为民服务中,承担起"聚民心、育新人"使命,让文化工作给人民群众带去更多的附加效益,在群众参与文化活动中获得精神滋养,充分发挥文化育人树人作用,打造群众喜爱的文化站。

(二)修炼文化自身内功

强化自身文化工作责任意识,充分挖掘自身文化资源,充分利用本地民族特色和地域特色,开展形式多样的文化惠民活动,突出文化站在公共文化服务中的中心功能作用。强化综合文化站建设、服务与管理,通过培训、展示、广播、配送等方式,充分发挥文化站传播文化、发展文化、繁荣文化、管理文化,引领先进文化方向,以及对群众进行时政方针政策、思想道德教育和优良传统教育,促进精神文明建设的职能作用,提高文化设施资源使用效益。加强自身队伍"一专多能"的专业化建设以及文化志愿者队伍建设,文化干部要在文化岗位上主动作为,提高服务群众、组织群众的本领,凝聚人才资源,积极支持和鼓励各类业余文艺团队多层次开展活动与服务,增强基层公共文化服务活力,为设施共享多功能融合服务争取主动。

(三)积极推进供给创新

文化站长要在维护《公共文化服务保障法》的前提下,以开放的情怀主动配合相关主管部门和乡镇(街道)党委政府中心工作,在积极助推设施共享的同时,推进服务资源共享与供给创新,使各类阵地资源、文化资源、人才资源等挖掘调动,综合利用起来,积极推动工作联动机制形成,根据群众需求再配置、再优化,打通贯通联通,形成整体合力。以饱满的热情投入为民服务和新时代文明实践,融入新时代赋予文化工作的新使命、新要求,利用教育培训、宣传展示、文体活动等丰富多彩的文化形式,让群众充分享受文化成果,享受新时代文明成果。主动承担党群服务中心的教育培训、宣传展示、图书阅览、群团活动、志愿服务、便民服务、文体活动等功能,赢得上级部门和领导的肯定,争取更多的经费扶持,以进一步推动综合文化站建设和服务创新。同时,在各项工作中锻炼自身能力,体现自身价值。

进入新时代,站在两个一百年奋斗目标的历史交汇点上,文化站要积极响应党和国家号召,积极作为,在保障人民群众基本文化权益的同时,发挥更多的教育和服务功能,推进文化站供给创新。牢记党的宣传思想文化工作的职责和使命,自觉承担起"举旗帜、聚民心、育新人、兴文化、展形象"的使命任务,推进公共文化服务现代化。

论广场舞的普及与创新

陈　超（北京市东城区文化馆）

近些年来在城镇化不断发展的今天,每每夜幕降临,总会在大街小巷各处广阔地带看到广场舞的身影,由于广场舞的舞蹈难度普遍较低,且动作相比传统舞蹈比较简单,深受广大市民们的喜欢与欢迎。尤其对于城镇地区来讲,广场舞更是在各个地方随处可见,无论是身居高位的领导干部,还是市民百姓,总会在工作闲暇之余,一同投入热情洋溢的广场舞队伍中,借助广场舞的尽情欢跳来缓解身心压力,在这种能够将娱乐、竞技与健身相互融为一体的新型舞蹈项目中,不仅可以帮助人们身心得到完整的放松,同时在促进身体素质、文化素养中产生着十分积极的作用。随着近些年来广场舞的普及与不断发展,这种运动项目逐渐成为市民中热衷的健康娱乐活动,对于推动全民健身运动、促进国民身体素质提升而言具有十分重要的意义。而研究广场舞的普及与创新,对于推动广场舞有着更进一步地发展、在社会发展中使之更具适应力与生命力中可以体现出重要的研究价值[1]。

一、广场舞的基本概况[2]

（一）广场舞的基本概念

艺术史学家曾考证:人类产生的最早的艺术是舞蹈。其舞蹈的主要形式各个部落为了庆祝某一活动或者聚会,在比较开阔的地方,所跳的一种舞,其目的是欢庆、愉悦,由此可见,广场舞是舞蹈之母。广场舞来源于人们的日常生活,又回归于人们的生活,人们既是广场舞的创造者又是广场舞的表演者,广场舞已经在人们的社会生活中根深蒂固,而且代代相传,久盛不衰。目前,对于广场舞还没有比较确切的定义,对广场舞的定义有多种,有人认为广场舞就是民间舞,也有人认为广场舞就是在广场上表演的一种表演形式。根据目前广场舞的开展情况,丁汉辉在《论我国广场舞之盛行及发展》一文中提出广场舞的定义:在广场、公园、社区等空旷地方,在音乐的配合下,以个人的形体动作并融入各种舞蹈、体操、健美操、秧歌等动作来表演的健身娱乐、休闲项目。牟顶红在《广场健身舞研究现状综述与趋势展望》中定义:在遵循广场舞是一种健身自娱活动并突出其本质的前提下,认为现代广场舞是指人民群众自发的,在广场上进行的、统一的、以健身、自娱、交友为目的,在音乐的伴奏下的以舞蹈为载体的健身活动。随着现代社会的发展,人们对生活的质量要求越来越高,人们对健康有了新的需求,广场舞能适应社会发展需求,满足人们的需求,其发展呈如火如荼之势。

广场舞的种类繁多:有充满活力的健身操、韵律操;有简单易学的社交舞;有温婉如水的江南小调;更有豪迈奔放的新疆舞、蒙古舞、巴山舞等等少数民族舞蹈,举不胜举。广场舞的适应人群不仅包括老人而且也包括花季少年,还有成天忙于工作的中年,还有天真可爱的孩子。

(二)广场舞的作用、效益方面的研究

通过广场舞锻炼能够强身健体、缓解压力、愉悦身心,对于我国马上进入老龄化社会的今天,推广广场舞是非常值得期待的。通过中国知网搜索广场舞的"作用"和"效益"关键词进行检索,这方面的相关文献有关广场舞对老年人身心健康影响的、中老年人健身娱乐方面的、广场舞对某些疾病治疗的以及广场舞的健身作用方面共有 28 篇,其中有代表性的文章。比如:汪星梅,罗文建等在《跳广场舞对老年人身心健康的影响》一文中指出了我国已经逐步进入老龄化社会,老年人的健康已成为社会的巨大压力,老年人锻炼身体的形式和方法多种多样,而广场舞深受老年人的喜爱,并且广场舞的锻炼能够对老年人的身心健康起到有益的影响,提高老年人的生活质量[3]。杨玲在《广场舞对中老年人的健身娱乐作用以及存在的问题》一文中指出了广场舞对中老年的健身娱乐的作用,主要是以下几个方面:一是提高肢体的灵活性;二是增强体质,延长衰老;三是消减疲劳,缓解压力;四是改善睡眠,提高生活质量;五是延长大脑衰老,提高记忆力等等益处,作者还指出了广场舞在中老年当中开展亟待解决的问题。

郑腾腾在《论广场舞的健身效应》一文中指出随着社会的发展,人们的健康意识在不断地提高,已经成为人们生活中不可或缺的一部分[4]。作者在文章中指出了广场舞的特点以及健身功效,使得更多的人喜欢、爱好这一项目,想了解该运动,提出科学有效地利用广场舞锻炼,能够很好地起到健身、健心的功效,以提高人们的生活质量为最终目的。秦华在《试论广场舞蹈在全民健身运动中的作用》一文中对我国目前广场舞蹈的发展现状进行了细致分析,指出广场舞的三个价值:健身、健心和健美;广场舞的推广与发展有利于全民健康计划的实施,对全面健身计划的实施有一定的推动作用。作者并提出了广场舞蹈的长时间锻炼不仅仅对个人的健康有很好的积极影响,而且也是社会的安定、和谐重要标志。张国猛,郭亚超在《全民健身广场舞对社区 2 型糖尿病患者血糖相关指标影响的研究》一文针对 2 型糖年病患者参与广场舞锻炼前后的指标变化进行探讨,指出广场舞对 2 型糖年病具有一定的预防和治疗作用;作者根据 2 型糖年病的病理状况,再制定广场舞的运动负荷,根据身体部位以及节奏编排适合的动作、强度。通过实验指出广场舞的长期锻炼能够对 2 型糖年病患者有一定的疗效作用。李丽君在《广场舞的健身作用》和黄丹在《浅析广场舞在大众健身的作用》中指出了广场舞能够起到的健身作用:一是能够使神经系统结构得到改善;二是起到强身健体的作用;三是起到美体的作用;四是起到健心的作用。而且广场舞没有年龄、场地限制,人人都可以参加的一项运动项目。以上文献主要是针对广场舞的作用、功能、效益等,并指出了在全民健身过程中的主要作用,为广大民

众推荐一项好的有益的,能够强身健体的有效运动。同时,指出对创建和谐、稳定、团结的社会有一定的积极作用[5]。

二、广场舞在普及发展中存在的主要问题

(一)硬件设施过于简陋、易引发场地纠纷[6]

众所周知,广场舞对硬件设施与场地并没有过多的要求,绝大多数情况下,跳起一场广场舞,仅仅需要一片不大不小的空地、一台音响设备即可,因此无论是城市地区还是农村地区,广场舞皆随处可见。然而在实际调查研究中了解到,许多广场舞队对所在区域的空地并非比较满意,看起来空地比较宽敞,然而在多人一同唱跳过程中,随着人员的不断加入,个人平均空间越来越狭小,因此能够真正适用的场地空间机会往往十分少,甚至会因为与其他广场舞队之间因为沟通协调问题而产生场地纠纷,在一定程度上可能会引发群众矛盾,不利于社会治安。除此以外,部分广场舞队在选择空地过程中,由于适宜空间比较少,可能会选择一些空间较为宽敞的小店门口、小区运动场地甚至人流量较少的交通路段,可想而知,在这种情况下,如果未能够进行及时制约与管理,不仅显著影响周边交通质量,甚至有可能给群众带来安全隐患,加上很多广场舞的开展时间在夜晚时分,如果选择场地存在不适宜的问题,可能会引发一系列扰民问题,完全不利于广场舞的进一步推广与普及[7]。

(二)多为群众自发组织、缺乏规范化管理

绝大多数广场舞队成员都是居住在附近小区的市民,一般是在自发组织中所形成的健身娱乐活动,在这其中并没有形成较为明确、规范化的组织体系,导致实际的组织纪律普遍过于懒散。这样引发的问题可想而知,在缺乏统一制度管理中,所有广场舞队成员即便相约排练时间、地点,也会产生诸多问题,失约现象十分常见,因为对于很多市民们来讲,她们在跳广场舞过程中,仅仅是为了放松愉悦身心,并没有将广场舞视之为一种正规性娱乐活动,在其中的随意性更是比比皆是。除此以外,尽管广场舞看似比较简单,然而实际上融入了许多体育舞蹈元素,而现如今的广场舞队指导老师均属于自发兼职,没有较为专业能力,无法通过专业的指导提升整体舞队的专业水平,绝大多数都是从网上学习而来或道途学来,加上很多地区都缺乏广场舞培训机构,即便许多市民有心接受专业培训,也苦于培训无门,广场舞的专业化水平一直难以提升。

(三)同质化现象较严重、缺乏地域性特色

从广场舞内容来看,大多数是在特定的音乐节奏下,通过风格迥异的舞蹈表演来开展广场舞运动,一般含有许多舞蹈样式或体操运动,其涵盖内容普遍比较丰富,无论是健美操、广播体操还是韵律操,或者在舞蹈方面的民族舞、交际舞等,均有十分丰富的表现形

式。在舞曲方面具有如《江南 style》《小苹果》《荷塘月色》等十分常见，属于广场舞中的经典代表。然而在许多地区中可以看到，不同地区之间的广场舞存在着严重的同质化现象，甚至一味照搬、未体现出应有的地域性特色。举个十分常见的例子，在现如今短视频愈渐火热的时代，许多地区都会将广场舞进行拍摄并上传至短视频中，这样一来全国各地人群都有可能会刷到这样的广场舞，然而即便是一名多年广场舞经验的人员，也未必能够说得上视频中的广场舞属于哪些地区，因为绝大多数广场舞并没有自己鲜明的特色。所以从这一点来看，笔者认为，要推广普及广场舞，必须杜绝同质化现象，能够在广场舞中体现出特有的文化元素，对于广场舞的普及与创新而言具有十分重要的意义 [8]。

三、推动广场舞创新发展的针对性建议与对策

由于广场舞的综合性特征，深受广大市民的热爱与支持，其特有的社会性功能更是其他运动所难以替代的地方，然而在广场舞不断发展中，市民们能够从中享受轻快愉悦的艺术氛围，还要能够注意改善现有的诸多问题，以便于能够在普及推广广场舞中，迎来广场舞的长远性发展，在通过广场舞的纽带作用下，不断提高市民与市民之间的凝聚力，有效巩固团结和谐的社会氛围。而从社会学角度上来看，普及推广广场舞的关键在于传承价值，传承过程中能否体现出应有的价值尤为关键。在结合以上所提的诸多问题中，笔者根据广场舞的实际性质，对广场舞的普及与创新发展提出几点建议：

（一）在形成特有的文化观念中创新组织体系 [9]

广场舞之所以具有随意性特征，主要原因还是在于参与广场舞的人员未能够树立对广场舞的文化观念，很多市民将广场舞仅仅视之为一种街头娱乐文化，在难以登上大雅之堂的趋势下，对广场舞的认同感实质上十分低，这种观念完全不利于广场舞得到更进一步发展。因此在普及创新广场舞中，建议文化馆人员应当加强对广场舞的正面宣传，要能够从观念上改变人们对广场舞的印象。广场舞的出现并非偶然性事件，而是在城镇化发展与社会进步过程中所出现的必然性社会现象，对于社会主义精神文明建设工作具有十分重要的积极作用。因此在实际宣传工作中，要引导人们能够充分认识广场舞的积极作用，以接纳、包容的心态能够客观性对待广场舞，促进广场舞形成一种固有的健身文化。同时，在创新观念过程中，还要注重对广场舞组织体系的更新。广场舞组织体系管理缺陷早已成为了各地广场舞的普遍现象，在此之间不断重现的粗放管理式广场舞现象，很难真正受到全体市民的一致欢迎与尊重，因此建议不同地区要联合当地有关部门，成立相应的广场舞指导管理机构，并在此之间充分发挥群众的组织能力，不断提高广场舞组织人员、管理人员与指导人员的专业化水平，促进广场舞整体规范化水平的有效发展。

（二）在传播广场舞中适当借鉴体育竞赛元素

为了能够更进一步地增长广场舞在市民群众中的热度与持久性吸引力，建议广场舞

可以在传播过程中适当融入体育竞赛元素,通过举办各类比赛活动来提升市民们在广场舞中的参与感与体验感,同时可以充分释放自己的表演欲。不可否认,我们每个人都有一定的表现欲望,人们渴望在其他人眼中得到认同与赞扬,因此将广场舞与体育竞赛进行结合,不仅仅是通过广场舞体现出一定的体育健身特性,还要能够在其中体现出竞争性特征,使市民们在操练广场舞中,能够为竞赛而认真进行训练、不断提高自己的广场舞水平[5]。实践经验表明,在许多行业与体育竞赛元素相互融合中,都会产生了极强的化学反应,以电竞行业为例,电子竞技就是一种典型的融合体育元素与电子游戏,并逐渐成为国家级体育项目,近些年来逐渐受到各国体育赛事的重视与认可。所以广场舞也同样可以借鉴电竞的发展经验,在发展广场舞竞赛中,推动市民们对广场舞的更大热情与参与积极性的提升。在此之间,文化部门需要协同文化馆协调好广场舞竞事举办工作,能够在基于群众、服务群众的理念中,吸取群众对广场舞竞事的建议与想法,通过借鉴传统体育竞事发展广场舞竞赛,对于推动广场舞的进一步普及和创新发展而言具有十分重要的意义[10]。

(三)在创新广场舞中融入当地地域特色文化

在广场舞同质化现象愈渐严重的今天,各地文化部门不禁在思考:粗放式的广场舞管理是否适宜长远性发展?同质化现象是否影响广场舞的进一步普及?在调查研究中发现,绝大多数市民对广场舞并没有明确的地域性标志认知,无法通过广场舞的欣赏而判断归属地与地方特色,这种现象其实完全不利于广场舞的普及与发展。从文化角度上益遭受更多的破坏来看,推动广场舞的长远性传承与发展,关键在于是否能够合理融入地域性文化与当地旅游特色元素,只有能够将这些文化元素进行有效融入,人们在欣赏广场舞的同时,不再会因为同质化的乱象而产生审美疲劳。与此同时,在地域文化与旅游资源的影响下,广场舞就相当于当地的文化地标,对于宣传当地旅游资源、提高当地知名度而言均具有十分重要的积极作用,所以在普及创新广场舞过程中,还要能够注重融入当地地域特色文化,比如侗歌苗舞就是一种典型的舞蹈文化,在融入地域特色文化中,使游客们产生记忆犹新的印象,显著推动当地旅游产业的发展,因此广场舞同样可以借鉴侗歌苗舞的发展形势,迎来长远性发展局面。

(四)在政策体系中加强对广场舞的引领保护

在普及广场舞过程中,对于广场舞的宣传形式也要体现出创新化的一面。根据历史记载,汉武帝刘彻曾经在长安城主持一场角抵戏,最后竟然吸引"三百里内皆来观"的空前盛象,所以在宣传广场舞中,可以通过市领导、区领导等干部人员的参与,能够积极融入群众的广场舞锻炼中,对于促进广场舞普及与宣传而言同样具有显著的积极作用,另外还可以通过公众号、百家号等自媒体来宣传广场舞,使广场舞能够在网络上有着一席之地,人们可以在社交网上畅所欲言地谈论对广场舞的看法与建议,而政府部门在此期间可以通过加强对广场舞的制度保护,提高人们对广场舞的印象,同时还可以在政策体系支持中,鼓励更多市民们参与广场舞锻炼,推动群众体育事业的大力发展[11]。

总的来说,广场舞的出现与发展存在着诸多综合性因素,既具有利国利民的一面,也有一些棘手的负面问题需要得以解决,考虑到广场舞的积极性,我国大多数地区的文化部门对广场舞的重视力度越来越大,在此之间推广、普及广场舞逐渐成为时代的主流趋势。然而在这其中,如何通过规范化管理以改善广场舞发展的乱象问题,成为文化部门所面临的共同难题。所以本文建议,应当从理念更新、融合体育、发展地域特色以及政策制度保护等方面加强对广场舞的创新与普及工作,促进城市精神文明建设工作质量的进一步提升。

参考文献

[1] 郑玲玲. 云南新平县民族广场舞的文化研究 [J]. 云南民族大学学报(哲学社会科学版)2014(2):59-62.

[2] 徐洪文,聂胜男. 莆田市广场舞开展现状及发展对策研究 [J]. 西昌学院学报(自然科学版),2010(4):107-111.

[3] 黄亚妹,林朝晖,孙强. 南平市居民广场舞健身行为研究 [J]. 怀化学院学报,2011(11):53-58.

[4] 向彪. 宁化县农村广场舞发展的思考 [J]. 商场现代化,2012(7):205.

[5] 邸晓伟. 山西省中老年妇女广场舞现状调查与研究——以太原市为例 [J]. 搏击(体育论坛),2013(5):26-29.

[6] 汪星梅,罗文建,等. 跳广场舞对老年人身心健康的影响 [J]. 中国老年学杂志,2014(2):47-49.

[7] 杨玲. 广场舞对中老年人的健身娱乐作用以及存在的问题 [J]. 大众文艺,2012(7):196-197.

[8] 郑腾腾. 论广场舞的健身效应 [J]. 搏击(武术科学),2013(4):112-114.

[9] 秦华. 试论广场舞蹈在全民健身运动中的作用 [J]. 大舞台,2013(4):76-77.

[10] 张国猛,郭亚超. 全民健身广场舞对社区 2 型糖尿病患者血糖相关指标影响的研究 [J]. 南京体育学院学报(自然科学版),2012(5):34-37.

[11] 李丽君. 大众广场舞的健身作用 [J]. 华章,2013(13):238.

移动互联网时代下的文化志愿服务创新发展探究

隋宛臻（内蒙古自治区通辽市群众艺术馆）

新时期,党的十九大报告中鲜明指出了"我国现阶段主要矛盾已经转化为人民日益增长的美好生活需要和不平衡不充分的发展之间的矛盾",明确为我国现时代经济、政治、文化、社会和生态文明建设提供了新方向[1]。公共文化服务作为文化建设的重要阵地,在公共图书馆、文化馆等方面表现出的影响力愈加突出。而随着移动互联网时代的发展,公共文化服务体系在推进过程中围绕公共图书馆、文化馆等所开展的一系列文化品牌活动、体验活动也逐渐成为群众日常生活中的必需品[2]。文化志愿服务作为其中重要的一环,正释放出巨大的积极能量。本文首先对当下文化志愿服务的现状进行了调查研究,在此基础上结合移动互联网时代文化志愿服务的特点以及当下群众对于文化志愿服务的需求,对文化志愿服务创新发展提出相关建议,以期更好地应对文化志愿服务及公共文化体系建设的挑战,推动文化志愿服务工作覆盖面和影响力持续增长、健康快速发展。

一、当下文化志愿服务现状

经过二十余年的文化志愿服务工作发展,全国各地公共文化场所,如图书馆、文化馆等的志愿服务工作已经逐渐从最初的义务管理员、引导员等层面的工作深入到了宣传推广、文化讲座、法律援助、专业技术教学等层面,文化志愿服务在传播公共文化、推动社会文化建设中发挥了重要的补充作用。然而,在文化志愿服务队伍建设的过程中,尤其是当下公共文化建设体系大力推进移动互联网建设的背景之下,许多志愿服务工作仍然没有充分体现出价值,更多地停留在了引导、基础管理等可替代性强的操作层面,在满足群众文化需求上仍然有待提升,造成了公益资源的利用不当现象。主要体现如下:

（一）服务管理机制不够完善

受到客观条件的限制,许多文化志愿服务的管理机制不够完善。针对各个公共文化场馆的工作或是某一场次的文化志愿服务,文化志愿者在整个服务过程中流动性大,很多工作流程上往往存在人才空缺、人才拥挤的现象。比如,负责引导秩序的文化志愿者过多,而负责讲解相关文化产品的志愿者则寥寥无几,造成了举办的文化宣传活动主要宣传目标难以达成,群众在活动过程中的流失率大[3]。除此之外,管理机制不善还包括文化志愿服务岗位与人才服务价值不匹配的现象。针对专业技术类的工作,如为残障人士等特殊群体提供服务、网站维修、古籍文化介绍等志愿服务,很多的文化志愿者均没有达到标准的服务水平,只能提供一些片面的介绍和引导服务,对于宣传文化、解决群众在参加活动时提出的问题而言尚且是不足的。

(二)文化志愿服务水平参差不齐

受到主观条件的限制,文化志愿服务者的技能尚未与服务素养有机结合,形成了文化志愿服务参差不齐的水平。文化志愿者的招募渠道广泛,但专业化程度不足。有的文化志愿者来自学校组织,有的则是社会各个部门、机制热心公益人士,其接受教育的程度和服务经验差异较大,在文化志愿服务过程中体现出的素养也存在巨大差别[4]。例如,在文博馆的文化志愿服务活动中,对于一些需要使用科技产品进行展览讲解的志愿服务工作,一些志愿者可能会不懂得使用科技产品,还有一些则是缺乏讲解的经验。总之,许多文化志愿服务者均不能很好地把技能与服务素养有机结合起来。

(三)服务项目创新与影响力度较弱

从当前来看,文化志愿服务的项目仍然较少,影响力也有很大的提升空间。目前公共图书馆、文化场馆等场所的文化志愿服务主要包括以下几种类型:一是以上架、整理、帮助引导和解决咨询问题为主的基础性志愿服务;二是以宣传推广为主的志愿服务;三是以为老年人、青少年、残障人士提供服务的志愿服务[5]。大体上可以分为基础类志愿服务和专业性较强的志愿服务,并呈现出以基础性志愿服务为主、专业技术性志愿服务为辅的现状。总的来看,文化志愿服务工作仍然停留在可替代性较强的阶段,因此,从影响力度来看并不算高。

二、移动互联网时代下文化志愿服务创新发展的需求

随着移动互联网的发展,5G、物联网、大数据、人工智能等技术已经被广泛地投入到了公共文化服务的建设中。这些新兴科技的投入在为公共文化服务带来便捷的同时,也对文化志愿服务工作提出了更多的需求,以协调同步发展。

(一)普适性与个性化服务需求

在公共图书馆、文化馆等场所,越来越多满足个体性特征的建设开始应用,如人脸识别、身份验证、智能测试等。为了提供群众更好的体验,文化志愿服务工作者应该提升个性化的服务需求,如沟通、根据文化场馆活动提示和用户特征主动帮助用户建立联系等的服务等,促进文化志愿服务朝着更加精准、注重个性化体验感的方向前进。除此之外,文化志愿服务工作在高效便捷的科技引导下,还应提升高效能的大众服务能力,以减少传统服务摸索中漫长等待、机械重复等的操作。总之,文化志愿服务需要满足综合效能提升的需求,一方面应结合场馆、活动的科技应用与用户特征提供个性化服务,体现"以人为本"

的服务理念[6];另一方面还应适应科技应用的高效快捷,提升大众服务的效能。

(二)规范化与标准化服务需求

通过大数据、智能系统等的科技引入,为文化志愿服务工作走向规范化、标准化提供了多样的可能。针对文化志愿服务中管理机制不完善而导致的各个服务岗位水平不达标、技能与岗位要求不匹配,以及志愿者服务素养不达标等问题,先进的科学技术将有望与文化志愿者本身、文化志愿服务工作性质、要求和内容建立联系,以促进志愿服务质量和效率双向提升。

三、基于移动互联网特点对文化志愿服务创新发展的探究

(一)构建志愿者信息库管理系统

依托成熟的数据采集、分析、挖掘、治理等技术,可以构建文化志愿者信息库管理系统。通过文化志愿者自主注册、登记,可将基础信息、志愿服务相关上传至网络,如年龄、学历、工作(学习)单位、志愿服务经验、志愿服务时间等。除此以外,志愿者还可以针对个人专业技术技能进行登记,如外语、急救证书、汉语水平考试登记等。通过构建全网一体的文化志愿者信息库管理系统,各文化场馆、活动场次将在管理层面上更好地根据文化志愿者信息进行合理的岗位匹配,结合群众的文化服务需求,充分发挥出文化志愿者特有的优势,高效满足群众个性化的文化服务需求,实现志愿服务的更多价值。例如,在辽宁图书馆所开展的少儿志愿服务活动中,图书馆管理层通过已有的文化志愿者信息库匹配到拥有一定幼儿教育特长的文化志愿者,并在此基础上结合馆藏资源和志愿者背景突出了少儿志愿服务活动的亮点[7]。

(二)建立文化志愿服务培训系统流程

为促进文化志愿服务工作的效率与质量提升,应该构建文化志愿服务培训系统流程,以达到规范化、标准化的服务需求,同时逐步提升文化志愿者的技能与素养。具体来看,培训系统流程应该与社会职工岗前培训存在相似之处。其中,文化志愿服务理念、文化志愿服务基本要求和素养、文化志愿服务基础技能(如:常用工具的使用)应该成为必备的培训内容。在此基础上,还要根据岗位性质展开针对性的技能和服务培训。考虑到现实志愿活动准备前各个文化志愿者的环境条件可能存在的差异较大,培训系统流程应该更多地依托移动互联网技术来展开,充分利用科技助力文化志愿服务提质增效,同时缩减线下培训的烦琐过程[8]。如文化志愿者通过线上观看学习视频、答题等形式完成基础技能培训,通过参加视频会议、线上讲座等的形式学习专业技能。各文化场馆、文化活动主办方通过设定一定的目标,待文化志愿者培训合格后自动转为备选人员,从而保障良好的志愿服务水平提升。

（三）打造文化志愿服务特色和精品项目

针对当下群众多样化的文化服务需求,公共文化服务要依托移动互联网技术大力打造一批文化志愿服务特色和精品项目,提升文化志愿服务的吸引力和影响力。比如文化场馆结合自身资源创建文化志愿服务品牌,开展定期的文化志愿服务栏目。盘锦市少年儿童图书馆开展的"盘锦少图绘本交流"活动中,通过招募文化志愿者对读者需求进行线上解答、维护,实现了绘本交流活动从微信群拓展至喜马拉雅 FM 平台的转变,促进了文化志愿服务的资源最大化利用,同时为少图绘本交流活动带来了更多流量[9]。

（四）完善文化志愿者权益保障和反馈机制

为了更好地促进移动互联网时代下文化志愿服务的健康有序发展,还应加快完善文化志愿者的权益保障和反馈机制。一方面,文化志愿者的人身安全要得到充分保障,可通过购买商业保险的形式最大化规避风险;另一方面,文化志愿者的志愿权益和反馈应得到认证。"志愿汇"APP 的使用可以帮助文化志愿者在参与志愿活动过程中依托定位技术进行签到、签退等操作,同时记录其志愿服务时长等经历,促进文化志愿者的社会荣誉感提升,对于弘扬文化志愿之风也有着重要作用。

综上所述,在移动互联网时代之下,公共文化志愿服务应该随着科技进步而健康、有序发展。在探索文化志愿服务创新发展的过程中,既要做到依托现有的科学技术构建规范化、标准化服务体系,又要注重满足群众递增的文化服务需求。通过不断实践和探索,不断发扬文化志愿服务的核心理念,未来,公共文化事业将迎来更加繁荣的发展。

参考文献

[1] 张建芹.新形势下文化馆如何深层次开展群众艺术培训、文化志愿服务——以寿光市文化馆为例[J].参花（上）,2022（3）:125-127.

[2] 苑世敏.普及数字文化 丰富群众精神生活[N].南方日报,2021-08-09（A05）.

[3] 陶敏娟.新时期文化志愿服务发展模式探析——基于"中华古籍普查文化志愿服务行动"的案例研究[J].山东图书馆学刊,2021（3）:48-52.

[4] 邱春苗,白艳宁.1949年以来文化志愿服务的政策梳理[J].文化学刊,2021（1）:143-146.

[5] 王佼,王成成,张洋.文化志愿服务助推公共文化服务体系建设研究[J].传媒论坛,2021（1）:126-127.

[6] 良警宇.从"文化志愿服务"到"文化和旅游志愿服务":发展、转型与新探索[J].中国志愿服务研究,2020（1）:92-107,202.

[7] 潘金辉.公共图书馆文化志愿服务长效管理机制研究——以龙岗图书馆"书香义工"项目为例[J].山东图书馆学刊,2020（3）:62-66.

[8] 李一浏,王天泥.公共图书馆文化志愿服务"智慧"化探索[J].图书馆学刊,2021（12）:67-70.

[9] 张晓.文化志愿者在公共文化服务高质量发展中发挥的作用[J].百花,2021（12）:116-118.

文旅融合背景下文化馆大数据创新应用探究

李　佳（天津市群众艺术馆）

文化和旅游部印发的《"十四五"公共文化服务体系建设规划》中指出，"十四五"时期主要任务之一是"推动公共文化服务数字化、网络化、智能化建设"，与大数据直接相关的内容为"推动公共文化大数据管理系统建设。通过数据采集、存储、处理、分析、可视化和系统运维技术，将公共文化大数据资源转化为更强的研判力、决策力和流程优化能力，对文化需求预测和内容供给提供有效的技术支持"，以及"依托云计算、大数据、人工智能、区块链等新一代信息技术，加强云端数据挖掘和分析能力，推动公共图书馆、文化馆（站）实现包括智慧服务、智慧分析、智慧评估和辅助决策等功能在内的智慧化运营，优化数据反馈模式"。大数据在智能电网、智慧交通、智慧医疗、智慧环保、智慧城市等领域发挥了至关重要的作用，而大数据在文化领域的应用仍处于探索和起步阶段。

笔者在旅游信息化领域工作了十余年，负责了天津市旅游大数据分析平台的建设，汇集了通信运营商、银联、互联网搜索数据、在线旅行商用户数据、社交媒体数据、高速公路闸机、手机客户端用户信息等多渠道的数据，于2018年建立了天津全域旅游大数据分析平台，在文旅融合后，及时融入文化元素，加入文化类数据源，将其升级为天津市文化和旅游大数据分析平台，并定期出具文旅大数据分析报告和游客画像、旅游宣传营销等不同主题的专项报告。2019年，乘着文旅融合的东风，笔者加入了天津市群众艺术馆的大家庭，随着对文化馆工作的不断深入了解和认识，逐步意识到通过发挥大数据的效用，可以更好地为文化馆创新发展服务。文化馆可以借鉴其他领域在大数据方面的先进经验，从主要职能和核心功能出发，践行时代赋予的历史使命和重要任务，抢抓机遇、主动出击、迎难而上，用足用好大数据，实现公共文化服务跨越式创新和高质量发展。

一、大数据对文化馆工作的积极作用

（一）有助于破解文化馆融入旅游元素的壁垒

文化和旅游有其天然的相关性，但也存在着各自的专业性和独特性。从事文化和旅游工作的人员在知识结构、工作经验、思维模式等方面存在差异性，大部分的人员对本职工作以外的事务略有知晓，但并没有深入研究和探讨的动机和精力，专注于本职工作并不是错误，但是作为公共文化公益性机构来说，应以党和国家的号召和导向为第一要务，起到引领事业发展的"领头雁"作用。用足用好大数据：一是可以帮助文化馆迅速掌握旅游领域相关信息和数据，比如旅游产业范围、核心产品、资源分布和分类、热门排行、文创产品等，旅游景区的分布、等级、游客量、最大承载量、网络口碑等，大型旅游活动的次数、参与人数、游客评价、营销效果等，游客的年龄、来源地、交通方式、消费能力、业态偏好等，网络媒体的营销方式、粉丝量、阅读量、点赞量等；二是可以帮助文化馆摸清旅游业发展的客观规律，这一部分是从第一点的定量分析转移到更高层次的定性分析，也是大数据最有价值的部分，比如通过查阅旅游大数据分析报告，了解当地旅游业发展的情况和规律，获取产业的优势资源、存在短板、提升空间、发展趋势等分析结果；三是可以帮助文化馆理清文旅融合的可为之处，文旅工作应该"宜融则融，能融尽融"，但"宜"和"融"的具体内容和评判标准尚无定论，可以善用大数据对文化和旅游的融合进行模型分析、维度分析、指数分析和迭代分析，通过大数据手段为文化馆决策者提供强有力的数据支撑。

（二）有助于揭开文化馆评估考核工作的面纱

全国文化馆评估工作为文化馆高质量发展起到了较大的促进作用，但还存在着评估主体单一化、目标多元化、指标简单化、实施松散化等问题。通过大数据手段，一是能够提升评估时效性，日常工作可以实时进行记录，以数据的不断积累展示工作的成效，并能够以月度、季度、半年度、年度等时间维度完成阶段性工作总结，有助于各级文化馆及时调整工作节奏，强化优势领域，改进薄弱环节；二是能够提升群众参与度，可以从活动或培训等工作开展的初期搜集整理群众的意见，一直贯穿到工作的完成，形成全过程的管控，并通过网络和新媒体上的相关评论掌握群众的所思所想所盼，与现有工作做好合理嫁接，不断提升文化馆在群众心目中的影响力和知名度，特别是可以显著增加群众测评的样本量，从小样本的抽样调查转变为接近于全样本的全面普查；三是做到评估可视化，大数据平台可以显示在电脑、手机端和大屏等窗口上，提高平台在不同端口显示时的适配性，集中展现与评估有关的数据，并设置人员权限，向对应的人员开放可供查询的数据，上可以向文化和旅游部、公共文化发展中心、文旅局等政府管理部门汇报工作，中可以便于文化馆开展自查评估，与兄弟文化馆交流互鉴，下可以指导下一级文化馆的工作。

（三）有助于敲开文化馆改革创新发展的大门

2021年，天津市群众艺术馆以"提高城乡公共文化服务水平"为目标，组织完成各类群众文化活动83项、160余场，全年通过各级数字化平台开展直录播活动221场，线上线下累计服务受众达1667万余人次，全年数字化活动已经超过了线下活动数量的38%，这也凸显了当下数字文化馆的重要性。在大数据时代，如何创新性地开展全民艺术普及和优秀传统文化传承，成了摆在各级文化馆面前的重要课题。当我们的阵地已经从线下更多地转移到了线上，就要顺应时代发展的需要，果断探索如何用大数据指引文化馆工作的改革创新，义不容辞地扛起这个时代赋予我们的光荣使命和历史重担。

二、文化馆运用大数据开展工作的主要问题

（一）尚无统一的数据标准

《"十四五"公共文化服务体系建设规划》中指出，公共文化服务的数字化、网络化、智能化建设与其他领域相比仍显滞后。2022年1月，文化和旅游部全国公共文化发展中心启动了文化和旅游行业标准《文化馆服务数据采集要求》工作，这说明从国家层面，文化馆将有数据采集标准可依，虽然标准的制定和完善不是短期内就能完成的，但为文化馆的大数据建设起到了灯塔的作用。2021年底，浙江发布全国首个公共美术馆数字化地方标准。文化馆作为公共文化服务的重要一员，各地也应该积极探索建立地方性文化馆数字化标准。

（二）尚未建立完善的数据采集机制

文化馆的内部数据是一个有待深入挖掘的宝库，从一部分文化馆的工作流程来看，除了需要上传到数字文化馆、公共文化云、评估定级系统等平台的数据以外，没有建立数据集中上传、搜集、整理的内部工作机制，有大量工作数据散落在各处，没有得到有效梳理和整合。没有充足的数据，大数据也就成为无源之水。

（三）尚未充分挖掘数据价值

公共文化领域已有南京博物馆、美国科罗拉多历史博物馆、丹佛公共图书馆等开展了大数据应用，文化馆领域有广东、河北、江苏、北京、内蒙古、重庆、吉林等地开展了大数据工作，但现有数据较多发挥了统计监测的功能，还没有充分发挥大数据的挖掘能力和分析能力，而这才是大数据的核心要义。

三、文化馆大数据创新应用探究

综合研究了目前文化馆的大数据应用情况，结合原有的天津文化和旅游大数据分析平台的搭建经验，并广泛获取交通、商业、城市管理等领域的大数据应用典型实例，提出以下文化馆大数据创新应用的思路和路径。

（一）加入数字藏品队列，提高全民创意参与度

2021年被称为元宇宙元年，各行各业都在积极破局，寻找元宇宙中的发展空间。支付宝平台是国内最早推出数字藏品的平台之一，通过鲸探小程序上线的各类藏品，具有单价低、质量高、限量发售、形式新颖、展示效果好等特点，创作者既有艺术家、非遗传承人等个人，也有景区、博物馆、社团组织、企业集团等机构，所售藏品发布后快则几秒，慢则1分钟均告售罄。由于该平台不支持普通用户进行创作，群众在参与中只能成为购买者和转

赠者,不能成为创作者。据不完全统计,国内已有超过 30 家博物馆发行了馆藏的数字藏品,大唐不夜城、常州中华恐龙园、上海海昌海洋公园多家景区也发售了数字藏品,一经上线即被抢购一空。文化馆平台可以借助数字藏品的大潮,把自己的特色和亮点做以充分的展示,积极引导业内专业人士关注元宇宙领域,做好数字化艺术创作,并与成熟平台积极对接,以专辑的形式集中推出。但这种方式受到平台规则的种种限制,能够获取到的数据维度有限。畅想一下,在文化馆数字服务平台上搭建一个数字藏品的模块,以开放个人申请入驻的形式,为大众走近元宇宙、走近数字文化艺术提供渠道,在这个平台上,不以营利为目的,着力于为创作者提供一个阐释艺术创意和理念的窗口,着重展现的是艺术魅力和文化底蕴。通过搭建自有平台,我们可以获得第一手的数据,并通过持续不断的数据积累,挖掘数据的规律,实现系统的更新和迭代。

(二)做好互联网数据研判,高效获取群众反馈

互联网时代,网民发表自己意见的渠道越来越多,单靠人工检索和监测已不能满足工作需要。青岛大虾、雪乡宰客等旅游负面舆情的全网暴发其实是可以避免的,经过事件回溯可以发现游客已经持续在互联网上发声类似问题,但没有得到足够的重视。只要对游客在互联网上的评价和反馈数据进行搜集整理、语义分析,动态监测传播范围和层级,及时采取相应的处理措施,就可以将种种问题扼杀在摇篮里。在文化馆领域也是如此,我们的服务触角已经延伸到网站、社交媒体、短视频平台、音频平台等新媒体和电视、广播、报纸等传统媒体,理应建立科学合理的舆情监测机制,做好互联网数据的智能循环采集及人工筛选,运用大数据挖掘分析技术,依托超大体量文本数据库,形成舆情关注度走势、媒体来源类型比对、媒体覆盖分析、关键词变化曲线文章的转载转发数等分析图表,并智能分析本区域近期热点和热点变化趋势,定期出具多维度广视角的监测报告。在此过程中,不仅要分析问题所在,也要分析受到群众认可的部分。通过大数据了解互联网上的社情民意、民生热点和突发事件等情况,可以让文化馆在掌握群众口碑的基础上,有针对性地了解群众的需求,进一步做大做强群众喜闻乐见的活动,并及时改进和弥补尚有缺位的工作环节和领域。在建立全国统一标准的情况下,舆情监测的情况也可以作为文化馆评估内容的有益补充和完善。

(三)优化公共服务平台,带动数据仓库扩容

现有的很多互联网平台和系统都自带推荐机制,结合用户画像、内容画像、用户和内容之间的匹配等数据,在内容池里进行匹配后输出,让个体看到的界面千差万别,达到千人千面的效果。比如:"谷歌艺术与文化"设置了 50 个模块,并对这些模块进行不间断的更新和替换,让用户每次访问都会有新的发现;抖音、今日头条等根据用户兴趣推送相关的视频和资讯;音乐 APP 根据喜好展示推荐歌单和单曲、视频 APP 根据视频类型设置多个猜你喜欢的专栏、购物 APP 根据浏览记录展示推荐产品。上述这些都是借助大数据分析工具,显著提高用户使用体验的具体案例。文化馆的公共服务平台可以参考上述思路,

切实考虑到每一位使用者的喜好,用大数据手段改善平台的使用体验,让每一位个体自发提高公共文化云等平台的使用频次。只有文化馆的公共服务质量和水平跟得上时代发展和人民的需要,才能吸引更多的关注者和使用者,我们就有了源源不断的数据供给,形成更大体量的数据仓库,这将显著促进文化馆开展以大数据为引领的创新实践和应用。此外,我们也要深入研究微信视频号、抖音、微博等文化馆使用较多的平台的大数据推荐机制,按照每个平台的特点对发布内容进行相应的调整,兼顾发布频次、时间、标签、话题、关键词、简介等发布技巧,在扩大文化馆知名度和影响力的基础上,为我们的主阵地也就是公共文化云带来更多的流量和关注。

(四)倡导建立可视化平台,集中反映工作成效

采用可视化平台对大数据分析结果进行呈现,便于用户和文化馆管理者直观、快速、清晰地获取信息,全面系统地呈现上级管理部门和本单位关注的核心指标。可视化平台不仅可以成为展示文化馆工作实绩的重要窗口,还有利于发现数据之间的联系和规律,为今后的工作提供依据和指引。目前,一部分省市已经建立了文化馆大数据可视化平台,建议尚未建立的省市认识到可视化的重要作用,及时借助大数据可视化平台反映工作成效,并以综合排名的方式促进下一级文化馆提高工作实效。建立可视化平台的步骤为:一是建立文化馆数据采集机制,包括文化馆内部需要人工填报录入的核心数据、相关系统的数据和文化馆外部的互联网相关数据、产学研数据等,形成文化馆的数据库、用户库和资源库,加强数据的时效性、准确性和安全性;二是梳理功能模块,包括但不限于文化馆资源、馆内人员、场馆使用、活动培训、数字文化资源、志愿服务、用户画像、群众满意度、宣传效果监测、舆情分析、科研成果等模块;三是建立数据模型,对采集到的数据按照模块进行清洗和输出,将数据结果以曲线图、柱形图、环状图、饼形图、热力图、词云、坐标系、GIS地图等多种方式进行可视化呈现。建立大数据可视化平台只是大数据应用的开端,还应根据实际工作的需要,做好数据的更新、校准和挖掘,出具能够反映文化馆工作成效、存在问题和改进措施的大数据分析报告,切实发挥大数据辅助决策的核心效用。

党的十八大以来,党中央多次对国家文化大数据体系建设工作作出部署,多个部委参与推动落实,文化大数据体系建设已成为重要国家战略。文化馆作为公共文化的重要组成部分之一,应在文旅融合的大背景下积极行动,以时不我待的精神、开拓进取的气魄,不断创新本领域大数据智慧化应用,以高质量发展回应新时代群众日益增长的文化需求。5G、云计算、区块链、物联网、人工智能、虚拟现实等技术发展日新月异,需要投入可观的人力物力财力进行研发,作为文化馆可以从自身实际出发,配备一些既懂业务又懂技术的人员,着重做好馆内需求的梳理和技术对接工作,在前沿领域建议采取服务外包的形式,积极借助外脑,提高人员、设备、财政资金等资源的利用效率。

新时代广场舞的创编研究

——以冬奥主题舞《一起向未来》研究为例

赵璞玉　饶子龙（北京市石景山区文化馆）

党的十八大以来,以习近平同志为核心的党中央高度重视、殷切关注人民群众的身体健康,将全民健身作为全面建成小康社会的重要内涵,上升到国家战略的新高度,以国家长远发展为基点,以民族伟大复兴为目标,吹响了建设健康中国的时代号角。"没有全民健康,就没有全面小康"。响应政府号召,我国迎来了一个全民健康,全民健身的时代。

2022年冬奥会倒计时60天时,笔者创编的冬奥主题广场舞《一起向未来》,以广场舞、集体舞和全民主题广场舞为方向,以冬奥元素为核心,以生活为原型,以健康为要义,便于广大群众接受并学跳,以实际行动传播奥林匹克知识、传递奥林匹克精神、践行奥林匹克核心价值观。冬奥主题广场舞为两段式,呈AB结构,分为主歌部分和副歌部分。主歌部分娓娓道来、亲切舒缓,副歌部分铿锵有力、富有动感,在动作设计方面,对应歌词表达,形成两段式结构编排,其中在过程节奏中采用冰雪运动项目动作元素,增添冬奥运动属性和代入感。动作设计简单便于记忆,在提炼简单动作基础上加大动作幅度,使得动作生动易学,且具备锻炼价值。冬奥主题广场舞蹈动作创编中,动作完美对应歌词,通过语言提示,即可回应动作原型,语言精练,动作简单。动作具有文化的属性,歌词内容积极向上,动作语言准确有力,每个动作都是一个语言符号和文化符号,集中体现一种文化精神和文化理念,抒发温暖的冬奥情怀及我国与世界各国间的友善、厚德与共进,也让习练者有意识地参与其中,了解文化及感受文化的力量,实现文化自信。从人民性和群众性的角度,关注群众的适应性,保持舞蹈的艺术性,旨在营造冬奥氛围同时,在广场舞的创作与普及上,积累经验。通过该作品,反思创作意图与作品结构,深度思考广场舞创编的适切性需求与创作创新方法,浅析新时代背景下,中国广场舞的创作方向与创编策略。

一、新时代广场舞的创编要求

在我国政治经济高速发展的今天,人民的生活幸福。在基本实现小康生活的基础之上,人民对精神文化的追求日益迫切。广场舞作为一种大众娱乐的方式,走进了人民群众的生活。创编人民喜爱的广场舞,科学健康的广场舞,为新时代的文艺工作者提出了更高的要求。

（一）基于"人民性"

广场舞出现的早期，是群众自发出于健身锻炼的需求，进而广泛参与。基于这种原因，广场舞的创编要理清服务对象——"群众"。要创作以人民健康为中心的广场舞，要创作人民可以接受的广场舞，要创作人民喜爱的广场舞。从"以人为本"的角度出发，从思想上熟悉服务对象的需求，从意识上调整创编方案。创编者从行动上降低学习舞蹈艺术的门槛，进行"操化"创编。所谓"操化"就是将舞蹈动作中的韵律、力度、线条及动作线路，在动作创编及发展时，趋于大众可以接受的"韵律操"或者"韵律舞蹈"动作创编，降低学习难度，成为大众可以轻松上手的"韵律操"或者"韵律舞蹈"。在"操化"处理的基础上，融合艺术审美，将动作语言生活化，教授内容情境化，重点落在情绪的抒发和表达上，创作出大众学得会，又能表达对的舞蹈语汇。广场舞，是用生活语言，来反映和表达生活的一种直接手段。那么广场舞的创编，都应基于人民的接受程度及兴趣。

（二）提高人群"参与性"

"参与性"是广场舞的一大特性，广场舞创作者从思想上认识到"人民性"的同时，要考虑大众参与的途径和方法，照顾人民群众的适应性的同时，保持艺术性。创编不可追求"阳春白雪"，相反更要"接地气"。动作从生活中来，还要还原到生活中去，让大众接受自己生活中的舞蹈语言。让参与者有真实的体验感，有知识和技能获得感，情感态度的满足感。冬奥主题广场舞《一起向未来》入门级动作能够让每个人都轻松学会，突出广场舞的广泛参与性，用广场舞的形式参与冬奥活动，既学会了舞蹈又体验了体育竞技，可谓一举多得。

（三）加强"互动性"

"互动性"指社会交往活动，主要是人的心理交感和行为交往过程。主要反映在人和音乐之间的互动，人与人之间的互动，人与时间和事件的互动，人与社会的互动。通过广场舞，形成同伴心理，在学练交往中，形成伙伴关系，体现了人与人之间的互动交往。在音乐声中，寻找的音乐中律动或者情绪表达，再或者歌词寓意，融入其中，来实现人与音乐的互动。在活动参与过程中，实现多种参与，获得快乐和健康。冬奥主题广场舞《一起向未来》中动作设计，质朴准确，便于记忆。实现了人与时间和事件的互动。

（四）提升"民族性"

习近平总书记指出，一个国家、一个民族的强盛，总是以文化兴盛为支撑的，中华民族伟大复兴需要以中华文化发展繁荣为条件。任何一个民族的发展如果没有文化的支撑都不可能持久。作为大众文化，广场舞将自己的文化主权发挥到了极致。创作者需要思考，想要实现长久以来秉持的舞蹈文化理想，是否有其他道路可走。广场舞的出现让人们意识到文化主权的双面性，"大众文化的生产者掌握着大众文化产品的生产制作，行使着生产者主权,掌握着文化产品中蕴含的价值观念和意识形态的引导方向。接受者在大众文化消费过程中也会根据自身既有的内在文化模式来选择与自己最为接近的大众文化产品"。

我国是一个多民族的国家,舞蹈文化资源丰富,每个民族的舞蹈都有着鲜明的民族特色和地域特征,可谓是民族民间舞宝库。广场舞是新时代的群众文化代表。广场舞植根在民间,伴随着互联网时代,资源共享后的广场舞,更加丰富多彩,呈现出多民族融合、中西融合的局面。甚至,走出国门走向了世界。从文化的角度,广场舞已经不是一种自娱自乐的形式,更是国人了解自己,介绍自己的名片。人们可以去欣赏高雅艺术,从高雅艺术中,获得精神的冲击和满足,同样也可以通过广场舞,向世界各地的人展示异彩纷呈的民间文化。普通人的幸福感,却投射出生活的美好和整个社会的安定与团结。民族性认知是国家的基础,各个艺术门类的创作,包括广场舞的创作都要将"民族性"认知放在首位。建立文化认同离不开"民族性",提升民族自信更离不开"民族性"。

二、新时代广场舞的创编策略

以上谈到了新时代广场舞创编的要求,在基于广场舞作品的"人民性、群众性、参与性、民族性"的基础上,在动作元素的发展上,及内容的呈现上,情感态度的表达上,专业编导进行广场舞编创,还是有方法可循的。

(一)创编"去专业化"注重"科学化"

从源头上说,专业舞蹈并不是一开始就获得了精英地位,而是经历了从田野到舞台、从民间到学院的过程。关注广场舞,既关注以广场舞为代表的所有非专业舞蹈,关注专业与非专业的文化相关性,也是反思舞蹈学研究的自律与他律。舞蹈从编排到表达,专业编导确实过度消费了专业演员技能和技术。(这里所讲不代表创作必须去专业化)大众也只关注到专业舞者的技术,却忽略了艺术的真实表达,也会出现大众看不懂的局面。艺术是由生活中的自然状态,经过筛选优化,最终成为艺术状态,为了让艺术更贴近人的生活,最终还要还原生活回归自然。

创作者认识到广场舞人群的需求,并非专业院校教学,培养途径及对象决定创编内容必须"去专业化"。在创作过程中,实现创编方法专业化,但内容呈现方面,要力求"去专业化"广场舞的创编,不可单一站在动作元素的开发与使用上,由于参与对象的不同,更应该全方位考虑动作的接受度以及动作的安全性,在科学健身的前提下,不设计过高的门槛让人望而却步,但也不能从一而就,缺乏艺术性。不可追求动作多变,及技术技能的提升,要从群众的"适应性"角度及体能的角度出发,加强对人的运动健康机制研究,从有效运动的角度出发,对学练者的心肺、耐力等指标进行测试,获得相应数据,做出判断。如:习练者可以通过运动前后的心动数值对比,运动前心率最大值为75/分钟左右,跳完该广场舞,心率最大值可达到120—130/分钟左右,符合健康锻炼标准,属于有效运动。心率的峰值不高,能够在保证安全的同时,兼顾科学健身的标准,使得内容更具科学性。其次是结构层次,是否符合运动规律,动作与动作之间是否转换得当。

(二)创编"结构化"

创编动作简单易学,但不代表完全失去艺术表达。在广场舞歌曲选择上,一般不会像音乐剧作品或者舞剧或舞蹈作品一样,形成"两段式""三段式"或者更多,但在舞蹈处理方面,可以呈现"两段式"结构来处理。主歌部分,动作可以轻柔,副歌部分可以呈现跳跃、奔跑之类动作,一可以调节舞蹈作品气氛,二是更让该作品,有了力量上的递进,情感上的递进。动作方面,提高动作的对比度,"大和小""强和弱""快和慢""高和低"等,都要形成动作上的对比,节奏上对比,情感上的对比。这样的广场舞更具艺术创作的质感。冬奥主题广场舞《一起向未来》让更多人参与其中,动作的整体设计和创编中,将舞蹈化的内容进行了"操"化处理,强调动作的横平竖直,从动作的力度出发,设计也是有"由小到大""由弱变强""由慢到快"强化了动作的对比度。创编需要"结构化",在力量上的递进,在情感上递进,加强动作对比度性,这样的广场舞更具艺术创作质感。广场舞作品体现人民群众的精神状态,积极向上的生活热情。由于参与对象的不同,应该全方位考虑动作的接受度以及动作的安全性,在科学健身的前提下,让内容"结构化",清晰创作思路,明确作品主题,方便习练者学习。

三、新时代广场舞创编的特性

以下结合广场舞的创编"时效性"与"实效性",广场舞不同时间,呈现的状态和效果,反映出新时代广场舞创编的高维度的功能与价值。

(一)"时效性"

广场舞最大的特点留存性较弱,很难长时间作用于群众人群,很难长期流传。每一支热度较高的广场舞都有较强的时代属性,同时也反映出不同时间节点,人民对于音乐和舞蹈的不同感受。广场舞内容的创编和经典音乐作品有着密不可分的联系,广场舞的创编通常会呈现"短、平、快"的状态。会在短时间快速发酵并广为传播。因此,广场舞的创编也会伴随着音乐和歌曲,出现迭代更新,速度较快的状态。但经典的音乐作品可以世代流传,经典音乐作品配合经典广场舞创编,同样能在不同的时间引起共鸣,并参与其中。但广场舞也在不同时期,伴随人民的生活体验及审美变化,而发生改变。呈现出,经典音乐和歌曲在流传,广场舞在更新的样态,有极少数广场舞作品,能一直流传。

(二)"实效性"

广场舞有较强的时间符号,那么广场舞,主要结合社会热点,聚焦社会的参与性价值,投射出大众对事件的关注力,共享力。同时能反映出不同时期,人民群众的生活、审美及意识状态、情感态度及社会价值。在冬奥前后,冬奥主题广场舞,展示一个全新的大国风貌。听歌学舞可以满足人群的视听感受,且动作能唤醒大众的参与意识及集体互动意识,从而提升快乐因子的产生,获得较强的体验感及满足感。动作语汇,简单质朴、易于操作,是一次成功的广场舞创编与普及的优质案例,有着很强的实效性。

通过冬奥主题广场舞《一起向未来》的创编中得出,要从理论上剖析群众的创编方法,从创编上解决作品曲高和寡的局面,从文化上实现艺术表达的准确性及示范引领作用。广场舞关乎人民生活健康的幸福指数,也关乎国家战略层面。社会的安定团结。是人们参与文化建设、确认文化身份、获得文化认同的通道,更是国家精神文明建设的有效助力。人对自身的追求是社会发展的原动力,广场舞对个人起到何种启示作用,应该具有怎样的社会文化价值,是每一个舞蹈工作者在新时代的新课题,也是社会主义文艺的本质要求。关注人民群众对内容的适应度和接受度,体会艺术为人民服务的宗旨,做人民喜爱的艺术。

"双减"政策下如何更好地服务青少年群体

——以北京市西城区文化馆为例

王　倩（北京市西城区文化馆）

2021年7月，国家出台了"双减"政策，这是我国现阶段教育改革的重要举措。"双减"后，学科类培训机构纷纷转型，学生们的作业在校内完成，考试也降低了频率和去低年级化，学生们有更多的时间可以安排自己的课余生活，学校也要在课后增加延时服务和托管服务。在这种形势下，文化馆如何进行职能转变，发挥基层公共文化机构的作用，对文化馆的工作进行创新，助力"双减"，成为一个值得思考的问题。研究"双减"后文化馆如何更好地服务青少年群体的问题是文化馆总分馆制改革后服务特殊群体的一个方面，也是文化馆作为基层公共文化设施发挥其文化传播能力，将文化与教育相结合，全方面提升青少年群体文化素养的重要内容。本文采取了引证法、例证法等方法阐明"双减"后，文化馆应如何进行职能转变，采取有效措施，助力"双减"。

一、文献综述

（一）"双减"的概念及意义

"双减"指2021年7月24日，中共中央办公厅、国务院办公厅印发了《关于进一步减轻义务教育阶段学生作业负担和校外培训负担的意见》，并发出通知，要求各地区各部门结合实际认真贯彻落实。简单来说，"双减"就是做两大减法，一是减轻学生作业负担，二是压减学科类校外培训机构。

制定"双减"，从根本上讲，有效减轻义务教育阶段学生过重作业负担和校外培训负担，减轻了家庭教育支出和家长相应精力负担，减的是违背教育规律的做法。整体提升学校教育教学质量，规范校外培训机构和办学行为，让学生学习更好地回归校园，让教育回归育人本质。

（二）"双减"后，各省市落实"双减"的做法

"双减"落地以后，北京市政府规定课后服务中不得引入任何学科类的项目；任何关于学科类的培训机构，未来都不允许上市；以学科培训为背景的机构，在未来的时间中也不会被批准。广州提出了"一少两优三提"和"5+2"课后服务模式。"一少"即减少考试

次数,"两优"即优化校内课后服务和作息安排;"三提"即提高课堂教学质量、作业设计质量和学生身体素质。"5+2"课后服务模式,指正常上课日周一到周五都开展,每天至少2个学时,其中至少安排一个学时的基本托管,指导学生完成作业,为学习有困难的学生进行补习辅导与答疑。上海则提出用1年时间使作业总量和时长得到有效管控。

(三)"双减"后全国文化馆行业的创新举措

1. 文化馆将艺术培训课程送入校园,助力学校"课后服务"

例如:温州市文化馆"十大公益课程"点单式服务进校园。让孩子在减轻课业负担的同时享受艺术教育,提升综合素质。

2. 传统文化课程进校园

"双减"后,全国多地出现了非物质文化遗产实践课程进校园的活动。例如:陕西省文化馆文化志愿服务总队走进西安市未央区大白杨小学,为孩子们送上别开生面的非物质文化遗产实践课程。唐山市路北区文化馆组织"洪兴娃娃评剧团"走进果园镇曹家口小学开展"戏曲进校园"活动,为全校师生带来一堂声情并茂的传统评剧艺术普及课。

3. 文化馆开展周末活动,丰富青少年课余生活

例如:启东市文化馆在周末为学生提供文艺培训、非遗展览、漫画展览、阅读、象棋比赛等丰富多彩的服务。

4. 社区开设周末艺术课堂,填补周末课外班的空白

例如:南京江北新区周洼新村社区,引入江北新区文化馆"大爱同心·文化送福"公益课堂资源,丰富了辖区青少年课后服务供给,给孩子们开设了"慧画无限"儿童画课堂。

(四)文化馆以传统文化促进基层社会治理。

基层社会治理是指在党的领导下,运用包括政府在内的多种力量向基层辖区居民提供民生保障、公共服务、利益协调、矛盾纠纷化解、创造平安和谐舒适生活环境的活动。目前,全国多地涌现出以传统文化促进基层社会治理的案例,例如:宁夏银川宝湖社区建设家风家训馆,助力社会治理:展示好家风、邻里互助故事,引领居民向上向善、积极参与社区治理。广东省东莞市麻涌镇古梅中心把粤剧作为传统文化引入到校园里面。"双减"后,文化馆应积极探索运用优秀传统文化资源促进社会基层治理的办法,不断增强群众的认同感和归属感,激发广泛的社会共鸣和社会参与。

二、"双减"给青少年服务工作带来的机遇和挑战

"双减"后,文化馆作为艺术培训的殿堂备受关注,将迎来新挑战。"双减"政策下,文化馆的定位、培训范围、培训方式、功能价值将进一步凸显。

（一）“双减”政策让文化馆的艺术培训有更好的定位

文化馆目前开展的艺术培训主要以成年人为主体，“双减”后，文化馆的艺术培训应调整定位，把服务好青少年群体作为重点。明确培训宗旨、规范招生行为、科学设置课程、组织实施专业化、规范化、科学化、系统化的培训服务。

（二）“双减”政策是挑战也是机遇

“双减”后，文化馆应积极探索如何在周末、寒暑假、法定节假日等休息日，有效抓住青少年的时间和兴趣，提供丰富多彩的艺术培训活动。利用分馆资源，在分馆开展适合青少年群体的艺术培训活动。发挥文化的传播功能，打造优质文化空间，让文化馆与博物馆一样，成为中小学生的“第二课堂”。利用新媒体资源，拓宽艺术培训的途径，创新打通艺术培训路径。

三、“双减”背景下文化馆如何进行职能转变的思考

（一）“双减”后，文化馆与教育部门联动，建立社会教育资源共建机制，将优质的文化资源输送到教育部门去

“双减”后，学生的作业负担和培训负担减轻，有更多的时间可以投身于艺术和兴趣爱好的培养，参加更多的社会实践活动。在这样的大背景下，文化馆应当如何利用自身资源更好地为青少年群体服务呢？

艺术对于孩子的成长，审美能力的提升有着“润物细无声”的作用，因此，文化馆的艺术课程、演出、展览、社会实践活动等对学校课堂教育、青少年成长来说是非常有意义的补充。“双减”后，学生们和学校对于多元化的优质教育资源的需求加大，素质教育、素养教育受到更多家长重视。文化馆应与教育系统有更好的联动，建立一种社会教育资源共建机制，发挥文化馆的优势和作用。

我国在 2017 年 3 月起实施的《中华人民共和国公共文化服务保障法》中明确规定：国家鼓励和支持公共文化服务与学校教育相结合，充分发挥公共文化服务的社会教育功能，提高青少年思想道德和科学文化素质。“双减”背景下，文化馆应创新机制，实现公共文化资源与学校需求有效互动，助力学校教育，形成公共文化领域和教育部门的互动。专家介绍，全国约有 94% 的县（市、区）建成了文化馆的总分馆制，分馆数量 3.2 万个，如果能充分调动公共文化服务机构为学校教育提供高质量服务，将为“双减”提供有力支撑。上海社会科学院巫志南研究员说道："公共文化机构有大量的优质资源，比如藏书资源、专家资源、非遗资源、文物资源，这些资源大多数教育系统都没有，这就需要基层的公共文化机构能够主动向教育部门进行开放，用大量优质的公共文化资源去补充学校的不足，学生和家长获益是最大的。"在这种形势下，需要文化馆和教育部门进行沟通，建立机制，将优

质的文化资源输送到教育部门去。

（二）"双减"后，引导公众重视家庭教育、将优质的文化资源输送到家长手中

"双减"后，家庭教育的重要性凸显出来，父母在家庭教育中的责任更加重大，不仅要多关注未成年子女的品德、科学探索精神和创新意识的培养，还要引导孩子养成良好的学习习惯、行为习惯和生活习惯，掌握科学的学习方法。从国家、社会多角度，进一步明确各方面为父母或者其他监护人实施家庭教育提供支持协助的责任。

文化馆应发挥公共文化机构的传播功能，弘扬家庭教育、家风教育。提供给父母提升文化素养的空间和资源。通过丰富的活动辅助父母提升学习能力、艺术素养，树立正确的家庭教育理念、掌握科学的家庭教育方法，缓解辅导孩子学习的压力和精神焦虑。疏通家庭教育的文化资源供给通道，将优质的文化资源传递到家长手中。

四、文化馆青少年服务工作应对"双减"采取的措施

（一）多举措助力学校"延时及托管服务"

1. 优质艺术课程，非遗体验课程送入校园

基层文化馆（站）或分馆可以和辖区内中小学联系，将公益性艺术培训课程与学校的"课后延时服务"相结合，安排老师进校园进行艺术培训，组建兴趣小组；将非遗体验课程送入校园，让中小学生亲手体验非遗手工艺品制作，感知传统文化，既锻炼了学生的动手能力，又让学生零距离感受到非遗的魅力与博大精深，提升了学生们的民族自豪感和文化认同感，同时也使非遗技艺在青少年中得到更好的传承和弘扬。

2. 开展青少年寒暑期托管夏令营、冬令营

为减轻学校托管压力，文化馆可在寒、暑假设置艺术培训、传统文化教育、非遗体验等课程，丰富青少年假期生活。

（二）发挥阵地资源和分馆资源，助力"双减"

1. 发挥阵地资源，助力"双减"

发挥阵地资源，定期举办适合中小学生观看的展览和演出；在阵地中营造浓厚的阅读氛围，设定展览区域和非遗体验区，让文化馆与博物馆一样，成为中小学生的"第二课堂"；拓展特色青少年服务品牌活动，如西城区文化馆现已开设 PVPC 少儿合唱团、鼓风少儿打击乐团、少儿舞蹈团、轻松戏剧俱乐部等；广泛开展适合青少年群体参加的读书、写作、讲座、艺术节、书、画、影比赛等活动。如西城区文化馆的《蒲公英》内部刊物，就经常发布中小学生征文活动；组织丰富的传统节日及传统文化宣传活动。如西城区文化馆在 2022 年开展了"一节艺展——情思华夏清明节传统习俗展"，使青少年群体感知传统文化，传统文化习俗得以传承；利用网络平台，在疫情防控期间开展线上青少年艺术培训课程，进行

艺术普及。在疫情好转时,采取线上和线下相结合的方式,开展更为丰富的教育实践活动。

2. 发挥分馆资源,助力"双减"

推广文化进社区,在分馆打造社区文化中心,开展"延时服务",提供艺术类课程,价格低且授课地点就在家门口,可以有效缓解学校"课后延长服务"的压力;文化馆应通过分馆联合辖区内社会艺术培训机构,组建全民艺术普及联盟,合理指导相关艺术类培训机构,科学合理制定中小学生课外培训的科目及时间,优先保障学校开展课后服务需要。

(三)广泛开展适合中小学生参加的志愿服务活动

2022年冬季奥运会后,我国的志愿服务又获得了飞跃式成长,许多文化馆(站)都建立了城市志愿服务站点。文化馆(站)志愿服务站点应结合实际情况开展适合中小学生参加的文化志愿服务,如西城区文化馆现已开展了"文化服务文明引导员","银龄老年公寓志愿服务活动"等青少年群体可以参加的志愿者项目。这些活动既锻炼了学生的学习能力和表达能力,也充实了文化馆志愿服务的内容。

(四)弘扬家庭教育、家风教育,将优质的文化资源输送至家庭教育中

开展以家庭为单位的读书活动,提倡亲子共读、高质量的亲子陪伴;开展丰富的亲子活动,帮助家庭建立良好的亲子互动模式;举办"家长课堂"讲座,将优质的学习资源,高效的学习方法,学习经验传递到家长手中。提升家长的学习能力。提供家长间沟通交流的平台;开展丰富的成人艺术培训课程,提升家长的艺术素养,释放家长辅导孩子学习的压力。

综上所述,"双减"后,学生参加艺术培训、社会实践活动的需求增加,家庭教育的重要性凸显出来。文化馆应顺应这种形势的转变,借鉴全国文化馆行业的创新性举措,结合基层治理的理论和实践经验,创造性地提出文化馆青少年服务工作应对"双减"的措施。将文化资源与教育资源相结合,将优质的文化资源输送到教育部门去,输送到家庭教育中去,多渠道,全方位助力"双减"。

高质量发展视域下公共文化服务的挑战与创新

陈梅红（浙江省金华市武义县文化馆）

公共文化事业在各级主管部门的多年深耕引领下,已构建起充满文化自信的大厦。近几年因数字经济的横空崛起,迎来了一个全新的移动互联时代。媒介众多、文化纷呈、信息海量,移动传播与自动渗透更已成为最具社会竞争力的文化传播方式。因这两种传播重数量轻质量,且有"随意速食"和"快餐自选"特点,在带来公众便利的同时,也带来了公共文化的浅显与平面,从而造成公共文化发展的"低质量"与"缺营养"。因此,对新形势下的公共文化服务,除着力满足群众基本需求外,须不唯宽泛,不唯海量,创新赋能,以确保公共文化的持续高质量发展。

一、困扰公共文化服务高质量发展的因素

内容平面化。这是网络平民化后产生的一种突兀现象。尤其在进入自媒体时代后,各种自主发声误串成了公共文化的代名词,误以为群众喜欢的就是高质量的公共文化,这从主观上直接导致了公共文化的浅显和平面。

体态海量化。这是互联网数字时代不可避免的一种爆炸现象。随着互联网的全面普及,持续攀升的网民规模和不断放大的网络传播优势,在鱼龙混杂众声喧哗的联媒环境中,得到了充分的扩展,这从客观上进入了公共文化偏重数量的海量阶段。

服务快餐化。这是移动传播高度发达导致的一种切块现象。在全媒数字化的今天,网络已经让人人手中都有了一个方便的麦克风,公共文化可以用类似于切块的方式进行传播与服务,这从时空上导入了可以不受很大限制而进入快餐化区域。

受众速食化。这是网络自动渗透传播产生的一种接收现象。无论受众关注与否,大量随意的碎片化的公共文化信息,不断扑向你的个人视野,这从意识上导致了公共文化的速食自主渗透。

二、公共文化服务发展过程出现的新挑战

从困扰公共文化高质量发展的因素看,公共文化的服务和发展正面临一场前所未有的挑战。

一是引领地位下降。移动传播的快捷,自动渗透的强大,"快餐速食"的便利,所有这

一切与公共文化的慢性浸润相比,在显时性交互性公开性等方面的差距已越来越大。可以这样说,作为有官方背景的文化主管部门,虽有政府机关的"门面"支撑,但在流量时代却并未占上风,反而在一定程度上影响了其原有的"中流砥柱"与"定海神针"作用。用一句形象借喻,即公共文化管理的权威"高地"正在相对变矮。

二是文化内容浅显。尽管文化主管部门拥有训练有素的专业人才队伍,一方面由于和文化受众的互动,无论是时间还是空间都不及其他媒体,另一方面由于其他媒体的传播内容可以"自由发挥",在这样两极分化的情况下,公共文化的主流作用无形之中就被削弱了。另外,一些即时性碎片化刷屏型的快餐文化充斥其间,相当于逐步放弃了对深层次内容的追求。还有一个更令人担忧的,就是一些内容好充满正能量的精品文化,正被一些良莠不齐的碎片文化所"稀释"。由于网络文化内容的日渐浅显和平面,公共文化的主流"阵地"也正在相对变小。

三是部分功能弱化。面对各种文化现象,主管部门如果继续养尊处优,一味热衷于网络图文式的文化"软传播"是远远不够的,还必须结合地方传统优势,打造一些"硬实力"文化,即一些便于公众参与的实景互动文化。当前因经费投入不足及其他各种原因,一些实景文化正在慢慢退出受众的视线,一些具有历史文脉的项目也未能得到很好的发掘和弘扬。随着这些具有硬件功能的实景文化的停滞与弱化,会直接影响公共文化的均等化发展。从这一点上看,公共文化管理原先打造的一些"基地"正在变少。

三、公共文化服务高质量发展的创新探索

鉴于公共文化服务的困扰因素与所面临的挑战,要取得高质量发展,就必须以主力军和排头兵的姿态,建好基地,守牢阵地,挖掘属地,打造高地,全方位提升和推动公共文化的高质量发展。

第一,创新赋能,打造高地,以内容同频时代文化的共振。移动互联网的随意速食及快餐式文化,难免会带来一些低内容低质量的文化杂质,一些低层次的民间习俗,也往往打着传统文化的旗号夹杂其间,这与社会主义核心价值观及高质量发展是格格不入的,不能放任自流,必须认真疏导。挺进公共文化的主战场,充分发挥文化主管部门的引领作用,从源头上正本清源。

面对宽泛而浅显化的公共文化发展现状,文化主管部门始终要以主流价值引领群众,这既是职责也是使命。首先要防止走偏,要立足大局,要用正确的政治思想和创新的发展理念,运用新思维,实施文化创新驱动发展战略。二要不断提升人民的道德水准、文明素养和人文情怀,将时代视野与群众视角很好地结合起来,主动担当,积极作为,赋予公共文化以新的时代发展含义。三要正确把握改造旧动能培育新动能的关系,文化虽是一脉相承的,但只有在传承基础上求得更完美的创新和发展,公共文化才有新的发展动能。总之,只有不断创新赋能,让正能量的公共文化在内容以及形式上与时代同频共振,步调一致,才能在时代的大格局中,打造出一个与时俱进的公共文化"高地",从而真正推动公共

文化事业的高质量发展。

第二，聚焦民生，建好基地，以立体呈现群众文化的多姿。公共文化的群众性决定了要高质量发展，就必须以公众为群体目标，如果脱离了社会公众，再精美的文化都是空中楼阁，就不可能与高质量沾边，发展更成了空谈。这样就有了一个文化参与度与传播力的对应问题。参与度是指群众参与公共文化的喜爱程度，既有数量方面的广度又有质量方面的深度，是量与质的总和。而所谓传播力并不是把公共文化传播到公众端就产生了力，只有受众对接收到的公共文化进行了阅读理解消化以致运用，让受众感到了有趣或者受到了启发和教育等，才算达到了应有的传播力。一个参与度一个传播力，两者互为影响互相促进。公共文化的推进过程，只有同时具备了这两个因素，才算从根基上有了公共文化的高品质基因。

显然，要具有这样的文化基因，最重要的就是要聚焦民生，要尽显公共文化的独特性和地方性，要尽可能使各阶层人都感兴趣，让公共文化在参与传播的双向互动中展现出独特的亲和力，让群众文化在不同的受众群体中呈现出立体多姿的魅力。另要有纵深感，地方性赋予公共文化根深叶茂的基因，纵深感成就公共文化久远深厚的历史渊源，从而使品牌具有长成参天大树的动能。只有构建了这样一个能聚焦民生基因的公共文化基地，公共文化的高质量发展才能从"质地"与"基地"上得到保证。

浙江武义县文化馆近几年特别专注民生内容的公共文化深耕，着重强调了质量是文化的生命，强调作品的传播不要仅仅站在本馆及个人的角度，而是要站在民生用户的广角，为不同年龄不同层次不同喜好的广大受众，提供高质量的文化服务。近几年陆续建立完善起来的"文艺百花会"是武义的群文名牌，全县拥有 70 多个艺术志愿者团队。2021年利用直播平台推出"熟水之韵"，登上了文化和旅游部公共文化云平台直播，线上观众约 15 万人次，冲出武义走向全国，入选文化和旅游部全国公共文化中心 2021 年网络群众文化品牌。县文化馆去年应广大朗诵爱好者的强烈要求，专门组建成立了"壶山之声朗诵艺术团"，笔者自己任团长。另还新开发了"午间艺小时"等适合中高层次机关人员的文化服务项目，到目前为止，参与受众达 800 余人，有效推广 60 期次。已构筑起一个聚焦民生，长期立体呈现群众文化的多元基地馆，为持续提升和高质量发展公共文化奠定了基础。

第三，锻造实景，守牢阵地，以精品彰显地方文化的多彩。借助地方独特的传统文化，着力构筑新型公共文化空间，逐步锻造出具有时代发展意义的实景，是快速提升和持续高质量发展地方公共文化的最有效通道。实景是一种最接地气的公共资源，是一种相对于文字描述更具直观美学意义的视觉文化，具有极强的地域性、形象性与贴近性，对公共文化的传承发展，是完全看得见摸得着的，对吸引群众的文化兴趣，累积足够的参与人气，均具有无法替代的效果和作用。通过对实景的复原和精心锻造，既可以对内固本强基，又可以对外不断扩联，以启动更大范围的文化辐射，利于从硬件方面彰显出厚重多彩的地方文化。只有构建了这样一个真实可感且具硬核实力的实景文化"阵地"，公共文化的高质量发展才能长足长远。

正是基于这样的战略考虑，武义县文化馆特别注重实景硬件方面的布局打造。如：在风景秀丽的壶山公园和湖畔公园分别搭建"仿古戏台"；在市民广场创建武川"音乐驿站"；在坛头指导民间资金先后创设具有浓厚文化味的"文创田庐"和"缘莱文化驿站"。这些实景文化与地方相伴相生，锻造创立后通过不断升级完善，已显示出无可替代的亲情文化功能，目前皆已成为引领武义地方公共文化走向的风向标，在今后乃至相当长的时间内，都将起到鼎立和推动高质量发展的引擎作用。

第四，探视民间，挖掘属地，以文脉见证草根文化的绚丽。公共文化的民情属性，决定了文化参与者的广泛性与平民性。民间是公共文化最广袤最肥沃的土壤，是一座源源不竭的天然文化富矿。不断深挖富于地方特色的历史文脉，通过融合当代元素，厚重的民间文化沉淀就会流动并绵延开来，就会成为群众喜闻乐见的"草根文化"。这些从民间土壤里培植起来的"草根文化"，往往具有极高的文化影响力和辨识度，贯穿着能抵御时间销蚀的历史文脉，对实现中华民族伟大复兴有不可估量的作用和意义。公共文化主管部门只有通过广度的民间探视，深度挖掘出一些具有地方历史文脉的民间"属地"，才能持续打造出厚重绚丽的草根文化。

武义县有源远流长的历史文脉，县文化馆一直致力于民间属地的探视和挖掘。目前已形成传统技艺、传统民俗、传统医学三大非遗游学基地。武义草编、竹编、黑陶泥塑、泥水画、婺州窑烧制技艺、武义大漆修饰技艺、武义大曲酿造技艺等非遗研学项目，已深入人心并落地生根。俞源入选 2021 年省级非遗主题小镇；具有民族特色和广泛参与度的"畲族三月三"，更是在武义的非遗领域发出璀璨的光芒。

总之，只有具有群众凝聚力和社会责任感的公共文化，才是推动文化高质量发展的内生动因。公共文化主管部门只有通过不断创新驱动，螺旋式优化地缘文化结构，建好基地，守牢阵地，挖掘属地，打造高地，就一定能形成优势并推动公共文化服务的高质量发展。

关于新时期文化志愿服务创新发展与思考

——吉林省文化馆文化志愿服务工作研究

杨天蕊（吉林省文化馆）

党的十九大以来，习近平总书记多次对志愿服务工作作出重要批示，在 2019 年提出"志愿服务是社会文明进步的重要标志，是广大志愿者奉献爱心的重要渠道"，为志愿服务工作指明了方向。文化馆作为现代公共文化服务体系建设的重要组成部分，承担着提高群众文化素质，保障群众基本文化权益的职能作用，而文化志愿者参与到公共文化建设之中，是新时期推动文化馆事业发展的重要力量。

一、新时期需要加强文化志愿服务工作

新时期，群众文化志愿服务工作的开展对于文化馆事业的全面发展具有十分重要的意义。吉林省文化馆馆舍面积 12000 平方米，设有展览厅、观演厅、排练厅、录音棚、琴房等 18 个开放场所，基本可以满足群众的文化艺术活动需求。现有职工 51 名，平均年龄43.5 岁，研究馆员 8 名，副研究馆员 22 名，馆员 18 名，研究生以上学历 6 人，本科以上学历 36 人；行政人员 3 人，业务人员 48 人。专业技术人员占比为 93%，高级职称人员占比为 54%。其中包括音乐、舞蹈、戏剧、美术、书法、文学等各类专家型人才。但是，随着现代公共文化服务体系建设的快速发展，群众的多样性、个性化和复杂性的文化需求越来越高，对现有的人才队伍提出了新的更高的要求，由于人才结构不合理，队伍青黄不接，导致公共文化供给不及时，提供的文化产品不到位，产生供需矛盾，对文化馆的服务工作造成一定的压力。而文化志愿者以自身的文化资源、文化特长为群众提供多层次、特色化的服务，有效缓解了文化馆人才不足、产品不丰富、服务不到位的难题，使现有人员能集中精力研究业务，谋划项目，组织开展活动，保障好群众基本文化权益。

社会力量参与到公益性文化事业建设中来，面向社会和群众提供公共文化产品与服务，是以政府为主导的公共文化服务的重要补充，社会力量参与公共文化服务的范围十分广泛，包括提供公共文化服务设施，资源、人才、资金、技术和保障等内容。文化志愿服务具有专业性和公益性，是社会志愿服务的重要组成部分，不仅关系到社会精神文明建设，也关系到社会主义现代化建设事业的良好发展。这就需要各级文化部门，抓好文化志愿服务工作，培养团队，打造品牌，建立保障机制，开展丰富多彩，有声有色的文化志愿服务，提升群众的文化获得感、幸福感，让更多的文化成果惠及群众。

省文化馆在 2021 年开展全省农民文化节、市民文化节等大型文化活动中,都有文化志愿者参与的身影,他们不仅提供专业力量支援,还给与物力和人员保障。来自吉林艺术学院、长春师范大学的 300 多名志愿者参与到"全省广场舞大赛""吉林省长白之声"合唱节活动中,担任咨询、引导、接待和管理等工作,志愿服务、人员保障到位,才确保了大型活动的有序开展完成。实践证明,文化志愿服务既能够充分整合社会资源参与公共文化建设,又能够有效补充人员力量的不足;开展志愿服务活动既是培育文明道德风尚的有效途径,也是促进文旅融合发展的重要方式。文化志愿服务活动的开展,有利于把加快文旅融合发展的任务落到实处;有利于在全社会形成团结互助,平等友爱的良好社会氛围。

二、吉林省文化馆文化志愿服务队伍现状分析

吉林省文化馆文化志愿服务管理中心,成立于 2014 年 12 月,8 年来,坚持"面向基层、面向群众"的工作理念,建立"五有"工作机制,做到有制度、有队伍、有活力、有保障、有管理。目前,我馆在册文化志愿者人数达到 537 余人,主要有文化馆(站)文艺骨干、社区艺术团、管办团队、高校大学生、非遗项目传承人、省内专家学者、社会艺术团体等。从年龄结构来讲,年龄集中在 40—60 岁之间,20—40 岁占 7%。40—60 岁占 70%,60 岁以上 23%。从专业、知识结构来看:90% 都具有一技之长,具有舞蹈、书法、声乐、曲艺、摄影、文学、器乐等特长。累计开展各类文化惠民志愿服务 700 余次,服务群众 30 万人次,服务时间 2600 多小时。省文化馆文化志愿者管理中心,在省委宣传部开展的 2021 年全省学雷锋志愿服务先进典型活动中,被评选为吉林省十佳志愿服务组织,"文化惠民 邻里守望"获优秀志愿服务项目。在省委宣传部开展的"服务基层、服务农民"工作中,我馆获评双服务"优秀集体"称号。

省文化馆根据每年的业务工作、党建工作情况,将文化志愿服务工作与业务党建工作同部署、同安排,主要体现在以下几方面:

(一)加强队伍建设,健全工作机制

一是夯实基础,加强制度建设。省文化馆文化志愿服务管理中心成立以来,将制度建设放在首位,制定下发了《吉林省文化馆文化志愿者管理办法》,做到有章可循,按章办事,真正推动文化志愿服务标准化、规范化,把加强制度建设作为工作重点内容。二是规范管理,提升服务水平。加强对文化志愿者的分类管理,建立健全个人档案,包括基本情况、服务情况,累计服务时间等内容。注重志愿服务岗前培训,每年举办志愿者培训班,对法律法规、项目要求、专业知识等进行讲解辅导,提高了从业人员的业务能力。三是扩大朋友圈,提高服务范围。文化馆结合实际,与吉林艺术学院、吉林省社科联、会展街道办事处、吉林省监狱管理局等 12 家企事业单位签署协议,建立公共文化框架合作单位,明确双方权利、义务,多方联动卓有成效地推动了文化志愿服务活动的开展。几年来,共开展活动 70 多场次,服务时间 500 多小时,服务人数达到 8 万多人次。

（二）最美逆行者，凸显志愿风采

2022年3月，新冠疫情卷土重来，吉林长春，我们生活的城市按下了暂停键。疫情就是命令，防控就是责任。省文化馆党支部积极响应上级号召，闻令而动，组织发动党员干部第一时间组建志愿者队伍。隋鸿斌、宋尚泽两位同志踊跃报名，当先锋、打头阵，积极加入志愿者第一梯队，在抗"疫"一线连续工作了6天，服务群众3万多人次，发挥了党员的先锋模范作用。

疫情如火、号令如山。李昂、宋尚泽、王韬、李若曦、张春利、崔丽丽、赵艳文等10多位同志，下沉社区协助配合开展防疫工作，挨家挨户发放核酸检测试剂盒、维护检测秩序、采集小区人员信息……在战"疫"的关键时刻，他们将初心使命谨记心中，舍小家顾大家，事无巨细周到妥帖，满怀热忱服务居民。用"铁肩膀"扛起了鲜红的党旗，在战"疫"阻击战中以实际行动践行志愿精神，充分彰显了共产党员的理想信念、责任担当。

（三）开展文化志愿服务活动，打造特色品牌项目

一是抓好人员培训，筑牢思想基础。省文旅厅高度重视文化志愿者工作，省文化馆分别在长春、延边、抚松等地多次举办全省志愿者培训班。参加培训班的学员来自省内各市（州）、县（区）文化馆、图书馆、博物馆、美术馆，共计1000多人参加。接地气有实效的培训工作，不仅增强了学员们的信心，拓宽了视野，理清了工作思路，而且大大提升了基层人员的业务素质和思想认识，有力弘扬了我奉献我光荣的志愿服务精神。

二是积极开展"春雨工程"，促进省内外文化交流。几年来，省文化馆不断拓宽省内外文化志愿服务范围，深入开展"春雨工程"活动。先后赴西藏日喀则市、新疆阿尔泰市开展"大美吉林"风光图片展，赴宁夏银川市开展"画说吉林"图片展览，在山西太原市开展"吉林省现代民间绘画展览"，在延吉市、长沙市、通化县举办多场文化志愿服务活动。对外文化交流活动的开展，大力宣传了吉林文化、地域文化、民族特色和旅游特色，扩大了吉林文化的影响力。同时，进一步了解当地的文化特点、风土人情，公共文化建设等情况，推动了各地区各民族间的文化交流。

为加强东北之间的区域文化联动，拓展合作范围，开展文化固边活动，丰富边境地区群众文化生活。2021年，由中国文化馆协会指导，吉林省文化馆、辽宁省文化馆（辽宁省青年宫）、黑龙江省群众艺术馆、内蒙古自治区文化馆联合主办的红色轻骑兵文化志愿者边疆万里行公益惠民演出分别在辽宁丹东市、吉林通化市隆重举行。

三是融入党建工作，致力于服务基层。结合"不忘初心、牢记使命"和"我为群众办实事"主题教育的开展，将志愿服务主动融入党建工作，树立和实践为民服务的宗旨。省文化馆重点开展了"进企业、进社区、进军营"三送活动。一是进企业。在"五一劳动节"前夕，分别来到长春中车轨道客车车间里，长春烟草物流公司，为广大职工献上了一场精彩的文艺演出，生动讴歌了新时代劳动者为国家建设和社会进步做出的卓越贡献。二是进社区。为丰富社区群众精神文化生活，营造良好节日文化氛围。分别在

会展街道苏州社区北海公园广场、净月区德正街道农大社区、绿园区丰和社区等场所，举办40多场次演出活动，受到社区居民的好评。三是进军营。为迎接八一建军节来临，弘扬我省军爱民、民拥军的优良传统，分别来到白城平台部队，监狱等举办了"军魂永驻 军民携手 庆八·一"专场文艺演出活动，得到部队官兵、武警公安的一致好评。

四是开展文化暖心，关爱特殊群体活动。为进一步提高公共文化服务覆盖面，让特殊群众享受到文化的阳光，是志愿服务活动重要内容。2018年，省馆连续三年在长春火车站候车大厅，举办《"文化春运 文化惠民"文艺演出》活动，缓解旅客的疲劳，覆盖群众8万多人次，得到省电视台、报纸、网络媒体的报道和关注。省馆还与辖区内市容环境管理局建立合作共建单位，每年在新年元旦来临之际，举办"我们在一起"迎新年文艺演出活动，至今已连续举办4年。在五一前，举办环卫工人风采摄影作品展。省馆每年都要到吉林省养老服务示范中心、惠爱养老中心等敬老院、长春市戒毒所、吉林省女子监狱等地方，开展文化志愿暖心服务活动。当深入大安市地处偏僻的月亮湖渔场开展文艺演出活动时，当地的陈大妈起大早，步行20多里路专门来看演出，她激动地说："在当地快三十年没看过文艺演出了，希望你们常来。"

五是文化先行，助力农村脱贫和振兴。吉林省国家级贫困县共8个，乡村脱贫和振兴的任务很艰巨，省馆积极响应号召，紧密围绕巩固脱贫攻坚成果，推进乡村振兴战略，发挥文化志愿服务的职能作用，几年来，深入到龙井市白金乡、大安市太山镇、安图县大顶子村、白山市靖宇县等贫困地区开展文化惠民演出活动10余场；在白城市、安图县、举办了贫困地区文艺青年骨干培训班8期，参与人数1000多人次；为通榆兴隆山镇、辽源市白泉镇等地方，送去村民急需的秧歌服、乐件、音响、书籍等文化设施设备，共投入6万余元。一系列志愿服务活动的举办，极大丰富了村民文化生活，提升了村级文艺骨干业务能力，发挥了文化志愿服务应有的作用。

（四）加强平台建设，提高服务能力

省文化馆为统筹资源，加强管理，提高效能，投入资金50万元，于2021年5月，完成了吉林省文化和旅游志愿者管理系统平台建设。新平台建设后，主要有以下几大功能：

一是志愿者信息门户。是展示呈现全省文化志愿者服务工作成果的官方窗口，整合全省文化馆、图书馆、博物馆、美术馆、旅游等文化机构的志愿者信息。二是志愿者信息采集及管理子系统。对志愿者进行统一的管理，比如志愿者姓名、年龄、性别、特长、住址等信息都已进入系统。三是志愿者培训资料管理子系统。具有对培训资源上架、下架、培训资料发布等功能。四是志愿者服务大数据分析子系统。能够对志愿者服务状态进行跟踪与分析。同时，我们还充分利用自身的数字化手段，加大文化志愿者的宣传、报道，通过微信、抖音等各类媒体平台，开展志愿服务的宣传400多次，营造了良好的志愿服务氛围。

三、目前文化志愿服务工作中的制约因素

按照新时期关于开展文化志愿服务工作的新要求,吉林省文化馆志愿工作仍然处于发展和摸索阶段,在管理、项目创新、保障和长效机制等方面,还存在很多不足,制约和影响了志愿者活动的发展。主要有以下几个方面:

一是人员管理方式单一,服务质量不高。省馆文化志愿者管理中心成立以来,每年年初都发布志愿者招募信息,参与报名的大多数是老年、社区和本系统人员,青年志愿者人数少。另外,招募渠道又有一定的局限性,仅限于本系统内为主,面向社会、企事业单位不足。在社会、文化系统有一技之长、有影响力的优秀志愿者,由于受年龄、工作影响,而不能及时参加活动,有一定局限性,导致文化志愿者服务质量不高。

二是活动开展特色不鲜明,长效性不足。目前的活动开展,还存在一定的工作惯性,没有建立一套顺畅、合理和科学的运行机制,缺乏长效性。由于社会上各单位,对文化志愿服务活动认识不全面,有局限性,导致工作开展起来有难度。同时,提供的文化产品单一,特色不鲜明,节目更新不及时。群众的按需观看、点单式文化需求,还无法及时应对,无法提供,存在公共文化服务产品供需不及时的矛盾、脱节的问题。

三是保障机制缺乏,考核奖罚不完善。省文化馆由于投入不足,开展文化志愿活动或多或少受到制约和限制,导致一些好的项目实施不了。同时由于考核奖励机制不健全,使长期从事这项工作的人员工作积极性和动力大打折扣,志愿活动受到影响,缺少荣誉感和归属感,造成人员流失和断档,在一定程度上限制了文化志愿服务活动的长期开展。

四、新时期文化志愿服务工作创新发展的思考

一要创新管理模式,营造良好社会氛围。文化志愿服务要主动适应社会发展、群众文化需求,才能做到可持续、可稳定发展。主要在于建立科学、行之有效的管理和运行机制,实现文化志愿服务工作常态化、标准化、规范化。要坚持统筹规划,分类指导,突出特色。不断完善招募注册,供需对接,培训管理,访问记录等制度。做到管理有标准,服务有规范,服务有考评,可操作可推广的志愿服务细则,逐步建立有法可依,充满活力的志愿服务组织体系。文化志愿服务本身就是中华优秀传统文化的继承和传承,文化志愿服务,是人民有信仰、国家有力量、民族有希望的生动体现,是社会文明的重要标志。"予人玫瑰手有余香",我们要在全社会、本系统大力弘扬志愿精神,实现自我价值。要以政府为主导,强化部门合作,吸引社会力量参与,大力宣传志愿精神,报道典型事迹,打造活动品牌,在全社会营造人人参与、自我奉献的良好氛围。

二要扩大品牌影响力,推动志愿服务高质量发展。开展有声有色,群众喜闻乐见的文化志愿活动是重要抓手和重要载体。要围绕中心,服务大局,结合党史学习教育,结合实际,广泛开展好文化志愿服务工作。一是发挥文化馆组织体系的作用。省文化馆要发挥好"省、市、县、乡、村"五级网络的优势,形成横向到边,纵向到底,区域互动,上下联动的

新局面。各地要依托总分馆制,在原有网格的基础上,不断加强志愿组织建设,发展队伍,壮大力量。二是发挥文化志愿服务品牌的影响力。要以"春雨工程""阳光工程""圆梦工程"为重要依托,结合自身工作实际,有计划有序开展好"我们在一起"环卫工人演出活动;"邻里守望"走进社区活动;"乡村振兴 文化先行"深入乡村培训等品牌活动。三是推动文化志愿服务高质量发展。建立文化志愿服务"专家库",发挥人才资源优势,建立文化艺术、科学普及、法律知识、安全讲座、银行知识等在内的社会各类人才专家库。开展"按需服务""点单式"服务,加大群众文艺作品的创作生产,提高公共文化产品供给。要建立志愿服务考核评价机制,对优秀的团队、服务项目和个人,给予表彰奖励,提升文化志愿服务的荣誉感和归属感。

三要加快数字化建设,提升平台服务效能。省文化馆应逐步完善文旅志愿服务平台建设,按照"建、管、用"的思路,做强做优做大,充分发挥数字化赋予的职能作用,成为志愿服务思想、宣传、政策、业务和交流全方位的传播新阵地。不断完善平台建设内容,组建由 PC 端、移动端、平台为一体的数字化系统。利用平台,加强对志愿人才的招募、筛选、培训和考核的流程管理。让每一名志愿者都拥有一张属于自己的电子名片,将志愿信息和服务经历永久保留在数据库中,成为美好的记忆。加强数字资源建设,丰富内容,包括政策法规、咨询服务、业务技能、工作流程等,为志愿者提供线上培训,及时解决问题,提升人员业务能力。通过大数据的收集、整理和分析,打通信息不畅、管理缺失、效能不高的弊端,逐步实行互联互通,提供更信息化、专业化和精准化的志愿服务,提高志愿服务的实效和质量。

新时代群众舞蹈编创特点及对策分析

芦金钢（四川省成都市文化馆）

群众舞蹈作为群众参与的艺术活动，是人民大众在生产劳动、工作学习、日常生活之余广泛参与的一种舞蹈文化活动，它兼具娱乐性、健身性、审美性、地域性等特点。近些年，随着经济的发展、科学技术的进步、网络信息及大众传媒技术的渗透以及文艺政策的出台，全国各地群众舞蹈比赛和展演活动层出不穷，一系列具有文化特点、民风习俗、传统技艺的群众舞蹈作品正以轻松娱乐的方式渗透世界、融入社会。自改革开放以来，极具娱乐性、参与性的广场舞，已颇具规模、自成体系，深受群众喜爱，它蓬勃发展迅速遍布于全国各城市、乡村、街道、社区以及绿道公园，它宛如一道靓丽的风景线，生动描绘了人民对于美好生活的向往，它是新时代的新名片，是一本生动可爱的教科书。

群众舞蹈大致经历了新中国成立初期的集体舞、"文革"时期的忠字舞、20世纪80—90年代全国代表性的群众舞蹈比赛以及21世纪以来的群众舞蹈相关赛事和展演活动。经过不同时期的继承、变革、融合和创新，群众舞蹈变得更充实丰满，其整体水平较之以往也有很大程度的提高。群众舞蹈集多元素杂糅于一身，在肢体开发、题材运用、舞美灯光等方面焕然一新，别具风采的编创方法呈现出一定的时代特点。

一、主题动作编排鲜明、"接地气"彰显时代生活

中国当代舞剧编导、表演艺术家和芭蕾教育家李承祥在《舞蹈编导基础教程》一书中介绍，基调动作亦称主题动作，它是最能体现人物的个性、舞蹈的特性和具有典型性的舞蹈手段。它在舞蹈作品中多次重复出现并加以发展，给人以深刻的印象。一般来说，群众舞蹈相较于专业艺术舞蹈从动作语汇上不依靠专业性的"高难度"，而是更加生活化。它要求编导对生活要极其敏锐，诸如奔跑、拥抱、洗衣服、朝拜、看孩子、做家务等一系列的生活真实写照，通过艺术的处理手法，均可运用于舞台动作中。道具的巧妙运用也能在表现作品中起到相互呼应和遮瑕修饰的作用，例如扇子、竹编、莲湘、绣球、行李箱等地域特色的民俗或日常生活用品的运用。群众舞蹈趋于生活化使整体风格更具有浓郁的生活气息，满足于不同层次人群的观赏需求，更加亲民，也更加"接地气"。

新时期立体化、多元化、现代化的社会生活给予编导更多的可选素材，其创作应该在熟悉和掌握这些素材的基础上，应从作品立意、人物性格、感情色彩出发，提炼出更具代表性的主题动作。典型性主题动作紧扣作品本身，才能够突出鲜明的个性特色，然而群众舞

蹈本身的"草根性"以及编导水平的参差不齐决定了不能像专业舞蹈编排那样将一个主题动作合理运用于作品的起承转合中,取而代之的可能是主题动作不具备鲜明性,创作手法只是单纯地增加出现的次数,反而使作品导致视觉上的疲劳,弱化了动作合理性和作品情感意义。

二、风格元素提取多元、民族化荟萃全民参与

丹纳在《艺术哲学》中言道:"客观形势与精神状态的更新一定能引起艺术的更新。"开放、包容、多元的新时代的背景下,多彩纷呈、各具特色的群众舞蹈呈现出编排方式的多元化,其主要原因可归结于横向外来文化的借鉴和纵向中华民族文化的继承。

早在魏晋南北朝时期,《西凉乐》就借鉴融合了西方文化,整体上保留娴雅、安详、神秘的中原文化基调,加入了西域特色的步伐动作,渗透出西方民族开朗、豪放的性格特点,堪称我国历史上第一部中西方结合的佳作。新中国成立初期,第一部中国芭蕾舞剧《红色娘子军》标志着我国已经掌握了"洋为中用"的艺术形式和表现手法。新时代的群众舞蹈更是将"兼收并蓄、为我所用"体现得淋漓尽致,它与拉丁舞、健美操、芭蕾舞、街舞、西方现代舞、鬼步舞等舞种结合,出现大批内容丰富、形式新颖新作品。在纵向中华文化的继承方面,舞蹈正如中华文化的一面镜子,新时代群众舞蹈无不展现出了中华文化的博大精深,既有中国戏曲、武术、民俗融入,也有民族文化的融合。例如由中央民族大学编创的健美操《中华家园》的编导将维吾尔族的绕腕、藏族的平拖步、蒙古族的揉臂、苗族的一顺边、土家族的摆手舞以及傣族的掌型手和踏垫步等作为动作编排元素,给人以耳目一新、新颖风趣的民族舞蹈审美享受。

有别于专业舞蹈,群众舞蹈更注重全民参与。多元素的融合带来了"全民舞蹈"的热潮,时代是个大染缸,群众舞蹈元素的"杂糅荟萃"造成了风格的混淆、审美的低俗化,引人深思。人民群众是文化的直接传播者,传统优秀的文化被偏离传承的正确轨道,这将造成不可预见的后果,笔者认为,对于新时代群众舞蹈的编创,应该秉承在规范理念的基础上进行创新,降低专业性动作难度、弱化赛事等次、科学规范编排、文艺批评课程进社区等都是保障群众舞蹈原汁原味的有效途径。

三、动作语汇编排"象形""指事性"造就歌舞大联欢

舞蹈区别于其他艺术形式最大的特点在于,舞蹈是用肢体来表现的。肢体是动作的重要载体,明代著名律学家、历学家、音乐家朱载堉就曾指出"动作乃舞蹈之本",舞蹈动作质感的编排一定是第一要素。新时代的群众舞蹈的动作继承了新中国成立初期的集体舞、"文革"时期的忠字舞的编舞特点。通俗地讲,就是利用肢体动作或队形来配合歌词内容。这一现象尤其在广场舞的编排中最为常见,例如由北京市密云区文化馆志愿者舞蹈团带来的《赞赞新时代》中,当歌词唱到"欢天喜地赞赞"时,舞者双手伸出大拇指朝上,

以最直接的方式表达出人们在欢天喜地的氛围中"点赞"。

通过动作语汇来表达音乐的内容和形式，类似于西方芭蕾舞中的"交响编排法"——"遵循音乐发展的情感逻辑，通过交响化的戏剧结构，揭示生活的本质，塑造能够体现主题思想的形象"。新时代各类流行歌曲、外来舞曲、民族风歌曲中的具有时代感的歌词频频在群众舞蹈中得到演绎。其象形复现和指示性动作编排，更像是肢体动作的"提示器"，减少了舞蹈者的记忆负担，其简单易学、通俗易懂的特点也更贴近时代的潮流。

唯物辩证法告诉我们对于事物要辩证去看待，歌词式的编排并非都是有利的。动作语汇编排"象形""指事性"可能会造成群众舞蹈的千篇一律，对于作品的展现带来一定的局限性。舞蹈不应该依附于音乐，音乐也不应该成为舞蹈的附属品，两者应该是同等重要的元素。笔者认为，群众舞蹈应该从编创的原点出发解决问题，我们是因为表达音乐的歌词内容而去编创动作还是首先表达情绪和叙述内容来编创动作再去寻找音乐？遵循音乐和舞蹈的自身规律，两者互补、相互满足，群众舞蹈在新时代才会有更大的发展空间。

综上所述，群众舞蹈集多元素于一身，在肢体开发、题材运用、舞美灯光等方面焕然一新，别具风采的编创方法呈现出一定的时代特点，新时代造就了群众舞蹈，群众舞蹈具有"草根性"，群众舞蹈如何跟上时代步伐并良性的发展，值得当下群文舞蹈工作者深思和实践。笔者认为把握心系人民、传承非遗、学科并用的发展主线，对当下群众舞蹈的发展具有一定的意义。

群众舞蹈应该紧密联系群众，从中央到地方，从城市到乡镇，从军营到学校，从街道到社区层层联动。值得一提的是，2020年新冠疫情期间群众舞蹈审时度势与互联网紧密联系，系列的"慕课"教学、优秀作品线上展播、明星大讲堂等系列活动出现，人民群众足不出户也能享受到群众舞蹈带来的饕餮盛宴。

随着群众舞蹈热潮的发展，比赛展演百花竞放、争奇斗艳。群众舞蹈呈现出了较高的专业性和观赏性，参与主体不再仅是老年人，而更趋向于中青年，自发性的群众团体更专业化，作品编排也更有难度，长此以往，群众舞蹈可能失去初心、渐渐脱离人民群众。作为新一代群众舞蹈的文艺工作者，我们应该对新时代的群众舞蹈有极强的敏锐度，审时度势、推陈出新、与时俱进，密切联系人民群众，紧扣时代热点，创新挖掘生活风采，传递时代正能量，如此创作出来的作品才能经得起考验，深入人心。

众所周知，新时代的群众舞蹈形式多样、内容丰富，都是基于中华民族五千年灿烂的文化和中华儿女辛勤劳动智慧的结晶。新时代，我们有义务以中华民族的文化传播为己任，尤其，我国的非物质文化遗产是中华优秀传统文化的重要组成部分，蕴含了灿烂的文化意识、思维方式、特色理念、生命记忆和活态基因，抢救和保护非物质文化遗产迫在眉睫。

群众舞蹈和非遗保护是相辅相成、不可分割的。一方面，群众舞蹈可以发挥自身的特色优势对非遗文化进行传承。群众舞蹈有着广泛的群众基础，将为非物质文化遗产的保护起到至关重要的作用。另外，非遗文化可以为群众舞蹈注入新鲜活力。群众舞蹈编创者应该对非遗文化进行了解、学习、普及和应用，这不仅能够永葆群众舞蹈作品的新鲜活力,更能够跳出"中国范儿"的群众舞蹈。新时代的群众舞蹈只有在不断继承、借鉴、创造中才能够得到更好的发展,中国新时代的群众舞蹈会因为非遗文化的注入而更加流光溢彩!

艺术都是相通的,人们对于美好事物有着共同的美好感知、追求和向往。群众舞蹈首先是一种艺术形式,对文学、诗歌、戏剧、绘画、雕塑等元素的运用会为群众舞蹈形式表达提供不竭动力。另外,从艺术舞蹈和群众舞蹈区别来看,艺术舞蹈有其本身的专业性,专业舞蹈演员举手投足间尽显专业艺术舞蹈的魅力,这是群众舞蹈参与者不能比的,然而专业舞蹈的规范性、审美、情感的传达、舞美、道具、服装等一系列的元素都是可以供群众舞蹈借鉴学习的,或许某一天,群众舞蹈也可以走进剧场,成为一种新型的剧场表演形式,成为这个时代不可取代的艺术门类。所谓"他山之石,可以攻玉",只要我们肯挖掘创作的源泉,汲取各个学科的营养,潜心研究,把握契机,群众舞蹈创作一定会绽放艺术风采,大有可为。

参考文献

[1] 于平.群众舞蹈的文化功能和艺术编创 [J].民族艺术研究,2015(6):31-35.

[2] 何海林,陆文博.群众舞蹈创编面临的问题及措施探讨 [J].大众文艺,2014(10):20.

[3] 缪亚平.基层群众舞蹈的编排工作初探 [J].大舞台,2012(4):122.

[4] 杨怀二.基层群众舞蹈艺术创编探索 [J].文化创新比较研究,2018(12):62-63.

[5] 王铭芬.基层文化馆群众舞蹈的编排创作浅析 [J].大众文艺,2016(20):4.

[6] 孙梓晶.基层群众舞蹈艺术创编探索 [J].中国民族博览,2018(10):145-146.

[7] 中国舞蹈家协会群众舞蹈研究会.群众舞蹈论文集:第 1 辑 [M].中国舞蹈家协会群众舞蹈研究会,1987.

[8] 张晶晶.建国早期中国大陆集体舞研究 [D].上海:上海师范大学,2009.

[9] 王洁.红色忠字舞研究 [D].徐州:江苏师范大学,2014.

[10] 张欢欢."文革"时期的社会生活状况研究 [D].福州:福建师范大学,2010.

基层公共文化馆建设非遗研学旅行基地路径初探

——以淮安市文化馆(非遗保护中心)为例

董小梅　朱友光(江苏省淮安市文化馆)

2021年8月,中共中央办公厅、国务院办公厅印发了《关于进一步加强非物质文化遗产保护工作的意见》以及在此之前文化和旅游部印发的《"十四五"非物质文化遗产保护规划》,都提出要推动非物质文化遗产(以下简称"非遗")与旅游融合发展、高质量发展,推出非遗特色的主题旅游线路、研学旅游产品,开展社会实践与研学活动。在"双减"政策的大环境下,作为基层公共文化服务体系建设与非遗保护传承工作的骨干单位,文化馆在建设非遗研学基旅行基地,助力开展研学活动方面不仅具有得天独厚的先天优势,也应承担起应有的社会责任。

一、文化馆建设非遗研学旅行基地的优势分析

与其他单位相比,文化馆在建设非遗研学旅行基地方面具有明显优势,具体体现在资源优势、设施优势、服务优势等三个方面。

(一)资源优势

目前,从我国非遗保护传承工作的整体架构上来看,各级文化馆普遍作为非遗保护中心,承担着当地非遗保护传承的重要职责,在非遗资源的普查调查,各地各级代表性名录项目及代表性传承人的申报评定,举办非遗展示传播活动,以及非遗的辅导培训、普及教育、理论研究等方面,既是参与者,也是主导者,掌握其他单位所不具备的先天资源优势。淮安市目前拥有市级以上非遗名录代表性项目202项,其中国家级7项、省级32项、市级163项,市级以上代表性传承人250人,其中国家级4人、省级26人、市级220人,非遗研学项目和师资力量资源储备充足。

(二)设施优势

当前,从国家到地方,各级文化馆站建设已经具备相当的硬件设施条件,加上免费开放所带来的政策和软硬件设施红利,为非遗研学旅行基地建设奠定了坚实基础。例如淮安市,市县8个文化馆全部为国家一级馆,馆舍面积平均在4821平方米,市文化馆新馆面积9024平方米,共三层,内设1000平方米的非遗展厅,展厅内有专门用于研学体验的非

遗工坊,二层有 366 座的音乐厅,一、二层共有培训教室 8 间,可同时容纳 500 余人开展研学活动。

(三)服务优势

在国家日益重视公共文化服务体系建设,不断加大投入,且各级文化馆在经过多轮次评估定级的推动与规范后,无论是硬件设施还是软件服务方面,均已经达到了当前所能达到的高度。淮安市文化馆积极探索服务外包,与北京国图文化发展有限责任公司合作,在场馆运营、资源引进、环境清洁、安全保障、卫生防疫、应急救护等建立健全了成熟稳定且行之有效的运营保障机制,以及 34 人的能够熟练完成各项保障任务的人员队伍,是非遗研学服务的有力保障。

二、淮安市文化馆非遗研学旅行基地建设现状

(一)处于探索阶段但发展势头良好

淮安市文化馆以非遗资源为主题的研学项目自 2017 年新馆及非遗展厅建成投入运营开始启动,邀请传承人来展示中心内部体验工坊开展亲子互动体验研学课程,初始以春节、元宵、端午、中秋等传统节日以及劳动节、国庆节等现代节日为主题,每期请 1 项非遗项目的代表性传承人现场辅导制作相对简单的手工艺制品,囿于狭小的场地、单一的项目以及线上尚不完善的预约报名方式所限,降低了体验者的参与感和获得感。经过多次实践和研究后,针对场地和项目问题,把体验场地改到展示中心外的艺术沙龙区域和培训教室,分为 4—5 个区域,可以邀请多个项目的代表性传承人同时开展互动体验活动,加强与受众的互动与交流,参与群体日益扩大。近两年,则结合季节转换、传统节日,并在周末开展常态化体验研学,进一步明确重点、凸显特点、主打看点,确定每一期活动的特色内容,真正凸显非物质文化遗产好听、好看、好吃、好玩、好用的实际用途,切实让广大市民群众真正参与到非遗的保护、传承与传播中来,参与感、认同感和获得感显著提升。近年来,共举办研学活动及专题展览 100 多场次,线下惠及 35775 人次。

(二)课程建设逐步丰富多样且形成常态

淮安市文化馆在非遗研学课程设置和非遗项目资源遴选上,经历了由单一的主题、单一的场地、单一的项目课程,发展为现在多个教室、多个项目、多名传承人同时辅导授课;课程资源非遗项目类别的选取,也从相对易操作的传统美术类项目,扩展到传统音乐、传统戏剧、传统美术、传统技艺等类别;从小教室走向大课堂,变小范围现场操作示范教学为大课堂系统理论层面的剖析,从本地拓展到外地,2018、2019 年连续两年邀请北京燕京八绝在淮安市文化馆举办展览,同时邀请北京刻瓷代表性传承人茅子芳、国家级非物质文化遗产雕漆技艺传承人马宁、国家级非物质文化遗产金漆镶嵌髹饰技艺代表性传承人侯雪

先后作《老工匠再谈玉文化》《雕漆技艺的传承与创新》《我在故宫修文物之——工人器物 天地造化》等高端讲座。除了广泛利用春节、元宵节、端午节、中秋节、劳动节、国庆节等传统与现代节日举办"我们的节日"相关主题互动体验研学活动外,还紧扣时代脉搏,在2021年国庆节期间,举办了以"触摸红色历史感知红色文化"为主题的互动体验课。

(三)初步形成品牌并产生一定影响

淮安市文化馆自2017年启动实施非遗体验研学以来,凭借丰富的非遗资源优势、完备的硬件设施、规范的管理服务、专业的师资力量,坚持静态传播和活态研学相统一,变"单向"受教为"双向"互动,在邀请中小学师生、社区群众等走进场馆进行研学的同时,还进一步加强与教育系统合作,组织非遗蛋雕、瓷刻、布艺、剪纸等一批非遗项目和代表性传承人走进清河实小、淮安实小、枫香路小学、北京师范大学淮安学校、曙光双语学校等学校,进校入班,开展研学。自2017年以来,已相继举办了130余场互动体验研学活动,受到广大师生的热烈追捧。淮安市文化馆也成为淮安当地具有代表性的非遗研学基地,初步形成了当地的非遗研学品牌,产生了一定积极影响,并获淮安市文化广电和旅游局批准设立为淮安市非物质文化遗产市级传承基地。也获得了当地大中小院校的认可,2022年4月份,江苏财经学院、淮安信息职业技术学院等高等院校主动对接淮安市文化馆开展研学合作,也为淮安非遗研学进入高等院校打开了新局面。

三、存在问题分析

淮安市文化馆在近几年的研学实践中,形成了一定品牌影响,为淮安市非遗传播、普及传承作出了积极贡献。但是因尚处于探索实践的过程,也存在一些问题,主要有以下几个方面:

(一)课程建设未成体系

淮安市文化馆开展的研学课程,虽然在项目资源引进与课程设置上相对比较丰富,针对不同年龄层次的难易程度安排亦有所区分,但是相对比较粗放没有严格按照研学课程体系关于课程目标、课程内容、课程安排、课程评价等四大要素进行构建,也没有严格根据受众不同年龄段的特点和需求进行课程设计,讲课方式与内容基本相同,一般为一个项目安排一门课程,缺乏延续性,实质上成为一次性的体验过程,难以满足不同群体的参与感与获得感。

(二)课程内容深度与广度不够

研学旅行,游中有学,学中有游,游是载体,学是核心,目的是参与后的获得,实现综合素养的提升。当前,淮安市文化馆非遗研学旅行课程的设计与安排,仍然是侧重于简单的动手操作实践,至于为什么需要这样操作,涉及哪些方面的知识与能力,并没有深入地去探讨与发掘,形式相对单一,内容相对简单,达不到启发受众思考与探究的目的,也就实现不了研学的目标。

(三)资源引入与资金投入尚嫌不足

虽然淮安市文化馆有丰富的非遗研学项目,除了各地普遍开展的传统美术、技艺类项目外,也在积极探索引入民间文学、传统音乐、舞蹈、戏剧等类别项目,但囿于资金匮乏以及项目传承人自身素养与研学专业技能所限,尚不能形成规模。淮安尚属欠发达地区,地方财政在非遗专项经费投入上尚显不足,市级财政每年划拨90万元,用于市文化广电和旅游局开展各项非遗保护工作,而淮安市文化馆作为市级非遗保护中心,尚无非遗保护专项资金,研学经费来自免费开放等经费,受到严重制约。

四、对策建议

(一)科学开发,打造精品课程体系

根据研学课程体系要求,加快完善关于课程目标、课程评价相关内容,并建立健全调查反馈机制,定期反馈受众群体的年龄分层、心理素质、动手能力、项目喜好等各方面的需求,引入更加丰富的非遗项目资源,针对不同年龄阶层、不同文化素养、不同的知识结构,开发不同的研学课程以满足不同群体需求;同时应当深挖非遗项目内涵,弥补动手操作技能以外的项目的历史沿革、文化内涵、蕴含价值和精神理念等各方面的知识,更加关注非遗研学课程的知识性、趣味性、文化性和功能性的开发,推动受众群体对非物质文化遗产等优秀传统文化的认同感,提升受众的动手协作能力,努力做到知行合一,达到非遗研学的目的。

(二)破解壁垒,丰富资金投入渠道

加强非遗保护传承是各级地方政府的重要职责与重大使命,要依法依规加大对基层公共文化馆(非遗保护中心)等机构非遗保护与研学资金投入力度,进一步健全财政投入保障机制。同时积极探索打破政策壁垒,畅通资金投入渠道,引入社会力量,打破政府非遗保护职能机构、教育机构、社团组织、商业组织等之间的壁垒,通过政府投入、社会无偿捐助、商业机构赞助等渠道,建立多方协作统筹机制,打造高水平、高质量、高标准的非遗研学旅行产品。

(三)以人为本,培养引进专业人才

非遗研学的质量与效能,很大程度上受到研学导师素养与水平的制约。非遗研学需要导师有别于旅游产品中的导游,也有别于非遗项目传承人,不仅需要具备传承项目所需的基本技艺技能和充沛的非遗知识储备,也需要具备相对专业的教学技能与教育水平,还

需要稍微对旅游有所涉猎,更要有正确的价值观念。首先要加强对非遗项目传承人的培养培训,可以加强与当地高等院校开展合作,尽快提升其教育教学能力水平,这是短期内解决非遗研学师资力量的有效手段。其次,可以加强专业人才引进。近年来,我国不少高校已经开设了非遗专业,培养了一批非遗保护专业人才,这不仅是充实基层非遗保护传承工作人才队伍的主力军,也是充实基层非遗研学师资力量的生力军。

解析陕北民歌在音乐方面的嬗变

吴雪艳（陕西省延安市文化艺术中心）

历史上的民族融合形成了陕北人具有包容、互补吸纳的性格,这样的性格必然会赋予民歌中的融合、嬗变的气质。故陕北民歌在其旋律与结构内部会与外来民歌的碰撞、融合,从而再产生出一些富有陕北民歌特征的变化的新的民歌。本文重点以陕北民歌代表性的劳动号子和小调为例,通过与外来民歌的结合,经过音乐方面的分析,来解构陕北民歌在其历史演变、传承发展过程中发生的嬗变。

陕北是一块富矿。这里地下资源丰富,是中国西北地区的能源资源储备的富集区,煤炭、天然气、石油储量丰富,堪称中国之最。陕北由此成为现代工业的强大能源基地。但这里地面贫瘠,沟壑峁梁、纵横交错形成了独特的黄土高原地质地貌,却孕育了黄土高原人们独特的音乐文化景观。千百年来,游牧文化与农耕文化的融合,孕育出了多姿的音乐文化,陕北民歌作为一种非物质文化遗产又成为这块土地上人们精神上的富矿。陕北民歌也是这块土地上最具特色的音乐品种,成为艺术创作者取之不尽用之不竭的素材库。

历史上的民族融合形成了陕北人具有包容、互补吸纳的性格,这样的性格必然会赋予民歌中的融合、嬗变的气质。故陕北民歌在其旋律与结构内部会与外来民歌的碰撞、融合,从而再产生出一些富有陕北民歌特征的变化的新的民歌。本文重点以陕北民歌代表性的劳动号子和小调为例,通过与外来民歌的结合,经过音乐方面的分析,来解构陕北民歌在其历史演变、传承发展过程中发生的嬗变。

一、陕北民歌在劳动号子中吸收外来民歌时发生的嬗变

下面以陕北民歌两首打硪的劳动号子《五股并成一股劲》和《打硪的同志英雄汉》(两首民歌选自霍向贵主编的《陕北民歌大全》陕西人民出版社出版,2006 年 8 月第一版)为例进行分析。

打硪,是农村打地基、筑堤坝时的一种体力劳动。硪是砸地基或打桩子时所使用的一种工具,在陕北通常是用一块圆形石头,周围系着几根绳子做成的。打硪号子就是在这种劳动中产生,其声调高亢,节奏性强,一唱众和,边打边唱。起到了集中统一力量往一处使的作用。人们在修堤筑坝打地基时,常唱这种号子用以协调动作,缓解疲劳。唱词较为简单,句式一般是七字、十字,也有用五字句的。打硪又有抬硪与飞硪之分。打硪时,人数以

小组合作为主,有四人、八人、十人组的不等,根据劳动的环境来选择相对的人数,人数多的时候唱的气势就更加恢宏,领唱时不打硪,众唱时打硪。

（谱例一：）

这首民歌主要流传在陕北佳县,申飞雪先生采录于1979年。全曲共8小节,分为上句（第1—4小节）、下句（第5—8小节）两句组成。这首劳动号子中,领唱号子的人唱的是上句中的第一、第二小节和下句中的第五、第六小节;众人抬硪时应和的唱词是上句中的第三、第四小节和下句中的第七、第八小节。整体乐段为方整型结构,适于表现这种高强度劳动过程中的节奏整体、统一进行,进而缓解其劳动的紧张度。这首民歌的核心音调就是上句的后两小节,即众人抬硪时合唱的"嗨哟嗨哟嗨",旋律框架为

___（谱例片段）___,旋律的进行以中国五声性的下行二度级进进行为主（中国五声性的音阶进行时,二度、三度都可视为级进进行）,在商音G上迂回,强调了G商音的半终止进行;下句中的众人应和唱的旋律音调是对上句核心音调的下行五度模仿,强调了徵音C,并稳定的结束在徵音C上,构成了全曲徵调式的主要调性。这个核心音调是这首劳动号子的最为有特点的地方,暂先提出,便于与后文比较。

（谱例二：）

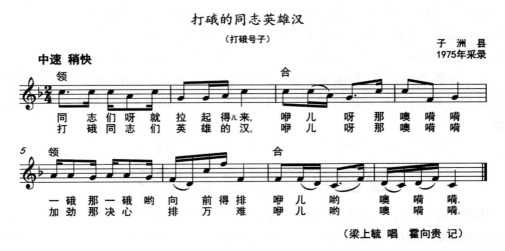

这首民歌的主要流传地在陕北子洲县，霍向贵先生采录于 1975 年。这首民歌在记录中，对领唱和众合在谱面上做了明确的说明。全曲为 8 小节的乐段，也是方整型结构，上句 4 小节（第 1—4 小节），下句 4 小节（第 5—8 小节）。C 徵调式为主，上句半终止结束在 G 商，下句终止结束在 C 徵。众人应和的合唱部分旋律的核心音调是：

旋律进行先从 C 音进行中国五声性的二度级进下行到 G 后，在 G 音上纯四度跳进上行，这就很富有陕北山曲（山歌或信天游）的典型旋法特征。继而在 C 音重复后，跳进下行纯五度到 F 音，再二度级进上行到 G 音结束。下句的后两小节是对上句核心音调的下行五度模仿与加花变奏，尤其是最后一小节中的这种加花，使得这种繁重的劳动在众唱中增加一些诙谐、幽默、活泼的劳动情趣。同时，也丰富了曲调的表现力。

（谱例三：）

王大娘钉缸

这是一首在河北地区流传的民间民歌小调。深受到广大老百姓的喜爱，一方面是它真实地反映北方人民群众的生活，表现了老百姓的真实情感和对生活的现实性追求；另一方面是它的演唱生动活泼，诙谐幽默，富于亲切感。《王大娘钉缸》采用了上、下句的两句体乐段结构形式。也是方整型结构，上句（第 1—6 小节）、下句（第 7—12 小节）均为 6 个小节，彼此呼应，显得工整平衡。

从上、下句的唱词看，每句的前两小节为唱词，它们每句的后四小节均为衬词。唱词与衬词部分，明显地增强了歌曲的明快、轻松、诙谐的色彩。从旋律的构架方面来看，上句的歌词部分，结束音落在 D 徵音上，其衬词部分，结束音落在 A 商音上，给人以不稳定半终止感；下句的歌词部分，结束音落在 G 宫音上，明显地产生了旋律下行发展的动力需要，其衬词部分，结束音回到调式主音 D 徵音上，给人以完满结束的终止感。

上句后四小节（第 3—6 小节）衬词部分的核心旋律音调为：

其调式核心的音为 A 商音，强调了商音 A，围绕商音 A 进行下行中国五声性的级进和上行纯四度的跳进，先下行级进，然后再四度跳进，尤其这种纯四度的上行跳进在中国

西北地区民歌的旋律架构中具有普遍性。下句后四小节（第 9—12 小节）衬词与上句衬词相同，下句中的四小节的衬词旋律是对上句衬词中的旋律的下行纯五度的完全移位模仿，即旋律结构相同，旋律进行的方向一致。

通过两首陕北打硪劳动号子的核心音调与河北民歌小调《王大娘钉缸》的核心音调比较分析得知，三首民歌的衬词的旋律部分都具有相似性，共同都采用"嗨哟咿呀噢嗬"等衬词。

衬词是在中国民歌的歌词中常见的表现形式之一，除直接表现歌曲思想内容的正词外，为完整表现歌曲时表现出鲜明的情感，成为整个歌曲不可分割的有机组成部分。这几首民歌的衬词各自都突出了各地的语言特色，增强了歌曲结构的完整性。尤其是表现陕北劳动号子的这两首民歌中，衬词的节奏短促，作为了两个乐句中的间隔、连接或号子呼应句中的应句；与此同时，三首民歌中的衬词也对渲染歌曲气氛，活跃演唱者的情绪，加强歌唱语气，歌曲旋律结构、构架等方面都起了十分重要的作用。

陕北民歌劳动号子《五股并成一股劲》和《打硪的同志英雄汉》两首歌曲的核心音调旋律都吸收、融合并采用了河北民歌小调《王大娘钉缸》中的核心音调的旋律片段，进而形成陕北劳动号子的独特旋律气质，形成民歌由小调到劳动号子的特殊嬗变。用这种小调化的旋律演唱劳动号子，增强了旋律的美感，丰富了劳动过程的单一性和枯燥乏味，借此优美的旋律表达繁重强大的劳动场面，减缓了劳动的强度，同时增强了旋律表现的趣味性、生动性、娱乐性，进而体现陕北民歌在吸收外来民歌过程中的兼容性。

电视连续剧《水浒传》主题曲《好汉歌》是由著名作曲家赵季平先生于 1997 年应电视剧的需要而创作的，歌曲获得了巨大的成功。成为家喻户晓的广为传唱的经典之作。通过对上述三首民歌的分析得知，《好汉歌》的创作素材也是来源于上述的民歌旋律。

（谱例四:《好汉歌》旋律片段）

嗨 呀依儿呀 嗨唉嗨依儿呀，唉嗨呀依儿呀 唉嗨唉嗨依儿呀，

这首民歌中的衬词部分的核心旋律就来源于上述民歌的核心音调部分，然后将其变化、加花形成新的旋律。将歌曲《好汉歌》中的衬词片段核心音调 和陕北民歌劳动号子《五股并成一股劲》中的衬词核心音调 比较看，二者只是节奏上的细微差别，旋律整体是相同的。两者下行的二、三度级进关系在中国五声性音阶中是视为级进，这种级进关系前文已述，不赘述。歌曲《好汉歌》中的衬词片段核心音调 与河北民歌《王大娘钉缸》衬词中的

又是变头同尾。旋律基本保持原有民歌的风貌,也体现了赵季平先生在歌曲创作的民族性。

赵季平先生的《好汉歌》创作鉴赏了民歌,汲取民间艺术的力量,精准地抓住民歌中最为特色的核心音调,并在此基础上加以崭新的艺术发挥和创造,创作出了这首流传广泛的歌曲。让民歌插上了作曲家腾飞的翅膀,实现了陕北民歌的重要嬗变。说明了民歌乃是作曲家的创作源泉之一。

通过分析,陕北民歌在吸取外来民歌过程中的重要嬗变就是将本地特有的民歌旋律构架"二度+四度"核心模式植入外来民歌曲调中,使得新的民歌更加陕北化。这种音乐旋法,这种构架基因在陕北民歌长期的流传中也起到了非常重要的作用。

二、陕北民歌在反映爱情生活小调中吸收外来民歌发生的嬗变

前文中主要通过陕北民歌的部分劳动号子在实际生产、生活中的需要而吸纳外来民歌方面做出的嬗变,下面再以陕北民歌的部分小调为例,说明陕北民歌在吸取外来民歌后做出的改变。

(谱例五:谱例选自《陕北民歌》)

娶新妻

中速   陕北民歌

今呀娶新妻   明呀娶新妻,   娶回来新   妻她睡觉不脱

衣,   管你脱衣 不脱衣呀,今 黑   夜里   定 不饶你.

根据民歌的划分形式来看,这是一首陕北民歌小调。从音乐方面分析看,这首民歌是C徵调式,具有起、承、转、合结构的四句体乐段。共14小节,起句4小节(第1—4小节),承句4小节(第5—8小节),转句2小节(第9—10小节),合句4小节(第11—14小节)。全曲为方整性结构。旋律与后文中的《张生戏莺莺》又相同或相似,后文综合比对会详细分析。

从民歌的歌词方面看,这首民歌的歌词内容充满了陕北男人新婚娶妻后的喜悦之情,同时又能看出新婚后的妻子睡觉不脱衣的细节,歌词通过男士的口吻幽默风趣地交待新婚后新妻不愿意同睡的尴尬,与诗经中的"求之不得,寤寐思服。悠哉悠哉,辗转反侧。"巧妙相映。

（谱例六：）

张生戏莺莺

谱例中采用了两首民歌以复调化的手法巧妙结合在一起,其中下一行是江苏民歌《茉莉花》,上一行是陕北民歌《张生戏莺莺》。全曲 14 小节,并与《娶新妻》的小节数相等,结构相同。通过比对发现,《张生戏莺莺》的旋律是对《茉莉花》旋律的简化,而《茉莉花》的旋律是对《张生戏莺莺》的旋律的加花变奏的复杂化。《张生戏莺莺》的音乐旋律直率,粗犷,尤其第 9 小节旋律音程的大跳更符合陕北民歌的旋法特征;而《茉莉花》的旋律委婉、细腻,十六分音符的密集加花,更符合江南小桥流水的温婉。所以,陕北人在吸纳外来民歌的过程中,对其旋律内部做的改造和调整,是为了更适于表现陕北人内心的情怀,经过改造后的《茉莉花》就成了符合陕北人审美需要的新民歌,并久唱不衰。

江苏民歌《茉莉花》与陕北民歌《张生戏莺莺》同唱同一段歌词。茉莉花茶在中国名闻遐迩,因其特殊的茶香深受老百姓的喜爱。江苏的茉莉花到了陕北以后,由于陕北这个地方没有茉莉花,所以将歌词中的茉莉花就改成了“鲜花”,并在歌曲的结尾处加入了“哎嗨哎嗨呀”这些叹词,形成了陕北的“茉莉花”,这也是在歌词角度的一个大的嬗变。这首歌经过这样的改造后受到老百姓的喜爱,并赋予了新的曲调名,使它逐步形成了曲牌化,这就是在陕北各种传统音乐中最为常见的曲牌“鲜花调”。

“鲜花调”在陕北传统音乐中流传很广泛,如陕北说书中的曲牌《鲜花调》常用于表现男女青年爱慕的说唱段落,说书艺人会运用此段曲牌。陕北大唢呐曲牌《鲜花调“张生戏莺莺”》常会在婚庆活动中演奏,继而表现婚庆场面的活泼与热闹等。陕北子洲县重耳川一带的大型陕北民歌套曲《重耳川船曲》和《审录》也有鲜花调,旋律与上述民歌同源。

所以，"鲜花调"现象也非常值得研究，本文不再赘述。

世界著名作曲家普契尼（意大利）的歌剧《图兰朵》第一幕，姑娘们唱此曲调，表达对波斯王子的同情。这段音乐就是运用了中国民歌《茉莉花》音调素材。

三、陕北民歌到其他地区后，与外地民歌融合形成新的嬗变

陕北民歌除了吸收外来民歌进行符合陕北人审美的改变后形成陕北新的民歌，陕北民歌也能走出去被其他地方民歌吸取一些核心旋律元素，形成独特的歌种或民歌现象也是值得研究的。如流传在晋陕蒙地区的二人台音乐。

二人台的音乐来源于内蒙古南部的爬山调、晋西北山曲、陕北民歌，它经过无数民间老艺人的加工创造和各地劳动人民的共同努力，由"坐腔形式"发展成一个比较完美的艺术形式和独特风格的地方剧种。流传在陕北府谷、神木一带的打坐腔《张生戏莺莺》（二人台）就是对上述"鲜花调"的旋律上吸取，形成的新的音乐素材，其在旋律架构方面做了很大的变化。

下面以二人台"打坐腔"为例进行分析：

（谱例七：谱例选自霍向贵主编的《陕北民歌大全》陕西人民出版社出版，2006 年 8 月第一版）

张生戏莺莺
（打坐腔）

府 谷 县
1955年采录

全曲 24 小节,有前奏(第 1—7 小节),有尾声(第 22—24 小节),具有器乐化的整体布局。唱词从第 8 小节到第 22 小节止,每句唱词结束有短暂的间奏音乐(即"过门儿"),唱词共分成 5 句进行,唱词布局体现出了音乐乐句结构的非方整性,但与尾声器乐化的旋律结合后,又能保持整体的方整性。从谱例中唱词的第四句到第五句(第 12 小节到第 22 小节)中的旋法可以看出,这就是对"鲜花调"的加花改造,形成的二人台音乐中旋律大跳的构架特征。

由此可以看出,陕北民歌不仅容纳、吸收外来民歌,经过改造后形成具有陕北特质的民歌,同时,陕北民歌也被其他地方的民歌利用融合,形成了新的音乐风貌或者新的民歌,"打坐腔"《张生戏莺莺》就是鲜明的例证。

歌曲《南泥湾》也是以流传在陕北"鲜花调"为素材进行的创作。

1943 年,这首曲子诞生在延安,是以马可为主要创作人的团队作品。

此曲旋律优美、抒情,热情歌颂了开荒生产建立功勋的八路军战士,歌颂他们把荒凉的南泥湾改造成了美丽的"江南"。全曲可分为对比性的两个部分,前半部分曲调柔美委婉,后半部分欢快跳跃,最后采用五度上行的甩腔手法结束全曲。歌曲吸收了陕北民间的"鲜花调"的音调和节奏,加上载歌载舞的表演形式,融抒情性与舞蹈性为一体,使得歌曲更加生动感人,因此成为家喻户晓的一首歌曲。

陕北民歌的这种嬗变,不仅仅是个例,人们在创作中采用民歌嬗变的这种手段在世界各地也广泛采用,体现了人类在运用具有共同情感的音乐语言方面的基因具有一致性。如俄罗斯民歌《夜歌》,又叫《瓦尼亚坐在沙发上》,是俄罗斯音乐巨匠柴可夫斯基《D 大调第一弦乐四重奏》第二乐章《如歌的行板》的音乐主题(即主要曲调)。19 世纪俄国伟大作家列夫·托尔斯泰于 1877 年听到这首作品的演奏时,感动得泪流满面,说:"我听到了我们那忍受着苦难的人民的灵魂。"

文化先行中的多元化发展思考

——以文化苍南高质量发展为例

林　用（浙江省温州市苍南县文化馆）

　　浙江用特色文化引领推进高质量发展建设共同富裕示范区，在现代化先行中实现文化先行，让文化成为"重要窗口"中最具魅力、最吸引人、最为靓丽的亮点。苍南县地处浙闽交界，以拥有中国沿海保存最完整的明代抗倭体系、650多年历史的工业活态遗产矾矿、烧制445年的碗窑、"温州模式"重要发祥地、武状元和数学家辈出、市场体系辐射全国等诸多特点而最为今人称赞。地域的沿革流变、文脉的溯源传承，移民文化让苍南人带着点包容性与开放性，多元文化的共存与共融为新形势下的文化苍南实现跨越式高质量发展提供有力支撑，也为温州文化的发展繁荣提供一种实践经验。

一、文化苍南多元化溯源

　　苍南作为一个典型移民社会，其文化的多样性则来自各地移民带来多元性的文化传承。历史上苍南曾有过三次大规模移民，让本地区人口骤增的同时，也迎来苍南区域文化传统的多样性。一方面为经济社会发展提供了丰富的精神营养，另一方面也给苍南人的心理、思维、行为习惯打上了独特的文化烙印，全面塑造了独特的苍南人文精神。这种人文精神是苍南作为一个特定区域的内在气质和根本价值追求，为苍南人开放、进取、民主的精神特质打上别具一格的标识。

（一）移民开放精神与融合障碍

　　人口的多源多流带来文化的丰富多样，在历史长河中不断冲突与融合，各种风俗习惯互动共存，形成了一种全新的多元文化。文化的多元性，培育了苍南文化十分独特的海纳百川之气度，苍南社会一直呈现兼容并蓄的开放格局，使苍南人总是宽容地对待不同观点和新生事物。在苍南的改革实践中，可以清晰地看出，无论是政府还是民间，对于新鲜事物都普遍乐于接受。如改革开放后中国第一个民间金融机构——"方兴钱庄"，源于民营经济发展的资本扩张的必然需求，在当时苍南创新意识十分强烈的氛围下，有需求就会有创新，便产生了这一当时被认为是胆大妄为的新事物。

　　文化的自由而多元，从另一角度来说，也隐含着文化合力难以形成、融合困难。如首先体现为闽方言区域和吴方言区域的融合困难，两区域在文化传统、风俗习惯、行事逻辑方面多有不同,两地群众互不服气,心理和语言上的冲突时有发生,两地群众无法做到很好融合。另外,就是宗族、宗派之见非常强烈,甚至引为极端的宗族械斗。汉族与少数民族的隔阂、不同信仰信众之间的隔阂,也成为多元文化有机融合的障碍。

(二)开拓进取精神与诚信缺失

从某种意义上说,开拓进取自主创业是当代经济社会发展的主要动力,也是文化多元的优势基因。自改革开放以来,苍南这种人人创业的现象一直是常态。苍南人靠自谋发展、自主创业,打造了印刷、标牌、塑编、礼品、仪表等优势产业集群,形成了资源与产品"两头在外"的经济格局;苍南农民依靠自己的力量,兴建了"中国第一座农民城"(现已析出成温州市代管县级市),开创了全新的农村城市化路子。

随着市场经济发展的加快和人们对物质利益的追求,拜金主义、实用主义、功利主义等不良思想也不断冲击着社会各个阶层,为达目的而不择手段弄虚作假、欺诈舞弊等现象在社会上蔓延滋长,导致社会诚信的缺失已达相当严重。这些年虚假广告宣传铺天盖地,各种制假贩假伪劣货充斥市场,一些民营企业老板以种种理由赖账拖账而导致"老赖"盛行,还有许多人在市场经济的大潮中迷失了自己、急功近利,形形色色的假机构、假新闻、假文凭等等,这些不良社会现象的空前泛滥,使得社会信用正面临严峻的危机考验。

(三)敢闯拓荒精神与精英不足

多元文化孕育了苍南人独特的海纳百川之气度,也营造出创新作为的良好氛围。被称为是"中国私人包租飞机第一人"的王均瑶深具胆识与魅力,敢想别人不敢想,敢做别人不敢做,打破常规、不走寻常路。历史上苍南曾为著名的武术之乡,尚武之风很盛,这或许就为苍南人那种不安本分奠定了"敢为"的文化因子。固定的家庭结构、宗法制度,再加上血液中流淌的那份不屈与执着,在改革浪潮中荡涤出敢闯敢拼的豪迈精神,让苍南人走出小圈子迈向大世界。苍南是温州模式的重要发源地,四十年的改革开放征程中,苍南人敢为天下先,敢拼、敢闯、敢试,创造了诸多全国第一,铸就了"敢为天下先"的苍南人精神。

但一直以来,苍南的精英文化、主流文化发展尚稍不足。历史上,中原儒家文化并没有在苍南结出累累硕果,苍南没有出现像刘伯温、叶适、孙诒让那样的名家、大家,少有诗词歌赋杰作,信俗、渔鼓、布袋戏等民间绝艺倒成为苍南一大文化特色。可从另一角度来看,民间文化的突显往往会拉低社会文化品位,导致苍南文化形象多为草根的、大众的、通俗的,尤其外界评为"没文化""少品位"更是一大硬伤。

二、文化苍南多元化现实审视

(一)打造文化地标、发挥多元效应

文化地标是一座城市或一个地区精神的反映,或深植于历史文化,或投射着时代风

貌,以鲜明独特的符号形象,成为一个城市的精神和文化象征,与人们产生紧密的情感连接、文化认同。苍南不乏特色鲜明的文化优势,如明代抗倭体系、650多年历史的工业活态遗产矾矿、烧制445年的碗窑、武状元和数学家辈出等,从中可抽取概括出代表苍南精神的文化符号,承载地方的文化记忆,书写时代新内涵。吸纳古老建筑的优点长处,让文化地标能承载起城市的历史,能代表其辉煌,唤醒当地民众的共同记忆,让多元文化挥发出应有的正面效应。

一是讲述苍南故事、展示文化元素文化地标背后的历史故事,值得挖掘深究。有故事才会有讲究,才能体现出地域文化的独特性,才能体现出一城一地的民族精神和它的文化底色。追溯建县前后的人物、故事,研究矾矿、抗倭、碗窑等地域文化,挖掘特有的非遗民俗资源,展示苍南元素的独特韵味。

二是适应公众需求、契合文化属性文化地标应以人为本,充分考虑每一位民众的文化需要,兼顾尺度、效度与温度,多元包容、多方参与,坚持以弱势群体为先,对不同地域文化、不同消费圈层的包容,保障不同人群的文化需要。可以在大众的热情参与下,举行设计创意方案公开评选,让有记忆、有文化、有时代、有艺术的优秀设计,准确和突出反映出文化苍南的形象定位、基本内涵和文化精髓。

三是挖掘地域内涵、彰显文化特色文化苍南地标建设要凸显地域特色,可以聘请专业设计团队在苍南站站前广场投入蕴含苍南文化元素、展示苍南特色的浮雕或是文化地标,扮靓苍南门户的颜值,生动讲述着苍南故事;在状元徐俨夫的故地观美桃湖村投入具状元文化特色的地标性建筑、雕塑或是长廊;依托朱程、陈式纯、王国桢、张培农、朱程、林夫、陈百弓等为代表的革命人物,重点布局朱程纪念馆、陈式纯纪念馆、林夫纪念馆、王国桢故居等红色地标性建设;依托民间习俗蒲城"拨五更"、金乡财神祭、妈祖信俗、平水王信俗和刘基春秋两祭等,重点打造百里平水公园、刘基文化园、妈祖文化园等地标建设。让这些独具本乡特色的文化地标彰显流传,以期提高苍南的知名度与美誉度。

(二)丰富多种形式、增进多元建设

苍南县域广阔,各地经济发展程度不一,文化差异较大,发展水平参差不齐,强调文化认同、相互理解与尊重,促进文化和谐显得如此重要。"认同"是共识达成的前提,因为"认同可以共享,具有同样认同的人往往会一致行动起来保护和提高他们共同的认同"。在文化的交融与互动中,两种平等文化的遭遇意味着生成一种新的文化,这是异质文化之间和谐共生共进的最好结果。

一是丰富多种文化内容与形式。首先要对文化遗产和传统文化保持一种尊重。要充分发挥传统文化的优势和潜力,有智慧地发掘、整理和弘扬传统文化,并通过教育、艺术、文博等多载体予以充分展示。可以做好文化基因"用"字文章,选取一批具有代表性与核心性的文化元素,凸显苍南优势特色,大力推动一批具有发展活力与市场潜力的成果转化。苍南文化历史元素被激活,广大人民群众积极乐观的心态得以自由展示,必然会在文化内容与形式方面进一步完善起来。

更要加强对网络化时代小众文化的重视,如街头文化、民间草根文化、先锋文化等非主流文化,在一定程度上来说,这些来自主流文化之外亚文化的丰富与活跃,也是对文化内容与形式的另一种补充。在坚持主流文化的同时,必须大力发展多样性文化,使主流文化与非主流文化有机结合起来,实现社会主义文化大繁荣和社会思想大整合。

二是促成多种方言交流与互动。苍南境内现有闽南语、瓯语、蛮话、金乡话、畲语、蒲城话六种方言,正是移民文化的重要标志。苍南童谣是苍南文化的一个缩影,凝聚着苍南民间深层的文化基因,浓缩着风土民俗,展示着道德风范,传递着智慧信息,蕴含着深远的民间记忆。每一首简单、短小的童谣带着泥土的芳香,充满乡土的气息,洋溢着温暖的力量,为苍南文化的薪火相传发挥着重要作用。我县周功清老师着手搜集苍南童谣,汇集成书,让多方言通过童谣这一文化记忆互相交流碰撞,不失为一种好办法。

方言作为文化多样性代表和某地文化符号的方言,需要人们以理性姿态去采取措施保护它。物质层面的故乡缺失往往能在语言的舌尖跳跃里找回记忆的停靠之地。苍南六种方言总能留下些先民的共同记忆,苍南的人文历史和远古信息,那海滨渔人的抗风斗海、山区农人的兢兢耕耘,还有平原乡人的辛勤劳作,能引领我们进入苍南先人的思想世界。通过童谣的代际传承、传唱交流,扩大影响、辐射周边,让多元文化真正能碰撞交流,闪现出语言智慧的光芒。

三是增进文化载体多样性建设。文化载体的多样性能提高民众对文化活动的参与度,让人人都能享受文化盛宴。政府部门可以增建文体活动场所,改善展览及演出等文化活动条件,满足不同阶层、不同群体的需求;同时,支持更多地开展广场文化活动,力图让更多人享受到丰富的文化盛宴。

近年来,随着大型群众性参与活动的热火,广场文化活动越来越多,目前苍南全县参加广场排舞的居民有 5 万之众。像灵溪这样的中心城镇若能提供较专业的文化广场,演出比赛等文艺交流更加自由方便,促成群众性文化活动的经常开展,必然能多元文化的融合铺设一条康庄大道。

(三)吸纳社会力量、注入多元活力

从文化礼堂到百姓书屋,从城市文化客厅到文化驿站,近年来,苍南公共文化服务越来越丰富,越来越多元,而苍南县通过"政府搭台"和"民间众筹"模式,创新推进现代公共文化服务体系改革,为思想文化建设注入了社会的活力。通过进一步完善"苍南县政府职能向社会组织转移清单"内容,鼓励社会力量通过主办、承办、协办、合作、志愿行动等多种方式,参与政府组织的公益性文化活动,加大政策倾斜与扶持力度,实现文化自给。

原先,全县仅有五个百姓书屋和三个文化驿站,远远不能满足广大群众对精神文化生活的需求,政府部门加大文化基础设施投入,加快苍南县城市书房、百姓书屋、文化驿站等公共文化服务场所建设,以此来提高乡镇居民的思想道德素质和科学文化素质,营造良好的社会风气。自去年以来,苍南陆续建立了一批乡镇、村级文化驿站站点,由先前集中在县城站点扩大至 13 个遍布全县村镇的站点。一方面,在文化名家的搭桥牵线下,苍南文

化馆在活动场所提供、活动组织、技术指导等方面给予大力支持,积极吸纳乡镇名家里手参与公共文化服务建设;另一方面,县文化馆也积极引进名家下沉基层驿站,县馆书法业务骨干众筹邀请省书法名家来苍到乡镇驿站讲座,美术业务骨干与众多爱好者众筹活动力约省国画老师到霞关乡镇写生,让众多书法美术爱好者零距离接触名家,也感受活动的新颖性。可以说,社会力量参与的众筹活动精准击中了百姓文化需求的痛点,各种众筹文化活动受惠人数达5000多人次,调动了文化资源盘活了公共文化服务。

(四)增进文旅融合、辐射多元影响

苍南山海兼利,自然与人文资源丰富。地处浙闽交界,文化交融渗透,独特的山海地貌与特殊的移民历史,赋予了得天独厚的历史文化禀赋,如滨海老街、山野古村、瓷矿遗址、矾山福德湾景区、碗窑古村落、霞关老街等;多闽地移民后裔,闽、越两地文化的冲突和融合,形成多元民间信俗文化,如金乡财神祭、妈祖信俗、平水王信俗和刘基春秋两祭等。

文化苍南以文化基因作引子,选取一批具有代表性与核心性的文化元素,凸显苍南优势特色,大力推动一批具有发展活力与市场潜力的成果转化,促成文化苍南辐射周边、扩大影响,迈向高质量发展。

一是开发文旅新产品,促进融合发展。可规划建设一批旅游景区、旅游线路和风情小镇等,打造一批特色旅游活动,开发夹缬主题民宿与非遗、红色研学游等系列产品,突出特色、彰显优势,拓展文化旅游全新体验方式;同时紧密跟进省宋韵文化传世工程战略,积极打造苍南宋韵文化传世工程,促进文旅与市场互联互通,实现深度融合、共谋发展。

二是注入文化内涵,赋能产业重组。充分重视苍南抗倭文化、矾矿文化、碗窑乡土文化、海洋文化、宋韵文化、非物质文化遗产等地域特色优秀传统文化的保护与传承,融入旅游发展,充分利用具有显著地域文化基因解码成果,为文旅融合产业重组精准赋能。解码纺织文化,培育宜山纺织城建设;解码县域改革、新能源建设,推进绿能小镇、浙江南大门文化地标建设,为多元性文化注入更多时代发展内涵。

三是打造文化精品,促成效益转化。借助市场化的深度加工,创建非遗体验基地和非遗作坊场地,打造夹缬缬韵、矾山肉燕、桥墩月饼等一批精品化的文化IP,涵盖人们生活的"吃穿住行",为文旅融合增加可持续的市场转化效益,努力打造转化率高、创新性强、应用性广的"苍南模式";推动博物馆、图书馆、文化馆、体育馆等公共文体场馆景区化,创新文旅融合新路径,积极打造城市景区,以县城新区中心湖景区为示范点,整合提升周边文化元素,培育发展"月光经济""夜经济",促进商旅、商文、商娱、商体等方面融合发展,全面提升苍南城市影响力和美誉度。

(五)重塑文化内核、提升多元品格

四十年改革发展、四十年壮丽新篇,文化苍南正面临转型升级、提档增质的重要时期,文化与生态交融、文化与经济互长、文化与旅游相生共兴,打造最优质的交流平台,有效吸纳优秀文化的合理成分,注入苍南传统文化元素并与之交流融汇,提升城市的文化品位,

重塑城市的文化人格,使苍南成为一座现代化的名副其实的文化县城。

首先,赋予县城历史意蕴与全新活力。在尊重、保护和延续文化苍南精髓的前提下,赋予县城以丰富的历史文化意蕴,较好地融合于深具时代特征的礼仪与时尚规范,促使二者水乳交融、浑然一体,从而释放出全新的生命力与蓬勃活力。

其次,重塑市民文化底质与个性特征。要充分发掘县城文化底质中的合理内核,塑造完美人格,从而提高其现实适应能力,造就一代具有新的文化思维模式和心理特征的现代市民。如充分发挥敢想、敢拼、敢干、敢作为的苍南人个性特点,继承与发扬诗意而栖的水乡生活方式,塑造既柔且刚、刚柔相济,以柔的面貌展现自己,以刚的精神自律自强的新一代城市市民。目前我县正在紧锣密鼓地排练话剧《诚信老爹》,以苍南渔民吴老爹一家的真实事件为原型,展现出生活的紧张残酷、社会关怀、渔民间的信任互助,还有那亲人间的温暖相依,讲述苍南好故事,塑造苍南新形象。

再次,挖掘地方文化特色提升文化品格。以社会进步与发展的视角反思缺憾,勇于正视和改造陈旧与不足,赋予其新的形态与内涵。如霞关镇推进老街业态培育和风情塑造,深度挖掘霞关文化内涵,以打造文旅融合发展共同体的方式,深入推进霞关老街的改造提升。目前凤冠食品、楠溪花开、半书房等多家优质商业项目入驻,保留原来的商贸南洋的风格,让城市人入驻小渔村毫无违和感,能有效提升城镇的文化品质。一座开放和高效的,诗意和休闲的,绿色和安全的,活力和魅力并存的县城屹立于山海之上,这应是未来打造的目标。

三、文化苍南多元化前瞻思考

展望文化苍南的"十四五"阶段,坚持特色文化发展方向,精准创文、常态创文,以小切口带动大变化,增强文明底色,不断提升文化苍南发展水平,文化多元化发展助推苍南建设,以高质量文化供给增强人民群众获得感、幸福感。

(一)数字赋能,发展多元产业

顺应数字产业化和产业数字化发展趋势,实施文化产业数字化战略,加快推进文化苍南"台挂历、文具礼品、纸制品、印刷包装"四大传统文化制造产业"上云用数赋智",推动线上线下融合,促进优质数字文化产品多元化,积极融入以国内大循环为主体、国内国际双循环相互促进的新发展格局。

(二)转型升级,激发多元动能

利用一批有温度、有高度的文艺精品,让文艺以多种方式与科技、服务、旅游等行业跨界融合,将以个性化的文化体验,有影响力的文化IP,从多个维度撬动县城文化的新动能,重塑民众对县域特色文化及其背后文化价值的认知,发展成助推浙南闽北经济增长、赋能文化高质量发展的新型艺术业态模式。

（三）搭建平台，满足多元需求

通过搭建公众可直接参与平台，采用"提供模式＋自选模式"相结合的方式，全面整合公共文化配送平台资源，将公共文化设施的服务主体定位于广大群众，扶持乡村文艺团体的成长，做到按需征集、按需生产、按需定制、按需点单、按需配送，切实增强文化创新能力、拓展县城文化活动空间，全面提高文化苍南的综合竞争力。

（四）保持活力，构建多元生态

充分尊重多元化发展，不断激发文化工作者的创造力，让各种文化主体在合理适度之下分享资讯、自由创造并且传播精神产品，保持文化产生、传播和发展过程中的生机与活力，创设开放式、可持续发展的多元文化生态系统，加快文化传播的速度、提高文化传播的效果，合理引导文化产业化发展、有力促进文化的自身良性发展。

"双减"政策背景下文化馆培训服务的创新思考

吴陈鑫　　朱文娟（浙江省海宁市文化馆）

教育部于 2021 年 7 月份印发了《关于进一步减轻义务教育阶段学生作业负担和校外培训负担的意见》，"双减"通知的出台，中学生作业重负的问题得到了一定程度的缓解。该意见同时要求要切实转变教育观念、树立全面实施素质教育思想。就文化馆而言，"双减"背景下，文化馆需要充分发挥自身作用，体现文化馆的自身优势，重视通过"文化馆"这一有效的载体，进一步凝聚学生活力，渗透育人理念，让"文化馆"能够在学生综合文化素养发展过程中发挥更加积极的作用。文化馆有着较为丰富的文化专业力量和文化培训服务资源，能够对学生文化培训服务形成良好的补充。"双减"背景下，浙江海宁市重视通过"文化馆"这一有效的载体，进一步凝聚学生活力，渗透育人理念，让文化馆能够在学生文化素养发展过程中发挥更加积极的作用。

一、文化馆对于学生文化素养发展的促进作用

文化馆是市（县）一级的群众文化事业单位，有的地方也叫文化中心、文化活动中心，作用是开展群众文化活动，并给群众文娱活动提供场所。我国各省市都有文化馆，并且随着社会经济发展，人们精神文化水平的提高，越来越多的文化馆正在建设。所谓"双减"背景下的文化馆培训服务，我们可以理解为依托文化馆对学生开展以文化教育、文化知识普及、文化活动组织等等为主的活动，一般利用学生课余时间，在发展学生积极健康爱好，促进学生全面发展，融洽学生关系，以及贯彻素质教育方面有着重要意义。从文化素养的角度来看，依托文化馆对学生开展培训服务的作用主要如下：

（一）提升学生文化活动兴趣

目前，在校内，很多学校也开设了各种各样的文化活动，但是很多学生对于校内文化活动之所以兴趣寡淡，其中一个重要的原因是虽然活动的内容相较于语文、数学等科目更加灵活多样，但是受到老师的管束的状态却没有得到改变。但是在文化馆活动中，学生能够在其中得到一定属于自己的时间和空间，这种受到老师的管束的状态能够在一定程度上得到改变，使得学生对于文化学习活动和文化实践活动的积极性和主动性能够有所提升。

（二）增强学生文化认知能力、文化素养

在素质教育大力推进的背景下，学生的文化认知能力、文化素养也面临着更高的要求。而学生的文化兴趣、文化认知能力是多种多样，且各类文化艺术有着不同的知识体系和认知要求，比如在音乐方面，学生需要建立的认知能力包括对于基本乐理知识的掌握，对于音乐风格、音乐表现形式的基本认识；在美术方面，学生要能够对线条、创造风格有基本的认识。而要能够实现学生认知能力、文化素养的发展，除了需要教师加强引导和灌输，还要学生能够进行自主学习、自主探究。而在文化馆这样一个特殊的载体下，一方面，大家都是因为的热爱而凝聚到一起，是一群热爱文化的孩子，有良好的氛围作为支撑，大家相互学习的积极性会有所提升；另一方面，在文化馆，由于少了过去老师绝对的管束，学生能够自主安排自己学习和训练的时间、节奏，并且可以和其他学生进行相互探讨、共同训练，在其中，学生的认知能力能够得到有效的提升。此外，通过在文化馆专业工作人员的指导下，学生开展自主活动、自主交流探讨，同学们的综合实践能力和文化素养也会有所提升。

（三）发展学生实践能力

学生文化素养的发展，要求进一步突出以学生为中心的理念，要求在对学生进行教育的过程中，更加强调以学生为主体。而以学生为主体的理念，所体现出来的一个重要特点就是让学生成为教育活动的主导者，教育活动设计、活动的组织开展都能围绕学生的实际需求进行。但是在学校，我们往往看到的是以教师为主导的状态，真正以学生为主体的活动设计和组织开展还是相对较少。但是文化馆则在这方面有一定的优势，文化馆的"自主性"，能够给学生更多自己展示、自己管理、自己提升的空间，不仅能够充分提高学生的实践能力，也能够有效突出以学生为主体的理念。

此外，对于学生心态的调剂也有一定积极作用。中小学生虽然课业压力不是很重，但是本身长期处于课堂教学的模式下，学生对于课程也会产生一定的枯燥感、乏味感，很多时候都会处于一种被动状态下，天性发展受到了一定的限制。但是在文化馆这一载体中，文化馆的专业工作人员能够将学习、实践的时间和空间真正交给学生，让学生在其中释放天性，调剂自我，能够在一定程度上调节学生学习状态，对学生的心理状态还是能够带来一定的积极作用。

二、"双减"背景下依托文化馆开展培训服务的策略

（一）激发兴趣，培养意识

俗话说，兴趣是最好的老师，尤其是文化素养的提升，需要持之以恒，不断学习和训练，学生如果对缺乏兴趣、热爱，那么就难以坚持下去，效果可想而知；相反，如果学生能够

具备较好的兴趣和热情,那么就会自觉主动地进行学习、训练、思考,从而不断提升自己的能力。而为了让学生能够热爱文化,在依托文化馆开展培训服务,指导学生开展文化活动的过程中,应当要充分强化学生主体意识。首先是要构建起以"文化馆、学校、学生"三位一体的文化馆服务组织架构,将学生作为文化馆培训服务活动设计的主体之一,并且对于学生要做好指导、激励、评估机制的建设,使得学生能够积极参与到文化馆组织的相关培训服务活动的设计、策划过程中。其次,依托文化馆开展培训服务过程中,要鼓励学生积极去主动参与,要通过形式多样的活动来调动学生的积极性,让学生在其中实现对文化认知的积累和拓展,也提升对文化学习的积极性,此外,也有助于提升文化馆活动的质量。

(二)利用生动化的活动,让文化馆活动"动起来"

依托文化馆开展培训服务过程中,要让学生在文化馆所提供的相关培训服务活动中能够充分参与、融入,首先要让学生觉得是有趣的,因此,我们在指导学生文化活动开展的过程中,可以充分利用比较生动有趣的形式,来提高其积极性。比如可以设计好玩的游戏,调动学生文化认识、学习、参与的积极性,例如在音乐文化活动组织开展过程中,以音乐游戏为主,以音乐表演为基本内容,以游戏为形式,以增强学生音乐能力为主要目的,这样特殊的学习训练活动形式对于学生有充分的吸引力。在设计相关活动过程中,其精髓是"寓学于乐",在表现形式上以生动化为媒介,其最终目的是增强学生的表现能力、兴趣、创意,这也是文化素养的基本要求。

在文化馆活动中引入生动化的活动,目标是能够让学生能够在参与文化活动的过程中感到快乐,进而提高对于文化艺术的兴趣,改善文化素养的培养效果。文化馆在参与文化辅导的过程中,要帮助设计相关的活动,同时必须围绕学生的发展特点展开,从活动的目标确立、计划和具体的实施,都必须要充分考虑到学生在学习过程中的基础能力和实际需要,让学生能够在"玩"中学,又能够在"玩"中领悟,从而真正实现文化素养的提升。比如为了培养学生音乐表现能力,可以组织学生开展传统的"击鼓传花"的游戏,让学生通过"击鼓传花",花落谁家,哪位同学就要为大家演唱一首歌。总而言之,作为文化馆,要将平时比较枯燥的、一成不变的培训内容,借助文化馆这一载体,用更加有趣的形式来进行替代,在发展学生文化素养的同时,满足其娱乐的需求。

(三)依托文化馆载体,艺术育人

目前,随着素养教育理念的不断发展,对于学生的教育目标也不断明确,相较过去,更加重视学生在学习过程中的全面发展,既包括学生的学习成绩,也包括文化认知、人文情怀、思想品质等等。而过去在很多学校,学校教师囿于传统教育理念,往往比较注重学生在学习成绩、应试能力方面的发展,而忽略学生在其他方面能力的成长,使得学生综合素养难以获得有效的发展,视野拓展受到不同程度的限制,这些都不利于素质教育背景下我们育人价值的提升。在"双减"视域下,要依托文化馆这一有形载体,进一步整合优势资源,实施育人,加强对"立德树人"的贯彻和落实,一方面,有效顺应了当下要求促进学生综合发展的教育理念,通过培养学生的意志、精神,使学生能够在思想精神层面获得更加良好的熏陶;另一方面,积极落实文化馆的"文化育人职能",将有助于文化馆打造特色项目、特色品牌,促进文化馆的特色化发展。

例如:可以借助文化馆这一载体,在课余时间,由文化馆邀请相关的文艺界专业人士,组织开展以"传统文化中的韵律美"为主题的文化活动,并邀请有兴趣的同学们一起参与进来,和孩子们一起做好活动动员、组织,这样可以在活动过程中充分锻炼学生们之间的团结协作能力和综合实践能力。同时,文化馆要为主题文化活动提供必要的帮助和指导,要不断丰富内涵,让孩子们能够从中得到真正的成长。比如上海市嘉定区文化馆近期就举办了一场"古诗词文化与现代音乐"主题讲座,并且现场有很多值得借鉴的"亮点":在活动过程中,向学生讲解有关"下雪了"主题时,将现代音乐与古代诗歌联系起来,让学生联想与冬日有关的诗歌,如《江雪》,教师在引导学生进行吟唱时,让学生认识到古代诗歌中的韵律之美,即"平长仄短、平低仄高"的规律,让学生进一步体会诗词所表达的情感,也体会中华文化的博大精深,树立起对传统文化的向往和爱好,从而实现"文化育人"。

(四)积极建立专业化培训服务队伍

"双减"背景下,我们要更加关注学生学习资源的整合和拓展、重视学生综合素质发展,并用"双减"带来的契机,推动综合育人实践活动的深入开展。良好的文化培训服务,比如传统文化知识培训、音乐培训、美术培训等,对于学生来说有着重要作用,不仅有助于促进学生知识、艺术素养的发展,同时,文化培训服务的灵动性、多样性,也能够让学生心理、性格、人文情感得到更好的陶冶。目前,在很多学校,都有各种各样的文化活动,比如文化类课程,由教师进行文化传授、文化讲解;再比如文化类社团,由学生自主管理、自主实践,这些都是学生文化综合实践体系中的重要组成部分。但是由于学校资源的局限性,在对学生开展文化培训服务的过程中,还是存在一些不足,比如门类不全、专业性不强等等。在依托文化馆开展培训服务过程中,要积极建立专业化队伍,提升培训服务质量。比如可以积极组织全市文艺骨干、文化志愿者、专家学者及社会文化培训机构等文艺资源,参与到活动开展,也可以统筹整合宣传文化系统、文联和文艺家协会的文艺骨干、中小学校艺术教师骨干、民间艺人、返乡艺术大学生、社会文化培训机构的文艺资源,建立学生文化培训服务愿者人才资源库。同时,通过一系列有效的激励活动,促进文化服务人员在学生文化培训服务活动中担任举足轻重角色,各显神通、协调配合、形成合力,为活动各项工作的顺利进行提供强有力的保障,通过活动挖掘艺术人才,形成以文化馆为组织管理主体,专业人员、文化志愿者、业余文艺骨干为活动主要力量的青少年文化培训服务队伍。

综上所述,"双减"背景下,教师的校内教学时间虽然有了一定程度的减少,但是却为我们提供了更加丰富的课后辅导时间和空间。本文立足"双减"背景下依托文化馆开展培训服务展开研究,希望通过本文的研究,能够使得学校、文化馆在充分重视"减负提质"重要性的基础上,积极思考如何依托文化馆助推"双减"政策落实,这既是有效落实"双减"政策的一种特殊形式,同时,文化馆活动的有效开展,又为学生打造了课后辅导新生态提供了良好的依据。但是要能够取得预期效果，还需要充分尊重学生的发展规律，坚持以学生为主的理念，加强活动创新，赋予更多多元、生动的形式。

参考文献

[1] 刘欢.义务教育课程标准实施及教学现状探析[D].贵阳:贵州师范大学,2014.

[2] 丁丽红.学校教学中有效提高唱歌教学的思考[J].戏剧之家,2016（21）:200.

[3] 袁丽钦.学校唱歌教学中存在的问题及对策[J].黄河之声,2014（10）:112-113.

[4] 陈泉明.加强校园精神文明建设的探索[D].福州:福建农林大学,2010.

[5] 翁锦乾.浅谈如何依托农村文化建设中的文化馆户培育[J].大众文艺:理论,2008（5）:83-83.

[6] 王尚昆,边立民.浅谈我国农村文化建设的现状和探索[J].消费导刊,2009（2）:233-233.

针对青年群体的公共文化服务供给侧改革对策研究

——以深圳市福田区为例

陈　晨（广东省深圳市福田区公共文化体育发展中心）

深圳是一座青春之城,人口平均年龄不到 33 岁。福田作为深圳的政治、经济、文化、金融中心,是青年向往之地,汇聚之地。福田全区面积 78 平方公里,人口约 107 万,据人口普查最新数据,福田辖区 18—35 岁青年群体人口数为 102 万,占比达 61.5%。40 年来,一批又一批青年人来到深圳、福田这片热土,把青春交给这座城市,成为城市发展的中坚力量。2012 年,福田区公共文体中心成立以来,就关注到这一群体,主动将公共文化服务触角延伸和覆盖到青年群体,从阵地到团队,从馆内到馆外,从线下到线上,从引导到主导,持续开展了莲花山青年文化节、午间音乐会、星空音乐会、公共文化进商圈、青年美育夜校等针对青年群体的系列活动,组建了福田爱乐交响乐团,全方位、立体式地为辖区青年提供丰富多彩的公共文化服务。

然而,青年群体散点发展、缺乏引导、水准不均,对公共文化服务参与度弱、群体间沟通少、对移动终端依赖性强的现状依然存在,对青年公共文化服务进行供给侧改革已成为亟待解决的问题。

一、相关定义

（一）青年群体

根据世界卫生组织确定的年龄分段,年轻人(young people)的年龄范围为 10—24 岁,青年(youth)为 15—24 岁,青少年(adolescence)为 10—19 岁。结合深圳城市整体年轻化的市情,本文前述关于福田区青年群体的年龄段为 18—35 岁,属于城市的主力群体。

（二）公共文化服务

依据《国家基本公共文化服务指导标准(2015—2020 年)》,基本公共文化服务的内容包括:读书、看报、收听广播、观看电视、观赏电影、送地方戏、公共文化设施免费开放及文体活动等几大方面。《中华人民共和国公共文化服务保障法》对于公共文化服务有更明确的界定,指由政府主导、社会力量参与,以满足公民基本文化需求为主要目的而提供的公共文化设施、文化产品、文化活动以及其他相关服务。

（三）供给侧改革

供给侧改革通常表述为供给侧结构性改革，旨在调整经济结构，使要素实现最优配置，提升经济增长的质量和数量。需求侧改革主要有投资、消费、出口三驾马车，供给侧则有劳动力、土地、资本、制度创造、创新等要素。

针对青年群体开展公共文化服务供给侧改革，需要研究如何使要素实现最优配置、生产率提速提质等问题，将公共文化服务从原有的单向性点对点被动输入的保障性服务，逐步向双向性主动输出和传播的现代化服务模式转变。

二、行业现状

近年来，国内各大城市都开展了各类针对青年群体的文化活动，有西安大悦城青年文化节、江小白 YOLO 青年文化节等具有明显商业化性质的活动，也有西安音乐厅粉丝节、深圳市福田区公共文体中心推出的莲花山 @ 青年文化节、深圳市龙岗区文化馆扶持开展的"小弹唱 LIVE"系列活动等具有较强公益属性的公共文化活动。

针对公共文化服务供给侧改革，上海和北京在全国范围内已经率先进行了尝试。上海在 2016 年的时候为对标 2015 年 8 月上海市委办公厅、市政府办公厅印发的《上海市贯彻 < 关于加快构建现代公共文化服务体系的意见 > 的实施意见》，提出了 7 个问题 19 条对策，针对上海市在公共文化服务领域存在的短板，提出了聚焦阵地建设、数字化服务、群众文化赛事等供给侧改革的相关策略。

而北京的文化供给侧改革，则聚焦在高水平供给提振文化消费方面。伴随着北京文化产业结构不断优化，产业发展质量和效率进一步提升，北京文化消费需求正在经历三大转变：由生存性消费向发展性消费升级转变；由物质性消费向服务性消费升级转变；由传统消费向新型消费升级转变。北京市民文化消费的个性化、品质化、风格化、多样化的诉求越来越明显。在以高品质需求牵引文化供给方面，北京将发展适应不同年龄人群需求的文化经济。针对影视、演艺、阅读、动漫、文博、艺术品等各类文化消费细分领域，结合行业特性，突出行业差异，制定精准引导政策。

三、福田特质

通过对国内一线城市公共文化服务供给侧改革的方向性观察，我们发现，目前的改革方向更多地聚焦在促进文化产业发展、提振文化消费力度方面，对于青年群体的定向推送仍旧处于概念化的状态。而青年群体对公共文化服务的需求，则具有明显的群体特征。福田区公共文体中心在 2022 年初，对辖区青年进行了福田区青年文化活动项目满意度调查，通过数据分析，我们发现，福田青年对青年文化活动开展，具有以下几方面的诉求。

（一）青年人群对高品质的公共文化活动需求较高

当前福田区开展的各类针对青年群体的公共文化服务，在青年群体中的满意度和匹配度较高。从数据上看，青年人群对于精准投放的项目，以及具有一定品质的参与性强的活动喜爱程度更为明显。

（二）时间、空间、平台成为阻碍青年群体参与公共文化活动的三大瓶颈

各类公共文化活动集中开展、同步推送，让青年群体无法有效获取公共文化服务资讯，而公共文化服务均等化发展尚未完全实现，青年人群缺少可以实地参与的公共文化场馆，场馆承载力也无法满足青年群体实际需求。另一方面，青年人群对作品创作和发布的诉求，也缺少有效的开放式互动平台或是紧密的活动社群进行互动和交流。

（三）科技、联名、互动、社群成为青年群体对公共文化服务的新期待

青年人群对移动终端的高黏性，决定了他们对于科技产品具有天然的好奇心。另一方面，与同龄人之间互动交流的诉求也决定了他们对于艺术社群具有强烈的需求，近年来广受年轻人欢迎的品牌联名，也让青年群体对公共文化服务的内容和类型，有了更多更高的期待。

（四）具有地域特色的文创产品受到青年人群的广泛欢迎

随着文创产品在青年人群中的流行，越来越多的公共文化服务机构推出文创产品，吸引青年人群前往参与活动。通常情况下，博物馆、美术馆、图书馆等拥有实体馆藏作品的机构更容易推出相关产品，文化馆则比较少。

四、福田尝试

（一）举办高质量青年文化活动项目

近年来，福田积极拓展文化服务空间，将文化服务从馆内拓展到 CBD，坚持打造了一批时尚、活力的文化品牌活动。

1.莲花山（深圳·福田）青年文化节

2016 年起，福田区公共文体中心连续举办了三届莲花山（深圳·福田）青年文化节，线下受众累计约 20 万人次，线上直播观看人次累计约 500 万。活动以"BEYOND THE YOUNG"（不只是年轻！）为主题，突出青春活力、引领潮流和互动参与，为深圳这座年轻城市的主体——都市青年提供精准化、高品质的公共文化服务产品，展现青春深圳和青年白领的无限活力和可能。活动以莲花山这一代表深圳的形象的地标为主线，辅以莲花山脚下深圳音乐厅、中心书城、少年宫等人气旺盛的区域广场，创新打造文化嘉年华。受疫

情影响,2020年起,将莲花山青年文化节搬到线上开展,取得了意外成效。2021年,莲花山@青年文化节结合建党100周年的热点,以"我是'圳'红青年"为主题,在文艺青年、初心青年、活力青年三大活动板块中均注入了红色文化内涵,以此来引领青年、凝聚青年。推出文化带货官、红色摇滚音乐会直播、视频短片、话题讨论、才艺秀有奖征集、线上长征挑战赛、VR展厅展出全国美术名家作品展等13项线上活动,时尚多元,参与互动性强。两个多月的时间里,活动在视频号、抖音、哔哩哔哩等短视频平台关注度约2000万(点击阅读约1000万),其中"身体里住了个'艺'精"话题关注度超550万。

2. 白领"午间音乐会"

作为深圳中心城区,福田优越的城市配套环境成为金融、总部经济等青年精英人才的聚集区,2015年,福田区推出了针对白领群体的"午间音乐会",每周三中午12点15分,福田区一些主要CBD商务楼宇、金融企业的大堂内,就会传出优雅动听的乐声,白领"午间音乐会"准时将"音乐午餐"送到青年白领群体的身边,至今已在40座楼宇中演出了250余场,服务白领20万余人次。"午间音乐会"以专业的水准、精选的曲目、轻松的互动、灵活的形式和长期的坚持,受到了青年白领的广泛欢迎,并荣获2018年福田区十大文化品牌称号。

3. 星空音乐会

将民谣、爵士、古典、流行等年轻人喜爱的音乐形式送进休闲热门商圈;通过网站、微信公众平台等新媒体,整合优质演出资源,面向社会公开招募演出团队和演出场地,为辖区青年艺术人才提供展示才艺的舞台。截至2022年3月,已累计在One Avenue卓悦中心、购物公园、梅林卓悦汇、华强北、皇庭广场等辖区商圈购物中心举办108场,受益市民超过30万人次。

4. "同心同梦"公共文化进商圈活动

将精彩活动送进深业上城、Cocopark、卓悦中心、绿景虹湾等各主要商圈,类型包括音乐会、沙龙、舞蹈展演、皮影戏等。2021年8月开始举办,截至3月1日,已开展"同心同梦"福田公共文化进商圈活动140余场。活动以文化为消费赋能,服务青年群体。

5. 打造青年美育课堂

依托文化场馆开展公益艺术体育培训,自2013年开始举办,是福田区公共文体中心打造的重点惠民项目,每年面向不同年龄群体开设各类公益艺术、体育培训课程。2021年"托起梦想"公益培训,继续面向中青年群体提供服务,为青年群体开设包括长训班、特殊群体班、夏季班共48个班级,包含戏剧表演、舞蹈、合唱、书画、急救知识等课程,服务人数约7000人次。

(二)建设高品质青年文化活动阵地

优化文化阵地,吸引青年走进文化场馆。一是优化整合福田区5个区属文化场馆,建设戏剧、音乐、书画、舞蹈、钢琴、非遗、梦工场(青年)等七个主题文化馆。各主题文化馆着力凸显各场馆不同的艺术特色,聚集优秀专业人才、整合优质文化资源,更好地满足青年文化需求。二是服务供给延长时间。将场馆开放延时和活动错时相结合。每天 9:00 至 21:00 全天候开放,开放时间每周超过 84 小时,夜间开放已属常态。馆内展厅、剧场、图书馆、辅导培训教室等公共空间设施场地免费向公众开放。

(三)打造高水准青年文化活动团队

搭建文艺平台,推动扶持青年文艺团队建设。将中心城区一批"深二代"中的文艺青年组织在一起,组建福田爱乐交响乐团。乐团现有团员 72 人,平均年龄 28 岁,均毕业于国内外音乐学院,其中归国留学人员占 30%。团员素质高,人员结构年轻化,专业技术过硬,是一支具有专业水准的双管编制大型交响乐团,福田区公共文体中心统筹指导,并获福田区宣传文体事业发展专项资金扶持。乐团聘请国际著名指挥家汤沐海担任名誉顾问,中央音乐学院作曲系博导、作曲家陈丹布教授担任顾问,武汉音乐学院指挥教授周进担任常任指挥。乐团坚持严格训练和艺术实践,成立以来长期担任品牌活动"午间音乐会""悦享福田"系列交响音乐会等演出,每年承办各类形式的演出活动 100 场左右。2022 年初,福田区正式启动福田青年舞蹈团筹备工作,计划参照福田爱 乐交响乐团运作模式,打造一支高质量的青年舞蹈团。此外,福田区还大力扶持匋匋巴士青年戏剧团、天空女子合唱团等,长期在福田开展各类活动。

(四)引入社会机构参与,撬动社会资金

积极开展"场地合作伙伴计划",丰富青年文化服务主体,撬动社会资源参与,将自有文艺专干和社会资源、青年需求积极对接。一是引进国内优秀演出资源。2021 年,我们分别与孟京辉戏剧工作室、开心麻花团队合作,举办具有号召力和影响力的公益文化演出,开展"先锋·先行优秀戏剧作品展演季""福田青年戏剧季话剧展演"等,全年为市民奉上近 80 场票房与口碑兼得的低票价话剧演出,在丰富辖区青年精神文化生活的同时促进文化消费,形成"政府主导、社会参与、市民共享"的良好局面。二是推进项目场地合作,2016 年以来在午间音乐会项目、星空音乐会项目、公共文化进商圈等项目中积极与中心区商务楼宇、各大商场等合作开展文化活动。三是积极发动社会培训机构参与。为市民提供免费的公益艺术体育培训,为中心区入驻企业提供超值的文化服务,营造富有魅力的中心区文化形象,为福田推进中央商务区(CBD)向中央活力区(CAZ)转型升级添砖加瓦。

(五)发布 2022 深圳青年文化特质白皮书

积极推动深圳青年文化活动持续、健康发展,就要找到真正具有代表性的深圳青年文化特质的标签和符号。福田区公共文体中心委托专业调研公司通过广泛调研和深入青年群体调查,结合深圳市实际,明确深圳青年文化特质,探讨深圳青年文明建设体系构建思路,形成《2022 深圳青年文化特质白皮书》,以书面形式呈现项目成果。在丰富青年文化研究的同时,也为深圳关于青年文化建设工作决策提供数据支撑和理论支持。

五、未来方向

（一）打造高黏度的青年艺术社群

针对青年群体与同龄人互动交流需求较强的问题,接下来将尝试把艺术社群组建和数字文化馆功能完善相结合。针对 Cosplay、跑酷、极客等相对小众,但是青年人群喜爱度较高的项目,可以尝试搭建线上互动交流平台,报名人数达到一定数量后,即可成团开班,根据开班情况,适当举办线上"团战",激发青年人群互动、比拼、推广的意愿。将常规的公益班教学,逐步向交流平台的方向发展,进而实现打造高黏度的青年艺术社群的目的。

（二）探索文艺团队和文化场馆社会化运营机制

在文艺团队社会化运作方面,继续推动福田爱乐交响乐团社会化运作工作,全年运营费用约 800 万,全部由福田区宣传文体专项资金支持,同时,允许乐团承接商业演出用于支付演员劳务费等。在文化场馆社会化运作方面,一是将 UCCA 尤伦斯当代艺术中心与福田美术馆进行合作运营,为深圳市民带来丰富的艺术展览、公共项目和研究计划;二是福田文体中心·梦工场完成提升改造工程后,将继续加强青年主题定位,着力打造 DJ 体验、青年网络电台、潮流艺术沙龙等三大特色项目,以及周末创意坊等特色品牌活动,为青年文化爱好者提供交流平台和展现才艺的舞台。

（三）形成可推广的运作模式

在持续推出高品质青年文化活动,以及进行社会化运作的过程中,及时对工作内容进行梳理和总结,找到一条可以复制并持续推广的工作模式,逐步向大湾区和其他一线城市辐射和联动。

浅谈在文化建设中文化志愿者的作用以及思考

杨　红（四川省什邡市文化馆）

国家的发展和建设离不开文化建设，一个国家，一个民族，如果缺少属于自己的文化，将无法在漫长的历史长河中延续，中华文明是世界上唯一一个延续五千年而不绝的文明，正是因为中国人在社会实践中不断进行文化传承与建设，文化建设是一个文明传承和发展的重要环节，也是促进国家文明建设的基石。我国社会主义建设的一个重要方面就是社会主义文化建设，社会主义文化建设推动着我国社会经济发展。在文化建设过程中，许多志愿者怀抱着建设祖国的热情投身到文化建设事业中来，他们在参与文化建设的活动中不仅丰富了自身的阅历，使自己的能力得到锻炼，也为社会主义文化建设事业贡献了自己的力量，使我国文化建设事业取得了很大成效。

一、文化志愿者的概念及包含的群体

（一）文化志愿者的概念

文化志愿者是指在文化建设活动中不以利益为驱使，出于兴趣、社会责任感或者信仰等原因，利用业余时间发挥自身文艺技能自愿投身于社会文化活动的群体。文化志愿者通常具有高度的社会责任感，他们热衷于公益事业，不求回报，认为可以通过奉献自身的微薄之力，无偿地为他人提供服务，为社会文化建设作出贡献。文化志愿者工作内容较为广泛，主要分为三种，一种是通过自身的专业技能参与志愿者活动，为人们提供专业的服务；第二种是为人们提供文化咨询服务；第三种是自身参与到文化艺术建设活动中。

（二）文化志愿者包含的群体

文化志愿者包含的群体涉及各个行业、各个年龄段，他们中有普通的上班族、有艺术界名人、也有具有文艺特长的爱好者，有慈善组织，有政府事业组织，也有民间艺术团体，他们都有一个共同的特点：热爱文艺事业，愿意为我国文化事业贡献自身的一份力量。例如：四川省什邡市民政局、市慈善会携手红舞艺术教育、爱心企业赴特校开展迎新年送温暖活动，便是政府事业单位及民间慈善团体、爱心企业携手举办的文化送温暖活动。

二、文化志愿者在文化建设活动中的作用

（一）文化志愿者推动了我国文化的进步

首先，文化志愿者群体中有很大一部分是具有文艺特长的爱好者、文艺工作者，也有具有专业文化知识的社会文化辅导员等，他们都是文化艺术的爱好者，热爱文化艺术，并具有相当的专业水平，他们将文化建设事业当作自己的使命和责任，致力于文化推广和传播，他们提高了文化建设者队伍整体的综合素质。与此同时，随着我国文化建设不断深入，文化志愿者队伍也在不断扩大，在文化志愿者队伍中具有高素质的文化爱好者，不断带领新加入的伙伴发展进步，也吸引着更多具有文艺特长和高素质的志愿者加入，使得文化志愿者队伍在良性循环中不断发展扩大。其次，随着越来越多的高素质文化志愿者加入文化志愿者队伍，他们在日常的文化建设活动中，积极地进行文化宣传和推广，营造了良好的文化建设氛围，吸引其他公民主动参与到文化建设中去。现阶段，我文化志愿者的身影遍布全国各地，不管是城市还是乡镇，都有文化志愿者活跃在舞台、幕后等各个区域，他们发挥自身的文化专长，为我国文化事业建设奠定了良好的基础，使我国文化体系建设更加完善。这些具有专业特长和高素质的文化志愿者，在参与文化建设活动的过程中，用他们专业的技艺去展现文化的魅力，用高亢的热情感染他人，让人们在潜移默化中感受到文化之美，从而积极主动地了解博大精深的中华文化，感受其魅力，进而参与到发扬中华文化的活动中来，这样的文化裂变为我国的文化建设提供了内在动力，对我国文化建设具有积极作用。四川省什邡市红舞艺术教育学校便是其中一个典型的例子。2017年8月，经过初审、复审、现场答辩和专家评审，什邡市红舞艺术教育学校承办的"红舞助残－特校爱心公益课堂"公益项目成功入选德阳市第二届社会组织公益创投优秀立项项目，获得主办方项目资金支持和专家指导。该项目实施以来，顺利通过了初期、中期评估，进入年末收官验收阶段。红舞爱心公益课堂自2017年初通过初评复审专家评审，成功入选德阳市第二届公益创投优秀立项项目。寒来暑往，红舞爱心团队坚持每周三下午义务辅导特校学子已有五个春秋冬夏，该学校通过对残障人士的培训，使他们掌握了基本的文艺技巧，为残障人士增加了就业手段，也使残障人士在学习过程中受到我国传统文化的魅力，在生活中使残障人士得到关怀，重燃了残障人士对生活的希望。正是像红舞艺术学校的工作人员一样的各界文化志愿者，在文化建设活动中日复一日不辞劳苦的工作，使得我国文化建设事业蓬勃发展。

（二）文化志愿者对我国文化建设队伍的重要作用

我国文化建设规模日渐扩大，但专业的文化建设人员稀缺，远不足以满足日渐扩大的文化建设规模的需求，专业建设人员缺乏使得我国文化建设面临挑战，建设速度处于后力不济的尴尬境地。文化志愿者的加入是对专业文化建设者队伍的有效补充。文化建设的志愿者大多是来自于社会群众和其他社会团体，他们的服务和活动也大多是为了回馈给

社会群众,因此志愿者具有坚实的社会群众基础,可以使更多文化志愿者被吸引而参与其中能够参与其中,即便一些文化志愿者是非专门的技术人员,但他们仍然能够在组织者的带领与培训下各施所长地加入投身到文化宣传以及推广等各个环节,提高了传播的效果,使得更多文化群众能够乐于参与和接受文化活动,也从根本上保证了文化活动的顺利开展。此外,文化服务者和志愿者的加盟,也将促使文化服务建设的团队更加发展壮大,扩张了队伍的规模,他们各司其职,发挥自己的所长,这无疑将会大大减轻文化服务专职人员的工作压力,他们将拥有更多的时间和精力投入解决文化建设的过程中更加专业的技术难题以及重点,并对当前文化事业发展的情况做出统筹、协调,强化自己的文化服务基础建设,进而给社会主义文化事业建设奠定了良好的铺垫。简而言之,文化工作者积极地参与投入到了文化创造和建设的队伍中,既弥补了专业技术人员数量不足的现象,又给我国文化的创造和发展增添了一股新的动力,使得我国文化创造和建设的队伍内部氛围更加生机勃勃,充实了动力,调动了专业技术人员的工作积极性,也大大提高了文化的传播和效率。

(三)满足群众高速发展的文化需求

随着社会经济发展,群众的物质生活水平已经能够基本满足群众的要求,精神层面的需求则开始扩大,要求也更高。人民群众不再满足于传统的歌舞、戏曲等形式的文化活动。文化服务志愿者由于其文化特点和专长不同,因此,也会选择参与不同类型的文化服务活动中,也因为他们本身是来自不同的领域,也就起到了将文化服务活动与各个领域相互连接的一个桥梁性作用,使得其文化宣讲的内容更为丰富,与社区基层组织的紧密联系,赋予了各类文化活动以及其他领域更丰富的内容。文化服务志愿者积极参与投入各类文化活动中,不仅有机会促进文化制度的不断完善,还有机会一定程度地培养和提高当地人民群众的思想和文化品格,他们要与群众进一步加强互动和交流,明白当地人民群众对于文化的感同和欣赏要求,而后再与当地从事文化建设工作的专业技术人员共同进行交流和沟通,对文化活动实施计划的不足和问题进行了修改、优化,使其更好地能为广大会大大提高广大民族群众自主参与各类文化活动的积极性,还有机会潜移默化地增强他们的对艺术鉴赏意识和能力,使之在思想上和文化素养水平都得到了提升。总而言之,文化志愿者的积极参与不仅使得文化宣传活动壮大了一支文化宣传活动队伍,与此同时,也有机会促使我们的文化宣传活动更具有多样性和特色,扩展了其传播的范围,也使得我们增加了文化的种类,比如,太极、戏曲、舞蹈以及音乐等等,不同文化的类型将能够满足不同人口和群体对文化鉴赏的需求,利于我们中华民族优秀文化的继承与弘扬和发展。

(四)作为群众文化建设的榜样

志愿者团体是一支具有公益意义和社会价值观的文化团体,也是这个时期雷锋精神的主要代表。所以志愿者团体在社会和群众文化的发展中,可以扮演着非常好的榜样作用。首先,文化志愿者应该是指导辅助服务工作的领袖和带头者。文化志愿者积极地参与到文化辅导的学习中,并且成为被辅导者和受教育的一员,不仅使他们可以充分运用辅导的过程来增强自身的文化素养,同时还使他们可以在辅导中对所有接受文化辅导的群众树立良好的学习榜样和示范作用。若在教学中有志愿者,则可以采取踊跃发言和大胆提问来调动整个课堂的气氛;利用自己的能力进行提升来对其他接受辅导的人员进行激励和引导等,这都被认为是对辅导领袖和带头人榜样效应的充分发挥。其次,文化志愿者可以起到一个公益型榜样的作用。群众性的文化教育活动本质上就是一项以开展社会公益性教育活动为主,而且参加群众性的辅导员往往被认为是组织和开展群众性文化教育活动的核心和骨干力量。所以说让志愿者积极地深入参与涉及公益文化产业宣传和公益辅导的这个过程,也许就是我们弘扬社会公益服务精神,提升整个社会公益文化的一种公益服务属性的一个良好发展契机。在这个发展过程中,文化公益志愿者所参与提供的各种社会公益性文化服务一般来说都会被公众造成广泛接触并受到文化辅导班的文化专业工作人员和文化骨干的大学生的高度重视,进而会促使这种文化公益服务精神向大家广泛传播至日常的各种民间性和群众性社会文化教育实践公益活动中。不过我们这里需要特别注意的一个地方、一个要点就是,志愿者对于榜样和宣传力量的充分培养能够发挥出来并非仅仅是简单的一个过程,它更多的还是需要对一个志愿者榜样能够自身起到一种以身作则的教育效果,通过自己的实际行为、话语说出来能够起到一种更为示范式的宣传教育活动效果。

(五)文化志愿者是群众文化体系的重要组成部分

在当前的社会群众性文化制度体系的构建中,相关的政府机构、专门的文化团体、基层的文化场所站(包括文化服务组织)、文化志愿者和服务人员以及文化服务群众都是其重要的组成部分。而传统文化团队建设工作也就是在此体制中进行而形成的一项大规模的群众性文化活动。所以在文化团队建设的工作中,志愿者团队就是它们不可分离的一部分。在传统的文化教育辅导中,志愿者除了能够起到以上的几个功能外,还同样可以起到以下两个功能。①充分做好整个体系中的其他各部门成员之间的协调。在文化方面的志愿者服务辅导在工作中除了与被辅导者与接收的受教育者之间进行沟通和协调外,还需要与地方政府组织架构、基层文化站等部门和组织机制之间进行沟通和协调,实现了群众性文化系统内各个成员之间的相关信息和资源共享。例如由文化社会工作者发起,文化志愿服务人员参与和组织,基层文化小站、文化群众团体给予支持的文化辅助下乡活动,就是这种文化协调型和促进文化事业开展工作的重要表现。②系统内的第三方支撑者。由于我国志愿者团队的具有公益性特点,所以它们可能在群众性和文化制度体系中扮演着可以被认为是第三方支撑者的角色。例如在传统的文化教育辅导中,志愿者们就可以采取回答问题、提出意见建议等多种方式来对辅导人员工作的质量和服务水平进行综合评价,进而有效地为辅导人员工作流程的完善和发展提供了第三方的意见支撑。

三、文化志愿者未来发展趋势及意义

（一）向专业化方向发展

在未来文化志愿者团队中,专业化已成为其未来发展的重点和趋势。①建立专门严谨的志愿者团体和队伍。当前绝大多数的文化志愿者团体往往是由于组织松散,控制能力弱,进而直接影响志愿者功能的发挥。未来我们的文化志愿者团体和组织将更加的专业和严谨,保证每一名志愿者都可以从自己的群众文化事业工作中获得有效地发挥。②使服务志愿者的能力变得更加专业。在前的学校文化志愿者团队能力也是参差不齐,部分人员的专业技术水平比较低。因此在未来的社区文化志愿者团体队伍的建设中,管理人员应该通过积极地开展教育培训和辅导、吸引社区内更多的专业文化人才等手段,提高社区志愿者团体文化的专业性,淘汰一些专业技术能力相对较差的志愿者,进而保证社区文化志愿者团体队伍专业性的提高。

（二）专家、观察者的身份的形成与发展

文化志愿者不仅被认为是组织群众性文化活动的主要参与者,还被认为是组织群众性文化活动的"专家"和"观察者"。因而在未来我国的文化志愿者团体队伍的建设中,志愿者们更应该切实地做好他们的身份和精神转换。一方面,志愿者要在群众性的活动中搜集自己的文化需求、特点、经历等内容,这样才能把它们变成一种专业化的信息,使自己能够成为开展群众性文化活动的"专家",促进群众性文化活动的发展。另一方面,我们的文化志愿者要及时地对社会文化的发展情况进行观察,利用"观察者"的身份把这种社会文化的变迁更好地融入人民群众的文化实践活动中,促进它们的良性高速发展。

（三）未来群众文化研究的参与者

在"专家"和"观察者"的基础上,志愿者把自己所收集和获得的信息与观察结果,直接介入到了群众性文化的研究中。例如,服务于志愿者可以在文化社会工作者的支持下,开展对文化需要的调研,并且能够形成一份专门的调查与分析报告,为人民群众文化事业的发展提供理论支撑。

综上所述,文化志愿者是文化建设活动中的重要力量,在推动我国文化建设、补充文化建设者队伍以及满足人民群众日益增长的文化需求方面有着重要的作用。我们应更加重视对文化志愿者队伍的建设,使其在文化建设中更好地贡献自己的力量。

文化馆高质量发展的职能定位和服务转型

——以潍坊市机构改革为例

邱纯伟［山东省齐鲁文化（潍坊）生态保护区服务中心］

机构改革是影响文化馆职能定位改变和服务功能转型的重要因素。高质量文化馆的建设发展应根据改革后的职能定位、服务理念的变化而升级，是一场从上到下、从内而外彻底改变的文化"硬仗"，融合性、精准性、数字化、社会化理应成为改革后文化馆服务转型探寻的关键要素和发展方向。

一、潍坊市各级文化馆机构改革情况

截至 2021 年 12 月，经第五次全国文化馆评估定级，山东省潍坊市拥有国家一级文化馆 12 个、三级文化馆 1 个，等级馆数量位于山东省前列。2021 年 3 月，潍坊市整合潍坊市文化馆（市非物质文化遗产保护中心）、潍坊市美术馆（潍坊画院）、潍坊市文物局、潍坊市文艺创作研究中心组建成齐鲁文化（潍坊）生态保护区服务中心，同时加挂潍坊市文化馆、潍坊市文化遗产保护中心牌子，为潍坊市文化和旅游局所属正处级公益一类事业单位，也是国内少数以国家级文化生态保护区命名的公共文化服务机构之一。肩负着齐鲁文化（潍坊）生态保护区建设，组织开展全市群众文化活动等职能任务。核定事业编制 68 名，其中，具有高级职称专业技术人员 12 名，中级以上职称专业技术人员 26 名，硕士研究生以上学历 18 人。下设非遗保护部、文艺活动部、文艺培训部、数字文化部等 9 个部（科）室，以及潍坊市美术馆、于希宁艺术馆 2 个分支机构。

在调研中我们了解到，潍坊市所辖奎文、寒亭、青州、诸城、寿光、安丘、高密、昌邑、昌乐、临朐等县市区根据当地实际情况，有序进行了机构改革，有关情况具体如表 1：

表 1　潍坊市各级文化馆机构改革一览表

名称	机构变更	人员编制	机构性质
奎文区文化馆	为奎文区文化和旅游局所属正科级公益一类事业单位，单独成立"奎文区文物与非物质文化遗产保护中心"，为区文化和旅游局所属正股级事业单位	文化馆核定事业编制 31 名，其中管理人员编制 5 名，专业技术人员编制 26 名。区文物与非物质文化遗产保护中心核定事业编制 4 名，主任 1 名	单设机构独立办公

续表

名称	机构变更	人员编制	机构性质
潍城区文化馆（潍城区文化遗产保护中心）	为潍城区文化和旅游局所属正科级公益一类事业单位，经费来源为财政拨款。挂潍城区文化遗产保护中心牌子	核定事业编制 16 名	单设机构局合署办公
寒亭区文化馆（寒亭区文化遗产保护中心）	整合寒亭区文化馆、寒亭区文物保管所、寒亭区非物质文化遗产保护中心，重新组建潍坊市寒亭区文化馆，为区文化和旅游局所属副科级公益一类事业单位。挂潍坊市寒亭区文化遗产保护中心牌子	核定事业编制 20 名，其中管理人员编制 3 名、专业技术人员编制 16 名、工勤技能人员编制 1 名。单设机构、独立办公	单设机构独立办公
坊子区文化馆（坊子区文化遗产保护中心）	坊子区文化馆为坊子区文化和旅游局所属副科级公益一类事业单位，挂坊子区文化遗产保护中心牌子	核定事业编制 14 名，其中管理人员编制 1 名，专业技术人具编制 13 名	单设机构独立办公
青州市文化发展研究中心	整合青州文化研究院（青州市民间收藏博物馆）、青州市非物质文化遗产保护中心（青州市非物质文化遗产博物馆）、青州市文物保护研究中心（青州市佛教文化研究中心）3 个事业单位，组建青州文化发展研究中心。青州市文化馆是青州文化发展研究中心的分支机构	核定事业编制为 30 名，由青州画院转隶 1 人，现实有在编人员 22 人	分支机构独立办公
诸城市文化艺术中心	诸城市超然台服务中心（诸城市地方文化研究学会）、诸城市图书馆、诸城市文化馆（诸城市美术馆、诸城市文艺创作室与诸城市文化馆合署办公）、中国诸城古琴研究中心，整合组建诸城市文化艺术中心，为市文化和旅游局所属副科级公益一类事业单位，实行一个机构、多个分支模式	核定事业编制 16 名（包含事业、聘干、工勤）。非遗保护中心在诸城市文旅局办公，现有 2 人，1 人为企业编制，劳动关系在诸城市电影公司，1 人为公益性岗位	分支机构与美术馆合署办公
寿光市公共文化服务中心	整合寿光市文化旅游事业发展中心、寿光市历史文化中心、寿光市文艺创作室、寿光市非物质文化遗产保护中心，重新组建寿光市文化旅游事业发展中心，为市委宣传部（市文化和旅游局）所属正科级公益一类事业单位，加挂寿光市文化遗产保护中心牌子	核定事业编制 25 名，其中管理人员编制 15 名，专业技术人员编制 10 名	分支机构独立办公
安丘市文旅事业发展中心	安丘文化馆隶属于市文化和旅游局，属副科级公益性一类事业单位。非遗保护中心与旅游发展中心合并后成立安丘市文旅事业发展中心	文化馆定编 17 人，实有专业技术人员 14 人。安丘市文旅事业发展中心编制 11 人，人员暂未配备到位	分支机构独立办公
高密市公共文化服务中心（高密市人文资源开发研究中心）	高密市文化馆是高密市公共文化服务中心（高密市人文资源开发研究中心）分支机构，为高密市文化和旅游局所股级公益一类事业单位	核定事业编制 25 名	分支机构独立办公

名称	机构变更	人员编制	机构性质
昌邑市文旅事业发展中心	昌邑市文化馆是昌邑市文旅事业发展中心分支机构,为昌邑市文化和旅游局所股级公益一类事业单位,挂昌邑市文化遗产保护中心、昌邑市美术馆牌子	核定事业编制37名。其中管理人员编制1名、专业技术人员编制32名、工勤技能人员编制4名	分支机构独立办公
昌乐县文化旅游事业发展中心	昌乐县文化馆是昌乐县文化旅游事业发展中心分支机构,为昌乐县文化和旅游局所股级公益一类事业单位。整合昌乐县非物质文化遗产保护中心与昌乐县博物馆,重新组建昌乐县博物馆,加挂昌乐县文化遗产保护中心牌子,作为文化旅游事业发展中心分支机构,独立运营	文化馆核定事业编制14名,其中管理人员编制1名,专业技术人员编制13名。新组建的昌乐县博物馆,核编11人,目前与县文化旅游事业发展中心文物科合署办公,实有在岗人员8人	分支机构独立办公
临朐县文化艺术中心(临朐县文化馆、临朐县文化遗产保护中心)	临朐县文化馆(临朐县书画院、临朐县非物质文化遗产保护中心)更名为临朐县文化艺术中心,为县文化和旅游局所属正科级公益一类事业单位,挂县文化馆、县文化遗产保护中心牌子	临朐县文化艺术中心核定编制31人。其中,管理人员编制4名,专业技术人员编制27名	单设机构独立办公

除此之外,高新区无文化馆,共4人,3人在编,聘用1人,非遗保护工作由高新区宣传中心理论与文化科承担。滨海区无机构、无编制,局合署办公,非遗业务由1人专门负责。峡山区无机构,无编制,与峡山区文化旅游管理服务中心同体运行,社会化用工2人,其中1个临时工,1个借调。

通过上述表格和文字资料可以看出,改革后33.3%(不包括潍坊市文化馆)的文化馆是单设机构,同时挂非遗保护中心的牌子,保留了独立的法人资格,剩余的大部分文化馆取消了法人资格,成为文化和旅游局或者文旅事业发展中心的分支机构,财务、编制都不独立,开展活动、经费使用受限,制约了免费开放和服务效能的发挥。

二、改革后文化馆面临的共性问题

通过调研笔者发现,潍坊全市的这次在文化机构上的改革比较彻底,各级文化馆不论在机构数量、人员编制、岗位设置及人才分配等方面都发生了很大的变化,但普遍还存在职能定位不清晰、名称不统一、专业人才缺乏等突出性问题。

(一)职能定位还不够清晰,上下沟通协调不畅

改革后,潍坊市文化馆作为独立法人保留了下来。大部分县市区进行了整合,县级市文化馆中有4个保留了"文化馆"的原有名称,绝大多数的文化馆名称变成了文化发展研究中心、公共文化服务中心、文化艺术中心、文旅事业发展中心等,称谓各式各样,上下级

业务指导关系不明确,对外宣传推介造成了一定误解和困扰。同时,在运行机制和工作沟通中,部分文化馆和文化遗产保护单位与上级业务指导、主管部门的关系还没有理顺,在同一个中心下运营的文化馆与文化遗产保护中心的协同作用没有形成,职能定位不够清晰导致职责分工不够具体,形成市县两级对口衔接不畅和上下步调不一致现象。

(二)公共文化服务人才匮乏,人员结构不合理,人才队伍建设机制不健全

公共文化服务人才问题并没有因为改革后的人员调整而彻底解决。主要表现如下:专业人才数量严重不足,这是全市普遍存在且长期存在的现象,全市平均每万人不到1名乡镇文化干部。全市从事非遗专业的工作人员总数不到50人,而真正是非遗相关专业的人才更是寥寥无几,大部分都是半路出家或身兼数职,工作延续性差;专业人才队伍结构不合理,队伍老龄化现象严重,尤其是文艺创作、戏剧表演、舞美等人才尤为突出,因为创作经验、表演经验等出现人才青黄不接问题,具有高级职称的仅占10%,断层现象严重。

(三)公共文化服务供给方式更新迭代加速,数字文化建设贡献力不足

推动公共文化服务数字化建设成为现代文化馆服务设施升级、服务模式创新的必然要求,但纵观潍坊市各级文化馆数字文化建设发展情况,这还是目前各级文化馆存在的一块较难解决的"短板"。一是对数字文化建设概念理解不够,宣传模式同质化、单一化。大多数文化工作者对"数字文化建设"这一概念理解不深不透,单纯从理论上认为是"数字"与"文化"的简单相加,仅仅满足于单项式开发微信、微博、抖音等新媒体进行单一宣传,缺少从整体层面对二者进行横向、纵向的综合性把握,从而导致整体带动作用不强,服务效能不显著,很多开发的小程序成了"僵尸户",向基层延伸辐射的深度和广度更是有待加强。二是缺乏专业运营团队,不能精准对接群众需求。文化馆数字文化建设是一项精细的专业化工作,懂行的专业人才和具备资源制作能力、平台开发能力以及更好的服务推广能力的运营团队是必要因素。大数据分析还比较薄弱,未能做好数据之间的梳理分析,不能及时精准对接和分析群众需求,导致公共文化服务的覆盖面和共享性不够,影响服务效能发挥。

三、文化馆高质量发展的服务转型目标

文化馆的服务转型目标应该是高质量的公共文化服务,主要突出融合性、精准性、数字化、社会化,这些关键特征既代表了当前文化馆的具体实践层面,又体现出今后文化馆要努力探索的方向。

(一)推动文化馆服务转型,要以融合性为根本

融合性主要包括机构融合、业务融合、市县两级融合,既包括纵向的市县两级上下关系的融合,也包括横向上各级单位、各级馆业务上的融合。一方面,机构改革后的各整合

单位要转变之前单打独斗的观念,树立"一盘局"思想,防止出现九龙治水、一盘散沙的局面,形成良好的上下级业务指导关系;另一方面,改革后大部分非遗保护中心都与当地的文化馆进行了合并,在业务上可顺利实现互联互通互融,各文化馆的文艺创作、文化活动等职能任务和非遗保护中心的业务,就可以在横向之间实现很好的融合,比如非遗在社区、非遗进校园、非遗公益课堂等,都是非遗与公共文化服务融合的思路。

(二)推动文化馆服务转型,要以精准性为导向

精准性主要从国家战略、大众文化需求来考虑。文化馆作为引领文化事业、弘扬优秀传统文化的主阵地,根据国家战略开展一系列活动是必须遵循的根本。全国各地文化馆开展的建党百年文艺活动、"百年百艺 薪火相传"传统工艺展览等活动,又如,根据黄河流域高质量发展要求展开的系列文艺创作、展演展览等,都是对接国家战略,把国家战略贯彻到社会经济发展方方面面的体现,这也是文化馆的主要职能之一。大众的文化需求是"人民对美好生活的需求"的精神追求,是体现幸福感、满意度的重要指标。随着人民对美好生活需求的不断升级,文化馆的服务方式、理念也须精准化。当前,各级文化馆所举办的文化活动 90% 采取自上而下的方式,根据大众的文化需求而组织活动是占极少数的,公共文化服务精准化,然而这才是文化馆服务转型要侧重的目标,以此来提供差异化的文化体验。

(三)推动文化馆服务转型,要以数字化为支撑

数字化文化馆是全国各地文化馆建设的标配,从某种程度上来看,文化馆的数字化建设水平代表着某地文化馆的硬实力和软实力。数字化文化馆建设主要包括文化馆云平台、数字化服务渠道、智慧体验空间、数字化监管平台。文化馆云平台运用"互联网+"思维,实现文化资源的整合、文化活动的开展、社团组织管理,打造"大家"云平台,对接国家公共文化云服务,实现资源互通有无、共建共享。数字化服务渠道主要指对外的宣传推介方式,比较常见的"两微一抖",比较流行的还有现场直播、小红书等 APP。智慧体验空间体现的是科技与文化的融合,把 AR、5G 等技术运用到各种文化场景,让大众享受个性化服务体验,比如文创体验空间、非遗空间、直播空间等。数字化监管平台通过大数据进行分析,是对文化馆参观人流量的一种动态掌控,包括提前预约、信息登记、后期反馈等,高效、便捷、安全,尤其是疫情常态化的特殊时期。

(四)推动文化馆服务转型,要以社会化为抓手

社会化主要涉及三个层面:政府购买服务、吸纳社会力量、志愿者服务。建设高质量文化馆,仅靠文化馆的资源是有限的,离不开社会力量的广泛参与。通过政府购公共文化服务,能让更多优秀的文化企业主体参与其中,提供更优质的文化产品、服务,解决文化供需不平衡问题。社会组织的优势是显而易见的,不断吸纳行业协会、学会、社团等力量加入公共文化服务,解决文化馆(站)的人才缺乏、文化设施有限等问题是非常有效的。文

化志愿者是一个庞大的队伍，在文化服务的输出中发挥了生力军的作用，依托党建、各级文化馆（站）等开展形式多样、常态化的志愿服务，打造特色志愿服务品牌，建立健全奖励机制、服务评价反馈等体系建设，推动文化馆志愿服务建设可持续发展。这三种方式是目前各地文化馆基本采用的模式，在最大限度上保证了大众参与的积极性和主体地位。在未来文化馆的发展中，所要做的就是不断根据实际优化服务细则、深化合作内容、完善监管机制等，形成志愿服务示范机制，培育更多的公共文化服务社会力量推动文化馆服务转型。

《"十四五"公共文化服务体系建设规划》中明确提出公共文化服务体系布局更加均衡、水平显著提高、供给方式更加多元、数字化取得新突破的建设目标，这也是高质量文化馆发展的题中之义，融合性、精准性、数字化、社会化仅仅是文化馆发展的阶段特点和短期追求，在未来文化馆的发展中，还需结合时代发展思考更多与时俱进的典型特点、高质量发展经验，探索改革后公共文化服务和文化遗产保护共融共享的新路径。

试论人民精神共同富裕目标基点上的文化馆价值实现

李　汩　赵靓靓（四川省成都市文化馆）

历史实践证明,文化馆的价值是在其作为国家文化治理机构的工具理性和作为公益文化机构的职能理性二元力量的推动下,伴随着经济社会的发展而动态演变的。党的十九大以来,"美好生活"的提出进一步确立了人本位的全新发展观,"共同富裕"目标所包含的"精神共同富裕"则将精神之维的人的自由全面发展确认为政治使命,文化馆理应顺应这一转变探寻准确的自我价值定位,实现新作为。

一、问题意识:新阶段呼唤文化馆的新作为

(一)与时俱进的文化馆价值变迁

文化馆作为国家设立的文化机构的政治从属性,决定了其服务于国家文化建设的基本立场;另一方面,自新中国成立以来所确立的为人民服务和为社会主义服务的发展价值观和发展目的观,孕育出了文化馆服务于群众精神文化需要的初心和使命。因政治从属性的目标诉求和因对人终极关怀的道德精神追求成为影响文化馆价值变化的二元力量。

历史地看,站起来、富起来、强起来,构成了新中国成立以来的大历史和大逻辑。站起来阶段,以文艺巩固新生的人民政权和以扫除文盲运动激发民众文明的觉醒成为文化馆价值的两面;富起来阶段,文化对经济促进作用的认识催生了"以文养文"的探索,各类文艺团队及社团雨后春笋般地诞生成为群众文化活动繁荣的生动注脚;当前,我们正处于强起来阶段,面向世界民族之林的文化强国建设和实现人民精神财富共同富裕,成为影响新时代文化馆价值取向的宏观生态。

(二)二元统一的文化馆应然价值

随着"富起来"阶段所伴生的工具理性盛行、精神信仰缺失甚至人的生命价值异化等问题凸显,发展的逻辑开始从偏颇于物质的丰盛和增长,转变为对作为社会历史主体的人的能力的进步、自由的拓展以及不断优化人的存在境界的总体性关注,围绕着有利于人生存所需要的良好自然、和谐社会和人自身心智得以发展的整体性的新发展理念诞生。

自党的十九大以来,"美好生活"目标彰显出对人类社会发展的终极关怀和以人民为中心的价值理念,呈现出中国当代政治从微观路径和感知维度改变人之生存状态并实现

政治使命的全新逻辑,宏大的政治目标与微观的社会个体发展需求有机融合。而共同富裕内在地包含着精神内容,"是人民群众物质生活和精神生活都富裕","促进共同富裕与存进人的全面发展是高度统一的。要强化社会主义核心价值观引领,加强爱国主义、集体主义、社会主义教育","不断满足人民群众多样化、多层次、多方面的精神文化需求"[1]。精神生活共同富裕指向了人民在精神生活领域对美好社会的理想信念、向善向上的价值理念、积极健康的道德观念和优秀传统文化的广泛认同并用以影响自身行为、完善人格心性的精神状态。国家宏观的政治目标切实关照到微观个体的存在境界,文化馆的工具理性和职能理性由此统一到以社会主义核心价值观为引领的激发群众文化自觉、完善主体心性品质之中。

二、机构认知:纵横坐标中的文化馆业务特质及优势

纵向观察,"从晚清'开启民智、改良风俗'背景下出现的通俗教育馆、民众教育馆、社会教育馆算起,我国文化馆已有 120 多年的历史"[2]。百余年的机构发展史积淀形成了文化馆固有的工作路线和工作方式;横向比较,文化馆作为公共文化服务体系之中的重要力量,理应具有显著区别于其他机构的行业特质。理清文化馆的优势业务形态,方有利于实现新时代文化馆的应然价值。

(一)工作路线:以人民群体为发动和牵引

1. 文化馆是扎根群众的文化机构

1953 年印发的《文化部关于整顿和加强文化馆、站工作的指示》明确提出:文化馆、站是政府为开展群众文化工作、活跃群众文化生活而设立的事业机构[3];由文化部印发的《文化馆工作试行条例》中第三章明确:文化馆的服务对象是当地人民群众;2017 年实施的《文化馆服务标准》规定:文化馆是"县和县级以上的人民政府设立的,以组织群众文化活动,开展社会文化教育培训和基层群众文化辅导为主要职能的公益性文化事业机构,是广大群众进行文化艺术活动的重要场所"。文化馆以"群众"为服务对象、围绕群众文化开展工作,是自文化馆成立以来就达成的稳定而广泛的共识。

2. 作为工作路线的群众文化侧重于指群体性文化

一方面,群众文化现象是在人们集体性的生活和生产活动中为了歌颂胜利、寄托期盼、消除疲劳、活跃身心而产生的,从诞生之初就具有群体性特征;另一方面,在实践中,文化馆服务大众往往是以人民群体(业余文艺队伍、行业文艺组织、集体文化组织甚至熟人网络等)作为发动和牵引,带动文化服务价值在更广范围内发挥影响。例如,1980 年由中宣部、文化部和共青团中央共同印发的《关于活跃农村文化生活的几点意见》中提到:"活跃农村文化生活,要发挥两个积极性,一个是国家文化事业单位和专业团体的积极性,一个是集体文化组织和群众性业余队伍的积极性"[4],集体文化组织和群众性业余队伍成为活跃农村文化生活的重要抓手。在当前文化馆开展的文艺团队辅导、群众文艺赛事、群

众文艺创作、艺术普及培训等常态化业务形态中,也都呈现出了主要服务于人民群体而非个体大众的特点,其中,全民艺术普及培训课程报名之初尽管是个体参与,最终也形成了以班级、小组为单位的熟人网络。

3. 群体性文化具有熟人社会特征和社交属性

"群众"之"群"是指相聚成伙、聚集在一起,"众"是指许多、与少相对,内在地包含着凝聚、群体的意义。群众业余团体区别于独立的、分散的众多个体,是由人们基于身份认同而具有共同兴趣爱好基础的单元结构集合,具有熟人社会的特征和社交的属性。文化馆以群众业余团体为发动和牵引的工作路线,相较于博物馆、图书馆等公共文化服务机构无差别地面向独立个体开放的业务状态,更有利于在以文化艺术为媒介的集体行动、情感维系过程中形成归属感和认可感,培育形成共同的价值和完善的人格。

(二)服务方式:以群众文化活动为形式和载体

1. 组织开展群众文化活动是文化馆的重要业务范畴

从1980年在召开了全国群众艺术馆工作汇报座谈会后形成的《全国群众艺术馆工作汇报座谈会纪要》到《文化馆工作试行条例》,再到《文化馆服务标准》,都将组织开展群众文化活动明确规定为文化馆的重要业务。其中,《文化馆服务标准》明确将"群众文化活动"定义为:人们在职业外为满足自身精神文化生活需要而采取的文化行为,是群众文化功能、价值的载体。

2. "群众文化活动"作为文化行为具有鲜明的实践属性

与图书阅读、静态展览等公共文化服务形式中,人与图书或展品之间所形成的理性的主客体关系不同,在舞台展演、剧目排练、文化交流、艺术学习等群众文化活动中,作为主体的个人更容易全身心沉浸到活动实践过程之中,因为实践属性,主体所经历的群众文化活动能够成为其生命感受的一个组成部分。理性认识是一种旁观者的立场,而个人心性品质的培育、价值观的养成需要情感体验与实践行为。只有当个体生命以践行者的立场沉浸到审美性的文化体验之中,外在的知识理性转化为人内心的共识,转变为道德理性、天德良知,通过"肉身化"转变为人生命的一个部分,个体的心理结构和情感结构才可能不断完善,人的心理性需要才能得以满足。因此,"践行"立场是塑造精神丰沛的当代人的必由路径,群众文化活动则是具有鲜明文化馆特色的、极有益于主体精神构建的业务形态。

(三)服务立场:以激发"文化自为"为初心和使命

1. 群众文化具有自发性

作为社会现象的群众文化是人类社会在漫长历史长河中,随着生产的发展和社会的进步而萌芽、产生、发展、提高的,体现了人对艺术和美的天然追寻,是人以自身为目的的能动性创造活动。组织开展工作的文化馆事业则是群众文化发展到一定阶段而诞生的。在《文化馆服务标准》中也规定:群众文化是指"群众在闲暇时间,以自身为活动主体,以文化艺术为主要内容,以满足自身精神文化生活需求为目的的文化活动,是一种自我参与、自我开发的社会性文化"，自身为主体、自我满足、自我参与、自我开发成为这一定义的关键词。

3. "激发"立场助力实现人的自由全面发展

尊重群众的主体性是公共文化服务体系中文化馆的特色立场。在团队辅导、文艺创作、舞台演出等形式的群众文化活动中，文化馆扮演的是发动、指导、引导、激发等作用，群众既是文化的享受者，更是作为主体的参与者和创造者。这种以群众为主体、发动群众成为文化活动的主导者和实践者的工作方式，更能够激发人民创新创造的活力，更能够得到人民的情感认同和价值认同。因此，要发挥文化馆以社会主义核心价值观为引领，推动群众从文化自觉走向文化自为、推动人的自由全面发展的新时代价值，需要文化馆进一步强化"激发"立场，将文化馆公共文化服务的逻辑起点从"我要供给群众什么"转化到"我要激发群众什么"。

三、价值发挥：从服务供给到主体激发

文化馆具有以群体（团队、社群）为服务纽带和抓手、以活动（参与、体验）为主要业务形态、以激发为主要服务立场的显著特点，它们所具备的社交特质、践行属性、主体立场等因素最有利于激发群众文化自觉、塑造心性品质。因此，新时代文化馆应围绕着力培育群众文化群体、搭建文化活动平台、研发价值体系内容等为本体业务展开工作，从单向度的公共文化服务项目和产品供给，转变为面向文化群体的价值培育、引导和激发，充分发挥群体自我服务、自我创造、自我完善的动能，从而以群体带动全民，更好地发挥和凸显新时代文化馆的独有价值。

（一）培育群众文化群体，激发群体活力

1. 多渠道发现、培育群众文化群体。

一是以文化馆排演场馆供给、专业师资指导、赛事平台推荐、展演观摩机会等为资源，面向社会广泛招募和吸纳成熟的文艺团体、行业文艺组织、业余文艺人才汇聚到文化馆周围。二是网络文化社群是新兴的群众文化群体，文化馆应主动与优质网络文化社群联结，以项目和机制加强与网络文化社群在线上线下的互动和合作，增强文化馆对网络文化社群的理解力和影响力。三是强化关注群众文化群体的意识，在常态化的工作中强化对文化群体的关注，通过大型赛事、培训班次、项目活动主动组建兴趣爱好相对一致的文化社群或文艺团队，加强文化馆与他们之间的互动和黏度。

2. 完善机制，为文化群体注入动能

一是建立分类管理标准。将聚集在文化馆周围的文化群体按照与文化馆之间的紧密关系以及群体的艺术素养，分为馆办团队、指导团队、社会团队等不同类别，明确不同类别文化群体应该遵循的基本原则，以及相应应承担的权利和义务。二是形成激励引导机制。采取星级团队评定、经费激励扶持、审核退出机制等举措，鼓励文化群体不断提升文化艺

术修养、积极参与公共文化服务,引导形成文化群体自我服务、自我开发。三是依托总分馆制拓展文化群体的社会价值。面向纳入文化馆总分馆体系的分馆、支馆开放文化群体资源库,畅通总分馆与文化群体之间的联结渠道,基于对分馆和文化群体的积分制等管理机制,调动文化群体前往分馆或支馆开展群众文化活动的积极性,丰富总分馆体系文化活动内容,发挥文化群体更大的社会价值。

(二)厚植群文活动氛围,激发文化创造

1. 搭建资源平台

通过搭建各类资源平台,为群众开展文化活动、提升文艺素养提供全面的支持和鼓励。一是空间资源。整合总分馆体系中闲置的排练厅、演艺厅、培训教室、录音室、小剧场等公共文化空间,通过线上预约开放给市民群众使用,为群众团体的节目排练、展演提供便利。二是人才资源。整合辖区内涵盖美术、书法、摄影、戏剧等各艺术门类以及创意策划、理论研究等类别的人才资源信息,以文化志愿服务或业务辅导工作安排等方式形成可供群众团体预约的工作排期,为文化群体提供业务支持。三是赋能类资源。整合各级各类展演观摩、培训课程、艺术慕课等资源以及比赛、资助资金评选等信息,助力文化群体充分利用公共资源提升整体素养。

2. 搭建赛事平台

搭建区域性群众文化活动赛事,为文化群体提供展示、交流、提升平台。一是常态化、规律化组织开展群众文化活动赛事,推动赛事扎根基层,便于文化群体有准备地组织参赛,以赛促学;二是注重赛事的激励效果,通过权威证书颁发、奖金补贴、专家指导、推送更高级别赛事、媒体聚焦曝光等多元手段,调动文化群体参赛积极性;三是系统化谋划群众文化活动赛事品牌,服务群体对象、活动类型、艺术门类等方面各有侧重和定位,使之形成相互联结又定位清晰的品牌体系。

3. 创新示范引领

市级及以上文化馆应注重群众文化活动的创新设计,以常办常新的意识为群众文化活动注入活力,发挥示范引领作用。一是本土化:扎根本土文化特色、关注本土主流人群、聚焦本土特色话题的群众文化活动更能够引起群众共鸣、引发社会关注;二是社交化:当代备受欢迎的文化产品大都具备社交属性,在群众文化活动设计中注入节日的问候、快乐的分享、情感的表达等可互动内容,能增强群众文化活动的人文关怀和社会吸引力;三是场景化:以某个群体的需求、习惯、喜好为导向,采取将文化融入场景、融入生活的方式在自然而然中达成文化审美体验。

(三)具化价值体系内容,激发情感认同

社会主义核心价值观包含了国家、社会、个人等不同层面的价值取向,关涉着理想信念、价值理念、道德观念等丰富的内涵。社会主义核心价值作为理性之知的凝练概括,只有经由生动的内容转化和实践的路径才有可能转化为人们的情感认同和行为习惯,从而用以影响人的心境,完善心性品质。

　　围绕社会主义核心价值观所规定和包含的价值范畴进行内容的系统梳理,结合历史事件和当代经典案例,形成适宜于群众理解和传播的、具化而生动的社会主义核心价值观内容体系,以系列读本、系列故事、文学诠释等方式呈现,为群众文化活动内容设计、群众文艺创作、文化馆新媒体产品生产、文创产品设计提供内容遵循和支撑。

　　由此,一方面,可以切实丰富各类群众文化活动的精神内涵,增强群众的获得感。另一方面,依托生动的群众文化实践,推动社会主义核心价值观融入群众的精神生活,通过审美体验激发情感认同,从而让基于情感认同的社会主义核心价值观成为促进人与社会发展的驱动力量。

参考文献

[1] 习近平 . 扎实推动共同富裕 [J]. 求是,2021(20):33.

[2] 李国新 . 论文化馆及其主要职能 [C]// 白雪华 . 中国文化馆 . 北京:中国学术期刊(光盘版)电子杂志
　　社有限公司,2021:4.

[3] 孙进舟 . 中国群众艺术馆志 [M]. 北京:社会科学文献出版社,1997:875.

[4] 孙进舟 . 中国群众艺术馆志 [M]. 北京:社会科学文献出版社,1997:900.

突破培训高质量发展瓶颈　助推全民艺术普及工作

——以浙江慈溪市文化馆为例

陈静波（浙江省慈溪市文化馆）

供给侧结构性改革是近年来我国经济发展的一条主线。以满足需求为最终目的,提升供给质量为主攻方向,深化改革为根本途径,从而解决供给侧和需求侧不平衡、不协调的矛盾问题。那么,用"供给侧与需求侧结构性失衡"的问题来分析文化领域所面临的困境时,我们不难发现,"全民艺术普及"曾在高速发展一段时期后出现供给侧无法满足现有人口的有效需求。以浙江慈溪市文化馆公益培训为例,2010年慈溪市文化馆在上级部门的推动之下向全社会推出文化活动品牌——"百姓课堂",该项目一经推出在开展全民艺术普及,丰富群众文化生活方面做出巨大成绩。然而,随着时代的发展,慈溪市文化馆的公益培训供给侧对需求侧变化调整明显滞后,导致发展陷入"冰冻期"。为快速突破瓶颈,慈溪市文化馆深入开展调研摸清群众需求,从供给侧出发提升文化供给质量,创新培训服务新模式从而满足群众需求。

一、文化馆公益培训存在的问题

（一）培训项目单一,与群众多样化的需求相矛盾

文化馆作为国家公益性文化事业单位,艺术培训公益化是新时代发展的必经之路。要提升文化馆辅导培训辅导的质量就必须坚持以人民中心为导向,否则就难以与群众相呼应。

然而文化馆培训的不断深入,"供不适求"的问题也逐渐显示出来,最终效果不理想。究其原因是在设置培训内容时,没有及时对整个文化市场进行调研,缺乏对群众各类课程喜爱度的深入了解,导致培训内容严重偏颇。例如2021年在我馆开展的培训项目中,"百姓课堂"春季课程共推出26个班级,其中器乐类课程占73.1%,声乐类课程占3.8%,书画类课程占7.7%,健身类课程占15.4%。从课程设置上看,器乐类项目占比比重过大,形成培训内容严重"偏科"的现象。从整体的项目类别上观察,开设的项目类别单一、种类少,缺乏创新性和趣味性。培训内容过于单薄导致"百姓课堂"服务效能低下,与群众多样化需求无法匹配,从而进一步引发群众参与热情低,培训群体"老龄化"等问题。

（二）数字化建设不完善，与新时代群众文化活动不对称

科学技术的飞速发展，"互联网+"已经成为新时代的主题。而后疫情时代又倒逼群众对于文化生活的诉求从线下的活动转至线上。因此，探索"互联网+"模式能大大满足群众需求，丰富群众文化生活。

然而在文化馆的建设发展中由于受到群众文化服务内容和传统服务手段的影响，目前文化馆在建设过程中仅注重实体的项目活动，而忽视了数字文化馆的建设。慈溪市文化馆在发展中也存在这样的问题，与新建的实体文化馆站相比，文化馆的网站平台建设与数字文化资源建设力度不够，例如在老的慈溪市官网中缺乏群众需要的公益培训文化资源，无法满足群众的数字文化需求。其次在数字化建设过程中资源整体结构存在问题，缺乏统一的战略规划及统筹，形成孤岛式的建设模式，造成了资源整体结构不合理。

（三）培训体系不完善，与同比增长的群众数量不匹配

文化馆开展的传统培训范围小、效能低、单一作战，存在不成体系等诸多问题。虽然慈溪市文化馆开展的"百姓课堂"以文化馆本部为主阵地，将培训延伸至镇村、学校、企业和机关，但随着时间的推移，慈溪人口数量的增加，显然已经力不从心。据第七次全国人口普查数据显示，慈溪全市常住人口达1829488人，与第六次人口普查数据相比，十年间增长367105人，在宁波各县市区居首位。在庞大的人口基数面前，我馆培训手段辐射面小、无法实现文化资源均等化等问题逐一暴露。

二、新形势下，文化馆公益培训工作的新常态

（一）完善课程内容设置，实现文化服务全民共享新常态

在时代不断发展的当下，人民群众的文化个性差异化发展趋势明显、个性化特征不断凸显。在开展全民艺术普及培训中要从"有什么给什么"向"要什么给什么"转变，在课程内容设置不但要辅导好文化，还应该使文化与群众的生活更加贴近。

精准对接群众多层次多维度的文化需求，立足实际，丰富培训内容，提升培训品质，完善并细化课程门类。以慈溪市文化馆"百姓课堂"为例2022年本部培训计划由原来的四大门类扩充到现有的九大门类，增设表演类、舞蹈类、戏剧类、民间艺术类、形体礼仪类；走进镇村培训为满足各镇街道个性化的学习需求，特别增设时尚美学类、插花艺术类、智能应用类，共开设18门课程可供镇村选择。与此同时，针对以往参与培训群体老龄化，中青年吸引力不强等问题，"百姓课堂"在设计与开发的过程中特别考虑到群体的审美特性。在中青年偏好领域中，加入街舞、插花、尤克里里、化妆视频剪辑等时尚新颖的课程，力求有更多的中青年参与文化馆所提供的艺术普及培训。同时为贯彻落实"双减"政策，"百姓课堂"将与乡镇结对子，开设暑期公益课堂，丰富孩子们的暑期生活。更新升级后的

"百姓课堂"课程内容涉猎专业更广、选择空间更大,最大限度地满足群众不同需求,让群众享受到更加优质、更为全面、更为专业的公益培训服务。从横向到纵向的多维课程设置无疑将大大提高全民艺术普及的覆盖面,实现文化服务全民共享新常态。

(二)加快数字化建设,下好数字文化服务的"先手棋"

文化馆在"十三五"时期迈入了数字化时期,进入"十四五"时期文化馆数字化要朝着高质量高水准的方向拓展。近年来,慈溪市民通过"互联网+"的形式获取培训资源逐年增多。在2021年慈溪市文化馆关于培训开展的问卷调查中发现,慈溪市民在日常接受培训方式的选择中有50%选择网络培训,仅与培训机构接受培训相差2.05%。由此可见,健全线上公共文化服务阵地,加快培训资源数字化,形成体系化系统化的教学资源变得至关重要。

以打造文化活动品牌为主体,扎实推进培训资源高质量发展。2021年作为全省大力推进数字化改革之年,我馆创新思路、紧贴群众需求,用数字化改革推进重点工作。实现与"国家公共文化云"、"智慧云"、宁波"十网合一"等平台互联互通、资源共建共享。同事,立足自身实际挖掘梳理文化馆资源,整理、汇总各类资源数字,推出"云享艺"公共数字文化服务品牌,秉承"让群众享受指尖上的艺术"为宗旨,将文化主阵地搬到线上。"云享艺"品牌的搭建,健全了线上公共文化服务阵地,优化公共文化资源配置。2020年至2022年期间,"云享艺之云课堂"推出40余节慕课课程,观看人次约2.5万。其中中国文化馆协会发布的国家公共文化云"学才艺"2021年度榜单中,慈溪市文化馆房洁老师入围最受关注授课人top10榜单,其《钢琴教学》系列课程入围"学才艺"最受欢迎点播课程top10榜单。

拓宽线上服务渠道,形成全方位多元化的数字平台。在对于慈溪市民希望呈现的网络课程形式调研中观察到有70.9%的群众希望通过直播形式接受培训。线上直播作为数字化生态中一种极具人气和活力的形式,在市场和公共文化服务领域都得到了广泛应用。直播这种形态也非常适合文化馆以全民艺术普及、群众文化活动为主的业务特点。"云课堂"以互联网和数字技术为依托推出线上直播课程,开设的内容包括太极拳、合唱、琵琶、水彩等,让市民足不出户在家就能学技能。从课后的反馈来看,特殊时期的特殊教学模式充分调动学员学习情绪,微信群日均交流活跃度高涨。同时,联动录播机制实现了优质资源共享。

(三)采用多样化培训方式,提高全民艺术普及的覆盖面

近年来,尽管慈溪市通过"互联网+"培训的群体在逐年增加,但是不容忽视的是通过培训机构获得培训的人数依旧占据榜首。想要提升文化服务均等化,在人数庞大的慈溪,只通过单一的手段扩大文化服务辐射半径已是不可取的手段。因此,充分调动社会力量参与慈溪市公共文化服务体系建设,拓宽辅导阵地,才能够实现提升文化服务均等化。

2021年市文广旅体局为深化"一人一艺"全民艺术普及工程,发挥社会力量在慈溪市公共文化服务体系建设中的重要作用。面向社会公开遴选了一批优秀文化艺术培训机构,作为慈溪市"一人一艺"全民艺术普及文化公益培训社会机构类执行单位面向社会共同推出文化公益培训课程。在社会联盟的共同努力下,"一人一艺"全民艺术普及将惠及更多的群众,进一步推动慈溪公共文化服务的发展。2021年为首批入围的十佳社会联盟单位进行了授牌,开展20门课程,受惠人群4000余人次;2022年再次遴选出9家社会联盟,开展19门课程,涵盖舞蹈、主持、乐器、绘画等多项课程内容,预计服务3000余人次。"一人一艺"社会联盟前所未有地扩大了全社会艺术培训需求总量,打通基层公共文化服务"最后一公里",提升公共文化服务均等化水平。

(四)提升业务骨干专业素养,发挥名师品牌效应

在新形势下,文化馆想要有效提升培训与辅导工作质量,第一要素就是提升业务骨干专业素养,组建一支高素质的人才队伍应拓宽思路,创新方式使其更好地开展群众文化服务。

第一,激发本馆内在动力,强化文化馆业务骨干专业素养,丰富其专业知识,定期组织短期、中长期的培训。通过业务能力的培训,提升团队的工作能力及职业素养;第二,挖掘外在动力,积极组建文化志愿,邀请各行各类名家学者、引入文化能人、文化使者等方式加入师资体系建设中。以此有效提高文化馆的整体队伍水准,不断满足广大群众日渐增长文化需求。

参考文献

[1] 王全吉.新时代我国群众文化活动高质量发展机制研究[J].中国文化馆,2021(1):32-39.

[2] 林红,李国新."一人一艺"构筑新型全民艺术普及共享生态圈[J].宁波通讯,2018(16):13-16.

[3] 叶昕.突破发展瓶颈,创新服务机制——文化馆服务供给侧结构性改革的实践与思考[J].大众文艺:学术版,2021(13):6-7.

[4] 罗云川.从数字化走向网络化与智能化,寓普及性于交互性与独特性——"十四五"文化馆数字化建设与服务的若干思考[J].中国文化馆,2021(1):12-19.

[5] 琚存华.浅谈文化馆的公共数字文化资源建设[J].参花(上),2020(10):2.

[6] 郁海平.新冠肺炎疫情期间文化馆活动开展形式的思考[J].参花(上),2020(5):2.

文化振兴是乡村振兴的重要环节

——从"文化大篷车"看乡村振兴中的文化支撑

王　沥（四川省绵阳市梓潼县文化馆）

乡村振兴的总体战略是："产业兴旺、生态宜居、乡风文明、治理有效、生活富裕"。习近平总书记指出："文化是一个国家、一个民族的灵魂。文化兴国运兴，文化强民族强。"他同时强调："乡村文明是中华文明的主体。""乡村振兴既要塑体，也要铸魂。"从乡村振兴战略和习近平总书记的讲话中不难看出文化与乡村振兴的关系。乡村要兴，首先文化要兴，文化是乡村振兴的灵魂；既要抓经济建设，也要抓文化建设，两手抓，两手硬，一方面让广大农民腰包鼓起来，一方面让广大农村精神面貌好起来。同时经济建设与文化建设又互为支撑，好的文化注入才有好的产业结构，好的精神面貌才能创造好的物质基础。反过来，好的物质条件，能够提升精神面貌的改变，促进乡村文化的繁荣和发展。

一、文化在乡村振兴中的作用

（一）"产业兴旺"需要文化的支撑

满足"产业兴旺"的文化需求，是促进产业兴旺的重要手段。"产业兴旺是解决农村一切问题的前提。"我们要深刻领会这一重要论断的精神要义和根本要求，"一切"是指农村所有的、全部的、全方位的，包括政治、经济、社会、文化、生态等方方面面，也包括实现人才振兴、文化振兴、生态振兴、组织振兴等重点任务。没有产业兴旺，乡村振兴就是"空中楼阁"。而"产业兴旺"的重要一环，就是文化繁荣对于产业的支撑作用。这种支撑作用主要体现在以下几个方面。一是提供强大的精神动力，让广大农民积极地投身于产业发展的事业之中，广泛的支持、参与产业互动，形成产业发展的蓬勃生机。二是提供人才和智力支撑，普遍提升广大农民的知识水平和文化程度，特别是提升产业发展所需要的技术需求，提升农民的综合素质，让每一个家庭、每一个村民都成为产业发展的生力军。三是提供产业融合互动的支撑，文化围绕农业找卖点，农业围绕旅游做景观，旅游围绕文化聚人气，环环相扣，同频共振。四是提供农副产品价值的支撑，为农业产业和农副产品注入文化内涵，特别是独具特色的地方文化内涵，让产品的附加值得到更大的提升。五是提供非物质文化遗产向产业发展的支撑，重视非物质文化遗产向产业生产的转化，构建以"非遗"为主体的新兴产业结构，在传承和保护的基础上，形成多元化产业集群。

（二）"生态宜居"体现的是一种文化风貌

生态宜居不仅要体现在改善乡村生态环境质量上，更要反映在提升广大农民群众对乡村美好生活的满意度上。这种满意度，包括了自然之美与人文之美的和谐统一，包括了传统之美与现代之美的有机结合，相互促进，相得益彰。文化为生态宜居提供历史底蕴。中国人多以群居为主，几十户、几百户人家构成了一个居住群体，也构成了别具特色的村落文化。传承、保护和繁荣这些文化，让村落更有历史感和农耕文化氛围，是生态宜居的重要体现。炊烟袅袅、鸡犬相闻，稻菽飘香，走进村落，仿佛走进一段历史，勾引一段回忆，增添些许的乡愁乡恋。文化为乡村宜居提供新农村建设风貌。"一村一貌""一村一品"既体现在产业结构上，也体现在乡村宜居的风貌打造上。大力实施乡村文化风貌建设，充分利用公共休闲场地、乡村道路、河渠堤岸、农家院落等区域，注入文化元素，增加氛围，在改善居住条件的同时，让群众生活在浓郁的文化氛围之中，陶冶情操。文化为农村生态宜居提供精神享受。物质生活的最高境界是精神生活的满足，也是生态宜居的重要组成部分。丰富多彩的乡村文化活动，是乡村宜居不可缺少的重要组成部分。

（三）文化是"乡风文明"的重要载体

构建乡风文明，除了组织建设、卫生习惯、移风易俗、典型塑造和志愿者服务等内容外，隔年重要的是文化阵地建设、村规民约构建和家风教训传承。文化阵地是乡村文明的重要标志，大力发挥村级文化活动室、农家书屋等公共文化服务体系作用，将广大人民群众凝聚在优秀文化的旗帜下，弘扬社会主义核心价值观，传递社会正能量，是农村最好看的一道风景，也是最时尚的风气。在文化体系上建设村规民约，是自我教育、自我约束的重要手段，也是村民自治的有效保障。通过文化的传播、引领和教育作用，将良好的社会风气和乡风文明注入每一个村民的灵魂，使之深入人心。家风家训是中国传统文化的重要组成部分，习近平总书记反复强调："重视家庭建设，注重家庭、注重家教、注重家风"，关系国家长治久安，关系人民安居乐业，责任重大，意义深远。将现代文明与传统家风家训有机结合，形成既被时代需求又被人人接受的道德准绳，是文化建设的重要任务。

（四）"治理有效"需要强化"文化治理"

一是要构建完善的公共文化服务体系，切实发挥公共文化服务体系的作用，切实改变群众文化活动无人组织、文化活动设施设备长期闲置或者另作它用、老百姓的文化活动需求得不到充分满足等现象，切实治理在群文工作中在"庸懒散拖"行为。二是要贯彻"文化润人"理念，优化乡风文明建设"软环境"。建设"党群之家"，打造一站式党群文化活动平台，设置科普馆、图书馆、儿童乐园、书画馆、舞蹈排练厅等功能室场所，满足社区居民文化生活需要。丰富道德讲堂内涵，点滴长效提升居民文化素养，坚持以身边事感动身边人。拓展文化活动形式，开展送戏下乡、周末书场、社区"民星"选拔等文艺演出活动，喜闻乐见展现社区居民精神新面貌。常态设置精神高地、廉政文化、红黑榜、义举榜、科普、法律等专题模块,形象生动有效地传播正能量、弘扬主旋律。三是要切实解决基层文化专业人员缺少、资金不足等制约农村文化繁荣发展等瓶颈问题,通过财政预算、政府购买、多元化筹措等手段,满足农村文化需求。

(五)"生活富裕"包含了文化的富裕

生活富裕一般指的是两个方面。一是生活条件富足衣食出行都有保障,生活中不会为钱而担忧;另一个就是精神生活愉悦,比较重视生活的品质,开心快乐幸福感比较高,精神生活的愉悦则与文化享受息息相关。人的需要分为三个层次:生存需要、享受需要和发展需要。生存需要是人维持其生命活动的需要;享受需要是在生存需要得到满足的基础上对舒适与幸福生活的追求;发展需要则是人的最高层次的需要,它是人对于克服自身的局限性、不断超越和完善自我的渴望,如自我实现的需要、自由全面发展的需要等。文化富裕是文化需求的满足,包括舒适便捷的文化活动场所、丰富多样的文化活动内容以及文化素质的提升和展示等。

二、实证旁引:"帝乡文化大篷车"的文化支撑

"帝乡文化大篷车"送文化下乡活动启动于 2008 年。2008 年 5 月 12 日,震惊中外的汶川特大地震发生,地震不仅给广大人群在造成了巨大的生命财产损失,更带来了严重的心理创伤。为抚慰灾区群众心灵创伤,振奋抗震救灾的勇气,推动家园重建和振兴提升,梓潼县文化馆在抢险救灾和恢复重建的第一时间,启动了"帝乡文化大篷车"送文化下乡活动。

"帝乡文化大篷车"送文化下乡活动大致可以分为四个阶段。第一阶段以"再大的灾难也难不倒伟大的中国人民"为主题,时间跨度约为半年时间,下乡演出超过 10 场,涌现出了包括小品《血浓于水》、音舞诗《党旗在废墟上高高飘扬》等在内的一大批优秀作品。第二阶段以"建设更好的家园"为主题,时间跨度为两年左右,先后深入梓潼的 32 个乡镇开展送文化下乡服务,对于鼓舞士气、推进灾后重建起到了非常积极的作用。第三阶段以"构建公共文化服务体系、满足人民群众文化需求"为主题,时间跨度约为 6 年,除送文化下乡演出之外,增加了基层文化队伍建设、文化艺术骨干提升和群众文化艺术培训等内容,有效带动了乡镇、村社和社区文化活动的蓬勃兴起。第四阶段以"助力脱贫攻坚、促进乡村振兴"为主题,为深入实施"脱贫扶志、产业互动"、推动梓潼经济社会又好又快的发展发挥了积极作用。

(一)支撑了乡村文艺作品的创作

在作品生产方面,梓潼县文化馆充分统筹馆内外优秀文艺家和文艺工作者,先后编排的精彩文艺节目主要有:舞蹈《喜庆秧歌》、男声独唱《天下》、方言小品《家和万事兴》、说唱表演《中江表妹》(结合当地新农村建设及树立文明新风尚有关情况表演)、川北灯戏

《挑女媳》、川剧绝技表演《滚灯》、舞蹈《欢聚一堂》、合唱《神往梓潼》等;宣传扶贫政策、反映脱贫攻坚新面貌的《脱贫路上》《脱贫不忘党恩情》《辛夷花开》等一批小品、朗诵诗、快板、莲宵作品;反映十九大以来生活新面貌的民俗表演之莲宵《"十九大"精神暖人心》、快板《"十九大"精神领航向》等原创节目;弘扬"两弹一星"红色文化的《两弹元勋邓稼先》、《隐形的丰碑》主题宣讲节目等。

（二）支撑了乡村文队伍的成长

"文化大篷车"不仅下乡送文化,也要下乡种文化,种文化的重要内容包括村文化阵地建设、特色文化挖掘整理、文化队伍建设、文艺骨干和文化队伍培训、少年宫培训等内容。据统计,"帝乡文化大篷车"运行中,共指导组建村级文化活动队伍200余支,参与活动人数达到6000人以上。每年队伍培训和骨干培训达到20余批次,文化活动队伍已经普及到村社。人们在自娱自乐的同时,通过歌曲、舞蹈、说唱、表演等不同形式,歌颂党的领导,歌颂祖国的富强,歌颂幸福生活,为广大农村注入了新的活力。

（三）支撑了农村社会风气的转变

与其他群众文化活动的最大不同在于,"帝乡文化大篷车"送文化下乡系列活动直接面向乡镇村社和村民,直接面对"乡村振兴"战略,把宣传政策、学习文化的"课堂"直接放在了田间地头,以最接地气的内容和最鲜活生动的形式,致力让每一位乡村群众参与文化、享受文化,有效改变了农村社会风气。活动充分体现了主题鲜明、任务明确、内容丰富、方式灵活、覆盖面广、常年坚持等特色。舞台是大家的,"大篷车"为新的文艺人才提供了交流、展示和提升的平台。"大篷车"有专业的演出,也有务实的培训和指导,更有老百姓走上舞台的全新亮相。15年来,"大篷车"通过巡回演出、现场培训和6届广场舞比赛、4届民俗展演比赛、原创诗歌、经典歌曲比赛等大小赛事,不仅让大部分的老百姓走上了舞台,更涌现出了一大批在活动策划、舞蹈编排、文艺创作、演绎表演基层文艺人才,"帝乡文化大篷车"成为广大老百姓自己的舞台。

（四）支撑了乡村文化的挖掘和保护

挖掘和保护非物质文化遗产是"大篷车"重要的工作之一。"在大篷车"15年的行进当中,一共开展了2次全县性非物质文化遗产普查活动,集中申报各级非物质文化遗产保护项目100项以上,同时确立了相应传承人,建立了传承谱系,极大地刺激了非遗保护、传承和产业转化的积极性。非遗是群众的,当然要回归到群众之中,才有活性保护的群体,才有长期生存的空间。我们先后建设完成了"文昌洞经古乐"少儿传习所、"马鸣阳戏"传习所、"大新花灯"传习所、"文昌木刻年画"中学生传习所、幼儿非遗体验基地,开展各类传习培训近百场。"让非遗来自群众,回归群众",非遗之花正在梓潼大地竞相开放。

（五）支撑了文化旅游和相关产业的融合发展

真正的文化旅游产业主要是由人文旅游资源所开发出来的旅游产业，是为满足人们的文化旅游消费需求而产生的一部分旅游产品。它的目的就是提高人们的旅游活动质量。文化旅游产业的核心是创意。特别强调创造一种文化符号，然后销售这种文化和文化符号，并强调文化旅游的"文化"是一种生活形态，"产业"是一种生产行销模式，两者的连接点就是"创意"。因此，文化旅游产业可以理解为蕴含人为因素创造的生活文化的创意产业。按照这样的理解，文化旅游产业就是文化资源为依托、以创意生产为手段、以旅游群体为对象、以文化符号销售为途径的产业生产销售模式。"帝乡文化大篷车"一是为旅游"唱戏"，举办包括"荷花文化节""桃花文化节"等在内的旅游文化活动40余场次，丰富了乡村旅游的内涵。二是为产业"铸魂"，先后为乡镇进行文化挖掘、为农副产品注入文化元素，其中的"文昌贡"农副产品都包含了浓郁的地方文化元素。三是为农副产品"经销"，通过文化市场、文化活动，文化网站以及文化网红，让农业产品开辟更大的市场空间。

（六）支撑了全覆盖的文化需求

基层文化服务全覆盖，15年来，"帝乡文化大篷车"以服务基层为宗旨，哪里需要哪里去，哪里需要哪安家，服务范围涵盖到全县16个乡镇、村社和社区，涵盖到全县全日制学校、艺术培训学校，涵盖到全县景区、企业以及机关，文化服务的触角延伸到了田间地头、课堂车间和农家小院。"大篷车"的行程在梓潼大地编织成了一张以县文化馆为核心的文化服务的网格，联系着千家万户，"大篷车"成员最多的一句话就是："只要老百姓需要，最多再跑一次。"一是紧紧围绕政府中心工作的需要，在政策宣传、精神宣讲、文化队伍建设和产业调整中发挥文艺先锋的作用，把党的声音，政府的关怀送到人民群众之中，把文化队伍建设在基层，服务于基层，服务于中心工作。二是紧紧围绕社会的需要，在城市建设、新农村建设和机关企业文化建设中营造浓厚的文化氛围，提供有力的文化支撑。二是紧紧围绕人民群众的需要，在文化知识普及、文化素质提升、文艺产品供给、文艺技能培训中彰显县文化馆的优势，为广大老百姓提供全方位的文化服务。"大篷车"因需要而诞生，因需要而存在，因需要而发展，需要就是工作。

三、攻克文化振兴的几个短板

一是攻克乡村文化发展规划不合理的短板。一是缺少实际调研。政府在乡村公共文化服务提供层面缺乏精准性，难以做到因地制宜，过于注重数量，在一定程度上忽视效能质量，未能有效与乡村民众文化需求吻合。二是政策难以跟进。乡村文化政策在一定程度上缺乏前瞻性、预见性，在遇到乡村文化发展的新情况、新问题时，未能主动做出整体、科学的规划，致使部分乡村文化政策更是"权宜之策"。三是政府重心失衡。政府在公共文化资源上,未能有效结合城乡发展实际将重点向乡村倾斜,存在乡村文化管理滞后、乡村文化人力资源配备不足、乡村文化投入不足等问题。

二是攻克文化振兴人才相对缺乏的短板。一是本地有能力的乡民外流居多。随着工业化、城镇化的发展,大量青壮年劳动力离开乡村,造成了农村人口"空心化",这使得乡村文化建设失去了一定的人力支撑。二是本地尚留下的乡民文化素养低。留守老人、留守儿童等留守人群成为农村人员构成的主体,这部分留守人群缺乏必要的科学文化知识,缺乏对乡村文化的深刻认知,使得乡村文化振兴失去内生动力。三是外来文化人才不愿留下。与城市相比,乡村人居环境、基础设施建设不尽完善,待遇相较城市还存在较大差距,个人发展前景和机会不甚明朗,使得现实中真正愿意投身乡村、扎根乡村的人才非常稀少,因此乡村文化建设的人才力量不足。

三是攻克文化基础设施存在的短板。一是乡村文化基础设施供需失衡。目前,部分乡村忽视对文化设施的投入,导致农家书屋、乡村文化活动室、文化广场等文化场馆缺失。同时,部分乡村建设的文化场馆,只是为了"应付"上级检查,缺少使用功能,难以满足乡村的使用需求。二是乡村文化设施使用率低。部分乡村文化场馆老旧、常年关闭、缺乏监管,甚至常被挪用、挤占等,使乡村文化设施既不能满足丰富乡民休闲生活的需求,又不能满足普及生产知识的需求,基本形同虚设,无法真正促进乡村文化复兴。

文化振兴,乡村才能振兴;文化繁荣,乡村才能实现真正的繁荣。充分发挥文化在乡村振兴中的重要作用,是实现乡村振兴不可或缺的一环。

用艺术赋能少儿美育　助力全民艺术普及

——论新时期文化馆开展少儿美术教育活动的探索与思考

朱　珊（天津市群众艺术馆）

少儿美术教育是少儿美育的重要组成部分，不仅能陶冶情操，提高审美能力，而且有助于智力的开发，在每个孩子的成长过程中起着不可替代的作用。随着我国经济的飞速发展和社会的稳定进步，国家正逐步加大扶持青少年美育的力度。文化馆作为基层公共文化服务机构，在践行全面推进公共文化服务体系建设中，少儿美育教育工作是必不可少的重要一环，这对于关爱未成年人的成长，造就国家未来全面发展的建设者和接班人，有着深远的意义。本文立足于新时期文化馆如何提升少儿美育教育的公共文化服务效能，以天津市群众艺术馆（后文简称"市群艺馆"）为例，试对文化馆少儿美术教育活动的创新思路进行分析与探究。

一、少儿美术教育活动的意义与发展现状

在美术教育中，对一个人的发展至为重要且处于基础性地位的是少儿美术教育。它的意义就在于培养孩子对世界的观察力、想象力、创造力、思维能力以及大脑与身体各种官能之间的协调力等的综合提升。目的不仅仅在于孩子是否能够创作出优秀的作品，更重要的是，通过这个过程逐步培养他们身心全面发展所需要的综合素养。随着人们生活水平的日益提高，每个家庭对它的需求与期望值也越来越高。

然而，社会中涌现的少儿美术教育活动还普遍存在教育过程简单化、功利化，授课内容粗浅且类型化、教学方式单一化以及鉴赏标准片面化等问题。许多公共文化机构在少儿艺术项目上，不自主地使用着近乎甜腻的低幼化语言表述，在成人对孩子的俯视惯性中打转；面向儿童的展览，空间却是以成人为基准的"常规"尺度，忘了欠下身子，齐平儿童身高的视线。文化馆内从来不缺少回应社会议题、关注弱势群体的展览，但少儿作为文化馆观众中最特别的受众群体，能否获得实质性的关注和有效服务；针对少儿美术教育的工作，文化馆如何脱离传统展览活动的模式，更好地发挥自己的文化阵地优势？如何通过这些活动项目更好地对少儿起到美育引导、教育的作用？孩子们能否在活动中有所收获和思考？这些都是我们文化馆人在少儿美育工作中要积极探索和思考的命题。

二、文化馆推进少儿美育教育活动的引领功能

2020年10月,在中共中央办公厅、国务院办公厅印发的《关于全面加强和改进新时代学校美育工作的意见》中明确提出了实施美育的具体要求和举措。为积极响应号召,2021年7月24日在文化和旅游部全国公共文化发展中心、中国文化馆协会指导下,由全国30多家省、市、县(区)级文化馆单位联名向中国文化馆协会申请发起成立了中国文化馆协会青少年美育委员会,各省文旅厅、各级公共文化机构联合社会力量大力开展青少年美育工作,并对青少年美育工作提出新的要求:在未来五年将以创新推出覆盖全国、种类多样、品质精良的具有中国文化馆特色的现代化青少年美育体系为发展目标,坚持遵循美育特点,大力弘扬中华美育精神……在这样的时代背景下,全国各级政府、学校和各类文化机构对少儿美育的重视程度空前高涨。在国家的立法监督、学校与各类公共文化机构的深度参与、家长的观念转变下,打破教育的"唯分论",给孩子们营造一个"享受美育,全面发展"的美好环境是未来少儿美育教育发展的必然趋势。

笔者认为对于文化馆来说,少儿美术教育项目其实可以相对更自由,以少儿为主体,借由孩子的语言和方式反观世界,希望通过孩子的视角自由地传递对艺术感知、理解和表达。正是基于这个初衷,市群艺馆设立天津市"你好,天真"少儿美术创意系列活动(以下简称"你好,天真"),不仅要为少年儿童搭建一个相互学习、交流、展示的平台,更重要的是通过各类创意美术体验活动来调动、激发和培养孩子们对美术真切的兴趣、爱好,让他们用自己手中的画笔去传达自己的内心情感,去留住他们与这个世界最真挚、最宝贵的"对话"方式,帮助提升孩子们的审美能力和动手能力,进而培育健全的人格和心智,与家庭和社会形成合力,共同促进新一代少年儿童的全面健康成长,这对带动整个国家的"软实力"的提升和艺术普及发展有着潜移默化的推动力量。

三、文化馆开展少儿美术教育活动的途径

(一)创新利用阵地服务资源,为少儿搭建艺术与教育的桥梁

多年来,天津市群众艺术馆一直高度重视少儿美术教育的普及与创新工作,为紧密结合少年儿童对文化活动服务的精准需求,从2016年正式创办天津市"你好,天真"以来,已连续举办6年,采取"政府主导、社会参与、多方支持、群众受益"的活动合作机制,积极利用自身展馆、剧场、设备、师资等公共文化设施为青少年倾心打造艺术实践基地,积极转变思路、大胆创新,凝聚社会力量,进一步整合社会文化资源,从展览展示到多维的沉浸式体验,有效地提升文化馆的公共文化服务效能,推动青少年在参与活动中感悟社会主义先进文化、红色文化和中华优秀传统文化,增强文化自信。

（二）以创意体验活动为纽带，用艺术赋能少儿美育

"你好，天真"一直以继承和弘扬中华优秀传统文化为导向，提倡让传统融入当代文化启蒙儿童、用艺术相伴儿童成长的理念，结合艺术展览、民族传统工艺、亲子手作体验、文化传习为一体，设置"书"系列、"纸与手作"系列、"印刷术"系列、"快到画里来"系列等不同的主题内容，开展了一系列的新颖别致的少儿美术创意体验活动。

1. "书"系列之"小豆本"迷你书创意制作体验活动

2016年由天津市群众艺术馆与香蕉鱼书店合作举办的"小豆本全球游牧展丨天津站"活动，面向天津市的少年儿童征集迷你原创绘本作品。豆本是时下流行的一种迷你手工书，在它设定的有限篇幅中可以让小作者自由地描绘创作有趣的故事，可以叙事，也可是独立的画面。为鼓励小朋友通过豆本的艺术形态来创作和思考，我们还特别设计了九宫格的绘画创作形式，豆本创作页采用了凹凸版设计，像是一个个的画框，从故事主题、封面设计、画面的情节内容都由作者来设计、填充，亲手制作自己专属的第一本手工小小书。创作的过程就像一种游戏，鼓励孩子把日常生活中的涂鸦、文字随笔、灵感以一种有形、有趣的模样记录下来。这次活动，天津地区共有105件豆本作品创作稿入选，为此我们专门精心制作出版105本"天津版小豆本"，每个小朋友的豆本都极具鲜明的个性风格。随后这些作品又随"小豆本全球游牧展"在香港、成都、东京等多个城市进行巡展，收到非常好的社会反响。

2. "纸与手作"系列之"古法造纸术""团花剪纸"亲子手作体验活动

2018年"你好，天真"在民族工艺的传习方面做了精心选择，尝试在活动中注入民间传统文化元素，并以系列活动的形式呈现，设置"纸与手作"系列，以"古法造纸术""团花剪纸"两项活动极受孩子们的喜爱。造纸是我国古代的四大发明，而团花剪纸是民间剪纸的一个重要支脉，它设计独特、剪法灵活，是中国剪纸历史中运用最广泛、历史最悠久、使用率最高的艺术表现形式。在活动现场，专业老师带领家长与孩子，共同了解体验传统工艺，学习与"纸"有关的历史知识，实践配制纸浆、捞纸、揭纸、晒纸等过程，完成一整套对古代造纸术的体验认知。在第二场"团花剪纸"活动中，孩子们了解团花剪纸的制作流程，学习如何进行"团花"的纹样组织、画面布局。在老师的引导下，民间艺术的生命活力打开了孩子们的天性和创作热情，让传统"文化基因"点滴融入少儿的血脉。

3. 印刷术系列之"千年的守望"版印穿越之旅

"千年的守望"版印穿越之旅是2017年的首场活动，邀请"美玩社"的老师及剪纸小作者作为活动嘉宾，在现场介绍门神版印的制作过程与创作心得、讲述"门神"背后的神话故事，让现场的小朋友们在指导老师的带领下一起尝试体验版印彩绘的各个环节，历史上有哪些人物是门神？每一个门神都有什么故事？门神都穿什么服装，服装上是什么图案和花纹？门神手里拿的是什么兵器？门神有什么功能……启发式教学展开的同时，让孩子对传统民间艺术有了直观的感受，孩子们创作的门神作品在技法上遵循传统的刻板、印制、彩绘等制作工序，在造型上融入自己的想象与创造，或是描样，或是刻板，圆瞪的双眼,矫健的身姿,让守望千年的门神重新被"唤醒",孩子们充分发挥着自己的想象力,对于色彩、构图以及绘画内容更深层次的理解。

4.《山海经大冒险》主题剪纸定格动画制作体验活动

为跳脱出空间地点的限制,解放刻板教育的束缚,让孩子们实践各种美术教育活动方式,"你好,天真"策划组织《山海经大冒险》主题剪纸动画制作活动,组织一群有绘画和剪纸基础的小作者,以中国先秦古籍《山海经》为取材蓝本,利用电子平板设备创作编排的《山海经大冒险》剪纸定格动画。从情节编排、人物设计、剪纸制作、场景处理到创作拍摄、后期剪辑都是小作者们自己亲力亲为。活动开阔了孩子们的艺术视野,在视觉阅读中发散思维,从更广阔的角度感知中国传统文化的浩瀚与丰富,活动现场气氛热烈又活跃。

5."快到我的画里来"沉浸式创想美术体验活动

"快到我的画里来"沉浸式创想美术体验活动是"你好,天真"2019年经过精心策划推出的采用将传统绘画与电脑虚拟技术相结合的一种全新的互动体验活动。2019年至2021年,活动分别以"我和我的祖国""百善孝为先""诚信""红色故事我来讲,童心画传承"为主题,引导启发孩子们根据活动主题编写的绘画"脚本"进行创作,借用虚拟技术穿越到自己的绘画作品中,或是作为故事的主角演绎故事内容,或与画中的人物进行穿越时空的对话,打破传统平面美术的"束缚",让孩子们走进录影棚编辑拍摄自己的小小艺术"微电影"。当孩子们第一次看到自己进入自己创作的图画场景出现在荧幕镜头前激动不已,拍摄现场时不时听到"耶!我飞入太空了""叔叔,我们还可以这样"的惊叹,孩子们借助沉浸式的创作体验形式,领悟中国传统文化的智慧和魅力,让中华优秀传统美德"鲜活"地植入少儿心灵的土壤。

经过多年的活动实践证明,动手体验和实践是美术教育不可替代的方式。通过参与不同形式的美术创作体验活动,让孩子们在活动中亲手制作、亲身沉浸体验,对于少儿感官智能的成长都有助益。法国启蒙学者卢梭提出了一条著名的教育原则:让儿童的手脚和眼睛当第一位老师。儿童用眼睛看世界,以想象代替思维,有助于促进创造力、想象力和审美反应等思维技巧的提升,用轻松活泼的活动方式使孩子对传统文化有更直观的感悟,进而引导少儿自发地去了解活动背后所蕴含的经验技艺、历史传统、风俗习惯、造型观念、文化内涵以及所承载的生命故事,开阔他们的艺术视野,由此进一步增强文化记忆,建立文化自信。老师在活动中的适度启发,让孩子们有了尽情发挥的空间,在创作中自由地表达和抒发自己的内心情感,并且在与小伙伴进行互助创作时还加强了合作能力和社会实践能力,培养了他们完整的人格和价值观。

(三)引入社会力量参与,提升公共文化服务水平

随着"你好,天真"活动的深入开展,吸引越来越多从事少儿美育、教育、艺术、画家等行业人士的关注,适当引入具备资质的艺术院校、文艺社团、志愿服务组织的参与,可以有效避免美育教学中的"闭门造车",一方面引进具备少儿美育教育经验的行业人士,一方面利用博物馆、剧场、美术馆、少年宫等社会文化艺术机构的强强合作,共同为学生提供更

优质的活动课程和艺术欣赏的机会,将美术教学中的美术创作、美术史、美学、美术评论四个领域,融会贯通,成为有机的整体。从社会教育的角度促进美育教学的开展。

三、文化馆开展少儿美术教育活动的未来趋势

(一)转变服务理念,提高服务品质,提升服务效能

少儿美术教育不是简单的技术传习,在设计研发少儿美术活动项目之时,我们应该更多地考虑到儿童的思维习惯,站在孩子的视角,满足他们观展的需求,遵循少儿自然发展法则而不是带有成年人的"固有理念"来看待事物。艺术对于儿童来说更像是一种游戏,要让孩子们在一种更放松的心态,更轻松愉悦的氛围里去感受和体验各种不同的艺术表现形式,全身心地感受艺术创作的乐趣,而想象力、创造力也在这种宽松的环境中得以启发、生长。我们希望通过不断加大少儿美术教育活动的影响力,吸引更多的人关注和参与到这个行业当中来,并得到社会公众以及政府、国家更大力的重视与支持,促使这个行业有评价标准、更高质量要求的门槛,同时使更多优质的美育教育资源能够普及化,优化公共文化服务的品质,提高公众对文化艺术获得感。

(二)实现多种艺术领域的跨界与融合,让少儿美育的活动形式更多元

在"你好,天真"不断地实践探索中,我们发现少儿美术活动越来越趋向于跨界与融合,从原先单一的架上绘画转向多维的视觉体验,将美育融合到各个学科当中,让原先的更为具体的细分变得更加开放。因此,"你好,天真"始终坚持不断转变思路、大胆创新,组织一系列针对少儿群体的群众文化活动及艺术培训,同时,伴随数码科技的日益发展,对美育的影响是不可忽视的,未来我们还将不断解锁3D、AR、VR等各种高新科技手段,进一步扩大活动的内容与形式,让少儿美育教育变得更加灵活、开放,不断加强孩子们的创作参与度和互动体验感,从而提高公共文化服务的针对性和精准性,吸引更多青少年群体走进文化馆。大胆设想一下,全息技术、3D、VR这些科技的出现,使我们学习艺术不是只局限于线下的物理空间,体感与触感也可能被全息技术所代替,每个孩子在家就能够学习到优质的课程。尽管,与真实人类的"面对面"的互动交流终究不可能被科技所替代,而科技手段对拓展活动体验方式独特的作用与影响,却值得我们去期待。

(三)促进区域联动,用美育助力全面艺术普及

多年来,天津市群众艺术馆一直力求通过研发的少儿美术教育活动项目在为少儿搭建展示平台的同时,能将专业的少儿美术培训向各级文化馆延伸,加强少儿艺术普及教育活动的开展,最终让活动形成一个各地精心选拔,集中呈现的多地区域联动的状态,这样既有利于活动持续多元化与体系化的发展,也让文化馆真正成为有效链接艺术与孩子之间的"桥梁"和培植少儿艺术人才的"苗圃",希望把它做成一个围绕着少儿艺术教育、亲

子教育、亲子家庭的更生态化的少儿美育活动项目,希望未来把它形成一个固化形态,让这个项目每一年都能够有一些不同的生发,并持续下去。

新时期下,让美育教育真正走进青少年一代是社会每个参与者都该肩负起的责任,文化馆在推动青少年美育高质量发展的浪潮中,承担着新职能、新使命。希望通过我们对少儿美术教育活动的共同探讨和实践,让艺术的基因在少年儿童心中扎根生长,重燃少儿美育的"火种",让文化艺术如水,在细水长流中浸润每一颗稚嫩的心灵。

以文创产品开发促进文化馆新发展格局构建

巩云霞（北京市文化馆）

文化产业（Culture Industry）的概念是由法兰克福学派的阿多诺和霍克海默在《启蒙辩证法》（1947 年）中最早使用。1992 年我国政府首肯"文化产业"概念；2007 年党的十七大明确指出，要"大力发展文化产业"；2010 年"十二五"规划建议首提"推动文化产业成为国民经济支柱性产业"；2016 年 5 月，国办发〔2016〕36 号文件《关于推动文化文物单位文化创意产品开发的若干意见》中对"十三五"时期文化文物单位开发文化创意产品做出了全面部署，这是国家层面出台的文化馆发展文创事业的最早政策依据；2021 年 8 月文旅资源发〔2021〕85 号《关于进一步推动文化文物单位文化创意产品开发的若干措施》的通知中对文化文物单位开发文创产品的税收政策、分配机制、开发方式等原则性问题做出了明确规定。2013 年，中国博物馆协会文创产品专业委员会成立。2017 年 9 月，国家图书馆牵头成立了"全国图书馆文化创意产品开发联盟"。近几年，以故宫为代表的博物馆、以首图为代表的图书馆、以中国美术馆为代表的美术馆等，均以其丰富的静态文物典藏为得天独厚的文化资源优势，文创产品开发工作蓬勃开展。相比之下，以全民艺术普及为抓手，拥有海量丰富动态文化资源的全国 3000 多个文化馆却在文创产品开发上迟迟裹足不前。

一、文化馆文创事业落后的现状及原因

（一）体制机制阻碍

一方面，文化馆大多数都是公益一类全额拨款事业单位，以为社会提供公益文化服务为主要职责，这种体制机制的定位严重阻碍了文化馆进行市场推广与经营的发展步伐；另一方面，文化馆从事经营活动的专项资金、研发管理、收益分配、激励机制等相关配套政策长期模糊不清，致使经营活动无法和绩效评估及工作人员的切身利益挂钩，导致整个行业进行文创产品开发的积极性不高。

（二）文创意识不强

一是观念认识落后。很多文化馆重视不够，动力不足，持观望态度，无法突破公益事业单位不收费的惯性意识；二是创新意识不强。长期以来，文化馆囿于传统的演出展览、

艺术培训、创作辅导等常规职能活动,毫无行业危机感,缺少竞争意识和自我创新的服务意识,缺少策划组织创意型文化活动的创新思维;三是对文化馆文创理念认识不够,将文化馆文创等同于设计、生产、销售旅游纪念商品等实体物品生产行为,没有前瞻性地认识到文化馆文创对行业新格局的构建,对文化产业供给侧结构性改革,在未来整体文化发展趋势中的重要性和市场潜力。

(三)产业链发展动力不足

一是文创人才极度匮乏。"虽然文化馆馆员普遍是具有艺术特长、业务能力突出的骨干,善于开展和指导群众文艺创作,长于策划和指导群众文化活动"。但文化创意产品开发专业性强、工作难度大、创新要求高。在文化馆行业,深谙文化内涵、洞悉市场规律、精通工艺设计、长于运营管理的复合型文创高端人才少之又少。目前全国仅有的几家从事文创产品开发工作的文化馆,大多都没有从事文创工作的专职部门或者团队,基本都是由对文创感兴趣或者具有某项艺术特长的同志兼任做。二是开发模式僵化。目前文化馆文创产品开发模式存在两个主要问题:在专业创作上单打独斗。现有文化馆的文创产品开发基本都是独立自主、简单粗放式开发,没有积极引进具有专业水准的社会力量来壮大文创实力;在经济效益上与市场需求脱节。由于缺少前期充分市场调研,产品没有贴近大众日常生活、质量没有保障、同质化严重等问题,导致文创产品根本无法满足顾客实际需求。三是资金投入短缺。文化馆日常工作运营经费都依赖于财政拨款,有严格的经费预算、审批和支出规章制度,无法腾挪出多余资金进行文创项目的调研、搭建、研发和推广。四是产品内蕴单调乏味。常见的文化馆文创产品都是一些对实体文物进行简单缩放或者复制的书签、手提袋、U盘等。这些文创产品品种大同小异,缺乏地域特色,缺乏个性符号,缺乏品牌意识;对文化资源的深层内涵和历史价值挖掘不够,产品的设计感、情怀感、品质感严重欠缺,产品的审美价值、文化价值、使用价值深度融合不足。

二、文化馆开发文创产品的意义

文化馆文创产品开发工作意义深远,通过各种文创产品的多元化、生活化、艺术化传播,能进一步传承发展中华优秀传统文化,推动文化馆高质量发展,构建文化馆新发展格局。

一是构建文化馆新发展格局。开发文创产品不是弱化文化馆全民艺术普及的主业,而是更好地深化全民艺术普及,拓展文化馆公共文化服务内涵,树立文化馆公共文化服务的系统性思维,优化文化馆人才结构,推动文化馆供给侧结构性改革。通过文创产品开发,能增强文化馆发展新动能,弥补文化馆非基本公共文化服务发展弱项,提高公共文化服务覆盖面和适应性,提升文化馆公共文化服务效能,思考文化馆行业的使命;同时也能培育和促进新的文化旅游消费增长点。极大满足新时代人民群众多样化多角度的文化消费新需求。除此之外,文创产品开发也是广泛吸引社会力量参与文化馆公共文化服务活动的重要抓手,尤其可以调动年轻人参与公共文化的积极性,刷新文化馆以老年人为重点服务对象的刻板形象。

二是传承发展中华优秀传统文化。文创服务、文创活动、文创产品开发是推动中华优秀传统文化创造性转化与创新性发展的最生动实践。文创产品不仅是对文化本身的再现,更是文化传承发展的一种手段,也是文化内在价值得以弘扬的新媒介。文创产品可以将特定文化带到世界各地,这是对传统优秀文化最大范围的发扬光大。文创发展的深层次原因,是经济发展到一定阶段后,人们文化自觉的提升。而文化自觉需要文化寻根,中华文化的深厚历史常常会增强中华民族文化自信心和民族自豪感;化繁为简,以文创的个性化符号彰显的文化元素,是从中华优秀传统文化中提炼出来的最具精华部分。以非遗文化、创新文化、红色文化、地域文化等为母本的文创产品,是特定地域的文化符号作为一个地区文化特色的象征,可以充分诠释一个地区的文化内涵,更能传达一个地区文化的精髓。通过对这些独一无二文创产品的解读和鉴赏,能够助力传统优秀文化活起来,是一种对传统文化的"活态"保护,使传统文化焕发出时代的生命力。

三、文化馆开发文创产品的策略和建议

文化馆在文创领域要想异军突起,就要从转换思维理念、创新体制机制、提升文创产业层次等几个方面发力。

一是树立"大文创"理念。要突破公益不收费的惯性思维。尝试建立公益与收费并存,多元化、阶梯化的公共文化财政服务体系;要倡导公益性和经营性公共文化服务融合态势,要充分意识到公共文化服务和文化产业(文创)是文化建设的重要两翼,不能因为后者具有经营性质就忽视怠慢;要转变文创思维理念,摒弃过去对文创文化资源的狭隘界定,只有实体的文创产品才是文创,重新审视统计文化馆的文化资源,尤其要格外重视文化馆各项特色文化活动的动态文化资源;在组织群众文化活动时,要将打造创意型文化活动作为未来文化馆努力的方向。今年春晚亮相,火爆到一票难求的舞剧《只此青绿》,以展卷人的视觉,穿越到北宋,以婀娜雅致的舞姿,讲述画家王希孟创作《千里江山图》的故事,在创意和科技的赋能下,使厚重的传统文化焕发出时代的新意。火出圈的《只此青绿》,同时也打开了文创的商业契机,不仅授权消费品牌,而且还开发了一系列丝巾、笔记本等刚上市就被抢购一空的文创衍生品。很显然,创意型舞剧《只此青绿》完美实现了艺术与生活的有机融合。

二是探索建立文化馆文创产业体制机制。在给现行制度"松绑"的前提下,要以文化馆行政部门为主导,探索建立多元化的文创产品开发模式,鼓励自主开发、授权、合作等不同开发模式齐头并进,鼓励文化馆以文化资源产权入股的方式,投资并设立企业,专门进行文创产品开发经营;在经营管理上,坚持事企分开原则,将文创产品开发与公益服务分开,原则上以企业为主参与文创市场竞争;在收入分配上,将文化馆文创经营收入按相关规定纳入文化馆预算,进行统一管理,用于加强公共文化服务和文创产品开发经费;将文化馆馆员工作绩效与文创产品开发业绩挂钩,将文化馆文创经营绩效纳入全国文化馆评

估定级的重要衡量指标;在人事管理上,设立文创部门和文创专职专岗人员,不拘一格招聘或者引进高端文创人才,同时应允许对文创具有浓厚兴趣或者有一定专技的人员,到文化馆下属企业或者合作企业开展文创实职工作,要最大限度地为文化馆文创专业人才赋能;在财政支持上,要将文化馆文创工作纳入中央和地方文化产业专项基金、国家艺术基金、各级文化文物专项资金支持范围;打造文化馆文创产业联盟,为同行提供交流合作的平台。

三是提升文创产业层次。文化馆文创产业虽然起步晚,但在产业定位上一定要追求高层次、精品化、品牌化、国际化,坚决抵制粗制滥造、乏善可陈的产品。在产品设计和创意文化活动策划上,要体现人文关怀,注重互动体验,推动文化资源与现代生产生活相融合,实现文化价值和实用价值的有机统一。多角度提取文创题材,有针对性地发掘某一题材独有的特质。提高文创产品的设计质量,增加文创产品的设计附加值,以期通过文创产品的传播,激发消费者的情感共鸣,丰富消费者的参与(使用)体验。创造条件制造高品质的"文化事件",并积极利用该"热点"推进文创设计;在内蕴提升上,要以学术研究带动文化馆文创事业发展。文化馆目前的文创产品大多都过于关注设计形态,而忽略对特色文化、历史传承,文学艺术等文化内涵的挖掘。文创发展的灵魂是文化,有文化的文创才是有精气神的。北宋名画《千里江山图》之所以能够成为近年文创圈的"爆款",就在于它在文创产品开发中,将名画所蕴含的美学底蕴,思想内涵等传播得淋漓尽致。要对文化馆的动态活动文化和非遗文化等文化资源通过与相关科研机构合作的方式,对其文化历史渊源和精神内核进行深挖。对题材的研究和思考越深入,就越能更准确地抓住设计元素的核心内容,对传统文化的弘扬效果也就越显著。在宣传推广时,通过扫描文创产品外包装或者文化活动的二维码,可获取文创产品背后的故事渊源以及这一形象的文化内涵解说;开启文创"传统业务—衍生业务"的双引擎驱动模式,大力开展数字创意平民演艺活动,借助 VR、AR、区块链等新科技,有效结合现实场景和虚拟场景,积极创造出具有身临其境感和历史文化感的互动体验文化空间,将文创活动巧妙融入群众文化活动,为传统群众文化活动注入新鲜活力。开辟演艺新空间,打造"演艺+"一站式文化消费新模式,构建沉浸式演出新场景,比如在看一场戏剧前,如果你来早了,你可以先体验下沉浸式VR电影,然后再玩剧本杀,同时还可以欣赏即将登台表演的演员在现场化妆。演出过程当中,你可以与演员互动,现场参与戏剧表演,甚至可以面对面地看到演员眼角滑下的泪滴。演出结束后,你可以穿上戏服拍照留念。感到饿了,你可以边吃当地特色美食,边欣赏一场曲艺。逛完书店后,你还可以一直留恋到晚上再看一场烛光音乐会。这种多元化、小而精的演出效果,能够吸引年轻观众走近并喜欢上传统文化,带动文化消费。鼓励有条件的文化馆开展夜间文创活动,为老百姓提供夜间文化活动好去处。比如,"夜宿""夜娱""夜游""夜赏"等沉浸式体验文创活动;尝试建立文化馆数字文化创意产业发展格局。在强化文化馆传统常规业务的同时,要将动漫、游戏、影视剧、网络文化、数字化装备、数字艺术展示等数字文化创意产业积极引进到文化馆,更新文化馆业务体系;打造文化馆特有文创产品品牌,提炼文化馆文创超级IP。文化馆要利用好总分馆体系优势,结合自身特色文化活动,在实施"一馆一品"战略的同时,要秉持文化 IP 元宇宙理念,突出"文创+"深度融合模式,打造出集故事 IP、形象 IP、品牌 IP 和产品(活动)IP,IP 四合一的文化馆文创超级 IP。比如北京市文化馆打造的"首都市民系列文化活动"就是一个超级 IP,该系列活动包括"舞动北京""歌唱北京""戏聚北京""艺韵北京""影像北京""文荟北京""阅读北京"等一系列首都市民文化品牌活动。显然易见,以 IP 作为头部内容或者作为传播载体是文化馆文创产品层次得以提升的重中之重;要始终坚持"创意"是文创发展的生命线。文创产品要在"创"字上多下功夫。要以时代之眼发现传统之美,以创意之力活化传统之韵,对内凝聚文化自信,对外呈现文化形象;拓展文化馆创客服务。文化馆的作家、艺术家、演员等的艺术创作或者演艺是文创重要的一个灵感来源,文化馆可以尝试开设文创空间或创客工场,建立文创工作室等文创孵化服务场所,促进文创信息交流和项目培育,充分发挥公共文化机构跨行业提供创新服务的职能。

文化馆文创产品开发不仅能够传承发展中华优秀传统文化,而且可以促进文化馆新发展格局构建。"2021 年 1 月,全国公共文化发展中心与深圳文化产权交易所签署了战略合作协议,合作组建全民艺术普及文创中心,共同打造以数字资源、艺术培训、非遗文创为重点的全民艺术普及文创产品开发及推广运营体系。"全民艺术普及文创中心的建立,是文化馆文创事业发展的新动向,文化馆行业有使命为文化产业的发展开启文创产业格局。

论乡村"村晚"的时代意义

——以朝阳县"群文之星"李春军自办"村晚"为例

陈雪飞（辽宁省朝阳市群众艺术馆）

村晚,有据可查的是南宋诗人雷震创作的一首七言绝句,描写的是农村的晚景,青草、池塘、落日、暮归的老牛和牛背上吹笛的孩童,它抒发了诗人对乡村晚景的喜爱和赞美之情。七百多年之后,作为中华优秀传统文化,《村晚》入选了小学五年级语文课本。然而,在进入了新时代后,"村晚"一词渐渐又有了新的称谓和内涵——乡村"村晚"。百度上除去古诗词的释义之外还有这样解释,"村晚"——乡村新年俗,是一场由乡村村民自编、自导、自演的乡村文艺晚会。最初于 2019 年 2 月 2 日,浙江省杭州市场口镇场口村村民自编、自导、自演的乡村文艺晚会被媒体广泛关注,据悉该村的活动起源自 2015 年,经过五年的时间逐渐形成规模,随后陆续在全省推开,截至 2019 年春节前已有数千场"我们的村晚"在浙江各地上演,这篇报道被很多业界人士分析为乡村"村晚"的雏形。然而,2007 年 2 月 6 日《光明日报》一篇"朝阳县农民李春军自办春晚 12 年"的报道将中国乡村"村晚"的历史向前延展了 20 年。纵观乡村"村晚"走过的二十七年发展历程,它留给了我们诸多启示。

一、"村晚"丰富了群众的精神文化生活

1996 年正月初八,在外打工的辽宁省朝阳县北四家子乡农民李春军回村,当看到乡亲们以玩扑克、麻将为娱乐方式的时候,便在自家空场搭起简易舞台,效仿城里举办了一届春节卡拉 OK 演唱会,定名为"迎春歌会"。这种略带时尚气息的新鲜事物点燃了乡亲们久违的热情,十里八村的人们竞相参与,一发不可收,倒逼着李春军一口气办了二十七届。从一开始单纯的唱歌发展到现今包括相声、小品、戏曲、舞蹈、杂技等多种艺术形式的综艺晚会;从最初的十几个年轻人发展到虽经几番筛选演职人员仍达到二百余人的庞大队伍;从六七十岁的鹤发老人,到刚满六岁的孩童,李春军的农民"村晚"通过媒体的报道,惊艳了全国,也让李春军为中国的乡村"村晚"添上了浓墨重彩的一笔。

2007 年,作为自办文化的领军人物,自掏腰包办"村晚"、自拍电视剧《腊月》,李春军接受了新华网记者的专访,同年,他获评"感动朝阳"十大人物和"辽宁十大杰出青年农民"荣誉称号;

2008 年,相继接受了中央电视台 7 频道《聚焦"三农"》、10 频道《人物》、央视 13 频

道《共同关注》等栏目的采访;

2009年,李春军受邀参加了撒贝宁主持的中央电视台《首席夜话》栏目;

2010年,由文化部和中央电视台牵线搭桥,率领他的"春之韵"团队作为文化友好使者,应邀赴浙江宁波邱隘镇进行为期一周的文化交流活动;

2011年,新华社记者深入唐杖子村"村晚"剧组,连续7天作了追踪报道;

2012年,参加中央电视台李咏主持的《向幸福出发》栏目;

2014年,中国文化馆年会组委会授予李春军"中国文化馆榜样人物";

2015年,李春军在第十届中国艺术节"群星奖"评选中,荣获"群文之星"称号;

2017年,在"村晚"舞台上演的小品《第一书记》获辽宁省第十届艺术节群众文艺专场汇演一等奖;

2018年,被全国妇联评为"最美家庭";

2019年,被授予朝阳市劳动模范、优秀共产党员、优秀村支书荣誉称号。

27年的执着,让曾经负债万元却始终自掏腰包的李春军把"村晚"做到了巅峰,也收获了希望,他被乡亲们推选为村支书,成为群众致富建小康的带头人和乡村振兴的领头人。由此,乡村"村晚"也带动了全县农民兴办文化的热潮,越来越多富裕起来的农民开始自办文化。一时间,在朝阳县30个乡镇,298个行政村,绝大多数都开始张罗筹备自己的"村晚",一个个农民自发组建的业余文艺团体相继亮相"村晚"舞台,清风岭镇哈拉贵村业余剧团、木头城子镇卜显仁文化大院、大庙镇"康怡大妈"艺术团、贾家店农场"七美"艺术团,等等。有人说这是一种执着,但更重要的是它体现了一种新时代中国农民的精神。

如今,在辽宁省朝阳市的乡村,随着春节的到来,老百姓最关注的就是一年一度的农民"村晚",据朝阳市文化旅游和广播电视局提供的2022年"村晚"活动统计,有喀喇沁左翼蒙古族自治县的"中三家镇农民村晚""南公营子镇大三家村农民村晚",北票市的"马云飞文化大院农民村晚""小城子镇乔营子村村晚""小城子镇杨大营子村村晚",凌源市的"于诚庭文化大院农民村晚"等70多场乡村"村晚"都陆续上演。农民演,演农民,农民"村晚"闹新春,朝阳地区乡村"村晚"的遍地开花,也让新时代的农民收获了乡村振兴的喜悦和文化的滋养,"村晚"已经发展成为朝阳市的公共文化品牌。随着"村晚"内容的丰富,演出也在创新中传承了优秀传统文化,让久违的民间艺术,如:凌源皮影、榆州鼓乐、高跷秧歌、灯会、小戏、十王会等焕发了青春,重新走近了老百姓。乡野阡陌间,厚植乡村文化土壤,"村晚"成为农民过大年闹新春的新年俗,这不仅是娱乐,更是新时代乡风文明的升华,同时也展现了新时代农民的"中国梦"。

2022年1月19日,人民网转载了《辽宁日报》题为《朝阳市北四家子乡数九寒冬农民春晚排练忙》的报道。因为今年"村晚"的主办单位是文化和旅游部公共文化服务司,李春军的"村晚"作为"欢乐过大年·喜迎冬奥会——我们的美好生活"全国80个"村晚"之一,要在国家公共云平台和央视上播出。至此,由文化和旅游部倡导发起的乡村"村晚"已经在全国铺开,更多像李春军这样怀着文化梦想的中国农民,在自己家门口的舞台上圆梦。

二、"村晚"改变了群众文化的服务模式

"村晚"从自发到政府引导,走过了一段不平凡的路,从一定意义上说,它对传统群众文化概念的内涵和外延产生了极大挑战,促使我们必须对群众文化的既定思路进行重新审视。

在政府推行文化馆、图书馆、博物馆免费开放,老百姓共享改革开放成果的同时,"村晚"的出现让群众文化的服务模式发生了改变。以前是辅导老师坐等群众上门,现在是辅导老师变为文化志愿者,主动深入到乡村农户为老百姓编排节目。

以朝阳县为例,文化主管部门针对蓬勃发展的"村晚"现象,为了更好地推动群众文化发展,由政府筹集资金支持"村晚"和群众自办文化的发展,推出了"送设备、送演出、送辅导、送资金、送服装"的"五送"活动,为基层的自办文化注入生机和活力,引导广大群众的积极性和主动性。除此之外,还加强完善了公共文化基础设施,增强服务功能,利用脱贫攻坚积极争取资金支持,加快推进文化馆分馆、图书馆分馆和乡村文化活动广场的建设,目前朝阳县的 300 个行政村共有图书室、活动室、电子阅览室、文化广场"三室一场" 350 个,做到了一村一个或者两个以上。这些文化设施已成为广大农民休闲娱乐、学习科技知识、传播文明新风和宣传党的路线方针政策的重要场所,为农民群众文化活动的发展提供了广阔舞台。

注重选拔培养,打造一流服务队伍;转变工作作风,让文化下基层接地气;每年的"村晚"和重大节庆演出,市县两级的专业辅导人员都积极参与、精心辅导,有的在老百姓家一住就是半个月,使一个个农村群众文化队伍成长壮大。通过不断优化对群众文化的服务,不仅满足了农民日益增长的文化需求,也实实在在地激活了"村晚"等群众文化活动的动力。

三、"村晚"成为间接培养文艺人才的舞台

"我搭台,你唱戏""我辅导,你演出""我幕后,你台前",20 多年来,从李春军的"村晚"舞台走出了很多文艺人才,先后有十几个人考入艺校,或被文艺团体录用。2021 年,北四家子非遗传习所小学生们表演的非遗项目"霸王鞭"被邀请参加了在沈阳举办的庆祝中国共产党成立 100 周年全省非遗展演。通过建立推进机制来提升群众参与"村晚"的自觉,挖掘培养年轻人的艺术潜质,朝阳县利用"村晚"舞台的载体,推出了一项又一项人才机制。

(1)注重人才培养,通过"村晚"大力营造农村文化人才成长的良好环境,吸纳年轻有文化、有活力的高校毕业生到乡镇从事文化工作。

(2)积极培养农民文化骨干,发挥民间艺人、文化能人在活跃农村文化生活、传承发

展民间文化方面的作用。

（3）构建人才激励机制,朝阳县每年都要召开群众文化表彰大会,对发展好的自办文化团体和文化领军人物大力宣传,给予一定的物质和精神奖励,同时,给予组织群众文化活动先进人物一定的政治待遇。

通过一系列的举措,"村晚"的拉动作用直接刺激了朝阳县群众文化的发展繁荣,2021年朝阳县连续四次被文化和旅游部评为"中国民间文艺之乡"。

四、"村晚"带动了文化事业的发展繁荣

乡村"村晚"的繁荣,促进了文化事业的发展繁荣,文化主管部门主动作为,结合实际以群众需要为导向,以群众满意为标准,全力推进群众文化建设,让文化发展成果更多地惠及乡亲。

2012年,在"村晚"的基础上,朝阳县推出了"大地放歌"群众文化活动品牌,并以此形成了完备的群众文化发展模式,扶持树立典型,增强群众自办文化的自信心。

（1）典型个人带动了一批群众文化热心人。通过加大对李春军"村晚"的专业辅导,给予他资金、设备方面的支持,利用媒体广泛宣传,让其成为全县群众文化发展的领头雁,目前朝阳县的群众文化活动风生水起,以陈贵波、卜显仁、赵亚丽等为代表的文化领军人物,带动各乡镇的"大地放歌"演出每年达50余场。

（2）典型集体激活了一批群众文化团体。清风岭镇哈拉贵业余剧团成立于1949年,与新中国同龄。为扶植、推出这个典型,县文旅广电局常年对其进行辅导、指导,创作了大量的优秀剧目供哈拉贵业余剧团演出。在每年一度的文化庙会暨乡村"村晚"后,剧团便开始巡回演出,足迹遍布辽西、蒙东和河北的承德市,一年演出百余场,由于剧团的演出水平较高,形式新颖,内容紧跟时代,2009年中央电视台《新闻联播》特意用2分48秒的时间专题报道了辽宁省朝阳县清风岭镇哈拉贵农民剧团服务农民、服务基层的事迹。2018年中央电视台春节戏曲晚会五个分会场之一,就设在了哈拉贵村。2010年该剧团被中宣部和文化部等五部委授予全国服务基层服务农民"双服务"先进集体,获此荣誉的还有朝阳县贾家店农场"七美"艺术团,这在全国是罕见的,为此贾家店农场被评为全国最美乡镇。在哈拉贵业余剧团的影响下,又相继涌现出了十余个农民自办的业余剧团。"村晚"的拉动,文化的魅力和引领,让乡村的文明程度极大提升,使乡村面貌发生了根本的改变。

五、"村晚"提升了乡村文明的高度

"村晚"带动了群众文化的发展繁荣,坚持常年活动,坚持节庆演出,坚持为老百姓服务,这是"村晚"现象的内生动力。它直接丰富着广大基层人民群众的精神生活,间接推动着乡村治理,极大地提高了乡村文明程度。

（1）"村晚"壮大了文化志愿者队伍。朝阳县现在注册的文化志愿者达500多人，他们承担社会责任，针对老年特殊群体文化需求，开展尊老敬老"文化慰问"演出活动，受到老年人的极大欢迎。此外，文化志愿者们还启动乡村小学艺术培训工程，在基层小学设立艺术培训基地，目前朝阳县已经在柳城镇郭家小学、尚志乡青少年宫等多地开展了舞蹈、器乐、美术、戏曲等专业课辅导，一年累计授课达150课时以上。县艺术推广中心的志愿者们每年都完成年度送戏下乡惠民演出80余场，极大地活跃了农村群众的文化生活。

（2）"村晚"带动了全民健身活动。"村晚"开始前的热身秧歌和百姓健康舞，算起来也是"村晚"的垫场，老百姓的参与热情相当高，有的群众说，我们上不了"村晚"的舞台，在台下扭扭秧歌跳跳舞也算是参与了，电视上也有了我们的影子。为此，朝阳县在全县范围实施了百姓健康舞培训工程，市群众艺术馆也派出专业老师，对各乡镇健身舞指导员、健身舞爱好者进行免费培训，提高各乡镇健身舞表演水平。2017年，贾家店农场"七美"艺术团的百姓健康舞"醉美中国年"获得了辽宁省农民健身舞蹈大赛一等奖。据不完全统计，目前朝阳县百姓健康舞的参与人数已经超越了传统秧歌的参与人数。

（3）"村晚"助推了一个个文化活动品牌。2015年，朝阳县的"大地放歌"被评为辽宁省公共文化服务体系建设示范项目；朝阳市的"凌河沿岸文化活动带建设"被评为国家级公共文化服务体系建设示范项目；朝阳市"凌河之夏"文化艺术节被辽宁省委宣传部评为群众文化活动品牌；2021年，辽宁省首届地方戏曲（小戏）展演成功在朝阳市举办。

以上的文化发展成果，或多或少都与"村晚"有关联，有的是直接的、有的是间接，但不可否认的是"村晚"的发展让农民的素质提升，让新时代农民有了更大的自信。

六、"村晚"增强了农民的"文化自信"

总结"村晚"的实践，其创新性意义主要在于极大地增强了农民的"文化自信"。习近平总书记强调，坚定道路自信、理论自信、制度自信，说到底是要坚定文化自信。"村晚"的发展历程，已经由单一的自娱自乐逐渐变为新时代农民的文化自信。

（1）"村晚"促进了群众文化活动的转型。从政府办文化转向群众办文化；从面对乡镇文化站转向面对群众演出团体；从文化主管部门的文化自觉转向人民群众文化的文化自信。

（2）"村晚"助推了专业队伍的转弯。专业队伍的主阵地从城市转向农村；从台上的演职员转向台下的辅导员；从送文化转向种文化。

（3）"村晚"实现了群众角色的转变。群众从台下的观众转向台上的主角；从文化的旁观者转向文化的主人翁；从个人现象转向群体现象；从无主题的演唱转向传播正能量的引领性演出。

"村晚"的出现，提升了民众幸福指数，极大地增强了群众的"文化自信"，符合新时代的要求和群众的渴求,也就是贯彻落实习近平总书记指出的"人民对美好生活的向往,就是我们的奋斗目标"的具体实践。帮助群众提升文化自觉,增强文化自信,"村晚"开辟了新时代群众文化的新途径,推动了群众参与文化的积极性、主动性,让社会主义核心价值观占领了农村广大阵地。

中华优秀传统文化是中华民族的精神命脉,是涵养社会主义核心价值观的重要源泉,也是我们在世界文化碰撞中站稳脚跟的坚实基础。站在新的历史起点,在全面建成小康社会、实现第一个百年奋斗目标之后,我们乘势而上开启了全面建设社会主义现代化强国的新征程,正向着第二个百年奋斗目标昂首进军。面对新的发展阶段,乡村振兴步伐铿锵,文化自信成为最基本、最深沉、最持久的力量,乡村"村晚"作为中华优秀传统文化的继承和创新,必定会成为更基础、更广泛、更深厚的文化自信。

移动互联网时代的文化馆数字化服务开展探讨

徐卓俊（湖南省文化馆）

2020年底,我国移动互联网用户数达13.49亿户,移动互联网用户数早已超过宽带用户数。技术的进步,促使我们文化馆数字化服务需要做出相应的调整,如何在移动互联网时代保障好文化馆数字文化服务开展呢?

一、文化馆数字化服务的三个阶段

（一）PC端探索阶段

在"数字文化馆"概念提出之前,文化馆是有尝试数字化服务的,多以PC端门户网站建设为主,发布资源包括文字、图片、音频、视频,主要是为了让群众方便查阅到文化馆的基本信息、活动信息、通知公告、新闻报道等。功能相对简单,服务能力也有限,主要受限于经费来源,初期的建设费用需要文化馆自筹,多在5万元以内。

（二）PC端与移动端齐头并进阶段

进入"十三五"时期,在全国"互联网+"大战略的背景下,"数字文化馆"概念被提出并纳入了文化部"十三五"规划重点项目,主要是"探索建立数字文化馆标准体系,重点开展数字文化馆基础硬件网络支撑环境、业务系统、线上应用服务平台、线下数字艺术体验馆建设"。有了政策的支持,经费得到了保障,文化馆数字服务高速发展,功能得到升级与规范,开展了包括直播、点播、预约、预定、配送等等丰富多彩的数字文化服务。省、市、县数字文化馆建设各有亮点,"平台+微信+微博"的数字文化服务模式逐渐形成,PC网站与移动端应用同步发展。

（三）移动端主导时代的到来

"十四五"时期,文化和旅游部"十四五"文化和旅游发展规划提出了"公共文化云建设",要求"以国家公共文化云为依托,联合地方文化云,以移动互联网为主要渠道,打造覆盖全国的全民艺术普及公共服务总平台、全民艺术普及资源总库、全民艺术普及文创中心、公共文化和旅游产品交易中心",明确了公共文化云建设思路,强化了内容建设,提升了群众体验。文化馆数字化不再是"孤岛",国家公共文化云将各省级平台都串联了起来,组成了"看直播""享活动""订场馆""赶大集""学才艺"为核心的一套标准化栏目的云平台,服务与内容更加规范,数字文化馆服务 IP 逐步形成。"平台＋微信＋微博＋抖音＋快手＋视频号"多平台同步运营的模式形成,移动端应用占据了主导地位。

纵观文化馆数字化服务的发展历程,"政策"的推动起到了决定作用,"政策"也是国家决策层根据社会的发展做出的精准的指导思想。"十四五"时期公共文化服务体系建设的主要目标是"基本公共文化服务标准化均等化水平显著提高,服务效能进一步提升,全国各类文化设施数量(公共图书馆、文化馆站、美术馆、博物馆、艺术演出场所)达到7.7万,文化设施年服务人次达到48亿"。实现这一目标,依靠传统的线下服务是不现实的,这也突出了文化馆数字化文化服务的重要性。

二、文化馆数字化服务基本情况

(一)经费现状

自 2011 年"三馆一站"免费开放以来,文化馆各项经费基本得到了保障,但开展数字文化服务的经费难以争取到。2015 年开始,随着中央补助地方数字文化建设专项经费的投入,省级文化馆都能获得一笔专项经费(每年 300—400 万)的支持,省级馆数字化服务开展经费有了基本保障,"十三五"期间主要用于平台搭建、资源建设、培训推广,"十四五"期间主要用于数字文化服务(看直播、享活动、订场馆、赶大集、学才艺)的开展与资源建设。

省级馆能获得中央资金的支持,地市级、县(区)馆则主要依靠地方财政,大部分地市级文化馆都能争取到数字文化馆建设资金,而县(区)馆则相对难以获得,但也有部分县(区)馆努力争取到了建设经费(湖南如桃源、桂阳、湘乡、江永等)。即使获得了建设经费,运营经费也难以得到保障,需要各级文化馆努力争取。而随着"十四五"期间中央经费支持方向的改变,脱贫县每年能获得 20 万基层全民艺术普及服务提质增效资金,有效缓解了资金压力。

总的来说,以湖南省为例,各级文化馆数字文化服务开展都存在经费缺口,省级馆相对较好,地市级馆次之,县(区)馆最难("十四五"时期脱贫县除外)。各级馆数字化从业人员都需要花费大量精力在经费争取上。

(二)人员现状

队伍建设是文化馆数字化工作的基石,文化馆数字化从业人员大多是从管理岗或业务岗调整过来的,目前省馆、市馆多成立有数字化工作的独立部门,县馆也多有专人负责。"十三五"期间,数字化从业人员培训一直有中央专项经费支持,虽然少有对口的计算机、传媒专业人员,但经过多年的培养,都具备一定的数字化服务素养。文化馆数字化从业人员已经初具规模,在文化馆工作人员中占有一定的比例,约 5%—8%。

（三）设施设备现状

数字文化馆设备主要分两大类,一类是资源采集加工类,如演播厅、录音棚、办公电脑、相机、摄像机等;一类是体验设备,如线下体验馆、公共文化一体机、书法一体机、钢琴一体机、舞蹈机、查询一体机等。

很少有文化馆拥有一套完整的资源采集加工设备,大都只满足有限场景的资源采集,能从事简单的拍摄、制作数字资源。大部分文化馆都只有1—2台相机、摄像机,少数文化馆配置有录音棚、演播厅等设施。专业人员的缺乏导致部分文化馆添置了设施设备却无人能用,但同时设施设备的缺乏也限制了文化馆自产数字资源和培养专业干部的能力。虽然设施设备不全,但移动互联网时代对设备要求并不高,各级文化馆有能力生产一些适应新媒体传播的资源。

相对于线上平台,线下体验馆更缺乏明确的建设标准,各馆多根据经费、场地情况因地制宜开展线下体验馆建设。采购的设备也五花八门,如湖南省馆购置有唱吧、朗诵亭、书法一体机、钢琴一体机、查询机、取票机等。线下体验馆的建设需要一次性投入大量经费,鲜有文化馆有能力建立成体系、完整的体验展线,但也有少数文化馆争取到当地财政的支持,建立了丰富多彩的线下体验馆(如邵阳、岳阳、桃源等)。可缺乏设施设备的维护费用,成为这些馆的一大困惑。

（四）工作现状

文化馆数字化工作包括线上平台、线下体验馆的建设与运营。而作为省馆、地市馆、县区馆略有不同,省馆需要统筹、指导全省文化馆数字化工作的开展,市馆则承担着上传下达与辖区指导的职能。文化馆数字化工作普遍存在以下几个问题:

1. 平台多,工作量大,专业程度要求高

文化馆线上平台包括数字文化馆平台、微信订阅号、官方微博、抖音、快手、视频号等,涵盖了各大新媒体类型,往往每个馆建设、注册多种平台,每种平台日常维护,运营需要的资源类型,传播规律各有不同,不仅需要生产适合传统 PC 平台传播的数字资源,也需要加工适应移动新媒体传播的资源,这也直接导致文化馆数字化工作量更大、更复杂,专业要求更高。

2. 数字资源供给不足,缺乏优质资源

平台运营需要的数字资源主要有三种,一是可供长期基础服务的,如教学视频、活动视频、展览图片、场馆预订等;二是线下活动的,如票务、培训等;三是适合移动新媒体传播的短视频资源。大部分文化馆缺乏自身生产资源的能力,或者生产资源能力有限,容易出现多个平台同时停更的现象。

3. 运营模式单一,缺乏创新

数字平台的运营还较原始,停留在有资源就上传的阶段,缺乏新媒体营销理念。

4.线下体验设备更新难

线下体验设备多价值较高,使用寿命有限,维护保养成本会随着时间越来越高,很多文化馆难以利用,倒是线下体验设备出勤率越来越低。

三、文化馆数字化服务开展存在的问题

"十三五"时期,对文化馆站的要求是"文化馆(站)年服务人次达到8亿",实际文化馆年服务人次已经超过了这个数值,当然这主要依托的线上数字化服务,依靠线下活动是远远不能实现的。2021年,湖南省文化馆通过抖音平台创建的"第二届文旅乡村好韵味网红带你逛潇湘"话题点击率达3亿次,充分发挥了依托移动互联网开展数字化服务的优势。文化馆数字化服务已经取得了良好的成绩,但数字化服务的开展从长远看还是存在一些问题:

(一)对数字化服务的认识存在不足

1.地位不明确

数字化服务在文化馆工作中的地位不明确,缺乏考核机制,可多做也可少做。目前,文化馆普遍更重视线下活动的开展,数字化服务辅助为主。线下活动的服务能力是有限的,成本相对较高,达到文化和旅游部"十四五"文旅规划要求,只有通过开展大量的数字化服务的才能完成。

2.难度认识不够

对各平台缺乏科学的运营理念,对数字文化馆平台、微信订阅号、微博、抖音等新媒体的特征认识不足,工作方式过于原始。

3.工作欠规范

管理制度、考核机制有待完善;资源建设缺乏长远规划,没有明确的资源建设计划。

(二)平台纵向对接存在困难

省、市、县都建设有数字文化馆平台,在运维经费都捉襟见肘的情况下,很难保证有效对接。有的地市,县(区)建有统一的政务平台或者文旅平台,实现数据对接还需要协调多方关系,对接难度大。

(三)缺乏造血功能

数字资源生产、数字文化服务活动开展严重依赖第三方,自身缺乏生产资源的能力。长期受制于第三方,不利于事业发展。

(四)缺乏激励机制

缺乏文化馆数字化服务从业人员的考核与晋升机制,难以调动职工积极性。

四、移动互联网时代如何保障文化馆数字化服务的开展

如今数字化服务早已成为文化馆常态工作之一,不单是解决8小时外的文化馆服务,也不仅仅是提升文化馆工作效能,而是文化馆工作的升级,是文化馆适应社会发展做出的改变。移动互联网时代,文化馆数字化服务的工作阵地增加了,工作环境更加复杂了,以下几个方面需要我们妥善解决。

(一)提升对文化馆数字化服务的认识

1. 数字化服务地位的认识

数字化服务最初是为了提升文化馆的工作效能,扩充文化馆服务手段,而如今已成为各种线下活动必要的一个环节,甚至不拘泥线下文化活动,成为一种新的文化馆服务模式,移动互联网时代尤为明显。譬如,我们开展票务预约、培训报名、活动直播是线下活动的辅助与延伸,这类型活动的主阵地还是线下;而我们开展的微视频征集展示、线上才艺比赛等,已经脱离了时空的限制,主阵地转移到了线上,而其服务能力是线下活动所不可以比拟的。我们应该充分认识到数字化服务已经成为文化馆工作不可或缺的重要组成部分,而且占有的比重将会越来越大。

2. 工作难度的认识

数字化服务不仅仅是将资源传到各个平台上,我们需要根据不同类型平台制定特定的工作方案,生产相匹配的数字资源,研究内容的传播过程,积累服务经验,形成准确理论,指导工作的开展。

3. 规范工作内容与制度

文化馆数字化服务是文化馆工作的一个环节,更是公共文化服务的一个环节。文化馆数字化服务不能超脱公共文化服务的范畴,"是以满足公民基本文化需求为主要目的而提供的公共文化设施、文化产品、文化活动以及其他相关服务",要"坚持正确的方向,坚持以人民为中心,坚持创新驱动,坚持深化改革开放,坚持融合发展"。不能因为短视频传播快而忽视基础资源的生产,也不能因为某种艺术门类适合新媒体传播而忽视其他艺术门类。

(二)统一工作平台

我们花费大量的精力去统一接口标准,虽然实现了数据共享,但仍然存在工作隐患。当其中一个节点出现问题,譬如地市馆平台出现故障,就会导致辖区内所有县区馆数据无法上行,上级资源也无法下沉。很多文化馆缺乏运维经费与技术,难以保证平台的长期有序运行。对平台的集中管理,有利于平台的正常运行,通过制定工作制度、规范工作流程,有利于数字化服务标准化及文化馆数字化服务 IP 打造。

(三)开展从业人员技能培训,引入志愿服务

在新鲜血液难以注入的情况下,我们需要多组织集中培训,提升文化馆数字化从业人

员技能水平,掌握核心技术,引导他们自产数字资源、策划线上活动,特别是生产适合移动互联网传播的资源和活动。同时,在一些数字化服务中引入志愿服务,降低工作压力。

(四)推动数字化服务评奖与职称体系建立

数字化服务已成为文化馆的重要工作之一,数字化从业人员队伍也占据文化馆工作人员较大比重,超过一些艺术门类的专业干部人数,为他们建立合理的考核晋升机制,能提高他们的工作积极性,促进数字化事业的开展。

文化馆数字化服务经历了 PC 端探索阶段、PC 端与移动端齐头并进阶段,到如今的移动端主导服务的阶段,这是社会的发展与技术的进步,我们需要做出调整,完善工作模式、资源建设标准等。保障好移动互联网时代的文化馆数字化服务开展,核心的问题仍然是我们的队伍建设与制度建设,有了优秀的团队、合理的制度,我们文化馆数字化服务道路上走得更高更远。

对公共文化空间的再认识

董艳淘（北京市朝阳区宣传文化中心）

公共文化空间既强调空间的文化性，也突出空间的公共性，是承载、展现、提供公共文化内容与服务的公共空间和文化场所，也是空间上人、物、活动的集合。提升公共文化服务水平是《中共中央关于制定国民经济和社会发展第十四个五年规划和二〇三五年远景目标的建议》的重要内容，公共文化空间作为构建公共文化服务体系最基本的支撑，是提升公共文化服务水平的重要抓手，深刻认识公共文化空间，理解公共文化构建发展的趋势与特征，对于推动公共文化空间建设，满足人民群众日益增长的精神文化需求有着重要价值。

一、公共文化空间的概念与类型

（一）公共文化空间的概念

公共文化空间是具有意义阐释与价值生产功能的文化空间在公共性内涵不断加强和体现的过程中所形成的新的空间内容与形式。随着城市化进程逐步推进，为不断满足市民多样化、多层次、多方面的精神文化需求，城市公共文化空间的公共性特征将愈发突出，表现出巨大的社会效益和经济价值，不仅有利于优化丰富城市空间功能，还有利于提高市民思想道德水平和科学文化素质，有助于提炼出蕴含在市民集体性格中的城市精神。

（二）公共文化空间的类型

传统的公共文化空间可分为两类，一是由政府拨款，文化部门或行政机构管理文化服务机构，如博物馆、公共图书馆、文化馆、美术馆、科技馆、纪念馆、少年宫等，二是承载人们公共文化活动的公共场所，如广场、街心公园等。其共同点在于都依托公共空间，不同点在于前者是以开展公共文化活动为目的建设，其文化性与生俱来，而后者在建设时并非以开展公共文化活动为目的，而是由于空间使用者的自发组织、参与公共文化活动，创作文化产品，使其具备文化性。

二、公共文化空间的发展现状

（一）公共文化空间的多元化形式

随着社会经济的发展,公共文化空间发展为形态各异的、颇具文化创意的新型文化空间和专业艺术场馆,例如音乐厅、书店、画廊、艺术展示馆、咖啡馆、酒吧等场所,当中不乏各种商业性质的场所。例如拽马戏剧酒吧,通过举办酒吧戏剧日,在当天收取座位费,为到场的戏剧爱好者提供戏剧表演,使酒吧变为一座沉浸式的剧院。酒吧虽然是商业空间,但其收费的戏剧表演具有非竞争性以及排他性(非竞争性,消费者的增加不会引起生产成本的增加;排他性,一种物品具有阻止一个人使用该物品的特性),属于准公共产品,因而拽马戏剧酒吧具备了一定的公共文化空间属性。可见,企业为迎合市场需求,谋求自身长远发展,通过有条件地免费开放场地、提供文化服务等手段,使自身商业空间逐渐具备公共文化空间的属性,因而公共文化空间也由社区、公园、文化服务机构等公共空间,延展到商场、店铺等商业空间,丰富了公共文化空间的形式。

（二）公共文化空间的复合型功能

公共文化空间从传统形态逐步延伸到商业空间,这种形式上多样化的趋势使原本类型、功能单一的公共文化空间变得丰富多彩、更具活力,极大满足了居民精神文化需求。例如西西弗、言又几等新式书店,通过精美的空间设计,免费开放书籍阅读,辅以咖啡、文创产品的销售,为消费者打造舒适阅读空间,吸引大量消费者到店阅读,大幅提升了店内书籍、咖啡以及文创产品的销量。这些书店作为商业空间,不仅因为提供了免费阅读的书籍和场所而具备了公共文化空间的属性,且提供了时尚餐饮、文创购物等文化消费需求。此外,包括城市大型购物中心、商业街区、博物馆、展览馆等在内的各类公共文化空间都在不断探索创新功能的多元性和复合性,将公共文化空间打造成集展示、体验、购物、餐饮、娱乐、休闲等功能于一体,能够满足多重文化体验和消费需求的场所。

三、公共文化空间的发展问题

公共文化空间不仅仅是城市形象的标志和城市精神风貌的体现,更是居民重要的活动空间。随着物质生活水平的提高,居民精神文化需求的日益增长,现阶段我国的公共文化空间建设还存在不少短板,还有很大提升空间。

（一）公共文化空间建设品质普遍平庸

当前,我国公共文化空间多数作为商场、社区住宅、写字楼的配套,未针对目标人群进行专业设计,也没有地方文化特色,导致公共文化空间建设同质化严重。而在文化产品、文化服务以及文化活动上,则以广场舞、文艺演出为主,活动内容单调,缺乏创意,与时尚、新颖、主题多样、风格各异的各类网红打卡地相去甚远。

(二)公共文化空间建设主体单一

公共文化空间以实现社会效益为主,经济效益的实现难度较大,因而公共文化空间的投资建设以及运营管理往往由政府部门主导。公共文化空间的收益主要在于优化周边环境,吸引人流、提升人气,使周边物业增值,相关品牌影响力扩张,但政府难以从这些外部性中回收投资成本,导致公共文化空间开发的不可持续,影响后续的管理运营、改造提升。

(三)公共文化空间商业化运营水平较低

公共文化空间可以通过委托服务、特许经营、出租、联合经营等手段进行市场化运营,但是社会资本、市场化管理模式进入公共文化空间建设运营尚存在一定的限制,商业空间与公共空间的资源不能完全放开,交叉使用。而公共文化空间在引入商业资源时,政府与企业的合作方式较为初级,停留在票价补贴、营业时间延长等层面,并未在运营模式、组织结构等方面实现深层次合作,无法真正发挥市场化运营带来的效应。

四、公共文化空间效能提升的思路探讨

(一)丰富公共文化空间内容的时空层次

公共文化空间是开展文化活动、提供文化产品与服务的场所,如何在有限的公共文化空间中配置文化内容与其他内容,构建极具特色与吸引力的场景,是构筑公共文化空间的重要部分。传统的公共文化空间,例如博物馆,通过将展品陈列于展示柜,通过专人或者机器讲解展品信息,为游客提供博物馆文化服务。在这种消费场景中,消费者主要通过看和听去体验,整个游览过程既单调又无聊。

随着设计理念的更新以及科学技术的进步,功能多样、内容丰富以及沉浸感与交互感十足的公共文化空间也越来越多,吸引了大量人流进入。如侨福芳草地,一座集餐饮、购物、住宿、画廊、美术馆等多功能于一身的大型商业综合体,通过现代化设计以及对商场艺术品的精巧布局,成为集艺术展馆与商场于一体的公共文化空间,让消费者零距离"体验"和"分享"艺术之美,吸引了北京CBD周边大量年轻白领。与主要依靠空间设计的侨福芳草地不同,位于法国巴黎的光之博物馆,运用人工智能、现代光影技术,让一幅幅古典画作,变成充满活力的动态画像,配合立体环绕音乐与节奏流转,让参观者身临其境,目不暇接,为参观者打造沉浸式体验。而北京的鼓楼西剧场,面对各年龄段、各职业层受众人群,不断推出话剧、现代舞、儿童剧、音乐剧、戏曲等多元化作品,打造剧场、咖啡厅、书吧、排练厅等业态,开展文化沙龙、朗读会、新闻发布会、出版物签售会、小型演唱会等文化活动,通过丰富自身的文化与商业业态,打造多功能的公共文化空间。

一个露天广场,白天可以是展示作品的创意集市,晚上可以是露天舞池;一个博物馆,

工作日可以是文物展览场所,在传统节日可以是民俗文化演出场所,在寒暑假可以是中小学生课外教育场所;一个剧场平时可以观看文化演出,在夜间可以是沉浸式戏剧、光影展的体验场所。节假日、夜间等特殊时段为利用文化空间创新推出夜间光影展、夜游特色内容提供了土壤,反过来,文化空间的餐饮、购物、娱乐等多样化业态也为在更多时段开展活动提供了条件。时间与空间的相辅相成,使得现代化的公共文化空间已不再满足于单一功能和内容,通过对空间布局的设计、先进技术的运用以及多元业态的引入,将内容单一的空间打造成为内容丰富、沉浸感与体验性强的新型公共文化空间,更大程度地挖掘空间和时间价值,辐射更广大人群。

（二）突破公共文化空间服务的时空局限

随着政府部门和事业单位对市场的理解愈加深刻以及各市场主体的深度参与,公共文化空间运营管理的市场化水平逐渐提升,更能敏锐把握居民需求,通过优化经营策略,增强公共文化产品和服务的供给,明显提升服务效能,进一步惠及广大居民群众。

近年来,通过挖掘公共文化空间的价值以及提升公共文化空间的服务效率,在服务效能上实现了巨大提升。如 2019 年 8 月 11 日—8 月 15 日,北京自然博物馆举办"博物馆之夜——绿地球之夜"主题活动,通过节目展演、"绿地球"文创市集、科学讲座、科学教育活动、互动讲解等多种形式,向公众展示自然资源、民俗传统与艺术文化。博物馆夜场的开放为居民提供了更多的参观时段和文化服务,进一步丰富了居民文化生活,同时也扩大了博物馆的影响力,进一步挖掘了博物馆的潜力与价值。未来,公共文化空间的开放时间将会进一步延长,除去必要的维护时间外,甚至会出现 24 小时全天候开放的公共文化空间。公共文化空间服务效能的提升,更根本在于效率的提升,而科技创新则是关键。例如南京博物院数字馆,南京博物院数字馆由实体馆和网络虚拟馆构成,通过实时抽象、动态捕捉等数字技术,将实体馆内空间、装修设计与媒体硬件以及数字内容结合,营造立体丰富的展示环境,而网络虚拟馆完全复原了实体馆的空间和内容,在实现居民线上参观的同时,还可收集参观者的意见、偏好,运用大数据的分析进一步提升数字馆的运营管理水平。

开放时间的延长与数字技术的运用,既突破了公共文化空间使用时间的限制,也突破了空间的限制,不仅充分利用了不同时段的公共文化空间,同时因为时间特征创新了空间的服务形式,形成了时间与空间的相互赋能,从而可更快、更广地覆盖更多居民群体,丰富了居民各个时段的文化娱乐生活,提供了更多体验新奇、视听效果优良的文化产品与服务,快速提高时空影响力和辐射范围。未来,公共文化空间服务效能的提高将会更注重数字技术、现代视听技术等先进技术的运用,同时在管理、经营策略上进行更多的创新,应对居民快速变化与高速增长的文化需求。

五、政府视角下对公共文化空间建设的思考

鉴于政府作为公共文化空间建设的主导者,在公共文化空间建设中起着主要作用,因

此笔者将在政府视角下,针对当前公共文化空间的发展现状以及对公共文化空间的类型、内容以及效能的进一步认识,着重从体系建构和制度层面,为现代化公共文化空间的规划建设作出以下思考。

开放投资渠道,建立灵活投资体系。传统的公共文化空间建设开发模式,主要是依靠政府资源投入,政府部门在空间的开发、建设、中承担着主要责任,这样的模式难以建设类型俱全,功能多样,满足市场需求的公共文化空间系统。随着社会资本越来越多地进入公共事业领域,需要转变公共文化空间全权由政府建设、运营、维护的观念,在建设大中型、综合性的公共文化空间时,可以采取政企合作的方式,通过 PPP、BT、BOT 等模式,吸收社会资本参与公共文化空间的建设、运营与维护。而对于小型的、功能单一的公共文化空间,可交由企业单独投资建设。

加大扶持力度,鼓励社会力量参与空间建设。公共文化空间是多元主体共同培育的结果,参与主体包括政府部门、企业、居民等多方力量。政府作为公共文化空间建设的核心,应该采取多种手段激励其他社会力量参与公共文化空间的营造。通过容积率奖励、开发权转移等政策手段,鼓励社会资本积极进入公共文化空间建设领域;灵活运用财政、税收等手段补贴企业在公共文化空间的运营成本;畅通意见渠道,开通反馈专线,鼓励市民为公共文化空间建设建言献策;鼓励企业、社会组织、个人在公共文化空间上开展积极、正能量的文化活动以及文化创作。

搭建资源平台,集聚社会资源共建公共文化空间。针对公共文化空间的建设打造开放性平台,吸纳地区内公共文化空间中的各类文化场馆、文化企业、文化类社会组织、商业中心等单位,组建公共文化服务联盟,集聚各类资源,运用大数据、云计算等先进数字技术,以多元化产品供给、专业化队伍打造覆盖面更广、匹配度更精准、活动规模更大、品牌效应更突出的公共文化空间。

提升监管强度,保障公共文化空间效能发挥。公共文化空间作为开放性或者有条件开放的文化场所,如果监管不力,将会容易出现公共空间占用、劣质文化内容泛滥等问题,严重影响公共文化空间的服务质量。要加强对公共文化空间的监管,首先要使公共文化空间的信息透明,公共文化空间必须要有明确的标识、明确具体的开放时间及允许的活动,防止公共空间为私人蚕食。其次,加强公共文化空间内容与活动的审查,严格禁止低俗、违法等偏离社会主义核心价值的内容与活动出现在公共文化空间中。再次,建立公众监督机制,鼓励市民向有关部门反映举报公共文化空间出现的问题,相关部门及时进行整改和管理,并定期对公众意见进行整理评估,适时调整相应的激励性政策。最后,建立惩罚机制,对公共文化空间出现的问题,按照轻重程度进行处罚。

参考文献

[1] 周媛. 中国当代城市公共空间的现状浅析 [J]. 技术与市场,2011（10）:94-95.

[2] 秦昊禄. 浅谈夜间开放对博物馆的重要性及影响 [J]. 文物鉴定与鉴赏,2019（23）:123;颜玉凡. 城市社区公共文化服务的多元主体互动机制:制度理想与现实图景——基于对 N 市 JY 区的考察 [J]. 南

京社会科学.2017（10）:33.

[3] 春燕.聚焦城市公共空间建设的新城市形态建设——国际城市建设管理发展新趋势[J].城市发展研究,2015（2）:58-63.

[4] 张文蔓.基于文化视角的北京城市公共空间更新设计策略探析[J].城市建筑,2019（31）:65-68.

[5] 吴燕民.公共空间的演变与现状分析[J].鸡西大学学报,2017（1）:44-49.

[6] 陈波,张洁娴.城市社区公共文化空间的建设现实与未来设计——基于全国17省46社区的考察[J].山东大学学报(哲学社会科学版),2017（6）:23-31.

[7] 王玲.基于公共文化空间视角的上海市博物馆旅游发展研究[D].上海:复旦大学,2010.

传承中华优秀传统文化，打造少儿国学创新性培训

邓海燕（湖南省郴州市北湖区文化馆）

文化馆是我国新时期建设公共文化服务体系的主流阵地，其艺术门类齐全，活动精彩纷呈。近年来，文化馆少儿国学培训开展得有声有色，颇受家长和孩子的喜爱。奥地利心理学家阿德勒说：儿童获得印象的强度和方式，并不取决于客观事实或情况，而取决于儿童看待和判断事情或情境的方式。在综合考虑国学自身特点的基础上，根据少儿认知的独特性，笔者尝试探索更为新颖活泼的少儿国学培训形式，让孩子在愉快的学习氛围中更好地感受到传统国学所散发出来的魅力。本文就少儿国学培训的策略与方式提几点不成熟的做法和意见，以求教于各界专家。

一、情景再现式沉浸学习模式

将蒙学经典与音乐、绘画深度融合，让古诗文唱起来、《山海经》画起来，开启情景再现式沉浸学习模式，在真实可触的耳濡目染中提升、滋养孩子的感知与审美能力。

诗词一直以来就是中华民族传统文化瑰宝，是所有文学之祖和艺术之根。如何才能让优秀的古诗文真正走进孩子的内心？少儿对音乐美术有着天然的敏感与热爱，可将诗文与之相结合，利用"六根"互通互用原理，将眼睛、耳朵、鼻子、嘴巴等感觉器官结合起来，让孩子在唱歌跳舞、绘画涂鸦中体验诗词文赋的美感。在古代，诗与歌、词与曲本不分家，诗词配上音律，即可演唱。如袁枚《所见》：牧童骑黄牛，歌声振林樾。意欲捕鸣蝉，忽然闭口立。该诗曲风轻快活泼，融合了新爵士音乐元素，再配以吉他和手鼓更显得韵味十足，让孩子在朗朗上口的歌声中体验林间牧童的天真烂漫与无忧无虑；又如陆游《秋夜将晓出篱门迎凉有感》：三万里河东入海，五千仞岳上摩天。遗民泪尽胡尘里，南望王师又一年。这首诗歌深沉而悲壮，厚重的弦乐重奏配合大型打击乐，孩子在荡气回肠的歌声中可以感受到诗人内心的悲怆和爱国热忱。《声律启蒙》是中国历史人文的知识大纲，极其注重文字的音韵和对仗，字里行间勾勒出一幅幅中国风画卷。把《声律启蒙》唱成歌，结合对联知识的讲解，在优美动听的旋律中让孩子感受语言文字之美，传统文化之精魂。总之，充分利用社会资源和知识平台，选用或欢快或厚重的旋律把枯燥难记的古文长篇唱出来，既能让孩子对音乐产生良好的乐感和鉴赏能力，又可告别死记硬背，像学儿歌一样轻松学古诗文。

文字从诞生的那一天起，就篆刻了中华民族一部悠久深厚的文明史。在学习甲骨文

的课程中,可以让孩子用甲骨文将古诗的意境图描绘出来。如王维《鸟鸣涧》:一座幽静的春山(✻)、一轮恬淡的明月(☽)、一汪澄澈的泉水(≀)、几株幽静芬芳的桂花树(✦)、一只不甘寂寞的山鸟(✦)和一位从容自在的诗人(✦)。像电影的慢镜头一样,让孩子用自己手中的画笔描摹春夜山鸟图,与诗人一起步入这座寂静丰饶的春山,把诗意画进孩子心中。有条件的还可以在绢布上作画题诗,制成手工团扇,既古朴童趣又雅致独特。《山海经》记载了诸多上古神话,是一部常读常新的奇妙书籍,有着引人入胜的想象,有着难以触摸的神秘感。既可根据章节文字,让孩子展开天马行空的想象,画一幅自己喜欢的山精海怪图或神仙异民像,如狌狌、九尾狐和玄龟等;也可模仿《山海经》的行文方式,用文言文描写常见动物。如:有鸟焉,其状如鸡,花羽红嘴,能学人言,名曰鹦鹉;还可从外形外貌或神仙体系上对奇兽神民进行大致分类或概括:有一对或多对翅膀的神兽有哪些、人面蛇身的远古神仙是哪几位、炎帝麾下有哪些猛将等等。如此趣读《山海经》,既可培养孩子不拘一格的想象力和创造力,又可激发对世界的好奇心和探索欲,还能提升他们搜集和处理信息的能力。

二、互动体验式课堂教学

将国学典籍与故事、戏剧完美结合,让童话故事编起来、情景小剧场演起来,让孩子身临其境,开创互动体验式课堂教学,既可丰富想象、调动思维,又能润泽心灵、启迪成长。

没有哪一个孩子不喜欢听故事,在跌宕起伏的情节中,在或喜或悲的故事里,孩子会主动把自己想象成主人公,全身心地体验故事角色所带来的情感刺激。《三字经》《诗经》是国学经典,如何才能让古典不古板,让孩子有亲切感呢? 把某些章节设计成家庭情景小故事,用情景剧的方式重新演绎,或许是较为适合的切入点。如"养不教,父之过。教不严,师之惰。子不学,非所宜",可讲述一个严厉父亲与顽皮儿子之间的有趣故事,让孩子在潜移默化中修正和规范自己的行为,树立远大的人生志向;《蒹葭》是一个古代版的寻人启事;《岂曰无衣》是在抒发同仇敌忾、患难与共的军旅情怀。还可选用3—5张甲骨文卡片进行简单造句或即兴编故事,鼓励孩子从故事的倾听者变成编撰者与讲述者。如抽到(✦)(✦)(✦)和(✦),孩子造句:春雨在石头上跳舞;又如(✦)(✦)(✦)和(✦),孩子讲故事:小牛和老虎在山谷里烧烤,烤肉的香味引来了……不过多要求语句或故事的逻辑与严谨,只大致合乎情理即可。用甲骨文编讲故事的游戏,可化艰涩为活泼,化枯燥为神奇,既能激起孩子对甲骨文的兴趣,进一步熟悉甲骨文的字形字义,还能提升自我学习和语言表达能力。

儿童是天生的模仿家,他们无时无刻不在通过模仿、表演来表达情绪、体验生活和探索世界。《千字文》的内容丰富多彩,语言辞章优美简练,意境哲理深远蕴藉,是经久不衰的蒙书经典。如何才能寓教于乐,让孩子常读常新呢? 可尝试将"天地玄黄、宇宙洪荒"

改编成音乐剧《宇宙是怎么形成？》、把"云腾致雨、露结为霜"演绎成童话剧《一颗小水滴的旅行日记》、而"弦歌酒宴、接杯举觞"则表演成穿越剧《古人是怎么过周末的？》，让孩子穿上古装戏服，分角色扮演。还可搭配说唱、情景对话和旁白，让孩子边唱边演边学，通过生动有趣的故事情节和角色表演让孩子身临其境，增强孩子的代入和参与感，既可提高孩子的观察思考能力，还可帮助孩子建立更为广阔的宇宙空间感和世界历史观。

三、趣味游艺式教学策略

将国学知识与游戏、竞赛水乳交融，让传统手工做起来、益智游戏玩起来，探索趣味游艺式教学策略，让孩子乐于参与，在全情投入中传承民族智慧，汲取成长力量。

爱玩游戏是所有少儿的天性，如何保护和发挥孩子的天性是少儿国学培训应当重视的课题。二十四节气是劳动人民的智慧结晶，让孩子学习节令物候，既可多识草木虫鱼之名，又能亲近自然、陶冶性情。如何让孩子在有趣好玩的游戏中感知和探索大自然的奥秘呢？在纸面画一个大圆圈，分成二十四份，随机标注任意四个节气名称。邀请二十名孩子抽取节气游戏卡（如"清明"节气游戏卡上的图文为桐花或祭扫），要求他们根据卡片上的提示找准相对应的节气位置。节气游戏可多轮、反复进行，让孩子在快乐的游戏中感知绚烂多彩的节气画卷。可用"千根线，万根线，掉到水里看不见"（打一自然现象）或"头上有蓝天，地上有虫虫"（打一字）等猜谜游戏，既可促进孩子的大脑思维和智力发育，也能激发他们的逻辑推理能力。还可将学生分为几组，进行成语或诗词飞花令，如说出与四条腿动物有关的成语（塞翁失马、狡兔三窟、狐假虎威）或与食物有关的古诗（故人具鸡黍，邀我至田家。莫笑农家腊酒浑，丰年留客足鸡豚），让孩子在游戏中感知成语和诗词鲜活的意境。

传统节日承载着民族精神和文化内涵，不同的节日不仅有着具体鲜活的手工民俗，还潜藏着不同情感寄托和民族气质，以及由此衍生的艺术审美。一些喜闻乐见的民俗活动或趣味盎然的手工备受孩子的喜爱与追捧，这些传统文化离孩子很近，又刚好与孩子爱玩的天性有着密切关系。我们可以一边讲述民俗故事（如除夕是全民集体打怪兽、元宵是个小姑娘、月亮上有一座房子），一边制作节日手工，与孩子一起找回原汁原味的中国节，感受传统文化给予我们的美好体验。热闹而隆重的春节是孩子们最喜欢的传统节日，孩子们不仅有新衣服穿，还有许多好吃好玩的，在走亲访友中沉浸式地体验到了传统节日的魅力。可在教室营造过年气氛，开展春节手工创意活动。如剪窗花、做纸鞭炮、贴年画、写春联和吃糖人等，将传统节日的风俗礼节和中国文化精髓鲜活地呈现在孩子面前。又如清明踏青放风筝、端午编彩绳制香包、七夕拜七姐做巧果、中秋赏桂花打月饼、重阳登高插茱萸……丰富而有趣的节日民俗和手工，让孩子们在快乐的节日氛围里全身心地感知到了传统文化的魅力。开展传统节日趣味手工活动，既贴近生活、学以致用，又有节日氛围与生活仪式感，也有助于孩子增强民族文化认同感。

在具体的教学培训中，要根据实际情况综合运用，不可单一地使用一种策略。因为这三种策略不是相互孤立、彼此对立的,而是一个相互支撑、相互补充、相互成就的良性整体。如古诗文既可以唱成歌,也可以绘成画;既可以演绎成诗词剧场,还可以玩飞花令。少儿国学班还开设了诗歌里的二十四节气、跟着唐诗宋词去旅行和成语剧场等课程,其具体教学过程皆遵循以上策略,限于篇幅,不再赘言。

《易·蒙》:蒙以养正,乃圣功也。新时期的少儿国学培训可综合运用音乐、绘画和情景剧等艺术手法,充分调动少儿的视觉、听觉和触觉,让古诗文唱起来、《山海经》画起来、童话故事编起来、音乐情景剧演起来、传统手工做起来和益智游戏玩起来等策略,打造情景沉浸、互动体验和游戏竞赛等教育模式,倡导耳濡目染、身临其境和全情投入等学习方式,让国学成为孩子一生取之不尽、用之不竭的精神养分。囿于自身知识水平,在具体设计教案和培训过程中还有诸多问题有待解决,士不可不弘毅,笔者将继续探索与实践。

参考文献

[1] 袁珂. 神话选译百题[M]. 上海:上海古籍出版社,1980.

[2] 邹晓丽. 基础汉字形义释源[M]. 北京:中华书局,2017.

[3] 朱东润. 中国历代文学作品选[M]. 上海:上海古籍出版社,2002.

[4] 冯保善. 古诗源[M]. 台北:三民书局,2006.

[5] 袁行霈. 中国文学史[M]. 北京:高等教育出版社,2005.

[6] 山海经[M]. 李润英,陈焕良,译注. 长沙:岳麓书社,2015.

[7] 阿德勒. 儿童教育心理学[M]. 张艳华,译. 北京:清华大学出版社,2017.

云南省文化馆盲人合唱训练的实践和思考

和　梅（云南省文化馆）

《中华人民共和国公共文化服务保障法》第一章第九条规定："各级人民政府应当根据未成年人、老年人、残疾人和流动人口等群体的特点与需求，提供相应的公共文化服务。"云南省文化馆是国家设立的公益性文化事业单位，肩负着指导辅导组织全省群众文化活动、促进群众文艺创作、生产配送群众文艺产品、培训培养群众文艺骨干等职责。根据《中华人民共和国公共文化服务保障法》精神，为丰富活跃残疾人文化生活、发展残疾人文化艺术、培养残疾人优秀艺术人才，近4年来，云南省文化馆走进社区、走进弱势群体，组建了蒲公英盲友艺术团和爱飞翔盲童合唱团两支盲人合唱团，由本馆的声乐老师和馆外专家为盲人合唱团授课，取得了可喜的成绩。盲人合唱团克服重重困难，多次登上不同舞台，分别获得省、市、县级奖项。

一、盲人合唱团概况

云南省文化馆的蒲公英盲友艺术团和爱飞翔盲童合唱团，均成立于2019年，两支合唱团的成员分别为老年人和青少年。

蒲公英盲友艺术团的成员有35人，均为老年人，平均年龄65岁，最大者77岁，最小者45岁。他们拿着国家低保，有些人一辈子单身，有些人成家立业了，可结婚对象同样是盲人，生活十分艰辛。盲人由于视力障碍难以感受五彩缤纷的世界，生活中面临常人难以想象和体会的很多困难和不便，对外界的事物存在不同程度的防范心理，合唱兴趣爱好的培养很难。对于盲人歌唱爱好者，我始终走近他们进行辅导和帮助，进行耐心细致的沟通交流。他们到云南省文化馆培训学习后，参加了"唱响春城"等重大的活动和比赛，获得了优异的成绩，受到省市区各级的赞誉。蒲公英盲友艺术团成员们表示：通过合唱训练能让他们获得满满的存在感、获得感、安全感和幸福感，他们将以更大的热情、更好的状态继续歌唱，希望社会各界更多的关心关注他们。

爱飞翔盲童合唱团是云南省文化馆和昆明市盲哑学校共同组建的合唱团，有44名成员，均为青少年，最小者7岁，最大者20岁，平均年龄14岁。云南省文化馆到学校开展调研成立合唱团后，从2019年开始，每周派2名老师和专家进行培训辅导，全面提升合唱团成员的音乐素养和合唱水平，在第九届云南省残疾人艺术会演线上评比中获得了一等奖。合唱团孩子们最大的愿望，是想通过训练汲取更多的音乐知识，丰富自己的日常生活和内心世界;让自己的歌声传遍全省、全国和全世界,感动树木、鲜花、小草,成为温暖生活的良药;让自己的歌声穿过天空、大地、山河,穿透所有的黑暗,成为一道道闪亮的光。

二、盲人合唱训练的特点

兹以爱飞翔盲童合唱团 3 年多的合唱训练实践为例,陈述盲人合唱训练的特点或者说面临的困难。

爱飞翔盲童合唱团的成员,均为昆明市盲哑学校爱好合唱的小学、初中、高中同学。由于学校学生的基数小,可挑选合唱团成员的范围也就小,加之学生患眼疾的时间不同,时常会出现年龄差距较大的情况,所以,在训练的过程中,如果单纯用年级来划分人员则不合适。在这些学生中还有多种残疾的学生,如同时有视力障碍和智力障碍等情况。大体来说,发现盲人合唱训练有以下 4 个特点或者说困难。

缺席指挥。合唱训练过程中指挥很重要,盲人最大的弱势是看不见指挥,最大的优势是拥有一双灵敏的耳朵。为了尽快达到合唱声音统一,提高排练效果,只能依靠耳朵去倾听,因此,钢琴伴奏和教学语言组织特别重要。根据盲人的心理特点,在上课之前通常先做心理疏通,让他们放下心理负担,这样学起来的效果更显著。

行动不方便。由于盲人视力受限,行动不便,与外界的交流沟通比较有限,对外界的人和事多多少少有点自我防备的心理。因此,授课培训老师在同他们沟通的过程中,一定要注意方式方法和语言技巧,以实现事半功倍的效果。

盲态影响训练。视力障碍者通常有盲态,比如,站和坐时弯腰驼背、低头、下颌前突、摇头、动手指、咬指甲等,这些都在一定程度上影响了唱歌状态,培训老师在辅导的过程中要给予及时纠正。

变声期的影响。由于年龄参差不齐,有小到 7 岁的孩子、大到 20 岁的学生,有些孩子已经过了变声期,有些孩子刚进入变声期,还有些孩子的声音还处于奶声奶气状态,面对这种现状,我通常因人而异、因材施教,对不同变声期的孩子采用不同的方法。对已完成变声的直接用科学的发声方法进行训练,对刚进入变声期孩子的训练,多练气泡音,能起到按摩声带的作用,然后再练混声练习,在给学生练习时用下行音阶假声哼鸣,特别注意母音的训练,做好母音训练不仅减轻孩子的嗓子疲劳,还可以训练歌唱腔体。还未进入变声期的孩子声音通常很白,有喊叫的习惯,我让孩子学猫叫"喵、喵、喵",学猪叫"噜、噜、噜",用打哈欠的方法唱歌等,从而获得声音的统一。

三、盲人合唱训练的方法

合唱通常要做到三合,即:人合、心合、声音合。面对一个特殊群体,合唱训练困难重重,为实现"三合",我通常采用以下 10 种教学方法:

获得信任教学法。做任何事情首先要有自信心,为了让特殊群体走出自卑心理,我力争走进他们每一个人的心里，了解他们的生活状况，遇到困难，及时帮助他们解决，解决不了的问题，借助身边的朋友以及社会各界人士来帮助他们。有些天灾人祸问题没有任何解决方法，我一般采用语言安抚和对比的方法让他们获得对我的信任。比如"你们虽然看不见，可是比起那些在社会上有一席之地的人，一不小心违纪违法而失去自由的人好多了"等等，渐渐地得到了他们的信任。

触摸教学法。学声乐要学会用触摸代替眼睛观察。首先，要学会深呼吸。横膈膜向外，如何吸气，我通常用在腰间系一根绳子，吸气时把绳子挣段的感觉来体会吸气，用手触摸我的横膈膜。其次，要学会提笑肌。我让他们用手触摸哭和笑时的面部肌肉，每当笑起来时肌肉就抬起来，唱出来的声音明亮圆润动听，哭的时候面部肌肉下垂，用哭时的肌肉演唱出来的声音暗淡无光。唱歌时面部的肌肉是微笑状态，唱到忧伤的歌曲笑肌也要抬起来从而获得优美动听的声音，经过无数次摸索，他们终于掌握了基本的演唱知识技巧。

锻炼身体教学法。盲人长期缺少锻炼，身体变得僵硬且不灵活，冬天很冷加上衣服穿得比较多，显得很笨拙，我特意设计了一套锻炼方法。第一，手部锻炼：学员来到教室，我通常用两手合起来上下搓动，先用慢节奏搓四个八拍，再用适中节奏搓3个八拍，最后用快节奏搓2个八拍，手部和心理逐渐变得热乎起来了。第二，面部锻炼：用双手在面部轻柔缓慢地上下搓动2个八拍，最后双手停留在面部30秒。第三，耳部锻炼：用双手捂住耳朵，用中速的节奏上下搓动20次，最后一次用力停留在耳朵上30秒后快速把手放开。第四，颈椎锻炼：用中速节奏看天看地20次。第五，抬脚锻炼：首先用慢速两腿交叉抬高2个八拍，然后用中速交叉抬腿2个八拍，最后双腿交叉快速抬腿20次。通过锻炼使学员们的身心渐渐变暖后，才开展音乐教育和歌唱训练。

歌词记忆法。拿到一首新歌，我通常把歌词一句一句朗诵，像教幼儿园小朋友一样，我读一句，他们跟读一句，先用低位置朗诵，再用高位置结合气息和共鸣腔体朗诵，让学员更好地辨别哪种声音更好听，在朗读过程中，我边讲解歌词大意，边调动学员们的情绪，从而让他们加深对歌词的理解和记忆。

节奏训练法。对于普通人而言，用嘴唱节奏比较容易，可用嘴唱的同时加上脚和手的配合是比较难的，对于盲人来说就更不简单了。我通常用拆分法，先用嘴唱，再用手打，最后用脚踩节奏，心中默念数字控制节拍等，通过反复训练从而获得统一的节奏。

声部训练法。低声区的缺点就是声音落不下来，声音位置难找，我通常采取"老虎叫"的方法来寻找声音的音色。高声区的缺陷是声音大喊大叫，为了获得圆润的声音，通常用"u"母音训练声音的高位置，向远处喊人的方法，用踩脚、推墙的等方法唱高音。

想象训练法。在日常的合唱训练中，对于正常的学员可以用很多想象或比喻方法，可是对于盲人，很多人这一生都没有见过光明，他们不知道天上的云彩是什么样子，你就无法比喻天上的云彩来形容声音的轻巧和飘柔的感觉，只能用语言一遍又一遍地重复，并让他们想象出一幅幅属于自己的画面。

钢伴指挥训练法。正常的合唱团都有指挥，可是盲人合唱团只好把钢琴伴奏当作指挥。在我的教学过程当中，我的学员听到琴声立刻很庄严肃静和专心，犹如看到指挥站在面前,遇到激情高昂、渐慢、渐强、突快、突慢等片段,只能用钢琴伴奏来表现,因此,没有指挥是盲人合唱团永远的一个缺陷。也正是有这样的缺陷,才能显现出学习过程中的不容易。

队形训练法。为了获得整齐而统一的队列队形,演出之前需要反复进行队形训练。训练方法是,首先,听到口令迅速用左手搭在前面学员的左肩膀上。其次,走到舞台立刻转身并且叉腰来确定两人之间的间隔距离。再次,站上舞台不能有小动作,不能说话等。

鼓励教学法。平时的教学训练得好好的,可是一到演出现场就不能把平时的正常演唱水平发挥出来。根据多年的经验,我认为之所以出现这种情况,是由于盲人全靠听力,来到陌生场合,听到的不是熟悉的声音,从而心理产生恐惧,有些人不敢放声唱,有些人想更好地表现自己,比平时训练的声音用力过猛,因此,产生声部不平衡,导致演出效果不理想。为了改变这种局面,我用心、用情鼓励他们,平时怎么唱,演出也怎么唱;让他们铭记,虽然眼睛看不见,但是可以通过歌声,让观众更好地记住他们,通过反复鼓励和疏导,现在可以做到不怯场、不自卑,完整地把真实水平呈现在舞台上。

四、关爱盲人合唱的思考

合唱已经成为全世界人民共同的文化生活,各国的合唱活动也日益繁荣。盲人虽然看不清世界,但他们追梦的脚步从未停止,他们心中的光从未熄灭,盲人如何融入这个合唱大家庭,与世界同声歌唱,是我们文艺工作者应该深入研究的课题。从国家保障盲人的政策看,国家在税收、低保、交通等方面给予盲人的政策措施正不断完善,但在如何提升盲人文化艺术生活方面尚未有相关明确的措施,需要社会各界给予呼吁和支持。

多出优秀作品。呼吁全社会的词曲作家为盲人多创作适合盲人的作品。云南有26个少数民族,每个民族都有自己的语言文化、丰富多彩的音乐元素,政府相关部门和社会各界人士应该牵头组织词曲作家,定期去采风创作,创作更多优秀的合唱作品。将创作成果搬上舞台,激发盲人参与歌唱的高度热情,提升盲人的生活质量和艺术素养。

走进弱势群体。呼吁全社会要尊重盲人、关心盲人,学会换位思考,与残疾人交流时要注意用词,提供力所能及的帮助,有钱出钱,没钱出力。呼吁更多的人走进社区,走进弱势群体,走进他们的生活和内心世界,挖掘、发现、培养更多喜爱唱歌的盲人,为他们搭建展示才艺的平台,让盲人更加热爱生活和艺术。

建立工作机制。盲人合唱要实现健康发展,建立长效的工作机制显得非常重要。工作机制应从音乐基础教育、音乐场地建设、音乐老师队伍、音乐创作团队、音乐活动组织、基本经费保障、音乐成果奖励等方面进行制定,从而实现活动有场地、经费有保障、创作有团队、竞争有机制、盲人热情高的良好工作氛围。

争取各方支持。除政府有明确的保障政策外,社会各界对盲人合唱的支持也不能少。可以通过政府引导、企业赞助、志愿者参与、盲人主动筹资、合唱团队形象宣传等方式呼吁社会各界关心关注盲人的生活,确保盲人合唱训练和合唱团队的建设得到更多的资金支持和赞助。

文化馆在乡村振兴战略中的重要作用

张亚萍（内蒙古自治区包头市土默特右旗文化馆）

实施乡村振兴战略，是党的十九大作出的重大决策部署，是决胜全面建成小康社会，全面建设社会主义现代化国家的重大历史任务。《中共中央、国务院关于做好 2022 年全面推进乡村振兴重点工作的意见》中提到，创新农村精神文明建设有效平台载体，在乡村创新开展"听党话、感党恩、跟党走"宣传教育活动。整合文化惠民活动资源，支持农民自发组织开展村歌、"村晚"、广场舞、趣味运动会等体现农耕农趣农味的文化体育活动。加强农耕文化传承保护，推进非物质文化遗产和重要农业文化遗产保护利用。

一、乡村振兴战略的重要意义

2022 年，是进入全面建设社会主义现代化国家、向第二个百年奋斗目标进军新征程的重要一年，党的二十大。在这重要的一年，接续全面推进乡村振兴，继续稳住农业基本盘，对于保持平稳健康的经济环境、国泰民安的社会环境、风清气正的政治环境具有特殊重要意义。

为了全面实施好乡村振兴战略，首先我们必须实施好乡村文化振兴。因为实施乡村振兴战略的主体和主力军是农民。而农民的素质高低又直接决定乡村振兴战略实施效果。所以，在实施乡村振兴战略中首先就要抓好乡村文化振兴，而在乡村文化振兴中文化馆不是旁观者，而是直接参与者、是群众文化活动的引领者。它以其自身肩负的职能为阵地，以村级文化活动中心为着力点，立足实际，大胆创新，为不同文化需求的乡村群众搭建展示自我的平台，使广大乡村的群众文化教育、文化学习、文化娱乐、文化信息得到蓬勃发展，进而引领和推动乡村人才振兴。

二、文化馆在乡村振兴中的重要作用

文化馆作为基层群众文化工作的龙头单位，担负着本地区大型公共文化活动的组织、策划、实施，辅导培训业余文艺团队骨干，普及宣传文学艺术，保护传承民族民间非物质文化遗产等多种职责和功能，这些工作，都实实在在地提高基层群众的精神文化生活水平，促进非遗保护传承，提升基层群众的文化获得感和幸福感息息相关。

土默特右旗文化馆作为一个以农民为主要服务对象的县级文化馆，多年来积极发挥工作职责,以满足和提高人民群众的精神文化需求为己任,在创建国家公共文化服务体系示范区和乡村振兴方面做出了积极的贡献。

(一)提高广大群众文化自信,文化馆是组织者和参与者

习近平总书记指出:"文化自信,是更基础、更广泛、更深厚的自信,是更基本、更深沉、更持久的力量。"人民群众的高度文化自信,是要通过组织、宣传、启发才能将其凝聚和激发起来,只有广大农民群众对自身文化有了坚定的信心,才能在困难面前鼓起奋发进取的信心与勇气,焕发出创新的活力,才能把群众对美好生活的向往转化为推动乡村振兴的动力,因此文化馆要以本馆场所为基地,积极开展各类文化科技、文化艺术等培训和辅导,引领群众文化骨干到乡村群众中开展文化活动。

土默特右旗文化馆每年都要组织开展星级文化大院和文艺团队骨干培训,培训对象来自全旗各乡镇、村、社区的文化大院、文化站、文化室的文艺骨干,邀请自治区和包头市公共文化建设文化方面的专家老师,从理论知识和业务操作几方面为大家进行细致入微的讲解,2021年5月举办的培训内容就包括《广场舞的普及与提高》《乡村文化振兴新途径——文艺团队建设与发展探讨》《加强党史教育夯实乡村文化建设》《弘扬传统文化是乡村文化振兴着力点》,培训班的举办提高了基层文艺骨干的组织能力、业务能力和理论知识水平,为全面提升基层群众文化活动的水平和质量起到了积极的推动作用。

在日常工作中,土默特右旗文化馆发挥业务人员和场馆优势,开办广场舞、合唱、美术、书法培训班,利用节假日和下班后的业余时间,为全旗热爱各类文化艺术的人们提供服务和展示的平台,在大家的共同努力下,文化馆舞蹈团表演的广场舞在包头市举办的广场舞大赛中屡创佳绩,文化馆老年大学合唱团在第九届全国中老年合唱艺术节中荣获金奖,她们表演的威风锣鼓在全旗大型文化活动中频频亮相引起轰动,文化馆美术培训班的小学员们认真学习、成果颇丰,赢得了家长朋友和社会各界一致赞誉。

与此同时,文化馆还紧紧依靠乡镇政府,村、社区组织,引导他们充分利用农村的农家书屋、村中阅报栏、文化长廊、文化墙、文化广场等阵地广泛宣传乡村振兴战略,在群众中形成良好的学习氛围,使群众的综合素质得到提高,群众的精神风貌得到提升,文明乡风、良好家风、淳朴民风等乡村社会文明得到提高,而这一切都会转化成乡村振兴的内在动力,助推乡村全面振兴。

(二)满足基层群众精神文化生活需求,文化馆是策划者、组织者和实施者

随着人民群众物质生活水平的提高和改善,精神文化生活需求也日益增长和提高,原有的文化活动内容和模式已经不能适应和满足他们的需求,因此文化馆就要利用自身的独特性和专业性,依靠乡镇政府和村、社区组织,带领群众开展内容丰富,健康、积极向上,形式多样的文娱活动,进而凝聚人心,焕发出热情,提高群众的思想道德水平。

土默特右旗文化馆组织策划的敕勒川旅游文化艺术节已举办十四届,艺术节期间举办为期一个多月的文艺演出,包括青年歌手大赛、广场舞大赛、校园文艺汇演、职工文艺汇

演、二人台山曲儿大赛等多场赛事和演出,在这个展示全民艺术魅力的舞台上,社会各年龄、各阶层、各行业的人们都闪闪发光,他们是积极向上、健康和谐的社会精神风貌的最好代言,是新时代乡村振兴战略中的核心动力。

"百村千场文化大院巡演大赛"是土默特右旗文化馆组织策划的又一个大型文化活动,已连续举办四年,巡演大赛是全旗文化大院精品节目的展示与检验,展现新时代农民朋友积极自信、热情向上的风采和魅力,大赛以二人台、山曲儿、坐腔等本土优秀的非物质文化遗产为主要形式,大力弘扬和传承二人台文化艺术,也为热爱家乡文化、植根故乡热土的文艺爱好者提供了表演和展示的舞台,基层群众文化活动呈现出百花齐放、欣欣向荣的可喜局面,土默特右旗的群众文化活动提高到一个新的水平,为构建公共文化服务体系示范区和乡村振兴贡献力量。

这些文化活动不仅极大地丰富了乡村群众的文化生活,充实了他们的精神世界,同时也使一些商家从中看到了商机,参与到活动当中来,"土默特右旗杏花旅游文化节""双龙民俗文化节""西湾民俗文化节""土默特右旗中国金杏节暨三娘子旅游文化节",一个个乡村文化夜市、乡村节庆等活动应运而生,不仅促进了当地文化繁荣,也带动了乡村经济振兴,所以说,文化振兴对乡村振兴具有重要的引领和推动作用,文化馆是乡村文化振兴的领头羊,功不可没。

(三)丰富广大群众精神文化生活内容,文化馆是引导者和组织者

乡村振兴,文化馆要从多视角、多渠道来努力提高乡村群众的文化水平,提高其文化素养,激励不同文化需求的社会群众、文化志愿者参与到乡村振兴中。

高手在民间,广大乡村是各种文化艺术人才的藏龙卧虎之地,如何在乡村文化振兴中将这些不同文化需求的人组织起来,使之积极参与乡村文化振兴,用自身的文化爱好、技能专长来着力开展乡村振兴战略的宣传活动,文化馆在其中具有不可替代的重要作用,尤其是乡镇文化站在进行绿水青山的乡村生态振兴、指导群众科技振兴乡村等活动中,积极发挥优势作用,组织、引领不同文化志愿者、文艺爱好者进行实地绘画、写生、摄影,并将他们的作品举办展览,如各种书画展、美术展、摄影展等活动。不仅向广大群众普及科学及艺术文化知识,同时也宣传了乡村振兴中的乡村成就,不但进一步激发了不同文化群体参与乡村振兴战略的积极性,而且也拓宽了广大人民群众的视野,丰富了广大群众的精神生活。

与此同时,随着国家对非物质文化遗产保护工作的重视和扶持,散落在广大乡村的优秀非物质文化遗产逐渐被挖掘、整理、申报、保护起来,祖先留给我们的中华民族优秀的传统文化历经岁月的洗礼和沉淀,在今天这个社会飞速发展的新时代依然能够散发出厚重久远的文化魅力。经过十多年的挖掘和保护,土默特右旗成功申报旗级以上非遗项目38项目,其中国家级1项,自治区级12项,市级28项目,一大批优秀的非物质文化遗产项目和代表性传承人得到了很好的保护和传承。在此基础上,文化馆积极组织开展非遗进景区活动、文化和自然遗产日及其他大型文化活动中的非遗展示展演活动,二人台、坐腔、山

曲儿、剪纸、泥塑、炕围画、景泰蓝等多个非遗项目先后展出亮相,这些内容多样的展示和体验活动不仅丰富了群众的业余文化生活,也使他们加深了对非物质文化遗产的了解和认识,在全社会形成了保护非遗、爱好非遗的良好氛围。

文化馆还辅导组建二人台业余演出团队,在全旗各乡镇、村、社区进行巡回演出,二人台、山曲儿、坐腔等优秀的非遗项目在演出过程中不仅给群众带来了欢乐,也是对非遗项目的宣传、保护和传承,并且在潜移默化中培养了一大批爱好者和传承人,这些人都是乡村文化生活的主力军,在乡村振兴战略中起着至关重要的作用。

民族要复兴,乡村必振兴。文化馆在乡村振兴战略全面实施的广阔天地里是大有作为的。文化馆要利用好自身开展基层群众文化建设的职能平台,只要发挥好自身的独特性作用,在乡村文化振兴中就能成为乡村群众所向往和喜爱的场所,就能成为群众文化活动的重要阵地,就能在我国全面实施乡村振兴战略,全面建成小康社会,在全面建设社会主义现代化事业中发挥重要的推动作用。

服务特殊群体 共浴文化阳光

——论文化馆对特殊群体提供服务的社会价值与作用

曾 咏（广西壮族自治区柳州市群众艺术馆）

党的第十九大报告明确指出,完善公共服务体系,保障群众基本生活,不断提高人民群众日益增长的对美好生活的需要,不断促进社会公平正义,使人民群众获得感、幸福感、安全感更加充实[1]。新时代下,人民群众在文化精神上的需求更加多样化、个性化。文化馆作为公益性文化事业单位,是精神文明建设的排头兵,应该勇于担当,改革在先,创新思路,采取积极措施全方位多层面地为人民群众提供更加优质全面的文化服务,让特殊群体共浴新时代文化阳光,感受党的关怀、爱护。

一、文化馆为特殊群体提供公共文化服务的社会价值与作用

（一）让特殊群体在参与公共文化服务中感受温暖,树立尊严

随着越来越多的农村劳动力向城市涌现,使得一、二线城市中的农民工占比较为庞大。他们为城市的建设和发展作出不可忽视贡献的同时,这些农村劳动力背井离乡,来到城市中打拼生活,他们没有根基,没有其他亲朋好友可以依赖,经济条件也较差。通常来说,农民工都是居住在公司提供的宿舍中,他们的精神文化生活的主要来源就是为数不多的文艺活动。为此,所在城市、城区文化馆就要肩负起提供公共文化服务的重任。要科学制定关爱帮扶,排忧解困服务活动方案,为这类人群提供优质文化服务,帮助他们不仅能够从文化馆中感受到温暖,树立尊严,还能满足个性化的精神需求,在合理排解负面情绪的同时,减少给社会带来的不稳定因素。此外,特殊群体通过参与文化活动,还能让他们将更多的激情投入工作中,持续提高企业凝聚力,让自己的精神世界得到充实,活出尊严,活出精彩。

（二）让特殊群体在参与公共文化服务中增强自信,展现价值

就以往的文化活动开展情况来看,一般来说,受到多方面因素的影响,残障人士、贫困少年等都较难享受到公共文化服务。为此,我国文化馆积极推行了文化援助帮扶计划,对残障人士、贫困少年等展开了重点的帮助措施,让每个人都拥有学习文化、参与娱乐的权利,能够体验到社会活动的公平正义,能够在多样化的文化活动中不断增强自信,展现自

身的价值。例如,一些文化馆开展了免费艺术培训班,这样能够保证社会上各个阶层的人们都能获得精神上的满足,他们能够依据自己的兴趣爱好选择并参与,提高了精神文化生活的质量。同时,文化馆通过对服务体系的完善,切实实现了文化服务均等化这一目标。又如,一些文化馆让残障人士、贫困儿童拥有学习艺术的机会,并为他们搭建平台,定期让他们展示自己的艺术作品,看到自己的进步。诸如此类,在这样的活动中,特殊群体的自信心和成就感得到塑造与满足,这也是文化馆的社会服务价值重要体现。

(三)让特殊群体在参与公共文化服务中娱乐身心,享受生活

当前,我国已经逐步进入老龄化社会,年纪较大的老年人数量越来越多,占据了十分大的人口比重。老年人老有所依,他们应该怎样幸福地度过晚年生活,是社会密切关注的问题 [2]。为此,文化馆应积极承担服务老年人这一特殊群体的职责,开展丰富多样的娱乐活动,充实老年人的晚年生活,满足老年人的精神世界需求。老年人在参与系列文化娱乐活动的过程中,不仅享受了文娱活动,感受到乐趣,发挥了剩余的光和热,还从心理上大大减少了老年人的寂寞感,使得老年人对生活有所期盼,体会到社会对老年群体的温暖关怀。除此之外,老年人在参与文化活动时,还能从侧面为社会做出一定贡献。通过不断提高老年人的思想文化素质,让他们在生活中做到言传身教,由此形成良好的社会风气,给青少年群体树立良好的榜样,推动了社会和谐发展。

二、文化馆为特殊群体提供公共文化服务的现状

(一)公共文化服务项目偏少

当前,文化馆对于特殊群体举办的公共文化服务项目偏少,如书法、音乐等培训,常常因为报名人数不多、师资力量不足等原因,较少举办。从文化馆自身服务来说,针对不同特殊群体举办的文化活动创新不足,沿用老式样,没有内容和形式上的更新,导致特殊群体容易产生倦怠感,不能够积极参与到活动中,难以满足他们精神世界的需求。例如,在开展一些文化活动培训时,由于没有专门的手语老师在现场,听力障碍的人士无法参与,既浪费了时间,又浪费了资源。又如,对于特殊群体的文化活动举办门类、种类选择不多,一些特殊人群无法参与这些文娱活动,导致参与的效果不佳。

(二)公共文化服务形式单一

虽然国内大部分的文化馆都因地制宜地开展了多样化的文化活动,为当地人民群众提供公共文化服务。但是在服务形式方面,还是因循守旧,没有积极转变观念,没有结合实际创新活动内容。活动形式缺乏有效的载体,不仅在一定程度上削弱了文化传播的效果,还降低了特殊群体的参与积极性。与此同时,由于服务形式单一,文化馆只是依靠自身现有的力量举办活动,受到经费、场地、人力不足的影响,服务水平还存在很大提升空

间。在为特殊群体提供文化服务时,过分注重形式,忽视了特殊群体的真实体验。活动开展没有真正造福特殊群体,而是打着文化宣传的噱头,缺乏实质性的内容[3]。

(三)公共文化服务师资不足

高质量的人才队伍是提高文化服务水平的保障,但是就当前国内大部分文化馆的建设情况来看,普遍存在师资队伍不足的问题。许多文化馆除了本单位教师外,还外聘了一部分退休职工、社会机构或学校的老师兼职担任,但也普遍缺乏服务特殊群体的相关知识和技能,并不能向特殊群体提供更加优质的服务。文化馆有的辅导老师还存在思想认识不够深刻的问题,不能理解特殊群体的心理需求和精神追求,在服务工作中无法和特殊群体产生共鸣,没有站在他人的角度上思考问题、处理问题,无法满足特殊群体对文化日益增长的需求。因此,特殊群体的体验感不佳,参与文化活动的意愿日渐消减。此外,文化馆对于工作人员的培训不到位,对于人才的待遇不重视,导致人才流失严重,服务能力有待提升,间接地影响到文化活动的举办质量。

(四)公共文化服务资源枯竭

近年来,各个地区开始大量扩展文化场馆,相关部门加大了投资力度,购置了很多设施设备,为广大人民群众提供丰富多样的公共文化服务。这些事情,对于普通人来说十分简单普遍。但是,对于特殊人群来说,受外界因素和自身因素的影响,残障人士、老年人、农民工等参与文化馆文化活动或许不是一件容易的事情。特殊人群的特殊需求常常在社会生活中被忽视,以至于他们并不能像普通人一样享受到公平正常的公共服务。例如,有些残障人士需要无障碍的公共设施,甚至需要陪同人员;又如一些文化馆没有针对孕妇设置专属空间;一部分老年人患有急、慢性病,文化馆不具备专门的急救设备和急救人员等。服务资源枯竭,未能及时有效地整合,限制了特殊人群参与文化馆文化活动,无法享受更加便捷优质的服务。

三、文化馆为特殊群体提供公共文化服务的对策

(一)加强组织领导,确保持续有效

首先,文化馆的领导层应从思想层面积极重视以特殊群体为中心的文化活动开展,树立全民参与文化活动的观念,并从顶层优化设计,强化组织领导,确保后续的文化活动开展持续有效。其次,针对特殊群体,文化馆需要设置专门的文化艺术培训班和展示活动,要让特殊群体依据自己的兴趣爱好有选择性地参与活动。制定完善的规章制度,将职责落实到人头,将目标进行分解,让每一位工作人员都能依据规章制度保质保量地完成自己的工作任务。例如,在举办某一场残障人士音乐表演活动时,由文化馆馆长负责主要策划,由音乐部干部负责节目筛选,办公室音响师负责现场的灯光音响,还可以邀请志愿者

参与细节的完善等。各个环节环环相扣,每位工作人员都能独立完成任务目标,彼此之间相互配合,最终举办成功的音乐会,持续提高文化馆的社会影响力。再次,为了推动文化馆各项工作有序高效地进行,领导层还要带领全体职工结合文化馆工作实际,每月定期进行学习。深刻领悟习近平总书记重要讲话精神,落实各项政策文件,如《中华人民共和国公共文化服务保障法》等,以学习习近平新时代中国特色社会主义思想为契机,不断增强全体人员的政治意识、大局意识、发展意识、服务意识,进而在文化馆内形成和谐、团结、实干的工作局面,为社会精神文化建设作出应有贡献[4]。

(二)加大资金投入,完善设施设备

当前,国内各个城市的文化馆建设还存在参差不齐的情况,尤其是对于个别发展滞后的乡镇地区,文化馆依然使用较为陈旧的设施设备,这不仅限制了文化活动的开展成效,还给特殊群体造成了很多不便,特殊群体无法体验到高质量的文化服务。虽然国家先后出台了系列优化公共文化服务方面的政策文件,为社会文化宣传和普及做好了铺垫,并下拨了相关资金要求各地政府完善修建文化馆。但是,就发展现状来看,针对特殊群体的设施设备购置力度依然不足,他们无法获得更好的活动感受。为此,各地相关部门应以特殊群体为重点对象,有针对性地购置更新适合特殊群体使用的设施设备,方便他们参与自己喜欢的文化活动,例如,可以建设供特殊群体休息的区域,如餐厅、咖啡厅或休闲区;可以建设供孕妇进行母乳喂养的母婴室等[5]。由此,让特殊群体在文化服务的过程中感受到服务态度的热情,也能感受到文化馆的人文情怀。通过特殊群体的递增效应,进而吸引更多的群体前来文化馆参与文化活动,进一步为社会精神文明建设注入新鲜活力。

与此同时,文化馆的建设还要积极应用信息技术,打造智慧文化馆。例如文化馆可以在互联网上构建一个专门供特殊人群登录浏览的信息平台,定期发布文化活动开展的相关信息,并对特殊群体的需求展开精准详细的分析,了解他们的需求,制定个性化的方案。又如,文化馆可以采取线上线下相结合的方式为特殊群体提供文化服务。一方面,在线下文化馆中可以设置各个活动区域,应用 3D 投影技术、VR 技术等,优化特殊群体的体验效果。另一方面,在线上文化服务中,充分利用微信公众号、微博、抖音等新媒体平台发布视频资源,为特殊群体的沟通交流畅通渠道,及时解决特殊群体提出的问题。此外,应用大数据技术还能够精准分析特殊群体,了解每个人的兴趣爱好和性格特点等,让文化馆的工作人员全面系统地掌握文化服务工作,不断提高文化服务质量。

(三)优化服务体系,提高服务水平

为了给特殊群体带去更加优质的文化服务体验,各地文化馆应加大对工作人员的培训教育力度,不断提高他们的综合素养,以此让更多的特殊群体感受到关爱和温暖,增加人们前来参与文化馆系列活动的动力。汇聚一批有爱心、有能力的文化志愿者,打造“文艺表演＋情感交流”的文化志愿服务模式。同时,文化馆领导层应加强对内部规章制度的完善,加强对各项文化活动机制的规范,在确保每位人员人身安全的前提之下,对文化

馆各个项目内容进行整理，就当前存在的不足和漏洞，有针对性地提出解决方案，确保后续各项文化活动顺利有序举办。对文化馆的工作人员加大培训教育力度，不断提高他们的专业知识和技能，强化他们的职业道德素养，要求他们公平公正地对待特殊群体，在做好分内工作之余，为特殊群体带去更加优质的服务。始终遵循以人为本的工作原则，消除特殊群体参与文化活动的顾虑与不安。了解特殊群体的想法和需求，并帮助特殊群体排除紧张等负面情绪，增强特殊群体参与文化活动的信心，让他们以饱满的精神和昂扬的姿态参与活动，共同推广文化活动，共同构建社会精神文明。

文化馆在和特殊群体精准对接的过程中，应对当地特殊群体进行合理的划分，参照性别、年龄等类型，为不同的个体建立专门的档案。依据不同群体的文化需求，通过发放传单、短信、微信公众号、小视频等方式对文化活动进行精准宣传，鼓励倡导更多的人参与到文化活动中。例如，可以在暑期的时候举办书法美术公益培训班，让青少年、留守儿童等参与其中。又如在平时的时候，可以针对老年人开展广场舞、合唱艺术等文化培训班，让老年人在空闲时间参与，丰富晚年生活。又如对于口齿不清的人群，可以开展乐器演奏等文化培训班，让他们感受到艺术的魅力，实现对特殊群体精神文明层面的精准扶贫[6]。

（四）拓宽发展思路，创新内容形式

从当前国内各个城市的文化馆发展现状来看，不难得知有大部分文化馆的活动举办依然沿用了陈旧的观念和形式。活动策划人在该方面思路不够宽阔，设计的活动形式也十分单一，这就导致了随着时间的推移，很多人群不愿意主动参与文化活动，完全失去了新鲜感。兴趣是最好的老师，文化馆在为特殊群体提供给文化服务时，必然要做到内容和形式等方面的创新。以新颖的改变源源不断地吸引更多的特殊群体参与其中，让他们感受到不同的乐趣和魅力，循序渐进的建立高雅、健康的文化习惯，持续拓展文化馆公共文化传播的范围。例如，各地文化馆可以以当地的风土民情、地域文化等作为载体，定期开展具有当地特色的文化活动，如壮族歌圩、侗族大歌、瑶族黄泥鼓舞、侗族多耶、苗族芦笙踩堂等。通过资源的整合及形式的创新，激发特殊群体的参与兴趣，这样不仅能传承本地民俗文化，还能弘扬本地民俗文化，将民俗文化传播到各地。又如，可以举办"儿童献爱心"活动，不仅能教育儿童从小乐于助人，还能将儿童献爱心的金额汇集到留守儿童学习基金中，完成公共文化服务的延续性。文化馆要进一步推进文化设施的免费开放力度，尤其是为特殊群体开办图书阅读、艺术展览等免费活动，不仅解决了特殊群体在资金方面的压力，还让他们感受到文化的力量，不断产生提升自我的诉求。如文化馆可以打造专门的"心目影院"，专门为视障人士讲述电影。由志愿者通过语言描述电影中画面信息的部分，有效弥补视障人士看不见、看不清楚导致的信息缺失。在音乐和动人描述的过程中，帮助视障人士在听电影的同时获得身心愉悦。除此之外，文化馆在设计活动的时候，还可以邀请特殊群体一起参与设计，倾听特殊群体的意见和建议，全面考虑影响因素，收集多方面信息，这样设计出来的文化活动更能吸引特殊群体，也更能体现出公平性，为特殊群体带来了便捷性。

文化馆不仅是一座城市的标志,更是一座城市文化精神建设的代表。文化馆应高度重视保障特殊群体享受公共文化的权益,不断发挥自身的职能与优势,打造丰富多样的文化活动,真正推动公共文化服务均等化。文化馆可以从上述多个层面着手,从制度建设、活动机制、资金投入、设施设备、内容形式上的创新等,不断优化系列文化活动,进而不仅满足各个阶层人民的文化精神需求,还能为特殊群体提供展现自身价值的机会与平台,丰富他们的精神世界,推动社会文明高质量建设。

参考文献

[1] 毛凌文,肖鹏,方晨 . 我国面向特殊群体的文化志愿服务现状研究 [J]. 中国文化馆,2021（1）:40-45.

[2] 袁静 . 文化馆的特殊群体服务——安康市群艺馆少儿公益美术培训的实践与思考 [J]. 百花,2021(8):106-107.

[3] 唐小梅 . 文化馆对特殊群体的文化服务对策阐释 [J]. 参花（上）,2020（8）:135.

[4] 周美彦 . 文化馆如何为特殊群体提供更好的公共文化服务 [J]. 智库时代,2020（1）:268-269.

[5] 万晓倩 . 浅谈文化馆的特殊群体服务 [J]. 文艺生活·下旬刊,2021（12）:270-279.

[6] 赵冷松 . 公共文化服务视野下的文化馆建设思考 [J]. 科技风,2022（2）:157-159.

乡村振兴视野下的文化馆（站）服务研究

邱昱翔（广西壮族自治区群众艺术馆）

在乡村振兴视野下，文化馆要结合当地政府振兴政策进行活动创设，首先要从地域自身的优势和特点进行服务研究。顺应政府下达的振兴目标，打造不同特色的乡村路线，不断帮助农村群众提高认识，强化村民素质。从民风和村容村貌角度进行有效的文化普及，提升村民对乡村振兴工作的重视。结合具体的服务方式，引领村民学习乡村特色文化，并且还要结合文化馆自身的服务项目内容进行有效的拓展，发挥本地地区的自然条件优势，建设文明、友好、环保的现代化乡村形象而不懈努力。

一、分析乡村振兴战略内容，制定服务模块

乡村振兴战略是国家发展的重要部署之一，结合目前我国乡村建设现状，要制定有效改革方案，结合建设要求和主要任务，构建不同建设策略，齐头并进，才能促进乡村振兴大业早日完成。在具体策略中，各地方政府首先要落实国家要求，建设乡村文化站、农村群众活动中心，积极促进乡村建设。文化馆的工作内容有很多，在乡村振兴视野下，文化馆也要发挥自身价值，积极开展不同的文化宣讲活动，结合乡村振兴战略要求和目标，构建有针对性的服务模块。在农村优先发展的战略部署下，文化馆可以辅助支柱产业发展，有效传播特色生态文化，结合乡村的发展历史传播乡土文明，有效利用文化站资源，向群众和外界社会展现乡村的别样优势，促进乡村建设，同时也能让人们感受到家乡美，有利于乡村发展机制的全面完善。结合加大服务模块，不同地域的文化馆，要充分利用当地资源优势，深入群众当中，传播思想和文化知识，把服务工作落实、落细，提升文化馆服务品质。

二、结合乡村振兴战略要求，进行文化宣传

我国政策方针当中最重要的思想是以人民的利益为基本利益，扎实做好农村群众基础文化建设，才能够更好地促进有特色的社会主义国家发展。在新时代的背景下，要想让乡村更好地发展和建设，就要从人民群众角度进行宣传和规划，把发展战略落实到具体的宣传内容中，鼓舞和振奋群众热情，并且结合群众文化基础建设不断完善，提升素质，这样在宣传文化思想时，才能更准确地被人民群众所认知。例如，在宣传内容设计上，首先文化馆要结合自身的管理经验，有效规划提升群众文化和思想层次的角度，充分满足人民群

众文化需求为目标,坚持"三贴近"原则,切实履行文化馆的社会职责,例如送图书资料,请文化馆的工作人员定期进行宣讲,让更多的群众能够不出家门学习更多的文化知识,这样才能够提升乡村振兴的步伐,让村民为家乡建设作出自己的贡献。

三、促进乡村振兴战略实施,构建多样活动

随着社会经济的发展,乡村发展现状也逐渐发生了变化,文化馆是地方宣传政策、提升群众文化的重要阵地,但是其职能远不止于此,在乡村振兴建设中,文化馆还要利用自身的优势,不断组织群众参与各种特色活动,强化与群众的沟通,让人民群众感受到政府的关怀和重视,这样既能响应国家号召,同时还能通过不同的活动,提升群众的热情。例如,文化馆编排一些关于乡村振兴的节目,对群众从思想上做好引导。这样既方便了群众文化的宣传,同时还能有效调动村民积极性,让村民传统靠天吃饭的思想得到改变,有意识地去学习更多的文化知识。

四、结合乡村振兴战略发展,激发群众觉悟

一个国家要想长治久安,需要强大的内部凝聚力,乡村要想有效振兴,也需要民众的拥护和支持。在乡村文化建设过程中,会有部分地区由于地处偏远山区,群众文化基础较差,对于国家发展部署以及乡村振兴战略,没有足够的认知。基于这样地区的现状,文化馆也要做出一定的服务调整。首先,要结合党和国家的政策方针,全面向村民群众进行宣传。可以利用多媒体技术有效走入群众当中,逐步进行宣讲,激发群众觉悟,这样在以后部署更多建设性措施时,民众的支持率会更高。其次,还要从乡村原有建设问题中汲取经验,改善文化传播方式,要理论与建设目标相结合,针对群众中不同的声音进行沟通。最后通过集体宣传的方式,向村民展示乡村振兴的出发点和实施战略以及未来乡村发展走向,让村民群众意识到自身的利益得到保障,这样群众的觉悟才会逐步提升。还可以向群众展示现有优质乡村振兴建设实例,让群众对乡村未来有更多展望,促进相关思想和政策传播。例如:我们的"新时代巴山挎包宣传队"既送文化,更种文化;"新时代的挎包宣传队",不仅是政治理论"扩音器"、助推发展的"吹鼓手",更是服务群众的"万金油"。各位宣讲员来自基层,发挥熟悉群众的优势,带着理论政策下去、带着社情民意回来,通过讲理论、讲政策,办实事、解难题,有效串联起"理论输出"和"民情输入"两个端口,积极为地方经济社会发展和群众生产生活改善献智出力。

五、辅助乡村振兴战略建设,有效吸纳人才

随着生活物质水平逐渐提高,农村的大部分人都更倾向于到城里生活,导致农村留守人员比较少,对乡村振兴建设会产生一定的影响。在建设过程中,不仅需要专业人才,还

需要有效做好群众思想工作。文化馆要肩负起宣传和吸纳人才的责任，向社会各界招募大学生村干部或者是乡村建设志愿者。同时还要对农村现有的常住居民进行文化知识讲解，开发群众信息化思维，使他们能够逐步熟练使用互联网进行交流。在吸引人才方面，可以结合特色乡村主题活动创设，或者利用信息设备，对村容村貌、地域风俗进行拍摄介绍，运用互联网向外部宣传，同时也能让村民感知家园的美，有效提升民众的幸福感，也能让更多青年人逐渐走进农村，助力乡村建设。例如宣汉巴山大峡谷，是国家 AAAA 级旅游景区、国家地质公园、省级自然保护区，更是国家级非物质文化遗产土家薅草锣鼓所在地。文化馆人员可以帮助村民借助新媒体传播，宣传当地民风民俗，为家乡助力。

六、开发乡村振兴战略价值，促进人民幸福

在文化馆对外宣传过程中，要有效利用国家对农村经济的支持，设立更多促进宣传工作的基础设施，让人们能够在活动中感受到乡村振兴的重要性。对于乡村振兴这一伟大工程来说，其主角仍然是人民群众，所以文化馆在服务项目上要更加注重个性化服务和引导，结合不同的主题活动，让更多的农村人爱上自己的家乡，有效提升人民的幸福感。在制定活动内容时，文化馆可以结合不同的节假日或者当地的一些特殊日子进行有效创设[3]。例如端午节、中秋节、春节、重阳节、清明节等不同节日，创设单一文化色彩的主题活动，让人们不仅能够充分了解传统文化知识，同时还能够提升生活的仪式感，有效融入文化馆的宣传活动，提升村民的文化凝聚力。目前，我国大部分农村经济仍然比较落后，在文化馆服务内容中还要增添招商引资特色活动，有效吸引一些大城市的人走进农村生活，体验农村的生活乐趣，可以在文化馆的活动中心举办一些带有民族特色的联欢晚会。在联欢会之前，可以在文化馆进行主题宣传，鼓励村民在晚会上充分展现自身的绝技，结合民间艺术和手工作品，丰富晚会的内容，更好地向外界展现不同的乡村美，更好地带动农村经济，促进乡村振兴战略有效实施。

总而言之，文化馆在乡村振兴建设过程中重要性显著。结合党中央和各级政府的要求，文化馆一定要有效落实精神，不断提高村民的思想觉悟，宣传和普及文化知识，提升村民幸福感，灵活运用不同服务项目，凸显文化馆的价值，取得村民的信任，让乡村振兴工作得到高效落实。在新的时期，文化馆的服务工作也要与时俱进，结合现有的乡村振兴政策存在的问题进行不断改良，与村民群众打成一片。通过文化馆的宣传、指导和教育，不断组织不同群众活动，让村民自身的乡村振兴思想得到有效强化，提高自身素质，这样才能够充分响应号召，共同建设美好家园。

参考文献

[1] 史不凡. 浅议文化馆（站）在乡村振兴中的作用 [J]. 文化月刊，2021（9）：102-103.

[2] 王可盈. 乡村振兴视野下的县级文化馆服务研究 [J]. 乡村振兴，2021（4）：86-87.

[3] 孔令军. 县级文化馆在乡村文化振兴中的作用 [J]. 大众文艺，2020（5）：13-14.

乡村振兴视野下的县级文化馆服务研究

张蕴哲（辽宁省铁岭市昌图县亮中桥镇文化站）

2018 年，国务院下发了《振兴乡村五年规划》，党的十九大的报告又把乡村振兴作为国家战略提了出来，并提出了振兴发展的思路。乡村振兴视野下，文化如何振兴，需要集思广益，探索新路，用一种前所未有的勇气去改革创新，开创振兴的新局面。因为文化的振兴，是乡村全面振兴的基础，是民族发展的根基，在国家治理体系和治理职能方面发挥着重要的作用，没有文化的支撑，乡村振兴只是无本之木，那么，在党的二十大即将召开之际，探讨县级文化馆如何发挥自己的职能，为乡村文化振兴提供更好的服务，具有深远的意义，是继往开来，总结经验，为未来的乡村振兴确定更好的发展思路提供有力的依据。

一、措施完善，重抓实效是振兴的前提

"十三五"到"十四五"期间，在乡村文化建设方面，国家实现了较大的投入。以辽宁省为例，几乎所有的乡镇都有文化中心和图书馆，村级建起自己的文化室和图书室，大部分的村委会建起文化广场。但是，硬件设施达标以后，文化的软环境建设是否配套，文化服务是否跟得上，因此，作为县级文化馆，如何做好服务，又重新审视自身的职能，找准角度，调转方向，做好对应服务。首先是寻根溯源，找准农村文化振兴的点，这样才能对症下药。近年来，乡村建设由于过多地侧重于经济方面的投入，轻视文化的发展，导致文化建设停滞不前。有的乡村拜金主义盛行，公共文化生活空心化严重，更有甚者，唯利是图，见利忘义，享乐主义思想泛滥，社会主义价值观念淡薄，如何让正确的社会主义核心价值观在农村得到普及，如何抓好精神文明建设是文化振兴的根本，是治国安邦的根基，因此，要因地制宜，制定科学有效的实施方案，建立一种长效的机制，做到有的放矢，实实在在地见到成效。文化建设要有影响和传播的渠道，要有活动的途径，要有保障的措施，要出台管理办法来促进方案的落地。2018 年，国务院出台了五年乡村振兴的方案。随后，辽宁省东港市就下发了东港市乡村振兴的实施方案，作为牵头单位的东港市文化馆，负责落实乡村振兴中文化实施部分。此方案从四个方面确定了农村文化振兴的途径，确定了乡村文化振兴的达成目标，具体的实施办法，奖励政策，考核方法等，特别是乡村文化服务中心的人员的配备，服务设施的投入渠道，乡村文化人才的培养，文化活动的开展等都做了详细的规范。方案的出台，保证了乡村文化的具体的实施，方案的落地生效，通过五年来的实践，收到很好的成效。

首先是系统体制的完善和建立,这是文化振兴的基础和硬性要求,是必备的硬件。作为具体的实施考核单位,从2018年开始,文化馆对于境内所属的16个乡镇进行摸底排查,不听口头汇报,逐一实地考核,建立台账,对于设施不完善,人员配备不健全的乡镇进行重点督办,列入重点帮扶的范畴,会同政府相关部门,采取拨款、集资、企业赞助等形式,帮助乡镇完成设施达标,在方案落地的过程中,还采取了动态考核的方式,针对全市不同的地域特色,提出不同的实施的方案。由于措施到位,通过五年来的实践,实施方案取得非常好的成效,县乡村、点四级文化服务网络布局初步形成,确定一个清晰的乡村文化振兴的发展蓝图。

二、找准定位,确定乡村文化振兴的切入点

　　文化振兴不是空穴来风,不是无本之木,而是要坚持人与自然和谐共生,走乡村绿色发展之路,这是党的十九大提出的发展战略口号。黑沟镇地处东港市的西部山区,属于东港市经济欠发达的乡镇,但黑沟有万亩的山峦,有优美的风景和丰富的旅游资源,该镇把和文化和旅游作为乡村振兴的重点来抓,把绿色生态农业作为振兴切入点。先后成立了金沙谷旅游度假村,打造辽东文化旅游第一村。每年夏天,来此旅游观光的人络绎不绝,为了丰富旅游内容,增强吸引力和客流量,东港市文化馆和该镇的文化中心合作,举办各类形式的作家笔会,开展文艺沙龙和美术写生活动,邀请摄影家来此地拍摄、绘画。举办金沙谷篝火晚会,山乡文化惠民演出等,在文化馆的帮助下,黑沟镇创办了自己文艺团体——黑沟民间艺术团,这个团体都是当地的农民,忙时上山劳动,闲时开展演出,许多节目是在文化馆辅导干部辅助下创编的,带有浓郁的地方特色,受到游客们的欢迎。在此基础上,黑沟镇又开发了大城山旅游度假村,文化馆及时跟进,帮助编撰了《大城山传说》一书,又帮助建设了辽东地区独有的城山民间民俗风情版画长廊,帮助开发网红桥和百姓舞台等文化旅游项目,举办山乡网红歌手大奖赛,举办"黑沟情"文学征文等,特别是黑沟歌手大赛,吸引众多外地游客的参与,增加旅游业的黏合力。旅游业的开发,带动地方经济的发展,当地的农特产品也得到发展,如黑沟的板栗和大毛桃的采摘加工销售产业逐年上升,年销售额达上千万元。仅黑沟大毛桃就发展到三千亩,产值达千万元。而该市的北井子镇獐岛村,地处中国海岸线的最北端,是黄海中的一座海岛,素有北国海岛第一村的美誉。近年来,文化的振兴带动村经济的强力发展。文化馆组织相关人员挖掘文化遗产,撰写《獐岛村志》,大力开发文化旅游资源,年接待游客达三十万人,文化馆与北井子镇文化中心合作,编排具有浓郁海岛风情的文艺节目,在海岛码头,在海岛广场进行演出,特别是旅游旺季,文化馆文艺小分队,几乎驻扎在岛上,进行连续的演出。文化馆还召集各类文艺协会,组织文艺家采风,举办"獐岛情"文艺晚会,獐岛摄影风光展等,让美丽的海岛处处洋溢着浓郁的文化气息。文化融于旅游,让旅游业变得有魅力和底蕴,通过黑沟镇和獐岛村这两个案例,让我们充分地认识到,文化建设是乡村振兴的灵魂,是振兴的内涵,是核心部位,只有跟当地的资源结合,跟当地的生态结合,嫁接当地的文化,充分利用本土的文

化资源,挖掘,拓展,让文化实实在在地生根发芽,才能符合振兴发展的理念。

三、打破传统,增强乡村文化振兴的内涵

作为群众文化的传播者和组织者,文化馆承担着群众文化活动主阵地的职能,时代的要求,不仅仅是辅导、演出,更需要一种更加开放的思想,一反常态的思维,才能找到服务于乡村振兴的落脚点,因为现代的农民不再满足于扭扭秧歌,跳一跳舞,更需求一种多元的文化,那么,文化馆人就要以一种打破传统文化理念的方式进行输入和推进,需要用一种超前的思想来指导工作,来促进乡村文化的提升。东港市的龙王庙镇是锡伯族的居住区,少数民族占全镇人口百分之六十。近年来,在文化馆的协助下,该镇把挖掘锡伯族文化作为振兴乡镇的重要途径。文化馆会同该镇的文化中心,开展挖掘和整理上千件民俗文物和锡伯族生活用品;2019 年,该镇又投资千万元,建立了占地三千平方米的龙王镇锡伯族民俗馆,该馆成为当地锡伯族群众交流和娱乐中心,随后,又建成了锡伯族广场和锡伯族民俗村落并对外开放,吸引大量游客前来参观游览;非物质文化遗产锡伯族灯官舞作为文艺节目在市民间艺术节上亮相,并申报市级文化遗产项目。文化的崛起,使该镇成为丹东地区瞩目的宜居、宜业、宜游的美丽乡村示范点和特色民俗风情的示范镇。深挖文化遗产的内涵,让传统的文化走出固有的洼地,是文化振兴的另一条思路。菩萨庙镇,地处黄海北岸,境内有滩涂,有岛屿,风光秀美,菩萨庙镇投资千万元打造郁金香风情园,投资两千万建造的现代婚俗乐园和海洋游乐园等,都是依据生态,开掘本土文化的内涵,把乡土文化融合到振兴的思路上来。乡村的振兴离不了文化的参与。只有文化的融入,这样才能有底气,有魅力,这一点毋庸置疑。只有目光放远,思维打开,充分地挖掘本土文化资源,才是文化振兴的有效举措,因此,文化馆的服务不再是传统的吹吹打打,而是放开手脚,解放思想,用颠覆传统思想的大手笔来拓展振兴乡村文化的新思路。

四、撒点种菜,创新乡村文化振兴的手段

乡村文化振兴要找好立脚点,过去那种下乡走马灯式的做法已经不符合新时代的要求,培植乡村文化新人,重点开展乡村人才战略,让有真才实学的人才在乡村生根发芽才是根本。首先要做的就是改变传统的输血方式转变为造血模式,从"十三五"到"十四五"期间,东港市文化馆就在全市开展打造乡村百名文化能人活动。通过培育文化能人,把乡村能说的,会写的,能唱的,能跳的,会画的文化能人都召集起来,采取线上线下相结合的方式,进行分类分批次培训,提升他们的文化素养。先后评选出十大农民歌手,十大民间鼓乐明星,十大民间画家等,并给予补贴补助,此外,对于这些民间文化能人,建档立卡,实行动态化管理,实行谁开展活动奖励谁的办法,采取以奖代补的方式,鼓励多参与,多举办,活跃农民的文化生活。在全市的乡村配植文化户,实行撒点种菜的模式,以点带面,形成辐射面。以东港市长安镇的文化户为例,全镇七个行政村里,共有文化户二十余户,这

些文化户有的擅长组织村民一起舞蹈,有的擅长组织村民一起绘画,还有的擅长组织村民剪纸。雪洼村的李金龙以前是东港剧团的演员,回乡后,自己成立了农民业余剧团,到处演出,将农业知识,乡村道德规范融入文化娱乐,起到耳濡目染,潜移默化的作用。这些文化户都是乡村振兴中的点,以点带动乡间民众的综合素质,提高他们的文化素养,从而促进农村文化事业的提升,成为农民文化生活的增长极,这一点正好符合党的十九大报告中提出的文化振兴中的传承发展,提升农耕文明的思路。

五、跨界设计,让文化成为发展的生产力

文化本身就是一种生产力,让文化成为跨界的生产动力,成为内需发展的动力,成为乡村振兴的催发剂。首先,非物质文化遗产与民俗传统文化相融合。东港市境内的大孤山古建筑群,是国家 3A 级旅游景区,古建筑历史悠久,特别是每年的四月十八的传统庙会传承久远,远近闻名,有着几百年的历史。庙会期间,来往游客动辄二三十万人,可谓盛况空前。多年来,东港市文化馆把民俗文化发展与传承作为振兴工作的重点。庙会期间,组织开办乡村舞蹈大舞台,举办乡村文艺人才表演,举办"孤山之美"农民画展览等,吸引广大乡村文艺爱好者参与文化活动。文化馆会同孤山镇文化中心,还积极挖掘民俗文化资源,先后出版了《大孤山的传说》《红楼梦与大孤山》等民俗书籍,进行对外宣传。文化与生态环境的完美融合,利用乡村独有的风光和文化资源,做到文化与环境建设的完美融合,是促进文化发展的另一条途径,东港市马家店葫芦生态园就充分地说明了这一点。建于 2019 年的马家店镇双山葫芦园度假村是一个集休闲娱乐、农业观光、感受民俗、参与互动、品尝特色餐饮、体验民宿小院、领略葫芦文化及制品的综合性旅游项目,该项目由政企联合、百姓共同参与,充分将采摘园、文化旅游和葫芦新兴产业相融合,打造出别具特色的乡村旅游文化产业。建园之初,文化馆就积极参与园区的设计和创意,积极融入本土文化元素,以葫芦园种植观光区为主体,以打造葫芦文化产品为方向,推出民俗广场、文化长廊等人文旅游项目,发动周边农户做文创产品加工来增收。每年的葫芦园文化旅游节更是热闹非凡。来参观的人络绎不绝,带动当地草莓种植,甜瓜种植和蛋禽养殖业的迅速发展。打特色文化牌,让文化为地方产品增辉,更是东港市乡村振兴的创举。东港市是全国草莓大县,年产量在全国位居前列,果品和口感堪称一流。每年的草莓节,外地客商不断,通过积极推动资源整合,实现优势互补,全力打造一个集科研、生产、加工、商贸为一体的草莓科技创新综合体,推进了东港草莓转型升级,发展壮大。而应运而生的草莓文化节更是内容丰富。关于草莓的舞蹈,草莓的歌曲,草莓的饮食文化等花样翻新,年年有新的内容展现在世人面前,增加草莓产业的文化内涵,使东港的草莓享誉大江南北。用文化的思维来做产业,让地产品牌贴上文化的标牌来增加内涵,是振兴乡村的思路,文化经济互补,才能走出振兴的一条强路。

打地域文化牌,更是东港发展的另一种思维。东港地处鸭绿江出海口,有百里的海岸线,丰富的海洋资源。多年来,东港把地域海鲜文化作为助推经济增长极来抓,连续举办

十二届的海鲜文化节年年由文化馆全力承办。以海鲜为主题的文化精彩纷呈,内容丰富。举办"慧聚海洋"科普、"蟹王、蟹后"大比拼、海鲜达人技能大赛、"天下第一鲜"厨神争霸赛,书写文化新的内涵,特别是"东港特色海鲜宴"文化宣传活动的开展,将烤制海鲜与现代文化的融合发挥到极致,让"中国贝都·鲜灵东港"的文化名片响彻中华大地。同时,东港市以富饶的海产品为依托,大力打造各类文旅融合的地方产品,如海岛风情游、湿地观鸟游、温泉度假游、临海农家乐等文化旅游项目等,把海洋文化提升到一个较高的层次。文化植入旅游,文化植入生态,文化植入民俗,打生态牌,打民俗牌,打特产牌,让文化成为经济成长的助推剂,这一点更是契合党的十九大关于乡村振兴的另一个思路——那就是坚持人与自然和谐共生,走乡村绿色发展之路。

乡村振兴,文化是保证,文化馆人要做好服务,首先就要让文化接地气,就要开拓思路,敢为人先,只有这样,服务乡村的文化振兴才有作为,才有自己的思路。

浅析数字文化馆内容生产与传播管理的关系

周　圆（广东省广州市天河区文化馆）

美国著名学者尼葛洛庞帝曾预言："互联网用户构成的社区将成为日常生活的主流，其人口结构将越来越接近世界本身的人口结构。"[①]随着数字化技术的迅猛发展，网络技术不仅为重塑了人们的日常生活生活空间，同时，政府与群众原有的沟通模式也发生了新的空间转换。

2011 年，第十一届全国人民代表大会第四次会议批准的《中华人民共和国国民经济和社会发展第十二个五年规划纲要》中提到："重视互联网等新兴媒体建设、运用、管理，把握正确舆论导向，提高传播能力。"直至 2015 年，数字文化馆项目在中央财政公共数字文化专项中设立，此后，数字文化馆项目在全国如雨后春笋般迅速发展。2016 年《中华人民共和国公共文化服务保障法》的出台，也对我国公共文化服务的建设提出了要求，"要构建标准统一、资源统一、互联互通的公共数字文化网络，促进基层网络服务的共建共享"。2020 年文化和旅游部下发的《文化和旅游部办公厅关于开展第五次全国文化馆评估定级工作的通知》文件中与数字化建设相关的指标占全部指标比重 14.2%，主要涉及数字平台建设、数字化服务类型、自媒体宣传等指标共 6 项。2021 年广州市文化广电旅游局制定的《广州市公共文化云区级文化馆实施工作表》中，明确提出了关于数字化建设的相关指标，包括互联互通、平台功能、日常发布、数字资源、基础信息等共 14 项指标。

从 2015 年到 2020 年，已有 6 个批次 110 余家文化馆被纳入中央财政支持的数字文化馆建设项目，其中副省级以上文化馆 48 家，市县级文化馆 70 余家。目前，在全国 3319 家文化馆中，有 2654 家开通了微信公众号，占比为 79.96%。已建成的文化云系统均具备赏析、慕课、展示、资讯、预约等功能，进一步推动了公共文化服务体系的便捷化和普及化。但在数字化项目实施过程中，其建设与发展也存在一些亟须解决的问题。在政策指导方面仍较侧重在功能构建、内容数量等技术标准层面，较少强调内容质量及传播效能。在数字化平台的管理方面，除强调人员保障、经费保障、数据填报外，缺乏对传播效能及数据库的评估及管理指标。同时，大部分文化馆在数字业务开展方面存在人员专业性不足、人手紧缺、数字品牌意识不足等问题，建设方面仅仅是围绕文件要求做到数量上的达标，内容生产和运营管理未形成系统性的认知，针对数字文化馆的内容生产和传播管理协同发展

---

① 宋玉玉.生活者概念的发展嬗变与反思——从马克思的生活者思想到数字生活空间的生活者[J].广告大观理论版，2018（4）：25.

的研究也并不多见,缺乏传播效能的重视致使大数据的应用得不到充分发挥,造成"建设为上,管理不足"的现象。

　　基于此,笔者将结合个人工作实践,从"生活者""文化服务者""数字文化空间"三个核心概念探究数字文化馆内容生产与传播管理的关系,以期通过对数字资源的有效管理使群众与数字文化馆协同发展的对策建议。

一、从线下群众到线上生活者:身份嬗变与内在逻辑

　　2012年,北京大学新闻与传播学院陈刚教授在《创意传播管理:数字时代的营销革命》一书中正式提出数字时代"生活者"的概念。陈刚认为"生活者"是生活在互联网上活生生的人。它涵盖的不仅仅是经济层面,还有社会心理和政治层面。在数字时代,互联网可以满足群众对生活所需的大部分服务,例如基础应用类、商务交易类、网络娱乐类以及公共服务类,解决了群众大部分衣食住行的需求问题。

　　截至2021年12月,中国互联网络信息中心第49次《中国互联网络发展状况统计报告》,我国网民规模达10.32亿,较2020年12月增长4296万,互联网普及率达73.0%,使用手机上网的比例达99.6%。文化创意产业的加速发展也加快了网民从线下生活向线上生活转移的速度,随之而来的就是对文化服务的需求大幅度增加,有需求就有表达。例如天河区文化艺术中心,于2019年搬迁新馆后次月,就自动被"大众点评网"收录进该网站的资源库,网民纷纷前来打卡参观并在网上进行评价,对于群众而言,从参与到分享是一个体验的闭环过程,是从被动接受传播到主动寻求表达的转变过程,分享的需求使传播权有了转移。可见,现在的生活者与政府或者企业之间的沟通关系在发生变革性的变化,这种基于网络分享的传播方式,大大提升了文化馆的影响力和知名度。所以,互联网数字时代中的"生活者"概念是从人的社会性视角出发,强调人具有主观能动性及传播活性,现代化的公共文化服务体系应同时考虑作为体系之一的群众在体系中的作用。

二、从传统服务体系到服务生态系统:文化馆作为"文化服务者"

　　上述所说的是"生活者"在互联网数字时代的身份转变,在这个前提下,"文化服务者"则是为生活者提供数字文化服务的人。文化馆传统服务体系是基于公共文化服务活动的开展建立的,但这种服务体系一直存在着活动形式单一、群众参与度不足、组织力度不够等问题,但抛开线下的传统内容生产谈线上服务生态是不现实的。在公共文化领域的数字空间里,因为没有了距离感和空间感,文化馆面向社区提供虚拟服务,相比线下场馆更加庞大与复杂。不可否认的是无论在线上还是线下,文化馆都应该是一个充满活力的有机组织,跟随群众和技术的变化,迅速调整,给予反应。在双方沟通模式转变的情况下,对回应速度的要求远超以往。因此,这也就意味着文化馆的服务方式需要从传统的推动式服务向拉动式服务转变。2004年美国得克萨斯大学营销管理学教授、美国营销协会

主席罗伯特·路希和马里兰大学营销管理学教授史蒂芬·瓦戈首次提出了服务主导模式。他们认为必须适应数字生活空间企业与生活者之间关系的变化，以一种全新的服务为主导的理念贯穿整个营销传播体系，而服务的目的就是通过在各个环节不断地与生活者创造协同，满足生活者的需求。

以广州市文化馆疫情发生前（2019 年度）和疫情发生后（2020 年度）发布的文化活动与注册人数的数据为例，2019 年，广州市文化馆共发布文化活动 174 场，注册人数为 15254。2020 年突发疫情后，文化活动的开展受到有关防疫政策的影响，全年共发布文化活动 50 场，注册人数为 3558 人。为维持网络热度，虽加大了发送推文的数量，但线下活动锐减也伴随着注册人数的放缓。由此可见，线上注册人数与线下活动开展的频次成正比，线上线下文化馆并非互补关系，而是协同的关系。文化馆作为文化服务者必须适应新的角色定位和服务模式的转变，对数字空间的生产体系、管理体系、传播体系进行全面调整，结合线下活动的开展，同时形成新的线上服务模式。其目的是要建立并维护与生活者之间的线上社区关系，激发生活者进行传播分享，形成可持续发展的服务生态系统。

三、数字文化空间的内容生产与传播管理关系探究

在内容生产和传播管理关系探究之前，对数字文化馆在当下互联网数字时代的定位有所了解是必要的。"数字空间"比"数字场馆"更适合用于形容这一媒介，因为在互联网上不受线下场馆中的空间和时间的限制，在此基础上创建社区生活关系，在内容生产上依然依附线下活动的组织开展，但传播边界不再清晰。

创意传播理论中"数字生活空间"概念是指以互联网为基础的新的传播形态，是依托数字技术，对人类日常生活中的各种信息传播和交流活动进行的虚拟的还原和放大，这种传播形态创造了一种新型的数字生活空间[1]。数字文化馆既是线下场馆的延伸，又区别于线下场馆，具有相对独立性。数字文化空间不像其他政务类数字平台，发布的内容较为统一规范，便于群众根据指南办事，因此，数字文化空间的建设除了延续线下场馆丰富的功能外，还需要重视文化事业的传播度，文化事业的内容强调多元性、互动性、趣味性等，如今在强调建设的技术先进性时，同时更应该强调传播可及性，内容得以广泛传播，平台才能真正实现赋能。

（一）内容生产是基础，沟通元是关键

内容生产固然很重要，但内容生产只是基础。线下文化馆的社会关系是基于它本身的机构职能建立的，在开展线下活动时，通过基层街道文化站组织群众前来参与活动成了工作的其中一个重要环节，如果群众组织工作不充分，文化活动的效能便得不到发挥，这种推动式发展使文化馆在与群众沟通交流时处于被动的位置。有了数字化媒介，文化馆在多元性、可及性上得到更进一步发展，可以使文化馆与群众的沟通化被动为主动，关键在于寻找到可以激活群众的沟通元。

以自得琴社创作的"艺起闹元宵"节目《达拉崩吧》为例,将一首网红歌曲再赋新词,更弦续歌,不仅展示了传统乐器和服饰,吴碧霞和鞠红川更是生动演绎了盛唐背景下的元宵节,呈现了一部传承和创新完美结合的优秀作品。这部作品一经发布便收获了1.4万的点赞、10万的收藏、1210条的评论。这部作品的成功在于自得琴社及时监测到当下"国潮"这一沟通元,对其加工制作,外化成文化符号,契合了当下群众对我国传统文化的创新意识。

(二)寻找沟通元是起点,内容生产是反馈

在网友的转发分享一个作品或者一个活动的过程中,这个沟通元不断被复制被共享,可以引起更大的文化共情,在这个传播过程中,媒介只是一个载体,如果缺乏激活群众的沟通元,就缺乏了传播主导权。数字文化馆作为自有传播媒介,更应掌握与群众的互动关系。

目前数字文化馆的传播机制仍倾向于传递模式,传递和传播二者的区别在于,传递是线性的,传播是循环的,传播所需的介质便是沟通元。缺乏这一介质,内容生产就会脱离群众生活,文化基因和核心价值观便得不到循环再创造。因此,内容生产既是基础,也是传播机制中群众互动的体现,尤其在数据可视化的数字服务平台上,在"互联网+大数据"的潮流下,数据可以充分反映群众对内容生产的评价与需求,也更容易监测到沟通元,依托于用户的需求进行精准的艺术生产是必然趋势。

(三)沟通元的不断裂变促进内容生产的再升级

在创意传播理论中,监测沟通元是第一步,通过沟通元激活一部分受众进行分享,在分享中沟通元不断激发新的受众,在此互动过程中沟通元持续延伸、发展,产生新的沟通元。沟通元的不断裂变也可以产生更多的创作灵感,通过互动产生的创作内容可以给予受众更多的参与感。

在公共文化领域,文化活动是普及性质的。普及的对象是全民,更加强调传播效能的可及性,为了弥补线下场馆受众单一的缺陷,拓宽受众层更加需要通过数字化平台传播沟通元,激发受众的民族文化基因,对于文化普及不仅可以起到更广泛的作用,还可以使内容生产不断升级。

四、数字文化空间的传播管理对策建议

2021年亚太经济合作组织线上峰会提供数字服务的微软虚拟活动卓越中心全球主管 Marc Perez 曾说:"政府从事的是人文事业,这个过程不在于打造3D虚拟展位般的华丽效果,而是更多地专注人本体验。这对我来说是最大的转变,不是为了展示产品,而是在创造影响和被影响的机会"。可见,技术进步的目的是服务社会,创造影响。对于我国政府而言,在于通过数字文化服务平台传播正确的核心价值观,为群众提供便利的文化服务。线下的人文事业如何与线上的资源数据相融合,笔者认为:

一是如今数字文化馆已处于稳定发展期,在群众拥有更多选择权的数字时代,线下传播模式已跟不上互联网的发展速度,作为稳定发展要素之一的"生活者",是互联网中活生生的人,亦是动态传播的一分子,应被充分纳入服务生态系统进行考量,才能达到"传则通"的效果。

二是线下的内容生产要适应数字文化空间的展示特点,建立线上品牌意识。线下群众性文艺活动已形成较为规范的流程操作,每个区域的文化馆品牌活动特色鲜明,但根据相关数据显示,将线下品牌活动的舞台形式照搬硬套通过直播转战线上,获得的传播效果并不佳。由此反思,应从直播一场活动,转变为开发有记忆点、创新性的视觉或影视作品,将有记忆点的沟通元外化成符号传播给群众,激发群众进行再传播,从而形成数字文化馆的线上自有品牌。

三是建立群众与数字文化馆之间稳定的认知。文化馆这一文化事业单位是我国特有的文化机构,也是传播中国声音、坚定中国立场的重要载体。数字文化馆品牌建立的目的是让群众与文化馆以及文化馆产出的优秀文化资源产生强连接,从而最大限度地向群众输出中国文化,从文化自信走向文化自觉。

当前科学技术的进步为公共文化服务注入了新鲜的血液,同时也对公共文化服务提出了更进一步的要求,对于数字化的研究既是顺应了当下社会发展的需要,也是拓宽了公共文化服务的边界和范畴。正如著名学者理查德·佛罗里达在《创意阶层的崛起》一书中所说:"技术不是万能的,技术要真正发挥作用,还必须依赖组织、社会和经济方面的一系列配套调整。毕竟,技术是由人创造的"。

而数字化了的文化馆也不是简单地将资源"数字化"后上传至平台,更应该考虑建立全面的"内容数据库"和"生活者数据库",将数据活化发展,从内容管理、传播管理、沟通管理等方面构建完整的数字化平台管理框架,服务模式从"单向灌输"向"双向互动"转变,形成与线下内容生产平行并融合发展的动态循环体系。

参考文献

[1] 陈刚,沈虹.创意传播管理——数字时代的营销革命[M].北京:机械工业出版社,2012:9.

县级文化馆公共文化服务品牌建设

任寿英　邹佳霖　宋飞飞（山东省龙口市文化艺术中心）

一、公共文化服务品牌建设概述

品牌这一种标识能够使受众产生心理活动,从一定程度上来说,其名称符号和设计并无差别。在建设公共文化服务品牌的过程中,通过对品牌载体的借助,能够将公共文化服务提供给公众。通过对品牌形式的创建,能够获取到更高质量的公共文化服务。

在开发公共文化服务品牌的过程中,通过对一系列文化服务活动的不断开展,能够使其形象认知得以形成。已经成立多年的龙口市文化馆,将提供给乡镇多样化的文化服务作为了长期目标。近几年,馆领导为了实现对公共文化服务质量的提升,以及对品牌意识的树立,在对服务质量进行提升的过程中,融入了品牌建设理念,率先通过对广场文化的重点实施,来建设免费开放这一品牌。目前,在经过不断打磨后,大众每年能够免费观赏到40多场的文艺演出。演出内容和演出主题涉及各个行业,多样化的形式,演出团队中除了有在校学生以及来务工者等等,还包含了老年大学中80多岁高龄的学员们。看每场演出的观众数量达到了上千人。从一定意义上来说,广场文化体现出了龙口市人民丰富多样的文化生活。龙口市文化馆以免费开放为旗帜,实现了对文化广场品牌的打造[1]。此外,龙口市文化馆还开展了秧歌进城、迎新春文艺晚会、孝德文化节等一系列百姓参与度、参与热情极高的品牌文化活动,坚持以群众性文化活动品牌为统领,发挥市镇村企多级联动模式,发动全市各级各部门共同参与和举办丰富多彩的特色文化活动,以更加便民惠民的服务方式走进广大市民和基层群众中,群众性文化生活“内生力”持续迸发,广大群众的文化生活满意度和幸福感得到显著提升。

二、公共文化服务品牌在县级文化馆中的构建意义

所谓的公共文化服务品牌,主要指的就是在政府的倡导下对非营利机构的积极创设,此类机构的目的是通过对民族思想文化的传承,来促进人民群众对社会主义核心价值观和思想道德素质的科学树立和良好提升,并对积极的社会能量进行传播,建立公共文化服务品牌,是社会主义文化在我国的必然发展。

在对公共文化服务品牌进行构建的过程中,最为重要的基础就是县级文化馆,其主要表现如下:

首先,县级文化馆能够为建设公共文化带来更加坚实的基础服务体系,县级文化馆这一单位与基层人民群众的生活最为贴近,其能够为基层人民群众带来满足需求的文化,尤其是部分地区由于地理位置较为偏远,因此经济发展较为落后,在此类地区通过建设县级文化馆,不仅能够使文化传播面得到扩大,并且能够给人民群众带来潜移默化的影响。其次,县级文化馆能够为人民群众带来满足需求的文化服务品牌。经济在经过不断发展后,人民群众不再满足于当前的物质生活,并提出了一定的精神需求,县级文化馆在逐渐与人民群众生活相贴近的同时,需要从精神文明方面,为各层次的人民群众带来满足需求的精神文明。最后,县级文化馆能够从客观上促进政府职能转型目标的实现。时代在经过不断发展后,使得政府无法为人民群众提供与需求相符的公共文化,因此,政府需要通过对公共文化的大力发展,对县级文化馆的积极建设,对政府职能的转变,来为人民群众不断地提供具有科学性,持续性以及多元性的公共文化[2]。

三、文化馆在工作阶段遇到的问题及原因分析

县级文化馆在进行管理和运营管理的过程中,遇到了各种问题,主要体现在以下方面:

(一)没有全面认识"新常态"文化,也没有清晰定位自身职能

目前,群众提出了多样化的文化需求,也逐渐改变了自身的文化消费习惯,而工作人员在对文化馆的各项活动进行组织的过程中,依然延续着传统的操作方法,缺乏多样化的服务形式和清晰的职能定位,因此无法做到对不断提升的文化需求的满足。

(二)没有系统规划全县文化,缺乏充足的推动力

各乡镇在建设公共文化以及服务品牌的过程中,平均水平差距较大。城市和乡镇,山区与平原在文体设施以及人才队伍等方面的落差较大。如何通过对资源的整合,对城乡文化及其服务品牌的统筹建设,来对文化及其服务品牌进行统一的建设,是县区在建设公共文化服务品牌时,所遇到的急需解决的问题。

(三)县、乡、村三级缺乏专业的文化骨干,缺乏建设公共文化体系有力支撑

由于严重缺乏文化管理人才,并且人才队伍的频繁更换,由此导致在编不在岗以及在岗不在位等问题在乡镇文化馆较为常见。协助管理村级文化馆的人员,缺乏良好的业务素质,年龄过大。县、乡、村三级缺乏充足的文体队伍,无法良好策划组织文化活动,文体团队缺乏特色,所开展的活动过于单一,内容,规模以及水准等都无法达到相应的要求。

(四)文化无法得到高水平的发展,形式内容缺乏强有力的创新

在建设县级文化的过程中,由于欠了过多的历史账,因此很难在短时间内进行快速提升,政府所理解的百姓所需的文化生活,与百姓的实际需求存在一定的差距,群众无法良

好地使用所获取到的公共文化,提供给群众的文化活动缺乏创新性,与群众实际所需的文化活动并不相符[3]。

四、县级文化馆建设公共文化服务品牌的策略

想要使广大人民群众都能够享受到文化发展带来的优势,就需要县级文化馆以文化惠民为目标,对相应的工作进行不断地加强,并对服务效能进行最大化的提升,其主要涉及以下着力点。

(一)通过对基层资源的整合,结合细节服务,来促进建设水平的提升

想要实现对基层资源的整合,就需要对本地文化的实际发展情况加以了解,根据当地人民的需求,来对公共文化服务体系进行相应地建立,在满足基本文化需求的基础上,需要做到避免重复建设和单一化,以资源互补为目标,在相邻的各村镇建设相应的公共文化服务体系。

1. 加强建设硬件设施

需要通过与目前馆舍条件的结合,对场室空间活动功能的扩展等,来对服务环境进行不断地改善,甚至还可以从细节入手,在场馆及室内设置相应的指引标志牌以及温馨提示牌,来为市民群众提供便捷,使其能够处于舒适的环境中,对公共文化服务加以享受。

2. 软件建设的加强

通过对优才计划的实施,能够从业务素质方面,对当前的从业人员进行提升,并且能够实现对更多业余优秀人才的吸引,与外部通过对各种文化的积极交流,对文艺演出以及讲座等群众日常文艺活动的组织,能够使县级文化馆具备更强的软件建设能力。

3. 积极建设总分馆制

需要根据目前的行政管理等级和业务指导,以县级文化馆、镇文化站、行政村综合性文化服务中心为区域总管、区域分管和区域支管,根据总分馆制度,对相应的文化服务体系进行建设,从服务末端方面入手,通过对公共文化的加强建设,来实现对公共文化服务的最终打通[4]。

例如,龙口市文化馆以"没有围墙"为目标,对相应的公共文化服务进行了全力的打造。龙口市文化馆通过对群文业务骨干的打造,实现了对培训队伍的组建,并且在全市通过对文化爱好人员的整合统筹,为基层农村以及企业提供了广场舞、大合唱等大量活动的指导。此外,市文化馆为了给群众带来更加丰富的文化生活,在夏季晚上通过对村农纳凉时间的利用,以训练锣鼓、辅导戏曲为目标,对相应的文艺爱好者进行了组织,通过对培训项目的不断增加,给群众文化事业带来了全新的发展空间,通过自身的行动,来为广大群众提供服务,使更多群众参与群文活动。

（二）通过对服务形式的创新，以公益文化为目标，对服务品牌进行着力打造

文化品牌活动不仅需要在经过岁月的考验后，保持经久不衰，并且还需要对其主旋律进行大力弘扬，采用先进的文化来对人们进行引领和塑造。在对文化服务品牌进行打造的过程中，需要考虑的问题如下：

1.设立特殊服务对象品牌

针对外来本地务工的人员以及老年人等群体来说，由于其需求较为特殊，因此将多元化的服务提供给他们。例如免费艺术培训，对于外来务工人员来说，可以专门为其子女开设各类培训课程，例如书法美术绘画培训课程等，针对老年人来说，可以将形体训练培训以及书法培训等服务提供给他们，针对未成年人来说，可以对传承非遗文化的培训班进行组织。以此来使文化服务能够逐渐形具有自身特色的品牌[5]。

2.在日常工作中对品牌的建立

在对文艺下乡以及文艺汇演等活动进行开展的过程中，需要以长期性和公益性为文化服务的重要特征，对文艺活动和培训活动的力度进行不断地加强，长期如此，自然能够使文化服务形成自身的品牌。

3.树立基层服务品牌

需要为镇，村文艺骨干提供坚强有力的辅导培训，首先，就要对相应的组织进行良好的发动和宣传，其次，需要尽可能地对高素质师资人员加以引进，县级文化馆需要努力为基层文艺人员提供其所需的辅导培训，以此来促进文艺工作水平的良好提升。文化馆在为基层培养优秀文艺人才的同时，需要对自身的服务品牌进行梳理。

例如，在抗击疫情的过程中，龙口市文化馆通过对自身行业优势的发挥，对当地广大文艺工作者进行了充分的发动，以此促进其通过对自身优势的发挥，来实现对各类精品文艺作品的创作，向一线一群抗战人员表达敬意，使人们能够感受到艺术的温暖。例如歌曲《平民英雄》《武汉武汉我们同在》等优秀的文艺作品，讲述了在一线防疫抗疫的一系列事迹，实现了对人民群众的凝聚，为疫情的抗击提供了强大的支持。在烟台市所评选与抗击新冠疫情有关的优秀文艺作品中，有27件获奖作品来自龙口市，其中小品《村头》获表演艺术一等奖，中国画《护士—护士》和《守护者》获美术一等奖。

（三）通过对服务渠道的拓展，以文化便民为目标，对数字化进行着力建设

数字文化馆能够体现出文化馆在互联网时代的创新。其通过对多媒体信息技术的采用，从图像文本以及语言等方面，收集了有价值的文化艺术信息，文化馆通过对自身网站的建设，采用栏目以及专题等形式，实现了对各类数据的呈现，采用网络来传输数据，并对公共文化服务加以提供。在进行数字化建设时，需要对以下内容加以关注。

在线下建设体验平台。数字技术能够为本地公共文化以及非遗文化等的转型提供支持，在线下通过对数字体验馆的重点建设，能够将更加真实的文艺汇演以及乐器演奏等服务提供给观众，并促进全民艺术的真正普及。

对资料信息库的建立。在系统中通过对优秀文化信息资源的收集,并采用数字化对其进行加工,能够使优秀的传统艺术项目和文化项目,具有本地民间特色和当地特色,并且能够使其开发深度和利用效率得到提升[6]。

对数字化人才的培养。通过招聘以及引进等形式对数字化人才进行培养能够促进其在发挥自身文艺特长的同时,实现对信息技术的良好应用。

例如龙口市文化馆,通过"数字文化馆"——微网站、"龙口市文化馆"微信公众号等线上平台打造了文化活动报名、龙口非遗、艺术欣赏、文化慕课、网上培训等资讯板块,发布本馆及全市文化信息,让老百姓足不出户即可享受到龙口市最新文化动态,有效整合了公共文化资源,为更好地开展全民文化普及充分发挥了文化阵地作用。公众号建立不到一年时间,访问量已近 20 万人次。

随着经济浪潮在新时期给我国文化事业带来的影响,使其得到了焕然一新的变化,文化的发展越来越趋向于多元化,构建公共文化服务品牌的意义日益凸显。在构建公共文化服务品牌的过程中,我国的文化馆,特别是县级文化馆,在建设大众文化事业中,发挥出了十分关键的作用。在新时期通过对县级文化馆的良好建设,能够为人民群众提供满足需求的精神文明,因此需要对其进行深入的思考和探究。

参考文献

[1] 林琳. 浅谈县级文化馆在创建公共文化服务体系示范区的若干创新举措 [J]. 福建歌声,2017（3）:58-59.

[2] 陈圆. 如何理解文化馆在公共文化服务体系建设中的重要性 [J]. 旅游纵览（下半月）,2016（2）:315.

[3] 戴珩. 提高县域公共文化服务效能的重要途径——《关于推进县级文化馆图书馆总分馆制建设的指导意见》解读 [J]. 图书馆杂志,2017（3）:11-12.

[4] 刘宇. 适应新形势解决新问题探索新举措不断提升公共文化服务能力与水平——新形势下县级文化馆建设的思考 [J]. 文艺生活·文艺理论,2018,（8）:186-187.

[5] 陈伙胜. 以提高公共文化服务水平为主轴加快县级文化馆专业化建设步伐 [J]. 群文天地,2013（10）:33.

[6] 焦潺子. 新时期县级文化馆在公共文化服务体系构建中的重要性探析 [J]. 中小企业管理与科技,2015（13）:130-131.

推动公共文化服务高质量发展的社会性思考

宿珈毓（吉林省长春市群众艺术馆）

公共文化作为国家间软实力竞争的重要支柱,作为老百姓追求美好生活的重要保障,作为《中华人民共和国》宪法所规定的生存权和发展权的重要体现,尤其得到党和政府的高度重视。党的十九大明确提出,要完善公共文化服务体系,深入实施文化惠民工程,丰富群众性文化活动。目前,中国的人均 GDP 已经突破 1 万美元大关。通过国际经验看,民众对精神文化生活的重视程度将与日俱增,老百姓将不仅注重物质生活,同时更注重文化生活所带来的精神愉悦性。2019 年全年全国艺术表演团体共演出 296.80 万场,国内观众 12.30 亿人次,比上年增加 4.6%。2019 全年全国群众文化机构共组织开展各类文化活动 245.11 万场次,比上年增长 11.7%;服务人次 78716 万,比上年增长 11.6%。这一组数字说明老百姓对文化的需求是巨大的,尤其是公共文化服务,以其提供的服务具有公益性、基本性、均等性和便利性等特征受广大民众的喜爱。

马克思说"人的本质不是单个人所固有的抽象物,在其现实性上,它是一切社会关系的总和"。公共文化服务的发展应与社会的发展紧密结合,为社会发展注入精神动力。在精神价值层面,首先应该提供正确的精神价值导向,使整个社会形成紧密、良性的向心力。其次,应该使公共文化服务整体融入社会的整体发展之中,以扁平式的结构突破层级的制约,深入到社会发展的各个毛细血管之中,使社会的不同人群都能享受到应有高质量的公共文化服务,让公共文化与社会治理良性互动。社会的发展越来越呈现多元化的趋势,笔者认为公共文化服务也应该是一个包容性的概念,可以从不同的学科角度对公共文化服务的内涵做出理论上的诠释,可以从不同的实践技术层面来检验公共文化服务,从而将公共文化服务与社会的多元化发展耦合,推动社会发展。社会的不断进步,尤其是数字化技术的快速发展,使百姓的文化信息获得方式形成飞跃,艺术欣赏水平不断提高。社会的多元化发展必然促使文化产品供给的多样性,必然使老百姓对公共文化产品的需求产生新变化,需求是多元的。公共文化服务机构要明确其时代属性,积极开展文化服务的供给侧改革,追上时代发展的脚步,应用新的理论基础和新的技术方式,通过线上和线下的公共文化服务推动公共文化高质量服发展,切实保障人民群众的文化权益。

一、公共文化服务发展的新动向:公共文化服务的扁平式发展

随着互联网的兴起,老百姓对于精神文化的需求呈现出新的特点,集中体现在互联网

抖音、快手等短视频软件的兴起,老百姓的一部分文化需求由线下转为线上,这种新趋势是以互联网的服务特点为基础特性的。这就是直接沟通,减少中间传递环节的信息服务。这种服务是便捷和高效的。目前公共文化服务的线上发展模式主要分为两种,一种是直接运用成熟的商业平台推广公共文化服务,另一种是自建平台推送公共文化服务。两种网络的服务平台都有其自身优势和劣势。成熟的商业平台技术成熟,使用方便,但是难以有效契合公共文化服务的实际需求,而且商业色彩浓厚,与公共文化的基本价值取向并无明显耦合态势。自建平台能有效契合公共文化服务的基本需求,但是技术难度大,推广难,运营成本高。怎样将传统的线下模式推广为线上模式,为公共文化服务提供了挑战。

打破两种不同服务平台带来的困难,主要是要注重资源的整合,做大做强公共文化服务平台。公共文化服务机构要突破层级和地域限制,不能拘泥于自身的行政层级,而应积极探索如何打破层级的限制,形成扁平化,良性互动的发展机制。虽然很多城市都在提出"人人共享"的公共文化服务模式,但要"人人共享"的标准化和均等化服务首先要做到公共文化的资源共享,信息共享,只有信息共享,才能统一步骤,科学协调,有效调动各种资源相互配合。应突破社会层级、地域限制,公共文化服务机构不能拘泥于自身的行政层级,而应积极探索如何打破行政层级的限制,构建一个扁平的发展体系,它应是由信合和资源良性互动的弹性网络。

信息的共享首先要增强公共文化网络的互补性、统一性、协调性,整体性实现省、市、县、文化站等各级文化机构网络的互联互通。这样有重点地规划网络布局,可以防止资源重复建设,人力资源重复性浪费使用,不同层级的网络平台可以侧重各自的服务重点:基层网络平台主要注重服务对象的数据采集和反馈,中级网络主要负责公共资源的分配和协调,高级网络由于有自身的顶端优势,能掌握更多的文化资源,可以主要负责公共文化产品的供给和研发。

其次,协调性的统一规划各级公共文化服务机构的发展脉络,细分服务对象,分能各自为战,提供精准的公共文化服务,合则可以形成合力,完成超大型的公共文化服务供给。各级公共文化服务机构应打破条框分割,平行的公共文化服务机构应实现一定的功能互补,打破区域限制,扩大服务辐射范围。上下级的公共文化服务机构应建立有效的联动机制,在年度的总体发展方案中应预留一定的资源和人才储备,为较大规模的公共文化服务活动提供有力支持。

二、推动高质量的公共文化资源向基层倾斜,形成社会面不分人群共享公共文化服务

公共文化的高质量发展离不开高质量的公共文化产品。公共文化服务机构具有天然贴近百姓的自身属性,通过公共文化服务自身的服务网络,把高质量的公共文化产品提供给百姓,是公共文化服务机构的天然优势。高质量的公共文化服务产品不一定是由公共

文化服务机构生产,而是眼光面向全社会来选择高质量文化艺术作品。在供给侧,公共文化服务机构自身具备的人才属性使机构本身具备天然的文化产品鉴别优势,可以对大量的文化艺术产品进行筛选和甄别。在百姓的需求侧,公共文化服务机构与百姓对接紧密,通过有效的调查和回馈机制,了解到百姓的文化需求,从而在供给侧完成动态的、积极的文化产品供给机制,提供高质的公共文化服务平台和文化信息传播媒介,进而满足百姓的文化需求,形成良性的需求、供给、反馈机制。

三、正确区分文化服务与文化生产的关系,注重公共文化服务机构本身效能的发挥

有了高质量的文化艺术作品作为引导,但是如何区分高质量的文化作品与高质量公共文化服务的关系就成为摆在面前的问题。高级审美艺术要求受众拥有较高的审美素养,首先要对文化的表达方式有基本的了解和认可,没有建立基本审美素养的观众,难以对艺术作品有较为深入、全面的认识。即使是入门,有些艺术门类对受众者也并不容易,例如京剧,如果对京剧的程式化表演没有基本的了解,在剧场里闷坐一个小时,对观众来说是无法想象的痛苦。而公共文化服务是基本的和群众性的公共文化服务,不论是硬件设施建设还是软件人员配备,都是以保基本,促进全民参与进来的服务体系。就文化馆而言,文化馆提供的艺术普及为主的公共文化服务,简单、高效、无门槛,进入即体验,所见即所得,文化馆所传达的文化是可以通俗理解的,老百姓能在较短的时间内即能体会到文化给身心和精神带来的乐趣。艺术生产应是精品化的,是面向小众人群的,不是所有的艺术门类都适合进入公共文化服务领域,而公共文化服务是以标准化和均等化作为自身存在属性的,和各地的经济发展密切相关,公共文化服务体量大,服务时效长,没有有效的财政体系的支撑是难以想象的。传统的文艺生产部门可以进行一次性大的投入,创造出文艺精品后可以以相同的模式不断地获取产出,以产出的艺术精品服务老百姓的精神文化需求。而公共文化服务的特点是不以最后的精品艺术成果作为服务的主要目的,而是以文化手段直接满足来百姓的精神文化需要,注重过程性。两种不同模式的发展也带来了不同的资金投入方式,公共文化服务一般是以地方财政加国家专项补贴的方式来运行,而专业文化产品生产团体的发展更除了地方财政和自筹资金外,更要获取国家专项的扶持基金,有的更是以一种锦标赛的模式来运行。因此,要积极打造公共文化服务的过程体验,注重服务的细节和过程,把服务的理念向整个公共文化服务的全过程倾斜,不仅注重公共文化服务带来的外延效应,更要注重整个服务过程带来的内心体验。使高质量的文化产品作为提升公共文化服务先行引导,进而推进公共文化服务过程的细化,再促进公众对文化艺术作品的理解和欣赏,进而了解整个文化氛围所内含的精神表达,再进一步追求结果和过程的双重存在。

四、通过符号体系的重新塑造获得自我认同

公共文化服务不仅应该追求对社会发展的外在散射性表达,同时应该追求公共文化服务结果应收到内敛式的回应。文化传播是一种重要的符号传播、表达途径,人既是理性也是符号化的。卡希尔说:"我们应当把人定义为符号动物来取代把人定义为理性的动物,只有这样,我们才能指明人的独特之处,也才能理解对人开放的新路——通向文化之路"。人对符号的传播和表达是有巨大需求的。赵毅衡认为:意义必须用符号才能解释,符号用来解释意义。解释就是另一个符号过程的起端,它只能暂时搁置前一个符号过程,而不可能终结意义延展本身。人作为社会化的动物,每个人都有接受符号和表达符号的愿望。公共文化作为社会存在中积极有效的传播体和表达体,在整个社会符号传播中占有重要的地位。整个体系所传播的符号是通俗的,有效的,没有过多的转喻和借喻等相对难以理解的符号。尤其是对于很多老年人来说,通过到公共文化机构参加培训和享受各种服务,也是不脱离社会,保持与社会同步、不脱离社会的捷径。对于青少年来说,也是在学校之外接触社会良性面一个积极有益的尝试。对于上班族来说,工作之余,以非工作的姿态重新和社会交流,更是一种难得的放松。公共文化所传播的符号容易被人们理解,老百姓也乐于接受。到公共文化服务机构活动,可以摆脱以前在社会所得到的符号认可,重新获得一个新的符号体系,也是一个重新认识自我,发现自我的符号传播空间。可以说,公共文化以文化艺术符号传播作为主要的吸引手段,受众者不光是对文化的模仿和复写,实际上是对生活和周边事物得出客观见解的一种重要表达途径,这种表达是美好的和纯真的,没有任何功利性的,是人民群众对美好生活的不断向往,是对国家未来发展的坚定信心。现代社会每时每刻都在发生巨大的变化,要想紧跟时代的步伐,就要不断地自我学习自我充实,这给整个社会带来了一定的心理压力,到公共文化服务机构参加各种文化活动,是对快节奏生活的一种调整,是重新发现自我,了解自我一种更有效的手段,真正达到以文化人的目的。同时也通过文化完成对现代人心理的放松,过滤掉一部分社会焦虑感,增强民众的生活获得感。高质量的公共文化服务体验,是个体通过符号表达对主流价值体系的一次再确认,使个人与社会的发展完成同步与耦合。

五、准确调研公共文化需求,动态式地应对不同社会人群对公共文化产品的不同需求,开放式应对弱势群体和新兴群体的需求

应从社会学意义上调研不同的社会目标人群,满足不同社会人群的文化需求。弱势群体在整体的社会竞争环境中处于相对劣势,公共文化服务机构应积极发挥自身优势,探索有效社会合作模式,共同为弱势群体提供心理愉悦,让他们感受到社会的关怀和温暖。除了把文化服务送到弱势群体的身边,让他们享受公共文化服务,更可以探索用公益推动公益的发展,进一步探索公益人的治理模式,把有条件的弱势群体人员,纳入到公共文化服务中来,以社会化合作的发展态势,建立良好沟通环境,使弱势群体参与到社会发展中

来,形成从被动接受到主动服务的转换,完成蜕变。

加强对年轻人群的关注,公共文化服务应细化目标人群的划分,打破传统的两头粗,中间细的弊病:即老龄群体和少儿群体较多,而作为承载着社会中坚力量的青年群体和中年群体服务供给较弱,相应的服务理念还比较滞后。中年群体因为进入社会时间较久,经济基础相对较好,可以有更多的渠道获取文化服务,而青年的群体或是准备进入社会或是刚刚进入社会,在整体的社会文化资源分配中并不占据有利位置,应有效应对这部分群体的文化需求,不能让这部分群体脱离公共文化而单独存在。应该以贴近青年群体的平台,尤其是网络平台增强公共文化服务供给,应探索新型的服务方式,例如可以探索是否可以以主旋律鲜明、传播正能量的网络游戏引进到公共文化服务中来,增强对青年群体的吸引力,通过年轻人更能理解的方式参与到公共文化服务中来。

六、公共文化应参与到社会治理上来,把公共文化的隐性功能和显性功能同时表达出来

公共文化作为一种精神文化需求早已得到社会的认可,但是这种需求是内在的、隐性的,不易被评价和发现的,可以考虑使公共文化的效能进一步放大,从公共文化的显性供给,如社会治理方面做文章。其实,作为现代公共文化服务机构前身的民众教育馆就具有社会治理的多种功能。当时由于政权没有有效延展到社会基层,民教管代替了一部分行政职能有其特殊的时代属性,但对今天无论是对民众的教育和公共文化服务的提供还是有一定的借鉴意义。公共文化服务可以在保持自身文化特性的基础上积极和社会治理对接,丰富自身的文化内涵的同时完成显性社会职能。尤其在城市文化打造方面,公共文化服务显示其独特的优势,良好的地域性文化底蕴是一个城市发展的精神动力,也是塑造精神归属感的有力手段。营造一个良好的城市人文环境,加强城市的吸引力,在后现代的工业环境中重新凝聚人文关怀,使城市的每一个市民都能精神有所归属,对城市的发展具有十分重要的作用。在新冠疫情发生的情况下,公共文化承担起重要的精神鼓励职能,大量的鼓劲作品是抗击疫情宝贵的公共精神财富,直接对战胜疫情提供了强大精神支撑,为抗击疫情的胜利打下了坚固的基础。所以,加快公共文化服务与社会治理的对接,把这种精神职能转化为整个社会前进的力量,需要群策群力。

总之,推动公共文化服务高质量发展,笔者认为应以正确的价值观作为精神内核,以社会性思考作为理论视野,以新技术手段作为实现方法,以高质量的公共文化服务产品来吸引目标人群,积极把大众吸引进公共文化服务体系的服务范畴中来,从服务的细节和过程作为切入点,以人文关怀作为情感支点和社会科学作为理论工具来不断丰满公共文化服务体系,形成精品引导—服务过程细化—提升文化品位—升级精神内核,进而推动文化精品的再生产,带动文化产业升级,以正能量,动态可循环、与社会发展贴合紧密的发展模式来推动公共文化服务高质量发展。

剧场公共文化服务多元化的推进

——以湖南省文化馆剧场公共文化服务为例

廖晓菲（湖南省文化馆）

剧场在全国省市县文化馆（群艺馆）公共文化服务阵地中并不少见，每一年的公共文化服务项目的实施过程中，它是阵地服务不可缺少的一部分。湖南省文化馆依托剧场，开展了各类公共文化服务项目，形成了良好的品牌效应，覆盖了全民艺术普及的各个方面。作为省级文化馆，如何引领文化导向，如何提升百姓文化内涵，如何满足人民对美好生活的向往，剧场服务效能发挥了本身强大的阵地优势，在促进公共文化服务提质增效、满足人民精神文化生活发挥了重要的作用。

一、剧场公共文化服务的多元化发展

习近平总书记指出，谋划"十四五"时期发展，要高度重视发展文化产业。发展文化产业是满足人民多样化、高品位文化需求的重要基础，也是激发文化创造活力、推进文化强国建设的必然要求。

2008 年，湖南省文化馆（原湖南省群众艺术馆）迁入现办公场所，占地面积 20000 余平方米，有湖南音乐厅、群星剧场两个大小剧场，拥有先进精良的舞台、音响、灯光设备，可以满足交响乐、音乐剧、歌剧、戏剧等不同演出需求。开始了公共文化服务的引领作用。14 年来，已成功举办国内外各类文艺演出、文化活动、展示展演 3800 余场，覆盖观演群众近千万，为广大群众提供了高素质的精神文化大餐，是湖南公共文化服务体系的一个重要组成部分。

两个剧场不断地推陈出新，繁衍文化服务项目，逐步成为湖南文化的标杆，从最初自我演绎，展现本馆文化服务的展示展演到现在的百花齐放，社会团体、单位合作、企业介入的运营过程中，剧场公共文化服务多元化发展成为趋势，实现了公共文化服务的品牌效应，作为最重要的公共文化设施阵地，剧场功不可没。2021 年，因疫情反复的影响，两个剧场全年活动不定期地开展，共完成演出及活动 154 场，共计观众约 10 万人次。

二、品牌效应的延续滋生拓展公共文化服务的空间维度

"十四五"时期是我国开启全面建设社会主义现代化国家新征程、向第二个百年奋斗

目标进军的第一个五年。文化和旅游部关于印发《"十四五"文化产业发展规划》的通知中指出:新一轮科技革命和产业变革深入发展,创新驱动发展战略深入实施,将不断催生新产品、新业态和新模式,为文化产业转型升级提供强劲动力。人民美好生活需要日益广泛,对精神文化产品供给提出更高要求,文化产业将成为增强人民群众获得感、幸福感的重要途径。湖南省文化馆剧场品牌活动持续至今的有每周"公益电影""雅韵三湘"展演、惠民公益演出、艺术展览等,宋祖英、王丽达、金铁霖、彭家鹏等名家为湖南音乐厅助力,音乐会、讲座座无虚席。

群星剧场公益电影从每周五不定期的播放,拥有了一批忠实的观众,从少儿到老人,每期电影都风雨无阻。电影播放的内容以励志传承为主,不同程度上引起了观众的共鸣。2021年,在中国共产党建党百年之际,剧场"百年芳华 电影铸魂"系列活动应运而生,观影从影片知识抢答、电影知识连连看、心得交流等互动,进一步扩展了观影的文化内涵,观众的参与热情高涨,孩子们不再满场走动,认真地聆听,不懂的地方还会请教家长,活动完成后还会热烈的讨论,那一声声的交流中有不少的感慨:文化馆的活动越来越精彩,更值得前往,孩子的兴趣都很高。"百年芳华 观影铸魂"观影知史系列活动增强了观众的参与性,活动的趣味性,获得百姓的好口碑。

"雅韵三湘"系列活动,影响深远,它最早在省文化馆这块沃土上繁衍生息,形成了如今的极具影响和覆盖的特色品牌,湖南大剧院、湖南音乐厅是它的主阵地,湖南音乐厅是它的一个重要的阵地资源,演出的内容以省内文艺院团创作和演出的高雅艺术精品节目为主,适当引进国内外高雅艺术剧目,众多名家齐聚一堂,进一步提升了湖南音乐厅的艺术品鉴。"雅韵三湘·艺苑金秋"高雅艺术展示,"雅韵三湘·舞台经典"中外优秀舞台艺术演出,"雅韵三湘·音乐经典"湖南音乐季,"雅韵三湘·好戏连台"省会周末剧场都在这个舞台上绽放,对全省全民艺术普及的音乐普及文化艺术产业的层次提升,对提升高雅艺术氛围、提高市民文化品位和谐美好的文化生活起到了积极的作用。

《中华人民共和国公共文化服务保障法》指出:公共文化服务应当坚持社会主义先进文化前进方向,坚持以人民为中心,坚持以社会主义核心价值观为引领;应当按照"百花齐放、百家争鸣"的方针,支持优秀公共文化产品的创作生产,丰富公共文化服务内容。惠民公益演出、艺术展览是文化馆公共文化服务不可缺少的一部分,湖南省文化馆不断推陈出新,拓展剧场新产品、探索剧场发展新模式。一是根据国家重大节假日开展全民艺术普及系列活动,相继向社会推出杂技、木偶、皮影、戏曲、魔术、电影、音乐会等形式多样、内容丰富、精彩纷呈的专场惠民演出活动。二是创新"百万赠票惠市民"品牌,全年向广大市民免费开放赠票,惠民总票价每年达百万余元。自2019年"百万赠票惠市民"活动启动以来,我馆每年约推出公益演出300场,惠及群众20余万人次,赠送惠民免费观演票上万张。让更多群众走进艺术殿堂享受艺术熏陶,极大地丰富了老百姓的业余生活,更好地满足群众对美好生活的向往的文化艺术需求。2020年的春太难有这样一群人,他们以实际行动诠释着职责和使命,用自己的身躯保卫着人民的生命。"致敬抗疫英雄——省文化馆携手全省市州文化馆慰问援鄂白衣天使"公益活动,第一时间向全省1498名援鄂医护人员赠送湖南音乐厅特别定制的5000张免费艺术鉴赏卡并开展了深层次的合作交流。湖南卫视、湖南经视、红网等多家媒体都给予了报道。

三、创新服务体系，下上线下齐发力

文化和旅游部关于印发《"十四五"文化产业发展规划》中指出：坚持以文化赋能发展，发挥文化引领风尚、教育人民、服务社会、推动发展的作用，促进文化产业与实体经济深度融合，为国民经济和社会发展注入文化活力。近年来，疫情的影响，为剧场阵地服务提出新的思考，如何满足人民对文化艺术的向往和追求？如何创新公共文化服务体系建设，提上了新的课题。

湖南省文化馆秉承"文艺惠民、文艺为民、文艺乐民"的宗旨，服务群众，奉献社会，传承、弘扬中华民族先进文化，大力推进我省群文事业的繁荣与发展。广泛组织开展群众文艺创作和各种文化艺术活动，推动群众文化建设，完善公共文化服务体系。受疫情影响，在线下惠民演出无法正常开展的情况下，我馆策划开展了"风雅端午"、丝竹雅韵、乐秀芳华等多场线上音乐会，让群众通过"屏对屏"的方式，相聚在"云端"，相会在"线上"，极大满足了疫情防控期间广大人民群众的精神文化需求，有效提升了群众满意度，让群众乐享文化发展成果。为进一步扩大我馆的剧场影响力和知名度，进一步丰富群众文化生活，提供更加优质多元的高雅艺术"菜品"，更加充分地利用好场馆设施，不断丰富公益活动内容，陆续推出更多惠民措施，举办室内音乐会、钢琴音乐会、民族音乐会、儿童专场等多种形式的演出，让更多群众走进艺术殿堂享受艺术熏陶。我们坚定文化自信，坚持守正创新，坚持以社会主义核心价值观为引领，围绕举旗帜、聚民心、育新人、兴文化、展形象的使命任务，完成一个群文人的使命担当。

为了更好地拓展剧场业务，发挥剧场公共文化服务效能，湖南省文化馆运用走出去、引进来的合作模式，集思广益，先后与省湘剧院、省话剧团、省歌舞剧院、省民族乐团等单位达成合作协议，全年引进20场大中小型演出来满足百姓的文化生活需求。2022年初，湖南省文化馆与每周一星等团队签订战略协议，预计全年完成100场公益演出，普惠百姓，"国乐正当燃　青春超有范"让青春的脚步前行，结合经典，传扬民族文化，传承民族精神。发挥场地优势，全方位推进，强化团队阵容，全新打造长沙南城艺术新高地，开展全民艺术普及，升华艺术普及内涵。

疫情防控期间"湖湘名家"线上公益课堂，线上U课，在剧场、音乐厅录制了大量微课视频并在线上发布，实现零障碍观看高雅艺术，实现了线上剧场的传播和覆盖。

四、剧场运营发展的思考

"播撒艺术的种子"湖南贫困山区留守儿童艺术帮扶志愿服务让更多的孩子走出大山，走进湖南音乐厅、群星剧场。第一次接触高雅艺术的熏陶，第一次走向魅力的舞台，他们有许许多多的感动；剧场从有形走向无形，每一场演出，每一堂教学课，所播撒的不仅仅是一粒种子，那是一棵参天大树的伏笔。此项目获文旅部"2020年全国文化和旅游志愿服务项目线上大赛"二等奖，并作为9个代表项目之一在全国进行交流展示。湘人湘歌、欢乐潇湘、湖南艺术节等全省品牌活动持续发力，各地发挥场地优势，创作出不少优秀的作品，湖南省文化馆将优秀作品集中开展展示展演活动，取得良好的效果。在全省各大剧场的交流活动中，有场地缺资源的现象比较严重，本身的演出内容受资金的影响无法创作更多的文艺作品，难以满足百姓的文化生活需求。湖南全省文化馆（群众艺术馆）大小剧场26个，均有自己的特色资源，相互之间偶有合作，成效并不显著，经过调研，湖南省文化馆拟开展全省剧场联盟，取长补短，绵绵发力，形成场地服务的合围，共享文化品牌成果，共建文化资源，它将是剧场发展的一个方向标，在提供公共文化服务、丰富公共文化服务内容方面取得良好的社会效益。让创作作品适合不同年龄状况的文化产品，充分利用省级、国家级良好的艺术资源，与省内外各文化馆共同合作，谱写文化馆剧场文化的春天。坚持以满足人民美好生活需要为根本目的，牢固树立以人民为中心的创作生产导向，不断扩大优质文化产品供给，更好满足人民精神文化生活新期待，更好推动人的全面发展、社会全面进步。

　　《关于加快构建现代公共文化服务体系的意见》《中华人民共和国公共文化服务保障法》及文化和旅游部关于印发《"十四五"文化产业发展规划》的通知等相关法律法规文件的实施，公共文化服务场地设施有了安全保障，善于在危机中育先机、于变局中开新局，改革创新、奋发有为，推动文化产业发展不断开创新局面、迈上新台阶是一个永久的课题。湖南省文化馆在学习中借鉴，在借鉴中提升，在提升中创新，以有限的场地无限的资源整合为百姓文化精神生活提供强大的支撑，取得良好的社会效益，可圈可点。相信在一代代群文人的共同努力下，剧场公共文化服务必然会越走越远。

文旅融合发展背景下的文化馆（站）创新发展

车　睿（吉林省通化市通化县文化馆）

文旅融合的发展能为区域带更多的经济效益和品牌效益。因此,相关人员必须要对文化和旅游进行深入的研究,掌握二者之间的衔接点,根据其消费需求进行自然资源、文化遗产、名胜古迹的挖掘,采取有效的措施对其进行有效的保护和利用,以实现利用文化促进和带动旅游行业的发展,利用旅游的扩展文化的影响力和感染力[1]。另外,相关人员还需要掌握文旅融合的文化传播、文化感知、文化体验等的特点,掌握社会时代赋予文化馆（站）服务特殊的属性,开展一系列文化和旅游产业相结合的多元活动,以满足不同群体的旅游要求和精神文化需求。

一、文旅融合发展背景下文化馆（站）创新发展存在的问题

在全球的发展形势之下,虽然部分文化馆（站）人员已经认识到文旅融合发展和文化馆（站）服务创新的重要性,但受到文化馆（站）固有的服务形式和模式的影响,难以及时转移自身的思想和观念。且受到学历结构、性别特点、职称结构、专业特点、信息素养等限制,部分人员只能根据文化馆（站）的常规要求为群众提供相关的服务。但在引入文旅融合理念后,难以及时地对其服务方式和模式进行深入调整。有的工作人员醉心于文化研究和保护,对其活动开展和组织的重视程度不足,即便文化馆（站）开展了相关的培训,但其整体的参与度相对较低。

且部分文化馆（站）对本地区的旅游资源和馆藏文化资源挖掘不足,只是利用展示文化的形式吸引游客,但却没有充分地发挥文化的内涵和本质。而有的文化馆（站）为了能吸引更多的游客,往往会过度的照搬照抄成功的案例,但却没有根据本地区和文化馆（站）的特性进行相应的整改。这不仅会极大程度的降低公众的体验效果,同时还会严重的影响游客洄游率的提升。

有的文化馆（站）在设计文旅融合活动的过程当中,没有全面地进行市场调查调研,其所设计的项目缺乏吸引力和感染力。而在人们对文化生活和旅游要求不断提升的当下,形式较为单一的文化馆（站）服务活动,难以满足人们实际需求和要求。且部分文化馆（站）只是组织相关活动的开展,但却未根据活动的具体情况,为公众提供相应的协助和指导。这就导致相关人员耗费较多时间和精力进行活动设置,但整体取得的效果仍然差强人意[2]。

二、文旅融合发展背景下文化馆(站)创新发展的有效措施

(一)提升服务人员素质

文化馆(站)可以利用互联网渠道进行"文化＋旅游"的宣传和推广,引导相关人员积极地进行学习和研讨。或邀请在文旅融合方面取得突出成就的权威人士或者专家开展主题讲座,借助权威和专业的力量解决实际的服务问题和难题。文化馆(站)可招聘具有较高专业水平和综合素质的优秀人才,科学地进行岗前培训和考核的设置,确保新招聘人才能快速地适应并胜任文化服务工作。而针对现有人员,则需根据其具体情况进行培训方法和培训模式的调整,了解其所管理和负责的文化质量类型,对其培训内容进行调整,在其中增加与信息技术学、旅游学、经济学、管理学、服务学等。或开展具有针对性的群文培训、美术培训、摄影培训,以确保相关人员能具备满足文化馆(站)文旅融合服务的能力和素养。此外,文化馆(站)也可结合当下的文旅融合发展需求,推出具有激励和促进作用的薪酬制度、奖励制度、晋升制度,对表现较好或取得特殊贡献的人员进行奖励,以全面调动相关人员的服务热情和积极性。

(二)引进全新服务技术

文化馆(站)可构建全新服务平台,定期组织与文旅融合有关的社会教育、文化普及教育,或与群文、美术、摄影有关的培训、讲座、展览,根据公众的需求提供相应线上指导和线上咨询服务。充分发挥先进的计算机系统和信息技术优势,对本地区的民俗古迹、历史遗迹、民族传承、地域风景、民俗文化等资源进行深入的挖掘、梳理、普查、统计。利用大数据技术了解文旅融合的发展趋势和群众需求,有效开发时尚消费、智能消费、体验消费、定制消费、网络消费等项目,全面提升文旅融合的辐射面和影响力。针对本地区珍贵的非物质文化遗产,可以要求相关人员实际进行拍摄或录像,将文化遗产传承人或制作技艺以信息化的方式进行呈现[3]。利用航拍获取本地区具有文化特色的景点的四季景观,将其制作成短视频。将其上传到文化馆(站)的官方平台上,结合新开设的旅游项目进行宣传。而针对一些较为珍贵且不可复制的文物,可以利用三维立体模拟技术和3D打印技术对其进行复刻,根据群众需求开展相应的观赏项目。文化馆(站)也可以和相关的单位或机构进行合作,有效建设文旅小镇、研学旅行、文化节庆、博物馆旅行,以及与文化特色和风俗有关的主题餐饮或酒店。推出创新性的产品和体验性的路线,如老北京胡同游上海建筑,历史文化游,宁波民国风情主题游等。而针对限流或维护难度较高的文化景点和古迹,可通过实际拍摄的方式采集数据,利用虚拟现实技术构建相应的旅游模型,如数字故宫,数字敦煌等。引导游客利用VR眼镜进行虚拟体验式漫游,将周边销售商品或纪念产品的店铺录入模型当中。游客能实时进行商品的浏览和选购,并通过网上下单的方式进行消费。

（三）开展多样服务活动

文化馆（站）可开展具有文化气息的特色的多元活动，或与本地区的习俗、文字、歌舞、服装、民风等有关的特色旅游项目。引导群众和志愿者积极参与活动的策划和组织过程，有效地将具有集体性、传承性、历史性的文化记忆，转变成优秀的旅游体验、故事、场景项目。在活动和游览的过程当中，也可为游客提供拍照、绘画、创作等的服务和协助。文化馆（站）也可以根据文旅融合的要求和群众活动需求，设置广场舞队、腰鼓队、武术队、合唱队、围棋队、摄影队、文创队等，根据其活动形式和时间设置游览路线，并为游客提供实际参与相关活动的机会。还应成立专门的活动指导小组，为群众提供自理论、技术、方法等方面的协助。另外，也可由文化馆（站）和本地区的相关企业共同开展以征文、美术、摄影等为主题的活动或比赛，设置相应的奖项，激励群众和游客能积极进行参与。以期能有效借助群众的力量进行文旅融合服务与文化馆活动的宣传。

综上所述，文化馆（站）必须应以为公众提供更好的文化服务和体验为目的，推出全新的文化馆（站）服务方案。对文化馆（站）的服务、结构、形式进行全面的了解，结合当下的科技发展和市场发展需求，引进全新的现代化服务方式和文旅服务项目。加强相关人员的培养和培训力度，以提升其工作服务能力和文化服务能力。此外，还必须要把握时机，发挥文化馆（站）的优势，开展令公众和游客满意的文旅融合活动，建立较为完善的文化馆（站）文旅融合服务体系的建设。这样不仅能实现文化馆（站）服务的提质增效和产业转型，同时也能为基于文旅融合背景下的文化馆（站）发展和服务水平的持续提升奠定良好基础。

参考文献

[1] 耿佩君. 文旅融合发展背景下的文化馆（站）服务 [J]. 参花, 2020（13）: 148.

[2] 邰红梅. 文旅融合发展背景下的文化馆（站）文化服务探析 [J]. 神州, 2020（29）: 284.

[3] 王佼, 王成成. 文化馆（站）在文旅融合发展中存在的问题与对策 [J]. 文艺生活·下旬刊, 2020（5）: 234-235.

留守儿童关爱视角下文化馆公共文化服务的思考

张　迪（江西省景德镇市文化馆）

随着社会发展与转型的不断深入，留守儿童问题成为十分突出的社会矛盾。大量的务工人员流动导致相当数量的未成年人只能留守在家，部分儿童甚至尚处幼年，基本没有生活自理能力。如何照顾这部分特殊的儿童群体，成为摆在全社会面前的一道难题。2016年2月，国务院发布了《关于加强农村留守儿童关爱保护工作的意见》，文件指出只要是父母监护人双方中有一方外出务工导致长期不能承担监护职责的且未满十六周岁的未成年人，都被认定为留守儿童。该文件的发布明确划定了留守儿童的判断标准，为基层工作的开展和推进打下了理论基础。包括公安部和教育部在内的多家部委于2016年3月初联合开展了摸底排查工作，以该文件发布的标准为依据，对全国留守儿童状况进行了全面统计。结果显示，仅在2016年当年，全国留守儿童数量就突破了900万人。到2020年末，根据民政部公布的数据显示，全国留守儿童数量降至697万人，与2016年相比下降了22.7%，成效显著。我国能够在留守儿童问题上实现积极扭转，原因在于党制定的合理政策以及基层单位和各部门的紧密配合，使得留守儿童问题迅速得到了缓解。其中文化服务工作的开展与推广起到了十分重要的作用，本文就是从公共文化服务体系入手，详细探讨了文化馆制定和开展的一系列改革措施，为关爱留守儿童，彻底解决留守儿童问题提供应有的帮助。

一、通过网络技术推动公共文化服务开展

网络技术的飞速发展，使得文化传播和文化服务获得了全新的发展动力，不仅很多难题都迎刃而解，在基础设施推广和技术管理领域，也表现出了强劲的发展势头，未来网络技术必将成为公共文化服务的核心要素。当前各级政府的当务之急是将网络设施建设落实到位，保证家家有信号，村村通网络，让网络成为留守儿童聚集地区的基础设施，为改善留守儿童生活环境，提升文化服务质量做好充分的准备。

（一）构建公共文化服务体系

在国务院发布的社会公共文化服务准则中明确提出，不同地区的公共文化服务体系要根据当地的经济发展水平和人民文化生活需求来进行构建，不得超过基本标准也不得低于基本标准。与普通城市相比，留守儿童能够接触到的文化服务项目确实相对稀少，如科技

馆、美术馆、海洋馆、博物馆等基本无法建成,因为已经远远超过了当地经济发展水平。而更加常见的如图书馆、纪念馆以及少年宫等也面临困境,即使在政府扶持下顺利建成,其规模和质量也难以与城市相比。此时网络技术的应用就有了重要意义,它不仅可以实现跨区域的技术服务和信息传播,甚至在部分经济相对欠发达地区,可以借助网络技术来实现人工服务与数字服务相结合的综合服务体系,保障基本的公共文化服务质量,让身处落后地区的人们尤其是留守儿童也能享受到良好的教育和文化服务。以文化馆中的图书馆为例,在传统的文化服务体系中,不仅需要构建庞大的场馆以容纳足够的图书和读者,还要定期进行图书的维护整理、更新书目。长此以往会形成巨额开支,给当地财政造成严重负担。而借助网络技术就可以集零为整,将数以万计的图书全部收录到管理系统中,对于空间环境和维护管理的需求大大降低,同时还能激发留守儿童的阅读兴趣,有效提高了文化服务的效率。

(二)丰富公共文化服务产品

公共文化服务体系构建起来之后,需要进一步细化和丰富相关产品,使整个体系更加完整有序。既可以对应不同年龄段的留守儿童,也能够为其他农村留守人员提供一些有益的文化服务。例如很多留守儿童都是由长辈代为监护,他们不仅身体素质较差,文化水平和受教育程度也普遍较低,在监护过程中很难为幼儿提供必要的教育服务。文化馆可以针对这一点,开设文化产品下乡的服务,将一些基础电子设备如网络电视、电子图书甚至是平板电脑设置在乡村一级,建立起一个流动的文化馆。所有的文化服务都可以借助这些基础电子设备得到实施,能够让当地的留守儿童以及其他留守人员近距离接触到最新的文化教育信息,有效地缩短了农村与城市之间的教育差距。此外,文化馆还可以定期组织文化活动,丰富文化产品类型,用各种趣味性的比赛来推动线上和线下文化服务的有机结合。常见的如朗诵比赛、舞蹈比赛、歌唱比赛,都能够激发其留守儿童的参与度,当具备一定文化服务基础之后,可以根据实际情况举办一些更加高端的活动,如科技展览、创意手工等,进一步丰富公共文化服务的产品种类。对于经济环境相对富裕的地区,可以联合地方企业进行文化产品送到家的活动,让更多的留守儿童可以拥有独立的文化产品,如电视或电脑等,全面提高公共文化服务产品的质量与层次。

(三)引导社会力量积极参与

前面提到,良好的公共文化服务体系的建设离不开社会力量的参与,地方企业和公益团体,包括各级政府和教育管理部门,必须通力协作才能真正解决留守儿童问题,从而保障留守儿童健康成长。教育部曾发布文件,就加强留守儿童义务教育工作进行了详细指导,并向全社会发出倡导,要积极响应、紧密配合政府指导,动员一切力量来改善留守儿童现状。文化馆凭借文化服务优势,率先开始了一系列的行动。由中国红十字会、扶贫基金会和公益活动研究院一并发起的"童伴计划",于2015年在四川成都率先启动。计划是针对所有尚不具备基本自理能力的留守幼儿,为他们寻找一个能够长期居住的稳定环境。对于部分极端困难的家庭,会采取资金支持、物质支援、情感支撑的帮扶措施。由当地文化馆牵头,将这些需要帮助的留守儿童情况进行汇总整理,通过文化服务渠道与当地或者外地符合帮扶条件的个人和团体进行联系,解决留守儿童的困难。截至2020年底,帮扶工作已经初见成效,下一步需要继续加大社会力量的参与,完善和优化现有帮扶工作,增加新的帮扶措施,切实保障留守儿童能够在健康快乐的环境中成长。

二、利用政策帮扶强化公共文化服务机制

政府发布了一系列政策来解决留守儿童问题,公共文化服务作为基层教育机构的重要组成部分,应当合理利用这些政策帮助措施来完善和健全自身机制,使得公共文化服务更加深入有效。根据实际观察可以发现,建立起良好公共文化服务机制的地区,群众的受教育程度普遍提高,整体素质显著提升,为解决其他社会矛盾、构建和谐社会提供了坚实的保障。因此政府在《国民经济和社会发展第十三个五年规划纲要》中明确提出了要建立健全的公共文化服务机制,保障每个公民享受到应得的教育权益和普惠政策,并加强留守儿童关爱工作的力度。

(一)宣传回乡创业

解决留守儿童问题的根源之一,就是减少外出务工人员数量,让更多的人包括年轻人留在家乡创业。这样既支援了地方经济建设,也彻底解决了留守儿童无人照顾的问题。当然我们必须认清一个现实,那就是大部分外出务工人员之所以要留下孩子外出打工,就是因为家乡的经济条件较差,找不到收入合理的工作,因此只能背井离乡到远方打工。如果没有正确的政策帮扶,回乡创业只能是一句空话,大部分基层群众得不到切实的回报,还是会选择继续出去打工。此外,帮助当地民众创业就业,与扶贫脱贫工作有所不同。前者是帮助民众创造更优越的生活条件,后者是带领民众达到基本的生活标准。文化馆在鼓励民众回乡创业的过程中能够扮演重要角色,例如将政府制定的一系列政策巨细无遗地传达给基层群众,保证每一家、每一户、每个人都理解政策的真正含义,避免出现理解偏差甚至是误解,导致很多好的政策得不到推广和执行。在进行创业扶持项目宣传的时候,文化馆可以发挥自身的宣传优势,通过多个渠道对民众进行深度讲解,将整个创业项目,包括培训计划、扶持条款以及补贴细则等进行详细展示,保障了宣传效果,也让民众真正得到了帮助。四川通江县就是采取了借助文化馆公共文化服务机制来进行回乡创业宣传,形成了市县乡村的逐级宣传体系,同时还搭建起了完整的务工人员家庭信息系统,对留守儿童的相关动态做到了实时掌控。在一些新的政策出台之后,文化馆可以通过电话、网络等渠道直接联系务工人员,第一时间宣传最新政策,有效地增加了回乡创业人员数量。

(二)强化考核机制

在清查整理留守儿童基本状况的过程中,暴露出了很多基层管理问题,其中之一就是相关服务机构的体系不够完善,缺乏科学的考核机制,导致很多服务工作收效甚微。最为

典型的就是大部分文化馆设立的福利部门，多数已经沦为应付上级检查的摆设，没有真正给当地留守儿童带来切实的福利。例如很多文化馆都会设立儿童阅读区和儿童游乐区，目的是帮助儿童更好地进行学习和阅读，并且在监护人需要处理其他事务的时候能够暂时提供看护服务。但是大部分文化馆在儿童阅读区配备的都是普通员工，不能够为儿童提供必要的具有针对性的阅读辅助服务。游乐区的问题更加严重，儿童在嬉戏过程中得不到正确的看护，很多员工甚至缺乏基本的耐心和爱心，无法让留守儿童感受到应有的关爱与照顾。文化馆应当针对此类现象制定严格的考核机制，要求符合上岗资质的员工轮流到儿童区域负责看护工作，并引导儿童对当班员工的表现进行评价。同时还要设立监督岗位，对游乐区环境进行不定期抽检，以此来增强轮岗员工的责任心。对于阅读区的人员配置，需要引入专业人员来为儿童提供丰富全面的咨询服务，使儿童的问题和需求得到合理满足。在引入专业人员之前的过渡期，可以在馆内员工中挑选具有相关才能的人员进行专业培训。既可以帮助文化馆顺利度过空档期，同时也可以在专业人员到岗之后做好辅助工作，形成完整的文化服务体系。

（三）增加财政投入

财政投入的增加，可以在一定程度上推动教育体系的升级换代，使文化服务体系得到真正的提升。留守儿童最凸显的问题之一就是教育问题，尽管我国已经普及了九年义务教育体系，但是在部分偏远落后地区，义务教育的普及还是面临较大的阻碍，留守儿童缺少法定监护人，使得免费教育也陷入"无法可依"的尴尬境地。例如在城市得到推广和认可的家校共建模式，在留守儿童群体身上就难以实施。各级教育部门和服务管理部门需要根据留守儿童的实际情况制定新的教育策略，而实现这一目标的前提就是政府增加对应的财政投入。此外，留守儿童聚集的地区的经济普遍较差，难以承担全额的教师人员和教学设备的费用。这就需要上级政府及时划拨款项，帮助学校和文化馆建立起完善的校馆共建模式，用文化馆来代替原本家校共建中家庭的作用，切实有效地帮助每一位留守儿童能够享受到应有的教育福利和文化服务。比如文化馆中最受欢迎也是最为普及的文化服务模式之一少年宫，就曾经在20世纪80、90年代风靡各个省区市，受到了广大儿童的一致欢迎。少年宫内设立的各种文化活动，包括兴趣班和学习班，都可以有效填补留守儿童的课余时间，在潜移默化中塑造留守儿童正确的价值观与人生观，其重要性堪比一个完整的家庭环境。各级政府只需要增加该项目的财政投入，让少年宫的文化服务模式深入到各个区县乡镇村中，尽量让更多的留守儿童能够接触到这种服务模式，从而彻底改变自己的生活状态。

留守儿童是我国快速发展过程中出现的一个重要的社会问题，直接影响到了基层社会结构的稳定与劳动力的流动趋势。如何保证留守儿童生活质量，努力提高其受教育水平，是所有部门和社会团体需要思考的问题。文化馆作为支撑基层民众文化生活的主要机构，完全有能力也有责任肩负起关爱留守儿童的职责，希望在政府的正确引导下，社会各界力量能够积极参与，帮助文化馆在公共文化服务领域进行大胆的改革，进而为优化文化服务模式、解决留守儿童问题提供一些必要的参考和帮助。

改革驱动，创新引领

——全民艺术普及慕课与短视频研发与推广

石　婷　曾　毅　苏　敏（广西壮族自治区来宾市群众艺术馆）

MOOCs（慕课）指的是通过互联网技术、教学模式以及教育理念的发展而产生的一种全新型教学模式。通过持续多样化的服务和多元化的评价机制被人们所广泛认可，同时纳入到全面艺术普及公共文化资源建设领域。

一、全民艺术普及慕课研发与推广的意义

根据相关数据统计证实，截至 2020 年，中国网民规模已经达到 9.04 亿，互联网普及率也已经达到 64.5%。在互联网和智能设备的广泛普及与应用，对大家的生活和学习习惯、行为发生巨大的变化，互联网已经成为大家获得知识和信息的重要方式之一。在互联网时代，每一个行业的业态环境都受到网络的影响，其中"互联网 +"已经成为每一个行业能够真正实现可持续发展的主要趋势。对全民艺术普及的主要阵地——文化馆以及群众艺术馆而言，对互联网进行充分利用这一优势，采取慕课这种契合现代人生活和学习习惯的在线课程学习模式，这对于全民艺术的普及工作得以深度以及广度的拓展极为有利，特别是对国内的青少年而言，慕课这种全新型的在线学习模式，具有非常强的吸引力以及接受度，可以使全民艺术普及工作的覆盖面明显扩大，对全民艺术普及工作得以顺利实施起到良好的促进作用。

全民艺术普及慕课的研发以及推广，能够作为我国公共文化服务和互联网有效融合，是目前这一时代的全新尝试，能够在互联网时代文化馆和群众艺术馆当中进行开展，是满足这一时代人们迅速增长的精神文化生活需求的一种全新途径和方式。另外，全民艺术普及慕课具有受众性、公益性以及时代性的特点，使全民艺术普及慕课的研发以及推广这一工作在新的时期能够使广大人民群众的艺术修养明显提高，丰富人们的精神生活具有非常重要的作用，与此同时，也是目前我国真正实现这一目标的主要举措。

二、全面艺术普及慕课研发的重要举措

（一）建立学习平台

建立全民艺术普及慕课在线学习平台是慕课研发的根基。就根据当前形势而言，

不管是国内还是国外的高校和商业机构均建立属于自己的慕课平台,其中较为有影响力的慕课机构包括有 NovoED 以及 Udacity 等,我国当中的机构包括酷学习、学堂在线以及慕课网等,上述相关平台均有着自身的特征和专业课程定位,例如,成立时间最早的 Udacity 主要为计算机类课程,课程数量相对较少,然而却非常精致,大部分细节专门为在线授课进行设计;由斯坦福大学老师所发起的 NovoED,其课程主要为经济管理和创业类型的课程,对实践这一环节给予高度重视;我国当中的慕课网也主要是以 IT 技术和互联网为主要课程的学习平台(免费),课程当中包含一共三个阶段,其中为初级、中级以及高级。所以,我国采取全民艺术普及慕课研发:第一,需要建立一个主要服务于艺术教育,具有自身特征和课程定位的在线慕课学习平台,学习终端需要全面覆盖电脑、智能手机以及平板电脑等相关电子设备;第二,在学习平台建立的基础之上,能够有效借鉴国外部分优秀慕课平台的成功经验,精准定位和切入点,能够充分突出全民艺术普及当中的公益性,课程体系设计的基础性以及层次性,平台受到广大人民群众的有效性。根据慕课学习平台建设在国内目前属于一种新生事物,在平台建设期间,可以试着与国外知名慕课平台予以合作开发,通过其日益成熟完善的技术以及设计,搭建具有公共文化服务特色的全民艺术普及慕课平台,能够进一步缩短整个平台建设的周期,尽可能少走弯路。

(二)建立完善的全民艺术普及慕课课程体系

全民艺术普及其中包含全民艺术知识方面的普及,全民艺术欣赏的普及、全民艺术技能普及、全民艺术精品普及和全民艺术活动的普及等相关方面的内容。所以,全民艺术普及慕课的研发一定要建立一个完善成熟的课程研发体系,需要针对人民群众的学习特征给予课程的研发以及体系的建立,应该遵循循序渐进的方式,对慕课课程研发的有效性给予高度重视。例如,在全民艺术知识普及这一方面,慕课的研发必须要按照美术、音乐以及戏曲等相关艺术形式分门别类,重点就是让广大群众明确了解艺术的起源,对各种类型的艺术特征和规律有一个明确的了解,充分激发广大群众对艺术的向往以及热情,对广大群众艺术兴趣以及爱好进行积极培养。慕课当中的课程内容设计需要言简意赅,主题明确,脉络清晰,需要让广大群众可以有效利用碎片化时间来予以学习了对于全民艺术技能的普及,必须明确认识到艺术技能普及的实践性,在对艺术技能慕课课程进行开发的过程当中,便于广大群众采取线上技能学习的基础之上,更加需要关注的就是线下和线上相融合的教育服务模式,应该把慕课这一课程开发从线上一直延伸到线下,线上当中的课程需要重点突出艺术技能学习的自主性,老师作为指导者,线下应该成为广大群众技能方面的交流、展示及合作学习的场所。因此,能够形成一个完善的全民艺术能普及课程体系,加强慕课课程学习的实效性。总体而言,建立一个完善的全民艺术普及慕课课程体系,应该使艺术知识、艺术欣赏、艺术技能以及艺术精品方面的普及,具有层次化和结构化的特点,不断引导广大群众自身的艺术修养。

（三）增强多方合作的研发机制

慕课最为主要的特点就是开放式和大规模的网络课程，所以，慕课这一课程的研发必须进行团队，而并不是个体就可以完成整个项目，所以，这就需要全民艺术普及慕课的研发一定要增强多方合作和协作，只有这样才可以制作出来精美的艺术课程，同时能够保证课程当中的丰富性以及多样性。虽然群众艺术馆以及文化馆担负着社会教育的职能，然而从教育当中的师资力量以及专业性等相关方面而言，还是存在一系列的不足之处，然而慕课课程的研发属于一项专业性相对比较强的工作，职业化的教育工作者在这一方面具有非常强的优势。所以，群众艺术馆以及文化馆在全民艺术普及慕课的研发基础之上，除了要充分发挥自身的优势特点，主动吸纳高素质专业技术人才以外，同时还需要增强对地方艺术高校以及慕课研发专业机构等相关合作与协作，保证全民艺术慕课研发在课程体系建设以及内容设计等相关方面的专业性、针对性以及科学性。

三、全民艺术普及慕课推广的主要途径

全民艺术普及和慕课的研发是一个方面，主动有效地宣传以及推广是另外一个非常关键的环节，在制作精良的慕课课程的基础之上，获得广大群众的一致认可，需要通过群众艺术馆以及文化馆等多个途径来大力推广以及宣传，只有这样才可以让全民艺术普及慕课有效发挥其应有的作用。

第一，群众艺术馆以及文化馆需要有效发挥文化宣传和教育主阵地的优势作用，在日常文化活动当中对需要对全民艺术普及慕课给予大力的宣传以及推广。例如，在群众艺术馆以及文化馆当中张贴宣传海报，通过组织各种类型文化活动的机会大力宣传以及推广全民艺术普及和慕课课程学习平台，同时制作二维码等相关供应广大群众扫描下载APP等，通过树立品牌意识，把全民艺术普及和慕课课程推广当作全民艺术普及工作当中的重点来抓。

第二，需要建立一个全民艺术普及和慕课课程推广的微博以及微信公众号，采取在线推广的模式，在线推广可以采用各种各样的方式实施，例如：采取微信公众号予以"全民艺术普及问卷调查表"，在专业课程当中的设置方面听取广大群众的意见，全面收集相关有用的信息；在微博当中能够推送出艺术知识问答或者在全民艺术普及和慕课APP当中设置相关艺术知识有奖竞赛等。

第三，与其他相关的慕课平台采取合作推广的模式，把全民艺术普及慕课课程当中的资源进行共享。现如今，中国优秀的和具有品牌效应的慕课平台包括有酷学习、学堂在线以及慕课网等，全民艺术普及慕课平台能够全面开展艺术普及，全民艺术普及慕课的公益性质也能够为上述相关平台带来更多的关注，从而真正实现共赢。

四、全民艺术普及慕课建设方向

（一）增强平台建设，重点强调资源共享

慕课教学平台方面的缺失，造成正在建设的慕课平台建成以后，将成为我国最大的全民艺术普及慕课中文平台，然而每一个省市的群众艺术馆以及文化馆的线上平台的建成，也将成为全民艺术普及慕课发布的主要平台，所以，建设专业的平台至关重要。

资源共享这一模式是为了能够有效避免重复建设的一种方式，同时也会给广大群众用户带来良好的用户体验。例如，慕课中国，这里面就收录了1415门在线课程，其首页的下端，能够看见的合作伙伴一共有7家机构，课程资源均来自各个合作机构。

（二）避免重复建设，增强上层设计

广大用户应该怎样从海量的慕课课程当中及时选取到最为适宜的全民艺术普及慕课，不但是从用户体验这一角度出发，同时也是为了有效避免公共资源因为重复建设而造成的大量资源浪费。公共文化资源的全民艺术普及慕课建设的经费由当地政府财政进行投入，以免重复建设，不仅是对广大群众负责，同时也是对财政收入的负责。逐级的项目申报模式，能有效避免重复建设，在一定程度上能够有效满足共性需求的发展，同时还可以更加精准地尊重个性化发展的需求。

（三）尊重区域特点，传承当地艺术

艺术的地域性较为显著，对于某一个区域当中，有着非常广泛的群众基础的艺术样式，全民艺术普及慕课的这一建设，可以由这一区域予以完成，同时，这一种类型的慕课在申报期间，对其应用频率的考虑，应该有效区别于普通群众基础的慕课。

全民艺术普及是群众艺术馆以及文化馆大力开展公共文化服务的主要内容，同时也是在公共文化服务体系建设当中具有自身独有的工作内容，全民艺术普及慕课研发以及推广，将线上大规模网络教学课程模式广泛应用在全民艺术普及当中，也是我国公共文化服务在互联网时代这一重要举措，同时也是全民艺术普及工作真正突破时间和空间方面的限制，通过互联网这一平台真正实现文化惠民，将公共文化的质量以及服务效率进一步提升的主要方式和途径。

"平台化"发展:探索公共文化服务供需对接新方式

——渭南市群众文化艺术培训学校的创新实践

田　建(陕西省渭南市文化艺术中心)

一、实践背景

《中华人民共和国国民经济和社会发展第十四个五年规划和 2035 年远景目标纲要》中明确提出要提高公共文化服务水平,"创新实施文化惠民工程,广泛开展群众性文化活动",文化和旅游部《"十四五"公共文化服务体系建设规划》提出,推动公共文化向高品质和多样化升级,精准对接群众文化需求。渭南市为满足群众多元化、个性化的文化需求,繁荣群众文艺,激发群众的文化创造力与活力,提供了政策支持与制度保障,先后出台《渭南市关于加快构建现代公共文化服务体系的实施意见》《渭南市基本公共文化服务实施标准及考评办法》等文件。在地方政策支持的基础上,渭南市文化艺术中心进行相应的结构调整,在原培训部的基础上成立渭南市群众文化艺术培训学校。学校成立至今,先后与市妇联联合开办的"秦东美丽女子学堂"荣获陕西省"2015—2017 年度全省公共文化群众文化品牌";与社会青少年艺术培训机构联合建立教育联盟;与市教育系统共同建立了"关爱留守儿童、启动素质教育"的免费培训平台,被渭南市侨联授予"中国华侨国际文化交流基地";2019 年被市妇联评为的"三八红旗集体"、2020 年被省妇联评为的"三八红旗集体"、2021 年被全国妇联评为的"巾帼文明岗"等多项荣誉。渭南市群众艺术学校的创新实践成功探索出具有特色的公共文化服务"平台化"发展路径,打造出公共文化服务供需对接新方式。

二、实践举措与成效:以"平台化"发展促"供需对接"

供需对接关系是指"供需双方在公共文化服务过程中产生的,与服务供给和服务需求密切联系的关系"。平台可视为一种联结、开放、共享的模式,在加快资源聚集的同时加速供需双方的匹配,在合作中实现共赢,且培育出互助共生的良好生态。渭南市群众文化艺术培训学校坚持"以群众需要为导向,以群众满意为标准"的办学宗旨,从群众文化艺术生活的现实出发,以开放的姿态为群众搭建公共文化服务参与平台,并吸纳群团组织、专业人员、艺术家、陕西省杂技团、渭南市职业技术学院、市妇联等多方力量参与到平台建设与发展之中,实现资源的快速流动与聚集,供需之间的高质量匹配。学校通过举办群众文艺社团活动、教学成果展及艺术培训普及的方式,形成空间营造、内容生产与群众孵化的子平台,探索出公共文化服务效能提升新方式,取得了良好的社会效益。下文将从空间营造、内容生产与群众孵化三个方面来阐述渭南市群众艺术培训学校的创新实践。

(一)空间营造:激发群众活力,丰富群众体验

公共文化空间理论将空间划分为物理空间、活动空间与制度空间三个层次,分别指代公共文化设施系统、公共文化活动系统与公共文化保障系统。渭南市文化艺术培训学校进行了三层空间的构造。第一,物理空间打造。渭南市群众文化艺术培训学校于2015年在渭南市文化艺术中心培训部的基础上成立,学校占地约4500平方米,除17个不同类别的培训教室外,还配有多功能会议室、图书阅览室、电子阅览室、大众书吧、馆藏书画展厅等诸多功能场馆,且均向社会公众免费开放。第二,活动空间营造。学校可承纳规模1000人的文化艺术培训或群众文艺社团活动,为群众参与公共文化服务提供活动空间。第三,制度空间构建,针对学校的建设,宏观上渭南市先后出台《渭南市关于加快构建现代公共文化服务体系的实施意见》《渭南市国家公共文化服务体系示范区创新发展规划》《渭南市基本公共文化服务实施标准及考评办法》等文件,微观上群众艺术培训学校在实际运行的过程中又形成了《渭南市群众文化艺术培训学校系列管理制度》等制度文件。

渭南市群众文化艺术培训学校空间营造的成效,体现在以下几个方面:第一,在物理空间打造上,依托各类培训教室、功能场馆以及诸多社会合作联盟(分馆),通过不同的功能定位满足了公众的多样公共文化需求,丰富了群众的体验。第二,在活动空间的营造上,学校的千人承担规模为文化艺术培训活动与群众文艺社团活动提供了充足的场地支持,充分满足群众情感互动的需求。第三,在空间的合理使用上,为提高空间利用效率,培训和活动的举办秉持合理高效的原则,通过预约登记等方式对教室进行科学编排,为场馆正常运转提供保障。第四,在群众参与上,由于场馆面向群众免费开放,极大降低群众参与公共文化服务的成本,有效激发群众积极性。

(二)内容生产:深挖群众需求,提高供给质量

公共文化服务内容生产对接的是群众的多样需求,是指通过一定的方式为群众提供多样化的产品与服务,丰富公共文化服务供给内容,提高公共文化服务供给质量。培训学校通过力量吸纳、专业化指导来进行内容生产。第一,力量吸纳具体体现在群团组织规模的壮大上。培训学校主动走进各群众社团,对其团队规模、活动质量等进行详细摸底,对相对成熟的40余个团体建档立册,组成文化志愿者团队,实行社会文艺团体星级管理,引导团体积极参加公共文化服务演出。第二,通过专业化指导,提高群团组织的供给质量与能力。学校在团队管理、技艺指导、组织活动等方面给予专业辅导,积极打造群众文化队伍和活动品牌。实施的公共文化"四进零距"工程品牌活动,被评为国家创新项目。与市妇联联合开办的"秦东美丽女子学堂"荣获陕西省"2015—2017年度全省公共文化群众文化品牌"。

渎南市群众文化艺术培训学校通过内容生产所取得的效果如下:第一,通过主动走进群团组织,有效了解群众真实需求;第二,通过对相对成熟的团体建档立册,有效壮大公共文化服务供给的力量;第三,通过专业指导,有效提升公共文化服务供给的能力;第四,场馆为渎南市社会文艺社团提供免费服务,大大激发了群团组织参与的积极性,进而增添其参与公共文化服务的动力。

(三)群众孵化:增强服务保障,扩大服务范围

孵化器概念本质并非一种共识,同时也不是富有灵活解释的边界物,但其最终以孵化为导向。渎南市群众文化艺术培训学校在一定程度上可视为是一种孵化器,它以群众孵化为基本导向。群众孵化是采取一定的举措对群众进行技术培训和培养的过程,因此培训是群众孵化的关键所在。培训过程包括培训服务顶层设计与培训服务具体实践,其中培训服务顶层设计中包括培训服务模式的设计与培训管理制度的设计。培训服务则主要是针对培训工作所提供的服务。

1.培训服务顶层设计

培训服务模式的设计。培训服务模式是培训理念、培训课程等诸要素的功能作用的具体化。培训学校采用"培训+成果展"培训服务模式。第一,在培训理念上,学校旨在激发群众参与热情,充分巩固培训成果,促使培训成果持续性发挥作用。第二,在培训课程的设置上,学校根据培训内容的不同,分设20多个专业,于每年的春、夏、秋三季开设三个阶段的培训班,培训班的数量达近200个。第三,在培训成果的巩固上和持续性发挥上,学校每年春、秋季培训的基础上,通过举办"年度群众文化艺术培训成果展",展示学员优秀艺术作品来巩固培训成果,通过线下展演和网络直播的形式,将每年的教学成果向公众展示。

培训管理制度的设计。培训管理制度是培训工作展开的根本保障,包括培训管理职责划分、培训教材管理、培训纪律管理规定等内容。培训学校在管理职责划分上,施行"班主任+文化志愿者+评审"的培训管理制度,实施校长责任制,由渎南市文化艺术中心委派校长,培训班班主任由学校工作人员担任,对培训班进行日常管理;在培训教材管理方面,培训学校吸纳和邀请全市各艺术领域专业人才和市文化艺术中心业务干部,作为文化志愿者进行教学,设计合理教案,印制培训教材,并组织专业人员对教案和教学过程进行监督和评审,提升培训专业化程度。

通过对培训服务的顶层设计,提升了培训服务的获得感,不仅体现在培训管理者与专业人才中,更体现在群众之中。对培训管理者与专业人才而言,"班主任+文化志愿者+评审"的培训管理制度,确保了培训服务成效。对群众而言,"培训+成果展"服务模式的施行,真正实现了群众参与公共文化服务角色的转换。培训学校重视培训成果的转化利用,艺术普及的目的是用而不是学,学校不仅给广大群众提供了学习的平台,更给他们创造了展示的舞台,每年度举办的春、秋季"年度群众文化艺术培训成果展",使得学员走到群众中,参与公共文化活动开展,丰富公共文化服务供给,从文化活动的参观者、参与

者,变成文化工作的建设者、创造者。

2.培训服务实践

培训学校的培训服务实践,充分体现出了以群众为导向的核心宗旨,呈现出多元与灵活的特征。多元主要体现在培训课程多元与培训服务渠道多元上,灵活主要体现在公众参与培训的灵活上。

(1)培训内容多元

第一,培训课程多元,培训课程多元体现在培训板块的划分、培训课程的设置、培训班型的划分上。首先,在培训板块的划分上,学校针对不同层次、不同群体和年龄阶段划分为六大培训板块,即针对普通群众的"市民文化讲堂"、针对妇女同志的"秦东美丽女子学堂"、针对老年人的"三贤学堂"、针对基层文化工作人员的"文化干部培训基地"、针对少儿的"阳光美育培训基地"、针对社会文艺团体的"星级团队轮训";其次,在培训课程的设置上,将群众意见与教学实际相结合,制定出广大群众喜爱的文化艺术课程,培训学校在学期末,都会发放学员意见征询表,根据群众意见确定开设课程。每学期开学前,学校进行招生宣传,提前公布培训课程目录,群众按需"点菜",即从目录中直接勾选服务项目,并填写服务场所和服务时间,培训学校收到订单后着手进行"配菜",流程清晰,便民惠民;再次,在培训班型的划分上,划分为初级班、提高班、精修班、名师班,层层进阶,群众可以根据自己的实际能力和水平进行课程进阶选择。第二,培训服务渠道多元。培训服务渠道多元具体体现为线上培训、公开课堂、联合培训、主题讲座等方式。首先,线上培训方式的开展,培训学校创新服务模式,打破地域空间限制,创办"渭南有艺,十分有约"文化志愿者网络微课堂线上课程,目前制作完成100集;其次,开办公开课堂,2019年开始,培训学校开设了"群众文化艺术公开课堂",先后进行模特表演、剪纸、摄影、绘画等公开课,使培训走出教室,走进公园、广场和社区;再次,开展联合培训,培训学校和陕西省杂技团、渭南市茶协、渭南市职业技术学院搭建培训共享平台,开设仿唐舞、东方舞、茶艺等艺术培训;最后,举行主题讲座,根据群众文化需求和学校教学实际,每季度举办一期,讲授人民群众喜闻乐见的大众文化。

培训课程的多元丰富了培训内容,推进了"供需"的有效对接,并实现从"送文化"到"种文化"的转变,不仅满足了群众多层次、多方面的精神文化需求,也让群众自觉远离酒桌、牌桌、赌桌,在引领老百姓奔向"文化小康"的同时传播了文明和谐的社会新风尚。采用的"菜单式"服务,提高了培训服务的精准性,为群众搭建起了一个便捷高效的文化艺术平台,通过这样一个文化艺术平台,使得公共文化服务效果显著提升,群众文化素养不断提高。培训渠道的多元为社区教育及全民艺术普及工作开展提供更好的合作平台和新思路。"渭南有艺,十分有约"文化志愿者网络微课堂,被评为2021年度渭南市全国科普日特色活动。

(2)培训服务灵活

培训的灵活主要体现在时间规划、服务范围上。在时间规划上,学校从2015年起实行错时延时服务,根据群众时间需求分设白班、晚班、双休日班3种班次。在服务范围上,不断延伸全民艺术培训的服务半径。城市社区公共文化服务需求具有明显的社区性，培训学校计划在社区、企业开设培训学校分校。2021 年 10 月，培训学校结合工作实际，已与渭南开放大学签订了合作共推社区教育发展框架协议。

延时错时服务的功用在于，能够让群众可以选择在自己方便的时间里接受培训，解决了群众"上班没空接受培训、休息时间没处培训"的困扰，为群众提供了极大便利，不仅提升了培训服务的灵活性，也提高了群众对于公共文化服务的满意度。服务范围的延伸使群众得以更为便捷地接受培训，充分扩大了培训服务覆盖面，有效促进公共文化服务更大范围的普及。

三、启示：公共文化服务"平台化"发展

渭南市群众文化艺术培训学校的实践给予我们的关键启示在于公共文化服务"平台化"发展，以"平台化"发展实现公共文化服务供需双方的有效对接。"平台化发展"的内在作用机理是通过提供供需对接的平台，将各类资源与多方力量聚集于平台之上，实现公共文化服务供给方与需求方的快速精准匹配，进而提升公共文化服务效能。"平台化"发展以尊重公众多样化、差异化、多层次的公共文化需求为导向，在平台搭建的基础上公众积极主动参与公共文化服务，从根本上解决内生动力不足的问题，实现公共文化服务的内生式发展。那么如何实现公共文化服务的"平台化"发展？首先，社会力量与资源的吸纳。以共赢为纽带吸引多方力量参与。不同的参与主体进入到平台中有不同的价值诉求，针对网络媒体平台，可通过项目合作、资源整合等方式吸引其加入，通过网络媒体增强平台的影响力和对社会力量的吸引力；针对群团组织和社会艺术培训机构等社会力量，通过了解其特质与价值诉求，以购买服务、专业辅导、场馆空间等资源来撬动，进而使平台中加入特色资源。其次，为平台运行提供保障。各方资源进入平台后需进行整合，因此平台应设计合理的顶层制度，高效的资源应用方案与项目。再次，以群众需求为导向，要基于群众需求的深度挖掘以及群众参与活力的激发开展工作。最后，公共文化服务机构角色的转变。公共文化服务机构角色实现从产品服务提供者到价值创造的服务者转变，角色的转变意味着公共文化服务机构可以通过价值共创的方式，与各力量之间形成互利共赢关系，从而构建资源获取、资源整合、内容生产、内容供给、服务获取、效果反馈的循环圈，依托吸纳了多方力量、多种资源的平台作为公共文化服务供需对接的新方式，进而满足群众多层次、多样化的公共文化服务需求。

文旅融合背景下的湘西土家族苗族自治州文化馆、村级综合文化服务中心创新发展

张　璇（湖南省湘西土家族苗族自治州群众艺术馆）

在新时期社会主义精神文明建设的大背景下，文化馆、乡镇文化站、村级综合文化服务中心功能不断延伸拓展，并逐步成为文化创意产品供给的重要主体，深受广大人民群众的青睐。

一、文旅融合大背景下的客观需求

当今社会，社会大众对精神文化生活的需求越来越大，程度越来越高。文旅融合背景下，文化馆、乡镇文化站、村级综合文化服务中心等公共文化服务的形式类别越来越。随着人民群众接受的教育程度不断提高以及艺术审美水平的普遍提升，普及性的文化服务已不能满足人民群众的客观需求。因此，新时代文化馆、站、村级服务中心的创新性发展，需要全面了解客观现实，与时俱进，积极融入，长远科学发展。

二、文旅融合背景下文化馆、乡镇文化站及村级综合文化服务中心的现状分析

不同地区的文化馆结合当地的地域文化和当地群众的固有需求，组织不同的群众文化活动。形式上包括组织群众性文艺比赛、文艺演出，开展各类展览，向社会进行免费艺术培训辅导，指导社区文艺团队的活动，培训下一级文化机构业务骨干，开展群众文化调查理论研究等工作；从上至下，包括省部级、地市级、县级、乡镇级。但是，从近些年相关分析数据和大量工作实践经验表明，大多数文化馆以及文化站、村级服务中心的基层群众文化活动的精品意识不强，服务意识弱，需要进一步提高增强，基层公共文化服务站点建设依然是短板。

以湘西土家族苗族自治州为例，为了解决当前州八县（市）乡镇综合文化站及村级文化服务中心存在的房屋建设不规范、场地被侵占挪用、缺乏专业人员、活动经费无法保障、基本公共文化服务项目不健全等问题，提升乡镇综合文化站及村级文化服务中心的服务效能，在湘西州全州范围内开展了专项治理工作。除此以外，湘西州文化旅游广电局还探索出由县政府统一贷款用于村级综合文化服务中心建设的模式，但依然面临着严峻挑战。

湘西州八县市村级综合文化服务中心要达到全覆盖,必须完成 1567 个建设任务。每个行政村参照"七个一"基本标准建设村级综合文化服务中心,2016 年,全州完成 68 个村综合文化服务中心示范点建设,2017 年,完成 37 个村综合文化服务中心建设示范点建设任务,2018 年,完成村级综合文化服务中心基本建设村综合性文化服务中心 1116 个。

(一)村综合文化服务中心建设资金缺口大

据调查,很多村综合文化服务中心上级没有任何资金投入或缺少足够的资金投入,建设主体在县市,各县市完全依靠自身财力推进村综合文化服务中心建设,资金缺口非常大。

(二)功能发挥不充分,基础文化设施老旧

据调查,很多村级综合文化服务中心的办公场所和文化活动阵地都存在不同程度地被占用情况,基础文化设施配备不到位或者老旧破损严重,以至无法实现场地、设备、活动资源共享。部分偏远山区受地域条件限制,不具备村文化活动广场建设条件,更有甚者,个别村连建立简易戏台难度都较大。

(三)人员配备不健全

长期以来,很多乡镇文化站及所辖区域的村级文化服务中心都没有专职人员,专业素质低和专业不对口的一人身兼数职的情况屡见不鲜。加之乡镇村级日常工作庞杂烦琐,文化工作这块的重视度永远被排在最后,不受重视。

(四)群众参与度低

在今时今日自媒体高度发达的时代,很多村民的审美和艺术需求原大于预估,又由于乡镇文化站和村级文化服务中心开展的文化活动少以及内容不接地气不新颖导致村民群众的参与兴趣不高,民间的文艺团队缺乏资金和场地支持更加剧了这一困状。

三、文旅融合背景下文化馆(站)、村级综合文化服务中心创新发展的具体路径

(一)通过文化馆的免费开放,强化文化旅游阵地建设,吸引更多的群众游客参观游览,让文化馆成为新兴的旅游打卡点

围绕"举旗帜、聚民心、育新人、兴文化、展形象"的中心,延展城市历史文脉,唱响主旋律弘扬正能量,强化优质文化供给,打造文旅融合新高地。文化馆通常位于城市文化中心,各地区文化场馆集中展现了该城市特有的历史文化、非遗文化、艺术文化等地域文化,串珠成链、连线成面,已成为触摸城市脉搏,感受时代发展的地标性建筑。它的免费开放以及品牌性群众文化活动、文艺演出、公益培训、讲座等品牌文化活动会让游客近距离领

略该地区该城市无穷的魅力与风采,成为旅游的网红打卡地。

(二)加大非遗文创产品研发力度,推进非遗进景区活动,让非遗成为景区的点睛之笔,促进文化和旅游的双向发展

非物质文化遗产精品的开发是文旅协同发展、创新驱动的有益尝试。要加强非物质文化遗产的传承与保护,促进中华优秀传统文化的创新性发展、创造性转化,各地文化馆可策划推出非物质文化遗产创意设计大赛等项目,根据参赛作品的创意理念、创新设计、文化内涵、制作工艺和市场前景等因素进行评奖,来支持促进非遗文创市场化发展。

(三)探索"线上宣传 + 旅游"模式,文化馆可借助微信、抖音、网站等线上媒体平台,挖掘旅游资源的特色文化内涵,从而达到宣传推介全域旅游资源的效果

以湘西州永顺县为例,永顺县是湘西著名的革命老区,历史悠久,文化底蕴深厚,尤其是红色旅游资源独具特色。文化馆可举办红色记忆纪实摄影展等活动,以老兵的照片为载体,深入挖掘老兵背后的故事,通过拍摄视频、短视频等新媒介平台展现永顺县丰富的红色资源,以更好地宣传红色旅游资源,极大扩展活动的曝光力度。

(四)加强文化馆总分馆制建设,重塑品牌,从产业融合上加速文旅融合步伐

文化馆应加大总分馆制建设,将分馆延伸至景区服务中心,为游客和当地居民提供艺术培训、文艺演出等公共文化服务。打造创新亮点品牌活动、完善设施网络、推动社会参与,同时加快推进公共文化数字化建设,推进文化志愿者平台建设,提高注册文化志愿者数量。同时,深入推进公共文化服务多元融合发展,尽快完善文化场地设施完善旅游服务功能,深化公共文化服务效能。在文旅融合的新背景下,培育并提升文化和旅游融合新业态应成为深化文旅融合发展的重要抓手。以湘西州为例,提出"文旅融合"概念以来,全州上下紧紧加大培育文旅新业态,推动文旅产业转型升级。大力推进"文化 +""旅游 +""文旅 +",新型文旅业态日益丰富,以"观光休闲、康养度假、运动体验、红色研学、生态科考"主题新业态备受青睐,文旅市场供给进一步增强,文旅经济效益明显提升。文旅机构融合以来,全州 A 级景区接待海内外游客、乡村旅游接待游客都大幅度增长,门票收入也达到了新高。

(五)推动文化与旅游公共服务设施共建共享,改建提升村级综合文化服务中心

作为一项文化惠民工程,村级综合文化服务中心既要发挥学习场所的作用,也要成为村民娱乐、演艺和文化创新的场所。为积极推动文化与旅游公共服务设施共建共享,改建提升村级综合文化服务中心,可大力建设文化广场、文化信息共享工程、农家书屋等项目,为村民和游客提供阅读培训、文化宣传、旅游观光为一体的综合公共文化服务场所,这样一来村级综合文化服务中心可全方位展现该村历史文化传承和经济社会发展等风采,也可发挥传统功能,积极开展各类群众文化活动,利用村级综合文化服务中心这个特定场所进行活动创新,积极开展内容丰富、形式多样的群众文化活动。例可利用春节、元宵节、"三八"妇女节、国庆节、重阳节等节庆,开展阅读活动、朗诵比赛等特色鲜明,群众喜闻乐见的主题活动,积极组建村广场舞队、舞龙队等群众文化队伍;打造出一批该村品牌群众文化活动,各类带有湘西民俗的演出在节假日、节庆活动都可登场,与游客进行文化互动,相互照应。在人才队伍构成短板上,可通过政府购买服务的方式,配齐专职文化队伍,激励文化志愿者持续不断地投入乡村文化志愿服务,为乡村带来持久的活力。在硬件提升的基础上强化"软件"输送,通过举办惠民乐民的群众性文化活动,实现场地、设备、活动资源共享,有效提高村级综合文化服务中心利用率和社会关注度,通过创新活动方式,进一步提高村级综合文化服务中心利用率,以扩大影响力。

（六）推动文旅融合,推进旅游为民,发挥带动作用,以更好地助力乡村振兴

在乡村振兴大背景下,推动文旅融合发展,发挥"扶志""扶智"作用,为乡村振兴赋能,更彰显其特殊时期特殊含义。推动基层公共文化和旅游服务机构的资源共享,探索村级综合文化服务中心文旅融合的路径和方法,以文旅融合反哺乡村旅游,实现主客共享,为当地村民和外来游客提供高品质的文化和旅游公共服务。持续推进村级综合文化服务中心的功能提升、开放和日常管理工作,为群众提供齐全的文化设施和多样化的文化活动服务,切实提高群众的文化获得感和幸福感。当地政府和文旅部门也应始终把村级综合文化服务中心工作摆在突出位置,进行重点部署,通过整合资源,因地制宜落实村级综合文化中心硬软件,确保村级综合文化中心各项硬件、软件落实到位。着重开展群众文化活动品牌化工程,如"美丽乡村行,文化乐万家"之类的品牌系列活动。活动立足于给新建的村级综合文化服务中心烧锅暖灶,通过政府购买服务的方式在新建的村级综合文化服务中心送演出。近年来,湘西州结合乡村春晚、文化扶贫巡演、送戏进万村、送戏下乡进万家等活动,品牌内涵和外延逐步扩展。

文化是旅游的灵魂,旅游是文化的载体。文旅融合是社会发展到新时期的必然走向,文化和旅游相辅相成,共生共荣。通过文化和旅游融合发展,让文化更富活力,旅游更富魅力。探索融合之路,献策乡村振兴,也是时下文化馆、站、村级综合文化服务中心必须着手探索的大课题、新课题,不能闭门造车,应多与当地群众进行深入交流,了解其客主客观需求,优化文创产品,整合片区资源,串成有效链条,发挥最大效益,打破各自运营局面,联动成线,借力外界专业机构和专业人士,激发各方热情,让文旅融合的旅游市场动起来。

移动互联网时代下的文化馆数字化服务研究

张虎胜（宁夏回族自治区西吉县文化馆）

伴随着 5G 技术的兴起及其与社会各领域的纵深融合,移动互联网时代悄然到来,在愈加丰富的网络应用场景、模块化网络功能、低至 1ms 网络延迟、大容量信息通道的支持下,社会各领域的信息传输速度、密度达到了前所未有的高度,为社会信息资源的共享、共建开辟了新空间、提供了新思路。文化馆作为文化信息的集散地,文化交流的主阵地以及弘扬优秀文化的重要场所,在引领群众文化发展、提升国民素养等方面发挥着不可替代的作用,移动互联网时代的到来使得文化馆的数字化服务建设更具活力,但也对数字化服务内容、形式及技术等提出了较高标准。为此,如何发挥移动互联网技术的优势,结合时代需求及公众诉求创新创优文化馆数字化服务已经成为一项重要的研究课题。

一、移动互联网时代下文化馆数字化服务的必要性

文化馆肩负着满足人们精神文化需求、扎实推进社会主义精神文明建设、弘扬优秀文化并促进文化交流等重要责任。不同历史时期,文化馆扮演着不同的角色,发挥着不同的职能。而在移动互联网时代下,文化馆服务由传统的文化资源供给转变为将文化知识信息整合、筛选、加工及分析后精准提供给相应的群体,着力扩大文化馆的服务范围,体现文化馆的社会定位与属性。处在移动互联网时代中,文化馆的服务迎来了机遇,但也面临着诸多挑战,大力发展文化馆数字化服务,加强文化馆数字化建设,通过先进、前沿的移动互联网技术、数字化技术及信息技术开辟文化馆服务新空间,形成更具吸引力及实效性的服务体系、服务内容及服务渠道,让文化馆综合服务能力及水平迈上更高的台阶,是文化馆顺应移动互联网时代发展趋势、抓准时代机遇的必然要求。不仅如此,在移动互联网突飞猛进的当代社会,广大公众对精神文化的追求意识不断增强,信息浏览及接收习惯发生转变,文化馆在发挥自身资源优势的基础上革新服务理念及技术,创建数字化服务模式,切实满足公众的精神文化需求,是文化馆突破服务局限的必由之路[1]。

二、移动互联网时代下文化馆数字化服务存在的问题

（一）移动互联网技术运用不到位

移动互联网是移动通信与互联网技术的有机整合,在继承互联网开放、共享及互动优

势的同时也让信息可以随时随地进行传递,支持在多种移动智能终端上进行信息的接收与传播。现阶段大部分文化馆数字化服务依托传统的互联网平台,数字化服务相配套的资源平台、APP等的开发尚不完善,公众只能通过PC,在文化馆官方网站上查询、检索、下载与浏览所需的文化信息,参与文化活动的渠道十分有限,并且难以满足公众对信息的实时化需求,不仅会导致文化馆数字化服务空间、渠道等存在较大局限性,而且会降低公众对文化馆数字化服务的满意度。

(二)数字化服务形式单一且固定

现阶段大部分文化馆数字化服务存在服务形式单一且固定的问题。在文化培训服务中缺乏对受训者个体性差异、个性化需求及差异化动因的综合考量,沿用统一的培训方式、流程及资源,使得培训服务实效性较低;在文化展览服务中未能充分发挥移动互联网技术的优势,文化展览的空间狭窄、受众群体较少,难以起到推动文化交流及传播的作用;在对基层群众性文化组织的指导中尚未建立起移动互联网渠道,使得指导不及时,难以发挥文化馆的数字化服务价值。除此之外,受各地区经济发展水平、文化领域繁荣程度等因素的影响,各地区文化馆在资源分配上存在较大差距,文化馆与当地图书馆、艺术馆、博物馆等的联动性不足,导致文化馆数字化服务方式的创新面临着重重阻碍[2]。

(三)数字化服务效能有待提升

当前大部分文化馆数字化服务效能偏低,主要原因在于移动互联网时代下公众的文化需求增强,但其可以获取文化信息、参与文化活动的途径、平台随之多样,文化馆长期以来以所拥有的文化资源为主导的数字化服务内容、方式等已经难以适应公众多样化、多元化的文化需求,使得公众对文化馆数字化服务的依赖程度、认可程度等明显降低,不仅会影响文化馆数字化服务效能,而且会制约文化馆的健康、稳定发展。

三、移动互联网时代下文化馆数字化服务的有效路径

(一)积极构建移动互联网平台

革新服务技术、服务理念是移动互联网时代下文化馆数字化服务建设的前提条件。针对现阶段大部分文化馆对移动互联网技术运用不到位的问题,建议文化馆主动分析自身在数字化服务中的优势、不足以及面临的外部挑战、迎来的时代机遇,在此基础上全方位、系统性、综合性与动态性地构建移动网络平台,一方面对文化馆内部资源进行数字化处理,将优质资源整合在平台上,另一方面在平台上设置接口,支持文化馆移动网络台与其余区域文化馆、当地民间文化艺术团体、文化艺术相关院校、文化相关企业等平台进行对接,确保文化馆数字化资源得以实时更新,为优质的数字化服务奠定坚实基础。与此同时,在搭建平台的同时注重对所采集、整合的数字化资源进行分析、论证、分类,结合数字

化资源的核心内容、关键词及其与其他资源间的关系,将数字化资源关键信息添加在目录、索引中,便于有关人员快速查阅信息,为文化馆数字化服务提供技术保障。除此之外,文化馆的工作人员是数字化服务的执行者,也是移动互联网技术的应用主体,其责任意识、技术应用能力及道德素养等都会直接影响文化馆的数字化服务水平。因此在加大对文化馆数字化服务的技术支持力度的同时,要注重对工作人员的培训、再教育,积极引入复合型、创新性数字化服务人才,对原有的人才队伍进行知识技能、年龄及学历结构的更新,以此确保移动互联网时代下文化馆的数字化服务拥有充足的主体力量[3]。

(二)不断丰富数字化服务形式

数字化服务形式单一是移动互联网时代下文化馆数字化服务面临的最大困境之一。文化馆要以社会需求为导向,牢固树立互联网思维,注重文化资源的共建共享、文化信息的互联互通,并不断开创数字化服务新方式。其一为在线培训服务,配合学校素质教育、高考艺术班学生、下岗人员等提供在线培训服务,结合受训人员的个性及共性筹划在线培训资源,根据受训人员的接受程度、空闲时间及现实需求等设置不同的在线培训模块,投放差异化的培训资源,支持受训人员在微信公众号、移动 APP 上在线观看直播或录播课程,打造优质、高效的在线培训服务体系,让在线文化艺术培训达到良好的效果。其二为在线展览服务。依托移动互联网的开放性、便捷性,克服传统单列式展览、单向传播带来的弊端,在运用移动互联网技术创建在线展览 APP、新媒体平台的基础上利用虚拟现实技术、人工智能技术、物联网技术等,为公众打造别开生面的文化活动参与及欣赏空间,在展现当地民俗风情、自然风光、文化活动的同时支持公众通过评论、"发弹幕"的形式参与文化活动,提出自己的意见与建议,增强与公众的互动,不仅可以让文化活动覆盖更多的公众,还能够让公众感受到文化馆数字化服务的与时俱进,提升公众对文化馆的认同感、满意度。其三为远程指导服务,主要针对基层群众性的文化组织,通过移动互联网平台、移动智能终端等为基层群众性文化组织的活动开展、技能习练等提供实时化指导,使其文化开展得更加有序、科学,以此引领群众文化,推进基层群众性文化组织的自我建设与持续发展。其四为区域联动服务,即以移动互联网平台为依托,弥补各区域文化资源分配不均衡的不足,打破区域间文化馆,文化馆与博物馆、图书馆、群众艺术馆等文化机构间的信息交流壁垒,共同打造标准化的数字化服务体系、实现数字化资源的共建共享,形成"大文化"格局,通过协同行动、区域联动以打造优质数字化服务项目,通过培育公共文化反哺文化馆[4]。

(三)有效提升数字化服务效能

移动互联网时代下文化馆数字化服务效能较低的主要原因在于未能准确把握公众的精神文化需求,使得文化馆数字化服务缺乏针对性,且在数字化服务中会导致大量资源的浪费。为改善此种数字化服务状况,文化馆需要借助移动互联网平台广泛采集信息,如公众参与文化活动的频次、参加文化馆培训的人次、查询文化馆数字化资源的内容及关键词等,在信息采集的基础上建立公众文化活动行为与文化馆数字化服务之间的关联性,找准公众文化活动行为特征,更深层次地把握公众对文化资源、文化活动的需求,全面识别影响文化馆数字化服务质量及水平的因素。与此同时,以信息、数据分析结果为依据,对现行的数字化服务模式、体系进行重塑,采取当代公众喜爱、习惯的方式拓宽数字化服务渠道,如新媒体渠道、网络渠道、APP 渠道等,并且要以公众的需求为主丰富数字化服务内容,在向公众精准传递文化信息的同时也要积极开展体现当地非遗文化、可唤醒公众共同记忆的本土化、群众性的文化活动,以此增强文化馆数字化服务的吸引力,不断提高文化馆数字化服务效能。

移动互联网时代下文化馆数字化服务是适应移动互联网时代发展趋势、突破文化馆服务局限的必然选择。针对当前文化馆数字化服务中存在的问题,建议文化馆积极搭建移动互联网服务平台、加强对文化资源的整合与分类管理、加大力度培养复合型的数字化服务人才。同时要依托移动互联网开创在线培训、在线展览、远程指导及区域联动等数字化服务新模式。此外要抓准公众文化需求,有效提升数字化服务效能,以此把握住移动互联网时代带来的新机遇,促进文化馆持续发展。

参考文献

[1] 徐益男,顾颖.文化馆数字服务平台与空间建设[J].大众文艺,2021(9):5-6.

[2] 聂玲.互联网时代的文化馆数字化服务[J].中国民族博览,2021(6):93-95.

[3] 张金亮.互联网思维助力文化馆数字化建设与服务[J].大众文艺,2021(1):1-2.

[4] 庄虹意.大数据背景下数字文化馆建设路径[J].智库时代,2019(10):270,272.

新媒体在基层文化馆中的作用探索

吕艳芳（辽宁省大连市庄河市公共文化服务中心）

现代化社会中,人们的沟通方法、工作模式以及生活模式都随着科技的不断创新而产生改变。在此背景下,基层文化馆也需要及时改变传统工作方式,引入新媒体传播技术,改变传统工作模式,提高自身服务能力。就目前而言,我国基层文化馆传播范围还不够广泛,传播水平十分有限。故而,基层文化馆应合理地应用新媒体技术为群众文化工作提供服务,拓展传播的范围,提高传播的水平。因此,如何合理应用新媒体技术即成为许多基层文化馆关注的问题。

一、新媒体的内涵

（一）新媒体的定义

新媒体指含有特定技术、实践以及社会组织的一种信息以及传播系统。新媒体技术基于传统媒体发展,引入信息技术,使得传媒终端范围获得高效的拓展[1]。新媒体技术的应用,凸显了信息的互动性以及交流性,强化了受众之间的交流。新媒体运用期间,能够为受众供应更为多元的信息交流渠道,推动了信息的双向沟通。

（二）新媒体的特征

传统媒体,不管是电视、广播还是报纸报刊等,信息的传播方式均为单向性传播,媒体传播何种信息,受众只能接受何种信息,受众不能自由选择接受信息的类型,同时不能给予媒体及时有效的反馈。新媒体时代下,信息的传播体现为双向,乃至多向传播的特点,受众可以选择接受信息或是屏蔽信息,逐渐成为占据信息传播的主体地位。

新媒体的特点如下:第一,时间性。新媒体是相对传统媒体而形成的概念,所以相比传统媒体,新媒体出现的时间较晚,是在广播、报纸报刊以及广播等媒体之后形成的一种媒体形式[2]。第二,技术性。新媒体技术主要以信息技术为支持,借由互联网传播各种信息数据,所以应用广泛,且覆盖人群多,新媒体的技术价格较实惠。第三,新媒体具有社会性。新媒体的产生,为受众提供了更为丰富的服务。例如,知识付费音频的产生即以新媒体技术为基础,受众能够经由网络平台完成音频的收听。第四,打破时空的约束。新媒体技术的应用,打破了时间与空间对信息传播的约束。受众可以在任何时间、任何地点接受信息,不受时间与空间的限制。

二、新媒体在基层文化馆中的作用

(一)改变了传统文化传播与服务模式

基层文化馆引入新媒体服务方式,使得传统文化传播方式产生显著的变化。就发挥基层文化馆文化宣传以及功能角度而言,起到十分关键的推进效果。期间,通过对各种新媒体技术的应用,依靠微信公众号、微博以及百度等各种网络媒体媒介,可以有效地宣传传统文化,扩展宣传的覆盖范围,使得受众对传统文化内容以及精神内涵有更为全面与深入的了解,为受众供应更为便捷与多元的公共文化服务[3]。不仅如此,基层文化馆积极引入新媒体技术,不断创新文化传播与服务方式,为受众提供其所需要的服务,能够使更多的受众乐于参与文化馆活动,学习与了解公共文化资源,使得基层文化馆发展满足目前时代的潮流。

(二)有益于拓展基层文化馆影响力

新媒体在基层文化馆之中的运用,推动了传统文化传播方法的改变,扩展文化馆宣传的覆盖范围,加深受众对文化馆有关内容的理解与认识。新媒体技术和基层文化馆之间的有机融合,能够针对基层文化馆信息传输发展的实际需求,加强智能化模块设计质量,使得文化馆信息传播从线下逐渐发展到线上,一方面提高宣传效率,另一方面扩展宣传范围[4]。例如,基层文化馆可以开设属于自己的微信公众号,并开设文化馆热点、活动以及分享时刻三个不同的模块,同时在三个模块下面分设子模块。受众在关注微信公众号之后,便可自由选择自己喜爱的模块,阅读其中的内容。随着微信公众号关注用户的增加,基层文化馆的内容也在不断传播。依靠该方式,基层文化馆可以向受众系统性地展现馆藏资源信息,令基层文化馆影响力得到显著提高,使得受众能够更多地浏览基层文化馆有关内容,对加强基层文化馆文化影响力而言具有积极意义。

(三)增加用户精神文化生活

伴随信息技术的高速发展,基层文化馆积极引入新媒体技术,推动了基层文化馆信息化的发展速度[5]。在此环境下,基层文化馆和新媒体技术之间的有机融合,经过举办各种文化活动,同时依靠新媒体传播的影响力,为受众供应更为多元且满足其需求的文化服务。如此一来,受众的精神文化生活将更为丰富多彩。不仅如此,基层文化馆在举办各种文化活动,开展文化传播期间,同时积极宣传了我国社会主义核心价值观,针对影响青少年正确的人生观以及价值观而言,具有重要的意义与价值。基层文化馆之中引入新媒体技术,可以有效拓展文化馆的受众范围,且文化馆传播以及文化服务更为便捷,其功能以及作用可以得到更大程度的发挥。

三、基层文化馆运用新媒体的措施

（一）加快艺术内容的数字化

科技创新为制作以及传播创新内容以及文化产品提供了新的思路。基层文化馆的艺术创作工作在引入数字媒体技术之后，展现了多样性以及丰富性。创作人员可以依靠数字技术完成跨界，或是和其他艺术形式进行有机的结合，为文化馆产品创新工作提供了新的方法。基层文化馆引入新媒体技术后，服务与产品逐渐向数字化、立体化以及交互化方向发展，满足了群众持续变化的时代需要。针对文化馆而言，文化内容是中心，艺术与科学技术完美融合的文化产品长久以来都是创意认识的所希望达到的一种境界[6]。因此，基层文化馆在引入多媒体技术时，也需要思考如何实现馆藏资源与科学技术的有机融合。例如基层文化馆可以采购触摸式一体设备，在设备之中存储文化馆中不同艺术种类的资源以及信息。以音乐为例，触摸一体机安装了互动装置，不仅能够提供高级环绕音响系统，互动技术使得群众能够直接参加"指挥"以及"演奏"等各种活动，实现一种沉浸式的音乐体验。此外，设备还可显示相应 APP 的下载路径，通过 APP 开展音乐的学习。除了音乐之外，触摸式一体设备还可以为群众提供舞蹈、戏曲的教学服务，使得群众能够通过互动完成有关知识的学习，掌握自己感兴趣的知识，欣赏不同类型的舞蹈以及地方戏剧，对相关文化有更为全面的了解。此外，设备还可以提供一些非遗展示，通过互动屏幕了解非遗传承人的手艺，感受传统文化所带来的震撼感受。由此可见，基层文化馆与新媒体技术的有机结合，推动了艺术创作内容的数字化以及协同创新，在展现工作中凸显了逼真、沉浸以及交互的效果。文化馆艺术内容向数字化转变，不仅体现了艺术作品优秀的感染力，同时提升了文化馆艺术表现水平。

（二）提高艺术创新整体质量

基层文化馆对新媒体技术的引入，不仅限于线上，还需要加强线上与线下之间的结合，通过线上提高线下工作的质量，以此提高艺术创新整体质量。例如，基层文化馆需要利用新媒体技术不断创新普及方式，最大限度应用文化馆之中的各类设备以及场地，采用免费开放的方式，和更为高端且质量优秀的线下实体或是线上网络活动，活动类型包括艺术展览、表演、讲座等不同方式，实现讲解与展览的有机结合。基层文化馆在开展讲演结合活动时，应兼顾展览、表演以及鉴赏的质量，指导受众合理鉴赏优秀的艺术表演，通过这种活动不断激发群众的审美水平。另外，基层文化馆还可以利用互联网、微信以及移动客户端等新型媒介，建立微展览、微表演以及微讲座等方式，使得更多的群众接受文化宣传，将文化宣传渗透在民众日常生活之中。

基层文化馆利用免费开放工作，借助举办高端且质量优秀的实体、网络以及流动的艺术展览、讲座以及演出方法，指导人们鉴赏经典且优秀的艺术表演，以提高受众的整体审美品位以及水平[7]。不仅如此，为了拓展艺术欣赏的覆盖范围，基层文化馆还需要不断改版以及升级现有的网站,构建属于自己的"基层文化馆"服务平台,设立网络课堂、网络舞台以及展厅等多种栏目,将各种展览活动、演出活动以及讲座活动移植在网络之中,可以进一步提高受众数量。

(三)利用新媒体技术拓展宣传渠道

文化馆应用新媒体以及交互性设计等先进的媒体技术,不仅能够令群众在参与各种活动时,有十分新奇的感受。同时,基层文化馆利用有别于传统渠道的媒体方式进行宣传,丰富宣传途径,可以吸引更多的群众参与其中,这对提高基层文化馆服务质量而言具有积极意义[8]。基层文化馆需要结合文化馆自身的特点以及需求强化网站以及移动信息平台的构建,使得群众在进入网站之后便可直接参加文化馆开展的各项活动以及展览之中,并为活动的举办提出相应的意见,用户之间也可以进行交流。例如,基层文化馆可以定期举办各种音乐或是舞蹈比赛,所有人都可以参与其中,将自己的表演录制为视频,上传至网络参与海选,海选结束后,基层文化馆可以与本地广播电视台合作,在收音机、电视等媒体中播放选手的视频,并邀请广大群众在网站中投票选择,入选前十名的选手,可以参加专家点评与听众互动,直至角逐出胜者。舞蹈大赛可以利用手机微信平台完成选拔以及评选活动,群众仅需要关注公众号便可为喜欢的舞蹈进行投票,这种方式可以显著提高群众线上线下的参与程度,而基层文化馆的知名度也将随之提高。

艺术这一概念因为新媒体技术的引入得到进一步的延伸与发展,内容也更为丰富,传统艺术世界由于有了网络与新媒体技术,和群众之间沟通与交流的方式更为丰富,民众针对文化馆的期待也产生了改变。尽管我国基层文化馆引入新媒体技术的时间较短,但是发展趋势良好,增长势头不容忽视。文化馆应充分发挥新媒体技术的优势,通过多种渠道增加群众的参与程度,以提高基层文化馆的知名度,同时为群众提供更为优质的服务,满足群众的实际需求,履行自身承担的责任。

社交媒体也为群众参与文化馆艺术活动提供了新的方式,在发挥积极作用的情况下,也会产生一定负面影响[9]。积极作用体现在社交媒体有利于提高活动的参加人数、增加文化馆知名度,同时可以加强基层文化馆与其他文化馆以及群众之间的沟通以及交流,建立可供群众之间开展沟通与交流的平台,有益于文化信息更为广泛地传播。负面影响主要体现在增加了文化馆的成本支出,例如在保证平台稳定运行方面投入的成本。同时,文化馆可能面临新的舆论挑战,群众能够在新媒体平台发表关于文化馆展览或是演出活动的反对意见,以及负面的观点,例如提出服务质量不佳等问题。针对负面影响,基层文化馆需要正确对待,将负面影响作为推动自己不断发展的驱动力。

新形势下,基层文化馆服务工作的进行,需要合理引入新媒体技术,使得新媒体技术的作用以及功能得到更为充分的发挥,提高服务工作质量与水平。为此,基层文化馆应明确新媒体技术应用的价值,通过提高艺术创新整体质量以及利用新媒体技术拓展宣传渠道等具体方法,以扩展文化馆信息的传播范围,提高基层文化馆的知名度,推动文化馆进一步发展。

参考文献

[1] 于永涛.新媒体视域下基层群众文化建设存在的问题及对策研究[J].文渊(中学版),2021（4）:674.

[2] 何方圆.简析新媒体环境下的基层群众文化网络信息平台建设[J].文艺生活·中旬刊,2020（5）:203.

[3] 熊远超.新媒体技术在文化互动空间的应用——以马鞍山市文化馆为例[J].今传媒(学术版),2019（11）:21-22.

[4] 肖和虎.浅谈"后疫情时代"如何运用新媒体做好群众公共文化培训、推广工作——以湖北省恩施州文化馆连厢培训为例[J].文存阅刊,2020（37）:61.

[5] 姜曦.互联网时代提高文化馆数字化服务效能的对策思考——以大连数字文化馆建设为例[J].文艺生活·中旬刊,2019（9）:171-172.

[6] 张丹.推动文化馆实现在群众文化活动中的引导性价值[J].河北画报,2021（2）:94-95.

[7] 金东亮.浅议"互联网+"时代下文化馆服务形态与工作方式的转型[J].戏剧之家,2020（12）:230-230.

[8] 索南,孙斌.新媒体时代群众文化活动的开展路径研究——评《新媒体时代群众文化》[J].新闻爱好者,2021（3）:9-10.

[9] 杨燕.政务新媒体视域下少数民族地区城市形象传播路径探析——以贵州省黔东南自治州为例[J].视听,2021（1）:183-184.

城市文化空间的实用性探索

——文化馆活动空间的针对性研究

管丽玲（江苏省常州市文化馆）

随着长三角城市集群的快速发展,城市外扩、新市民增多,公共服务设施建设项目在城市形象、公共管理、人居环境等城市名片塑造上的投入日益增加,文化空间也随之增多。如何利用好诸多文化空间,打造城市文化会客厅,不断满足群众的多元文化活动需求,以公共文化空间建设推动公共文化服务,是当下急需进行研究的课题。

城市文化空间是文化馆向市民提供文化活动服务的必备场所。通过艺术课程设计、线上线下互动交叉等,融合形成独具特色的文化馆活动空间。深入调研和了解其使用情况,对文化馆在公共空间进行文化活动的针对性研究,为如何对市民进行文化产品和文化服务的高质量供给,提供了新的实践途径。

一、文化空间的划分

什么是文化空间？何种情况下将该空间认定为"文化空间"？实施文化活动的空间,均应认定其为"文化空间"吗？

笔者认为,文化空间分为两种。

第一种文化空间:长期固定文化活动空间。

长期从事文化活动的、日常以文化活动为主体活动的场所。在该空间挂牌启用时已认定为从事文化活动的场所。如文化馆站内自有阵地如舞蹈教室、器乐教室、多媒体活动室、小剧场等;总分馆制执行以来,各分馆（包括社会分馆）的活动空间如某某器乐工作室、某某舞蹈工作室;文化旅游融合背景下,在旅游区内的文化空间,包括民宿内的文化主题空间等。

第二种文化空间:临时非固定文化活动空间。

临时进行文化活动的、日常并非以文化活动为主体活动的场所。商业广场在进行文化活动时搭建的临时空间,如常州市"非遗赶大集"连续两年在钟楼区南大街双桂坊广场搭建长20米宽10米的超大表演舞台,沿舞台搭建的非遗展台约2000平方米,两天赶集人数达到6万余人;在旅游区临时搭建的文化集市,如连续三年在恐龙园"迪诺水镇"从正月初五到元宵节举办的"非遗过大年"是临时搭建的室外文化空间;书画巡展入校园,长达一百米的展览区由学校原一楼活动大厅走廊改造而成。

本文主要针对长期固定文化空间进行探讨研究。

二、文化空间的基础设施保障

文化馆站设施在 20 世纪 90 年代进行一次集中基础建设,如今设施陈旧,急需新旧更替;疫情促进了线上文化活动增长,对原空间硬件提出了数字化要求;文化馆从 2020 年起开始大范围提供线上培训、直播课堂、录播课堂。为保障现阶段业务工作顺利开展,应对现有空间、基本公共服务设施进行不断调整完善。

在长期固定从事文化活动的空间基础建设中,应注重以下四个要素:

(一)空间大小要留有余量

以人为本,设计空间。除满足空间的必要使用功能外,要留有足够的余量,方便若空间功能发生改变、各种专业用途特定改造加装、使用特殊器材时需要的变量要求。

(二)舞台条件要因地制宜

空间要因地制宜,不能人为地制造障碍。比如通往舞台的台阶,很可能导致道具搬运障碍而耗费大量的人工,在上下台时有可能导致活动的停滞和被动。

(三)灯光、音响、话筒、摄影、投影、网络等

传统室内灯光的要求,是满足照明。现今线上授课、直播及录课新需求,则需要补足面部光源。器乐演奏类还需要补足手部光源。

传统音响的要求,是满足音源现场播放需要。现今新需求则需补足优质去噪话筒、专业超指向话筒、带高清摄像头的手机、摄像机、投影仪等等。

传统线下排练演出空间加装网络设备布线的要求、与之配套的网络服务的技术保障人员;能制作 1920×1080 分辨率的 MP4 格式高清文件的电脑及软件、与之相关的音视频制作人员等等,是新的需求。

(四)观众席

观众座椅追求牢固、干净、简洁、易打理。在综合空间不应选用固定在地面的座椅,更倾向于配置可堆叠存放的简易型无靠背式,但同时应注重质量、结构稳定,不能造成使用事故。针对群文活动更多老年人和儿童,应准备一定数量的儿童座椅和靠背椅。合理的高度及舒适度才能使人将注意力全心放在活动参与上。

以常州青果书苑新北区高铁新城分馆二楼阅读空间为例,房间为 60 平方米,四面墙为书架,放满阅读和待售书籍。书架高 30 厘米处往外延伸出宽 50 厘米的木质平板,供孩童和家长充当座位。在房间的中央放一张大方桌为操作台,可供儿童站立进行手工折叠和画画;将方桌对叠后,变成长桌满足需要对面交流的课程;将方桌撤走后,中间空地变身

为小型表演活动空间。该空间在设计装修时就注意了满足文化服务的硬件要求,地面平滑,有网络接口,有 Wi-Fi,有音响设备,有录影设备,有适合儿童入座高度的及安全宽度的长条座位,有房间中部的留白,最大限度地实现了多元化场所功能。作为文化空间,它同样存在局限性,由于四面墙均为书架,没有地方安装灯光和固定录影架,需要在直播或录课时临时架设。

在文化馆专用空间的设计中,应兼顾多元文艺活动的特性,使文化空间有专业硬件支撑。硬件完善,空间才能更自如地得到更充分的利用。

三、文化空间的资源服务提供

优秀的文化空间赋活,离不开文化馆人的悉心培育和精心设计。想要使文化空间得到良性的发展,必须在文化空间的活动设计方面进行大量的调研、思考和探索实践。

(一)文化馆公共空间设施场地免费开放

打造数字报名系统、云上教室管理系统等空间数字化管理,向市民展示文化空间硬件、设定租借条件、审核活动申请材料、做好空间维护、提供文化空间,不参与、不干预活动内容,细致、全面做好文化空间预约和管理、监督制度。

(1)能提供的具体参数。如:钢琴教室,长 5 米宽 3 米;舞蹈教室,实木地板,成人把杆高 100 厘米,长度 10 米。儿童把杆高 60 厘米,长度 10 米。整墙镜高 250 厘米,长度 10 米;器乐教室,谱架两只,高度 33 厘米独凳一只,高度 45 厘米独凳一只,有多媒体播放器、功放、音响,可播放 USB 伴奏带和视频,房间隔音;电脑阅读室,操作系统 WIN10,各硬件具体型号等等。

(2)如何申请免费文化空间。如:要求提供申请人身份证照片、填写教室租借表、陈述租借使用活动内容、承诺使用安全等。市民可以通过提交租借材料的申请,租借文化空间进行自助式文化活动。

(3)线上的教室管理系统,向市民公开教室使用和预约情况,以及提交申请反馈情况的可查询功能。

(二)文化馆免费提供基本公共文化服务项目

文化馆空间使用与图书馆,美术馆存在重合,又有着自身特性。图书馆可进行读书会,文化馆也可进行读书会。但需要手舞足蹈的艺术类讲座、非遗传承的手工类活动,放在文化馆空间比图书馆更为适宜。在美术馆展厅进行的大型展览或高规格展览如古代名家书画展放到文化馆空间进行,湿度,安保,灯光等方面的硬件展览设施均无法达标。但美术馆进行的小型摄影展、群文书画展、小型儿童画展等,文化馆的阵地展厅也可兼容。

要充分、清醒地认识到文化馆人的长处在于组织文化活动、进行艺术门类辅导等,在培育文化空间、有意识地支持打造文化空间方面,文化馆人必须积极主动提供专业技术支撑,有目的的引导和提供正能量的文化活动服务内容,注重于群文活动的组织和空间使用率,提供正向、健康的文艺作品,起到示范引领作用。

（1）提供基础文化产品。传统基础公益课,可以下沉到社会分馆和社区文化空间,方便社区居民。把文化馆业务干部从馆内阵地服务,下沉到分馆服务,由面对面授课扩容为线上录课、直播服务＋线下多空间、多类型、多课程的个性化定制服务,不断深挖服务效能。

（2）提供个性化非遗产品。传统艺术保留着传统的精神内涵,并被解构而又重构于城市中,形成了地方性的表达。城市居民对文化产品的需求有着更高要求。提供本地特色的优质非遗产品来进行普及型授课是不错的选择。如常州市金坛区的金坛刻纸是国家级非遗项目,线条精致匀称,构图精细繁茂。仅需一张纸,一把刻刀,即可进行刻纸学习;常州烙画是江苏省级非遗项目,古朴典雅,仅需一块木板,一支烙笔,即可进行烙画学习。此两项常州本地区非遗项目均十分适宜初中生及成年人。

（3）提供群众迫切需要的文化产品。如江苏省2021开始有序推进初中毕业生艺术素质测评,结果以计分方式纳入中考。考什么,怎么考,家长和老师都十分茫然。美术、音乐都是文化馆干部的拿手强项,针对艺术测评,可以先行开设基础素描、基础乐理等基础美育课程,发挥文化馆特长,提供精准服务,满足中小学生的实际需求,有效缓解家长恐慌。

（4）提供传统主题活动产品。如"绘读绘说"绘本节已经进行到第六个年头,2021年共收到来自28个学校（机构）及个人的534件原创绘本作品;"童绘百年梦·同筑老城厢"小书画家"百米长卷"迎六一现场书画活动放到环球恐龙城迪诺水镇举办,200余名小书画家参加现场活动;2021年第八届"快乐宝贝"经典诗文诵读大赛进行了3场初赛1场决赛,400余名少儿参加。这些传统主题活动均可下沉到城市的各个角落的新兴文化空间中去进行宣传、海选、画作收集、精品展览……有意识地营造家长、亲属、邻居等社群传播的话题。

（5）提供文化馆志愿者的下沉服务。图书馆的文化志愿者可以整理图书、进行借书引导;瞿秋白纪念馆的文化志愿者可以进行场所参观引导、充当讲解员讲述秋白的红色故事。而文化馆苦于专业性需求较高,文化志愿者在文化馆服务只能进行现场大型文艺活动的配套后勤工作及场馆引导工作,相比之下志愿服务内容略显单薄。在文化空间,志愿者有更多的具体事务可做。如,向上海群艺馆学习,安排志愿者进行年轻分类社群发动工作,做好线上的引流工作,提供线下活动场所,并做好长期维护的工作;在社区文化空间对市民进行主动引导和推广文创类产品等。

以常州青果书苑新北区高铁新城分馆的周六下午"美文分享"主题阅读活动课为例,市民的活动参与率由2020年建馆初的两三个人到七八个人再到二十多个人,直至2022年4月有家长呼吁增开一期,历时两年多,并不算快速的文化活动品牌培育过程。2022年新开设的针对幼儿期孩童的手工剪纸活动课程甫经推出便受到社区居民的欢迎,由阅读活动课的家长自发宣传,有望逐渐培育成该馆下一个品牌文化活动项目。

在旅游区文化空间推广本地非遗产品,在商业区文化空间推广满足城市家庭需求的个性定制产品,在固定阵地文化空间推广基础文化普及型产品,从阵地到分馆,再到散落在城市各个位置的文化空间,彼此关联、逐步扩大但又各具特色。扶持适合室内小型空间演出的优秀舞台节目,维护小型文化空间的日常性活动;加快优秀文艺作品的研发创作,进行线上线下的多渠道传播,增加文化空间吸引力。提高创新、创意、创造意识,从单一阵地长期驻扎转向有序多点流转,积极主动为市民提供多元化文化服务是未来的城市文化空间打造方向。

提供高质量的文化产品与服务,引导市民主动走入文化空间。接地气、聚人气的文化空间,是能满足群众的文化需求的、使得群众尽情汲取文化艺术养分而流连忘返的文化空间。让文化空间真正成为市民之家,灵活而生生不息,是我们文化馆人的努力目标。

乡村振兴视野下的文化站服务研究

董明辉（辽宁省东港市文化体育旅游事业发展中心）

文化兴则国运兴,文化强则国家强。文化的繁荣昌盛关系着中华民族的伟大复兴,文化振兴决定着乡村振兴的成效。强化基层文化站综合服务性阵地作用,实现乡村文化振兴战略愿景,必须跟紧时代步伐,通过提升文化站服务效能,有效助推乡村文化振兴。

一、乡村振兴战略中文化站服务的重要性

随着我国经济的快速增长,人民群众对精神文化的追求越来越高,对文化站服务的需求也日趋多元化。发展乡村振兴,改善农村面貌,提高精神文明程度,让乡土文化重新焕发出光彩,必须有效提升乡村文化站的服务效能,从根本激发农村群众对文化的需求和满足,更好地推进乡村振兴战略的发展进程。

二、乡村文化站在乡村振兴战略中的作用

在乡村振兴发展中,乡镇文化站的设立,成为基层群众文化的主要阵地和政策宣传的坚实载体,首先文化站完善信息普及和传递,使农民群众了解国家出台的农业方面的政策、方针信息,着力推动农村农业产业的建设[1]。其次,通过乡镇文化站的服务,更好地提升农民精神文明程度和发家致富的理念,使农民摆脱贫困,驱动农村城镇化建设进度,加快农村农业现代化发展进程。

三、提升乡村文化站服务效能,促进乡村文化振兴

在大力发展乡村振兴建设中,以乡村文化站服务为推介,通过提升其服务效能,来提高农民群众知识素养、提升文化涵养、形成良好文化习惯,从而提高社会文明程度、优化当地资源环境、增加人力资源储备、间接促进地域经济持续健康发展,使文化站服务成为促进乡村振兴发展的内动力。

（一）转变服务理念,拓宽发展空间

以 2022 年中央一号文件《中共中央　国务院关于做好 2022 年全面推进乡村振兴重

点工作的意见》为背景,乡村文化站在持续服务于农中转变文化服务理念,拓展服务空间,要把乡村文化振兴与农业发展思路融入一体,以文化效能促进农村农业发展,达到"一业兴、百业旺"的效应。

一是要赋能文化产业,打造文化品牌以实现创新性发展。把文化产业与农业产业发展进行有效整合,多角度多方位把乡村文化资源渗透到一、二、三产业中,深刻挖掘乡村多元价值,为产业赋能,推动乡村经济发展。还可以通过挖掘本地特色非物质文化遗产来推动文化传承,推动乡村振兴向纵深发展。提升乡村文明的同时进行创造性转换,以实现乡村文化振兴的新动能。

二要利用乡村文化环境的基础优势,为乡村振兴发展引入更多流量。通过把乡村具有艺术元素的民俗标识、老旧废弃物等碎片化资源经过改造和提升,形成高标准和艺术形象艺术品来影射优美的人居环境,打造具有艺术特色的美丽乡村。还可以利用文化引领的发展思路,将当地优秀民俗、农耕文化、红色文化等文化资源进行整合,通过乡村文化馆的艺术创造,展示展演,以艺术乡村的形式来丰富旅游业态,以文旅融合为载体,建起"文艺化、品牌化、潮流化"的特色文旅生态圈,形成乡村文化兴盛的格局,助推乡村振兴发展。

三要通过围绕"一乡一品、一村一品"特色产业资源,大力发展特色产业,并将其融入文化产业服务中,以实现"产业—生态—人文"一体化发展,通过整合规划来逐步提升乡镇规模化发展能力。比如在产粮大县,以许多农民以种植合作社为龙头产业,合作社流转土地上千亩,在中央政策的感召下也在实现多业并举,跨入乡镇经济迅猛增长的快车道。据悉全国人大代表吴书记把东兴村打造成"合作社"+"企业"+"乡村旅游"的模式,带动了乡村经济和产业的快速发展,树立了地域经济产业发展和促进乡村振兴发展的标杆。

(二)完善服务体系,实现同频共振

文化站在我国公共文化服务体系中占有重要地位,乡村文化站在推进乡村文化振兴中应注重按照"有标准、有网络、有内容、有人才"的要求,要制定合理完善的公共文化服务体系,以社会主义核心价值观为引领,通过挖掘乡村优秀传统文化思想理念,发挥文化站的驱动作用,实现多元化主体构建公共文化服务供给的新格局。

一是要完善农村信息化服务供给,通过合理配置公共文化资源,形成以城带乡、共建共享的数字城乡融合发展体系。比如通过网络建立数字文化馆,增强数字化文化资源,提升基层文化供给效率。也可以通过文化融媒产业将乡土文化资源优势传播到强国平台,让农村不再是外界看不到的角落。

二是要依托公共文化服务手段,借助数字网络和融媒技术实现线上与线下服务体系,这样能更好地满足广大群众的基本文化需求提供有力保障。充分利用网红的资源优势,助推乡村文化产业发展。例如把当地的网红进行直播带货作为文化产业的人才资源,从而使文化站服务为振兴新农村现代化建设助力。

三是要通过乡村文化站的服务,把与时代精神对接的文化载体和文化产品这些硬件

建设,通过将统筹、策划、组织、指导功能集于一体,使高品质文化馆服务紧贴群众的文化需求,更好保证文化服务的协调发展。

四是要加强人才队伍和服务水平这些软件建设体系,通过聚焦文化队伍建设,注重化人才培养,实现内外兼修,有效提升文化服务的能力和水平,从而提高文化站在乡村振兴中的工作成效。

(三)创新服务模式,适应时代需求

文化站是基层文化事业繁荣发展的排头兵,只有创新文化站服务方式才能满足新时代农民群众精神文化需求。改变农民群众从读书看报看电视等传统的文化服务模式,转向自我服务获取便利且参与度高的多元化文化产品,以适应时代的发展需求。

一要适应网络时代的发展需求,用更有效的媒介服务于民来提高群众兴趣度和参与度。改善文化站原来老旧设备设施,增加公共数字文化设备资源的投入力度,呈现现代化的文化资源共享模式。

二要广泛利用现代化技术设备,探索公共文化服务新路径,打造线上文化活动,使线上公共文化活动更内容丰富、形式多样。以微信公众号、抖音、快手等新兴网络媒体为平台,制作内容健康向上、传播主流价值观的微视频,实现文化便民、文化乐民、文化育民,把群众从文化活动的"观众"变成开展活动的"主角"。

三要以乡村文化站为桥梁,建成以村级文化活动室、农家书屋为基础的公共文化服务网络,来创新文化站服务模式,形成上下联动的有效机制,积极创建群众文化活动的全新组织机制和形态,发挥民间团体,文化社团的作用,更好地丰富农村文化生活。结合群众需求提升文化服务对基层的感染力、引领力,使农村群众的精神文明程度有整体的提升,实现乡风文明,促进乡村文化振兴发展。

(四)丰富服务内容,凸显综合发展

通过文化站的服务将文化发展的重心通过科学的制定、修正和更改以往存在的不足,精准掌握乡村文化站服务内容,并加以策划、运作和实施,体现文化站服务综合发展的效能。

一要通过县级文化馆上联下通的优势,建立涵盖文化部门、文化机构、高校等全社会文化人才的"专家库"[2]、"能人库",通过全社会共同努力,整合培养和造就来农村发展的文化骨干力量,使文化站服务转变工作角色,让文化行业的中坚力量向农村下沉。

二要开展活动内容的推介和展示,建设网上综合服务平台来激发文化主体发挥能动力,通过文化站的职能作用使农民群众更高层次的文化需求得到满足。

三要通过社会文化资源把各类社会组织中相关产业进行整合来推进文化发展。把不同层次、类型不同的多元主体汇集一起来提供更加多元的文化服务。可以结合乡村新时代文明实践中心文化志愿者服务队伍,扩大乡村综合文化服务领域,进一步促进农业全面升级、农村全面进步、农民全面发展,实现乡村振兴。

四是文化站要创新和丰富服务内容,还要加强与基层党建、司法、文联、妇联、教育等部门资源协调,并通过文化共享的理念进行全方位联动,突出文化站的"综合性",通过这样的举措来全面提高农村群众的思想认识和文明程度,增加农民群众对文化的获得感和幸福感。

(五)优化队伍建设,夯实人才支撑

"功以才成,业由才广",人才资源是干事创业的关键。优化文化振兴人才队伍建设是夯实乡村振兴的人才支撑力量,培养建立现代理念,树立创新意识[3],具备高专尖知识结构的高素质人才队伍来提升文化振兴背景下的文化站服务。要发挥乡镇文化站面向基层、服务群众的能力和水平,只有壮大乡村文化人才队伍,通过大力实施乡村文化人才培训得以实现。

一要完善地方基层文化人才准入机制,实行部门联动机制,抓住吸纳大批人才的有利契机,把有文艺特长的专业人才选聘安排到乡镇文化专干队伍当中。通过培养乡土文化能人、民族民间文化传承人和各类文化活动骨干,建立健全人才发展体制机制,使人才发展环境得到优化。

二要创新干部队伍建设。使用人才引进培养的双轨制度,在人才培养和宣传工作上聚焦聚力,优化队伍建设,还要加强基层文化队伍培训,壮大懂文艺、爱乡村的文化人才队伍,为更好地服务乡村的建设发展,适当设置公益性岗位吸纳有艺术特长的文化能人文化志愿者充实到文化专干队伍当中[4],让乡村文化人才在技艺传承、产业发展等方面起到带动作用。

三要定期举办文化专干培训班,开展对口辅导和培训,为乡村提供各类文艺辅导与急需的人才,比如从社会上聘请文化技能过硬的人开展文化培训活动。也可以通过组织各种文化文艺活动、组织外地采风等方式,培养文化骨干力量来构建面向市场的各层次的文化人才。让乡村文化人才施展才干,充分发挥他们在乡村文化振兴中的作用,来提高乡镇文化站服务效能。

综上所述,在乡村振兴战略进程中,农村文化建设是关键的一步,乡村文化站在农村文化建设中承担着非常重要的责任。充分发挥文化站的宣传文化主阵地作用,传播先进文化、繁荣乡土文化,在新的历史时期,以文化为内涵,以乡村为载体,以文化产业赋能,促进乡村振兴发展。

参考文献

[1] 雷小红. 如何发挥乡镇文化站在乡村振兴战略中的作用 [J]. 大众文艺,2018(6):10.

[2] 王可盈. 乡村振兴视野下的县级文化馆服务研究 [J]. 乡村振兴,2021(4):86-87.

[3] 葛羽. 乡村振兴中文化站的作用及其发挥途径 [J]. 中国文艺家,2021(6):183-184.

[4] 拜芳芳. 乡镇(街道)综合文化站服务效能提升面临的突出问题与思考 [J]. 百花,2021(3):86-88.

线上线下相结合的文化馆服务

姚　远（吉林省文化馆）

我国文化馆是公共文化事业重要组成之一，在整个社会上都体现出了重要的地位，可满足民众日常生活所需，构建社会精神文明，体现出重要的建设价值和意义。在如今互联网发展的大时代背景之下，文化馆的建设与服务也迎来了新的发展与挑战，面临了重大的改革。为了提高文化馆的服务水平和标准，需要加强文化馆的数字化建设，采用线上线下相结合的模式，最大限度上将文化馆的社会建设意义呈现出来。以数字化服务探索为重要的方向深入讨论，阐述文化馆数字化建设的服务发展必要性，提出相应的线上线下相结合服务策略，加强文化馆的社会服务功能，为社会带来更好的文化服务。

一、文化馆线上线下数字化服务转型内涵

在如今文化馆服务功能逐渐转变的同时，体现出了线上线下融合发展的趋势，这也是数字服务创新发展的一个重要模式。在数字文化馆建设的过程中，文化馆的服务功能受到大众关注，这一功能不再是单一局限于传统的网站、公众号等方式给民众带来一些文化活动资讯，还需要结合线上线下的模式，转变数字化的服务系统，真正意义上做到文化数字资源开放与共享。在文化馆构建中，导入更多数字化的服务，解决时间、空间层面暴露的难题。采用线上线下结合的方式，增强民众沟通效率，节约民众参与活动的时间消耗，给民众带来更多样化的文化产品服务。在文化馆数字服务建设的过程中，为了满足民众对文化艺术的需求，促进社会主义精神文明和谐构建，需要采用线上线下的服务，重点借助目前已有的数字资源，利用智能化数字技术与网络媒介作为重要的承载体，将文化馆的艺术资源共享在数字平台上。

而且民众也可以根据自己感兴趣的数字资源，到线下文化馆里面进行阅读学习，丰富人们的精神世界，给民众带来更好的文化艺术服务体验。文化馆在数字服务构建的过程中，一定要明确服务对象是全体民众，需要彰显出公共服务的社会公益性以及社会平等性，需要重视维护公共利益。将自我的工作重心，放在公共文化的构建中，结合线上线下的模式，满足不同层次的民众对于文化艺术服务的需求。文化馆在转型的同时，也需要体现出服务的多样性，需要体现出服务的民众参与性。将民众作为公共权力的核心内容，有利于做好文化馆转型的监督工作。统筹兼顾，从战略性的角度思考如何提高民主性的活动服务。

二、线上线下相结合的文化馆服务模式发展必要性分析

（一）更好满足群众文化精神需求

采用线上线下相结合的文化馆服务模式,符合目前的时代发展需要,在某种程度上来说,线上线下相结合的模式可更好满足群众的精神文化需求。在网络发展的背景之下,民众对文化生活的要求越来越高,群众可以利用网络媒介收集各方面的信息,对虚拟空间的探究有更突出的欲望。而采用线上线下结合模式,体现出文化馆服务的创新发展需求。一些文化馆的服务理念相对来说比较落后,服务形式不符合目前的信息时代发展需求,导致民众参与的热情并不高,经常出现服务工作人员比观众还要多的情况,这些就是线下服务在实践中存在的一些现状和问题。

文化馆数字化的发展依托于互联网的信息传播优势,利用现代化的技术和方法,利用网络媒介,宣传文化馆的社会价值,充分加强文化信息服务的时效性。群众也可以在互联网媒体平台上,阅读相关的公共文化服务内容,可以针对一些感兴趣的服务内容,到线下的文化馆中进行学习和提升。因此,数字化的发展给文化馆带来了前所未有的发展机会,使文化馆的服务方法逐渐朝着信息化、数字化的方向转变,提高了民众获得文化服务的效率。在各类移动终端的帮助之下,采用线上线下相结合的模式,民众可以在线上获得相关文化资讯与不同种类的文化服务,满足民众阅读文化的多样性需求。而采用线下活动开展的模式,活动种类更加丰富,可以帮助民众提高自我的游戏活动体验。在保证公益性的前提之下,给民众带来了较多均等性的文化服务,更符合目前民众对于文化的需求特点。

（二）顺应信息化的发展趋势

文化馆线上线下服务工作的有效开展,顺应目前信息化的发展趋势,由于互联网的发展给民众生活带来了巨大的影响,文化馆的社会职能想要得到最大程度上的凸显,就需要了解目前民众常见的获取信息资讯种类的方法,这对文化馆服务功能提出了更苛刻的要求。文化馆需要健全自身的服务体系,才能给群众带来更好的文化资源。在数字化服务发展的过程中,文化馆采用线上线下结合的模式,体现出数字化服务项目的资讯服务优势。为了最大限度提高文化馆的服务水平,政府单位也提出了相应的措施,给文化馆的发展带来了相关的参考和借鉴,表明了文化馆在提高数字服务构建的过程中也需要结合线下模式的推广与宣传。结合文化馆数字服务构建的信息化模式,体现出新时代文化馆的创新与转型。以数字技术作为关键的服务承载,构建线上线下相互结合的数字化系统,最终目的在于实现将现代科技方法融入文化体系构建中,提高文化馆的现代化服务水平,推动文化馆的创新转型。

三、线上线下相结合的文化馆服务策略分析

（一）推动文化馆网络平台的建设与完善

为了在互联网发展的大背景之下提升文化馆的重要服务职能,需要开展相应的线上线下相结合模式。首先,在创建文化馆的网络平台建设这方面,需要根据不同区域的文化馆特色整合本区域的文化资源,构建一个全面发展的网络平台,在这个平台上,可根据文化馆特色资源进行网络服务平台的划分。将平台划分为不同的模块,这样可以构成一个全面发展的文化品牌,也可以借助互联网的特点将文化品牌进行高效宣传,给民众带来更多积极参与文化活动的方式和路径。其次,文化馆需要积极主动与国家平台资源之间进行共享与交流,实现资源分享的无缝衔接,完善自身平台资源种类,落实资源内容。有了全面的资源库之后,可以开展多样化的资源活动。考虑开展一些与文化馆自身情况相符合的活动形式,择优选择资源内容。当文化馆能够给民众带来一些信息化的艺术资源活动之后,也可以将本区域的文化进行深度宣传,增加多样化的文化艺术活动,促使民众积极参与到文化活动中,达到文化传播的重要教育意义。除此之外,提升不同区域平台的共建水准,使各个区域的文化馆借助互联网网络平台,开展相应的文化宣传业务,实现业务的有效沟通,落实业务高效率合作。文化馆应主动组织文化活动,增强文化学习,落实好互联网媒体平台的资源共建共享,带来更优质的文化服务。

（二）提升人员的服务技能

在数字信息技术发展的过程中,文化馆想要体现出更多元化的服务模式,想要做好服务工作的建设,就需要提高人员的专业水平和服务能力。由于数字技术相对来说比较特殊,在实践的过程中囊括的内容比较多,覆盖的信息面比较广。包括常见的传统信息系统、多媒体管控以及应用等。因此,作为文化馆的工作人员来说,就需要具备较高的技术操作水平。专业人才是提升文化馆服务水平的重要支撑力量,打造专业化的数字服务人才,结合线上线下的服务模式,体现出现代文化馆的服务发展期。

一方面,文化馆需要落实在职人员的培训工作,除了培训人员的专业服务技术水平之外,还需要加强骨干对新兴技术的应用能力培训,使文化馆的工作人员对相应的数字技术有一个全面的了解,提高信息技术的应用水平。在另一方面,需要加强人才引进,加大综合多元化发展的数字人才招聘力度。将更多专业性的人才参与到文化馆的数字服务构建工作中,定期组织文化专职人员的培训活动,根据相应的培训内容以及科学技术构建培训班级。在健全培训工作培训理论、服务模式的基础上,将数字化线上线下服务构建水平逐渐提升。也可以考虑学习一些优秀的文化馆服务开展经验,为文化馆的人员培训提供一些全新的思路,将理论知识和实践服务结合在一起,提升人员的业务水平。

（三）加强信息资源与管理内容建设

采用线上线下相结合的服务管理模式，需要加强信息资源的有效建设，细化文化馆的管理内容。文化馆本身就隶属于政府，是政府民众交流的有效路径，也是政府向民众宣传文化知识的重要途径。因此，文化在建设的过程中，就需要考虑自身的建设定位，充分利用文化资源信息。在文化馆线上建设的过程中，需要结合数字化建设的相关应用优势，保障信息资源的多样性以及完善性。利用信息系统导入数据资源的时候，针对一些比较烦琐的信息资源需要进行编辑和整理，保证信息资源的完整性。

同时，信息化的处理模式也可以使文化馆资源效果得到最大限度的保障。如果遇见编辑问题，及时请教专业人士，完成对文化馆进行构建总体设计与落实，加强多方面的引导工作，促使文化馆的资源构建内容体系更为完整。在文化馆数字化构建的过程中，不仅需要构建完整的文化资源，还需要及时结合当地的文化宣传教育情况。对馆内的资源进行归纳与总结，可考虑添加目录、索引、文摘等相关的文献资料，方便民众更好地开展文献资料的搜索和阅读。除此之外，文化馆之间的构建服务需要频繁沟通，由于网络技术可以在较短的时间内完成信息的交互，解决了距离问题。因此，在文化馆线上线下结合的过程中，就需要利用网络技术优势。落实资源分享，使文化馆的数字资源构建更完整，以便于民众更好地学习和提升，细化管理内容。

（四）开展多样化的线下活动

在文化馆线上建设完成之后，需要落实到线下的活动中，可以考虑开展多样化的文化馆线下活动，以此促进民众对于文化馆的关注度，可在多样化的活动中提高自我的参与感，而且也能丰富自我的文化知识。以多样化的线下活动，促进民众参与到游戏活动中，体现出文化教育资源的多样性发展。通过线上平台宣传相关的文化活动，将文化活动的时间、内容、主题以及参与形式以线上媒体的方式进行宣传和拓展，让更多的人了解文化馆所开展有哪些方面的活动，方便民众选择自己比较感兴趣的活动。

比如，文化馆可以考虑在我国的传统节日期间开展相应的文化活动，在春节期间可以结合相关的地域文化特色，开展丰富多样的线上线下展出文化活动。例如，戏曲、秧歌、舞狮等受人民群众欢迎的活动。开展这些相应的文化宣传活动，让更多的民众对我国地域文化有更清晰的认识与了解。除了上述活动之外，也可以考虑引入地方特色历史文化介绍，民族服饰表演等不同的节目，为民众带来一场盛大的演出，可以以线下的形式完成。演出也可以通过线上直播的方式，让更多的人对当地的文化资源有一个清晰的认识。比如，在春节期间较多的文化馆也推出了不同的线上活动，比如"欢欢喜喜过大年"，从大年初一到大年初六，每天下午文化馆中心都会上演精彩的戏曲表演，演出类型比较丰富。文化馆还推出了线上全民艺术普及以及艺术云课堂的讲解，可以帮助广大的市民通过云平台学习相应的书法、声乐、器乐、舞蹈、手工制作等不同的文化课程。而这些文化资源结合线下实践的方式，结合不同的活动形式，体现出了新时代文化馆的创新服务发展趋势。

文化馆结合目前的信息化发展趋势,开展多样化的暖心活动,结合线下活动的形式,帮助文化馆的文化宣传教育职能得到有效的体现。文化馆立足实际,组织相应的专家推进文化服务进社区,进乡村等多样化的活动。结合现场宣传、线上直播、线上共享等不同的方式,让更多的民众了解我国的文化资源。一些常见的文化活动开展形式也可以结合当地的非物质文化,采用文化馆微信公众号、抖音、快手等不同的平台进行集中播放。利用平台流量,使更多的人了解不同地区的非物质文化,让更多的群众可以足不出户就感受到非物质文化遗产的魅力。

　　综上所述,在近几年互联网络技术发展的过程中,文化馆的服务模式也发生了一定程度上的转变。线上线下相结合的服务模式已经成为目前文化馆的重要发展趋势。文化馆的服务模式转型也需要跟进时代的步伐,利用信息网络技术,结合文化馆的重要社会职能特点,为搭建公共文化服务提供新的思路,满足广大群众的文化需求。

文旅融合背景下的文化馆创新发展

戴泓敏　萧筠译　李　萍(湖南省株洲市文化馆)

近年来,在旅游业的发展当中,国家也十分主张文化的传播和培育,在 2021 年 6 月 2 日,文化和旅游部发布关于印发《"十四五"文化和旅游发展规划》的通知,该规划提出了健全现代文化产业体系、完善现代旅游业体系以及推进文化和旅游融合发展,更好地对当前实现文化和旅游融合发展的新业态[1]。由此来看,在目前社会的发展建设当中,无论是文化事业还是旅游事业都引起了国家的关注,同时文旅融合的发展也是实现经济快速增长的重要手段。文化馆要进行创新,将文化馆的发展与旅游业相融合,更好地打造具有旅游价值的文化馆,更好地推动城市的文明建设和发展,文化馆的创新也将进一步推动历史和人文的发展进步,更好地实现文化馆社会效益和经济效益的平衡。目前,在旅游业的发展当中,文化馆的创新能够有效提升旅游的价值,在文化馆的创新当中,要抓住文化和旅游的融合点,更好地打造优质的文化旅游胜地,不断推动我国旅游业的快速发展,同时也能够使文化得到快速的传播[2]。

一、文旅融合的内涵

文旅融合是指在旅游业的发展当中,将文化等相关元素进行融合发展,提升旅游价值,促进文化传播,更好地满足人民日益增长的美好生活需求[3]。文旅融合不仅使文化得到了创新,同时旅游业的创新度也能够得到很大的提升。在目前各地区旅游业的发展当中,将各种文化特色注入旅游发展当中,打造更加独特的旅游精品。借助文化特色,更好地吸引游客的眼球,同时也能够实现文化的有效传播。由此来看,文旅融合无论是对文化的传承还是对旅游的创新都具有十分重要的意义[4]。

二、文旅融合背景下文化馆创新的重要意义

(一)有利于实现资源共享

在文旅融合的背景下,无论是文化资源还是旅游资源,都是文旅融合发展的重要内容,而文化馆是当前文化传播的重要场所,其中有着丰富的文化资源,而文旅融合就能够很好地实现资源的共享,能够更加深层次地开发具有旅游特色的文化资源,更好地推动旅

游与文化的融合发展。除此之外,文化馆的创新也能够为文旅融合带来更多的特色资源,将文化与旅游资源实现共享和融合,更好地实现文旅融合的新形态[5]。

(二)有利于服务联动

无论是文化馆的建设还是旅游业的发展,都是当前服务体系当中重要的组成部分,在文化融合的背景下,对文化馆的服务体系进行创新,能够更好地实现将文化服务与旅游服务的融合,使文化与旅游服务深度融合,更好地满足群众的发展需求,同时也能够树立良好的文化形象,推动文旅融合的快速发展[6]。

三、文旅融合背景下的文化馆发展中存在的问题

(一)服务管理体系不完善

在当前文化馆的发展当中,作为文化传播的重要场所,在文化建设当中发挥着十分重要的地位,但是在很多文化馆的服务管理体系当中,都主要是以人进行管理的,没有借助信息技术建设信息化的服务管理体系,在这种管理体系下,文化馆的服务质量难以得到提升,文化馆的形象也会受到一定的影响。同时还会受到人为因素的影响,导致管理工作落实不到位,管理理念的发展也比较落后,文化馆的整体服务水平也处于很低的状态,使得很多文化馆的社会地位也难以得到提升。尤其是在当前文旅融合的背景下,文化馆在旅游服务工作上的融合深度不够,针对文化和旅游融合的研究也比较少,这进一步阻碍了文旅融合的发展速度。

(二)文化活动内容不丰富

在文化馆的发展当中,文化活动是当前文化馆的重要内容,但是在目前文旅融合的背景下,文化活动内容不丰富的现象十分严重,尤其是在内容上不能做到与旅游发展相结合,做到文化和旅游的深度融合,开展的各项文化活动与旅游的联系也不够紧密,就无法体现出文化馆在文旅融合发展中的价值。目前文化馆的活动内容主要是侧重于文化服务方面的,在文旅融合的背景下,为游客带来的也只是一些基础的服务,不能立足于地域文化来促进文化馆的创新,对于当地的民间特色的认识也不够,也进一步阻碍了文化和旅游的融合发展。比如一些地区的文化馆举办的都是一些歌唱大赛、舞蹈比赛等形式,与旅游元素无法做到高度融合,导致目前在文化互动的内容上过于陈旧,无法满足现代化社会的发展需求,缺乏足够的创新[7]。

(三)信息化建设落后

在当前互联网时代的背景下,文化馆的数字化转型发展是十分重要的,但是目前很多文化馆在信息化建设方面还比较落后,也就无法体现出文化馆的社会价值。目前文化馆

在创新当中,对于一些现代化信息技术的应用不够广泛,比如在大数据、人工智能以及互联网等领域投资力度不够,针对文化馆的发展也没有建设相应的数据库,也就无法在文旅融合的大背景下为游客带来全面的文化和旅游服务。除此之外,信息化建设的落后也使得很多文化馆的服务水平难以得到有效的提升,无法为游客带来更加完善的服务体验,进而难以实现文化馆的创新发展。

四、文旅融合背景下的文化馆创新发展的有效对策

(一)构建完善的服务管理体系

针对当前文化馆在建设当中存在的服务管理体系不完善的现象,为了进一步实现文旅融合发展,要积极借助信息化技术来进行服务管理体系的建设,改变传统的人工服务管理模式,将全新的服务管理理念融入文化馆的创新发展当中,更好地树立良好的文化馆形象,提升文化馆的社会地位。在服务管理体系的建设当中,要以游客的需求为出发点,不断优化管理模式,采取双向的沟通渠道,更好地了解游客需求,实现更加理想的文旅融合效果。除此之外,在文旅融合背景下的服务体系构建当中,要牢牢抓住文化和旅游的融合点,更好地做到多方面的服务创新,借助文化馆的积极作用,从而提升旅游行业的水平,进一步满足当前我国经济的发展需求。

(二)设立旅游文创产品展览会

为了更好地将旅游元素与文化元素做到深度融合,在文旅融合的发展当中,文化馆更需要结合旅游的元素,来对自身的文化活动进行创新。文化馆可以结合旅游文创产品,开展旅游文创产品的展览会,设置旅游文创产品展示区等形式,更好地让游客在了解到文化元素的同时,也能够感受到旅游的文化气息。这些做法不仅可以丰富文化馆的活动形式,同时也可以让游客了解到更多的旅游文化知识。除此之外,旅游文创产品展示也可以在游客心中树立了更好的旅游文化产品形象,提升游客对旅游文创产品的兴趣,这可以为文化馆的创新发展提供新路径,同时也能够促进文创旅游产品的发展,加快文旅融合的进程。例如 2020 长三角民间艺术文创产品展在浙江省文化馆程允贤雕塑馆隆重开展,借助文创产品独特的优势,吸引了很多游客前来参观和咨询,同时也带动了长江三角地区的旅游经济发展[8]。

(三)利用旅游景点举办文化节活动

文旅融合就是需要做到文化和旅游的相互融合发展,因此,文化馆在创新当中也可以借助一些旅游景点来进行文化节活动的举办,丰富文化馆的活动内容,同时也能够深度融合旅游的元素。在旅游景点当中开展文化节活动,不仅能够让游客欣赏到旅游景点的美景,还能够在旅游的同时感受到独特的文化氛围。比如在旅游景点开展非物质文化遗产

的展演活动,将旅游景点的元素与旅游文化相结合,发挥文化馆文化活动的社会价值。例如在温州市举办的第二届乡村旅游文化节暨首届文成乡村旅游嘉年华的活动,以乡村美食市集、乡村大舞台等形式,开展各种文化节游玩活动,全力打造了文旅融合的样板,促进了温州市农村经济的发展[9]。

(四)举办旅游主题摄影展

文化馆在创新发展当中,可以通过举办以旅游为主题的摄影展活动,激发人们的旅游兴趣,对各类旅游文化进行展示,将文化和旅游的元素相互融合,同时也为游客带来了很强的体验感。游客在参加完旅游活动之后,可以将自己拍摄的旅游景点、旅游人物等照片在文化馆当中进行展示,提升游客的参与感,同时也能够丰富文化馆的文化内容,为游客带来优质的服务体验。例如在哈尔滨地区的香坊区文化馆,充分结合文旅部门对文化活动开展的相关要求,该地区组织开展"冰雪情缘"主题摄影展,群众用光影展现美丽哈尔滨和精彩冰雪季,展现出丰富的哈尔滨旅游资源[10]。除此之外,由武侯区文体旅游局主办、区文化馆承办了以"国潮雅韵·如梦霓裳"国风为主题的摄影展,该活动在区文化馆进行,通过独特的展览形式,传承了礼仪文化,文化与旅游得到了融合发展。

(五)开展旅游阅读服务

在当前文化馆的建设当中,也可以借助文化馆来进行旅游阅读形式的服务,通过文化馆来实现对旅游的宣传,让人们了解到更多的旅游文化。首先在旅游阅读服务当中,要有电子阅览室以及图书阅览室,满足不同游客的需求,提升文旅融合的服务质量。同时图书资料要尽量全面包含旅游的内容,比如旅游酒店、非遗文化、旅游资源等,不断丰富文化馆的旅游服务功能,提升文化馆的旅游服务质量。

(六)开展民俗文化节活动

文化馆在当前文旅融合的发展背景下,要充分结合文旅融合的发展背景,深度挖掘民俗文化、历史文化、民族文化等,将各种旅游文化元素融入文化馆的发展建设当中,推动文化馆的旅游文化服务的融合发展,不断满足人们的美好生活追求。在当前旅游业的发展当中,民俗文化也是十分重要的内容,对民俗文化的传承与保护也是当前社会发展的重要内容。因此,文化馆作为文化宣传和传播的重要场所,在创新发展当中要注重对民俗文化资源的收集,全面深入地挖掘民俗文化,让各个地区的民俗文化得到传承和发展,同时借助民俗文化建设也能够进一步推动旅游业的创新发展。除此之外,为了更好地传承民俗文化,在文旅融合的背景下,需要积极开展民俗文化宣传活动,让更多人认识民俗文化,借助民俗文化来发展当地的旅游文化,展现地方的旅游特色,同时实现对民俗文化的传承与保护[11]。

(七)加强文化馆信息化建设

在文化馆的发展当中,信息化建设是提升服务质量的重要途径,因此文化馆在文旅融合的背景下，要积极借助先进的信息化技术，比如大数据、云智能计算、互联网等，更好地完善自身的服务体系，为游客带来文化和旅游高度融合的服务，更好地满足游客的需求。同时，文化馆还需要顺应时代的发展，实现数字化转型发展，比如文化馆可以建设 VR 全景体系，借助先进的现代化技术对旅游景点的全景图像进行建模、在 VR 体验当中为游客带来全新的视觉体验，让游客通过文化馆的 VR 全景游览旅游景点，满足游客的互动体验感，更好地实现文化馆的数字化创新服务。其次，也可以建设文化馆的服务 APP，更好地实现对群众的服务工作，在 APP 上进行旅游文化的推广，让更多的人了解到旅游文化，更好地促进文旅融合的发展。除此之外，文化馆还可以建设旅游 3D 电影馆等形式，通过纪录片的形式对旅游文化进行宣传，提升参观者的服务体验，更好地对文化馆的服务活动形式进行创新。

综上所述，在当前文旅融合的背景下，文化馆作为文化传输的重要场所，应当积极结合时代的发展进行创新，更好地发挥文化馆的积极的作用，促进文旅融合的快速发展。本文研究文旅融合背景下文化馆的创新对于资源共享以及服务联动的重要意义，发现在文旅融合背景下，文化馆创新存在的信息化建设落后、文化活动内容不丰富、服务体系建设不完善等问题，这严重影响到文化馆社会价值的提升。因此，在这样的社会环境以及形势下，文化馆要深入探索旅游与文化的融合点，通过开展以旅游为主题的文化活动、构建完善的服务管理体系、加强信息化建设等措施，更好地提升文化馆的创新效果，进而满足当前文旅融合发展的需求，不断挖掘文化和旅游资源，让两种元素得到有效融合发展，进而实现文化馆的创新发展。

参考文献

[1] 郝玉 . 改革·创新·融合——文旅融合背景下的文化馆服务探索 [J]. 国际公关,2021（2）:126-127.

[2] 徐静 . 文旅融合背景下的文化馆（站）创新发展 [J]. 今古文创,2021（37）:116-117.

[3] 胡慧真,马帅,陈烨,等 . 文旅融合背景下文化馆旅游功能融合路径研究 [J]. 内蒙古科技与经济,2021（17）:14-15.

[4] 陈可 . 文旅融合背景下文化馆的创新发展探讨 [J]. 大众文艺,2021（21）:8-9.

[5] 王晓娥 . 发挥文化馆职能　创新群众文化工作 [J]. 文化产业,2020（15）:91-92.

[6] 黄城煜 . 适应与转型:文旅融合背景下文化馆职能调适 [J]. 中国民族博览,2020（22）:68-70.

[7] 刘彦 . 文化馆的创新服务分析 [J]. 中国民族博览,2019（2）:59-60.

[8] 曾志畅 . 文旅融合背景下文化馆服务的创新路径探讨 [J]. 魅力中国,2021（25）:245-246.

[9] 李欲伟 . 文旅融合背景下文化馆创新发展的路径探析——以长春市群众艺术馆为例 [J]. 参花,2021（23）:105-106.

[10] 耿佩君 . 文旅融合发展背景下的文化馆（站）服务 [J]. 参花,2020（13）:148.

[11] 徐志强 . 文旅融合发展背景下的文化馆服务 [J]. 魅力中国,2021（20）:377.

公共文化融合发展的创新实践

——以杭州市工人文化宫为例

盛　婕（浙江省杭州市工人文化中心）

进入"十四五"时期，社会各领域都在高质量发展上谋求转型升级的新路径，公共文化服务也迈入社会化、专业化发展的新阶段，如何整合利用社会文化资源，以场馆空间"置换"公共文化服务，联合其他公共文化机构及引入社会力量合作，提供丰富多元的服务内容，从"独唱"升级为联合服务的"合唱"，提升服务效能，让场馆"活"起来，满足广大人民群众多样化、个性化、品质化的公共文化服务需求是我们文化工作者迫切需要探索和思考的课题。

《中华人民共和国公共文化服务保障法》明确工人文化宫同文化馆、图书馆、博物馆、美术馆、科技馆、青少年宫、妇女儿童活动中心等一样，都为政府主办的公共文化服务机构。2017 年全国总工会出台《关于加强和规范工人文化宫管理意见》，在新的形势下明确了文化宫的管理办法和职能定位，杭州市工人文化宫结束了很长一段时间破墙开店、以商养人的运营模式，逐步收回之前承租的场地，重新装修、改造升级，回归主业和公益。经过改造新建的杭州市工人文化宫（杭州市职工文化中心）已形成一宫双翼，两块场地。一个是新建的东宁路 3 万平方米，功能布局以动为主，有游泳馆、篮球馆、乒乓球馆、羽毛球馆、排练厅、展厅、五一剧场、植书 + 视听阅览室等，另一个是升级改造、重新装修的仁和路 2 万平方米，功能布局以静为主，侧重于文化艺术类培训，包括杭州工运史资料陈列室和综合楼、创意楼、体验馆等活动场地。如何将 5 万平方米的公共文化服务场地使用好、运营好，服务更多的职工群众，杭州市工人文化宫在市总工会的重视指导下做了很多有益的尝试，本文希望通过思考能为公共文化高质量发展和未来"一站式"公共文化服务综合体建设提供一些探讨。

二、公共文化融合发展创新实践的主要做法

通过与其他公共文化机构和社会化的项目合作，创新服务模式，形成开放多元、充满活力的公共文化服务供给，组织共建、阵地共拓、活动共推、资源共享，促进公共文化协同发展。

（一）融合品牌，共创活动

引进其他公共文化机构和社会组织的优势资源，以品牌活动为引领，项目融合、联合

服务。①共同策划元宵活动。2022年杭州市工人文化宫联合杭州市文化馆共同策划举办"我们的节日·元宵——迎亚运·贺团圆"主题文化活动。活动通过整合双方优势资源、线上线下同步策划，为广大市民带来"百科原创灯谜展猜、非物质文化遗产手工艺人现场技艺展示、各种非遗项目体验、书法家现场送"福"字等，通过线上全网互动直播，让百姓足不出户观看活动、互动交流。②联合举办杭工学堂。为了吸引更多年轻职工，为他们提供优质培训服务，杭州市工人文化宫积极探索社会化合作，与FM95浙江广播电台、十九楼网络公司、新通乐学城共同开展：思维导图、永生花制作、声音雕刻、软陶多肉制作、塑身肚皮舞、人像摄影艺术、理疗瑜伽、基础击剑、零基础油画、高端西点制作、休闲皮划艇等多种新型培训课程。③共同创意运动嘉年华。为了给广大职工，尤其是基层一线的职工工作之余送去快乐，杭州市工人文化宫与乐昂、爱度等6家体育文化公司共同创意"职工运动嘉年华"，以"你点我送"的方式为基层工会配送服务项目，从2018年开始连续每年为各产业工会和区县（市）配送趣味运动会100场次。④联合打造职工子女课堂。为响应国家"双减"政策，关爱职工子女，杭州市工人文化宫积极引进杭州青少年活动中心，杭州百姓心目中的优质校外教育资源，并初步达成意向，2022年杭州青少年活动中心将进驻杭州职工文化中心共同打造青少年职工文化中心城东分中心职工子女课堂，为广大职工子女和彭埠、七堡、九堡等周边地区的青少年提供优质服务，使公共文化资源发挥最大效益。

（二）优化资源、共建阵地

打通不同主管部门、不同事业单位、企业之间的壁垒，互联互通、联合服务。①合作共建杭州书房职工书屋。为了体现服务专业性和就近就便地为广大职工学习交流服务，杭州市工人文化宫与杭州图书馆合作在东宁路杭州市职工文化中心文体楼五楼、仁和路体验馆一楼沿街共建有2个杭州书房·植书+（职工书屋），总面积约2000平方米，藏书约16000余册，与全市3000多个图书馆服务点通借通还，双方利用各自优势资源不定期开展阅读推广和举办讲座、沙龙等活动。②委托游泳协会运营游泳馆。为了最大程度保障泳池的安全和卫生，让游泳馆的运营更加专业，更好地服务百姓群众，2019年杭州职工文化中心游泳馆引入浙江省游泳协会管理团队负责游泳馆的日常运营管理，共办培训、活动等。③合作配套咖啡书吧。杭州市工人文化宫免费提供场所和基础装修，阡陌公司承担整体运营人工和咖啡设备购置以及杭州书房·植书+（职工书屋）的日常运营管理，经营"爱心吧"，为读者提供休闲、舒适、高品质的阅读环境，配合文化宫开展以职工群众为主体的讲座、导赏、分享、展演、展示等文化活动。④引进新型文化业态。"戏节控"剧场是杭州市工人文化宫引进的杭州首家民国风沉浸式体验馆，真人实景剧情体验、各种角色的扮演、解密、团队作战，互动性和趣味性非常吸引年轻人，我们正共同打造杭州职工文化中心爱国主义体验馆，扩大社会影响力和群众参与度。

（三）数字一体，精准服务

打通政府与社会、企业的数据壁垒，实现公共文化资源整合、服务融合。"数智群团"

公共服务平台是杭州市委组织部主导、杭州市总工会牵头,杭州团市委、妇联、文联、科协等15家单位共同打造的"数智群团"服务端、一体化数字驾驶舱、五大协同管理系统、一个公共服务平台、N项重点应用场景。通过对群团资源和服务的数字化、集成化,打造群众爱用管用的群团集市,共设置服务集市、阵地集市、活动集市、风采展示等功能,实现"一键直达"。通过支付宝搜索"群团集市"可快速使用杭州市工人文化宫、杭州青少年活动中心、杭州妇儿活动中心等公共文化场所提供的服务应用,查找身边的阵地资源和各类活动安排,让群众动动手指,就能享受贴心、实用、好用的公共文化服务。

三、公共文化融合发展创新实践的具体成效

通过硬件环境改造、与其他公共文化机构、社会化的合作,杭州市工人文化宫在服务内容和形式、服务效能和质量、服务品牌和影响、服务渠道和空间上都有一定的提升和拓展,取得成效。

(一)多种业态激发活力,丰富公共文化服务内容和形式

从搭建公共文化平台、提供多种服务业态、丰富活动内容和形式上做到了承办主体多元、内容丰富、形式多样。推出的培训体验课高端、优质、个性化、全公益、零收费,深受基层工会和职工的欢迎,一年三期的杭工学堂开课抢课零点秒杀,新颖的课程吸引不少年轻群体。合作的职工书屋、游泳馆等提供优质的专业服务,让广大职工有更好的体验感。历史悠久的传统文化活动与现代时尚的潮流文化活动,满足不同群体多样化、品质化的精神文化需求。

(二)优势互补形成合力,提升公共文化服务效能和质量

与文化馆、图书馆、青少年活动中心、电台、网络公司、文化公司等合作,以"大文化"理念引进他们的优势资源,打破壁垒、共建共享,实现供给主体、供给方式的多元化,调动各方面的积极因素,项目化运行、品牌化发展,不仅能减少重复性建设的浪费,优化资源配置、构建内容多元化、提高场地利用率,而且精准服务各类不同人群,体现服务专业化、提升服务效能,在融合发展中就近就便更好地服务百姓群众。

(三)区域联动协同发展,扩大公共文化服务品牌和影响

与其他公共文化机构、企业区域文化共建共创、交流互惠、服务功能融合一体、联合服务,激发场馆活力、完善服务功能,在运营时间、服务形式、内容、人群等方面不断拓展和创新,以开放、共建、共创的理念,实现高质量服务供给和特色文化体验,为公共文化服务高质量协同发展,节约公共文化服务成本、放大公共文化服务综合效能,有利于区域文化形象和文化品牌的整体建设。在新的发展阶段,积极与外界搭建共建共享的关系,探索公共文化更广阔的服务空间,实现资源使用最优化和社会效益最大化。

（四）线上线下融合互动，拓宽公共文化服务渠道和空间

移动互联网时代，群众文化活动从"现场展示"向"线下体验与线上直播相结合"转型，广大群众通过手机移动终端报名参与活动，收看活动直、录播，参与活动的网络互动。数字化不仅有效拓展了群众参与公共文化活动的空间，使参与文化活动的人数呈几十倍增长，扩大服务覆盖面，而且充分体现互联网平台的传播优势，扩大活动影响力。组织参与社会化、文化形式多样化、传播方式在线化，具有时代特点的文化新特征，使公共文化活动充满生机活力。

四、公共文化融合发展创新实践的经验启示

融合发展是公共文化服务高质量发展的新方向，公共文化机构创新发展的新趋势，杭州市工人文化宫在实践中总结经验，希望为下一步公共文化更高质量的融合发展和可持续发展提供一些探讨和启示。

（一）推动融合发展，必须改变观念加强社会化合作

融合发展不是谁吃掉谁、谁取代谁，而是从百姓文化需求的角度，体现服务的专业性和便利性。在国家高质量发展阶段，越来越多行业开始打破界限、促进资源的相互融合。我们要顺应时代的发展趋势，抓准转型升级的方向，打破行业、区域、场馆的边界，因地制宜探索拓展，延伸各项工作的创新思路和创新路径寻求多业态、多途径的融合发展。要有开放的胸怀，不分你我，不纠结体制内体制外，不为官方或民间，无论职工文化、群众文化，我们服务的对象只有百姓。因此只要有助于满足广大百姓对美好生活的期待，我们都应该以开放的胸怀、载体和形式去牵手拥抱、资源共享、打开大门，打造没有围墙的公共文化。

（二）实现可持续发展，必须积极探索优惠收费服务

近几年有市总工会的经费支持，杭州市工人文化宫在社会化合作提供优质、多元的公共文化供给上做了很多有益探索，但毕竟用于公益性的经费有限，优质供给的背后需要更大的成本支出，服务的人数较少，再加上这几年疫情的影响、工会费的减免，给我们的工作经费压缩，使我们不得不在坚持公益性服务性方向的同时，更要积极探索社会化和市场化的合作，将5万平方米场地利用好，增强自己的造血能力，服务更多人群。公益性不等于免费，同为公益二类事业单位的杭州青少年活动中心，他们以优惠收费的方式服务青少年，3000多人的工作团队，管理近17万平方米的活动场地，每年培训青少年39万人次，活动服务540万人次，实现了可持续发展和活动常态化。因此积极探索非基本公共文化优惠收费服务，对推动公共文化高质量发展和可持续发展具有重要意义。

（三）推动社会化合作，不能忽视自身队伍建设

目前社会化合作主要分两种模式，一种是整体委托运营，一种是部分服务项目委托运营。如北京东城区、无锡新区文化馆、苏州第二工人文化宫等没有人员编制的情况下，可采用整体委托社会化运营，而像杭州市工人文化宫有在编、合同制编外用工人员的情况下，在探索社会化合作的同时，更要重视自身队伍的建设和业务能力的建设，不能完全依赖社会化，让自己"武功全废"。管理层要搭平台、建机制，要引导员工加强公共文化活动项目的开发和研究，加强社会化合作有效利用和管理能力的培养。通过科学、量化、客观的考评机制和晋升机制调动广大员工的工作积极性，只有自身能力强、管理水平高、有核心竞争力才能引导社会化合作形成良性互动的可持续发展。

（四）实现高质量发展，必须加强绩效考核评估

文化和旅游部对文化馆、图书馆、博物馆政府系列的公共文化机构已实施绩效考核定级评估，并纳入当地政府的年度考核，而其他公共文化机构并未纳入考核，目标不明确，管理五花八门、非常不规范。因此建议尽快将其他公共文化机构纳入整体公共文化的绩效考评，以公共文化事业发展规范的要求和群众文化的需求为依据，建立系统、量化、科学、统一的，与实际工作紧密联系的考评机制。考评内容包括：场馆管理、设施的利用、经费的使用、队伍建设、公共服务、数字化服务、服务满意度等。工作指标包括：举办展览数量、组织文艺活动数量、举办培训班班次和培训人数等。借助科学的指标、方法，就各服务单位、服务项目的效率和质量作客观评价，并将考核结果纳入主管部门和领导干部的工作实绩（任期目标责任制）考核，最终保证工作项目高质量完成和专项资金的有效利用。

公共文化融合发展，杭州市工人文化宫还尚处于初步探索中，希望在进一步研究、实践、完善和提升的基础上，能为公共文化高质量发展和全总推动职工服务阵地高品质升级、杭州全力争当浙江高质量发展建设共同富裕示范区城市范例作出更大贡献。

文旅融合背景下文化馆（站）的创新性研究

王笑菲（河北省唐山市群众艺术馆）

　　2021 年 12 月 14 日，习近平总书记在中国文学艺术界联合会第十一次全国代表大会中强调"展示中国文艺新气象，彰显中华文化新辉煌，为实现第二个百年奋斗目标，实现中华民族伟大复兴的中国梦提供强大的价值引导力，文化凝聚力、精神推动力"。随着经济社会的不断发展、人民生活水平的不断提高，广大人民群众对于自身精神世界的向往都有了更高的理解与追求，所以时下对于文化馆（站）及文化工作者们都赋予了新的使命与要求。

　　文化馆（站）随着时代的发展，也由之前的被动展示相关文化，逐步转型成为文化传播的窗口；靠自身力量主动让广大受众参与到公共文化服务当中；努力让全民艺术这个概念落地。众所周知，文化是民族生存和发展的重要力量，当下属于文旅融合发展的初创期，是公共文化服务方向、深入发展的关键时期；同时也是让我们思考如何有效利用旅游业将中国传统文化进行传播，让文化馆（站）能够顺应时代潮流，实现跨越式发展，以此来满足广大人民对美好生活的追求的使命。

一、文旅融合的概述

　　文旅融合这个词，近年来越来越频繁地出现在广大受众的视野里，若从传播学角度来看，唯有让更多人知晓文旅融合的概念，方可得到更好的传播效果。

　　文旅融合的定义简单来说就是将中华传统文化与旅游相结合，让每一位出游的旅人都能成为中华文化的传播者与被传播者，在享受娱乐的同时又能够了解到中华民族的传统文化，真正实现"以文促旅，以旅彰文，和合共生"。

　　"文旅融合"最早一次在国家政策上以文件形式提出则是于 1993 年 1 月。原国家旅游局出台了一项《关于积极发展国内旅游业的意见》，意见中提到旅游业的发展更多的满足了人民群众日益增长的物质文化的需要。这是首次将文化与旅游结合在一起进行讨论；2001 年国务院正式发文《关于进一步加快旅游业发展的通知》，在文件中明确指出，要通过旅游业进行传播与发扬中华民族的传统文化；2016 年 12 月国务院印发《"十三五"旅游业发展规划》文章中多次强调要将文化与旅游两者有效地结合起来，力争实现共同发展；2018 年 3 月，国家旅游局发布官方文件《关于促进全域旅游的整体意见》中提出，要有效利用相关文化场所开展文化旅游，就此推动相关产业与旅游业进行融合，努力实现文化体验旅游;同月,全国第十三届全国人大一次会议正式批准设立中华人民共和国文化和旅游部。

自2018年起,相关政策文件指出文化部和旅游部开始进行合并,力争融合发展。但是从近年来的发展来看,也仅仅是从理论上进行了融合,并没有达到真正意义的文旅融合,在实际的工作开展过程中依然保持着为了融合而融合的现状。在"十四五"公共文化服务体系建设规划中一直强调要以供给侧结构发展为主线的,实则也并未改变原有的公共文化服务的发展模式。我们要立足于新发展阶段,文旅融合概念的核心就是要将"以文促旅 以旅彰文"工作理念贯穿其中,让更多的人能够在二者的发展过程中享受到被中华文化传播滋养所带来的快乐。

二、文化馆(站)创新发展的必要性

自"十三五"以来我国的经济发展已由高速发展转向高质量发展,人民群众的消费观念、消费水平都有不同程度的改变。在最新研究出的消费趋势报告中显示,中国居民的享受型消费[①]占比逐步提升,食品、衣着占比将下降,居住金融保险、文化体育娱乐消费占比会显著增加。当下正值"十四五"时期,我国进入新发展阶段,文旅融合发展作为时下的新兴产业,以文化馆(站)作为媒介平台进行传播已是必然要求。

(一)社会发展的大势所趋

近年来我们国家、社会一直倡导"全民"系类活动,譬如全民健身、全民阅读、全民艺术等,其目的是让广大人民群众能够加入有益于自身心发展的活动中来,因为只有社会中的每一个个体的观念、审美、身体素质提高了,一个社会乃至国家才能实现跨越式发展。就全民艺术而言,它就是努力提升广大人民群众的艺术审美,让更多的人可以享受到社会文化发展所带来的福利,全民艺术的普及可借助于文化馆(站)这一平台,进行更好的传播与呈现。

全民艺术就是在我们生活的闲暇之余可以随手用一支乐器演奏乐曲,看到相关的非物质文化遗产,能够知其然与知其所以然,以此来达到我们精神世界的满足。在此文化氛围的感召下文化馆(站)水到渠成的成为此项活动的传播与展示平台。

(二)文化馆(站)的职能转变

当前的文化馆(站)面临着转型发展。文化馆(站)之前的主要目的是为了发扬、传承、记录本地区的传统文化以及地域文化。但是随着时代的发展,单纯的传承并非适应当下社会的发展,文化馆(站)作为政府部门的服务窗口,其担负着丰富群众的公共文化生

---

① 享受型消费:是指注重物质生活享受为主要的消费类型,分为广义与狭义之分,其中狭义上的享受型就是指休闲、娱乐、旅游以及文化消费。

活、提升群众文化素养、发扬地域传统文化的诸多使命。

首先就丰富群众的公共文化生活来说，当前人均生活水平显著提升，消费的方向也逐步向文化、艺术、娱乐方向倾斜，广大人民群众需要有这样的一个平台来学习相关的文艺技能，展示自身文艺作品，以此寻求到精神生活的慰藉。

其次对于提升群众的文化素养也是起到了至关重要的作用，"文化自信"自党的十八大以提出以后，习近平总书记在多个场合一直表达着自对于中国传统文化、思想价值体系的认同与尊崇，是一个国家一个民族对于自身文化价值的充分肯定和积极践行，那么可以将文化馆（站）作为一个文化的输出窗口，作为提升全民文化素养的平台。

对于发扬与传承相关的地域文化，要有选择性的摒弃传统意义上的传承方式，接受发展新兴的数字媒体文化馆（站），当前属于数字化、智能化时代，唯有进行改革创新，方可紧跟时代潮流，满足我们广大人民群众的精神需求与文化需求。

三、文旅融合背景下文化馆（站）创新的具体实践

文化馆（站）作为培育和践行社会主义核心价值观的重要载体，要始终保持着以人民为中心，全心全意保障人民群众基本文化权益的工作理念。文化馆（站）进行革新无非就是从管理模式上、业务水平以及活动环境方面进行创新。接下来笔者将会结合相关实践活动从以上三个方面展开具体论述。

（一）管理模式上的创新

1. 文化馆（站）实施总分馆制度模式

2017年2月五部门联合发文《关于推进县级文化馆图书馆总分馆制建设的指导意见》（简称"意见"）。《意见》指出截至2020年，全国具备条件的地区要因地制宜建立起上下联通、服务优质、有效覆盖的县级文化馆总分馆制。其实"总分馆"制度最早的应用，是欧美国家在图书馆的建设管理上，但随着管理模式的日渐成熟，我国公共文化事业方面逐渐将其"总分馆"的管理模式与文化馆相融合，力争发挥县级总馆在县域公共文化建设中的中枢性作用，再通过分馆把优质公共服务延伸到基层农村，以此增加公共文化产品的外延和服务供给的量化。

在国家政策方面2020年虽然已明确提出了正式实施该政策，但是在实际的实施过程依旧存在着诸多问题。第一权责归属不清，总分馆的改革方式想要改好，首先要解决的就是基于多重管理模式之下如何分责，简单来说"总分馆"现下属于不同的区域，归属于不同的行政管理部门，管理主体不一致则诸多问题不能够顺利解决；第二在管理方式上依旧采取"换汤不换药"的方法，总馆依旧总馆的人负责，分馆有自己的独立创作风格，并没有达到真正的总分馆联合服务模式。

在笔者看来，总馆分馆的主要职责就是在该地区要起到引领建设的作用。首先要成立相关专题小组，小组成员要有不同的责任分工，如负责沟通协调总分馆权责关系的人

员、负责实地考察调研相关项目人员、负责具体项目的跟进人员,在了解了当地的人文历史、文化特色、相关非遗传承项目、可开发的文旅融合试点过后,专题组要因地制宜地进行安排与开发;其次在下属的各区分馆选定相关负责人,按时与总馆的专题组进行研讨,研讨内容包括分馆当地的文化特色、非遗传承人、可开发的文旅项目等等,与此同时分馆也可结合实际需要成立本地区的实地调研小组,将可开发、可传承的选题项目向文化馆推荐;再次总分馆可达成合作模式,总馆在负责本地区总体方向选题把控的同时,还要推出好的文艺传播作品,与分馆地区形成作品交流展演,互相学习,共同进步,力争将公共文化事业达成闭环式、可持续的发展模式。

2. 文化馆(站)人员趋于专业化、年轻化

对于文化馆(站)的工作人员我们要有选择性地进行招聘、引进,或者邀请专业化的老师进行相关艺术专业知识的讲授。只有从业者自身素质、业务能力有所提高,文化馆(站)所传播、传授的相关文艺作品才能够得到更多人的关注,所传播的区域文化才能够吸引更多的文化志愿者前来参与,才够盘活更多闲置产品,形成良性循环。

文化志愿者是公共文化事业尤其是文化馆(站)的重要组成部分,所谓的年轻化主要针对的是相关的志愿者人员。截至 2021 年 5 月 11 日,第七次全国人口普公报显示,同第六次全国人口普查相比,60 岁及以上(包含 65 岁及以上)的人口比重上升了约 10 个百分点,就当前形势来看我国已经逐步进入老龄化国家。在文化馆进行相关活动的志愿者人员年龄也相对较大,主要人群趋于工作退休人员,这样的人员构成并非未来文化馆(站)发展的理想型。正所谓少年强则国强,青少年是一个国家未来发展的希望,只有让更多青少年以及青年人加入进来,公共文化事业才能焕发新的活力。青年志愿者人员参与性低等问题,究其原因是迫于学业、工作的压力没有闲暇时间;文化馆没有吸引年轻人的活动等。针对上述问题我们一定要尽可能发展新兴文化娱乐活动,增加其趣味性与科技性,让更多的年轻人加入公共文化活动中来。

(二)业务实践上的创新

1. 打破城市区域壁垒:城乡联动

在业务方面,我们要弱化文化馆与文化站之间,城市与乡镇之间的区域观念,打开公共服务的广度。首先要做到打破城市与周边县区的区域壁垒,实现在业务领域的互联互通、城乡联动。中华民族有近五千年的历史,任何一个地区都会有其独有的历史背景、风土人情,作为公共文化服务的工作者,在业务交流过程中要始终坚持在文旅融合的大背景下进行,以文化馆为主导,各文化站为分支,进行地毯式探索、闭环式联动,深入交流可剖析、可传承、可发展的文旅融合项目;其次在拓展业务的同时可结合不同的主题,丰富活动形式打破传统文化传播模式,以此来吸引更多年轻人加入活动中来,不断打磨出政治性、文化性、娱乐性、传承性于一体的群众文艺作品,通过不断沟打磨、城乡互建,以此达成真正达到文旅融合。

2. 拓宽志愿服务空间:强化"七进"

如若说城乡联动,是打开了公共文化服务的广度,那么强化"七进"就是为了拓宽公共文化服务的深度。所谓的"七进"是指在消防宣传中要"进社区、进家庭、进农村、进企业、进学校、进党校、进景区"到这七个地方进行深入的宣传。那么在我们的公共文化服务中也可借鉴消防宣传的"七进"口号,进入到这相关场所中与这里的人们、孩子进行深入的文化传播与交流互鉴。

在社区、农村、学校我们可以以文化传播为主,也欢迎本地的百姓,学校和孩子能够加入我们活动的宣传活动之中共同学习、传承本地优秀的文化;在企业、党校方面我们可以与之形成合作模式企业提供一些新颖的创意、有价值的项目,党校可提供更加专业的文化类讲座,与公共文化服务形成同频共振,努力实现"1+1>2"的社会反响;在景区里我们可以根据此地的景区的历史背景、人文故事来拓宽相关的服务,例如在江西南昌的滕王阁,该景点便推出,前来游玩的旅客只要能完整背诵出《滕王阁序》便可免游园门票,此政策一出台,很多游客都会主动学习初唐诗人王勃的这首《滕王阁序》以此对于文化的传播无形之中增强了些许趣味;我们还可以在景区门口设立文化宣讲服务平台,对来到景区的游客讲授这个景区的历史、缘由等相关故事。

3. 形成特色授传方式:供给侧调整

在全民艺术开始普及以来,文化馆(站)便开启了对于文化志愿者们培训的相关业务,培训方式一般采用传统的教授模式,培训者负责将相关的艺术作品进行分课时的教学,而被培训者则要进行复刻式学习,这样的培训方式虽然能够得到相应的艺术熏陶,但不能从根本上将大家的兴趣进行有效调动,全民艺术普及的效果也并不显著。

针对上述问题,我们就要在培训方式上进行供给侧调整。所谓供给侧调整,就是从服务方也就是培训者身上进行转换调整,再结合实际现状给予被培训者应有的训练,其目的就是要提升服务效率,达到高效且优质的服务效果。首先在教学内容方面,要打破固有的艺术方向培训方式,不局限于音乐、舞蹈相关的辅导,应有效开展符合时下潮流的艺术培训,譬如开展老年人对于智能手机使用的教学、对于时下流行的 APP 如抖音、小红书等进行相关拍摄、简单剪辑的培训等等;其次在教学方式上同样也要打破一对多的传统教学模式,这种教学方式时间长而且效率低,应努力实现精准教学。在浙江省绍兴市文化馆则推出了"文艺专家门诊"的项目,该项目就是采用门诊服务的形式组织艺术专家坐诊,市民针对自己喜欢的艺术类型进行线上预约,线下"问诊"的方式,使得专家与市民面对面、一对一服务,从供给侧进行调整,实现公共文化艺术方面的因材施教,不仅提升了服务效率还不同程度地将全民艺术这一概念进行着普及。

4. 建构新型服务平台:成立数字文化馆

在科技腾飞的当下,将作品展演活动弄到线上开展逐步成为常态,随着网络互联的发展,数字馆在当下的公共文化发展过程中也已日渐完善。所谓数字馆就是在线上推出相关文艺作品的专栏、录制慕课、线下录制线上转播。譬如 2019 年南京市文化馆利用线下线上相结合的方式推出了"艺时间"专栏,该项目就是在线下进行培训,利用数字馆进行同步直播的数字云平台,运行近三年的时间里得到了一致好评收获到了良好的传播效果。但是在数字馆发展的过程中也存在亟待解决的一些问题,首先就微信公众服务平台来说,在主界面的设置过为花哨、烦琐以此并不利于受众进行即使的观看学习。而且当下对于公共文化平台的受众更多的是一些"银发族"面对烦琐的页面链接,作为年轻人都会感到棘手,更何况是对于电子产品没有那么精通的银发族;与此同时对于数字馆的网页版则会出现网页结构单一、内容枯燥乏味、模式化严重、视频内容不精良、没有系列作品的持续推出、更新不及时等问题。

针对上述问题要创新就一定要给予一定的重视。首先要提升相关从业者的专业素质,对于数字媒体方面要有极强的预知性与网感性,同时还要对于当下公共文化服务的方向有明确定位;其次在数字馆的人员构成上更应注重人员要趋于年轻化,对于每一个发布在数字馆的视频如果想要达到精良、耐看的程度,则每一步都需要专人去进行一一核对,所以对于人员的要求会非常苛刻。对于数字文化馆的未来发展,不仅仅是方便群众随时随地观看学习相关的艺术作品,而且加速文化作品的传播,达到了不出门"尽晓天下事"的效果,形成了线下线上同步进行的新型服务模式。

5. 打造文创特色产品:吸引受众

文创产品可以说是一个地区的"符号化"表达,这个好的文创产品可以将本地区的文化进行有效传承,让更多人铭记。譬如在古城西安,西安的兵马俑尽人皆知,本地人则在"兵马俑"上大做文章,原创出来了诸多以兵马俑为原型的特色文创创出产品;同时西安也是美食的代名词,所以"冰激凌兵马俑"的推出让更多人记住了这座特殊的古城。所以在公共文化服务领域亦是如此,可以以市文化馆为划分每一个地区都可以打造、推出属于本地域的文创产品,所谓文创不必仅仅局限于饰品、玩偶还可以推出美食、盆栽等等创新系类文化创意特色产品以此来达到吸引受众的目的。

(三)活动环境上的创新

1. 打造科技感、智能化的文化馆(站)

活动场地的环境的优劣对于志愿者,起到了极其重要的作用,一个好的活动现场可以激发出活动者更高的表现热情,对于文化的传承发扬也会有不一样的传播效果,所以在活动场地方面我们要着力提升志愿者的体验感。

首先要打造科技感、智能化的活动场地引入 AR、VR 相关技术打造沉浸式文艺作品展,时下的这项技术在百姓的生活中并非陌生,在 APP"全景故宫"以及"数字敦煌"中都有所应用。所以我们完全可以将此技术运用在各个文化馆内,可设立几个单独的 AR、VR 体验室,将本地区具有特色的文艺作品进行全新呈现,身临其境地感受中国传统文化的博大精深。其次在录制、转播相关活动过程中可采用 5G+4K 的高清直播技术,此项技术自进入"十四五"时期以来,各个平台对它的应用更加丰富且多元,此项技术在时下的发展过程中也在不断发展与深化。

2.突破定点式活动场地实现文旅融合

在活动举办的地点选择上可以加入非定点场地模式,可以选择与周边文化站进行合作,在举办相关的活动之时不局限在馆内,不拘泥于在一个舞台,可以选定在一个景点、有特殊意义的城市标志性建筑抑或是在两个文化馆(站)之间,进行"游走式"活动,在此过程中我们不仅学习、传播了本地域的文化,形成了大规模的传播效果而且形成了文旅融合效应,达到了以文促旅、以旅彰文的效果。

四、文旅融合背景下对文化馆(站)的思考与展望

在"十四五"时期文旅融合的背景下,群众的公共文化事业发展正处在一个关键时期,文化馆(站)作为在新时代伟大征程建中建设文化强国的关键一环,起着至关重要的作用。各个文化馆(站)在坚持强化基层、实事求是的基础上,只有通过不断的革新,与时俱进的发展才能紧跟时代的脚步,为群众的公共文化事业发展注入源源不断的养分。在笔者看来每一个文化馆(站)都有其发展的普遍性与自身独有的特殊性,在结合自身文化馆(站)的特殊性做好定位,将具有普世属性的原则进行延续的同时,在找到自身独有的特点进行深入发掘,形成特色文化,吸引受众,与此同时在与本地区相关的文化馆(站)达成合作互联互通,方可为实现文旅融合贡献微薄力量。

路漫漫其修远兮,吾将上下而求索。任何一件事的成功并非一朝一夕,对于群众的公共文化事业亦是如此。当下正属于文旅融合的初创期,在为公共文化事业探索的路上,我们要在正确的理论指导之下不断探索、敢于尝试,才能让文旅融合这一概念可以尽快开花结果,真正实现以文促旅,以旅彰文。

如何通过数据分析来提升数字群艺馆（文化馆）的精准服务

傅德伟（天津市群众艺术馆）

自2015年以来在《关于加快构建现代公共文化服务体系的意见》的引领下，全国省市级群艺馆、文化馆纷纷开始以各种方式尝试新型公共文化服务体系的建设与改革；衍生出一系列的建设思路，内容年轻创新化、文案现代化、展线数字化、内容高效快捷化、服务标准化、受众均等化等等，无不尽其所能，也不乏有的单位进行了体制改制。数字馆的建设并不是成立相应的部室就可以解决的问题，而是全群艺馆（文化馆）的数字化模式，是现有文化馆所有专业干部从工作方向思维模式的数字化，是工作方式的数字化转变，群文服务理念的数字化，要适应当前的互联网生态系统。但如今大部分形式还停留在依赖数字部室向数字化转型。如何真正了解现如今的互联网的生态进化，能看清数字文化馆在数字化服务在当今互联网社会内所处的位置，真正投身到数字文化服务的服务分析中来，不浮于表面，针对特定群体如何利用有限的流量资源做到精准服务和宣传，了解数据分析在数字化服务当中起到怎样的作用。在此仅是将工作当中遇到的问题和可以借鉴的案例进行分析，希望能和大家在群文数字服务工作上进行探讨交流。

一、找准群艺馆（文化馆）在互联网大数据时代的精确定位

随着多平台互联网平台的迅猛发展，大数据分析正深入到社会活动中的各个环节，消费数据、阅读行为、百度搜索、新浪微博、腾讯微博、淘宝数据等舆情数据。定位观众，精准营销，话题营销，深入了解用户习惯，持续炒作从而针对性地制订出合适基于对搜索行为，社交媒体等数据的深入分析，可以测量用户的情绪变化、描绘用户的行为模式、挖掘用户的潜在需求，海量的用户数据积累和分析，大数据挖掘和分析能告诉你观众以前喜欢什么，获得的结果判断更准确。新时的互联网生态对资讯内容提出了更为严苛的要求，即时！精准！猎奇！有话题！不论是现在的政府机关，还是公检法文卫教都开始迅速涉足互联网媒体平台。各类商家更是在利益的驱使下更早、更快、更新、更优的开始以各种形式与新兴媒体联姻，以追求经济的最大化。在国家公共文化云平台的推动下文化馆在数字资源体系建设也有几年的时间了，从各个省管在数字资源建设和群文数字服务来看还存在一些普遍性的问题：

（一）数字文化资源建设形式相对保守

现如今需要的是快餐化的浏览形式，暨短而精感兴趣可以通过链接继续观看，不感兴趣就划走，一般都是不超过30秒的精简的精剪视频，以精内容、快节奏、新槽点、多互动、亮眼球等网络流行的形式来拓展资源的创作形式来体现。

现如今各馆主要偏重展示的资源类型有开幕式、文艺演出、慕课培训、专题宣传片、纪录片等，成批量成体系的记录型传统型资源相对居多；但新型的快餐式、互动式、话题性强猎奇有趣味的内容资源相对较少，不符合现如今网络民众的文化口味，"时间长、节奏拖、内容LOW、形式老、内容旧、版面丑"是现有一部分资源类型的通病，而这样的问题经常出现在日常的资源内容里。例如我们要展示文艺演出的中的节目，为了方便用户浏览从90分钟的演出中筛选出一个或几个单独的节目，每个节目时常通常在5分钟左右，正常情况下通过后期剪辑，将这个节目整个搬到网站、微信、抖音等平台进行展示，但虽然只有三分钟的视频，以现今阶段用户体验感来看显然太长了。

（二）数字资源制作质量参差不齐

数字资源内容策划选题、录制拍摄能力、后期排版编辑制作质量不高，如很多活动视频类资料拍摄的像素低或是摄像人员不够专业造成的诸多问题，以及设备新旧更迭，人员非专职人员对已有设备不熟悉使用不得当，不能发挥数字设备的专有特点。采集数字资源前没有明确准确用途，例如展览类活动，要求工作人员去拍摄记录但没有明确是新闻类、记录类、创作类还是要求用作宣传，无具体的拍摄脚本及意图，造成功能工作人员拍摄漫无目的，最后很多资源沦为留存资料。有特色成体系的资源较为丰富，但能通过数字采集转化制作成优质类艺术培训服务相对缺乏，无法满足群众对某一专业系统培训的需求。

（三）讯息资源以及传播模式相对匮乏

由于近10年互联网资讯的获取方式以几何式的发展，从最初的OICQ、网站、博客、微博、聊天室、校内网、微信、朋友圈、a站b站自媒体频平台、抖音平台、各大直播平台等等种类繁多，而且从各掌一派到联合互通、到跨界竞争、如今各平台结合电商平台更是以软广告的形式推销，以直播的形式带货，产业链指向性非常清晰；而相对群艺馆（文化馆）的文艺知识类服务来说，所涉及的模式就比较单一和原始了，受到无经济收益的制约，无法形成配套的传播体系，往往造成这个平台发个文字稿，那个平台刊登个照片，再找个平台上传一些视频，无法很好地形成宣传体系。缺乏适合主流手机及移动设备适用的应用平台，仅能进行资源展示，板块缺乏功能性、系统性的互动服务模式。

（四）原创内容达不到日更且互联网舆论引导力较差

随着新媒体的日益发展，资讯的传播形式以及用户获取消息的渠道变得更丰富且多样化，受众群体也偏向年轻化，且面向互联网的传播内容、互动评论、语言组织、观点也比更偏向青年群体的喜好。正因有着如此多的不可控,才能更为鲜明表达个人意愿以及引发共同的情感因素,这也是用户在参与互动中找到宣泄以及抒发渠道,这也就使得网络舆论导向的变得尤为重要,和以前不同发出的资讯只是单方面的用户浏览,如今则要对内容把关,更要对新内容发布后所引起的舆论有着风险把控意识,尤其是针对官方媒体,在舆情事件发展中发挥着极其重要的作用。所以在交流日益无边界的互联网时代,关于舆论回应和引导更是我们文化从业者的一门"必修课"。

通过举例某企业的一则宣传广告就可以看出,互联网舆论带来的传播流量非常惊人,某品牌发布一则广告。吸睛的标题确实会使读者在猎奇心的驱使下点开浏览,但广告发出后却收到网友舆论的谴责,涉事企业先后发布多次回应,但回应内容中反复强调企业的创立初衷、技术专利、质量把控等,被网友以不真诚且"凡尔赛致歉"的致歉信予以回应,引发网络舆论的再次升级。通过大数据平台的统计显示此次舆论热度共有 3 次波动,分别伴随官方的几次回应。随后官方的道歉声明使得舆情热度快速回升达到最高峰。相关话题问题的讨论是此次舆情事件的高频词,所谓的"道歉信"实则是为自己开脱洗白等评论也反复出现,虽然网络表明此次操作不排除企业有借机炒作之嫌,但也很生动地体现出互联网舆论的复杂性以及难以把控。

二、依托数据采集进行统计分析

网红这一名词近几年不仅频繁地映入大众的视线,很多人也在尝试着以自己的方式成为网红,随着互联网技术的迅猛发展,手机以及平板设备的普及,互联网时代从文字博客、晒照大神、视频达人到网红直播带货,都是依托与网络技术的不断进化,而网红也在这类技术的综合堆砌下,配以专业团队的包装策划以网络直播来达到宣传推广的目的。除了可以直观感受到专业团队的介入,我们往往忽略了背后更为强大的数据分析,从打开手机 APP 的那一刻起,用户的兴趣偏好及关注点就随时的被统计到个人的大数据里,关注的商品、喜欢的综艺、热衷的美食、常去的场所等,在进行足够的数据收集后,会将经过筛选的极大可能会使用户感兴趣的内容通过不同的 APP 平台推送给你,相应的服务也是如此,比如用户的手机每天在固定的时间从一个地点移动到另一个地点,但周末除外,大概率会分析出用户是从家出发去上班的路上,同时根据移动位置的变化就会推算出用户是开车还是采用公共交通工具,再通过导航及其他软件积累了一段时间的数据后,手机会在相应的时刻字体弹出提示提醒用户当前时段的交通状况以及路程所需的时间。

通过数据的采集和分析就可以得到很多关于用户体验的数据,再经过不断地收集和动态分析从而达到进一步更有针对性的改善目的,那么我们群众文化工作的数字化服务应当如何借鉴呢?下面我就通过抖音 2021 年度报告的部分统计数据来对照一下群文服务当中普遍开展的三类文化活动,看看能给我们带来哪些启发。

通过抖音平台 2021 年发布的数据报告可以看到仅高校公开课直播观看时长就超145 万小时,通过短视频的引流和传播,使越来越多人通过抖音接触获取知识,以一天上 8

节课、每堂课 45 分钟计算,相当于 24 万人在抖音上了一天课。另外,按高校公开课的直播观看人数统计数据分析,清华大学、北京大学和厦门大学位列前三。其中 2021 年全年统计到的观看清华大学直播的人数近 1138 万。其中清华大学的宝藏通识课程《生活中的经济学》成为 2021 年最受抖音网友欢迎的公开课直播,单场观看人数就超过了 100 万。曲艺类主播收入同比增长 232%。

同时中华民族传统文化类内容也在抖音上迅速崛起,报告显示仅国家级非遗项目就有 1557 个,覆盖率已高达 99.42%,其中最受欢迎十大非遗项目分别是豫剧、越剧、黄梅戏、秦腔、相声、京剧、花鼓戏、陕北民歌、川剧等。其中豫剧、越剧、黄梅戏荣登前三,分别获赞 7743 万、5789 万、5305 万。从数据报告中可以看出传统文化类内容越来越受到关注,传统戏剧人因疫情失业的演员通过互联网直播唱戏,在互联网数字平台上找到了第二舞台。

通过抖音"山里抖是好风光"等有针对性地对乡村生活的包装推流,部分乡村已经逐渐成为热门旅游打卡点。从大数据分析中就可以看出 2021 年,乡村类视频的点击播放量就超 35 亿次。其中,湖南的水东村、浙江的毛源村、新疆的禾木村、陕西的袁家村、河北的大洼村也成为打卡最多的五大传统村落。

通过流量传播从一个人、一首歌、一个梗使许多还未被人们知晓的地方也走进了用户的视线,更有甚者一夜之间成为热门的打卡地。《漠河舞厅》这首原创音乐,就带动漠河搜索量双周环比增长 6 倍多,超过 2095 万人围观漠河慢直播。

以上分析抖音的三个数据统计,分别可以对应到我们的公共文化服务(在线培训、慕课)、文化惠民演出(传统文艺类演出)及文化进万家乡村基层行(乡村春晚),通过数据的统计发现我们的潜在用户还有很多,可以提供的服务方式还有巨大的提升空间,要创造题目让用户去参与发挥提升用户的参与感体验感和参与感,给用户提供合理的空间在规则允许的情况下可以表达不同的意见,不要拘泥于所谓的专业艺术的展示,让网络的生态来决定内容是否可以生存,艺术源于生活,每个人对美赏析和诠释是不同的,新时代的群文服务要有新的模式,完全抛弃旧的模式,真正地融入物联网生态。

当然要依靠大数据提升我们的服务能力,不仅要有足够的行业数据来作为支撑,还要注重个人隐私的保护,这也绝对是大数据发展要面临的一个十分重要的问题。因为大数据是需要众多的用户信息中筛选采集的,但是对于众多用户而言,都会担心自己的个人隐私信息遭到泄露,但当下这个互联网信息时代,大家通过频繁的网络交流使得用户数据在不经意之间从各种渠道产生泄露。因此大数据的发展需要解决个人隐私问题,一方面不能被无限制地使用,而每用户都应对个人信息被使用享有知情权,拒绝权。另一方面需要将个人隐私数据找到安全,可靠的方法共享,这样大数据才能够发展,这也是个人和大数据两方面共赢从而提升互联网文化服务能力的最好方法,同时也使全国的群文服务真正迈入"文化互联的 5G 快车道"。

全球疫情背景下文化馆职能的创新履行方式探索

白　天（湖南省文化馆）

一、全球疫情背景下创新职能履行方式的必然性分析

（一）全球疫情对文旅发展，以及群文活动开展的负面影响

疫情期间，相关部门出台了相关举措重新界定了群众的活动范围，限制了人群聚居，减少了人群的流动，人们也相应地失去了许多参加群文活动的机会。绝大多数固有的传统的馆办群文活动无法照常举行，文化传播工作停摆。全球疫情更加危机重重，线下群众文化交流无法开展，"讲好中国故事，传播中国文化"迫切需要找到文化交流突破口，探寻群众文化出口和开展新方式。形势如此严峻，文化馆人绝对不能坐以待毙，"世上无难事，只要肯登攀"，越是残酷的外在环境越能鞭策我们集思广益开拓创新，寻找出贴合实际的职能履行方法。

（二）大疫当前广大民众精神层面的更迫切的需求

在过去的两年里，文旅无论是消费主体、市场主体，还是行政主体，人人都在竭尽全力，都在抗疫的伟大进程中打下了时代烙印。疫情再次反复，没有阻止人民对美好文化旅行生活对大自然的向往，这意味着在全面实现小康社会，全面建设社会主义现代化国家的新时代，人民对美好生活的向往，这也是我们奋斗的目标，更让我们看到了文化之美和文化自信，各地文化馆义不容辞，奋勇当先，肩负起充实民众文化生活的重任。在疫情背景下如何多样化地丰富群众生活，用积极的正面的文艺引领社会风尚，缓解社会焦虑，稳定民众情绪，履行职能，为疫情防控添砖加瓦正是我们当下必须思考，并解决的问题。

（三）文化馆在当下紧迫形势下自身求索向上的责任担当

疫情仍将影响文旅发展的最大变数，还将面临更多更新的困难和挑战，但是复苏向上的进程不会停止，创新发展的势头不会减弱。文化休闲、科技体验和度假消费的新需求将得到进一步的释放。当今世界正在经历百年未有之大变局，但是时和势在我们这边，这是我们战胜一切困难和挑战的定力和底气所在。国家对文旅的支持是清晰可见的，与消费主体和市场主体相向而行，文化体验成为越来越明显的趋势。即便疫情当前，我们构建现代公共文化服务体系的脚步从未停止，文旅融合的创新开拓仍在进行，文化馆学理论体系

也在按部就班地完善。"文变染乎世情，兴废系乎时序"文化是一个民族最深远最持久的力量，文艺工作者应当明白己身之重任。形势越是危急，我们越应该矢志不移，坚定地担当起文化传播的重任，求索向上，开拓创新，誓要找到具有实践性，时代性，可行性的职能履行途径。纵然前路艰难险阻，文化馆人当毫不畏惧。

二、全球疫情背景下文化馆创新职能履行方式的探索

（一）引进、采用线上授课平台，创新文化馆普及艺术培训模式

线上授课平台顺疫情发展形势而生，具有大规模，开放性，低门槛，低成本，互动性等特点，非常适应疫情背景下线下培训无法开展的现状。现有的应用较为广泛的授课平台例如慕课，学习通，网易公开课，雨课堂等，种类多样各有千秋，各馆可以结合自身实际与开展的培训课程，灵活地择选授课平台，以求更高效的群文培训。网络平台开放公开，足不出户便可以学习到丰富的文化知识，既起到了普及全民艺术，提高全民文化素养的作用，又有助于有效缓解因疫情而产生的社会焦虑。需要注意的是线上授课平台更要求培训课程的高水平高质量可操作，各馆应当严格要求馆内文艺工作者，理清课程标准规范，坚决符合主流文化发展方向，严格审核上传视频，坚决践行习近平主席对文艺工作者的四项要求："用文艺振奋民族精神"，"用积极的文艺歌颂人民"，"用精湛的艺术推动文化创新发展"，"用高尚的文艺引领社会风尚"，带给群众振奋人心的知识和力量。

疫情肆虐下，湖南省文化馆干部职工充分发挥文化馆公共文化服务职能，集中本馆优秀师资及课程资源，特打造了"线上U课·学才艺"专题，并陆续推出音乐、舞蹈、绘画、书法、戏剧、曲艺、非遗等公益惠民课程，备受疫情困扰的人们足不出户享受艺术普及免费培训，极大地缓解了紧张的情绪。为推动全民艺术普及服务创新，促进全民艺术普及服务供需对接。2021年，国家公共文化云开设的"学才艺"栏目，由文化和旅游部全国公共文化发展中心、中国文化馆协会联合全国各级文化（群艺）馆共同开展建设，为广大群众提供各类艺术普及培训课程及师资。通过推介课程线上学习等服务。自2021年8月上线至12月，"学才艺"栏目在全国31个省、265个文化（群艺）馆共推荐课程近4000个视频1200门共，涵盖音乐、舞蹈等多个艺术门类；栏目总访问量540万人次，推荐文化（群艺）馆专业干部、文化志愿者等师资近1800人。本人精心准备了非洲鼓·曼丁Djembefola（金贝鼓手）课程。湖南文化馆积极参与到国家公共文化云的系列网络课程建设推广工作，并获得"师资贡献单位TOP10""最佳组织单位（师资类）TOP10"两项荣誉。

（二）完善建设一体化公共文化服务平台

一花独放不是春，百花齐放春满园。在文旅融合的方针指导下，完善一体化公共文化服务平台是大势所趋。新冠疫情的紧密包围下，人们渴求更精彩绝伦的文化创作。现已推行国家公共文化云，地方文化馆依借平台之势，统筹地方文化资源，联合图书馆，博物

馆等各方单位,加大跨部门跨行业资源整合,推进公共文化服务机构互联互通,多层次多维度多领域大框架共生发展,推出不同以往的文艺创作;疫情的确限制了某些文艺形式的发展,但绝对浇不灭文艺工作者勃发跳动的创作的心,众人拾柴火焰高,即便是在有限的条件下,多方部门同心协力也能创作出良好的作品。各文化馆丰富网页内容,完善网页框架,增加争做行业领头羊,推出上传更多极具地方特色的群文作品,让群众感受更璀璨多样的文化内容。

建设一体化公共文化服务平台,要通过大数据精心分析提供产品,精准服务。利用分析平台,以上亿条大数据为基础,对普及艺术培训内容以及相关文旅活动、非遗传承项目内容实现监控与分析,实现对群众情绪、文化发展、大众文化需求、进行精准研判;深层次剖析信息化公共文化服务平台上,文化馆服务工作项目的内容内涵与相关延伸内容,对用户体验进行精准分析和优化。加强文化馆协会纵向联络和各兄弟系统横向交织,跨地域跨平台资源整合,考量广大文化受众群的需求并进行提质升级完善建设一体化公共文化服务平台。

(三)内容为王,稳步推进数字化信息化文化馆建设

数字化信息化文化馆建设早已是老生常谈,但在全球疫情的严峻环境下,显得尤为重要。各地方文化馆应加快馆藏作品数字化处理,信息化上传,丰富群众浏览内容;策划线上展览,打破地域限制,将各地特色的文化产品搬上网络,既能满足隔离群众的精神文化需求,普及全民文化,又能展现当地文化特色给全国各地,传播地方优秀传统文化,履行社会职能。各馆相关信息技术人员也应当顺应大数据时代潮流,紧跟科技发展新高峰,积极提高自身信息建设实力,完善数字化文化馆的技术保障。

"内容为王"是数字化信息化文化馆建设的核心。新的时代、使媒体格局、新的传播环境、新的传播技术、的不断发展,优质的内容是数字化信息化文化馆建设基本创建工作法则。

我们切不可为追求工作效率,对"内容为王"忽视。互联网的发展大潮尽管使群众阅读学习习惯、获取信息的渠道、发生了变化,但是其对文化以及非物质文化遗产优质内容的追求并没有改变。无论技术手段如何更新,各类艺术、非遗传承项目本体的群众性、专业性、艺术性等各方面要求会更高。各个社会性商业视频平台如雨后春笋般出现,竞争激烈。而且前几十年的改革开放大量的文化优秀人才流向了体制外流向了社会,带来了更大的竞争。高手往往在民间,这更加给我们数字化信息化文化馆建设提出了高的标准严格要求,一定要在疫情严峻的环境下想办法去进行田野研究收集整理,运用更为专业的手段实现信息综合,"内容为王"把真正的民族的民间的文化产品,优秀的师资推向普及艺术审美学习的平台。才能为群众提供优秀的通俗易懂专业性强的高品质内容服务。

(四)搭建群众沟通平台,加强群众联系

我们还是应该回到传统中去,去探索优秀传统文化的新时代表达。疫情无疑是为这

项工作增加了难度的,但我们绝不应该放弃创作为民众提供精神食粮、破釜沉舟的初心,积极下乡田野收集探访的毅力,挑灯探读文献的毅力,以及文艺作品必须百分百为民服务的决心疫情拉开了人们间的物理距离,也使得文化馆干部与群众交流减少。新时代背景下我们应该寻找新的沟通桥梁,践行为人民服务的基本方针,别开蹊径搭建线上群众沟通平台,例如微信公众平台,微信小程序,微博,抖音等,指派专业人才负责,积极与群众沟通,了解疫情防控期间群众文化需求,根据群众意愿制定创作方向,开设众望所归的群文培训课程,让群众文化走进大众,加快构建现代化公共文化服务体系;还可以依托沟通平台加大文化馆文艺创作在群众中的推广,增大文化馆文创活动的宣传力度,公开透明地展现群文工作过程,显现群文工作者的风采,让更多的群众了解馆文化内核,加强代际沟通,让群文文化构建现代公共文化服务体系真正走进民生,服务群众。

（五）踏实文艺创作,讲好中国故事

创作高水平高质量的文创作品也是文化馆创新职能履行职能的核心。任何的技术的革新都只是锦上添花,踏实文艺创作,讲好中国故事。我们以红色题材文艺作品创作为例。中国是社会主义大国,习近平总书记强调"红色资源是我们党艰辛而辉煌奋斗历程的见证,是最宝贵的精神财富,一定要用心用情用力保护好、管理好、运用好"。《中共中央关于制定国民经济和社会发展第十四个五年规划和二〇三五年远景目标的建议》明确提出,加强革命文化研究阐释和宣传教育,弘扬党和人民在各个历史时期奋斗中形成的伟大精神。大力推进高质量红色旅游,是传承红色文化、加强爱国主义和理想信念教育的有效途径。文化和旅游部统计数据显示,2020 年红色旅游达 1 亿人次,2021 年 40% 以上的游客经常、自主选择红色景区参观学习,41.7% 的游客参加红色旅游的次数达到 3 次以上,其中 7.1% 的游客参加红色旅游的次数超过 5 次。红色旅游已成为文化旅游的重要组成部分。2021 年 2 月国务院印发《新时代支持革命老区振兴发展的意见》,明确提出要推动红色旅游高质量发展。

中国红,是世界公认的华人代表色。红色文旅消费,文化价值、文化载体是其核心要素。创作优秀的红色文艺作品,将红色文化意义精神、价值观等创造性地转换为可供旅游者直观感知、触摸、体验具有鲜明红色主题的新时代文创产品,一方用心用情演绎中国红色故事,构建沉浸式消费体验场景,吸引观演参与者近距离感知红色血脉、体悟红色精神,唤醒红色记忆。从而有助于更好地满足新时代人民群众精神需求、更好地弘扬社会主义核心价值观,另一方面通过文艺作品讲述红色故事,立体的红色文旅消费空间,有助于推动红色文化产业高质量发展、提升红色文化软实力。拉动红色文旅消费市场持续增长、推动新时代红色文旅产业高质量发展。

创新职能履行方式,红色文艺作品可以充分利用社交媒体平台,设计和建设线上互动数字项目、互动戏剧、互动游戏、互动小说等形式,将红色文旅景区的内容资源融入线上文艺作品沉浸互动项目中,让受众获得更多的故事体验、情感体验,不仅令受众对红色文化产生更加丰富的情感联结,而且因受众参与文艺作品创作而理解社会主义核心价值观,以微信、微博、短视频、在线直播等自媒体为代表的社交媒体，参与互动，通过运营性社交媒体参与叙述红色广泛传播，形成口碑化的 IP 效应，为"红色主题＋"影视、出版等泛产业链奠定坚实基础。

（六）大疫当前，以人才为本，守住阵地，拓展未来

所有的线上平台的搭建终究只是文化传播的载体，我们更绝对不可忽视的是对文艺人才的建设。我们可以打破旧的人才机制，以才为举，德才兼备。疫情于我们而言不仅是挑战，更是机遇。让我们一起挺直腰杆，共同迎接这场没有硝烟的战争。创作出更多讴歌时代，讴歌人民，讴歌祖国的好作品。加强世界文旅形势的研判，及时回应涉文旅议题的国际关切。中国文旅，中国文化馆应当，也可以为全球文旅市场复苏和世界文旅高质量发展贡献中国智慧、中国方案。创新方式，对外讲好新时代中国故事，为疫后文旅市场发展储备好必要的能量，当疫情的云开雾散，我们用我们的文艺作品，向世界讲述中国。

全球疫情背景下对于文化馆职能的创新履行方式的思考是十分有意义的。是文化馆人对自身职责的反思和探索，是疫情困境下文旅工作者的心声。走进群众，为人民服务在此时绝对不能是纸上谈兵。守护好群众的精神文化生活，文化馆人团结一心，坚守好自己的岗位。众志成城共克时艰。站好自己的一班岗，我们将守来地球村新一个春天。

文旅融合背景下基层文化馆的创新发展研究

武啸尘（山东省青岛市市北区文化馆）

在当今多元化发展的背景下，秉承文化是旅游的灵魂、旅游是文化的载体的发展思路，文化与旅游的行业界限已愈发模糊，这也促使基层文化馆需要对自身进行改革创新才能满足文旅融合发展的需求，以保持自身在公共文化建设中的重要作用，也必然能够为文化馆的改革与创新发展带来新的契机。

1 文旅融合发展的现状分析

1.1 文旅融合的总体需求

2018 年 3 月，文化部与国家旅游局合并，标志着我国文旅融合时代的开启。文旅融合并不是简单地相加，而是通过文化和旅游部门合而为一，构建"1+1>2"的效果。党的十九大报告中也明确提出，我国社会的主要矛盾已经转变为人民群众日益增长的生活需要与社会发展不平衡之间的矛盾。随着我国经济发展速度与人民生活水平的不断提高，以及旅游模式的不断丰富，乡村旅游、红色旅游、研学旅游、全域旅游的兴起，文旅融合更加以"以文促旅、以旅彰文"的形式展现。

1.2 文化与旅游之间的联系

旅游作为社会经济活动，具有社会综合性强的特点，特别是拥有文化感知和体验、传播文化的特征。新时期旅游产业的发展对文化属性的重视程度进一步提高，特别是民俗文化旅游、地域文化旅游等旅游模式，既是单纯旅游向特色文化方向转变的重要印证，同时特色文化的融入也是推动旅游服务品质提升、打造本地文旅品牌的重要基础。

1.3 基层文化馆面向旅游产业的服务现状

当前基层文化馆面向旅游产业的服务主要以演出、展示等方式，通过非遗进景区、文化进景区，承办、协办各类文化旅游节以及组织演出团队等形式，发挥文化馆的组织与服务能力，但服务方式局限性较大，文旅融合深度不够，融合方式相对单一，因此文化馆应当在文旅融合发展中努力创新，迎合时代需求。

2 当前文旅融合文化馆发展存在的问题

2.1 传统体制观念制约

在本文的研究过程中,通过访谈交流发现,国家在机构方面虽已开展了文旅融合的工作,但是体制内旧有的行政观念成为当前文化馆发展的关键性制约因素。文化馆内所有的工作按照行政部门的层级式构成模式进行任务的下达。文化馆中的工作人员,在被动接受任务的情况下,不能够充分调动其主观能动性,员工所表现出的创新性极为有限。比如在实地走访文化馆的过程中,发现基层文化馆的工作人员仅仅是文旅融合的参与者,并不是融合工作的主导者和推动者。在工作分配方面,在当前各个地方发展中经济色彩过于浓重,会有很多部门会对文化馆的工作进行指导,使得文化馆在自身工作建设方面往往顾头不顾尾。而文化馆的工作人员以及相关领导的惯性思维,对于文化与旅游的结合还不能充分地认识并接受,导致他们在面对诸多游客群体时,拿不出能够对外展示的特色文艺节目,或是文艺节目不能表达本地方文化的内涵和意蕴。因此在传统体制观念的制约下,文化馆的发展还有待于进一步的开发与指导。

2.2 文旅融合背景下文化馆内部机构变化不大

如前文所述,文旅融合并不是机构"1+1"的简单相合过程,而是"1+1>2"的融合过程。文化馆对于文旅融合的积极性在各个地方都表现出兴致不高的状况。从宏观角度来看,文旅融合形成了新的公共服务司、产业发展司等机构,但简单的名称相加在实际工作中,并没有从旧的制度中进行突破,使得全馆工作人员在理念上仍旧依托于传统的文化馆运行模式。微观角度来看,各个地方的公文化馆在进行了文旅融合后,着重于突出文化馆的旅游文化保护和活动提供的功能,这些文化馆普遍借助于网络展开宣传,但是本身内部的机构设置、业务范围没有明显变化。原来文化馆的工作人员缺乏旅游的专业知识,业务能力不够,服务水平不能够满足游客的需求,进一步延伸出的文化活动适应性以及游客满意度的提升较弱。

2.3 文理融合运行协调的机制不完备

政府职能在向服务型政府转变时,政府与公共文化机构转变关系,也是文旅融合所要达到的关键性目标之一。文旅融合的背景下,工作人员参与较少,协调作用发挥不够,仍旧是文化馆建设发展的掣肘因素之一。随着中国内循环经济发展的概念提出,以及中央在全国范围内指导"一盘棋"的经济建设的模式开启。文化馆在开放的过程中出现了面积和服务增加,但是专业人员短缺的矛盾。这是由于在文化馆人员编制不增加的情况下,其文化功能无法通过旅游的表达形式向公众进行传递。而当前的基层文化馆内大部分工作人员在协调管理等各个方面能力不足,年龄偏高,学历水平较低,是当前文旅融合运行机制不完备的外在表现形式之一。

3 文化馆文旅融合的对策

3.1 文化馆建设应当明确文化服务主旨

基层文化馆应该对引领价值加以明确。基层文化馆在进行公共文化服务时,要坚持以社会主流价值观体系为导向,融合地方特色与传统文化,构建具有特色文化标识的地方文化品牌。顺应时代发展方向,融合新媒体、自媒体等传播方式,广泛传播与宣传文化艺术与地方特色以及文化品牌,增强文化建设影响力与品牌效应。基层文化馆要在明确服务效能的前提下,结合自身服务职能,明确文化活动的主题。另外,基层文化馆需要在文旅融合发展中找准定位、明确范围,需要形成具有特色亮点的文化服务项目,要运用多元化的文化内容与服务方式提升民众与游客的参与度。进一步联系当地的自然资源、人文风情、民俗文化和历史传统等等,在指引公共文化服务建设的基础上,进一步传承和弘扬地方文化特色,增加文化传播的覆盖面与受众面,不断提升文化影响力,让文化服务内涵深入人心,打造特色鲜明的地方文化旅游品牌。

3.2 深化文旅融合的理念

在实际的文化馆运营过程中,以文化为旅游的灵魂载体,以外在的服务创新作为文旅传递的模式,是实现文化馆活动参与者获得沉浸式、体验式感觉的关键性手段和方法。任何活动参与群众都不习惯走马观花式的体验模式,更希望能够从精神文化方面汲取到自己所没有的养分。所以文化馆的文旅融合过程,实际上是对文化走入人心、传递文化的现实体现。在文化馆所具有的特殊文化呈现方面,旅游成为文化的载体。这给文化馆带来一定压力的同时,也形成了文化馆巨大的发展契机。压力方面,文化馆要能够成为当地文化的生产者与展示平台,从而参与到当地文化事业的发展大局中。机遇方面,正因为文化馆承载的文化有机会向大众进行表现,所以文化馆向文化内涵挖掘的方向也越来越明确。由此可见,在文化馆建设的理念方面,文化和旅游相互促进。

3.3 加快文化馆职能融合

文化馆既要承担保护公共文化的职责,为人民群众基本文化权益实施保障的职能,也要承担文化馆对外开放,呈现精神文化内涵的服务职责。所以在文旅融合过程中,文化馆的主要职能兼顾了展示与文化服务两个方面。原始的文化馆文化服务需要通过公共服务的增加,使旅游成为宣传文化的重要载体。新的文化馆的旅游公共服务职责,则需要对参与者进行引导,并使群众在寻找过程中发现不同的文化内涵与意蕴。所以文化馆的主要职责,在提供文化旅游的前提和基础上,创新对群众的引导作用,使群众在文化馆活动的参与过程中不断获得新的发现和体验,这是文化馆创新发展的契机。所以在职能融合方面文化馆要加快速度保证两种职责"两手抓,两手都要硬"的方法。

3.4   推动文化馆管理体制改革

首先,基层文化馆在文旅融合背景下,不但要对文化馆运营结构、服务方向、工作重点等方面进行调整,而且要完善和健全基于文旅融合发展的运营机制,不断提升文化引领与文化传播的能力,不断提高文化馆的服务效能。推动文化馆管理体制改革,首先要重视文化馆的人员,也就是说在内部编制的调整方面要吸纳更多的专业性人才进入到文化馆中。并使这些专业人才既能够承担文化馆的文化内涵挖掘等职责,又能够承担对外宣传的旅游体现职责。当前,地方政府应该加大对基层文化馆的人力、物力和财力的投入,并从多渠道引进专业技术人才到基层文化馆,同时加大对现有的专业技术人员的培训力度与深度,使他们的专业技能、综合素质和理论基础进一步提高,从而提升专业服务能力和文化服务质量。地方政府要更多地创造机会与条件,促进本地文化馆的专业人员或演艺群体同其他地区文化馆,特别是文化发达地区的文化馆与演艺群体加强交流与合作,相关部门在这个过程中发挥好指导作用,文化馆要学习总结好外地文化馆的先进经验,并将本地的文化魅力、文化特色充分地进行传播,促使本地文旅品牌的知名度与美誉度进一步提升。

在创新的工作方式下,基层文化馆要第一时间感受到来自群众的需求,从而以需求为基点,为群众提供更多的文化体验内容。在机构调整方面,文旅融合要对文化馆进行一定的部门增设,比如信息部门就要能够承接文化馆职能发生改变的新任务和使命。而对于文旅融合工作交叉的部分,则在改革的过程中归纳合并。从而使文化馆的管理体制改革获得大幅度的推动。

3.5   基层文化馆多元化推广平台的建设

基层文化馆的推广平台不能局限于传统的推广模式,而是要更多地利用新兴媒体和自媒体,结合文旅融合的切实去求,通过公共文化服务的优势,打破以往的服务时间和服务空间的限制,促进基层文化馆适应新时代文旅融合发展的能力得到提升。

文旅融合是文化馆发展的重大机遇,因此在机遇面前感受到一定程度危机的同时,要将机遇转化为文化馆发展的动力。使文化馆的公共文化服务和公共旅游服务获得长足的发展。最终促使文化馆能够承载传播文化、挖掘文化的职责。